PUBLICATIONS DE LA SORBONNE
Série « Littératures II » - 15

Université de Paris IV

BALZAC
ET LE COMIQUE
DANS
La Comédie
humaine

MAURICE MÉNARD
Professeur à l'Université de Lille III

PRESSES UNIVERSITAIRES DE FRANCE

A Michèle et à François

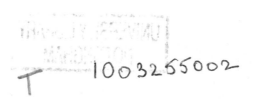
ISBN 2 13 037952 4

Dépôt légal — 1re édition : 1983, août
© Presses Universitaires de France, 1983
108, boulevard Saint-Germain, 75006 Paris

BALZAC ET LE COMIQUE
DANS « LA COMÉDIE HUMAINE »

SOMMAIRE

DEUXIÈME PARTIE
LA DÉSIGNATION COMIQUE

TROISIÈME PARTIE
UN UNIVERS RIEUR

QUATRIÈME PARTIE
LA PRODUCTION DU COMIQUE

AVANT-PROPOS

Cet ouvrage est issu d'une thèse soutenue à l'Université de Paris-Sorbonne le 17 juin 1980 : il n'en représente, en volume, qu'une bonne moitié, mais j'en ai gardé le plan et conservé l'essentiel. J'ai tenu compte des remarques formulées, lors de la soutenance, par les membres du jury, Mme Madeleine Ambrière, Mme Rose Fortassier, Mme Arlette Michel, M. Pierre-Georges Castex, membre de l'Institut, rapporteur, et M. Pierre Citron, président ; à tous j'exprime ici ma plus vive reconnaissance.

A M. Pierre-Georges Castex, qui dirigea ma thèse, je dis à la fois ma gratitude et mon affection : je lui dois ce sujet dont il avait perçu la nouveauté et les promesses et je n'aurais pu mener l'entreprise à son terme si je n'avais rencontré chez lui cet inimitable mélange de science, d'ouverture et de bienveillance. Mes remerciements les plus chaleureux vont aussi à Mme Madeleine Ambrière, dont la sollicitude et les encouragements ont permis ce livre, et à Jacques Bailbé, qui avait bien voulu relire ma thèse. Il faudrait associer à cet hommage tous les membres du Groupe d'Etudes balzaciennes ; je ne mentionnerai, parmi ceux qui m'y accueillirent les premiers avec tant de chaleur, que Roland Chollet et Roger Pierrot. Et je n'aurais garde d'oublier Jacqueline Sarment et sa généreuse obligeance.

Comment, enfin, exprimer ma dette à l'égard de ceux qui furent associés aux travaux et aux jours de quelque quinze années, ma femme et mon fils ? Ce livre est aussi leur œuvre.

INTRODUCTION

Ce livre s'adresse en priorité à trois publics présumés rétifs.

Aux lecteurs pour lesquels Balzac est une Somme, imposante, prenante, sérieuse. Sérieuse, parce que poignante, réaliste et visionnaire, posant les problèmes de la Société et de l'Homme. Pour ces lecteurs, le sujet du comique chez Balzac provoque la surprise et risque d'être perçu comme une affaire d'école, le sujet n'ayant d'autre raison d'être que de n'avoir jamais été traité.

Aux lecteurs épris d'ironie et d'humour, qui, s'ils trouvent quelque secret comique en Balzac, redoutent de le voir écrasé par le pavé de l'ours universitaire.

Aux lecteurs savants enfin, qui ne voient guère que des objections à ce sujet. Comment, pensent-ils, échapper ici au relevé et à l'inventaire, ennemis de la perspective ? Comment, à l'opposé, ne pas réduire la multiplicité balzacienne à l'étroitesse et à la raideur de quelque concept ? Mais aussi, comment tester le rire du lecteur solitaire ? Comment sortir du piège de la subjectivité et vouloir que tout un chacun trouve drôle ce qui vous aura fait rire vous-même ?

A tous ces lecteurs nous voudrions poser les problèmes conjoints de Balzac et du comique, c'est-à-dire le problème du Sérieux. Si l'on s'est jusqu'alors si peu préoccupé du comique de *La Comédie humaine*, c'est que règne un malentendu sur le Sérieux. Pour les uns, Balzac est trop sérieux pour être comique. Pour les autres, il est trop comique pour être traité par le sérieux. Enfin, pense-t-on, le comique romanesque est une question trop subjective pour qu'elle puisse être traitée avec sérieux. Toute la confusion provient de ce que l'on amalgame « sérieux » et « esprit de sérieux ».

Il se trouve que Balzac est à la fois « sérieux » et ennemi de « l'esprit de sérieux ». Le tragique, le dramatique, le pathétique de ses histoires, loin d'exclure le comique, font souvent corps avec lui : Balzac donne à son lecteur la possibilité de prendre ses distances par rapport à des aventures qui l'empoignent. La jubilation, trop souvent censurée par le sentiment du tragique, n'est pourtant jamais contradictoire avec lui. De la même façon, le jeu et la pensée font ici bon ménage. Mon propos sera constamment de mettre en valeur la pensée du jeu, de révéler, dans *La Comédie humaine*, le jeu penseur. Heureux serions-nous qu'au travers de l'appareil critique et de sa pesanteur soit perceptible notre constante conviction : en Balzac, profondeur n'est pas ennemie de légèreté.

Tel est le paradoxe : pour que parle à notre oreille la langue subtile, mobile et variée du jeu et de l'ironie qui anime le texte balzacien, il a fallu découvrir l'importance du *fait comique*, son omniprésence aveuglante. Le rire est partout dans la vie de Balzac, à en juger par les témoignages. Le jugement comique est constamment asséné dans le discours du narrateur. Les actions rieuses sont légion : il fallait les montrer, car nous ne les avions pas *lues*. Quant au texte du roman, il donne la preuve, et nous la produisons, que, si nous n'avons pas ri, nous aurions dû ou nous aurions pu le faire.

Cela n'annule pas nos lectures précédentes, mais nous oblige à les doubler d'une autre voix. Balzac ne peut être un romancier monologiste : sa rigueur demeure mobile ; une cohérence s'en dégage dans le dépassement de tout système ; la dérision et la compassion, le scepticisme et l'énergie, l'épaisseur et la subtilité n'y sont pas dissociables.

Ce Balzac comique voit le jour dans les années 1980. Moment où l'on a redécouvert que Kafka pouvait donner lieu à une lecture comique et où le témoignage de Max Brod est repris en compte : à la première lecture que Kafka fit du *Procès* à ses amis, ceux-ci étaient écroulés de rire. Le Beckett de la désespérance, selon Peter Brook dans son *Espace vide*, dispose d'un public qui rit et qui « sort de ses pièces, ses pièces noires, nourri et enrichi, le cœur plus léger, plein d'une étrange joie, irrationnelle ». Nous sommes présentement à même de *lire* les déclarations de Camus s'étonnant que personne ne se soit jamais avisé du comique de son *Etranger*. Nous avons eu récemment le plaisir de voir célébrer par Elisabeth de Fontenay *Diderot ou le matérialisme enchanté*. Nous avons appris avec Judith Schlanger *Le comique des idées*. Tout un panorama d'idées manifeste un changement d'horizon où le comique, la prise de conscience de la théâtralité et de la relativité, du *Carnaval de l'Histoire*, sont comme le passage obligé pour atteindre à une vraie vigueur.

Dans le même temps, la critique, en particulier la critique du roman, s'est libérée de certains de ses tabous récents. Pourquoi l'auteur du roman serait-il enchaîné à l'unité d'un point de vue ? Comment a-t-on pu considérer le roman de Balzac comme un « roman balzacien » irrémédiablement lié à son parti pris de représentation et à la linéarité de ses histoires ? La liberté des méthodes d'approche a redonné toute sa liberté au romancier. Celui-ci nous paraît maintenant plus proche de Sterne et de Nabokov que de ses épigones prétendument réalistes.

Un signe intéressant, qui confirme l'existence d'un tournant, c'est le surgissement, autour de 1980, d'articles nombreux sur l'ironie, le grotesque ou la parodie chez Balzac qui amorcent, renforcent et prolongent notre propre travail. Balzac n'a pas fini de nous faire rire ou sourire...

PREMIÈRE PARTIE

BALZAC ET LE COMIQUE

Le contraste est lancinant entre une œuvre dont la dominante est tragique, qui laisse au lecteur une impression de tristesse, exclusive de toute autre, et une biographie où le rire tient une si large place. Croquis rapides ou portraits en pied, les *Souvenirs* qui évoquent Balzac omettent rarement de signaler gaieté ou jovialité, verve ou entrain, rire, sourire, joie... Les termes se relaient sur l'unique patron de la gaieté. Mais une telle monotonie décourage. Comment ne pas rejoindre Jean Pommier, fatigué des redites : « De ces citations et des autres (et des faits et des considérations) plusieurs sont si connues qu'en les voyant venir de loin, on a envie de changer de trottoir »[1] ? Que dire ici ! Sur quelque quatre-vingt-cinq témoignages de première main, peu de discordances, mais peu de nouveauté. Il suffit de connaître son Balzac « enfant et rieur »[2], de redire, après Gautier, Gozlan, Werdet, la sempiternelle « jovialité herculéenne »[3] de ce « sanglier joyeux »[4] qui, lorsqu'il rit, réincarne « Rabelais à la Manse de l'abbaye de Thélème »[5]. Comment ne pas tenir compte de ces images, types et matrices ? Mais comment les dépasser ou, du moins, leur donner sens ? Surtout, quelle compréhension, quelle interprétation de l'œuvre la mise au point de cette imagerie peut-elle permettre ?

La difficulté d'établir une connexion entre le Balzac gai et son œuvre n'est qu'un cas particulier du problème général de la liaison entre l'homme et l'œuvre. Alphonse Karr faisait déjà état de l'opposition entre le créateur et sa création, entre l'œuvre géniale et l'homme « ahuri » : « Chose étrange, Balzac n'était Balzac que dans son cabinet, la plume à la main, et, m'a-t-on dit, dans certaines occasions où il devait parler en public sous l'émotion d'un intérêt personnel »[6]. Cet hiatus donne à la

---

1. Compte rendu du *Prométhée* d'A. MAUROIS, *RHLF*, octobre-décembre 1965, p. 658.
2. *LH*, 26 octobre 1834, t. I, p. 270.
3. Théophile GAUTIER, *H. de Balzac*, p. 95.
4. WERDET, *Portrait intime*, p. 382 (citation de Taine) ; cf. aussi CHAMPFLEURY, *Une heure de conversation intime*, p. 244.
5. Léon GOZLAN, *Balzac intime*, p. 16.
6. Alphonse KARR, *Le livre de bord*, t. II, p. 287-288.

création un caractère de rupture absolue, selon la formule des *Proscrits* :
« En rentrant au logis, l'étranger s'enferma dans sa chambre, alluma sa
lampe inspiratrice, et se confia au démon du travail, en demandant des
mots au silence, des idées à la nuit »[7]. L'idée du divorce entre créateur
et homme quotidien nous a été rendue familière par Proust, par Bergotte
et Vinteuil[8] : il ne nous est plus possible d'expliquer naïvement l'œuvre
gaie par l'homme gai.

Encore n'expliquerait-on, dans ce cas, que les parties considérées
par nous comme gaies ou comiques. Nous aurions dû limiter notre champ
d'exploration à tel ou tel canton spécialisé. Cette spécialisation, Balzac
la proclame à l'occasion des *Contes drolatiques*[9] ; mais nous ne pouvons
adopter ce compartimentage pour une œuvre aussi complexe que *La
Comédie humaine*, qui vit de tensions entre secteur gai et secteur triste.
Lors de tout examen des parties « comiques », il faut avoir présentes
à l'esprit toutes les autres, par rapport auxquelles le comique prend sens.
Les unités comiques de l'œuvre ne vivent que des rapports qu'elles
entretiennent avec ce qui n'est pas comique, la laideur, l'absurde, le
tragique, le fantastique, le Diable.

Restait une dernière solution : admettre que la dominante de l'œuvre
balzacienne est amère et institutionnaliser l'opposition de l'homme gai
et de l'œuvre triste. Schéma du « clown triste » : à enveloppe comique,
profondeurs amères ; à masque rieur, pensée tragique. Cette hypothèse
ne manque pas d'intérêt, parce que le canevas en est proposé par Balzac
lui-même. Telle est l'image qu'il donne de son propre personnage à
Mme Hanska en lui transcrivant une conversation avec Delphine de
Girardin : « Je parais très gai, spirituel, étourdi, si vous voulez, mais
tout cela est un paravent qui cache une âme inconnue à tout le monde,
excepté à *elle*. J'écris *pour elle*, je veux la gloire pour *elle*, *elle* est tout,
le public, l'avenir ! — Vous m'expliquez, m'a-t-elle dit, *la Comédie
humaine* »[10]. Telle est, plus nette encore, la structure de Bixiou : « [...] amuseur de gens, dîneur et soupeur, se mettant partout au diapason, brillant
aussi bien dans les coulisses qu'au bal des grisettes dans l'Allée des
Veuves, il étonnait autant à table que dans une partie de plaisir, en verve
à minuit dans la rue, comme le matin si vous le preniez au saut du lit,
mais sombre et triste avec lui-même, comme la plupart des grands
comiques »[11]. Ce patron surface/profondeur ou apparence/réalité, en liaison
avec gaieté/tristesse ou légèreté/gravité, mérite d'être retenu, puisqu'il
est lui-même un complexe vie/œuvre et qu'à l'intérieur de l'œuvre certains

---

7. *Les Proscrits*, t. XI, p. 547.
8. Cf. la phrase du *Contre Sainte-Beuve*, « La méthode de Sainte-Beuve » (Bibl. de
la Pléiade, p. 221-222) : « [...] un livre est le produit d'un autre moi que celui que nous
manifestons dans nos habitudes, dans la société, dans nos vices. »
9. « Mon admiration pour Rabelais est bien grande [...] Mais j'ai les *Cent Contes
drolatiques* pour ce petit culte particulier » (Lettre à M. Hippolyte Castille, *La Semaine*,
11 octobre 1846, CONARD, t. XL, p. 652). Sur les problèmes soulevés par ce « culte
particulier », voir Roland CHOLLET, Introduction aux *Contes drolatiques*, Bibl. de l'Or.,
t. XX ; Maurice LÉCUYER, *Balzac et Rabelais* ; Raymond MASSANT, Introduction aux
Contes drolatiques, Club de l'Honnête Homme, t. XXII.
10. *LH*, 17 novembre 1846, t. III, p. 487.
11. *Les Employés*, t. VII, p. 975-976.

personnages sont bâtis sur cette formule. Mais ce schème ne vaut que pour telle section de l'œuvre, pour tel personnage particulier. Ce dualisme romantique simplifie exagérément chacun des facteurs : l'œuvre est pluri-tonale et le témoignage sur la gaieté de l'homme Balzac doit être soumis à la critique.

Les témoignages des contemporains aussi bien que la *Correspondance* de Balzac tout à la fois dévoilent et font écran. La *Correspondance* propose l'image de soi que Balzac veut donner. Son rire, écrit par lui-même ou par les autres, porte la marque de l'Histoire. Comment le dissocier d'une épaisse couche d'idées reçues et de on-dit, d'une idéologie d'ensemble ou de tels mythes particuliers ? Peut-on, à travers les traits d'époque, percevoir une nuance plus personnelle, un écho plus intime ?

La difficulté vient de l'existence d'un mythe Balzac, précoce et tenace. Dès 1848, Champfleury avait déploré la disparition du vécu sous le flot anonyme des anecdotes éculées : « J'ai vu une dizaine d'anecdotes qui sont répétées par tout le monde et qui ne servent à rien si elles ne sont suivies de cinquante autres particularités qui s'enchaînent, se combinent, expliquent l'homme »[12]. En 1856, Gozlan estime que l'opinion avait d'ores et déjà forgé un faux Balzac : « On le vit peu, on le vit mal ; l'opinion surprise le défigura »[13]. Douze ans après la mort de Balzac, Jules Claretie constatait : « On a déjà composé la légende de Rabelais, et la légende de Voltaire. Il viendra un temps où l'on écrira la légende de Balzac »[14].

Pour tenter de percevoir, au-delà du stéréotype du Balzac rieur, le timbre unique de ses rires à lui, il faut démasquer l'hagiographie ou le dénigrement ; il faut repérer les modulations du mythe, voir comment s'échangent poésie et vérité, histoire et légende. Le discours des témoins est l'expression spontanée, involontaire, des modes de la mythification au XIXᵉ siècle : tics de langage, signes d'une idéologie. Quel est, par exemple, le contenu historique de ce *Rabelais* ou de ce *rabelaisien*, si ressassés aussi bien par Balzac que par ses témoins ? Pour rompre les amalgames de la légende ou du mythe, leurs faux détails ou leurs fausses généralités, il faut isoler les « particularités » dont parlait Champfleury, puis les réinsérer dans leurs divers contextes pour en dégager le sens par enchaînements et combinaisons. Pour, éventuellement, en trouver le foyer.

Le foyer autour duquel s'organise réseau ou système dans l'ensemble de la personne Balzac, c'est, selon le jeune Champfleury découvrant Balzac en 1848, la joie : Victor Hugo avait bien « caractérisé » cette joie originale. En revanche, Champfleury regrette que David d'Angers ait omis, dans son buste de Balzac, « la joie qui fait tout de suite, au milieu de notre époque triste, un homme à part »[15].

Le rire, rire de la joie ou rire de la dérision, occupe une place consi-dérable dans la vie de Balzac, telle que l'histoire l'a écrite. N'est-ce qu'un cliché ?

12. CHAMPFLEURY, *Une heure de conversation intime*, p. 224.
13. Léon GOZLAN, *Balzac en pantoufles*, p. 17.
14. *Le Boulevard*, n° 43, dimanche 26 octobre 1862, compte rendu de *Balzac aux Jardies* de GOZLAN.
15. CHAMPFLEURY, *ibid.*, p. 244-245.

CHAPITRE PREMIER

NATURE ET GAIETÉ

Pour la postérité, Balzac est resté « le rabelaisien Honoré de Balzac »[1]. Cette désignation figure dans l'article nécrologique que rédige Nerval : « Balzac, avec son sourire rabelaisien, drapé de sa robe de chambre en cachemire, vous recevait ensuite et vous arrêtait quelque temps à une appréciation savante des diverses qualités de ses poires »[2]. Mieux, *Le Courrier de l'Europe* prête à Balzac les traits de Rabelais, que pourtant l'on ignore[3] !

Balzac est ainsi comparé à Rabelais, soit globalement, soit pour sa physionomie, soit pour son sourire. On perçoit l'une des raisons de l'association : Balzac est le compatriote de Rabelais ; le rapprochement géographique crée la métonymie, puis la métaphore. L'assimilation n'est pas autrement explicitée, mais elle est doublement instructive : métaphore médiatrice entre une idée que l'époque se fait de la Nature et qui a nom *Rabelais* et une image qu'elle se fait de Balzac. *Rabelais, gaieté, nature*, c'est tout un. Trois courants ici convergent : une aspiration à la transparence, une imagination matérialiste, une énergie. Au confluent de ce triple courant : une visée esthétique.

Transparence de l'Etre

La totalité de l'Etre épanoui et dilaté, la coïncidence de l'Etre avec son désir dans une totale transparence, c'est le premier des éléments significatifs de la notation *rabelaisienne*. Franche gaieté, franchise gaie.

● *Balzac vu comme « Rabelais-moine-Tourangeau »*

Dans le sourire *rabelaisien*, la franchise est associée à la bonté, l'extraversion à l'optimisme. Toutes ces tendances sont mises au compte du « Tourangeau », voire du « moine ».

La triade *Rabelais-moine-Tourangeau* est parfois utilisée au complet. Ainsi, Gozlan : « Le franc Tourangeau remontait à la surface. Nous croyions voir Rabelais à la Manse de l'abbaye de Thélème »[4].

---

1. Edmond WERDET, *Souvenirs de la vie littéraire*, p. 13.
2. Gérard de NERVAL, *La Presse*, 20 octobre 1850.
3. *Le Courrier de l'Europe*, Honoré de Balzac, août 1850.
4. Léon GOZLAN, *Balzac en pantoufles*, p. 32.

Ailleurs, deux facteurs suffisent. *Rabelaisien* et *Tourangeau* sont conjugués par Amédée Rolland : après avoir évoqué la « large tête léonine, aux lèvres rabelaisiennes » de Balzac, il précise la façon dont il scandait son discours « par un large éclat de rire, mais un rire homérique, un rire franc, un rire tourangeau »[5]. Gautier, lui, associe *rabelaisien* et *monacal* dans la formule d'une « joie rabelaisienne et monacale », qui traduit une « hilarité puissante », au caractère extériorisé, franchement déclaré, explosif[6].

Enfin, un seul facteur suffit dans maint autre portrait. Chez Gustave Frédérick, la « gaieté rabelaisienne » signifie « l'humeur épanouie »[7]. Ailleurs, *Tourangeau* seul ou *monacal* désignent éclatement, expression franche et directe de la gaieté. Chez Armand Baschet, en 1852, Balzac épanouit « sa joyeuse figure, riant par éclats, car il avait le rire tourangeau »[8]. Champfleury signale successivement sa « bonne humeur de Tourangeau » et « cette figure joviale et tourangeaude que des yeux de génie ennoblissaient »[9]. Selon l'occasion, la franchise est conférée à la Touraine ou au monacal, la Touraine ou le monacal conférés à la franchise. Jules Claretie souligne le mot *tourangeau* quand il rend compte, chez Balzac, du « large rire, [du] rire sonore, puissant, et pour tout dire *Tourangeau* »[10]. En 1840, la huitième livraison des *Ecrivains et artistes vivants* publie un portrait de Balzac : « Son visage plein, frais, coloré, rappelle ces bonnes figures monacales qui font plaisir à voir »[11]. La gaieté éclate lorsque Louis de Loménie, en 1841, donne à Balzac « une face de moine, large, rubiconde et joviale, une bouche grande et riante »[12]. Chez Benjamin Appert retraçant ses souvenirs du Balzac de la rue Cassini, la liaison entre « gaieté » et « monacal » est si étroite que le raccourci étonne : « Ses domestiques avaient une belle livrée, et lui un costume de moine, qui lui donnait la physionomie d'un gai et spirituel supérieur de couvent »[13]. L'habit de moine suffit-il à habiller Balzac de gaieté ? Eyma et Lucy, ayant noté la ressemblance du visage de Balzac avec « ces bonnes figures monacales qui font plaisir à voir », ajoutent : « Notre artiste lui-même s'amuse à compléter la ressemblance en s'affublant chez lui du costume de capucin, qu'il porte en guise de robe de chambre. » Habit de moine et visage de moine sont interchangeables ! Et Rabelais couronne le tout : chacun de ces mythes, métonymiquement, est porteur du sens entier de la triade.

Quel est ce sens ? Exprimer ce qui paraît à chacun essentiel chez Balzac : la bonne humeur, la gaieté franche, épanouie, juvénile, une

5. Amédée ROLLAND, Honoré de Balzac, *Le Diogène*, n° 3, 24 août 1856.
6. Théophile GAUTIER, *Honoré de Balzac*, p. 9.
7. Gustave FRÉDÉRICK, Balzac, *L'Indépendance belge*, jeudi 8 avril 1869.
8. Armand BASCHET, *Les Physionomies littéraires de ce temps*, I : Honoré de Balzac, 1852, p. 149.
9. CHAMPFLEURY, épreuves de son *Balzac*, Lov. A. 360, f° 105.
10. Jules CLARETIE, *Le Boulevard*, dimanche 26 octobre 1862.
11. X. EYMA et A. de LUCY, *Ecrivains et artistes vivants*, p. 213.
12. *Galerie des contemporains illustres*, par un homme de rien, t. III, p. 35.
13. Benjamin APPERT, *Dix ans à la cour du roi Louis-Philippe et Souvenirs du temps de l'Empire et de la Restauration*, t. III, p. 209.

certaine grâce. Bref, l'ouverture, la joie. Le thème a été exprimé à nu par Paul Lacroix, le bibliophile Jacob, en 1838, quand il fait le croquis du « petit homme ventru, à la physionomie ouverte, et joyeuse [...] »[14].

● *Balzac joyeux vu par lui-même et par les siens*

Balzac tient à cette nuance de franchise rieuse : cette tonalité figure en bonne place sur sa propre palette. Il juge bon de noter et même de décrire son rire dans ses lettres à Mme Hanska : « Si j'avais le vol et la liberté de l'oiseau, vous m'auriez vu à Vienne, avant cette lettre, et je vous aurais apporté le visage le plus radieusement gai du monde »[15]. Cette gaieté est mise en avant par Balzac parce qu'elle est le meilleur moyen de communiquer d'être à être, de supprimer toutes les distances. Faire voir sa gaieté en l'écrivant, c'est abolir l'écran des mots, assurer la parfaite transparence des consciences et des cœurs.

Cette gaieté cependant est rarement sans mélange. Fréquemment elle est citée par lui comme le paravent de la tristesse et de l'ennui : « Je suis vieux de souffrances, et vous n'auriez jamais présumé de mon âge d'après ma figure gaie », écrit-il à la duchesse d'Abrantès[16]. Les lettres, comme le visage, se font rieuses pour cacher la tristesse et elles le disent. « Je ris et je suis profondément triste »[17], écrit-il à Mme Hanska. Et encore : « Vous ai-je bien caché mes chagrins, ai-je assez bavardé gaiement »[18]. C'est le leitmotiv de toute cette période.

Pourtant, ces confessions mélancoliques à une correspondante ne constituent pas un démenti à l'existence d'une franche gaieté. La tristesse fait partie de la politique de charme que pratique toujours Balzac dans les premiers temps d'une correspondance. Il se propose comme un personnage contrasté, riche, varié, mobile, intéressant. A Laure, à Mme de Berny, à la Veuve Junot, même confidence, même exhibition[19]. Jamais les contrastes de sa personnalité ou de sa vie n'ont été aussi fortement exprimés à Mme Hanska que pendant la première année de sa correspondance avec elle[20]. On retrouve un portrait comparable dans la deuxième des lettres à Louise : « [...] tout est contraste en moi parce que tout est contrarié »[21].

Ainsi, Balzac commence ses entretiens épistolaires par la mise en scène insistante des deux contrastes qui lui paraissent rendre compte de sa plus intime personnalité, la succession de la mélancolie et de la gaieté, l'opposition entre tristesse réelle et apparences de gaieté.

---

14. Paul LACROIX, Supplément au *Constitutionnel*, Extrait de sa dédicace des *Aventures du grand Balzac*, histoire comique du temps de Louis XIII, 30 septembre 1838.
15. *LH*, t. I, p. 254, 18 octobre 1834.
16. *Corr.*, t. I, p. 269, 22 juillet 1825 (?).
17. *LH*, t. I, p. 225, 1er juillet 1834.
18. *Ibid.*, p. 261, 18 octobre 1834.
19. *Corr.*, t. I, p. 53, 30 octobre 1819 ; p. 112, 15 août 1821 ; p. 140, mars (?) 1822 ; p. 143, 23 mars 1822 ; p. 269-270, 22 juillet 1825.
20. Ainsi, le 31 octobre 1833 (*LH*, t. I, p. 106) : « Quelle vie ma minette ? Quelles singulières discordances ! Quels contrastes ! »
21. *Corr.*, t. III, p. 32, fin février (?) 1836.

Sur le premier point, il faut remarquer la convergence des indications de Balzac et de celles que propose Laure Surville dans la biographie qu'elle a écrite ; par exemple : « Il passait vite de la peine à la joie »[22]. C'est dans ce sens que la mobilité est le plus manifeste : en particulier dans les lettres des deux dernières années à Mme Hanska, en 1847 et 1848, sur un fond où dominent le « vide », « l'ennui », « l'idée fixe », surgit « un immense éclat de rire »[23], ou bien le récit de sa visite au bal Mabille, et il s'écrie : « Quelles magnifiques conceptions de drôleries ! »[24].

Quant au camouflage écrit de la tristesse en gaieté, on peut y voir une dramatisation propre à attirer sur lui l'attention de sa correspondante[25], mais, au-delà de la coquetterie, cette gaieté est une énergie qui naît de se communiquer. Le culte de Roger Bontemps inspire les lettres de jeunesse[26] ; lui fait écho, à la fin de la vie, un stoïcisme rieur[27]. De rabelaisianisme en shandysme, du détachement enjoué à l'auto-ironie, une même hygiène morale s'exprime et se propose aux correspondants comme le meilleur remède contre le chagrin, et aussi comme la meilleure façon d'assurer le contact épistolaire. Cette façon de se ragaillardir soi-même en ragaillardissant les autres, et *vice versa*, par la gaieté est confirmée par Laure Surville ; elle rapporte les déclarations de son frère sur les *Contes drolatiques* : « Ces contes feront seulement le délassement des artistes, qui y trouveront la gaieté dont ils ont si souvent besoin »[28].

Rêve tenace de communauté heureuse, dans la gaieté des cœurs confiants et transparents les uns aux autres. Rêverie de gaieté, rêverie de repos : « Ah ! il vaudrait mieux être à Angoulême, à la Poudrerie, bien sage, bien tranquille, à entendre sauter les moulins et à s'empâter dans les truffes, à apprendre de vous comment on met une bille en blouse, et à rire et à causer... que de perdre son temps et sa vie ! »[29]. La communauté des âmes, âmes bonnes et belles, c'est avec Zulma Carraud qu'il en rêve, amie devant laquelle s'abolit la « part de comédie », amie toujours elle-même qui vous permet d'être vous-même. Cette gaieté, signe et agent du bonheur dans la communion, participe de la chaleur des réunions patriarcales à la Grandgousier ou des petites sociétés à la Rousseau. Comme chez Rousseau, la présence des domestiques est aliénante : « Et si je suis riche comptez que j'aurai le moins de valets pos-

22. Laure SURVILLE, *Balzac, sa vie et ses œuvres*, p. 70.
23. *LH*, t. IV, p. 98, 14 juillet 1847.
24. *Ibid.*, p. 117, 25 juillet 1847.
25. Ainsi, le 13 juillet 1834 (*LH*, t. I, p. 229) : « Vraiment je vous écris d'une plume gaie, et je suis triste ; mais ma tristesse est si grande que je craindrais de vous en envoyer les expressions. »
26. « Oh que Roger Bontemps fut un grand homme et un honnête citoyen. Suis ses préceptes, chère sœur : égaye-toi, console-toi » (*Corr.*, t. I, p. 98, juin 1821). Et encore : « Alors je ne puis m'empêcher de me ranger sous les étendards de Roger Bontemps. Le chagrin abat, la gaieté ravive » (*Corr.*, t. I, p. 136, fin janvier ou début février 1822).
27. « Nous sommes, comme vous le voyez, toujours les mêmes. Nous nous moquons de nos plaies, de nos douleurs, de notre ruine » (*LH*, t. IV, p. 510, 15 août 1848).
28. Laure SURVILLE, *Balzac, sa vie et ses œuvres*, p. 145.
29. *Corr.*, t. II, p. 37, 2 juillet 1832, à Zulma Carraud.

sible [...] la meilleure jouissance sera toujours, pour moi, une causerie au coin du feu, avec trois ou quatre bonnes âmes, indulgentes et gaies »[30].

Gaieté des « bonnes âmes » qui se conjugue et s'échange avec celle des « belles âmes » : « Ne perdez jamais cette innocente gaieté qui est un de vos plus grands charmes et qui fait que vous pouvez penser tout haut avec tout le monde, et vous serez longtemps jeune »[31]. Comment ne pas associer ce portrait de Mme Hanska à celui des compagnes de Rousseau à Thônes, Mlle Galley et Mlle de Graffenried, dont la « gaieté vive et charmante était l'innocence même »[32] ? C'est bien, dans le rêve balzacien, la même « innocente gaieté » que celle dont Julie se fait l'avocate dans *La Nouvelle Héloïse*[33]. Ce qui permet à Balzac de déployer sa gaieté en toute franchise, c'est le type même de « société très intime » que l'œuvre de Rousseau proposait sous des formes diverses : autour de la tante Suzon[34], autour de Julie[35]. De la même façon, Balzac affirme ne plus pouvoir rire avec franchise que dans la compagnie de ceux qui l'aiment : « Si j'étais à Vienne, je vous ferais rire. Oh oui, je ne ris plus qu'avec les personnes qui m'aiment ; jugez si notre amitié m'est devenue précieuse »[36]. Dans cette société s'abolissent les frontières. L'enchaînement de « je vous ferais rire » avec « oh oui, je ne ris plus » traduit l'échange des fonctions : les gaietés s'allument l'une à l'autre et les âmes se fondent. La gaieté nie l'extériorité : l'indulgence et l'innocence s'y donnent mutuellement naissance. D'où le besoin qu'éprouve Balzac d'être reconnu, de M. Hanski en particulier, comme « gai convive » : « Rappelez à M. de H[anski] son gai convive, qui a dû faire bien des provisions de bons rires, car il est bien triste depuis longtemps »[37].

Indulgence de M. Hanski, innocence de Balzac, dans l'*aura* du souvenir, tout concourt à la recréation de « l'enfant rieur », à sa survie hors du temps, loin des mélancolies, du regret et du remords. La rencontre de Genève a fait naître cette image de jouvence : « Genève est pour moi comme un souvenir d'enfance ; là j'ai quitté ma chaîne, là j'ai ri sans me dire : demain ! »[38]. Il faut que l'enfant soit reconnu ; Balzac ne doute pas que Mme Hanska et M. Hanski éprouveront « les jouissances de l'amitié les plus douces » s'ils parviennent à se dire, selon le vœu de Balzac : « — Il riait comme un enfant à Genève et il faisait des campagnes en Chine ! Car vous croyez que c'est un moraliste, un travailleur, un sournois, un que sais-je ? Hé bien, c'est un enfant qui aime les cailloux, qui dit des bêtises, qui en fait, qui lit Gotha, qui fait des patiences et qui faisait rire M. de Hanski »[39]. Pouvoirs magiques de cet infantilisme rieur : il chasse les soupçons de l'un et les remords de l'autre. Et il permet à

30. *Ibid.*, t. I, p. 661, vers le 22 janvier 1832, à Zulma Carraud.
31. *LH*, t. I, p. 583, 10 février 1838.
32. Jean-Jacques Rousseau, *Les Confessions*, Bibl. de la Pléiade, L. IV, p. 137.
33. Id., *La Nouvelle Héloïse*, Bibl. de la Pléiade, p. 457.
34. Id., *Les Confessions*, L. I, p. 10-11.
35. Id., *La Nouvelle Héloïse*, p. 452.
36. *LH*, t. I, p. 311, 11 mars 1835.
37. *Ibid.*, p. 298, 16 janvier 1835.
38. *Ibid.*, p. 277, 26 novembre 1834.
39. *Ibid.*

Balzac d'être *lui*, fidèle à la « *joyeuserie* de l'âme » et à la « folâtrerie » qu'il exprimait à Mme de Berny en 1822[40]. Mme Hanska lui fait retrouver l'être à la source, lui permet d'être *lui-même*, comme Mme de Berny et sa sœur Laure. Il le lui écrit du reste : « [...] et je ne suis moi-même ici qu'avec Mme de B[erny] et ma sœur. Probablement que vous êtes beaucoup ma sœur et que vous ressemblez beaucoup plus à la première aussi »[41]. Etre *soi-même*, c'est être ce « moi *enfant et rieur* » de la lettre fameuse du 26 octobre 1834[42]. Les notations sur la « juvénile gaieté » de Balzac abondent dans la biographie écrite par Laure[43]. Balzac est un « homme-enfant » à « l'heureuse et aimable gaieté »[44].

L'époque avait traduit selon ses étiquettes privilégiées l'impression d'éclatante franchise, de spontanéité jaillissante que lui avait laissée la gaieté balzacienne. *Rabelais* disait le pittoresque de l'éloignement temporel, le *moine* la séparation par rapport au siècle, le *Tourangeau* l'exotisme provincial. Simples vignettes qui visaient à cerner une réalité, celle du mythe personnel de Balzac : retrouver la nature en faisant jaillir de nouveau la source de l'enfance joyeuse, hors du temps, hors de la société, grâce à la chaleur de petites sociétés closes, quiètes, réconciliées. Mythologie toute proche de la mythologie rousseauiste.

Matérialisme

Force d'âme, bonté, enfance, désir de communication, tel est le premier volet d'un Rabelais faste qui recompose pour nous dans la *Correspondance* une nouvelle Thélème ou un nouveau Clarens. Mais les contemporains ne pénétraient pas en cette intimité.

● *L'image du mauvais ton*

De nombreux témoins ont ressenti cette expansion comme un sans-gêne et ils y ont vu une caricature de la liberté, la licence plus que le naturel. On passe facilement, il est vrai, dans le mythe rabelaisien, du naturel au naturalisme, de l'appétit de vivre à la « franche lippée ». L'époque confond les deux faces de ce Rabelais-Janus. Le manque d'apprêt de Balzac est condamné comme sensualisme et, dans la « gaieté naturelle », c'est le matérialisme qui est mis en question.

N'est-ce pas un Silène qui se profile, de Rubens ou de Jordaens, quand sont peints « empâtement du torse » et « avachissement de la bedaine »[45] ? Silène est explicitement cité par Werdet : « [...] c'était

---

40. *Corr.*, t. I, p. 169, avril (?) 1822, à Mme de Berny.
41. *LH*, t. I, p. 277, 26 novembre 1834.
42. *Ibid.*, p. 270.
43. Laure SURVILLE, *op. cit.*, p. 5, 23, 30, 58, 188, 189.
44. *Ibid.*, p. 196.
45. *Balzac mis à nu*, p. 88.

la face de Silène qu'épanouissait une joie jusque-là sans exemple, et qu'enluminait le vermillon le plus intempérant qu'on pût imaginer »[46]. On peut aussi, à la rigueur, rattacher à la veine silénique les « lèvres sensuelles » du Balzac de Gautier[47]. Ailleurs sont indiquées, éparses ou pêle-mêle, les tenues du mauvais ton, sales, débraillées[48], les ripailles et les paillardises. Il ne reste qu'à imaginer Balzac festoyant « avec quelques amis la dive bouteille et Camus »[49]. Dans les « gaulois propos » dont rivalisent Balzac, Laurent-Jan et Albéric Second[50] se lit une inspiration gaillarde qui n'exclut pas forcément la finesse, voire l'élégance dans la trouvaille, mais cela se dégrade vite en « grosse gaieté à quatre roues »[51], en mots « bas, triviaux, grossiers »[52]. Ici, plus de « bons rires » ; seulement les rires gras ; le gros rire.

● *Surimpressions*

Implicites ou explicites, les références à Rabelais gaulois, les moindres connotations rabelaisiennes condamnent Balzac. Mais aucun des « portraits » du type Rabelais-Silène ne porte la marque d'impressions fraîches, directes, naïves. Dans ces « impressions » on ne voit guère que surimpressions.

Lorsque Philarète Chasles veut résumer son jugement sur l'œuvre de Balzac, il use d'une formule qui surprend : c'était, dit-il, « Rabelais dans Marivaux »[53], c'est-à-dire le « grossier dans le subtil ». Or cette opinion sur l'œuvre se projette aussitôt sur un portrait physique que Chasles exécute comme s'il était une preuve vivante de la justesse de son jugement littéraire : « Il était, comme son œuvre, blagueur et positif. » D'où la part *Marivaux* de la face balzacienne, écho de la part *Marivaux* de l'œuvre : entre autres, « les mille anfractuosités délicates de sa face intelligente et fulgurante ». Quant à la part *Rabelais* du visage, non moins évocatrice de la part *Rabelais* de l'œuvre, elle souligne « l'épaisseur sanguine de ses lèvres [...] leur rictus bachique » et la conclusion du portrait, c'est que « ce gros moine pansu et bouffi » faisait un contraste qui allait « jusqu'au paradoxe » avec « la femme » et « l'enfant » qu'il y avait en lui. Ce portrait de l'homme en forme de Rabelais n'est en fait qu'une critique de l'œuvre en forme de portrait.

On assiste à la même translation sur le physique des jugements portés

---

46. Edmond WERDET, *Souvenirs littéraires*, p. 228.
47. Théophile GAUTIER, *Honoré de Balzac*, p. 94.
48. On n'a que le choix des professions pour stigmatiser méchants habits et mauvaises manières : paysans normands, pêcheurs bretons, marchand de lorgnettes, entrepreneur de spectacles forains dans *Balzac mis à nu*, p. 88 ; boucher, doreur chez Antoine FONTANEY, *Journal intime*, p. 30 ; riche marchand de bœufs de Poissy chez Edmond WERDET, *Souvenirs de la vie littéraire*, p. 75. Le comte APPONYI note, pour sa part, les « détestables manières » de Balzac (*Vingt-cinq ans à Paris*, t. III, p. 263).
49. Edmond WERDET, *ibid.*
50. Albéric SECOND, *Le Tiroir aux souvenirs*, p. 28.
51. Léon GOZLAN, *Balzac intime*, p. 239.
52. Edmond WERDET, *Souvenirs littéraires*, p. 359.
53. *Journal des Débats*, 24 août 1850.

par E.-M. Caro sur « l'esprit » et sur l'œuvre de Balzac[54]. Les trois plans (le physique, l'esprit et l'œuvre) se répètent l'un l'autre. Pure tautologie et roman policier critique où il suffirait de relever dans le portrait de l'homme Balzac quelques « indices » pour deviner le coupable qui sera pour finir démasqué, ce « burlesque » qui fait s'enfuir le « charme ». Présentation artificieuse, portrait truqué.

Même truquage d'Alfred Nettement, dès la première ligne de son portrait de Balzac : « Il était impossible de voir M. de Balzac sans être frappé de sa ressemblance physique avec Rabelais »[55]. Or, qui connaît le visage de Rabelais ?

En fait, le mécanisme de la métamorphose de Balzac en Rabelais-Silène, incarnation du matérialisme, apparaît comme double. Les *Souvenirs* de Banville en donnent une idée assez exacte, dans le passage où Banville rapporte son unique rencontre avec Balzac : « Je ne l'avais jamais vu auparavant, mais je le reconnus sans hésitation, d'après ses portraits et surtout d'après sa ressemblance avec son Œuvre... »[56]. Déjà, dans le cas des portraits composés par les Chasles, les Caro, les Nettement, nous avons constaté qu'ils portraiturent Balzac à la ressemblance de l'idée qu'ils se font de l'Œuvre. On se fait de Balzac une image *d'après* la lecture de ses romans. Mais cette image, et l'opinion que l'on se fait de l'œuvre sont elles-mêmes dépendantes des lignes de force de l'idéologie contemporaine. Idéologie qui se perçoit plus nettement encore dans les portraits et caricatures de Balzac. L'iconographie, produit de l'idéologie, la répercute et l'amplifie à son tour. On peut, de genèses en surimpressions, tenter de résumer les enchaînements historiques de la façon suivante : trois œuvres (*Physiologie du mariage*, 1829 ; *La Peau de chagrin*, 1831 ; les *Contes drolatiques*, 1832-1833), parallèlement avec la vie mondaine de Balzac, ont contribué à mettre en place une réputation que les statuettes ou les caricatures colportent et implantent entre 1835 et 1840 pour l'essentiel, mais qui a la vie dure et se prolonge même jusqu'après la mort de Balzac.

La gaieté matérialiste de Balzac apparaît ainsi comme liée très étroitement à deux vagues qui se sont recouvertes et ont cumulé leurs effets : *une vague née de l'œuvre, une vague de caricatures.*

● *L'œuvre et la réputation « rabelaisienne »*

La réputation calomnieuse que la *Physiologie du mariage* avait value à son auteur, le « jeune célibataire », était telle, lorsque fut publiée *La Peau de chagrin*, que la Préface prend longuement ses précautions. Déjà, en décembre 1829, il avait dû se défendre auprès de Zulma Carraud, que la *Physiologie du mariage* avait choquée. Il la mettait en garde contre le sentiment de répulsion, en soi normal et légitime, « qui saisit tout être

54. Elme-Marie CARO, *M. de Balzac, son œuvre et son influence*, *Revue européenne*, 1ʳᵉ année, 5ᵉ vol., 1859, p. 225-267.

55. Alfred NETTEMENT, *Histoire de la littérature française sous le Gouvernement de Juillet*, 1876, t. II, p. 269.

56. Théodore de BANVILLE, *Mes Souvenirs*, p. 277.

innocent à la lecture de Juvénal, de Rabelais, de Perse, de Boileau... »[57].
En 1831, Balzac sait bien que la saga est en marche : des « personnes
ont gratuitement médit de l'auteur de la *Physiologie* »[58]. « Aussi, l'auteur,
après avoir été accusé de cynisme, ne serait pas étonné de passer maintenant pour un joueur, pour un *viveur* [...]. » Balzac explique le phénomène qu'il appelle « physiologie scripturale »[59] et qui consiste à passer
de l'œuvre à l'auteur en lui inventant un personnage à l'image de son
œuvre. L'auteur « est réputé vieux, à moitié roué, cynique »[60]. Et cela,
malgré des précédents illustres, comme celui de Rabelais, « homme sobre »,
qui « démentait les goinfreries de son style et les figures de son ouvrage »[61].
Malgré les efforts de Balzac, l'œuvre est vilipendée par Sainte-Beuve
comme un roman « *fétide* et *putride*, spirituel, pourri »[62]. Charles de Bernard
écrit à Balzac : « Votre philosophie mi-parti Byron et Rabelais me charme
plus que je n'oserais l'avouer dans notre province prude et bigote »[63].
Œuvre et homme sont également guettés par le scandale.

Dès leur parution, les *Contes drolatiques* vont confirmer Balzac comme
un nouveau Rabelais, donc le discréditer auprès de la France « sérieuse »,
moraliste et puritaine. Après le premier dixain, le 31 mai 1832, M. de Mar-
gonne voit en Balzac « un successeur à Rabelais »[64]. Journaux et revues,
particulièrement la presse de tendance libérale, entonnent le refrain de
l'obscénité. *La Revue des Deux Mondes* estime que les *Contes drolatiques*
n'étaient ni « beaux » ni « vrais », mais « obscènes »[65]. *La Revue de Paris*
veut bien que Balzac soit un « pantagruéliste moderne », mais le rattache
plutôt à la débauche cynique des *Bijoux indiscrets* et autres livres obscènes
du XVIIIe siècle[66]. « Rabelais » est pourtant le nom que l'on donne le
plus souvent à Balzac, amis ou ennemis : le duc de Fitz-James[67], Charles
Rabou[68], Jean Thomassy[69], Pyrame de Candolle[70]. Le 15 décembre 1833,
lorsqu'il séjourne à Genève, sa venue est consignée par le lieutenant de
police sous le nom de « Balzac le drolatique ».

Voilà donc une réputation bien établie, que l'iconographie ne tardera
pas à relancer et à entretenir.

• *La caricature « rabelaisienne » de Balzac*

Il ne faut pas croire Charles Monselet, qui, dans ses *Souvenirs littéraires*,
prétend, en 1888, évoquer un souvenir de 1835, que lui avait confié

---

57. *Corr.*, t. I, p. 425.
58. *La Peau de chagrin*, Préface de la 1re édition, t. X, p. 50.
59. *Ibid.*, p. 49.
60. *Ibid.*
61. *Ibid.*, p. 47.
62. Sainte-Beuve, *Corr. gén.*, t. I, p. 263, 18 septembre 1831, à Victor Pavie.
63. *Corr.*, t. I, p. 599, 16 octobre 1831.
64. *Ibid.*, p. 730, 31 mai 1832.
65. *Revue des Deux Mondes*, avril 1832, p. 254.
66. *Revue de Paris*, t. XXXVII, 5e livraison, p. 265.
67. *Corr.*, t. I, p. 696, 15 avril 1832.
68. *Ibid.*, p. 708-709, 1er mai 1832.
69. *Ibid.*, t. II, p. 226, 14 janvier 1833.
70. *Ibid.*, p. 435, 27 décembre 1833.

Jaime père : « Monsieur Balzac, court, joyeux, remuant, roulant, tel que la gravure et la lithographie l'avaient popularisé [...] »[71]. Il aurait fallu écrire : «[...] tel que, *depuis*, la gravure et la lithographie l'*ont* popularisé. »

En effet, la première représentation publique de Balzac fut la statuette de Dantan, statuette-charge d'une hauteur de 340 mm, en plâtre teinté (1835)[72]. C'est la première version lancée sur le marché de « l'*homme-gras* »[73]. C'est aussi la première des faces hilares de Balzac[74]. « Ils me prennent au sérieux », écrit Balzac à Mme Hanska, le 11 mars 1835, « si bien que Dantan a fait ma charge. La voulez-vous ? »[75]. Balzac paraît fier de ce premier signe de célébrité le 30 mars suivant[76]. C'est seulement l'année suivante qu'il se plaint de la « mauvaise charge »[77].

Avant 1835, en tout cas, aucune lithographie n'avait encore circulé. La première semble avoir été celle de Cecilia Brandt pour une publication en langue allemande, à la fin de 1835[78]. Lithographie suivie de peu par celle de Julien, qui est très proche de la précédente, mais à l'envers[79]. Cette version sera elle-même reprise dans la *Revue étrangère*, en 1837, inversée de nouveau, donc avec un visage regardant vers sa gauche, comme dans la version Brandt[80]. Balzac prétend que les lithographies ont été faites d'après Dantan. Mais l'hilarité a disparu. Il n'existe donc qu'une seule représentation hilare de Balzac avant la caricature par Benjamin (Roubaud)[81].

Cette caricature allait ressusciter le Balzac hilare de Dantan, gras, épanoui, et de surcroît portant la bure, donc accomplissant la figure du Rabelais mythique au gros rire signifiant la grasse plaisanterie[82]. C'est le *Charivari* du 12 octobre 1838 qui proposa la caricature au public. Premier exemplaire d'une longue série : un canon est fixé pour longtemps[83].

En 1840, *Le Panthéon charivarique* reproduit la caricature de 1838[84].

71. Charles MONSELET, *Mes Souvenirs littéraires*, p. 9.

72. Pour l'iconographie de Balzac, il importe de se référer à l'*Album Balzac*, 1962, composé et commenté par Jean A. DUCOURNEAU (désigné ici par *Album*) ; au répertoire des *Portraits de Balzac* dressé par Jacques LETHÈVE, *AB 1963*, p. 361-390 (désigné ici par *Répert.*) ; au Catalogue de l'Exposition des *Portraits de Balzac* à la Maison de Balzac, février-avril 1971, dont les Notices ont été rédigées par Christian GALANTARIS (désigné ici par *Cat.*).

73. *Corr.*, t. IV, p. 618, septembre ou début octobre 1843, au baron d'André.

74. *Album*, p. 144 ; *Cat.*, n° 19.

75. *LH*, t. I, p. 311.

76. *Ibid.*, p. 318, lundi 30 mars 1835.

77. *Ibid.*, p. 392, mardi 8 mars 1836.

78. *Répert.*, n° 23 ; *Cat.*, n° 28.

79. *Album*, p. 165 ; *Répert.*, n° 75 *a* ; *Cat.*, n° 29.

80. *Répert.*, n° 75 *b*.

81. Caricature faite d'après le tableau peint par Boulanger représentant Balzac en robe de chartreux (Salon de février 1837).

82. *Album*, p. 191 ; *Répert.*, n° 10 *a* ; *Cat.*, n° 46.

83. Peu de temps après la parution de la caricature, on en exécute la copie sur l'album de la comtesse Bolognini-Vimercati à Milan, œuvre sans doute d'un familier de la princesse, voire de la princesse elle-même, selon l'hypothèse de Christian Galantaris et non, comme l'a écrit Marcel Bouteron, « la reproduction anticipée *(sic)* et maladroite de la caricature de Balzac par Benjamin Roubaud » (Les fantaisies de la Gina, *Les Cahiers balzaciens*, n° 2, 1923, p. 46-47).

84. *Cat.*, n° 50.

La même année, une charge de Roze, *Contrastes littéraires* ; *La Prose et les vers du XIXe siècle* met en scène Balzac et Lamartine ; Balzac, gras, petit, hilare, en moine, reproduit, à quelques détails près, la vignette de Benjamin[85]. Le même visage, la même tenue se retrouvent dans la charge de Jules Platier, en 1843, *Monographie de la presse parisienne... C'est la grande revue...*[86]. Mêmes signes, mais avec une expression légèrement différente, plus enfantine, moins sensuelle, dans la lettrine que Bertall avait prévue pour les *Petites Misères de la vie conjugale*, en 1846[87]. La lettrine parut dans le prospectus, mais Balzac estimait superflu ce dernier avatar du moine pansu et hilare : « [...] 1º c'est toujours la même *charge* [...] 2º ce n'est pas digne [...] je ne m'oppose pas à ce qu'il fasse une charge sur moi ; mais il faut qu'elle soit spirituelle, et celle-là c'est une *répétition* »[88]. Balzac ne tient pas à voir la robe de bure passer à la postérité dans le contexte de la joyeuseté vulgaire et débraillée, « rabelaisienne ».

Car cette image « rabelaisienne » avait été salie par une caricature que Balzac avait jugée déshonorante : celle d'Edward Allet qui, dans *Les Ecoles*, journal destiné aux élèves des classes terminales des lycées, l'avait représenté, en 1839, sous les traits, à vrai dire peu riants, d'un moine qui fume la pipe accoudé sur une table où se voient des bouteilles, cependant qu'une jeune femme se penche tendrement sur lui[89]. La joyeuseté s'était ici muée en « joyeuse vie ».

Dès 1839, l'association bure-hilarité est donc rompue par certains caricaturistes, cependant que le courant du moine gai se poursuit de Benjamin à Bertall. La tenue du moine va être exploitée en liaison avec une image de force, de puissance, de génie, donc va être valorisée et assurer le succès du Balzac génial, tel qu'en lui-même. Ce sont Gavarni et Bertall qui vont en être les artisans successifs[90].

Une seule autre bure mérite d'être encore citée, bure tardive, celle de la charge d'Etienne Carjat qui, en 1856, habille une fois de plus Balzac en moine, lui croise les bras comme dans le tableau de Boulanger, mais lui donne des traits neufs, différents de ceux des « moines » qui précédaient. Le visage est puissant, mais grossier. Est-ce affaire de taille dans la gravure ? En tout cas le visage paraît mal rasé, l'habillement manque

---

85. *Album*, p. 268 ; *Répert.*, nº 101 ; *Cat.*, nº 53.

86. *Album*, p. 250 ; *Répert.*, nº 96 ; *Cat.*, nº 54.

87. *Répert.*, nº 14 *a* ; *Cat.*, nº 56.

88. *Corr.*, t. V, p. 17-18, 22 mai 1845, à Mme de Brugnol.

89. *Album*, p. 204 ; *Répert.*, nº 2 ; *Cat.*, nº 59.

90. On possède six versions (dessins, lavis, eaux-fortes) de Balzac en robe de chambre, grave, sans dramatisation, positif et naturel, par Gavarni, dont le premier dessin fut exécuté en 1839 ou en 1840. Mais ces interprétations de la figure balzacienne n'eurent guère de diffusion, ne contribuèrent donc pas à la légende. Bertall, après avoir fait un dessin préparatoire à une gravure sur bois d'après le daguerréotype de 1842, l'abandonna, et adopta dans son dessin du buste de Balzac, en 1847, la bure, les bras croisés, l'expression virile, puissante, chaleureuse. La gravure faite par Lemoine en 1848 d'après l'un des deux dessins de Bertall allait faire disparaître ce que les originaux laissaient subsister d'enfance et de jaillissement au profit d'une maturité et d'une puissance moins personnelles. Il en alla de même avec les nombreuses gravures ultérieures d'après Bertall, en 1853, en 1859, en 1874.

d'apprêt et les lèvres entrouvertes ne se décident ni à rire ni à sourire franchement[91]. On sent que le portrait est posthume, de seconde ou de troisième main, et il porte en particulier les traces d'une contamination par les charges de Nadar. Celles-ci se multiplient après 1850, déformation du daguerréotype de 1842 : la hâte, la profondeur de la vision, les agitations et les luttes, un certain tragique aussi (celui du génie affronté à un monde difficile) se lisent pêle-mêle dans un cheveu mal peigné, dans une barbe mal faite, les rides profondes, les mouvements tourbillonnaires du fusain, le combat des blancs et des noirs[92].

Ainsi, la représentation de Balzac accentuait et multipliait les signes du génie : elle empruntait, pour ce faire, deux grandes voies. L'une altière et sereine, olympienne, celle de Bertall. L'autre déchirée, minée, tragique, celle de Nadar. Le rire gardait une place, à l'échelon modeste des revues et des petits journaux. Cette image rieuse, fidèle à l'expression de la caricature princeps de Benjamin, ne recourait pas toujours à la bure, mais accentuait l'aspect bouffon, rapetissait encore la taille, cantonnait le personnage dans un rôle subalterne d'amuseur. En même temps qu'on spécialisait le visage de Balzac dans une fonction rieuse, on tendait à faire de cette figure une sorte d'emblème du rire. Le titre lithographié de *La Caricature provisoire* du 18 novembre 1838 comportait, entre autres têtes placées sur des corps d'angelots, celle de Balzac, avec toute l'hilarité que lui avait prêtée Benjamin le mois précédent[93]. La veine comique de la caricature de Balzac, à la différence de la veine « géniale », reste fidèle à un même canon, le canon Benjamin. Mais, si elle se poursuit jusqu'à la fin de la vie de Balzac pour le désigner en tant que Balzac[94], elle sert aussi à représenter, anonymement, le rire, comme dans cette vignette de 1844 illustrant les *Nouvelles et seules véritables aventures de Tom Pouce* de P.-J. Stahl[95].

C'est par le matérialisme gai qu'a été popularisé Balzac, à partir des deux images mères de Dantan et de Benjamin. L'année 1842, date

---

91. *Répert.*, no 26 ; *Cat.*, no 174.
92. *Album*, p. 312 ; *Répert.*, no 90 a, b, c, d, no 91 ; *Cat.*, no 97, no 98, no 99, no 100.
93. Composition signée de Barray ; *Répert.*, no 6 ; *Cat.*, no 48.
94. On peut rappeler la lithographie de BENJAMIN où Balzac porte une hotte de *romans très bons et très mauvais*, 23 décembre 1839, parue dans *La Mode* (*Album*, p. 216 ; *Cat.*, no 71) ; la lithographie de GRANDVILLE, le 29 décembre 1839, dans *La Caricature* : « Grande course au clocher académique » (*Cat.*, no 72) ; les reprises de cette lithographie le 16 février 1840 (*Cat.*, no 51) et le 20 février 1844 (*Album*, p. 271 ; *Répert.*, no 68 ; *Cat.*, no 73) ; entre-temps Balzac roi jubilant dans une composition pour un éventail, de GRANDVILLE, vers 1842 (*Album*, p. 252-253 ; *Répert.*, no 70 ; *Cat.*, no 24) ; même expression dans la charge de Jules PLATIER, dans le *Musée ou Magasin comique* en 1842 (*Album*, p. 241 ; *Répert.*, no 95 ; *Cat.*, no 107) ; visage toujours hilare dans le *Grand Chemin de la postérité*, de BENJAMIN, la même année (*Album*, p. 254 ; *Répert.*, no 11 ; *Cat.*, no 106) ; même expression, par BERTALL, pour une tête qui termine le corps d'un serpent tentateur enroulé autour d'un arbre, avec pour titre : « Origine de la Comédie humaine », dans *La Sylphide*, en 1843 ; reprise par GRANDVILLE de sa gravure, en 1845, pour le « Thé artistique assaisonné de grands hommes » (*Album*, p. 265 ; *Répert.*, no 69 c et d ; *Cat.*, no 74, no 75) ; enfin lithographie de CLOPET, copie inversée du Balzac de Benjamin, pour le « Grand chemin de la postérité », après 1842, selon Christian Galantaris, en 1860 selon Jacques Lethève (*Répert.*, no 33 ; *Cat.*, no 108). Tel est le bilan de la gravure du Balzac rieur sans bure.
95. *Répert.*, no 13 b ; *Cat.*, no 122.

du daguerréotype, marque un tournant. La représentation gaie de Balzac n'occupe plus le devant de la scène : elle ne fait plus que se répéter, en mineur. S'impose l'imagerie du « génie » que se partagent deux versions : la version noire, qui accentue les traits du daguerréotype, due au crayon de Nadar et de Carjat ; la version sublime, idéaliste, celle de Bertall, qui, mieux diffusée et vite commercialisée, l'emportera bientôt. Nadar et Carjat font évoluer la figure de Balzac vers le matérialisme triste, vers le naturalisme. Bertall installe l'image du chef-d'œuvre, lissée, érodée, recadrée, ayant perdu son grain en même temps que son rire. On assiste à une dégradation qui se veut magnifiante, de graveur en graveur : Lemoine pour le Furne (t. XVII) en 1848, Geoffroy pour l'édition Houssiaux (t. I) en 1853, un autre graveur encore, inconnu de nous, pour l'édition de la Veuve Houssiaux (t. I) en 1874.

La gaieté de Balzac n'était-elle donc qu'un mythe ? ou bien était-ce une réalité que sa représentation a obturée ? Quel était le point de vue de Balzac lui-même sur sa « gaieté naturaliste » ? Et celui de ses intimes ? Y a-t-il donc une vérité du Balzac gaulois ?

● *Balzac gaulois vu par lui-même et par ses intimes*

L'image hilare de lui-même ne devait pas déplaire à Balzac, si l'on en juge par la *Correspondance* et par diverses professions de foi.

Les déclarations de guerre à la bigoterie abondent dans les lettres de jeunesse à Laure. Attaques en règle contre l'angélisme et le puritanisme. En faisant constamment allégeance à Mère Nature, Balzac montre qu'il ne conçoit la vie, déjà, que dans une âme *et* dans un corps. Présentant à sa sœur une sœur de Montzaigle, le prétendant de Laurence, il signale qu'elle « a passé l'âge des amours » et que « par conséquent » elle « est dans la dévotion jusqu'au milieu du col »[96]. Il est facile de glaner dans la *Correspondance* les marques de son hostilité au puritanisme, trahison de la nature. Il fait à Mme Hanska le compte rendu de *Volupté* : « Malheureusement, il n'existe pas dans ce livre ces agaçantes joyeusetés, cette liberté, cette imprudence qui signalent les passions en France, c'est un livre puritain »[97]. Puritanisme, c'est contrainte et c'est dessèchement. Balzac fait le départ entre ce qui épanouit et ce qui racornit : « [...] j'ai la *nature dévote* en horreur, ce n'est pas la piété qui m'effraie, mais la dévotion [...] autant j'admire ces élans sublimes, autant les pratiques minutieuses me dessèchent. La chicane n'est pas la justice »[98].

Toutes ses attitudes face à la société du temps sont étroitement reliées à son horreur native de tout verrouillage (le religieux, le libéral, l'anglais ou le bourgeois). Ce rêve d'expansion et de libre expression nous semble même le meilleur principe d'explication de ses idées politiques aussi bien que de ses choix esthétiques. L'art est le lieu où s'exprime le mieux cette aspiration globale : « Les préjugés anglais sont terribles,

---

96. *Corr.*, t. I, p. 106, juillet 1821.
97. *LH*, t. I, p. 247, 25 août 1834.
98. *Ibid.*, p. 629-630, 15 novembre 1838.

et ôtent tout ce qui va aux artistes, le laissez aller, l'abandon »[99]. Le vital, le politique, l'esthétique, tout converge vers une rêverie primitive de matière sans péché, de sublime sans mutilation. Idée présente dans maint détail : le goût de la plaisanterie salée, sans réserve ni retenue, ne prend sens que par ce projet de totalité vivante.

Il n'y a pas d'expression trop crue pour dire le vivant. Ainsi, par la faute des « puritains du libéralisme qui font *Le Siècle* », la *Béatrix* que va lire Mme Hanska sera « mauvaise et châtrée ». Non seulement on a fait disparaître le mot *gorge* et le mot *volupté*, mais encore, la femme du directeur en chef étant « maigre comme un cent de clous », ils « ont ôté une plaisanterie de Camille Maupin sur les os de Béatrix »[100]. Les femmes osseuses sont l'objet privilégié de ses brocards : symboles du sec, du froid, sinon du frigide, donc repoussoir à ce qu'il aime, la vie animée et multiple. Images de mort : les os de Béatrix, l'os de seiche qu'est Mme de Bargeton[101], Clotilde de Grandlieu, « cette latte qui marche et qui porte des robes »[102], et, tout aussi bien, « le paquet d'os étiqueté Christina »[103]. L'appétit de nourriture et les appétits sexuels s'expriment indistinctement l'un par l'autre. Ripailles et débauches imaginaires se mêlent et se confondent dans les rêveries rabelaisiennes que déclenche la plantureuse Touraine. « La Touraine me fait l'effet d'un pâté de foie gras où l'on est jusqu'au menton, et son vin délicieux, au lieu de griser, vous bêtifie et vous béatifie »[104].

Tout ce qui est du corps est abordé sans réserve dans l'admirable échantillon de gauloiserie que forment les lettres à Laure. La « franchise » de l'expansionnisme physique rejoint la « franchise » de la transparente fraîcheur : appel au moins autant que don, moyen privilégié de communication entre intimes. Le « ventre » y tient sa place, sujet fréquent des entretiens de style « bonne franquette »[105]. Ainsi peuvent être brossés de petits tableaux de genre et entendus, grâce aux onomatopées, les gargouillis de la vie : « Comme vous vous ravigotez de fruits !... Vous nagez sur les poires, etc., et quand je me couche, mon saucisson et ma poire dans le bec, le ventre d'Henri fait *bron, bron, bron. Ergo*, indigestion de fruit »[106]. Pas davantage de façons pour parler de ce pot de confitures d'abricots qui lui « a valu une purgation »[107]. Pas de fausse pudeur pour parler à Laure des charmes de leur sœur Laurence, qui a « deux n[é]n[és] placés admirablement bien... »[108]. Aucun bégueulisme certes quand il évoque « le ventre de Louise », la cuisinière, qui « est fièrement gros »[109].

99. *LH*, t. I, p. 678, 15 mai 1840.
100. *Ibid.*, p. 645, 4 juin 1839.
101. « Os de seiche » est employé par Balzac, dans *Illusions perdues*, pour désigner Mme de Bargeton : Lucien est « honteux d'avoir aimé cet os de seiche » (t. V, p. 273) et l'expression est reprise par Lousteau dans son article satirique (*ibid.*, p. 399).
102. *Splendeurs et misères des courtisanes*, t. VI, p. 759.
103. *LH*, t. IV, p. 116, 25 juillet 1847.
104. *Corr.*, t. I, p. 461, 21 juillet 1830, à Victor Ratier.
105. Pierre Barbéris, *Aux sources de Balzac*, Bibl. de l'Or., 1965, p. 62.
106. *Corr.*, t. I, p. 37, 6 septembre 1819.
107. *Ibid.*, p. 59, novembre 1819.
108. *Ibid.*, p. 107, juillet 1821.
109. *Ibid.*, p. 103, juin 1821.

Balzac pousse jusqu'à l'anecdote piquante et ne redoute pas l'histoire salée. La longue lettre de fin janvier ou début février en constitue le meilleur exemple. Il livre à sa sœur ses rêveries sans apprêt sur la « belle et friande » Mme Mignot, dont il préférerait, quant à lui, « faire de la gélatine car elle est douce »[110]. Et, dans la même page, ce petit compte rendu sur les relations de M. de Savary et de Mlle Hado : « Mr de Savary est venu-z-ici ; il a toujours sa petite perruque de chiendent qu'il raffermit à chaque instant en la prenant par deux mèches qui se trouvent collées contre ses tempes. Mademoiselle Hado a toujours la migraine, ce qui suppose que cette servante maîtresse peut encore quoique M. de Savary ne peuve pas »[111]. Balzac s'y révèle maître en physiologie tout autant qu'en gauloiseries : le terrain est préparé pour *La Vieille Fille* et la symbolique des perruques est prête pour les Bargeton, les La Baudraye ou les Nucingen à venir. Le dialogue du père de Balzac et de M. Champs sur le fils de ce dernier, qui a fait un enfant à une jeune fille de Ville-parisis, est plein de suggestions. M. Champs ayant dit : « Nous en avons fait autant et mon fils est un b... qui f.g.h.i.j.k.l., etc., très bien », le père de Balzac « interrompit » : « — C'est dans la nature »[112]. Réponse que pourrait faire Balzac à qui s'étonnerait du style de ses propos, qu'il s'agisse du vocabulaire ou du ton d'irrespect gargantuesque de ce passage : « Oh ! quand on voit ces beaux cieux, par une belle nuit, on est prêt à se déboutonner pour pisser sur la tête de toutes les royautés »[113], ou des nombreuses évocations du minou et du bengali.

Ces manifestations de liberté épistolaire sont les signes d'un besoin de confiance, d'un désir de la susciter à tout prix. Pour assurer le contact, pas de meilleur moyen que ce langage dru et sans fard. Mais faut-il limiter à la relation épistolaire le rabelaisianisme de Balzac ?

Certains témoignages paraissent véridiques. Celui d'Auguste Barbier est assez nuancé pour être crédible : « M. de Balzac déployait une verve et une éloquence rabelaisiennes qui allaient quelquefois jusqu'à la crudité »[114]. Cela, et les « gaulois propos » dont Albéric Second se faisait l'écho[115], et l'exigence du piment pour les calembours que l'on faisait devant lui[116], tout s'harmonise bien avec la verdeur dont nous avons vu dans la *Correspondance* maint témoignage spontané. Il est donc vraisemblable de conclure avec Henri Monnier : « Balzac, malgré son intelligence si fine et si distinguée, aimait la grosse plaisanterie ; dans l'intimité, on retrouvait plus souvent en lui l'auteur des *Contes drolatiques* que l'observateur de *La Femme de trente ans*. L'aspect des champs avait sans doute ce jour-là surexcité sa verve, car il se mit à nous débiter toutes sortes de gauloiseries. Parvenu sur une éminence d'où l'on apercevait le plus magnifique panorama de la vallée, nous nous arrêtâmes, et, tout

---

110. *Ibid.*, p. 135, fin janvier ou début février 1822.
111. *Ibid.*
112. *Corr.*, t. I, p. 132.
113. *Ibid.*, p. 463, 21 juillet 1830, à Victor Ratier.
114. Auguste Barbier, *Souvenirs personnels et silhouettes contemporaines*, p. 224.
115. Cf. *supra*, p. 25, n. 50.
116. « Il le lui fallait bien salé » (Léon Gozlan, *op. cit.*, p. 22).

à coup, Balzac fit retentir les échos d'alentour d'un de ces bruits grotesques qu'on ne nomme pas et qu'il accompagna de ses plus bruyants éclats de rire. Les lèvres de Latouche n'en restèrent que mieux fermées [...] »[117]. Deux remarques de Monnier donnent toute sa valeur à son anecdote : « l'aspect des champs », donc la proximité de la nature, provoque chez Balzac des manifestations d'exubérance insolite, comme c'était le cas dans les lettres écrites à Laure depuis Villeparisis, dans la lettre à Victor Ratier, écrite à La Grenadière ; d'autre part, l'intimité conditionne ses réactions, leur donne naissance et leur donne sens. Si l'on en croit Werdet, c'est dans le monde, dans la société, que « ses saillies, ses traits d'esprit s'alourdissaient, [...] devenaient lourds, massifs, écrasants. On eût vainement compté y découvrir le moindre grain de ce sel attique qui la veille en faisait le charme ! Cet écrivain tombait alors au-dessous de l'homme le plus vulgaire ; ses plaisanteries, ses mots, hier si heureux, étaient maintenant sans portée, — quelquefois même bas, triviaux, grossiers »[118]. Hors de la société, il était tout aussi excessif, mais naturel, satisfait de pouvoir être *soi* : la gauloiserie était alors à mettre au compte du désir de transparence dans la nature retrouvée. Dès que réapparaît la société, ce désir d'être soi se crispe, les manifestations du « naturel » sont moins excessives que forcées. Balzac, en ces circonstances, contribue lui-même par ses excès, ses porte-à-faux, son maladroit et intempérant désir de s'affirmer, à accréditer une image péjorative.

Cette déviation du sens de son image « comique » déplaît à Balzac. Il en veut à la déformation de « *l'impudica*, qui est la grande accusation vulgaire que portent sur [lui] les personnes auxquelles [il est] inconnu »[119]. On lui fait le procès du « cynisme », faute de comprendre le sens de ce matérialisme quelquefois débordant, mais bondissant, cordial, ennemi de la limite et créateur.

Puissances du rire

Il est un point sur lequel on ne rencontre pas de divergence parmi les témoins et où ils s'accordent avec ce que Balzac écrit de lui-même, c'est celui de la puissance des manifestations rieuses, de la force de l'explosion, du retentissement des fous rires. C'est là un troisième courant dans la ligne générale du naturalisme rieur, celui de la force et de l'intensité. Puissance qui est encore placée sous le parrainage de Rabelais.

● *L'unanimité des témoins*

Explosif, volcanique, cosmique, telles sont les épithètes que l'on est amené à employer pour qualifier l'intensité physique des rires évoqués par les biographes. Chez Werdet, Balzac « riait à faire danser les glaces

117. Henri MONNIER, *Mémoires de Monsieur Joseph Prudhomme*, t. II, p. 104-105.
118. Edmond WERDET, *Souvenirs littéraires*, p. 358-359.
119. *Corr.*, t. III, p. 585, mars 1839, à Mademoiselle ***.

dans leurs châssis »[120] ou encore : « Ses éclats de rire furent tels, que toute la salle du festin en trembla »[121]. Chez Gozlan, le rire « éclatait comme une bombe »[122] ou bien on voit Balzac rire « à faire trembler la cabane du pêcheur, à faire envoler les pigeons, picorant sur les bords de la croisée. Tout rit autour de nous, parquet, plafonds, bancs, banquettes, assiettes, couteaux, fourchettes de plomb... »[123].

Ce rire même, on peut essayer d'en définir le timbre et d'en répertorier les mimiques. Le témoignage dépasse rarement les frontières du langage usé[124] ; un fait précis se dégage néanmoins de l'ensemble des notations : ce rire énorme est communicatif, entraînant, contagieux. Il est un élément essentiel de la relation de Balzac avec les groupes qu'il fréquente. Les correspondants de Balzac aiment cet air de gaieté que l'on respire en sa présence. On attend et on réclame ce gai convive[125]. Dans tous les cas on tente de cerner le phénomène que décrit assez bien Gozlan : « Dans le rire particulièrement il saisissait, il entraînait ; il vous attelait, pour ainsi dire, à sa grosse gaieté à quatre roues, et, quoi qu'il en eût, il fallait le suivre [...] »[126].

● *Balzac « mythe de son style »*

C'est la gaieté qui a été mise à contribution pour illustrer l'impression de force géniale que donnait la lecture des œuvres de Balzac. C'est au visage rieur que les récits biographiques ont demandé de symboliser la puissance créatrice : implicitement, dans les années 1840 ; explicitement, après la mort.

En 1841, Louis de Loménie mêle les signes de la puissance et de la gaieté dans cette « face de moine, large, rubiconde et joviale, une bouche grande et riante »[127]. De même, à la mort de Balzac, Jules Lecomte le dit « bouffon d'aspect, plein de verve » et ajoute : « Son œil, son front, tout rayonnait sous le génie »[128]. En 1856, Amédée Rolland, après un

---

120. Edmond WERDET, *Souvenirs littéraires*, p. 173.

121. *Ibid.*, p. 228.

122. Léon GOZLAN, *Balzac intime*, p. 16.

123. *Ibid.*, p. 173.

124. Il faut se tirer d'affaire avec des expressions telles que : « son rire le plus sonore » (*Balzac mis à nu*, p. 87) ; « rires plus forts » et « joie d'enfant » (Edmond WERDET, *op. cit.*, p. 296) ; « il riait aux larmes » (Laure SURVILLE, *op. cit.*, p. 190) ; « le plus fou des amusements » et « irrésistible hilarité » (Léon GOZLAN, *op. cit.*, p. 146) ; « joie exubérante » (Etienne-Jean DELÉCLUZE, *Souvenirs de soixante années*, p. 510) ; « jovialité herculéenne » (Théophile GAUTIER, *op. cit.*, p. 95).

125. Entre 1820 et 1830, c'est la même antienne : Jean THOMASSY attend de Balzac sa « gaieté ordinaire » (*Corr.*, t. I, p. 225, 17 octobre 1823) et le considère, de ce fait, comme un bon médecin (*ibid.*, p. 244, 7 janvier 1824) ; Auguste SAUTELET attend qu'il le fasse « crever de rire » (*ibid.*, p. 220, juillet ou août 1823) ; et LATOUCHE : « [...] je n'ai pas ri depuis votre départ » (*ibid.*, p. 345, 9 octobre 1828) ; et la générale de POMMEREUL, citée par Robert du PONTAVICE DE HEUSSEY (*Balzac en Bretagne*, p. 22), évoque « une bonne humeur tellement exubérante qu'elle devenait contagieuse ».

126. Léon GOZLAN, Balzac chez lui, in *Balzac intime*, p. 238-239.

127. *Galerie des contemporains illustres*, t. III, p. 35.

128. *L'Indépendance belge*, 23 août 1850.

couplet sur les reflets géniaux de l'œil de Balzac, s'étend sur son « large
éclat de rire, mais un rire homérique, un rire franc, un rire tourangeau ».
C'est l'indication de la puissance géniale qui est prépondérante dans ce
rire[129]. En 1859, dans le portrait que Gautier propose, « hilarité puissante »
et « jovialité herculéenne » intègrent parfaitement l'un à l'autre les deux
facteurs de la puissance et de la gaieté[130].

Eusèbe de Salles donne la formule de ce portrait puissant, généralement gai, toujours sous le signe de Rabelais : « L'homme, mythe de
son style, valait mieux par le coloris que par le dessin [...] »[131]. C'est ce
Balzac « mythe de son style » que proposent respectivement dans les
portraits qu'ils tracent Delécluze en 1862, Banville en 1866, puis en 1882.
Mythe de Rabelais et mythe de Balzac sont deux interchangeables
figures de la puissance et de la gaieté.

Delécluze fait, trente ans après l'événement, le récit de sa première
rencontre avec Balzac. Celui qui est décrit, c'est Balzac « pauvre petit
romancier, peu connu alors, mais qui depuis a produit la *Comédie
humaine* »[132]. La description, la voici : « D'une taille médiocre et trapue,
les traits de son visage, quoique connus, indiquaient une vivacité d'intelligence extraordinaire, et le feu de son regard, ainsi que le contour
vigoureusement dessiné de ses lèvres, trahissaient en lui l'énergie de la
pensée et l'ardeur des passions. A voir cet air naturellement réjoui
répandu sur une physionomie énergique, on aurait pu prendre une idée
de celle de Rabelais, dont aucun souvenir authentique ne nous est parvenu »[133]. Etrange formule ! A l'inverse de l'habitude, c'est Rabelais
qui va, ici, devenir balzacien ! La superposition des deux images, le
visage de Balzac et celui de Rabelais, est rendue possible par l'identité
des deux mythes, l'un et l'autre construits sur le schème de la puissance
et du rire, l'un et l'autre servant d'illustration à l'idéologie du génie.
Delécluze se trahit quand il écrit que ce « pauvre petit romancier, peu
connu alors », avait un visage dont les traits étaient « connus » ! Autre
« trahison », cent cinquante pages plus loin : « A cela près de la correction,
le style du profond observateur Balzac a quelques rapports avec celui
de Rabelais »[134]. On pouvait donc rétrospectivement faire d'un seul trait
le double portrait de Balzac et Rabelais, « mythes de leurs styles ».

En 1866, Théodore de Banville parachève le portrait mythique du
génie : « Du même bloc géant où elle avait sculpté la tête du dieu Rabelais,
forgeron épique, la grande Ouvrière tira cette tête large et puissante,
où le front a les bosses terribles du génie ; où la chevelure inextricable,
relevée en haute brosse sauvage, retombant en masses épaisses, droites,
vivantes, est plantée dru comme les arbres dans la forêt ; où, sous les
sourcils profonds, les yeux curieux, superbes, calmes, interrogateurs de
la Vie et de l'Infini, miroir de tout, boivent l'univers spirituel et le reflè-

129. *Le Diogène*, n° 3, 24 août 1856.
130. Théophile GAUTIER, *op. cit.*, p. 9.
131. Eusèbe de SALLES, Balzac aux lanternes, *La Presse*, 4 octobre 1862.
132. Etienne-Jean DELÉCLUZE, *op. cit.*, p. 284.
133. *Ibid.*
134. *Ibid.*, p. 532.

tent »[135]. Rabelais est encore là pour symboliser la puissance créatrice[136].

La confusion est devenue totale entre l'homme et l'écrivain. Le complexe homme-œuvre s'est propagé grâce à la fusion du mythe Rabelais et du mythe Balzac, avec le secours de quelques mythes annexes, en particulier ceux de Molière et de Shakespeare : ce sont précisément les trois écrivains qui constituent, selon Laure Surville, « la bibliothèque du penseur » et auprès desquels Laure aimerait voir figurer son frère dans la postérité[137]. L'association la plus courante demeure cependant celle de Rabelais et de Balzac. On la voit encore mise en œuvre en 1931, lorsque Frédéric Ségu écrit que tout Balzac s'exprime par ce « rire large », cette « joie robuste et puissante qu'on suppose à Rabelais »[138]. En cette formule, la puissance de la joie est signe de puissance tout court.

● *Le fou rire et l'écriture de soi*

La liaison du rire, et particulièrement du fou rire, et de l'écriture, surtout de l'écriture épistolaire, n'est pas entièrement factice. Au rire s'attache une écriture rieuse et une écriture rieuse appelle le récit du rire. Quand, jeune homme, Balzac écrit à Laure : « Je ris comme un bossu et t'embrasse »[139], c'est une phrase qui prend la suite de : « Adieu, Laure-Dusseck-Grétry-charmante-sœur-riri-pan-pan-croque-note. » Le fou rire vient suppléer le langage, devient langage. Langage démonstratif, incitateur, par lequel Balzac montre à sa correspondante le moyen de communiquer avec l'émetteur, au reçu de la lettre, en faisant comme lui, en riant « comme un[e] bossu[e] ».

Le « seul rire un peu homérique que [Balzac a] eu depuis une année »[140], il le doit, dit-il, à Mme Hanska quand il a lu « sa lettre confite de petites sucreries oratoires ». Il lui écrit son « rire homérique » pour susciter entre elle et lui une intimité : « La lettre que vous recevrez d'ici à q[ue]lq[ue]s jours vous fera comprendre quel rire homérique m'a pris en relisant tes *(sic)* nouvelles considérations sur le défaut de fortune »[141]. Le lapsus qui fait passer du *vous* au *tu* ne doit pas être dissocié du « rire homérique » et montre éloquemment le lien qui s'établit, dans l'écriture de la lettre, entre l'extériorité du « rire homérique » et l'intimité imaginée et cherchée. Le sens du rire hyperbolique est indiqué par la même lettre : « Si vous aviez pu voir quelle a été ma joie en lisant cette lettre, vous auriez su combien vous êtes aimée. » Balzac veut, par son rire, forcer la conviction.

Loi épistolaire : pour faire rire, il faut écrire son rire. Même si ce n'est qu'un rire *in petto* comme celui-ci : « Valentine et son père sont

135. Théodore de BANVILLE, Camées parisiens, *Le Figaro*, 3 juin 1866.
136. BANVILLE reprend en 1882 son portrait de Balzac et, pour mieux symboliser le Génie et la Force, il lui donne une « barbe à la Rabelais » (!) (*Mes Souvenirs*, p. 278).
137. Laure SURVILLE, *op. cit.*, p. 188.
138. Frédéric SÉGU, *Henri de Latouche*, p. 424.
139. *Corr.*, t. I, p. 60, novembre 1819.
140. *LH*, t. I, p. 499, 11 mai 1837.
141. *Ibid.*, t. II, p. 66, 10 avril 1842.

venus dîner hier, et j'ai trouvé la jolie robe rose de ma nièce bien salie
à la taille. La petite masque a 14 ans, et je lui ai dit : Ah ! Valentine,
comment peux-tu avoir de la graisse là ? — Mon oncle, c'est la polka !
J'ai failli étouffer de rire à l'idée de Valentine dansant la polka, et à
l'idée que ses danseurs lui laissent de pareilles marques à sa robe »[142].
Est-il allé à un spectacle ? Il fait partager son plaisir, dans son effervescence : « Hier, je suis allé au Vaudeville, où Arnal m'a fait mourir de
rire »[143]. Il confère à sa correspondante un identique paroxysme dans le
rire : « Je veux vous faire rire d'un mot des rapins. Elle [la princesse
Belgiojoso] a laissé mettre son portrait au salon, et les anti-Ingristes la
nomment le *danger de l'onanisme* ! Non, si vous pouviez voir cette tête
blanche et décharnée, ces yeux qui sortent de leur orbite par un regard
fixe qui frise la folie, vous crèveriez de rire, de ce bon rire qui fait tant de
bien »[144].

Les trois rubriques de notre analyse de la gaieté balzacienne se confondent ici : transparence des « bons rires qui font du bien », gauloiserie et
puissance. Ecrire son fou rire, c'est, par toutes ces voies, tenter de s'écrire
sans les trahisons du langage. Mieux, en écrivant un rire homérique,
l'épistolier se rend présent à soi-même, par avance, le plaisir qu'il va
faire éprouver à sa correspondante. Grâce à l'écriture des fous rires, entre
destinateur et destinataire se recrée l'intimité protégée des bons rires,
des bonnes âmes, des belles âmes. Pour mieux se rapprocher d'Eve dans
ce sanctuaire, Balzac dresse contre le monde hostile les murailles de son
rire : il invite Mme Hanska à s'y abriter en sa compagnie : « J'ai reçu
à propos des *Paysans* la plus enragée des lettres. J'en ai ri *comme un
fou*, je te la garde, c'est un curieux monument de haine ! »[145]. Il y a
toujours une invitation à partager son rire *contre* les autres. Ainsi, Aline,
la sœur d'Eve Hanska, est souvent prise comme tête de Turc et comme
repoussoir. N'a-t-elle pas dit à Balzac que Wierschownia était le comble
du mauvais goût ? Car « c'est par là, conclut-elle, que péchait mon défunt
cher beau-frère ». Balzac commente : « Non, chère, je n'ai pu retenir
un immense éclat de rire de cette vengeance posthume, car j'ai compris
tout, à la rage de cette observation. Cet homme, qui avait préféré Ev.
à A(line), pouvait-il avoir du goût en q[ue]lq[ue] chose »[146]. Princesse
Belgiojoso, correspondants critiques, Aline, autant de cibles pour le fou
rire à deux. Le rire épistolaire est un tremplin pour l'intimité.

Transparence, jouissance, expansion et communion : un même souci
de communication enfantine avec soi et avec les autres. Projet vivant
d'apparaître en dehors de tout cliché. Or, parmi les clichés auxquels
recourt l'époque pour dire Balzac, le cliché lancinant, que l'on fait servir
toujours et à tout propos, c'est Rabelais. Et Balzac lui-même, qui consacre
aux mêmes idoles, participe au même langage que son temps, se réfère
lui aussi en mainte circonstance à Rabelais. Il donne à Rabelais une valeur

---

142. *LH*, t. II, p. 562, 3 janvier 1845.
143. *Ibid.*, t. III, p. 489, 18 novembre 1846.
144. *Ibid.*, t. II, p. 415-416, 7 avril 1844. De même, après avoir vu aux Français
L'Aventurière : « Régnier m'a fait *crever de rire* » (*ibid.*, t. IV, p. 323, 25 avril 1848).
145. *Ibid.*, t. II, p. 562, 3 janvier 1845.
146. *Ibid.*, t. IV, p. 98, 14 juillet 1847.

exemplaire, il en fait le parangon d'une joyeuse et inaltérable pureté. Balzac tente d'arracher Rabelais au cliché pour forger son Rabelais à lui. Rabelais devient alors élixir, source de jouvence, et Balzac s'efforce d'en recomposer la formule dans son œuvre. Confrontation du vivant et du cliché, ce *Rabelais* de Balzac doit être interrogé.

Le Rabelais de Balzac ou « l'immense arabesque »

A partir de 1828 et jusque vers 1832, autour du pivot historique de 1830, avant et après le tournant idéologique de Balzac (1831), on peut, comme l'a fait Maurice Lécuyer, parler de « fièvre rabelaisienne » : trois œuvres sont placées sous le parrainage de Rabelais : *Physiologie du mariage*, *La Peau de chagrin*, les *Contes drolatiques* et, parmi les autres productions de Balzac pendant cette période, on sait l'importance de l'imprégnation de Balzac par Rabelais dans *Zéro*, dans les *Complaintes satiriques sur les mœurs du temps présent*, dans *L'Elixir de longue vie*[147]. Ce qui importe, ce n'est pas de faire le bilan d'une influence, mais de préciser les idées de Balzac en matière de gaieté naturelle, de rassembler les références explicites de Balzac sur ce chapitre.

● La gaieté nationale

Le Rabelais de l'œuvre balzacienne apparaît comme le champion de cette gaieté franche, heureuse, joyeuse, dilatée, naturelle, incarnation du génie national. En effet, depuis l'Avertissement du *Gars*, en 1828, Balzac rompt des lances en l'honneur de la France « rieuse »[148]. En écho, les *Complaintes* reprennent : « Le rire est un besoin en France »[149]. Balzac poursuit son antienne dans la Préface des *Contes drolatiques*, si tant est qu'il est l'auteur de cet Avertissement au libraire qui précède le premier Dixain à sa parution en 1832, en célébrant le « peuple le plus gai, le plus spirituel du monde »[150]. Ce rire national, c'est bien, pour Balzac, le rire de Rabelais, « un rire large et franc »[151]. Cette muse est « insouciante de sa nudité »[152] ; le rire est un « enfant nu ». « Nous ne rions que enfans » veut dire : « pour rire, besoing est d'estre innocent et pur de cueur »[153]. Nous trouvons dans ces déclarations théoriques la profession d'une foi que la *Correspondance* met en pratique : la foi dans « l'innocence rieuse ».

Le traditionalisme de Balzac en politique s'articule sur ce rêve d'enfance. Un système paternaliste et patriarcal constitue la justification

---

147. *Physiologie du mariage* paraît en décembre 1829 ; les *Complaintes satiriques sur les mœurs du temps présent*, dans *La Mode*, le 20 février 1830 ; *Zéro*, conte fantastique, signé *Alcofribas*, dans *La Silhouette* du 3 octobre 1830 et *L'Elixir de longue vie* dans *La Revue de Paris* du 24 octobre 1830.
148. « [...] la France généreuse, chantante, rieuse et guerrière » (t. VIII, p. 1678).
149. *OC*, t. XXXVIII, p. 347.
150. Anc. Pléiade, t. XI, p. 434.
151. *Physiologie du mariage*, t. XI, p. 905.
152. Anc. Pléiade, t. XI, p. 434.
153. *Contes drolatiques*, Prologue, anc. Pléiade, t. XI, p. 436.

doctrinale de cette utopie de la source. La page des Vendanges du *Lys*, sur laquelle nous reviendrons[154], met en œuvre l'utopie : la vallée de l'Indre succède à Clarens et à Thélème et les recrée. Cette reviviscence rend manifeste le patronage que Rabelais accorde, mobilisé par Balzac, à la franche, saine, innocente et antique gaieté nationale.

Cette « gaieté franche qui faisait les délices de nos ancêtres »[155] implique la liberté : elle manifeste son refus de toutes les oppressions. En particulier, cette muse gauloise, si bien symbolisée par Rabelais, mène à la totale liberté dans le domaine de la création, et tout spécialement de la création par le verbe. Elle mène à la liberté dans le choix des sujets : « Otez les tromperies des femmes, les ruses des moines, les aventures un peu breneuses de Verville et de Rabelais, où sera le rire ? »[156]. La muse gauloise supplée aussi la liberté de la langue, cette « vieille langue gauloise de Rabelais »[157], ces phrases que « Rabelais et Verville disent tout crûment »[158]. Parmi les sujets qu'une telle gaieté privilégie, qui deviennent comme le symbole de son exercice, on trouvera facilement dans l'œuvre de Balzac les « franches lippées » ou les « tronçons de chiere lie », à moins que ce ne soient des scènes où l'on « hume le piot » ou des personnages spécialisés dans la « dive bouteille », le tout sous l'égide de Rabelais.

Emile, « franc et rieur », qui incarne la première face du naturalisme gai, la franchise, mais qui est aussi « fanfaron de cynisme », apparaît comme un porte-parole : « Nous allons faire, suivant l'expression de Maître Alcofribas, un *tronçon de chiere lie*, dit-il à Raphaël en lui montrant les caisses de fleurs qui embaumaient et verdissaient les escaliers »[159]. Rabelais préside à mainte orgie de *La Comédie humaine*, comme un détail le rappelle toujours, plus ou moins discrètement, soit par un rythme, soit par un tour, soit par la citation de Rabelais lui-même. Ainsi, on voit « l'ivresse gagn[er], selon l'expression de Rabelais, jusqu'aux sandales »[160]. Le père Séchard est un adepte de la « soûlographie, art bien estimé par le divin auteur de *Pantagruel* »[161].

● *Fontaine de jouvence et « forme bachique »*

Nourritures et boissons, conformément à la symbolique de Rabelais, patron des balagoinfres, disent « longue vie », vitalité, jouvence prolongée ou retrouvée. La « *joyeuserie* de l'âme » et la « folâtrerie »[162] sont normalement liées à ces agapes. S'il n'en est pas toujours ainsi chez Balzac, c'est que l'on vit dans une « société expirante »[163], c'est qu'un fossé

154. *Le Lys dans la vallée*, t. IX, p. 1059-1060. Cf. *infra*, p. 41-42.
155. *Echantillon de causerie française*, t. XII, p. 482.
156. *Ibid.*
157. *Splendeurs et misères des courtisanes*, t. VI, p. 830.
158. Préface de *La Femme supérieure*, t. VII, p. 892.
159. *La Peau de chagrin*, t. X, p. 94.
160. *L'Elixir de longue vie*, t. XI, p. 476.
161. *Illusions perdues*, t. V, p. 127.
162. *Corr.*, t. I, p. 169, avril (?) 1822, à Mme de Berny.
163. Préface de *La Peau de chagrin*, t. X, p. 55.

sépare les « tristes plaisanteries » dites par les enfants de la Révolution et les propos tenus par les « joyeux buveurs à la naissance de Gargantua »[164]. Ce pantagruélisme est un appel à la « Restauration », jeu de mots qui résume toute la symbolique rabelaisienne : « Le jour où une femme entreprenante aura créé chez elle un souper intime, la révolution sera faite et notre gaieté se restaurera »[165]. Ces joyeuses ripailles sont les symboles d'un temps disparu, à « restaurer », comme le répète Balzac. Selon la formule de Pierre-Georges Castex, qui rend compte des deux aspects de cette thématique, c'est une « sorte de pantagruélisme qui l'incite à glorifier la vie sous ses formes les plus intenses et, par contrecoup, à flétrir les doctrines ou les préjugés qui s'opposent à la libre expansion des instincts vitaux »[166]. Les préjugés, c'est-à-dire, au choix, le conformisme, l'esprit de sérieux, la mélancolie, le puritanisme ou l'hypocrisie.

Partout c'est l'affrontement entre forces de vie et forces de mort, comme en témoignent les *Complaintes satiriques*. Avec la tristesse, c'est le règne de la stérilité, la certitude de la mort : « graines sans germes », dit Balzac[167]. A l'opposé s'offre à l'homme cette « dive bouteille » qui « triomphera du cercueil »[168]. L'idée ressurgit et s'impose avec force au moment des *Contes drolatiques*. Ainsi, parlant de ses *Contes*, Balzac écrit à Mme Hanska, dans une lettre du 19 août 1833 : « C'est une œuvre qui ne peut être jugée que complète dans dix ans » ; il conseille donc à Eve Hanska de les laisser présentement de côté, « quoique ce soit [sa] plus belle part de gloire dans l'avenir »[169]. Mieux encore : « Je te le répète donc s'il y a q[ue]lq[ue] chose en moi qui puisse vivre, ce sont ces *Contes*. L'homme qui en fera cent ne saurait mourir »[170]. En retournant à la source, en buvant lui aussi à la « dive bouteille » (inspiratrice déjà, au siècle précédent, de *Jacques le Fataliste*), à cette fontaine de jouvence, à cet Elixir de longue vie, Balzac devient immortel.

Quelle est cette source ? Le symbole, calqué sur celui de Rabelais, nous en est proposé par la « dive cueillette » des vendanges du *Lys*[171]. Il se répartit sur plusieurs supports en cette nouvelle parabole de la vigne. Pour cette *cueillette*, les charrettes sont *chargées* et l'hilarité *se développe* : promesses. Cependant, le dessert du raisin est *joyeux* et les filles *rieuses*, parcelles, microcosmes, en une « œuvre concentrique », de *l'hilarité générale*, « hilarité transmise d'âge en âge, qui se développe en ces derniers beaux jours de l'année et dont le souvenir inspira jadis à Rabelais la forme bachique de son grand ouvrage »[172]. L'hilarité, transmise d'âge en âge, donc venue du passé, se développe au moment des *derniers* beaux jours, donc aux approches d'une mort, vit de cette approche, mêlant accessoirement la parabole de « Si le grain ne meurt... » à celle des vignes du

164. *La Peau de chagrin*, t. X, p. 98.
165. *Nouvelle théorie du déjeuner* (*La Mode*, 29 mai 1830), *OC*, t. XXXIX, p. 43.
166. Pierre-Georges Castex, *Nouvelles et Contes de Balzac*, cdu, 1961, p. 36-37.
167. *Complaintes satiriques*, p. 345.
168. *Ibid.*, p. 349.
169. *LH*, t. I, p. 62.
170. *Ibid.*, p. 95, 23 octobre 1833.
171. *Le Lys dans la vallée*, t. IX, p. 1059-1061.
172. *Ibid.*, p. 1060.

Seigneur (*dive* cueillette). Mais c'est le *souvenir* de cette hilarité qui a *inspiré* le mouvement du développement et de la survie, de la renaissance. Or, cette inspiration eut lieu *jadis* : on lit dans le présent le souvenir d'une inspiration ancienne, née elle-même d'un souvenir, et ainsi de suite, comme un défi au temps. Négation du temps destructeur et aussi enclenchement de l'avenir, puisque de ce souvenir naît, pour Balzac, une nouvelle inspiration.

Cette liaison entre Rabelais et une thématique de la vie se perçoit également dans *La Peau de chagrin*. Insupportables à Raphaël sont « la franchise des sentiments naturels », « l'enfantine curiosité » d'un petit garçon, les « paroles naïves » des paysans[173]. Lors de son retour sur Paris, à l'occasion d'un arrêt après Cosne, la « fête de village » éclate comme une image de la vie, d'une vie sans fin, qui aurait triomphé de la mort. Un détail permet de penser que c'est bien Rabelais qui préside à cette fête : « Vers le soir, après avoir passé Cosne, il fut réveillé par une joyeuse musique et se trouva devant une fête de village. [...] il vit les danses de cette population joyeuse, les filles parées de fleurs, jolies, agaçantes, les jeunes gens animés, puis les trognes des vieux paysans gaillardement rougies par le vin. Les petits enfants *se rigolaient*, les vieilles femmes *parlaient* en riant, tout avait une voix, et le plaisir enjolivait même les habits et les tables dressées. La place et l'église offraient une physionomie de bonheur [...] »[174]. La réaction de Raphaël, c'est le désir « d'anéantir ce mouvement, d'assourdir ces clameurs, de dissiper cette fête insolente »[175]. Nous avons souligné *se rigolaient*, addition de la deuxième édition de 1831, Gosselin 2, signalée par Pierre Citron, qui indique également[176] que ce verbe, « archaïque, selon Littré », se trouve chez Rabelais. Nous avons souligné aussi *parlaient*, addition de la même couche, qui marque, en relation avec « tout avait une voix », le rôle de la parole en ce lieu et en ce moment mythiques. Ici parole et musique vont de pair, tous les âges s'accordent, et tous les plaisirs, dans l'innocence et le rire. La nature et Rabelais, sont présents sans contradiction aucune avec « l'église » qui participe à ce bonheur universel, animé, mobile et sans fin.

Une même inspiration anime un autre passage de transposition évangélique : « Rabelais » renvoie à l'idée de vie intense et immortelle. « Sel de la terre » et piquant de la vie rieuse célèbrent l'un et l'autre la Torpille : « Enfin cette femme est le sel chanté par Rabelais et qui, jeté sur la Matière, l'anime et l'élève jusqu'aux merveilleuses régions de l'Art : sa robe déploie des magnificences inouïes, ses doigts laissent tomber à temps leurs pierreries, comme sa bouche les sourires ; elle donne à toute chose l'esprit de la circonstance ; son jargon pétille de traits piquants ; elle a le secret des onomatopées les mieux colorées et les plus colorantes ; elle ... »[177].

---

173. *La Peau de chagrin*, t. X, p. 285.
174. *Ibid.*, p. 286.
175. *Ibid.*, p. 287.
176. *Ibid.*, p. 286, n. 3.
177. *Splendeurs et misères des courtisanes*, t. VI, p. 442.

De même que les vendanges du *Lys* se situent dans la ligne de Rabelais auquel « la forme bachique de son grand ouvrage » avait été inspirée par le souvenir de « l'hilarité transmise d'âge en âge », c'est aux « merveilleuses régions de l'Art » que parvient la Torpille, grâce à ce « sel chanté par Rabelais ». Le tableau rabelaisien de *La Peau de chagrin* n'est pas moins suggestif d'une esthétique. Nous redirons, à propos du « drôle » des courtisanes[178], comment elles symbolisent l'imagination et l'invention par une drôlerie pleine de mobilité et d'imprévu. Ici, par le pétillement et la couleur[179], mais surtout par les dons en matièrede la ngage : « jargon », « onomatopées ». Parlant de ses *Contes drolatiques*, Balzac insiste sur l'éclat, la liberté d'allure, et enfin la vivacité des mots, qui appartient de droit à la littérature, mais qui sera métaphoriquement conférée plus tard à la courtisane : « O mon ange, il faut avoir le cœur pur comme le tien est pur, pour lire et savourer *le Péché véniel*. C'est un diamant de naïveté. Mais chérie, tu as été bien audacieuse. J'ai peur que tu m'aimes moins. Il faut si bien connaître notre littérature nationale, la grande, la majestueuse littérature du XVe siècle, si étincelante de génie, si libre d'allure, si vive de mots qui dans ce temps n'étaient pas encore déshonorés »[180]. Plus tard, dans le siècle, sera chantée la « future vigueur ». Ici, déjà, une alchimie du verbe est évoquée, susceptible de recréer cette « vraie vie » dont l'image non réductrice et non défigurée est proposée à Balzac par la « littérature nationale ».

La gaieté sans contrainte et les mots parfaitement adamantins réalisent un rêve qui n'est pas littéraire en essence, celui d'une vraie vie. Dans un utopique « autrefois » existait une littérature « gaie » dont les mots étaient pleins et pourtant transparents, comme une pure matière. En cette réalité et en cette littérature, avant le divorce moderne, la Vie était Pensée et l'Ame était matière, tout autant que le Contenu était Forme et la Forme Contenu. C'est le sens qu'il convient d'attribuer à cette « forme bachique » qui, selon Balzac, est celle de Rabelais. La conception que Balzac se fait de cette œuvre où « l'os médullaire » est à « rompre » est éclairée par la fin du *Prosne du ioyeulx curé de Meudon*, conte du deuxième dixain. Son œuvre est « une haulte pyramide marmorine en laquelle est à jamais cimentée toute grayne de fantasticques et comicques inventions »[181]. Les métaphores se concilient ici mieux qu'il ne semble. Toute graine est logée dans le marbre, réalisant l'impossible union entre le dur désir de durer et l'aspiration au mouvement, au renouvellement perpétuels. Au cœur du marbre se tient la graine : elle y est, dit la métaphore, « cimentée ». Germe, centre vivant, l'idée fondamentale de l'œuvre est enfermée, concentrée en une œuvre « concentrique ». C'est le privilège de l'œuvre de Rabelais, avant d'être celui de l'œuvre de Balzac. En ces œuvres « concentriques » est « clouz » « l'univers moral » et « se renconstrent pressées comme sardines fresches en leurs buyssars

---

178. Cf. *infra*, p. 86-87.
179. Rire et couleur sont associés dans la vision d'Henriette de Mortsauf, « fraîche, colorée, rieuse » (*Lys*, t. IX, p. 1061).
180. *LH*, t. I, p. 94-95, 23 octobre 1833.
181. *Contes drolatiques*, ancienne Pléiade, t. XI, p. 702.

toutes les idées philosophicques quelconques, les sciences, artz, esloquences, oultre les momeries théatrales »[182].

En ces œuvres « concentriques » se trouvent « pressées », enfermées, condensées aussi bien des « idées » que des « esloquences », des éléments de contenu que des éléments de forme. Balzac fait siennes à la fois la concentration et la concentricité : concentration, à l'intérieur d'une clôture, et concentricité, c'est-à-dire réflexion du monde extérieur, du passé et de l'avenir. Dans les Errata de la première édition de la *Physiologie du mariage*, il signale deux passages où « l'auteur a mis toute sa pensée »[183]. Dans la Note de 1838, Balzac rappelle que, dès 1820, il avait formé « le projet de concentrer dans quatre ouvrages de morale politique, d'observations scientifiques, de critique railleuse, tout ce qui concernait la vie sociale analysée à fond »[184]. La métaphore est différente, la pensée est la même lorsque Rabelais est dit avoir pris, « comme dans une serre, l'avenir et le passé de l'homme »[185]. Quant à la « concentricité », à cet accueil du monde et de soi, grâce à des mots qui puissent garder une sorte de transparence naturelle, la Préface de *La Peau de chagrin* en a écrit la formule : l'écrivain « est obligé d'avoir en lui je ne sais quel miroir concentrique où, suivant sa fantaisie, l'univers vient se réfléchir ; sinon, le poète et même l'observateur n'existent pas ; car il ne s'agit pas seulement de voir, il faut encore se souvenir et empreindre ses impressions dans un certain choix de mots, et les parer de toute la grâce des images ou leur communiquer le vif des sensations primordiales... »[186]. C'est à Rabelais que Balzac emprunte l'idée d'une gaieté « naturelle » dont les diverses composantes convergent vers une forme contradictoire et « une », native et élaborée, à la fois ouverte et fermée. Balzac en dégagera plus tard la leçon, dans son fameux compte rendu de *La Chartreuse de Parme*, le 25 août 1840 : il énonce alors sa conception de l'*Eclectisme littéraire*, qui « demande une représentation du monde comme il est : les images et les idées, l'idée dans l'image ou l'image dans l'idée, le mouvement et la rêverie »[187].

● « *Immense arabesque* »

La formule d'un art capable de communiquer aux mots « le vif des sensations primordiales » et de « mettre », de « concentrer », de « réfléchir », de « prendre comme dans une serre » toutes les idées du monde, sans tomber dans l'abstraction ni l'hermétisme, c'est l'arabesque. « Surtout prends ces livres comme des arabesques insouciantes, tracées avec amour », écrit-il de ses *Contes* dans la lettre déjà citée du 23 octobre 1833[188]. Et il

182. *Contes drolatiques*, ancienne Pléiade, t. XI, p. 702.
183. T. XI, p. 1928 (*var. b* de la p. 1205).
184. Cf. anc. Pléiade, t. XI, p. 160.
185. Moralité de la première édition de *La Peau de chagrin*, t. X, p. 1351 (*var. i* de la p. 294).
186. T. X, p. 51-52.
187. *OC*, t. XL, p. 371.
188. *LH*, t. I, p. 95.

ajoute : « Que dis-tu du *Succube* ? Ma chérie bien-aimée, ce conte m'a coûté 6 mois de tortures. J'en ai été malade. » Ces « arabesques insouciantes » n'ont pas été tracées sans souci. Balzac leur attache une grande importance, car cette « insouciance » porte la marque d'un pantagruélisme qu'il fait sien, inspiré par la morale du Chevalier Sans-Souci, « confit dans le mépris des choses fortuites ».

Mais quel rapport avec une arabesque ?

L'arabesque est l'*alpha* et l'*ômega* de l'œuvre de Balzac, puisque, dans la lettre du 26 octobre 1834, Balzac, après avoir exposé à Mme Hanska le plan du reste de son œuvre, conclut : « Et, sur les bases de ce palais, moi *enfant et rieur* j'aurai tracé l'immense arabesque des *Cent Contes drolatiques* »[189]. Le mot avait déjà été employé par Balzac dans *La Peau de chagrin* à propos d'Aquilina. C'est Emile qui la compara « vaguement à une tragédie de Shakespeare, espèce d'arabesque admirable où la joie hurle, où l'amour a je ne sais quoi de sauvage, où la magie de la grâce et le feu du bonheur succèdent aux sanglants tumultes de la colère ; monstre qui sait mordre et caresser, rire comme un démon, pleurer comme les anges, improviser dans une seule étreinte toutes les séductions de la femme, excepté les soupirs de la mélancolie et les enchanteresses modesties d'une vierge ; puis en un moment rugir, se déchirer les flancs, briser sa passion, son amant ; enfin, se détruire elle-même comme fait un peuple insurgé »[190]. C'est d'un pied « insouciant » qu'elle foulait quelques fleurs qui se trouvaient à terre : elle est donc comme *Le Succube* une « arabesque insouciante ». Et, comme les *Contes* dans leur ensemble, elle est « immense », puisque son personnage a une valeur d'immense symbole : elle était là « comme la reine du plaisir, comme une image de la joie humaine ». Il faut deviner sa vraie valeur, cachée et révélée par sa forme. En effet, comme la Torpille, elle est une héroïne de l'instant, mais elle peut « improviser dans une étreinte toutes les séductions de la femme »[191]. Elle peut paraître démon : n'est-elle pas capable de « rire comme un démon »[192]? Mais Euphrasie lui sert de révélateur : elle rit *comme* un démon, alors qu'Euphrasie *est* un « démon sans cœur »[193]. Aquilina est « grossière à voir de près » : on ne voit alors que le vice, le malheur et le démon ; mais elle est « sublime à distance »[194]. Si on la perçoit dans sa totalité, sans se laisser abuser par les apparences, on voit qu'elle est « l'âme du vice », alors qu'Euphrasie est « le vice sans âme »[195]. Aquilina connaît le mal : elle a « un mort dans le cœur »[196]. Mais elle ne fait pas le mal : elle « rit *sur* des cadavres », alors qu'Euphrasie rit *d*'un crime qu'elle a commis. Passionnée, mobile, Aquilina est force de vie parce qu'elle connaît dans sa totalité le tragique, et qu'elle établit une puissante tension entre vie et mort, bien et mal. Toute cette contradiction dominée, non réduite,

189. *Ibid.*, p. 270.
190. *La Peau de chagrin*, t. X, p. 112.
191. *Ibid.*
192. *Ibid.*
193. *Ibid.*, p. 114.
194. *Ibid.*, p. 112.
195. *Ibid.*, p. 114.
196. *Ibid.*, p. 117.

est présente dans son rire, dans la forme de cette « arabesque » à laquelle
Balzac la compare. Elle fait vivre ensemble les inconciliables, là où
Euphrasie est négation (vice *sans* âme) et apparence mensongère (elle
« paraissait [...] ignorer le mal »). Aquilina oscille d'un extrême à l'autre,
oblige à de brusques reculs ou de brusques rapprochements (« de près »,
« à distance »), de la même façon que la « réalité » romanesque désignée
par Balzac comme « comique », comme « grotesque », comme « burlesque »,
oblige le lecteur à le faire[197]. Principe de mouvement, Aquilina a ce
pouvoir de mise en train et de métamorphose qui l'apparente tantôt à
Protée, tantôt à Circé : elle « transforme les jeunes gens en vieillards, et
souvent les vieillards en jeunes gens »[198]. Elle est faite pour « réveiller les
impuissants » et, de ses regards, « ranimer de vieux ossements »[199]. Vigoureuse et agile, lançant des flammes hardies et des étincelles d'amour, elle
est « peinte » des mêmes couleurs que l'utopie champêtre du *Lys* ou que la
Torpille, avec « les tons chauds et animés de ses vives couleurs »[200].
Cette « arabesque » rejoint, sous les auspices de Rabelais, la « forme
bachique », seules formes capables de dire la vie comme mobile et sauvage.

   Arabesque est cet art qui ne vit que de sa négation joyeuse, c'est-à-dire
l'art tel que le promeut l'esthétique balzacienne. Dans l'Introduction
aux *Romans et Contes philosophiques*, signée de Chasles, mais qui, selon
Pierre Citron[201], a été probablement rédigée par Chasles « sur les indications du romancier, celui-ci [la] revoyant et [la] corrigeant ensuite »,
on lit que « le monstre comique, créé par le médecin chinonais, est une
immense arabesque, fille du caprice accouplée avec l'observation »[202].
Comme Aquilina, « âme du vice », l'œuvre de Rabelais est arabesque
parce que bâtarde, « monstre » irréductible à une seule nature. Pur
caprice, mais dont le mouvement, le drame et la bigarrure disent le refus
de rompre avec la matérialité de la vie : « [...] l'auteur de *La Peau de
chagrin* a voulu, comme feu Rabelais, formuler la vie humaine et résumer
son époque dans un livre de fantaisie, épopée, satire, roman, conte,
histoire, drame, folie aux mille couleurs »[203].

   Barbey d'Aurevilly a compris mieux que personne la nature de
l'inspiration des *Contes drolatiques* qui représentent l'effort déclaré de
Balzac pour accomplir cet art « arabesque », insouciant, mobile et profond,
grâce à une forme qui paraît jeu insignifiant, vue de près, et qui, vue de
loin, manifeste le vrai sens du jeu, forme qui se moque de la forme, sérieux
qui se moque du sérieux. Cette gaieté indomptée et multiforme a été
perçue par nous à travers maintes falsifications. Nous verrons qu'elle est
au principe de nombreuses œuvres dans *La Comédie humaine* et qu'elle en
est peut-être l'un des principaux moteurs. Barbey, lui, prétendait ne
la trouver que dans les *Contes* : « Naïveté ! bonhomie !... Dans ses *Contes*,
Balzac est [...] supérieur, par la continuité du sentiment et le naturel de

197. Cf. *infra*, p. 136-137.
198. *La Peau de chagrin*, p. 112.
199. *Ibid.*
200. *Ibid.*
201. *Ibid.*, p. 1185.
202. *Ibid.*, p. 1190.
203. *Ibid.*

l'expression, à ce qu'il est dans *La Comédie humaine* »[204]. Cette « naïveté »,
ce « naturel » sont ceux d'une vraie vie incompatible avec la littérature,
et pourtant formulable par la seule littérature, antinomie dont rend
bien compte cette « confidence » de 1830 : « J'ai dépensé mon existence à
courir sur les rochers faisant vingt articles et vingt romans par jour.
riant, gabant, mais abhorrant plume, papier, écritoire »[205]. La référence
à Rabelais nous aidera à retrouver dans l'œuvre romanesque les formes
par lesquelles cette inspiration a pu se manifester. Inspiration rieuse et
formes rieuses.

204. *Le Pays*, 15 février 1856.
205. *Corr.*, t. I, p. 456, 23 juin 1830, à un directeur de journal.

CHAPITRE II

COMIQUE ET SOCIÉTÉ

Nous avons tenté, au cours du premier chapitre, de percevoir le rire de Balzac dans son intimité et dans son originalité. Le projet esthétique est apparu comme le seul capable d'accomplir les visées et les promesses de cette gaieté naïve. Mais dans l'exercice de cette gaieté la société était niée ou accaparée : aussi parlait-on de gaieté, non de comique. On ne peut vraiment parler de comique qu'en envisageant la relation spécifique de Balzac avec la société : le comique se lit dans la réaction face au monde, alors que la gaieté exprimait la projection d'une nature sur le monde. Esprit et raillerie, celle-ci pouvant être aussi bien ironie que moquerie, constituent les deux principaux modes de ce registre comique. Esprit, moyen d'être soi en séduisant l'autre ; raillerie, plaisir pris à attaquer autrui. Mais dans tous les cas, face au monde social, se pose le problème des masques.

Les masques

Il y avait dans l'exercice de la gaieté une visée de l'absolu. Dans l'exercice du comique se lit le difficile parti pris de la bâtardise. Balzac a vécu un véritable écartèlement, au cœur de la Restauration et de la monarchie de Juillet. Etait-on décidément condamné, lorsqu'on vivait à cette époque, à être vrai et niais, victime, inconnu, ou bien alors à prendre l'un ou l'autre des masques du temps et à devenir célèbre, estimé, reconnu, mais faux, froid, petit, grimacier ? « Je ne serai jamais, écrit Balzac en 1833, ni dans les niais, ni dans les fourbes d'aucun parti. Je crois et je pense ! »[1]. Profession de foi à laquelle il est difficile de rester fidèle.

Le monde est tel que Balzac s'y sent en porte à faux : « J'y suis si mal à l'aise ! »[2] ; « J'ai rompu avec tout le monde, j'étais las de toutes les grimaces »[3] ; « Que le monde est froid. Je suis revenu joyeusement dans mon hermitage... »[4]. Le discours est le même à l'adresse de Mme Hanska ou de Zulma Carraud : Balzac signale le monde comme étant « de fausseté

1. *Corr.*, t. II, p. 295-296, 26 (?) avril 1833, au Dr Prosper Ménière.
2. *LH*, t. I. p. 282, 10 décembre 1834.
3. *Ibid.*, p. 209, 28 avril 1834.
4. *Ibid.*, p. 296, 16 janvier 1835.

et de perfidie » et précise que la société qu'il connaît est une « société qui flétrit tout »[5]. Ecrivant à Jean Thomassy, il condamne « les fausses joies du monde »[6]. A travers quelques variantes, fonction du correspondant, la continuité d'un sentiment s'affirme, celui du malaise devant la froideur, la fausseté, la force de la grimace.

● Le rire défensif

Contre les « froides plaisanteries » du Parisien[7], il faut adopter le masque protecteur de la gaieté ou de la moquerie. L'imagination du jeune Balzac amplifie démesurément l'agressivité moqueuse dont il se croit la victime. Tel brouillon de lettre à Laure de Berny révèle cette hantise : « [...] vous verrez [dans ma lettre] la matière d'une des meilleures railleries qui soient au monde, ou un amusement tel que le comporte votre genre d'esprit. L'ironie, les plaisanteries ne manqueront pas, et elles seront d'autant plus sardoniques et piquantes que l'auteur de l'épître est inconnu, c'est-à-dire que la considération qui devrait lui valoir votre silence et votre protection sera la raison suprême, et l'absolution de vos moqueries »[8]. *Raillerie, amusement, ironie, plaisanterie, sardonique, piquante, moquerie,* tout le champ de la raillerie est presque entièrement couvert. Balzac prend conscience de l'effet de grossissement que sa propre imagination de la moquerie d'autrui fait subir à sa moquerie à lui. « Ce que j'appelle mon cynisme, que vous m'avez reproché, est plutôt un écart de mon imagination qui se trompe et l'effet d'une force qui, n'étant pas dirigée, se porte indifféremment sur tout »[9]. Balzac garde une réelle distance par rapport à cette susceptibilité et par rapport à ce masque. Il n'écrit pas les *Dialogues* de Rousseau : l'imagination paranoïaque est en partie dominée et le masque est utilisé avec une authentique conscience de soi.

Cette moquerie préventive est faite surtout pour cacher. Ce qui importe, à l'égard du monde extérieur, c'est de préserver le secret : « [...] je serais l'homme du monde le plus malheureux si l'on savait les secrets de mon âme. Ce n'est pas d'ailleurs les conjectures qui manquent. Mais j'ai une trop grande puissance de moquerie pour que jamais ce que je veux cacher soit connu. En France, nous sommes obligés de voiler la profondeur sous de la légèreté, sans cela nous serions perdus »[10].

A cette surface moqueuse, agressive, faite pour le monde, répond, à l'adresse des *happy few*, une intimité chaude et protégée. Balzac trouve sur ce point un frère en Rossini :

« Là, vient Rossini en déshabillé, point moqueur. Hier à la représentation d'*Ernani*, opéra italien, Olympe me disait en me montrant Rossini :

« — Vous ne sauriez imaginer combien l'âme de cet être-là est belle et sublime, combien il est bon, et jusqu'à quel point il l'est. Pour pouvoir

---

5. *Corr.*, t. I, p. 425, décembre 1829.
6. *Ibid.*, p. 718, vers le 16 mai 1832.
7. *LH*, t. I, p. 311, 11 mars 1835.
8. *Corr.*, t. I, p. 140, mars (?) 1822.
9. *Ibid.*, p. 168, avril (?) 1822.
10. *LH*, t. I, p. 273, 22 novembre 1834.

réserver son cœur et ses trésors à celle qu'il aime, il s'enveloppe de moquerie aux yeux des autres ; il se fait des piquants.

« J'ai pris la main de Rossini et la lui ai serrée avec bonheur.

« — Mon maestro, lui ai-je dit, nous pouvons alors nous comprendre.

« — Et vous aussi donc, a-t-il dit en souriant »[11].

La gaieté du masque-pour-tous est la garantie d'un secret dont l'aimée est seule à posséder la clé : « — Je parais très gai, spirituel, étourdi, si vous voulez, mais tout cela est un paravent qui cache une âme inconnue à tout le monde, excepté à *elle*. J'écris *pour elle*, je veux la gloire *pour elle*, *elle* est tout, le public, l'avenir »[12]. Ce secret n'existe que pour permettre l'hommage chevaleresque du secret.

● *Le rire protégé*

La fonction de masque a plus d'importance que l'objet masqué et parfois même le masque crée le masqué. A la fausseté de la gaieté cachante répond ici la vérité de la gaieté cachée. Il arrive assez souvent que Balzac déclare sa volonté de ne montrer au *vulgum pecus* qu'un visage impassible et de réserver ses rires pour les intimes. « Oh oui, je ne ris plus qu'avec les personnes qui m'aiment ; jugez si notre amitié m'est devenue précieuse. Tout autre rire compromet »[13]. C'est que, dans le monde, « on interprète mal nos plaisanteries, on les envenime » ; aussi sa décision est-elle prise : « Je suis comme M. de Talleyrand : ou visage de fer-blanc et pas un mot, ou je bavarde comme une pie »[14]. Quand cette « gaieté masquée » se démasque, elle est cette gaieté « naturelle » que nous connaissons, franche, réservée aux *happy few* et permise par eux seuls.

Faut-il donc conclure à une opposition manichéenne entre gaieté masquée et gaieté-masque ? En réalité, la brillante et factice gaieté du masque des salons séduit souvent Balzac, en dépit des dangers. Le monde masqué du Monde fascine et entraîne. Balzac avoue qu'il veut bien se « faire duper » par un salon comme celui de Delphine de Girardin, où « tout est esprit et pensée »[15].

● *Compromissions*

Mais l'écrivain affronte une plus vaste réalité que celle des salons brillants. Certaines des condamnations de Balzac s'appliquent au public de ses lecteurs, au public des théâtres, et, en général, à tous les milieux exposés au conformisme.

Le public pour lequel il écrit est « un public blasé »[16], auquel il faut servir des épices. « Le public s'endort. Il faut tâcher de réveiller ce despote ennuyé par des choses qui l'intéressent et l'amusent »[17]. Pour lui plaire,

11. *LH*, t. I, p. 278, 26 novembre 1834.
12. *Ibid.*, t. III, p. 487, 17 novembre 1846.
13. *Ibid.*, t. I, p. 311, 11 mars 1835.
14. *Ibid.*, t. II, p. 222, 16 mai 1843.
15. *Corr.*, t. I, p. 80, 29 juillet 1832, à Delphine de Girardin.
16. *LH*, t. I, p. 11, mai 1832.
17. *Ibid.*, t. III, p. 225, 21 juin 1846.

Balzac écrit parfois en prenant un visage d'emprunt, masque d'un moment. Masque déshonorant, si l'on considère la littérature comme il la considérait en 1830 : « Sacré Dieu ! mon bon ami, je crois que la littérature est, par le temps qui court, un métier de fille de rues qui se prostitue pour cent sous... »[18]. Même mépris pour ce « stupide Paris, qui a négligé *L'Absolu*, vient d'acheter la 1re éd[ition] de *Goriot* à 1200 ex[emplaires] avant les annonces »[19]. La littérature reproduit en partie le schéma double de sa conduite entre monde et vie privée. Il vient de citer *Séraphîta* et *Louis Lambert* : « Ce sont des livres que je fais pour moi et pour quelques-uns. Quand il faut faire un livre pour tout le monde, je sais bien à quelles idées il faut le demander et celles qu'il faut exprimer »[20]. Une même fidélité à soi se repère dans la « nouvelle » qu'il projette en 1836, c'est-à-dire la première partie d'*Illusions perdues*. Il pense y mettre une « amère tristesse », la plus personnelle qui soit et qui « fera merveille » ; elle sera « bien comprise » par le seul fait qu'elle est « à hauteur d'appui »[21].

C'est dans le travail du journaliste, de « l'articlier », que Balzac se met au goût du public, adopte le ton de « cette fine bêtise qui plaît à la masse »[22]. Ce sont ces articles qu'il fait pour Hetzel, dans *Le Diable à Paris*. Or, ici, point de mépris, mais au contraire il les dit « tous spirituels et comiques »[23] et il en éprouve une certaine fierté : « [...] ils sont bien supérieurs à celui qui tapage dans les 4es pages des journaux. » Le comique journalistique constitue donc le masque que prend Balzac pour se mettre à l'unisson de son époque, pour « *ourler avec les loups* »[24], comme dit Mistigris. Une fois de plus, Balzac se partage entre plusieurs rôles : « Il faut que tout marche de front : la petite littérature de gros sous, les niaiseries, les études de mœurs et les grandes pensées qui ne sont pas comprises, *L[ouis] Lambert*, *Séraphîta*, *C[ésar] Birotteau*, etc. »[25]. Selon l'heure, il éprouve fierté ou dégoût ; dans tous les cas, règnent bâtardise et compromission. D'un côté, le projet de Balzac comporte une attaque en règle contre le sérieux ; car le sérieux, c'est la mort. Mais comment concilier avec la bouffonnerie l'attachement aux valeurs et la visée d'absolu ? Loin de se refuser à cette division, Balzac semble s'y complaire : elle est à la source de la création.

Il faut donc examiner attentivement la qualité et le style de ce jeu dans les deux principaux rôles que la société propose à Balzac et qu'il endosse à l'occasion, celui de l'homme d'esprit et celui du railleur.

---

18. *Corr.*, t. I, p. 463, 21 juillet 1830, à Victor Ratier.
19. *LH*, t. I, p. 310, 11 mars 1835.
20. *Ibid.*, p. 430, fin juin 1836.
21. *Ibid.*, t. I, p. 431, fin juin 1836.
22. *Ibid.*, t. II, p. 519, 11 octobre 1844. Le mot *bêtise* est souvent employé par Balzac dans sa correspondance, tantôt dans le sens positif que Balzac lui donne pour les enfantillages heureux et le primitivisme de l'amour, tantôt pour désigner des bluettes cédant à l'esprit du jour : *Ruy Blas* est une « énorme bêtise » (t. I, p. 627) ; *Petites misères*, une « petite bêtise » (t. II, p. 592) ; un article du *Charivari* a « bêtise » et « drôlerie » ; *Sport et turf* est une « bêtise » (t. III, p. 271).
23. *Ibid.*, p. 502, 30 août 1844.
24. *Ibid.*, p. 515, 20 septembre 1844.
25. *Ibid.*, t. I, p. 212, 10 mai 1834.

L'esprit

Pour juger de l'esprit de Balzac, il convient de remettre en marche
le balancier et de faire le va-et-vient entre le point de vue des contemporains et celui de Balzac lui-même.

● *Génie ou balourdise ?*

Le jugement des deux contemporains qui ont peut-être le mieux
compris l'homme Balzac, George Sand et Théophile Gautier, clarifie le
débat.

George Sand fait un parallèle entre l'éditeur et romancier de Latouche
et Balzac. Latouche savait être « étincelant de causticité »[26]. Il avait
mille fois plus de talent que Balzac pour « déduire ses idées par la parole » ;
aussi « ce qu'il racontait admirablement passait pour admirable ». « Balzac,
lui, savait qu'il exposait mal, non pas sans feu et sans esprit, mais sans
ordre et sans clarté [...] J'ai toujours pensé que Delatouche dépensait
trop de véritable talent en paroles. Balzac ne dépensait que de la folie.
Il jetait là son trop-plein et gardait sa sagesse profonde pour son œuvre »[27].
Le récit ne manquait donc ni de feu ni d'esprit ; mais Balzac n'était pas
un « homme d'esprit ». Première raison : il réservait sa sagesse pour son
œuvre. Deuxième raison : « Il n'enseignait jamais, il parlait de lui, de
lui seul. Une seule fois il s'oublia pour nous parler de Rabelais [...] »[28].
De Rabelais qui, nous l'avons dit, était une projection de lui-même.

Le jugement de Gautier est concordant : un causeur véritable se
montre « alerte à la réplique, jetant un mot fin et décisif dans une discussion, changeant le sujet au fil de l'entretien, effleurant toute chose
avec légèreté, et ne dépassant le demi-sourire »[29]. Or, si Balzac a des dons,
c'est celui d'une éloquence « tumultueuse, entraînante »[30], ce sont « une
verve, une éloquence et un brio irrésistibles »[31]. Dilatation de soi, invention
verbale créatrice de rythmes. Mais, dans tout cela, rien de « l'homme
d'esprit ».

Les deux jugements nuancés et amicaux de George Sand et de Théophile Gautier permettent de comprendre certaines divergences. Les
témoignages abondent sur Balzac « spirituel ». « Spirituelle » est sa
conversation, selon Delécluze[32]. D'après les *Souvenirs* de Benjamin
Appert, Balzac est « spirituel » dans sa conversation avec Alexandre
Dumas, Vidocq et les Samson[33] ; son esprit est « fort amusant »[34]. Ses

26. George SAND, *Histoire de ma vie*, Bibl. de la Pléiade, t. II, IVe partie, chap. XV,
p. 152.
27. *Ibid.*, p. 158.
28. *Ibid.*, p. 154.
29. Théophile GAUTIER, *op. cit.*, p. 94.
30. *Ibid.*, p. 88.
31. *Ibid.*, p. 94.
32. Etienne-Jean DELÉCLUZE, *op. cit.*, p. 284.
33. Benjamin APPERT, *op. cit.*, t. III, p. 12.
34. *Ibid.*, p. 209.

yeux, du reste, au dire du prince de Pückler-Muskau, sont « spirituels et animés »[35]. Laure d'Abrantès, qui en avait beaucoup vu, est formelle : « [...] vous, l'homme le plus spirituel que j'ai vu dans ma vie »[36]. Dans tous ces cas, confiance, familiarité, intimité sont la condition de l'esprit. Celui-ci, en fait, ne peut échapper à la lourdeur que dans un climat de cordialité, de sympathie, d'attention à sa personne. Dès qu'intervient un facteur quelconque de mondanité, de vanité, d'indifférence ou de froideur, les impressions des témoins sont mitigées. Le comte Apponyi rapporte le jugement du prince de Schönburg « enchanté et désenchanté tour à tour par Monsieur de Balzac. Il a trouvé en lui immensément d'esprit, une facilité de parole inconcevable, une imagination vive, une conversation intéressante, mais un décousu d'idées, de pensées, d'action, beaucoup de vanité et peu de sens commun »[37]. Ce qui est recoupé par le témoignage de Werdet, et éclairé par lui : « En vain cherchait-on [dans une assemblée bruyante et nombreuse] en lui l'aimable, le séduisant causeur des réunions intimes ; ses saillies, ses traits d'esprit s'alourdissaient, ils devenaient lourds, massifs, écrasants ! [...] pour se faire écouter, il avait préalablement besoin de savoir qu'on l'écouterait »[38].

● *Balzac et les deux esprits*

Balzac cependant est fasciné par l'esprit. L'esprit dans la caricature l'enthousiasme : « Dieu ! que les caricatures de Monnier sont spirituelles : un *Souvenir d'Alger* est admirable »[39]. Il arrive que l'esprit ne fasse pas d'effet sur lui : « Hier, de désespoir, je suis allé chez Laurent-Jan qui, malgré son esprit, ne m'a pas diverti »[40]. Mais, en temps normal, ses lettres sont des dithyrambes en l'honneur de l'esprit. En 1834 : « Ce dîner a été étincelant d'esprit... Lautour-Mézeray a été l'homme le plus spirituel ; il éteint le feu croisé de Rossini, Nodier et Malitourne par l'artillerie d'une verve incroyable. Le maître a été l'humble allumeur qui, dans un feu d'artifice, va mettre le feu à chaque soleil. *Ecco* »[41]. Et en 1844 : « Hier, j'ai eu à dîner Gozlan et Laurent-Jan [...] M. Mater, le 1er président de Bourges y était [...] Ces 3 messieurs ont été étourdissants d'esprit. C'est un dîner qui ne peut se faire qu'à Paris, et vraiment plus curieux que de voir Liszt travaillant son piano, car les traits d'esprit n'ont pas deux représentations »[42]. L'aspect unique, instantané et impossible à retrouver jamais plus, Balzac l'aime comme un art difficile (dans sa lettre, joue-t-il sciemment sur le « trait » d'esprit qui vaut bien les « traits » du piano ?). Il en aime aussi le jaillissement, le pétillement, l'éclat et le

35. Prince de PÜCKLER-MUSKAU, *Chroniques, lettres et journal de voyage*, 1836, t. I, p. 283.
36. *Corr.*, t. II, p. 642, 1er mars (?) 1835.
37. Comte APPONYI, *Vingt-cinq ans à Paris*, t. III, p. 76.
38. Edmond WERDET, *Souvenirs littéraires*, p. 358-359.
39. *Corr.*, t. I, p. 463, 21 juillet 1830, à Victor Ratier.
40. *LH*, t. IV, p. 89, 7 juillet 1847.
41. *Ibid.*, t. I, p. 276-277, 26 novembre 1834.
42. *Ibid.*, t. II, p. 455, 21 juin 1844.

mouvement : « Il y a seulement à Paris, un air qu'on ne retrouve nulle part, un air plein d'idées, plein d'amusements, plein d'esprit, saturé de plaisirs et de drôleries, puis une grandeur, une indépendance, qui élèvent l'âme »[43]. N'est-il pas trop « français » pour la Polonaise, trop superficiel pour un amoureux : « Hier ! j'ai été très spirituel chez la Duchesse ! oh ! mais spirituel à étourdir, spirituel à la Laurent-Jan, sans âme, sans cœur ; un esprit de diamant. Je ne suis pas ainsi une fois par an, car je ne suis pas une fois par an sans écouter la voix de mon cœur. Une dame m'a dit qu'elle niait l'Espérance. — Avez-vous des enfants ?... lui ai-je demandé, et à cette table où dînaient 3 ex-femmes légères, j'ai eu les honneurs de : (profond silence !), comme à la Chambre ! »[44].

Dialoguent l'une avec l'autre les deux voix de la gloriole mondaine et de la conscience. L'amie, Zulma Carraud, et l'amante, Laure de Berny, l'ont aidé à préciser le timbre de chacune. Pour Laure de Berny, la future femme de Balzac doit être « assez spirituelle pour [le] comprendre, pas assez pour viser au bel esprit »[45]. Zulma Carraud ne transige pas : « Je ne fais pas peut-être assez de cas de l'esprit [...] »[46]. Si elle applaudit aux « *Drôlatiques*, si spirituels, et qui survivront à tout »[47], si elle félicite Balzac pour *Un grand homme de province à Paris*, « œuvre toute d'esprit »[48], c'est que l'esprit en est un « bon esprit, simple, sans prétention », c'est qu'on n'y trouve pas « l'esprit tout pur » comme dans *Gaudissart*[49]. De même, dans *La Femme abandonnée*, il y a « trop d'esprit quelquefois »[50]. Trop d'esprit encore dans *Fleur des pois*[51].

Balzac parle le même langage que ses amies, dans ses critiques littéraires. Tel roman de Méry a « trop d'esprit »[52]. A la langue de l'esprit, Balzac préfère celle du cœur : « Il faut non pas le tête-à-tête, mais le cœur-à-cœur »[53].

Telle est la dominante avouée. Pourtant, entre le langage de l'esprit intellectuel, sec et froid, et les chaleurs du sentiment sans esprit, on peut tracer une voie balzacienne de l'esprit, qui intègre les deux extrêmes apparemment inconciliables. Contre « l'esprit » désavoué, il y a un « esprit » qui ne manque jamais des faveurs de Balzac (d'où notre inter-titre : « les deux esprits »). Il y a un « esprit » qui isole, et Balzac le refuse. Il en est un autre, toujours vanté, qui, sous une forme quelconque, maintient le contact avec le monde : avec les autres consciences, amicales ; avec la nature, par le jaillissement de l'oralité ; enfin, avec la vérité.

Première forme possible de cet esprit, celle qu'ont toujours rencontrée et appréciée les amis, dans le cadre limité et chaud de la sympathie.

43. *LH*, t. II, p. 156, 22 janvier 1843.
44. *Ibid.*, t. II, p. 365, 2 février 1844.
45. *Corr.*, t. II, p. 31, 27-29 juin 1832. « Spirituel » a, du reste, ici, un sens voisin de « intelligent, ayant de la vivacité d'esprit » plutôt que celui de « apte à faire de l'esprit ».
46. *Ibid.*, p. 194, 12 décembre 1832.
47. *Ibid.*, t. II, p. 579, 14 novembre 1834.
48. *Ibid.*, t. III, p. 736, 12 octobre 1839.
49. *Ibid.*, t. II, p. 463, 8 février 1834.
50. *Ibid.*, t. III, p. 79, 14 mai 1836.
51. *Ibid.*
52. *LH*, t. III, p. 278, 16 juillet 1846.
53. *Ibid.*, t. I, p. 228, 13 juillet 1834.

Esprit de la « bonne et spirituelle conversation »[54]. « Bon esprit », comme disait Zulma Carraud. Esprit qui « naît du bonheur et qu'on appelle la gaieté »[55], selon la formule de Charles Nodier.

La deuxième façon d'admettre l'esprit, c'est de le spécialiser dans l'oralité, de ne voir en lui que le jet de l'instant, de le faire rejoindre ce « vif des sensations primordiales » dont l'art de Balzac était soucieux de conserver la fraîcheur[56]. « [J'ai] soutenu que les gens du monde étaient plus spirituels que les gens dits d'esprit, parce qu'ils n'écrivaient rien, j'ai eu du succès, tout en pensant à ma Line »[57]. Cette préoccupation correspond bien aux efforts de Balzac pour arracher la « vraie vie » à l'intellect pur et, en particulier, à l'écrit : il faut donc prendre son propos au sérieux. Le « monde » apprenait aussi, par l'intermédiaire des Mitton et des chevalier de Méré, au « géomètre » Pascal la réalité de « l'esprit de finesse ». On sait le goût d'un La Fontaine pour les jeux et l'esprit de cette société si ennemie de l'intellectualité sèche et pédante qu'était la cour de Vaux. Il existe donc bien toute une tradition française du « goût » et de l'esprit, à laquelle se rattache Balzac en l'occurrence. Ce n'est pas la seule vanité qui pousse Balzac à aimer le « monde » et l'esprit : c'est là qu'il rencontre cette langue mythique qui échappe à la mort de l'ennui et du sérieux, langue rapide, immédiate, brillante, fruit de l'instant.

Une troisième voie s'offre pour l'esprit, en littérature, c'est le chemin du réel. On peut comprendre ainsi pourquoi Balzac dit Beyle « spirituel » ; il félicite le marquis de Custine pour ses ouvrages sur l'Espagne en lui écrivant : « Vous êtes aussi spirituel que Beyle et plus clair, sans énigmes, plus social. Vous êtes plus chaud quand vous contez et aussi précis »[58]. Stendhal venait de publier les Mémoires d'un touriste et l'on peut déduire que c'est la « précision » de cet ouvrage qui vaut à Stendhal d'être dit « spirituel ». Quant à Custine, « en fait de cœur humain, [il est] un savant de premier ordre ; [il] procèd[e], comme les moralistes, par pensées fines et longues, serrées, des dards qui vont à fond de cœur ». Ce souci de vérité dans l'appréciation de l'esprit ne se démentira jamais. En 1830, Balzac commente les caricatures qui viennent de paraître dans La Silhouette : « [...] on ne fait jamais de plaisanteries qui fassent rire si elles ne portent pas sur le vrai. Il est plus facile de faire rire de l'homme qu'on mène pendre que d'un fœtus. Si Voltaire a été si spirituel, c'est qu'il appuyait ses plaisanteries sur Dieu, sur la Bible, sur la société »[59]. Le même courant de pensée porte Balzac en 1848, au sortir de la générale de Tragaldabas, « une exécrable pièce du genre gai-Hugo par Meurice et Vacquerie ». « Tout cela », écrit-il, est « froid, glacial, et ignoble ». La conclusion ? « Oh ! quelle leçon j'ai pris (sic) là pour le comique... Le comique doit toujours avoir pour base la raison »[60]. Cela est vrai pour le comique en général, et c'est vrai de l'esprit en particulier.

54. Corr., t. I, p. 597, octobre 1831 (?).
55. Charles NODIER, Compte rendu de Han d'Islande, La Quotidienne, 11 mars 1823.
56. Cf. supra, p. 43-47 et, en particulier, p. 46.
57. LH, t. II, p. 580, 19 février 1845.
58. Corr., t. III, p. 426, août (?) 1838.
59. Ibid., t. I, p. 463, 21 juillet 1830, à Victor Ratier.
60. LH, t. IV, p. 458, 23 juillet 1848.

Telles sont les modalités de l'*esprit* capable de résoudre certaines des contradictions auxquelles Balzac était sensible. Il perd sa sécheresse et sa froideur dans de « bonnes » conversations qui, animées par le « bon esprit » dont parle Zulma Carraud, retrouvent les qualités de transparence cordiale chères à son cœur. La froideur de l'esprit, qui redouble à l'écrit chez « l'homme d'esprit », peut s'animer, trouver le mouvement et l'éclat de la vie au milieu du « monde ». Enfin, concret, net, juste, l'esprit brille d'autant plus que son contact avec un « réel » lui assure verdeur et force.

« Bon esprit », oralité, vérité : ces réconciliations demeurent néanmoins fragiles, épisodiques. La contradiction éclate entre le ton dont Balzac, à l'occasion, célèbre l'esprit sec et froid et les désaveux qu'il lui oppose. Entre le « bon esprit » et le « mauvais esprit » règnent les nombreuses formes bâtardes, l'entre-deux des contradictions et des masques. L'opposition entre les deux formes d'esprit n'est pas toujours aussi tranchée. Balzac lui-même dira mainte fois que certains mensonges, certaines machinations spirituellement conduites permettent de faire triompher l'amour *(Modeste Mignon)*, voire font naître l'amour vrai et font s'y convertir le menteur *(Les Secrets de la princesse de Cadignan)*. L'esprit est le terrain privilégié du contact entre bien et mal. Comment poser en effet les problèmes de l'esprit sans poser ceux du mauvais esprit ? Le Bien est condamné à être spirituel s'il veut garder la moindre chance de convertir[61]. Tel nous paraît être le sens d'une ellipse assez obscure dans une lettre à Mme Hanska : « On m'a donné le pamphlet de la Maison Dumas et Cie. C'est ignoblement bête ; mais c'est tristement vrai ! et comme en France, on n'écoute pas les bêtes, et qu'on croit bien plus à une calomnie spirituelle qu'à une vérité sottement articulée, cela fera peu de tort à Dumas. Je crois que l'Evangile a été *spirituellement écrit* »[62]. Il ne suffit pas à la Vérité et à la Vie d'être elles-mêmes pour s'imposer, alors que le mensonge, s'il est spirituel, entraîne et convainc. Il faut, pour l'accomplissement même de la gaieté naturelle la plus transparente, recourir au masque. La sublimation de ce masque s'opère selon une formule dont l'Evangile révèle ici le mode d'emploi. C'est en étant « spirituellement écrit » que l'Evangile accomplit l'Esprit. Ici, le masque dévoile et révèle, plus qu'il ne cache et falsifie.

La raillerie

Raillerie ou moquerie, c'est le deuxième grand rôle que l'époque propose. La dérision est à la mode en cette époque du désenchantement ; la presse à bon marché vulgarise saynètes et caricatures. Balzac n'a pas manqué de consacrer à cette vogue. « Très heureux de revoir mon moqueur », lui écrit Philarète Chasles[63]. Oui, Balzac a été fréquemment considéré comme « moqueur » ; maint passage manifeste les dons, sinon

----

61. Arlette Michel a souligné l'importance du machiavélisme dans la pensée et dans l'œuvre de Balzac *(Le mariage et l'amour dans l'œuvre romanesque de Balzac, passim)*.

62. *LH*, t. II, p. 581, 20 février 1845. C'est nous qui soulignons.

63. *Corr.*, t. I, p. 600, octobre 1831 (?).

la vocation de Balzac en matière de raillerie. Mais quel sens peut-on percevoir dans l'exercice de cette dérision ? Car il faut situer Balzac entre les deux grands axes qui se proposent en cette époque, l'axe du sens, celui du *dériseur sensé*, et l'axe du non-sens, celui du *dériseur insensé*.

● *Balzac railleur vu par le siècle*

Si on ouvre le dossier du Balzac railleur, on trouve un assez grand nombre de témoignages qui oscillent de la *satire* à l'*ironie*, mais les termes sont trop souvent interchangeables : aussi doit-on se contenter d'établir, d'après les contextes, un classement d'intensité.

Laure Surville ne nous renseigne guère en nous indiquant que son frère avait une « bouche aux contours sinueux où la bonhomie s'alliait à la raillerie »[64]. Ni Gozlan mentionnant « l'ironie profonde de ses jugements »[65], ni Banville, décidément épique, avec « l'invincible ironie »[66] qu'il lui attribue.

Charles Léger intègre la raillerie dans la verve d'un Balzac bonimenteur, à mi-chemin entre Vautrin et Gaudissart : « Le joyeux Tourangeau, causeur d'une verve étourdissante, railleuse, sarcastique, jouissait de la mine ébahie des gens de Besançon »[67]. Témoignage direct ou, une fois de plus, projection d'une lecture ? Rien dans tout cela qui soit significatif.

Des témoignages nombreux se dégagent pourtant trois traits principaux.

D'abord, le caractère violent et impitoyable de cette raillerie. Chasles termine sa lettre à Balzac, en janvier 1832, d'un « Adieu, mon féroce ami »[68] assez suggestif. Werdet s'étend sur la description des personnages qui, entre 1833 et 1836, occupaient la loge *infernale* ou loge des *lions*, parmi lesquels on trouvait le chevalier d'Entragues de Balzac : « Malheur à qui avait l'audace de nous fronder [...] ils étaient certains d'être épatés, démolis, éreintés [...] »[69]. Quant à Sophie Koslofska, elle dit Balzac « terrible pour ceux qu'il n'aime pas et sans pitié pour les grands ridicules. Son épigramme souvent ne vous terrasse pas à l'instant, mais elle vous revient à l'esprit et elle vous hante *ever after* comme un fantôme »[70].

On ne perçoit point là de saintes colères, mais plutôt un goût certain de l'éreintement. Il est difficile d'éviter le rapprochement avec les « railleurs » de La Comédie humaine : Bixiou, le plus bouffon, Maxence Gilet, le plus actif et qui est porté par un groupe, Lousteau, auteur de petits articles sanglants. Dans tous ces cas-là, de la même façon, on perçoit

64. Laure SURVILLE, *op. cit.*, p. 200.
65. Léon GOZLAN, *op. cit.*, p. 75.
66. Théodore de BANVILLE, *Mes Souvenirs*, p. 278 ; le nez de Balzac, vu par BANVILLE, est un nez aux ailes « d'une belle ligne ironique et railleuse », Camées parisiens, *Le Figaro*, 3 juin 1866.
67. Charles LÉGER, *A la recherche de Balzac*, p. 53.
68. *Corr.*, t. I, p. 663, janvier (?) 1832.
69. Edmond WERDET, *Souvenirs de la vie littéraire*, p. 72-73.
70. Citation faite par Marcel BOUTERON, *Balzaciana*, p. 21.

moins le fouet de la satire que la flèche de l'épigramme et le trait appuyé de la charge. Les personnes sont beaucoup plus souvent visées que les choses et Balzac critique, voire stigmatise ce genre d'attaque. Pourtant, nous voyons qu'il s'y livrait et qu'il y excellait.

Une deuxième couche de témoignages désigne Balzac comme un satirique, voire comme un pamphlétaire et on le situe dans la ligne de Rabelais et de la Touraine.

Nous voyons encore reparaître Rabelais ! Ainsi, lorsque Sainte-Beuve semble applaudir à la « veine satirique et franche du Tourangeau rabelaisien »[71], Philibert Audebrand évoque le journaliste qu'il a connu, sa façon d'écrire dans *La Mode*, devenu légitimiste après Juillet, et où Balzac mécontentait la clientèle en y écrivant républicain. « Balzac s'amusait ; républicain dans un journal légitimiste, il était presque légitimiste dans un journal républicain [...] »[72]. Au *Voleur*, « même histoire ou à peu près ». « Balzac aimait et combattait les Romantiques. En véritable compatriote de François Rabelais et de Paul-Louis Courier, il savait alors avoir de l'esprit et du meilleur. Il critiquait, parfois avec méchanceté. » Suivent une série de « mots » que Philippe Audebrand dit ne pas avoir personnellement entendus, mais l'écho lui en est parvenu plus tard. On peut citer ceux-ci : « — Voilà une ode de Victor Hugo ; qu'en dites-vous ? — Eh ! c'est encore trop clair, trop expliqué ; il ne laisse pas assez à deviner. — Une harmonie de Lamartine ? — Une harpe qui gémit quand elle ne pleure pas, et qui pleure, quand elle a fini de gémir. » Audebrand concluait sur « la moquerie du Tourangeau » qui, pendant dix ans, s'était épanchée dans *La Caricature*, *La Mode*, *Le Voleur*, « dans quatre ou cinq romans que tout le monde connaît, mais surtout dans les trois petits volumes de la *Revue parisienne* ». A l'enseigne de Rabelais, c'est l'homme de la « fine bêtise » qui se trouve ici éclairé, dans le ton des « lisettes » à la mode[73].

Ces deux premières « images » rabelaisiennes du satirique sont exemptes de tout esprit de dénigrement. Quant à ce parrainage par Rabelais et la Touraine, il recevrait l'assentiment de Balzac, si l'on en juge par quelques passages où Balzac y recourt lui-même pour désigner « ironie » et « esprit satyrique »[74]. L'esprit de la Touraine est un « esprit conteur, rusé, goguenard, épigrammatique, dont, à chaque page, est remplie l'œuvre de Rabelais [...] »[75]. Est présente dans ce rabelaisianisme la généreuse malice de la satire, de l'épigramme, voire de l'ironie. Sur ce versant du Rabelais satirique, on peut remarquer l'absence du terme même de « raillerie ».

71. SAINTE-BEUVE, M. de Balzac, *Le Constitutionnel*, lundi 2 septembre 1850.

72. Philibert AUDEBRAND, Balzac journaliste, *Gazette de Paris*, dimanche 15 novembre 1857.

73. Voir Petit voyage à travers l'ancienne presse, *Le Mousquetaire*, 1ᵉʳ mai au 7 septembre 1854. Trois numéros sont consacrés à la *lisette*, « article de cent lignes » écrit uniquement pour le plaisir du lecteur ; « l'idée importait peu, on ne s'attachait qu'à la forme ». Parmi ses ancêtres, Lucien, Rabelais et Voltaire. Sa vogue se situe surtout entre 1815 et 1830 (dans *Le Nain jaune*, *La Pandore*, *Le Miroir*, *Le Figaro*, *Le Corsaire*, *Le Vert-Vert*).

74. *Les Deux Amis*, t. XII, p. 675.

75. *L'Illustre Gaudissart*, t. IV, p. 575.

Dans un troisième courant critique, au contraire, la raillerie, toujours sous le patronage de Rabelais et de la Touraine, se charge de toutes les nuances gouailleuses, blagueuses, sarcastiques, démolisseuses. C'est un avatar du Rabelais matérialiste, qu'on dise Balzac « sensualiste », comme Clément de Ris[76], « positiviste », comme Chasles et Léger[77], ou simplement « sceptique », comme Poitou[78]. Que Balzac soit dit « sensuel et railleur », « blagueur et positif », « froid et railleur » ou doué d'une « ironie amère », sa raillerie est considérée comme l'expression d'une philosophie. Philosophie qui paraît ignorer toute foi, toute valeur ; qui ignore aussi toute vraie gaieté.

Un seul critique adopte face à Balzac, dans cette ligne de la raillerie, une position étrangère à tout moralisme : Audebrand, journaliste qui fut compagnon de jeunesse de Balzac. Audebrand enregistre et retransmet, sans juger, que Balzac, quand il pratiquait des renversements du pour au contre, « s'amusait », ou encore qu'il « aimait et critiquait » à la fois, les Romantiques par exemple. Un seul témoin, donc, d'une raillerie joyeuse ! Mais témoin qui se trouve être le seul à tenter une restitution authentique, sans autre préalable que le souci de comprendre et de faire comprendre.

● « *Rabelais bouffon* », le diptygue de 1828

Les idées formulées sur Balzac railleur étaient en place avant la parution du premier roman signé Balzac, avant 1829. C'étaient celles qui avaient servi à qualifier Rabelais et qui allaient de nouveau servir pour Balzac ou tout autre. En 1828 fut publié un portrait en deux volets de « Rabelais bouffon », dont les traits allaient fournir l'essentiel du portrait de Balzac railleur.

Dès 1827, Victor Hugo avait placé Rabelais aux côtés de l'Arioste et de Cervantès et avait fait des trois auteurs des « Homères bouffons ». L'expression de la Préface de *Cromwell* faisait écho à deux formules de Nodier, qui, dans *La Quotidienne*, avait appelé Rabelais « bouffon de génie » et « espèce de Tabarin organisé comme Homère ». Hugo fit l'amalgame[79]. Rabelais bouffon allait renaître l'année suivante, en août 1828, dans les *Tableaux* conjoints de Saint-Marc Girardin[80] et de Philarète Chasles[81]. Deux Rabelais bouffons, mais qui n'agitent pas semblablement leurs marottes.

---

76. Clément de Ris, *Portraits à la plume*, p. 298, p. 328.
77. *Journal des Débats*, 24 août 1850 ; Charles Léger, *op. cit.*, p. 36, 37, 38.
78. Eugène Poitou, M. de Balzac, Etude morale et littéraire, *Revue des Deux Mondes*, 15 décembre 1856, p. 733.
79. Pierre Albouy a fait le point sur cette contamination dans *La création mythologique chez Victor Hugo*, Corti, 1963, p. 226.
80. *Tableau de la marche et des progrès de la littérature française au XVIe siècle*. Rabelais y est notamment appelé « rêveur bouffon ».
81. Même titre. On trouve aussi un Rabelais « bouffon », mais dans la ligne de la bouffonnerie du Moyen Age et du XVIe siècle.

Saint-Marc Girardin exprime sans masque le point de vue d'un libéral. C'est donc pour nous l'occasion de définir ce qu'est la raillerie dans le courant libéral.

En effet, Rabelais y est désigné comme typique de « l'esprit » et du « caractère français », c'est-à-dire du « génie libre et moqueur », de la « répugnance naturelle au préjugé »[82]. Ces premiers caractères de Rabelais en font un héros de la « liberté de pensées »[83], donc un continuateur du xviiie siècle et un annonciateur du xixe siècle. Sans doute Rabelais n'a-t-il pas encore, ici, la dimension que lui donnera Hugo, lorsque, « masque de la comédie », il regardera fixement le « masque de la théo-cratie »[84]. Ce n'est pas encore le « prophète joyeux » d'un Michelet[85]. Mais c'est un Rabelais qui se situe dans une perspective de progrès : l'histoire a un sens et l'idée que Rabelais est en avance sur son époque, dans cette ligne continue, figure dans le *Tableau* de Saint-Marc Girardin : ce « rêveur bouffon » est un « novateur précoce »[86]. Enfin se trouve esquissé un Rabelais allégorique et, même si ce n'est pas encore celui dont « l'éclat de rire énorme est un des gouffres de l'esprit », il a déjà la dimension épique : « Les allégories de la ménippée n'ont pas la hardiesse fantastique des inventions de Rabelais »[87]. Le Rabelais de Saint-Marc Girardin, français, libre-penseur, progressiste, allégorique, fait incontestablement partie de la famille libérale. Dans son numéro du 27 août 1828, *La Gazette* lança une attaque en règle contre Rabelais, dont « l'obscénité et le cynisme révoltaient Voltaire lui-même »[88] : c'était le Rabelais de Saint-Marc Girardin qui était visé et, derrière lui, le libéralisme.

Ce Rabelais est bien fait pour répondre à l'attente du bourgeois voltairien. Ce Rabelais bouffon a des idées, et même des idées « justes ». Il est le Rabelais qui s'enseigne depuis le *Cours analytique de littérature* de Népomucène Lemercier ; en 1817, on pouvait déjà lire au chapitre « Rabelais » que, sous son « langage de carnaval », Rabelais avait entre-pris la même lutte que, plus tard, Voltaire et il est célébré comme le maître de la « satire allégorique »[89]. Saint-Marc Girardin reprend le flambeau : selon lui, Rabelais « enveloppe à dessein le sens de ses satyres, il crée des figures étranges et grotesques, afin qu'on ne s'avise pas d'y chercher des portraits »[90]. Frère Jean est le « type satirique de l'état monastique »[91]. Rabelais a « peint son siècle »[92]. Panurge est « une espèce de Figaro du xvie siècle »[93]. Pantagruel un « Ulysse satirique »[94]. Saint-

82. Saint-Marc Girardin, p. 2.
83. *Ibid.*, p. 3.
84. *William Shakespeare*, OC de V. Hugo, Club fr. du Livre, t. 12, p. 186.
85. *Histoire de France*, La Ligue de Henri IV, t. X, p. 58.
86. Saint-Marc Girardin, p. 59.
87. *Ibid.*, p. 13.
88. C'est Claude Pichois qui fait ce rappel (*Philarète Chasles*, t. II, p. 237, n. 76).
89. *Cours analytique*, t. II, p. 58.
90. Saint-Marc Girardin, p. 13.
91. *Ibid.*, p. 60.
92. *Ibid.*
93. *Ibid.*, p. 61.
94. *Ibid.*, p. 63.

Marc Girardin propose une théorie de son portrait en revenant à son concept clé : « le vieil esprit français », défini comme celui des « philosophes » du XVIIIe siècle, « l'esprit philosophique, c'est-à-dire l'esprit d'examen et de réflexion »[95]. Aussi, même si elle est dite « bouffonne », cette satire est dite « sérieuse » : elle est implicitement au service de l'humanisme du « bourgeois » Saint-Marc Girardin[96]. La forme n'est qu'une forme, c'est-à-dire un accessoire par rapport à un contenu conscient, dominé et pédagogique. Ce contenu trouve lui-même son sens dans la réalité qu'il exprime, il se définit par son référent. Et c'est finalement à ce référent historique qu'il faut en arriver, après avoir dépouillé l'œuvre de son « enveloppe ». Si la forme est appréciée, elle l'est comme une belle « enveloppe » ; quant au contenu, il est présent dans l'œuvre, donné d'avance, sans mutation envisageable du fait de la lecture, sans possibilités d'interrogation, ni de polysémie.

Au premier abord, le Rabelais de Chasles, conjointement couronné, paraît le frère du Rabelais satirique de Saint-Marc Girardin[97]. La satire de Rabelais, dit Chasles, s'en prend à « la couronne des rois, [au] rabat des prêtres, [au] cordon du moine, et [à] l'écritoire des pédants »[98]. Rabelais verse ses traits sur « les vices du temps », n'a voulu que « railler les institutions, les mœurs et les idées » ; il « se moque de la société entière ». C'est donc bien, comme le dit Claude Pichois, une « satire générale »[99].

La première grande différence avec Saint-Marc Girardin est moins dans l'élargissement de la cible, l'augmentation du nombre des sujets de satire, que dans la nature de cette cible : c'est maintenant « la société tout entière ». Il parodie « à la fois » présent et passé, ignorance et prétention, clercs et laïcs. Toute idée de réforme, de progrès, a donc ici disparu.

En revanche se manifestent irrespect, esprit de fronde, iconoclastie. Rabelais est « d'une incroyable insolence » ; il s'en prend aux « objets révérés » ; « il ne respecta jamais que la dive bouteille ». *Satire* devient, sous cet éclairage, synonyme de dérision et d'irrespect universels. « Satire générale » veut dire ici désacralisation universelle, universelle « détronisation »[100]. Démolition, mais sans aucune idée connexe de régénérescence, de renaissance qui permettraient d'intégrer ce Rabelais dans une ligne dionysiaque.

Chasles insiste plutôt sur l'extravagance de Rabelais dériseur ; alors

---

95. SAINT-MARC GIRARDIN, p. 67.
96. Pour reprendre l'expression de Laurence W. WYLIE (*Saint-Marc Girardin bourgeois*, Syracuse, New York, Syracuse University Press, 1947).
97. Le « Rabelais » de CHASLES occupe à peine cinq pages de son *Tableau*, mais ce sont elles qu'il choisit de donner au *Voleur* (10 janvier 1829) et aux *Annales romantiques* (1829, p. 337-345).
98. CHASLES, p. 58.
99. Claude PICHOIS, *op. cit.*, t. I, p. 279. « Chasles se promet bien de nous faire admirer tout à l'heure la raison profonde (de son Rabelais) : c'est seulement la satire générale qu'il nous montrera. »
100. Terme repris à BAKHTINE (*La poétique de Dostoïevski*, p. 217, 219) ; dans une autre traduction de Bakhtine, on trouve « détrônement » et non plus « détronisation », sans doute pour traduire le même mot russe (*L'œuvre de François Rabelais*, p. 83, 241, 254, 335, 368).

que celui de Saint-Marc Girardin était un « dériseur sensé », celui de
Chasles est un « dériseur insensé ». Compagnons de cette folie, la débauche
et le cynisme. La troupe qui entoure Rabelais est dite « fille de la folie
et de la débauche » et lui-même est qualifié de « fou cynique ». Quant à
ses « allusions », elles sont « inconcevables et insensées ». On trouve
ici l'amorce des attaques ultérieures de Chasles contre le « matérialisme »
d'une littérature dont Rabelais est le parangon et Jules Janin, Balzac
et Victor Hugo les épigones[101]. L'amalgame était au point et pouvait
servir de nouveau, presque sans retouches. Avant Balzac, les trois champions de la folie obscène et cynique sont *Panurge, Falstaff et Sancho*,
triade constituée par Chasles dans un article de la *Revue de Paris* du
31 mai 1829. Cette triade européenne de la mise en question, du réalisme
questionneur, aura la vie dure, puisque Frédérick Lemaître la cite encore
sous le nom de « trinité bouffonne », en 1880, à côté de cette autre trinité,
française et du XVIIIᵉ siècle, de *Gil Blas, Figaro et Pangloss*[102], presque
exclusivement « satirique ». Chasles formulait déjà à leur adresse l'accusation de matérialisme : « Ils forment un chœur goguenard, qui nous
donne la critique complète et inexorable de tout ce qui entraîne l'homme
au-delà des limites de la vie matérielle : amour platonique, besoin de
conquêtes, ambition, mélancolie, mysticisme. C'est la volupté des sens
qui raille les besoins de l'esprit : c'est le corps qui se moque de l'âme... »
Raillerie et moquerie sont, dès 1829, définies et mises au ban comme le
sera la raillerie balzacienne, parce qu'elles sont les ennemies sans appel
des « affaires sérieuses » et des « croyances idéales ».

Une seule note peut, dans le portrait de 1828, constituer une circonstance atténuante : la « folie » de Rabelais n'est pas spécifiquement
la sienne, mais celle de son époque, qui l'inspire et qu'il reproduit.
« [...] frappé de la confusion et des contrastes de son siècle, il en reproduit
toutes les folies. » C'est encore ce que Chasles écrira de *La Peau de chagrin*
dans *Le Messager* du 6 août 1831 : Balzac « a voulu, comme feu Rabelais,
résumer son époque dans un livre de fantaisie ». Parlant de Balzac encore,
en 1835, Chasles retrouve les mêmes termes : « Copiste d'une société
sans Dieu, sans foi, sans but, mais non sans passions, vacillant, qui n'est
que grain de sable et qui fuit sous nos pas »[103]. De même que Balzac,
George Sand et Heine, selon Chasles, se rattachent à ce courant de l'analyse et de l'examen qu'il fait remonter jusqu'à Bacon et qui s'est considérablement enflé en ce siècle du désenchantement.

Tout ensemble, donc, Rabelais, Balzac, ou leurs pairs en dérision,
George Sand et Heine, se trouvent exaltés, comme miroirs fidèles de leur
temps, et dénigrés comme le reflétant trop bien, comme se compromettant
avec lui. Le sentiment contradictoire de Chasles se manifeste par l'emploi

---

101. Dans un passage de manuscrit contemporain de la *Chronique* du 22 février 1835
(cité par Claude Pichois, *op. cit.*, t. II, p. 311) se formule l'anathème : « Quoi de plus brutal
que l'esprit de Jules Janin ? [...] Quoi de plus matériel que la sensibilité de Balzac ? [...]
Quoi de plus corporel et grossier que la poésie de Victor Hugo où tout est physique.
Rabelais et Sancho, vous triomphez ! Députés du corps, ennemis de l'âme et de l'intelligence, soyez contens. L'art même, la pensée même se sont transformés en matière. »
102. Frédérick Lemaître, *Souvenirs*, p. 251.
103. *Chronique de Paris*, 29 novembre 1835.

fréquent de termes tels que *singulier, bizarre, étrange,* voire *grotesque.* Dans l'œuvre de Rabelais « s'entrechoquent et se confondent la vérité, la fiction, la licence, l'allégorie, la satire » ; cet « étrange génie » se donne un « étrange divertissement ». « Géants et nains difformes se pressent autour du char qui le porte » et l'écrivain lui-même adopte pour son œuvre « des formes et un style si grotesques que l'ivresse semble en dicter les propos ».

Le bizarre et le grotesque sont la forme d'une folie railleuse et sceptique. L'ensemble de cette image témoigne pour une époque où règne le chaos, qui ne peut ni ne veut découvrir son unité. Dans ce chaos que forment le pour et le contre, affrontés, mêlés, presque indiscernables l'un de l'autre, on pourrait voir l'image d'un Rabelais « carnavalesque », où la vie et la mort indissociables chantent le chant dionysiaque du renouveau[104]. Mais, vu par Chasles, ce chaos n'est pas joyeux. Ce n'est pas Dionysos, mais, comme dirait Hugo, « la chie-en-lit »[105].

Un Rabelais aux contradictions fécondes, un Rabelais joyeux aurait pu naître des termes mêmes employés par Chasles. Ç'aurait été une figure du dialogisme créateur. Mais l'idéalisme moralisateur a fait écran. Ce n'est qu'un Rabelais de la démolition.

Les deux Rabelais de 1828 offrent donc un diptyque instructif. D'un côté, Rabelais a été réduit, mais valorisé : appauvri dans sa réduction au schéma libéral, mais en même temps, pour cette raison même, encensé. De l'autre, Rabelais a pris une ampleur considérable, retrouvé sa vraie dimension : on voit bien, dans le tableau que fait Chasles, toute l'importance de Rabelais : c'est pour cette raison que Rabelais est considéré par Chasles comme dangereux. En fait, de Chasles à Girardin, il n'y a pas de réelle opposition. Excellent schéma hégélien, c'est l'identité des contraires. L'un et l'autre pouvaient être conjointement couronnés, car ils participent d'un même esprit de sérieux, soit pour conférer à Rabelais un contenu édifiant, dans une conception dualiste de la littérature (fond/forme), soit pour stigmatiser un esprit délétère, accusé de bafouer le dualisme corps/âme au seul profit du corps, de la matière.

● *Balzac et son Rabelais*

Or, Balzac a, lui aussi, exprimé des jugements sur Rabelais, à tous les stades de sa carrière. Il importe de situer son propre Rabelais face à ces deux Rabelais en quelque sorte archétypaux. Où faut-il placer le Rabelais de Balzac, c'est-à-dire placer Balzac lui-même, par rapport au Rabelais de Girardin, humain trop humain, et à celui de Chasles, à la folie suspecte ?

Une première impression : le Rabelais satirique de Balzac, très proche de celui de Saint-Marc Girardin au départ, paraît demeurer fidèle à une

---

104. « Carnavalesque » est, selon BAKHTINE, l'idée de l'ambivalence et de la relativité universelles : « Le carnaval ne connaît pas la négation, pas plus que l'affirmation absolues » (*Poétique de D.*, p. 173).

105. « Tout peut être parodié, même la parodie. La Saturnale, cette grimace de la beauté antique, arrive, de grossissement en grossissement, au mardi gras ; et la bacchanale, jadis couronnée de pampres, inondée de soleil, montrant des seins de marbre dans une demi-nudité divine, aujourd'hui avachie sous la guenille mouillée du nord, a fini par s'appeler la chie-en-lit » (*Les Misérables*, Club fr. du Livre, t. XI, p. 941).

conception qui est la conception dominante : celle d'un sens sérieux caché *sous* la moquerie, d'un contenu profond qu'il faut découvrir sous une enveloppe faussement légère et riante. La statue de Rabelais a les mêmes traits que celle qu'avait sculptée Girardin, mais la stature a considérablement grandi.

Dans les *Complaintes*, en 1830, Rabelais, en la compagnie de La Bruyère, Molière, Voltaire, Diderot, Montesquieu, est de ces « hommes qui n'étaient occupés qu'à cacher la profondeur sous la légèreté d'un bon mot »[106]. La Moralité de la première édition de *La Peau de chagrin* évoque « les joyeux chemins de maître Alcofribas, le plus terrible des dériseurs, lui dont l'immortelle satire avait déjà pris, comme dans une serre, l'avenir et le passé de l'homme »[107]. En 1834, Gargantua est la « figure d'une sublime audace incomprise »[108]. En 1846, Rabelais, en tant que théoricien du microcosme, mais aussi comme « précurseur de l'incrédulité », est donné comme « le plus grand esprit de l'humanité moderne »[109]. Il faut voir dans la personne de Desplein, cet « intrépide *dériseur* »[110], une incarnation du Rabelais de grande taille qui est la promotion du Rabelais libéral. Ce Rabelais-là n'est pas éloigné de celui de Hugo : c'est le « prince de sapience »[111] et l'œuvre de Balzac en célèbre « omnipotence, omniscience, omnilanguaige »[112].

Ce Rabelais de l'immortelle satire est présent dans mainte pratique satirique de Balzac. Balzac s'en prend sérieusement à certains défauts risibles, comme le Rabelais libéral avait été censé le faire, et il reprend à son compte le vocabulaire de « l'enveloppe » tel que Girardin l'avait perçu chez Rabelais.

Le Balzac satirique lance des flèches contre des défauts précis de la société contemporaine. Au nom des valeurs que ces défauts bafouent, au nom de la liberté et de la vérité, Balzac attaque le conformisme et l'hypocrisie. Entre autres conformismes du moment : celui de la tristesse et ceux, hypocrites de surcroît, du puritanisme et de la bigoterie. Les *idemistes* à la Poiret sont légion dans l'œuvre de Balzac ; dans les *Complaintes*, il s'en prend aux « gobe-mouches » de tout poil, ces gogos, que Daumier popularisera avec ses *Robert Macaire*. Ce sont les piliers de la médiocratie et du juste-milieu qui recevront toujours les flèches les plus acérées, mais aussi les plus franches, de Balzac. On peut trouver dans tel paragraphe des *Complaintes* un bon échantillon du Balzac satirique de cette époque : « [...] la théorie du laid, du grotesque et de l'horrible, le méthodisme de nos prophètes à froid, la gravité de ces littératures [...] doivent nécessairement nous conduire à l'hypocrisie anglaise, à chercher l'originalité dans le silence, à nous habiller chez le même tailleur, à nous faire un devoir de la plus simple niaiserie »[113].

---

106. *Complaintes satiriques*, p. 346.
107. T. X, p. 1351 (var. *i* à la p. 294).
108. *La Fille aux yeux d'or*, t. V, p. 1045.
109. *Le Cousin Pons*, t. VII, p. 587.
110. *La Messe de l'athée*, t. III, p. 391.
111. *Contes drolatiques*, anc. Pléiade, t. XI, p. 701.
112. *Ibid.*, p. 702.
113. *Complaintes satiriques*, p. 347.

Or, qu'il s'agisse du « protestantisme moral et politique », du « doctrinarisme », la « philosophie la plus triste du monde », des « trilogies cadavéreuses » de « la plus triste aristocratie, celle du coffre-fort », des « hommes moraux et funèbres », de « la société funéraire » ou des « mœurs de catafalque », l'attaque est la même, elle est dirigée contre la « gravité ». Balzac pourfend les « sots qui se font graves »[114], la « gravité » des littératures[115] et ces faux tribuns qui parlent depuis vingt-cinq ans de la « gravité » de tout[116]. Comme l'a signalé Chasles dans ses *Mémoires*, depuis la Restauration, on assiste au règne des gens « sérieux », mot dont l'emploi s'est du reste répandu à cette époque[117]. Rabelais est le patron de l'anticonformisme et, tout spécialement, du combat contre la gravité et le sérieux. Ce qui comporte aussi, logiquement, de se retourner contre soi-même dès la première apparition de l'esprit de sérieux dans l'exercice même de la satire. Ici perce une certaine contradiction avec le modèle Girardin, le modèle libéral, incapable de retourner ses flèches contre soi.

Mais il existe une seconde raison de rapprocher le Rabelais de Balzac de celui de Girardin, c'est le vocabulaire balzacien qui, au moins pendant la « fièvre rabelaisienne » de Balzac, correspond tout à fait à celui de la tradition officielle, de Népomucène Lemercier à Girardin en passant par Baron. Ainsi, Lemercier, dans son parallèle entre Aristophane et Rabelais, écrit que « son fantasque enjouement déguise partout le caractère sérieux de ses leçons »[118], que « le bon Curé de Meudon habille plaisamment la raison en masque »[119], que le « langage de carnaval » a permis de « déguiser burlesquement » les réalités du temps[120], qu'il faut donc percevoir sous ce masque la « profondeur des critiques »[121]. En 1825, ces idées, poursuivant leur immuable cheminement, sont encore formulées par Baron, qui recommande de « soulever le voile de la plaisanterie » et de percer « l'apparence bouffonne »[122]. Lorsque Balzac commence à écrire son œuvre romanesque (*Physiologie du mariage* et *Dernier chouan*), l'image de l'os médullaire fait figure de refrain, avec l'unique sens de « sens-caché-à-découvrir-sous-une-enveloppe ». On peut se rappeler la citation faite dans *L'Avertissement du « Gars »*, en 1828[123] ; la lettre à Montalembert du 23 août 1831, où la formule de Rabelais interfère avec la pensée de Ballanche : Balzac remercie son correspondant d'avoir si bien voulu « dégager [ses] intentions de leur sauvage enveloppe. Tous

---

114. *Ibid.*, p. 346.
115. *Ibid.*, p. 347.
116. *Ibid.*, p. 349.
117. Philarète Chasles, *Mémoires*, 1877, t. II, p. 187 : « On prête (à ce mot) une acception très fausse, le sens de *réel* et de *vrai*. »
118. Népomucène Lemercier, *op. cit.*, p. 71.
119. *Ibid.*, p. 72.
120. *Ibid.*, p. 77.
121. *Ibid.*, p. 78.
122. A. Baron, *Résumé de l'histoire de la littérature française, depuis son origine jusqu'à nos jours*, 1825, p. 124.
123. « Je n'ai pas eu peu à combattre dans mon penchant à ne quitter un tableau qu'après avoir longtemps tourné autour, l'avoir léché en tous sens, *comme un chien*, dit Rabelais, *suçant un os médullaire* » (*Les Chouans*, t. VIII, p. 1681).

nos maîtres ont mis la moelle dans un os, à l'exemple de la nature »[124],
ou encore la lettre à Mme de Castries, à propos de la *Physiologie* :
« [...] j'enveloppai, ou, pour être plus modeste, je tâchai d'envelopper
mes idées, de les rouler dans une forme acerbe, piquante qui réveillât
les esprits et leur laissât des réflexions à méditer »[125].

Sans doute, le Rabelais profond, satirique, éventuellement terrible,
toujours secret, qui sert de support à l'idéologie et au vocabulaire de
l'enveloppe, est déjà un peu à l'étroit dans le moule libéral, mais sans
le faire éclater. Balzac souscrit à cette idée d'un message qu'il faut
décoder, qu'il faut décrypter *sous* son enveloppe.

Toutefois, l'œuvre balzacienne permet de recomposer un deuxième
Rabelais, tout différent du Rabelais de Girardin. Ce Rabelais n° 2 est
un douteur et, de ce fait, il se rapproche sensiblement du Rabelais
composé, et stigmatisé, par Chasles. Une même ligne : celle du scepticisme.
C'est elle qui fait se rejoindre plusieurs jugements sur Rabelais formulés
à des époques diverses. Maugredie, l'un des trois médecins appelés en
consultation par Raphaël, appartient à l'école de l' « Eclectisme railleur »[126] : il était « pyrrhonien et moqueur » et « ne croyait qu'au scalpel ».
« Panurge de l'école, roi de l'observation, ce grand explorateur, ce grand
railleur, l'homme des tentatives désespérées, examinait la Peau de chagrin »[127]. Deux ans plus tard, en 1833, Rabelais figure dans la liste de
ceux qui sont montés « sur les chevaux du doute et du Dédain », avec
Byron, Voltaire, Swift, Cervantès[128]. En 1839, Fulgence Ridal constitue
une nouvelle apparition du Rabelais sceptique : « Paresseux et fécond
comme Rossini, obligé comme les grands poètes comiques, comme Molière
et Rabelais, de considérer toute chose à l'endroit du Pour et à l'envers
du Contre, il était sceptique, il pouvait rire et riait de tout. Fulgence
Ridal est un grand philosophe pratique »[129]. C'est enfin Renée de L'Estorade qui écrit à son amie Louise : « Sache donc enfin que deux amoureux,
tout aussi bien que deux personnes mariées comme nous l'avons été
Louis et moi, vont chercher sous les joies d'une noce, selon le mot de
Rabelais, un grand *peut-être* ! »[130].

Tous ces exemples, citant Rabelais ou imposant clairement sa présence, rangent Rabelais parmi les sceptiques et, joignant souvent l'idée
de la raillerie à celle du doute, permettent le rapprochement avec le
Rabelais de Chasles.

Mais, différence essentielle, alors que le Rabelais de Chasles est péjoratif, tous les « douteurs » de Balzac sont des champions du Doute.

124. *Corr.*, t. I, p. 567.
125. *Ibid.*, p. 591, 5 octobre 1831.
126. *La Peau de chagrin*, t. X, p. 257.
127. *Ibid.*, p. 258.
128. *Aventures administratives d'une idée heureuse*, t. XII, p. 778.
129. *Illusions perdues*, t. V, p. 316-317.
130. *Mémoires de deux jeunes mariées*, t. I, p. 299. On retrouve donc dans cette
œuvre de 1842 la même référence à Rabelais que dans *La Peau de chagrin* (1831), selon
le mot d'Emile rappelé par Roger PIERROT (n. 2) : « Notre cher Rabelais a résolu cette
philosophie par un mot plus bref que *Carymary, Carymara* : c'est *peut-être*, d'où Mon-
taigne a pris son *Que sais-je ?* » (t. X, p. 119).

Il n'est pas un de ces exemples qui ne comporte une valorisation. Maugredie est un « grand explorateur », un « grand railleur ». Rabelais et ses pairs montent sur les « *chevaux* » du Doute, ce qui dit la vigueur et le mouvement. Fulgence Ridal est comparé aux «*grands* poètes comiques » et il est un «*grand* philosophe pratique ». Selon l'expression que Balzac prête à Renée de L'Estorade, le «peut-être » de Rabelais est un « *grand* »peut-être.

Déjà, donc, se perçoit la bifurcation. La ressemblance avec Chasles est trompeuse. Le fait du scepticisme ne suffit pas à assurer l'identité des deux Rabelais. Car il y a un scepticisme qui est impuissance à croire et un scepticisme interrogateur et conquérant : c'est vers ce dernier que s'oriente le Rabelais de Balzac. Les deux images respectives de Rabelais, image Girardin et image Chasles, ne peuvent coexister en Balzac sans se modifier profondément. Le courant libéral et le courant du scepticisme désenchanté ne peuvent se couler dans le moule unique de Balzac sans que, des morceaux de chaque coquille brisée, se recompose un Rabelais spécifique de Balzac.

Tout d'abord, le vocabulaire de l'enveloppe. Balzac utilise le vocabulaire en cours, les schémas disponibles, tel celui de la forme et du fond. Mais il en gauchit le sens, le vide du contenu que lui donnait le moment. Considérons par exemple l'Errata de la première édition de la *Physiologie du mariage* : « Dans presque tous les endroits du livre où la matière peut paraître sérieuse, et dans tous ceux où elle semble bouffonne, pour saisir l'esprit de l'ouvrage, équivoquez »[131]. Ce qui doit être compris, c'est le retournement qu'opère l'équivoque. Non pas ce renversement, toujours le même, qui fait aller de l'enveloppe vers le contenu, comme dans le schéma « libéral » où l'enveloppe ne peut être que légère, gracieuse, piquante, voire un peu folle, mais de toute façon accessoire, puisque seul le fond importe et garantit le sérieux. Chez Balzac, on ne sait plus où est l'apparence, la forme, et où la matière, le fond. Il s'agit d'une « matière », donc d'un « fond » qui peut être mensonger, dans son apparence « sérieuse ». L'esprit de l'œuvre est à découvrir dans l'ordre des relations, des connexions, de la dialectique ou du dialogisme, qui interdisent l'application automatique d'un processus de retournement entre des termes dûment étiquetés. Equivoquer, c'est renverser, sans doute, mais c'est ne rien soustraire *a priori* à ce renversement. En particulier, peut ici être renversé l'ordre habituel des termes. L'enveloppe peut être la vérité, la forme peut devenir « le fond », la vérité, contrairement à l'usage et à l'attente. Ainsi, le rire, élément formel, peut vraiment devenir, comme l'écrit Balzac dans les *Complaintes*, « un passeport pour la pensée ». Ainsi, lorsque Balzac évoque, chez Gaudissart, son «enveloppe rabelaisienne »[132], il ne faut pas systématiquement considérer cette enveloppe comme mensongère parce que enveloppe. Il ne faut pas privilégier d'emblée un envers de cette enveloppe. Au contraire, ce *dehors* fait partie du réel, il a tous les caractères du réel et il en a toute l'ambivalence : il est ce qui cache en même temps que ce qui révèle. Cet extérieur est

131. T. XI, p. 1928 (var. *b* de la p. 1205).
132. *L'Illustre Gaudissart*, t. IV, p. 565.

l'indication d'une totalité qu'il faut prendre globalement avec toute une série de relations mobiles qui doivent être retrouvées par le spectateur, par le lecteur. Cette enveloppe est unie à son contenu par des liens qui n'instruisent pas forcément une relation de contradiction entre « contenant » et « contenu ». La gaieté « rabelaisienne » de Gaudissart ne ment pas ; il est réellement gai et boute-en-train, mais sa gaieté est subordonnée trop souvent au commerce pour que ne se réintroduise pas dans son comportement un « sérieux », en l'occurrence un aveuglement, une fermeture, qui ne sont pas dans la ligne de la gratuité nécessaire à un véritable rabelaisianisme[133]. C'est une des leçons qu'il faut tirer de l'histoire de L'Illustre Gaudissart et de la punition du Voyageur par cette autre figuration de Rabelais qu'est la Touraine rieuse[134]. De la même façon, l'enveloppe de Fulgence Ridal ne saurait être considérée comme menteuse : « Pour ne pas mentir à son masque vraiment rabelaisien [...] [il] ne hait pas la bonne chère et ne la recherche point, il est à la fois mélancolique et gai »[135]. Un tel personnage ne se limite pas à une satire franche et cordiale, à une apparence coïncidant en toute transparence avec une vérité une et simple ; mais pourtant ce masque ne met pas en place une duplicité, noires pensées sous une façade épanouie ou scandaleuses turpitudes s'abritant hypocritement sous le masque de la franche gaieté. Balzac souligne avec justesse la présence simultanée et non contradictoire des deux aspects. Par tous ces exemples sont mis en question aussi bien l'univocité du sens que le simplisme d'un dualisme systématique.

C'est dans l'Eclectisme railleur de Maugredie[136] qu'on peut trouver la formulation de cette polyvalence mobile ; Eclectisme railleur, avant que soit énoncé l'Eclectisme littéraire que nous avons été amené à évoquer à propos de Rabelais et de sa « forme bachique »[137]. C'est encore Rabelais qui nous amène à retrouver cet Eclectisme railleur de Maugredie. Cet « éclectisme » n'est ni éclectisme du contenu (ce serait tiédeur et juste milieu, aussi éloignés que possible de la pensée de Balzac), ni éclectisme formel, car la « forme bachique » comporte un sens global, fait de va-et-vient entre chacune des parties et les autres, de relation de chacune avec l'ensemble. On comprend mieux ainsi que la raillerie balzacienne n'est ni la seule satire classique, ni la pure folie sans but. Cette raillerie se définit comme jeu, sans jamais donner la priorité à la réforme ni à la démolition ; mais jeu n'implique ici nulle insignifiance, nulle fuite hors du réel.

En fait, toutes les attaques principales de Balzac semblent converger vers une cible commune, qui est la « gravité ». Le pire ennemi de Balzac, c'est l'esprit de sérieux. La cible unique du rire, c'est ce qui ne rit pas. Balzac s'inscrit à cet égard dans une ligne continue qui traverse tout

---

133. Cf. infra, IIIe partie, chap. II, p. 190-191.
134. « L'esprit conteur, rusé, goguenard, épigrammatique dont, à chaque page est empreinte l'œuvre de Rabelais, exprime fidèlement l'esprit tourangeau [...] » (L'Illustre Gaudissart, t. IV, p. 575-576).
135. Illusions perdues, t. V, p. 317. C'est nous qui soulignons.
136. La Peau de chagrin, t. X, p. 257.
137. Cf. supra, p. 40-44.

le xixᵉ siècle européen, front de résistance à l'invasion des théories, des systèmes, des idéologies. Ce sont les textes balzaciens théoriques, articles et libelles, autour de 1830, et particulièrement les *Complaintes* et les *Lettres sur Paris*, qui traduisent le refus de cet esprit de sérieux dont la bourgeoisie au pouvoir donne l'exemple dans la France révolutionnée. La parenté d'esprit est certaine avec les propos de Jean Paul sur le trait d'esprit en 1804[138]. On peut lire en écho l'essai de Baudelaire *De l'essence du rire* (1855). Enfin, le rapprochement le plus décisif est celui des *Complaintes* et de *La Gaya Scienza* de Nietzsche (1882). Ce qui définit ces parentés, c'est le sens du jeu, la défense passionnée de la gratuité et de la liberté dont il témoigne.

La spécificité balzacienne dans la raillerie telle que nous avons tenté de la définir dans le jeu constant entre la forme et le contenu, sans jamais couper l'un de l'autre, sans se laisser emprisonner par la gravité du « message » ou par l'idéologie de la démolition, se trouve énoncée par Jean Paul à propos du trait d'esprit : « Que l'âge mûr reprenne, grâce au trait d'esprit, sa liberté et se débarrasse une bonne fois de l'*onus probandi* (la charge de la preuve), sans pour autant lui substituer un *onus ludendi* (une charge de jeu). Le trait d'esprit [...] ne prend part à aucune essence, mais à leurs rapports seulement (entre les esprits et les dieux) »[139]. Ni spécialiste de la démonstration, ni amuseur spécialisé, c'est bien ainsi que nous pouvons percevoir Balzac au travers de son portrait de Rabelais. Il n'est pas interdit de combattre, mais pourquoi ne pas « combattre en riant comme jadis »[140]. Il faut, grâce à cet esprit du jeu, triompher des « faux tribuns », des « marchands d'idées creuses » qui, depuis quinze ans, parlent de la « *gravité* de tout »[141]. De la même façon, Jean Paul inscrit sa revendication de l'esprit dans une revendication générale d'invention et de liberté (« § 54. Nécessité de cultiver le trait d'esprit en Allemagne »[142]). Baudelaire aussi lance l'anathème contre les « professeurs jurés de sérieux, charlatans de la gravité, cadavres pédantesques »[143]. Selon Baudelaire, Rabelais est encore trop mêlé pour être le parfait artiste, étranger à l'utile et au raisonnable ; enfin « son comique a presque toujours la transparence d'un apologue »[144], ce qui le condamne du point de vue du « comique absolu ». Mais le Rabelais de Baudelaire échappe à la limitation du « comique significatif » comme le Rabelais de Balzac échappe à l'étroitesse du schéma libéral à la Girardin.

La parenté entre les *Complaintes satiriques* de Balzac et les *Aphorismes* de Nietzsche a déjà été remarquée[145]. Le *gay savoir* rabelaisien

---

138. *Sur le trait d'esprit (Witz)* a été publié dans une traduction d'Anne-Marie Lang et de Jean-Luc Nancy par *Poétique*, 1973, nº 15, p. 375-406, et présenté par Jean-Luc Nancy, *ibid.*, p. 365-374. L'essai de Jean Paul faisait partie du « IXᵉ Programme » du *Cours préparatoire d'esthétique* publié en 1804.
139. Jean Paul, *ibid.*, p. 401-402.
140. *Complaintes satiriques*, p. 346.
141. *Ibid.*, p. 349.
142. Jean Paul, *ibid.*, p. 400.
143. Baudelaire, *De l'essence du rire*, in *Œuvres*, Bibl. de la Pléiade, 1951, p. 703.
144. *Ibid.*, p. 714.
145. Cf. en particulier J. Kamerbeek jr., *Une intempestive de Balzac*, Neophilologus, 1962, nº 46.

a été pris par Nietzsche comme titre de son recueil d'aphorismes : *La Gaya Scienza*. Quant à Balzac, c'était à ce *gay savoir* qu'il s'en remettait pour tenter de connaître la vie éternelle : « Les compagnons du gay savoir aidant, qui sait si la dive bouteille ne triomphe pas du cercueil ? »[146]. Dans *La Gaya Scienza*, maints aphorismes retrouvent ou prolongent la pensée de Balzac. « De la sorte, il est possible que, par son *pathos même du sérieux*, quelqu'un trahisse la façon superficielle et limitée dont son esprit avait joué jusqu'alors dans le domaine de la connaissance. Et ne sommes-nous pas trahis par toute chose que nous prenons *avec gravité* ? »[147]. Nietzsche revendique pour les « hommes supérieurs » un moyen d'éducation qui, en Allemagne, fait défaut : « l'hilarité » ; or, les « hommes supérieurs » ne « rient pas en Allemagne »[148]. Le préjugé que Nietzsche dénonce avec force, c'est celui de la « brute sérieuse » à l'égard de tout « gay savoir » ; le discours qu'il prête ironiquement à cette « brute sérieuse » est le suivant : « Là où ne prévalent que rire et gaieté, on pense à tort et à travers »[149]. C'était chez quelques écrivains du XVIIIᵉ siècle français et jusque chez Stendhal que Nietzsche trouvait des exemples de cette pensée rieuse aussi ennemie de l'insignifiance d'une littérature plaisante, faite pour amuser, que de la « gravité » d'une œuvre théoricienne et doctrinaire. L'opposition du « gay savoir » et de la « gravité », c'est celle de « *fröliche Wissenschaft* » et de « *Geist des Schweres* », du Gay Savoir et de l'Esprit de sérieux. C'est une opposition qui est vivante dans la vision du monde balzacienne. C'est une opposition qui va apparaître beaucoup plus nette et plus forte dans l'œuvre de Balzac que dans sa vie ou dans ses déclarations théoriques. Car seule une mise en œuvre esthétique peut rendre compte pleinement d'une telle pensée : mobile, interrogative, joyeuse dans le mouvement de tous les va-et-vient auxquels elle donne lieu à la lecture. Nature et société ne doivent plus dès lors être séparées. La distance du jeu marque la recherche du sens en dehors de la pression aliénante des idéologies, dans une visée qui demeure fidèle à celle de l'enfant rieur. Ne respectant rien *a priori* et restant ouvert à la merveille. Inlassable chercheur d'absolu confronté au relatif, incapable de jamais perdre de vue ni l'un ni l'autre.

Le signe de cette vision sera la mise en œuvre d'une écriture arabesque, fidèle aux deux images de Rabelais que Balzac a composées dans les deux lignes conjointes de la nature et de la société. Dès la correspondance se lit cet intérêt passionné pour les spectacles de la vie dont l'écriture de ses lettres fait voir le jeu, la mise en jeu, à la distance voulue, sans perdre le contact, sans se laisser happer. Le goût pour le mime, pour le récit, pour la lecture à haute voix, la verve déployée, à l'oral et à l'écrit, marquent déjà une mise en œuvre qui témoigne pour le choix d'une esthétique.

---

146. *Complaintes satiriques*, p. 349.
147. NIETZSCHE, *La Gaya Scienza*, Club fr. du Livre, 1957, p. 115 (aph. nº 89).
148. *Ibid.*, p. 175 (Pour le « système d'éducation », aph. nº 177).
149. *Ibid.*, p. 235 (Prendre au sérieux, aph. nº 327).

CONCLUSION

LA VIE ET LES MOTS

L'importance du ludique dans l'existence de Balzac se manifeste par de nombreuses interférences entre la vie et les mots. Le « vécu » est d'emblée découpé en vue du croquis écrit : la correspondance témoigne de ce passage du spectacle au récit. S'observe d'autre part un passage fréquent du texte au mime. Enfin, c'est à une véritable osmose entre parole et écriture que l'on assiste.

Les *Lettres à Mme Hanska*, la *Lettre sur Kiew*, les *Pensées, Sujets, Fragments*, tout ce qui porte la marque d'un premier jet abonde en croquis, généralement caricaturaux. Caricature par simplification et grossissement, comme celles-ci : « C'était un homme qui avait un accent circonflexe sur le nez gros et rouge »[1] ; « Il y a des figures qui sont comme ramassées autour du nez »[2]. Spontanément, Balzac typise : « (Cobden) a une figure d'épicier, mais d'épicier têtu, et il y a de l'originalité dans sa laideur »[3]. Ailleurs la métaphore procède à la chosification : Gosselin est un « roast-beaf ambulant »[4] ; à l'animalisation : « [La Chouette est] cet insecte non classé, invisible à l'œil nu »[5]. Avec la fulgurance d'un trait rapide et sûr, Balzac habille un jugement en métaphore visuelle : Sue est « ce Paul de Kock en satin et à paillettes »[6]. Une des meilleures réussites de Balzac, c'est le reportage cocasse avec le sens du trait et de la mise en scène : on peut extraire de la *Lettre sur Kiew*, par exemple, cet instantané de « trente voyageurs assiégeant un guichet, et trois cents paquets bombardant deux Prussiens »[7]. Même s'il ne développe pas, il songe à la mutation possible de ses impressions en récit, en scène, pour le roman ou pour le théâtre : par exemple, ces « incidents tellement comiques [...] que le récit de ces admirables scènes [...] ferait une histoire où se trouveraient toutes les qualités du roman et du vaudeville »[8].

1. *Pensées, Sujets, Fragments*, p. 77.
2. *Ibid.*, p. 150.
3. *LH*, t. III, p. 338, 20 août 1846.
4. *Ibid.*, t. I, p. 228, 13 juillet 1834.
5. *Ibid.*, t. III, p. 281, 17 juillet 1846.
6. *Ibid.*, t. II, p. 511, 17 septembre 1844.
7. *OC*, t. XL, p. 659.
8. *Ibid.*, p. 680.

Le concret piquant, typique, l'amuse et le retient, et particulièrement
le cancan, tout détail de la vie privée, de la vie de relation. On perçoit
la filiation de Saint-Simon à Balzac, puis de Balzac à Proust dans cette
coïncidence de l'écriture et du ragot. Comme les rires, tous ces détails
de la vie privée devenue roman servent à communiquer avec la correspondante dans la participation à une même saga, domestique et comique.
Ici, il s'agit des aventures de lady Ellenborough[9]. Là, des « *couches
secrètes* » de Marie d'Agout[10]. Ailleurs, c'est le dîner d'adieu à Liszt avec
des médailles de Liszt en chocolat[11]. Ou encore ces « fables absurdes »
sur Lamartine au moment de la Révolution de 1848[12]. A aucun moment
de sa vie le goût de Balzac pour l'anecdote et le potin ne s'est démenti.
Quant au détail, il le réclame à son correspondant et il le lui promet.
Dans la jeunesse : « Rends-moi bien les conversations »[13]. A la fin de
la vie : « J'ai toujours oublié de vous faire rire d'un détail de la visite
de votre auguste sœur »[14].

On peut aussi relever les « mots » que Balzac « enregistre » et
« retransmet » fidèlement. Il se montre sensible aux mots des gamins
de Paris, en 1848 : « Quand Louis-Philippe a offert son petit-fils, les
gamins de Paris lui ont répondu : 'Qu'on ne pouvait pas le priver de
son petit-fils, qu'il en avait besoin pour se conduire, car il était aveugle' »[15].
Autre « mot » des gamins : « *Louis Filevite* »[16].

Mouvement inverse : les récits de Balzac, quand ils sont lus à haute
voix par leur auteur, deviennent théâtre, deviennent jeu, tous les témoins
le confirment. Qu'il s'agisse de l'anecdote de son père qui, invité à
découper une perdrix, la divisa en quatre, fendit l'assiette, la nappe et
entama la table, ou de l'anecdote des Kreutzers ou de la lecture de
Mercadet, Gautier est formel : « [Il avait] l'étoffe d'un grand acteur [...]
ce qu'il racontait, il le jouait avec des intonations, des grimaces et des
gestes qu'aucun comédien n'a dépassés à notre avis. » Pour *Mercadet*,
il le lisait « avec une voix particulière et parfaitement reconnaissable
à chaque personnage [...] Cela grommelait, cela hurlait sur tous les tons
possibles et impossibles »[17]. A la date du 18 août 1848, Balzac, revenant
de faire cette lecture, écrit à Mme Hanska : « Tout ce que je puis vous
dire, c'est que les comédiens n'ont pas cessé de rire [...] »[18]. Jules Claretie,
d'après le récit d'Edmond Got, qui devait jouer le rôle de Justin, le
valet de chambre, raconte à son tour : « Il gesticulait, il jouait la pièce
avec une *furia* étonnante ; il changeait de voix selon les personnages
qui parlaient ; il était superbe avec Mercadet, vil et pleurard avec le

---

9. *LH*, t. I, p. 382, 18 janvier 1836.
10. *Ibid.*, t. II, p. 220, 16 mai 1843.
11. *Ibid.*, p. 494, 7 août 1844.
12. *Ibid.*, t. IV, p. 436, 9 juillet 1848.
13. *Corr.*, t. I, p. 59, novembre 1819. « [...] je m'en remets sur toi pour rire, et tu es
mon Momus », écrit-il à sa sœur.
14. *LH*, t. IV, p. 109, 21 juillet 1847.
15. *Ibid.*, p. 221, 29 février 1848.
16. *Ibid.*, p. 223, 3 mars 1848.
17. Théophile Gautier, *op. cit.*, p. 98-99.
18. *LH*, t. IV, p. 515.

père Violette, émouvant avec Minard, chaste avec Julie, d'une ironie altière avec la Brive, d'une honnêteté douce avec Mme Mercadet. Il était la foule bourdonnante des créanciers ; il était le chœur plein de susurrements des domestiques ; il était tout cela à la fois, riant, criant, rejetant son manuscrit loin de lui et récitant la pièce d'un bout à l'autre sans se tromper, sans hésiter : il la savait par cœur »[19]. Dans un article postérieur, Jules Claretie a prétendu que le cinquième acte de la pièce n'était pas encore écrit au moment où Balzac l'avait « lu » et interprété : « Or, lorsqu'il s'agit, pour Balzac, de montrer le manuscrit de sa pièce, on s'aperçut que cet étourdissant, entraînant, admirable dernier acte n'existait pas. Balzac avait *lu* sur du papier blanc »[20]. Cette création rieuse et « comique » ne dissocie pas l'écriture et la vie. Le vécu est déjà amorce du littéraire et l'œuvre écrit se rattache le plus possible, de façon toute phénoménologique, à l'ordre du concret vécu.

A l'aube de la presse à grand tirage, dans une société déjà théâtralisée, le courant diderotesque de l'improvisation et de la verve trouve une occasion de se répandre. L'activité journalistique sert de substrat à ce type de création où s'interpénètrent oral et écrit. Il n'y a pas de solution de continuité entre inventions mimées, parlées et certains écrits de Balzac : tartines, articles « comiques », *Traités*, *Physiologies*, *Monographies*, œuvres dont la seule fin est d'amuser. Werdet témoigne : « C'est de la rédaction de la chronique, qui se faisait quotidiennement chez moi, en quelque sorte sous mes yeux, que partaient ces articles épatants, démolissants, désopilants, de gaieté, d'entrain, de verve, d'esprit et de causticité qui allaient égayer et surprendre les lecteurs des journaux légers [...] »[21].

Cette part du talent de Balzac se manifeste par ce que Gozlan appelle « une soif inextinguible de monologue dont il semblait avoir hérité de Diderot en ligne directe »[22]. Paradoxalement, cette « soif de monologue » devrait être dite « soif de communication », comme c'est le cas de nombreux personnages dostoïevskiens, épris de contact. Diderot lui-même n'écrivait-il pas : « L'art d'écrire n'est que l'art d'allonger ses bras »[23] ?

Ces « monologues » de Balzac s'écoulent en direction de l'interlocuteur, comme nombre de pages de son œuvre. Selon Gautier, il s'agissait de « fantasmagories bizarres qui dansaient dans la chambre noire de son cerveau » et qu'ensuite il « peignait en traits rapides avec une intensité comique incomparable »[24]. Enfantine marée où se trouvent abolies les distinctions entre nature et société, sens et non-sens, moi et autre. Exemple significatif : Balzac répondant à un jeune homme, qui lui rend visite, par une série de mots qui se terminaient en « -tion »[25]. Le passage

19. *L'Opinion nationale*, 26 octobre 1868. Le texte est cité par Roger PIERROT (*LH*, t. IV, p. 515, n. 1).

20. *Les Annales politiques et littéraires*, 23 novembre 1902, p. 324. Ce texte est également cité par Roger PIERROT *(ibid.).*

21. Edmond WERDET, *Souvenirs de la vie littéraire*, p. 49.

22. Léon GOZLAN, *op. cit.*, p. 75.

23. DIDEROT, *Lettres à Sophie Volland*, t. II, p. 273.

24. Théophile GAUTIER, *op. cit.*, p. 95.

25. Léon GOZLAN, *op. cit.*, p. 78.

à la création est ici tout près de se faire : ces formes ludiques de la vie, où le mot a perdu sa valeur usuelle de communication pour en créer une nouvelle, se prolongent naturellement dans mainte forme « musicale » et « comique » de l'œuvre. De même que la visée esthétique fait entrer les mots dans la vie, une esthétique rieuse fait collaborer les mots à la création d'une forme ouverte et à l'invention d'une attitude de vie « arabesque », sans butée ni repos.

DEUXIÈME PARTIE

LA DÉSIGNATION COMIQUE

Une conduite ludique préformant une esthétique : tel est le sens du rire de Balzac, grâce à un double mouvement d'investissement et de « déprise ». Le rire constitue une réponse globale face au « réel ». Par rapport au monde avec ses appels, ses menaces, ses provocations, ou bien au moi avec ses désirs, ses angoisses et ses chutes, la réponse par le rire consiste à se déprendre, à adopter une conduite d'éloignement, sans pour autant perdre complètement le contact avec ce « réel ». Il y a un « plaisir du comique » que recherche, puis éprouve le sujet rieur et qui résulte « d'un *double jeu* [...] *participation* + *distance*, qui n'est pas seulement de se laisser entraîner *puis* de sauter en arrière, mais de se vivre « déjà » entraîné quoique à distance encore et en sécurité, et « quand même » à distance et en sûreté quoique participant encore : je ne puis rire que parce que les deux choses, liées en une synthèse originale, sont données ensemble, puis ôtées ensemble quand cessent l'ambiguïté et le moment de rire »[1]. Cette idée de la double portée, du double jeu qui préside à la *dynamique* du rire, est apparue à plusieurs reprises. D'un côté, la tension est minimale, la dilatation, ou détente, maximale dans la gaieté enfantine, la joie, la jovialité, ce que nous appelions « gaieté naturelle ». De l'autre, la tension est forte, la participation importante, dans les rires mordants, la moquerie ou la raillerie féroce. Entre détente et tension, participation et distance, la position « comique » est médiane, à plus ou moins grande distance d'un pôle ou de l'autre. La gaieté naturelle, le laisser-aller à l'enfance se situent à la limite utopique de maint comportement balzacien : ils en sont comme le filigrane et l'au-delà. Le rire balzacien opère des négociations, des médiations, entre l'absolu d'une gaieté impossible à recréer et la compromission des combats journaliers.

Cette médiatisation par l'esprit de jeu dans le domaine de l'économie (dépense ou épargne) se retrouve dans le domaine de la « topique » concernée par le comique. Nous étendrons à l'ensemble du comique, pris dans le sens large qui est le nôtre, ce que Jacqueline Cosnier dit de l'humour : celui-ci, dit-elle, n'est pas localisable dans telle ou telle instance de la *Psychè*. Attitude humoristique *(comique,* disons) implique

---

1. Jean GUILLAUMIN, Freud entre les deux topiques : le comique après l'humour (1927), une analyse inachevée, *L'humour,* num. spécial de *La Revue française de psychanalyse,* juillet 1973, p. 640.

que se construit un jeu entre les diverses instances, *ça*, *moi* ou *surmoi*[2].
Or, il est apparu que les réactions « comiques » de Balzac comportent
les plus vives contradictions : son rire manifeste une ambivalence où
peut se lire l'oscillation constante entre régression infantile et maîtrise
de la conscience dans la maturité.

Comme l'écrit Charles Mauron, « le rieur peut lui-même soit s'abandonner à l'infantilisme (c'est-à-dire s'abandonner à la régression des
tendances et du moi — inconvenance, irrespect, absurdité), soit railler
cet infantilisme en autrui en accusant sa propre « normalité », soit enfin
jouer, c'est-à-dire jouir de la libre maîtrise permettant d'accuser à volonté
l'un ou l'autre tableau »[3]. Même processus face à l'angoisse, au désespoir,
au sentiment de la culpabilité : dans l'attitude « comique », « humoristique », le « rieur » peut « jouer » chutes et déroutes du *moi* : « Les dangers,
les défaillances, la mort, enfin tout ce qui blesse l'intégrité narcissique
n'est point aboli ni même nié, mais surmonté. Le *moi* joue à en être
le metteur en scène »[4]. Entre régression et « normalité », entre déroute
et maîtrise, le jeu des oscillations mimées s'accomplit dans la création
esthétique. N'est-ce pas l'artiste surtout qui cherche, dans l'œuvre mieux
que dans la vie, à devenir « maître de ses refoulements » et capable de
« régresser de façon réversible »[5] ? Nous avons bien perçu la coexistence,
dans le rire balzacien, d'aspects fortement contrastés, unis par une sorte
d'unité duelle, non réductible, non sécable. L'œuvre romanesque porte-
t-elle la trace de ce double ? Comment s'exprime, dans *La Comédie
humaine*, un génie comique dont la richesse est de jouer « soit de l'abandon
à la régression, soit de la raillerie satirique, soit enfin de l'ivresse goûtée
à se libérer de la double servitude des tendances instinctives et des
normes sociales »[6] ?

Ce « génie comique » est celui des auteurs dramatiques dits « comiques »,
c'est-à-dire produisant sur des publics de théâtre des « effets comiques »,
des cascades de rires. Ici, le destinataire de l'effet comique est le lecteur
solitaire. Comment Balzac peut-il atteindre ce lecteur et lui communiquer son rire à lui ? Ne devait-on pas, avant toute autre enquête,
s'interroger sur le rôle que jouent dans la production du comique la voix
du narrateur, et son discours ? Car, à tout instant, le narrateur Balzac
désigne comme comiques, risibles, des personnages, des situations, des
objets. Il porte jugement, communique *son* jugement, infléchit par divers
vocables de jugement comique le jugement du lecteur. Tous ces mots
comique, *grotesque*, *burlesque*, *drôle*, *drolatique*, etc., reflètent-ils pour le
lecteur l'ambivalence mobile et rieuse du rire balzacien ?

2. « [...] l'humour nous paraît relever, non d'une instance en particulier, mais d'un
jeu intersystémique (du point de vue à la fois de la première et de la deuxième topique)
qui, si l'on voulait la relier à une instance, serait plutôt de l'ordre du fonctionnement du
moi. Il [nous] paraît faire partie de ces phénomènes transitionnels dont Winnicott
nous a montré la filiation avec les objets transitionnels, et qui permettent (comme
Freud le disait à propos de l'art) de résoudre une série de contradictions » (Jacqueline
COSNIER, Humour et narcissisme, *rev. cit.*, p. 579).
3. Charles MAURON, *Psychocritique du genre comique*, p. 22.
4. Paul-C. RACAMIER, Entre humour et folie, *rev. cit.*, p. 667.
5. Charles MAURON, *op. cit.*, p. 22.
6. *Ibid.*, p. 23.

Ces questions obligent à explorer le lexique de la désignation comique, du jugement comique. Travail de lexicologie en liaison constante avec un travail sur le narratif. Dans un premier temps, il fallait déterminer le « champ onomasiologique » du jugement comique[7] dans *La Comédie humaine*. Après l'inventaire systématique de ce lexique, nous avons tenté la description du « champ sémasiologique » de chaque mot qui y figurait. Premier constat : aucun de ces termes n'apporte par lui-même aux éléments qu'il qualifie une nuance précise, univoque. Ce sont des mots opaques qui se prêtent, mieux que tout autre, à des variations de sens, et qui apportent au texte romanesque une grande plasticité de sens. Deuxième constat : le contexte joue un grand rôle dans la détermination du sens de chaque terme ; il y a double sélection réciproque, du *support* (ce qui est désigné comme comique) et du vocable qui le désigne comiquement. Une troisième sélection connexe est opérée par la place de l'élément dit comique dans la phrase et dans le roman. Plusieurs sens clignotent donc ensemble dans une systématique très souple : les supports sont rendus mobiles par leur qualification comique, tandis que cette qualification même reçoit de l'ensemble un surcroît de sens et de mobilité.

---

7. Nous nous sommes rangé aux conclusions de Jacqueline Picoche, *Précis de lexicologie française*, p. 68. L'auteur récuse les appellations floues de *champ lexical* et de *champ sémantique* : dans les deux cas, il s'agit d'un « champ lexical sémantique ». Plus précises, les dénominations que Jacqueline Picoche reprend aux linguistes allemands K. Heger et K. Baldinger. Si l'on part d'un signifié (présentement, du signifié « jugement comique ») et que l'on recherche tous les signifiants qui correspondent à ce signifié, on explore un *champ onomasiologique*. Ensuite, on reprend chacun de ces signifiants (les mots *burlesque, grotesque,* etc.) et l'on détermine tous les signifiés que peut avoir chacun d'eux : on délimite le *champ sémasiologique* de chaque terme.

CHAPITRE PREMIER

GROTESQUE ET COMIQUE

La laideur grotesque et la gaieté

Les *Complaintes satiriques sur les mœurs du temps présent*, parues dans *La Mode* du 20 février 1830, situent le *grotesque* : dans l'esprit de Balzac, il est aux antipodes du gai. L'apologie de la gaieté française et l'attaque du présent, de son « protestantisme moral et politique », amènent Balzac à opposer le *grotesque* et le *comique*. Car « l'un est une impuissance, et l'autre est la marque distinctive du génie ». Le présent, selon Balzac, voit triompher la « théorie du laid, du grotesque et de l'horrible [...] ». Il faudrait lui faire pièce en restaurant « l'école du rire », contrebattre cette « société funéraire » et ces « mœurs de catafalque » en assurant la « renaissance de la gaîté »[1]. Le *grotesque*[2] apparaît comme l'une des pièces maîtresses du temps présent ; il est associé par Balzac à la laideur et à l'horreur. A l'autre bout de l'horizon, le *comique*, le rire et la gaieté.

Le fantastique grotesque et le « vrai » comique

L'opposition du grotesque et du comique s'articule sur un autre problème : celui de la *vérité*. En effet, un passage des *Paysans* précise le sentiment de Balzac sur *l'école du Laid* : « [...] en examinant ce Diogène campagnard, Blondet admit la possibilité du type de ces paysans qui se voient dans les vieilles tapisseries, les vieux tableaux, les vieilles sculptures, et qui lui paraissait jusqu'alors fantastique. Il ne condamna plus absolument l'école du Laid [...] »[3]. L'opposition de la « fantaisie » et de la « réalité » est une dominante balzacienne, comme en témoigne la Préface à *Une fille d'Eve* et *Massimilla Doni*. Dans la série d'ouvrages à laquelle se rattache *Massimilla Doni*, la « fantaisie dominera d'une

---

1. *OC*, t. XXXVIII, p. 344-350.
2. Ce nom a été « lancé » par la Préface de *Cromwell* (1827). La sixième édition du *Dictionnaire* de Boiste en 1823 ne mentionne pas ce nom au singulier, seulement au pluriel et dans le sens de « t. de peinture, figures bizarres et chargées. + grotte peinte ». La définition de l'adjectif est la suivante : « (fig.) ridicule (figure, mine —) ; extravagant ; bizarre (taille, habit, mise, tournure, personne, imagination —) ».
3. *Les Paysans*, t. IX, p. 71.

manière sensible et s'opposera vigoureusement à la constante réalité qui sera le cachet des *Etudes de mœurs* »[4]. Cette « fantaisie », ce fantastique, c'était précisément, depuis 1830, la veine du « grotesque ».

Comique s'inscrit à l'opposé de *grotesque* : le « comique » a partie liée avec la réalité. En 1835, Balzac dit *La Fleur des Pois* « profondément comique », parce qu'il a su intéresser à la discussion « telle qu'elle a eu lieu »[5]. En 1837, il pense que le poète comique doit « entrer dans le fond des choses »[6]. En 1840, il se dit, à propos de *Pierrette*, emporté « par la vérité, par le comique »[7]. En 1843, parce que « les *choses* du vice »[8] sont plaisantes, il trouve *Esther* « prodigieusement comique »[9].

Il n'y a rien là de spécifiquement balzacien : c'est la conception moyenne du temps. Ainsi, dans un article sur les albums de Charlet, de Grenier et de Camille Roqueplan, *Trois albums lithographiques*, sont vantés « les scènes vraies et profondes », « les textes piquans *(sic)* et originaux » ; et le recueil est recommandé aux « amis des choses bonnes, vraies, comiques »[10]. *Comique* et *vérité* sont associés jusqu'à se confondre dans cet article. Il en est de même dans un compte rendu du *Diner bourgeois* d'Henry Monnier[11]. Le terme *comique* y est employé pour rendre compte de l'impression de vérité. La grisette y parle « un jargon comique et gracieux ». En cette « ravissante peinture de ce qu'on appelle la petite bourgeoisie », Monsieur Prudhomme est « comique » ; il est « type comme Monsieur Jourdain, comme Figaro, comme don Juan [...] ». Bref, « le moral des personnages que M. Monnier fait agir est aussi vrai, aussi comique que le physique qu'il leur prête ». Le « comique » est ce qui, dans le dessin ou sur la scène, donne une idée exacte, un témoignage véridique et significatif, typique, du monde réel, le mot étant surtout employé pour le dessin ou pour le théâtre, qui paraissent plus liés à la réalité, aux *choses*. Tel est le discours du temps : le *Dictionnaire* de Boiste en est le reflet dans son article « Comique »[12].

La presse de l'époque situe, à l'opposé, le grotesque en dehors de la réalité, et dans les mêmes termes que Balzac. Dans l'article « Correspondance », « grotesque » ou « contre-nature », c'est tout un[13]. L'auteur du libelle cite comme modèles Rabelais, pour sa « verve », et La Fontaine, pour sa « franche gaieté », et il s'en prend aux « productions informes de ces faiseurs de charges, qui n'observent la nature que pour en reproduire, en l'exagérant, ce qui s'offre d'ignoble, de hideux même » : ce

4. T. II, p. 271.
5. *Corr.*, t. II, p. 749, fin octobre 1835, à Laure Surville.
6. *LH*, t. I, p. 559, 7 novembre 1837.
7. *LH*, t. I, p. 676, 10 mai 1840.
8. C'est nous qui soulignons.
9. *LH*, t. II, p. 243, 7 juillet 1843.
10. *La Silhouette*, 31 décembre 1829.
11. *Le Voleur*, 15 mai 1830.
12. C'est toujours la sixième édition, 1823. Article « *Comique - comicus*, de la comédie (proprement dite) (pièce, poète, style, sujet —s) ; plaisant, risible (visage, aventure, roman —s ; personnage —) ; — *s.m.* : genre, style, acteur comique. *Le rire sur les mots est plus facile et moins gai que le rire sur les choses : celui-ci constitue le vrai comique, œuvre du génie* ».
13. *La Silhouette*, 18 mars 1830.

ne sont qu' « assemblages grotesques », composés « de fantaisie ». On pourrait citer aussi un article de *La Silhouette* qui commente une caricature anglaise sur Wellington, « tableau grotesque »[14]. Un grand nombre de textes, signés ou non de Balzac, disent qu'autour de 1830 le grotesque appartient à l'*anti-physis*, constitue un anti- ou un sur-réel. A l'autre extrémité se situe la réalité, dont le sel et la quintessence se trouveraient dans le *comique*.

Le grotesque réel et la physionomie fantastique

Pourtant, l'œuvre balzacienne manifeste quelques contradictions. La laideur grotesque si détestée a été pratiquée par Balzac presque dans le même temps qu'il la vouait aux gémonies. En 1831, le difforme diabolique donne à *L'Enfant maudit* une tonalité effrayante : « Les marmousets pressés dans le marbre de cette cheminée qui faisait face au lit de la comtesse, offraient des figures grotesquement hideuses »[15]. La même année, c'est une laideur caricaturale qui fait l'originalité du « fantastique personnage » de l'antiquaire à la fin de *La Peau de chagrin* : « sa tête au menton pointu, au front proéminent » est comparée aux « grotesques figures de bois sculptées en Allemagne [...] »[16].

Ce fantastique, honni et pratiqué tout à la fois, demeure confiné dans un genre que Balzac lui-même, sous le nom de « fantaisie » ou de « fantastique », a catalogué comme étranger au réel. Or, on voit bientôt le grotesque quitter les domaines de l'art, de l'imaginaire, de la fantasmagorie pour ceux de la vie contemporaine, et même la plus étroitement concrète, lorsque surgit Molineux, le « petit rentier grotesque » de *César Birotteau* en 1837[17]. La laideur morale de cet être « malfaisant », « nauséabond », « ennuyeux », constitue l'héritage des laideurs du fantastique. Et ce personnage si quotidien par son genre de vie, si mesquin par ses préoccupations, reçoit du « grotesque » une dimension que ne soupçonnent guère d'abord ni Birotteau, ni le lecteur. Première oscillation du grotesque entre deux pôles, celui de l'insolite et celui du familier.

Parallèlement à ce mouvement de l'incarnation du grotesque, le réel balzacien devient fantastique. Il suffit d'observer certains des usages que Balzac fait de la *physionomie*, terme qu'il utilise généralement pour dire l'originalité piquante, pittoresque, comique, du réel. Dès *Le Prêtre catholique* (1832), on voit la physionomie s'inscrire dans le registre du fantastique. Le cloître possède toutes les caractéristiques des lieux du roman noir ; toutes les « principales causes de la terreur » y sont réunies, et, en conclusion, c'est un lieu « plein de physionomie, où le pittoresque religieux abonde [...] »[18]. De même que le gothique, le crime se « naturalise » en acquérant une *physionomie*. C'est au début de *Splendeurs et misères*, donc en 1838 ; on pénètre dans le quartier de la rue de Langlade

14. *Ibid.*, 21 juillet 1830.
15. *L'Enfant maudit*, t. X, p. 867.
16. *La Peau de chagrin*, t. X, p. 222.
17. *César Birotteau*, t. VI, p. 105.
18. *Le Prêtre catholique*, t. XII, p. 796.

dont le fantastique est certifié par une référence à Hoffmann : « le monde
d'Hoffmann le Berlinois est là »[19]. Monde fantastique, donc étranger au
réel : « Le caissier le plus mathématique n'y trouve rien de réel après
avoir repassé le détroit qui mène aux rues honnêtes où il y a des passants,
des boutiques et des quinquets »[20]. Or, pour donner le ton de ce quartier,
Balzac parle de sa « physionomie » : « Ces rues [...] prennent à la nuit
une physionomie mystérieuse et pleine de contrastes »[21]. *Physionomie*
et *comique* se chargent donc de fantastique et confinent au grotesque.
Cependant que le *grotesque* s'est acclimaté au monde le plus terre à terre.
Si l'on se réfère encore une fois au texte des *Paysans*, on peut constater
que l'explication donnée par Blondet met l'accent sur une évolution de la
conception du réel, beaucoup plus que sur une évolution du *grotesque* :
« Il ne condamna plus absolument l'école du Laid en comprenant que,
chez l'homme, le Beau n'est qu'une flatteuse exception, une chimère à
laquelle il s'efforce de croire »[22].

   Comique et *fantastique* se sont rapprochés, tandis que *grotesque* et
réalité faisaient chacun une partie du chemin qui, à l'origine, les séparait.
Ces quatre termes constituent des pôles entre lesquels les échanges se sont
multipliés au fur et à mesure que se développait l'œuvre balzacienne.
Quand *fantastique* et *réel* se rejoignent, le *comique* et le *grotesque* ne sont
plus très éloignés l'un de l'autre. Du moins ce problème du réel ne les
sépare-t-il plus. Mais comment ce qui est laid et grotesque peut-il susciter
la gaieté plutôt que la terreur et l'horreur ?

Le comique de l'étrange : bizarre et grotesque

   Autrement dit, l'école du Laid (du grotesque), devenue l'école du
Réel, peut-elle devenir l'école du Rire ?
   Avant même d'examiner le cas du *grotesque*, on peut tirer quelques
enseignements du *bizarre*, premier palier de l'étrange. Dans *Illusions
perdues*, à la soirée d'Angoulême, les deux femmes, Lolotte et Fifine,
« serrées comme des poupées dans des robes économiquement établies,
offraient sur elles une exposition de couleurs outrageusement bizarres »,
tandis que « les maris se permettaient, en leur qualité d'artistes, un
laissez-aller de province qui les rendait curieux à voir »[23]. La charge est
sensible dans les termes (« exposition », « outrageusement »), dans la
comparaison (« comme des poupées »), dans le contraste d'effets opposés
(recherche ou négligé de la tenue). L'écart avec la norme, marqué par
l'emploi du mot « bizarre », fait éclater le ridicule. Dans le deuxième
exemple, Lucien de Rubempré voit s'offrir à lui « le spectacle le plus
étrange ». « L'étroitesse des *portants*, la hauteur du théâtre, les échelles
à quinquets, les décorations si horribles vues de près, les acteurs plâtrés,
leurs costumes si bizarres et faits d'étoffes si grossières, les garçons à

19. *Splendeurs et misères des courtisanes*, t. VI, p. 447.
20. *Ibid.*
21. *Ibid.*, p. 446.
22. *Les Paysans*, t. IX, p. 71.
23. *Illusions perdues*, t. V, p. 194-195.

vestes huileuses, les cordes qui pendent, le régisseur qui se promène, son chapeau sur la tête, les comparses assises, les toiles de fond suspendues, les pompiers, cet ensemble de choses bouffonnes, tristes, sales, affreuses, éclatantes ressemblait si peu à ce que Lucien avait vu de sa place au théâtre que son étonnement fut sans bornes »[24]. Le *bizarre* entre comme il se doit dans l'*étrange*, mais aussi il est en liaison avec le *bouffon*. En même temps que le bizarre souligne la rupture avec une norme, il renforce la théâtralité : ici, les coulisses créent la distance par rapport à la vision habituelle que Lucien a du théâtre (« ressemblait si peu ») et elles créent, ce faisant, un nouveau spectacle, plus théâtral que l'habituel. Ce double caractère de rupture et de surthéâtralité existait dans le premier exemple cité : Balzac conclut le passage sur Lolotte et Fifine : « Leurs habits fripés leur donnaient l'air des comparses qui dans les petits théâtres figurent la haute société invitée aux noces »[25]. Comme pour les coulisses, le bizarre favorise le comique : il crée le décalage par rapport à la norme et il renforce le spectacle en marquant l'effet de surprise attaché à ce qu'il qualifie. Un troisième exemple pourrait encore confirmer les premiers constats, celui de la troupe *comique* de *La Frélore*, composée des « singuliers personnages que Callot a merveilleusement gravés dans toutes les mémoires, et que dernièrement le style d'Hoffmann, le Berlinois, a dépeints avec une bizarrerie digne de l'artiste lorrain »[26]. Après Callot et Hoffmann, il ne manque que Scarron : autant de supports connus pour une hyperthéâtralité comique de la marge et de l'étrange.

Même si le théâtre n'est pas expressément nommé, le *bizarre* comique touche au théâtre par le masque et le déguisement. Telle la figure du comte de Sérisy : « Enfin il y avait de quoi faire rire cette jeunesse insouciante dans le bizarre contraste d'une chevelure d'un blanc d'argent avec des sourcils gros, touffus, restés noirs »[27].

Quant au *grotesque*, dès 1829, année où Balzac écrit *Gloire et malheur (La Maison du chat-qui-pelote)*, il se concilie explicitement avec le risible, au point d'en devenir même l'un des agents. La fameuse enseigne que constitue le tableau du chat qui pelote fait venir sur les lèvres de Théodore de Sommervieux « un sourire involontaire » ; elle cause « la gaîté du jeune homme ». C'est, dit le texte de la nouvelle, une « charge comique ». Or, enchaîne Balzac, « en altérant cette peinture naïve, le temps l'avait rendue encore plus grotesque [...] »[28]. En 1840, *Pierrette* confirme cette vocation comique du grotesque : Sylvie Rogron, « vieille fille laide », est à sa fenêtre et Balzac range cette apparition parmi les « spectacles grotesques qui font la joie des voyageurs »[29]. Même indication dans le dernier grand roman achevé par Balzac, *Le Cousin Pons*, en 1847. Pour caractériser la laideur de son personnage, Balzac la dit « poussée tout au

24. *Ibid.*, p. 373.
25. *Ibid.*, p. 195.
26. *La Frélore*, t. XII, p. 811.
27. *Un début dans la vie*, t. I, p. 774.
28. *La Maison du chat-qui-pelote*, t. I, p. 40.
29. *Pierrette*, t. IV, p. 32.

comique » et la figure de Pons est « grotesque »[30]. Dans tous ces exemples, le *grotesque* n'acquiert son pouvoir comique qu'en passant par le relais du spectacle : tableau peint dans le cas de *La Maison du chat-qui-pelote*, « spectacle » de Sylvie Rogron offert aux voyageurs, et vraiment « théâtre » pour le cousin Pons, puisque Balzac écrit précisément : « Paris est la seule ville du monde où vous rencontriez de pareils spectacles, qui font de ses boulevards un drame continu joué gratis par les Français, au profit de l'Art »[31].

Le *grotesque* trouve une place très légitime dans un recensement du *comique* : tous ces exemples le confirment. Mais les expressions où entre le *grotesque*, aussi bien du reste que celles où entre le *bizarre*, doivent être toujours replacées dans leur contexte. Celui-ci infléchit les vocables vers l'une ou l'autre de leurs limites, vers le pôle du pénible ou vers celui du risible. Ainsi la laideur grotesque de Pons devrait faire rire, mais ne le fait pas : « Cette laideur, poussée toute au comique, n'excitait cependant point le rire »[32]. Un fil de rasoir sépare l'*Unheimliche*, le sentiment de « l'inquiétante étrangeté », et le risible. Dès que le texte dans son ensemble, le contexte du vocable, assure la maîtrise de l'angoisse possible, l'humour prend la place du fantastique.

Ainsi, nous avons pu délimiter deux registres dont l'un s'inscrit entre les deux extrêmes de la *vérité* et du *fantastique* et l'autre entre le *risible* et le *non-risible*. Dans le premier registre, au fur et à mesure que l'on avance dans l'œuvre de Balzac, après 1830, les deux extrêmes tendent à se rapprocher et le comique est aussi bien lié à la vérité qu'au fantastique. Dans le second registre, c'est le régime de l'instabilité qui est la règle ; nous avons observé que le *bizarre* et le *grotesque* basculent facilement du comique au non-comique selon le type de leur étrangeté. Généralement, c'est une certaine qualité de théâtre qui est le signe de l'étrange devenu comique. Mais il nous faut aussi prendre le problème à l'envers : après le repérage du comique de l'étrange, il faut étalonner le « comique » selon les diverses nuances d'étrangeté qu'il comporte. Après le comique de l'étrange, l'étrangeté du comique.

30. *Le Cousin Pons*, t. VII, p. 485.
31. *Ibid.*, p. 487.
32. *Ibid.*, p. 485.

CHAPITRE II

L'ÉTRANGETÉ DU COMIQUE

Il faut soumettre l'ensemble du champ onomasiologique du jugement comique à une spectroscopie de l'étrange. Comment peut-on étalonner l'étrangeté entre les divers vocables qui constituent le champ du jugement comique ? Chacun de ces termes a sa façon bien à soi de dire le rare, le surprenant, l'original, l'insolite. Tous les termes qui désignent le comique véhiculent une charge d'étrangeté, mais l'intensité de cette charge et sa qualité même varient d'un mot à l'autre. *Burlesque, comique, drolatique, drôle, grotesque*, autant de mots assignant gens et choses au jugement comique et qui disent, chacun à sa manière, la rupture avec le commun, la différence, le relief, la personnalité, l'écart par rapport à la norme et à la conformité, bref l'individualité, même si c'est l'individualisation d'un type. C'est du style et du degré de cette rupture que dépendent les nuances du comique dont ils ont la charge. Donc, pour entendre la gamme du comique, il faut d'abord percevoir les modulations de l'originalité.

Étalonnage de l'étrangeté comique

Degré zéro : *originalité, bizarrerie, singularité* échappent par elles-mêmes au jugement comique. Nous ne les citons que pour mémoire, pour marquer l'en-deçà du comique. Dans le domaine mixte de l'étrangeté comique, deux pôles se précisent, avec, au centre, une zone indécise. Proche du pôle du réel, un territoire où l'étrangeté apparaît plutôt comme nouveauté, comme imprévu, que comme insolite : c'est le lieu du *drôle* et du *comique*. Près du pôle fantastique, chargés d'une étrangeté qui, à tout moment, peut l'emporter sur le risible, le *grotesque* et le *burlesque*. Entre les deux domaines, participant de l'un et de l'autre, tantôt penchant davantage vers le réel, tantôt davantage vers le fantastique, le *drolatique* occupe un lieu de transition. L'effet de rupture produit par les termes de jugement comique s'évalue essentiellement selon le degré et la nature de la distance prise avec ce que le narrateur pose comme étant le **réel**.

● *Le pôle du réel :* « *drôle* » *et* « *comique* »

— « *Drôle* » :

Le mot *drôle* est celui des mots du lexique du jugement comique qui comporte la dose la plus faible d'étrangeté. Il représente, en fait de rupture, celle qui est due, dans la vie, à l'invention, à l'imagination, créatrices de l'imprévu. On doit également, en la circonstance, noter le rôle prédominant des femmes. Ainsi, la duchesse de Maufrigneuse, outre ses aptitudes personnelles à la drôlerie, se place au premier rang des amateurs de *drôle* : elle « aimait à voir les premières représentations, elle aimait le drôle, l'imprévu »[1]. Dans tous les autres exemples de *drôle*[2], la drôlerie apparaît comme l'un des caractères principaux de la courtisane ou de l'amoureuse douées. Esther fait l'émerveillement de Nucingen : « *Comme fus edes trôle... fus affez tes imachinassions...* »[3]. Lorsque Esther réplique : « C'est notre état d'être drôles », elle met l'accent sur le fait que l'aptitude à la drôlerie fait la bonne courtisane. Valérie Marneffe, dans le même ordre, atteint même la perfection ; elle est l'illustration idéale du *drôle* balzacien : « Dans le tête-à-tête, elle dépassait les courtisanes, elle y était drôle, amusante, fertile en inventions nouvelles »[4]. *Drôle* signifie « apte à surprendre, à éveiller ou à réveiller par l'invention, le don de métamorphose ». Aussi le mot réapparaît-il souvent dans *La Cousine Bette*, roman du double féminin, où, face à la bizarre et singulière Bette, vit et revit Valérie la drôle. Crevel, chantant les louanges de Valérie, déclare au baron Hulot qu'elle est « drôle comme Arnal, et des inventions ! Ah ! »[5]. Dans la deuxième scène entre Crevel et Adeline Hulot, Crevel repousse ses avances, parce qu'il estime « plus drôle, plus complet, plus Louis XV, plus Maréchal de Richelieu de souffler » à Hulot « cette charmante créature »[6]. Il a gagné le goût de la drôlerie au contact de Valérie. Celle-ci, prenant la pose alors qu'elle est en déshabillé, est « drôle et sublime de nu visible à travers le brouillard de la batiste »[7]. Aussi inquiète-t-elle ses rivales : « Est-elle plus drôle que moi ? », demande Josépha, autre courtisane[8].

Si toutes ces créatures fascinent par leur aptitude à charmer et à inventer de spirituels manèges, c'est qu'elles possèdent éminemment le don de la création. Valérie est « artiste en amour »[9], non seulement par ses métamorphoses à elle, mais par les métamorphoses qu'elle est capable d'opérer chez les autres. Chez les hommes tout d'abord : « Valérie est une fée, elle vous métamorphose un vieillard en jeune homme », remarque

1. *Le Cabinet des Antiques*, t. IV, p. 1021.
2. Nous avons relevé, dans l'ensemble de *La Comédie humaine*, une cinquantaine de *drôle* (ou *drôlement* ou *drôlerie*).
3. *Splendeurs et misères des courtisanes*, t. VI, p. 616.
4. *La Cousine Bette*, t. VII, p. 192.
5. *Ibid.*, p. 236.
6. *La Cousine Bette*, t. VII, p. 329.
7. *Ibid.*, p. 333.
8. *Ibid.*, p. 359.
9. *Ibid.*, p. 236.

le baron Hulot[10]. Chez Bette également, car c'est bien de la *création* d'une nouvelle Bette qu'il s'agit : « Ainsi restaurée, toujours en cachemire jaune, Bette eût été méconnaissable pour qui l'eût revue après ces trois années »[11]. Cette « révolution » est l'œuvre de « l'habile Valérie ».

Ces femmes « drôles » sont des artistes : expertes en sortilèges, philtres et ensorcellements, elles ont l'art du mensonge créateur. Elles ne quittent pas le monde réel, mais elles le transforment en le parant, en le remettant à neuf. Si elles font rire, ce n'est pas d'elles que l'on rit, mais grâce à leurs inventions, par leur volonté expresse, on rit de bonheur devant un monde devenu nouveau, imprévisible, livré à la mobilité de la trouvaille. Courtisanes, amoureuses, elles sont, pour remplir cette mission, comparables à des artistes du spectacle, à des comédiennes. Et, à travers le mythe et la figure du théâtre, c'est toute création esthétique qui se trouve signifiée, pourvu que cette création soit porteuse de mouvement, de multiplicité et de nouveauté.

— « Comique » :

Le mot *comique*, tout comme *drôle*, s'inscrit dans le cadre de la réalité ; il possède une même aptitude à faire rire, à susciter la gaieté[12]. Mais le registre de l'originalité, de la rupture avec la norme est beaucoup plus vaste que ne l'était celui du *drôle*.

En effet, les associations que propose le contexte du mot *comique* en fait d'originalité s'étagent du *curieux* à l'*étrange*, en passant par le *piquant*, l'*original* et l'*exceptionnel*[13].

De tous les mots du registre de la désignation comique, le mot *comique* est celui qui se spécialise le moins dans une nuance déterminée d'originalité, puisque la vaste amplitude de son domaine va du détail qui retient simplement l'attention jusqu'au constat d'une réalité globale qui intrigue ou inquiète.

● La double appartenance du « drolatique »

Le *drolatique* et le *comique* désignent concurremment certains éléments de *La Comédie humaine*. Pourtant, avec le *drolatique*, l'originalité pousse une pointe en direction de l'insolite, du fantastique.

Les femmes *drôles* ont pour frères les hommes *drolatiques*. Ils sont artistes aussi à leur manière ; ils se recrutent dans les milieux du théâtre et de la jeunesse bohème. En eux s'associent étroitement et explicitement

10. *Ibid.*
11. *Ibid.*, p. 196.
12. Sur « comique » signifiant « jouant la comédie », cf. *infra*, p. 128-137.
13. Les lettres de Matifat à Florine sont « les plus curieuses », elles sont « d'un comique achevé » (*Illusions perdues*, t. V, p. 503) ; *Modeste Mignon* est un roman « piquant, tendre et comique », « très original » (*LH*, t. II, p. 410, 21 mars 1844) ; ce qui rend Birotteau « original », c'est « une sorte d'assurance comique » (*César Birotteau*, t. VI, p. 78) ; le monde des courtisanes est à la fois « exceptionnel » et « comique » (*Splendeurs et misères*, t. VI, p. 623 ; *exceptionnel* est une addition du FURNE) ; enfin, « étrange » est le comique du roman de SCARRON (*La Frélore*, t. XII, p. 811) et il n'y a « rien de plus comique, de plus étrange que de voir la plaisanterie d'un jeune homme insouciant faisant la loi d'un ménage » (*Un prince de la bohème*, t. VII, p. 837).

l'*invention* et le *drolatique*, « inventions drolatiques »[14] de Bixiou ou
«inventions plus ou moins drolatiques » de La Palférine[15]. Cette imagination
créatrice se manifeste dans la charge, dans la raillerie, se spécialise dans
le mauvais esprit, chez Bixiou ou chez La Palférine, chez un Maxence
Gilet doué d' « autorité drolatique »[16]. La ruse qui permet à Topinard de
blouser les ennemis de Pons et de Schmucke lui vient des « coulisses,
où tout le monde a plus ou moins d'esprit drolatique »[17]. Les pensionnaires
de Mme Vauquer, étudiants, intellectuels, rapins, ont en commun « l'esprit
drolatique dans lequel la bêtise entre comme élément principal »[18] :
en effet, la bêtise, cible principale, devient aussi le moyen principal
de la brocarder, en la singeant. Le style « bête et méchant » fait partie
du drolatique par son mélange d'agressivité et d'hostilité à la convention.

Le drolatique signe sa rupture avec le monde quotidien en se plaçant
aux antipodes de la médiocrité, de l'ordinaire, et surtout de la copie
conforme. En cela le drolatique manifeste une imagination créatrice qui
est celle des artistes ou qui fait les artistes. Lorsque c'est Matifat qui
écrit une correspondance dite « drolatique »[19], ce n'est qu'un artiste malgré
lui, mais l'étiquette *drolatique* lui est conférée par un véritable artiste en
la matière, Lousteau. Le drolatique suffit même à signaler l'artiste véritable : « Les Maîtres n'eurent aucune sympathie pour ce brave garçon,
les Maîtres aiment les sujets brillants, les esprits excentriques, drolatiques,
fougueux, ou sombres et profondément réfléchis qui dénotent un talent
futur »[20]. A Pierre Grassou manquent l'individualité, la singularité, le
génie : il n'a rien de drolatique.

Le *drolatique* qualifie d'abord les formes diverses de l'expression
verbale, éventuellement aussi le geste, rarement les formes plastiques[21].

Entre autres exemples où le drolatique s'attache au mot, à l'écriture,
on peut relever : une conversation[22], des arrière-pensées[23], un nom propre,
Flicoteaux[24], un surnom[25], l'adjectif *mirobolant*[26], la correspondance de
Matifat[27], les *Contes* du Bandello[28], l'Arétin[29], tel détail d'une scène de
théâtre[30].

14. *La Maison Nucingen*, t. VI, p. 331.
15. *Un prince de la bohème*, t. VII, p. 808.
16. *La Rabouilleuse*, t. IV, p. 376.
17. *Le Cousin Pons*, t. VII, p. 740.
18. *Le Père Goriot*, t. III, p. 90.
19. *Illusions perdues*, t. V, p. 504.
20. *Pierre Grassou*, t. VI, p. 1095.
21. Sur la vingtaine d'exemples de *drolatique* que nous avons relevés dans *La Comédie humaine*, une douzaine situent le drolatique dans les formes verbales ou conceptuelles (mot, pensée, esprit) ; cinq s'attachent à l'oralité ou à la gestualité, sous le signe du théâtre ; enfin, trois exemples concernent l'art.
22. *La Vieille Fille*, t. IV, p. 888.
23. *Le Cabinet des Antiques*, t. IV, p. 1017.
24. *Illusions perdues*, t. V, p. 295.
25. *Sur Catherine de Médicis*, t. XI, p. 397.
26. *Le Cousin Pons*, t. VII, p. 487.
27. *Illusions perdues*, t. V, p. 504.
28. Préface de *La Cousine Bette*, t. VII, p. 53, et Dédicace des *Employés*, t. VII, p. 897.
29. *Sur Catherine de Médicis*, t. XI, p. 169.
30. *La Frélore*, t. XII, p. 813.

Au chapitre des manifestations orales, gestuelles, théâtrales, on peut citer d'abord cette définition générale : « [...] ces riens qui constituent, chez certaines classes parisiennes, un esprit drolatique dans lequel la bêtise entre comme élément principal, et dont le mérite consiste particulièrement dans le geste ou la prononciation »[31]. « L'autorité drolatique et occulte »[32] des Chevaliers de la Désœuvrance appartient à la bouffonnerie mimique. Chez Bixiou, il ne faut jamais oublier ce qui, dans sa verve, ressortit à l'art du clown, mot qui sert à qualifier ce « misanthrope bouffon »[33]. Enfin, nous l'avons dit, les coulisses sont la patrie du drolatique.

C'est en s'appliquant à l'art, aux œuvres d'art ou à l'artiste, que le *drolatique* atteint à sa plus grande excentricité, voire à son extravagance. La figure de Pons est « une de ces figures falotes et drolatiques comme les Chinois seuls en savent inventer pour leurs magots »[34]. Enfin dans *Sur Catherine de Médicis* se trouve évoquée « la façade due au bon roi Louis XII où se trouvaient alors en plus grand nombre qu'aujourd'hui des sculptures drolatiques, s'il faut en juger par ce qui nous en reste »[35]. Le fantasque lié à l'esthétique sculpturale, monumentale, picturale, fait partie du drolatique, conformément aux premières apparitions du terme dans le champ de vision de Balzac. Roland Chollet rappelle opportunément la caricature d'Henri Monnier, dans le premier numéro de *La Silhouette*, le 26 novembre 1829, intitulée « Songe drolatique » : « Balzac a certainement été amusé par cette chimère à tête de mégère et croupe de bouc, censée incarner la critique »[36]. On est ici en plein fantastique grotesque. Les deux termes *drolatique* et *grotesque* apparaissent bien souvent, du reste, comme interchangeables. Chez Pons, les aspects grotesques se différencient mal des drolatiques, mais la spécificité drolatique, c'est l'ancrage dans le réel. *Drolatique* permet au comique de demeurer dans le même temps lié au réel et à la fantaisie. C'est à notre avis ce qui explique la fréquence des emplois érotiques ; il en va de la gauloiserie comme du rabelaisianisme de Balzac, elle constitue une utopie où la nature et la fantaisie coexistent dans un même projet, que la connotation xve ou xvie siècle maintient dans une forme ouverte et transparente[37], nature et esprit y demeurant liés.

---

31. *Le Père Goriot*, t. III, p. 90.
32. *La Rabouilleuse*, t. IV, p. 376.
33. *La Maison Nucingen*, t. VI, p. 331.
34. *Le Cousin Pons*, t. VII, p. 485.
35. *Sur Catherine de Médicis*, t. XI, p. 258.
36. Roland CHOLLET, Introduction aux *Cent Contes drolatiques*, BO, t. XX, p. VIII.
37. Nicole Mozet oppose deux acceptions de « drolatique » chez Balzac : une, ancienne, où domine l'élément érotique et l'autre, moderne, définie dans la citation du *Père Goriot*. Mais certaines formes anciennes n'ont rien d'érotique (*Flicoteaux, La Frélore*, etc.) ; cf. n. 1 à la p. 888 du t. IV *(La Vieille Fille)*.

● *Le pôle du fantastique :* « *grotesque* » *et* « *burlesque* »

— « *Grotesque* » :

L'étrangeté dans l'invention place souvent le *grotesque* sur la même ligne que le *drolatique*, nous l'avons dit. Un exemple, parmi d'autres : dans *La Recherche de l'Absolu*, les Flandres ont vu affluer chez elles « les inventions grotesques de la Chine »[38]. *Grotesques* et *drolatiques* seraient ici, dans la cocasserie esthétique, pratiquement interchangeables.

Mais ce qui appartient en propre au grotesque dans la formulation de l'originalité, c'est l'extravagance, la folie, la mise sens dessus-dessous du normal. De l'excentrique, on passe ici à l'anormal. Dans la lettre que Sabine écrit à sa mère, Mme de Grandlieu, le « séjour au château du Guénic » est « grotesque » à cause de l'inversion qui s'y trouve pratiquée entre portes et fenêtres, entre dedans et dehors : « [...] les fenêtres sont des portes cochères [...] les vaches pourraient tondre les prairies poussées dans les salles [...] »[39]. Dès qu'un objet est arraché à sa fonction usuelle pour un usage inattendu, voire contraire à l'attente, l'effet de surprise est de la juridiction du grotesque. Typique, ce « lit grotesque pratiqué par le malicieux cuisinier dans la caisse d'un vieux clavecin » ; « rien de plus extravagant », lit-on à la phrase précédente, à propos de l'ensemble de tout cet « étrange mobilier »[40]. Tout proches sont les fantaisies à la Bosch ou les glissements métaphoriques d'objets pratiqués par les surréalistes. Glissements, renversements, ces mouvements placent le grotesque hors du réel, dans le domaine du fantastique. Pendant l'orgie de *La Peau de chagrin* règnent les « formes les plus capricieuses, les luttes les plus grotesques » et les deux amis (Emile et Raphaël) étaient incapables de « reconnaître ce qu'il y avait de réel dans [ces] fantaisies bizarres »[41].

Il n'est pas rare que le grotesque mène à l'humour noir. Ainsi, lorsque la populace met au cadavre de Coligny « un cure-dents grotesque à la bouche »[42]. Le grotesque n'ignore ni la fantaisie macabre ni l'extravagance morbide. Il ne se déplaît pas non plus dans le scabreux et figure généralement dans les orgies : le mot parle à l'imagination, ouvre des horizons ou plutôt les entrouvre. Car le texte, sous l'effet du grotesque, ferme tout en ouvrant et constitue une incitation d'autant plus pressante à la fantaisie imaginative qu'il interpose entre le lecteur et les spectacles qu'il désigne l'écran plutôt opaque du mot. Que sont les « scènes grotesques par lesquelles finissent les orgies »[43] ? Que peuvent bien être, sur ce vase auquel Raphaël accorde à peine un sourire, « de toutes les priapées romaines la plus grotesquement licencieuse »[44] ? Seule précision, mais en fait mystère supplémentaire, le texte ajoute que cette priapée faisait les « délices

---

38. *La Recherche de l'Absolu*, t. X, p. 659.
39. *Béatrix*, t. II, p. 851.
40. *Gambara*, t. X, p. 486. Même cocasserie dans cette « singerie » de la *Physiologie du mariage* : grotesque médiéval d'un singe jouant du violon, t. XI, p. 954.
41. *La Peau de chagrin*, t. X, p. 117.
42. *Sur Catherine de Médicis*, t. XI, p. 357.
43. *Illusions perdues*, t. V, p. 408.
44. *La Peau de chagrin*, t. X, p. 74.

de quelque Corinne [...] ». Sur le prisme du grotesque pictural ou sculptural (depuis Pompéi jusqu'au XVIIIe siècle en passant par le XVIIe), on voit le grotesque balzacien osciller de singeries en *curiosa*, aux bornes de l'Etrange.

— « *Burlesque* » :

Burlesque, employé concurremment avec *grotesque*, semble non seulement redoubler les deux composantes du grotesque (bizarre et comique), mais encore contribuer à son agrandissement et à son animation. Dans la scène d'orgie de *La Peau de chagrin* où figurent bizarre et grotesque, le *burlesque*, lui aussi présent, contribue à l'agrandissement du *grotesque*, lui fait prendre des dimensions épiques : en effet, la discussion y est dite « furieuse et burlesque »[45]. Et, de nouveau, au carnaval de *La Fausse Maîtresse*, figurent ensemble *burlesque* et *grotesque*. *Grotesque* entre dans la série des termes qui définissent le carnaval : celui-ci, dans ses festivités, prodiguait « ces bals où la danse, la farce, la grosse joie, le délire, les images grotesques et les railleries aiguisées par l'esprit parisien arrivent à des effets gigantesques »[46]. On retrouve donc bien ici l'association du grotesque avec le délire, la folie. Quant au *burlesque*, son apport original est précisé par le contexte : « Le carnaval a pris à Paris un développement prodigieux qui le rend européen et bien autrement burlesque, bien autrement animé que feu le carnaval de Venise »[47]. Dans ce « bal monstrueux », *burlesque* est mis en connexion avec « européen » et « animé », ce qui donne corps au « développement prodigieux », ce qui amorce les « effets gigantesques » de la fin. *Burlesque* est lié à la fois à l'ampleur et au mouvement. Il n'est pas surprenant de trouver les deux termes *burlesque* et *grotesque* associés dans le cadre d'une « orgie » et d'un « carnaval ». Deux lieux où la convention littéraire a permis à la *folie* de se donner libre cours, monde renversé en rupture avec la règle et le bon sens.

Burlesque, en reculant les limites du grotesque, dans le registre de l'étrange, donne le sentiment de l'infini. Infini négatif, mise en question sans bornes, car cet univers infini est un monde à l'envers. Cette négation, cette inversion sont à l'enseigne du Malin. Dans le texte de *La Peau de chagrin*, déjà cité, où paraissent les « vérités grotesquement habillées », on peut lire aussi que « furieuse et burlesque, la discussion fut en quelque sorte un sabbat des intelligences »[48]. Dans le texte sur le carnaval, dans *La Fausse Maîtresse*, le galop est une « ronde du sabbat »[49]. Le *burlesque* n'est pas nécessairement présent dans toutes les occurrences du satanisme ; ainsi on peut rencontrer *grotesque* et *diabolique* marchant de conserve, sans accompagnement de *burlesque*, comme en témoigne ce passage de la *Physiologie du mariage* : « Là, ses demoiselles ne voyaient pas le musée des rues, composé d'immenses et grotesques images et de mots obscènes dus au crayon du malin esprit »[50]. Mais ce « musée » grotesque est statique,

---

45. *La Peau de chagrin*, t. X, p. 98.
46. *La Fausse Maîtresse*, t. II, p. 233.
47. *Ibid.*
48. *La Peau de chagrin*, t. X, p. 98.
49. *La Fausse Maîtresse*, t. II, p. 233.
50. *Physiologie du mariage*, t. XI, p. 968.

immobile et fossilisé. Il faudrait du *burlesque* pour que vive et s'anime la scène. On serait tenté de dire que le *burlesque* donne le tempo et la vie au *grotesque*, comme le *drôle* donne du mouvement au *comique*. L'un et l'autre arrachent les personnages et les choses au figé, à l'immuable, et leur confèrent la vitalité inventive, source des possibles, incompatibles avec butoirs et crans d'arrêt de la doctrine et de la théorie, fussent-elles celles du grotesque et du comique. *Burlesque* et *drôle* confirment la vocation du *grotesque* et du *comique* à la création et à l'invention.

Au terme de cette enquête sur les modes et les modulations de l'originalité comique, deux domaines demeurent en place, avec diverses extensions et mainte interférence. Le premier domaine, polarisé par le réel, comporte l'invention du *drôle* et le caractéristique du *comique*. Ce domaine peut s'étendre jusqu'au *drolatique*, mais celui-ci apparaît comme une sorte de secteur transitionnel, puisque le drolatique pousse sa fantaisie jusqu'aux limites du grotesque. Or, nous atteignons là à un deuxième domaine : *grotesque* et *burlesque* y affirment leur spécialité, une étrangeté qui est celle d'un monde à l'envers, proche de la folie et du démoniaque.

Mais tout le grotesque n'est pas dans cette extravagance. Le grotesque que fait rencontrer Balzac touche souvent les détails les plus matériels, les aspects les plus terre à terre du réel. Ainsi, nous le voyons figurer dans les « grotesques singularités de costume » des indigents du parloir, au tribunal de *L'Interdiction*[51], ou encore dans l'une des « figures vraiment originales » que produit à Soulanges le mélange ville-village-bourg, c'est-à-dire Mme Soudry, « cette reine, un peu grotesque »[52]. Le problème que posent de telles figures, c'est celui d'un grotesque qui fait cohabiter l'insolite et le quotidien, qui abandonne son terrain propre, celui de la laideur monstrueuse, des sabbats plus ou moins sataniques de l'orgie et du carnaval, pour spécifier des secteurs « concrets », les tribunaux, le commerce, la province ou les campagnes.

Les problèmes de l'originalité nous ramènent donc à ceux du « réel » balzacien. Il y a un « réel » curieux, piquant, original, drôle, éventuellement étrange et drolatique, tout cela s'intégrant assez bien sous le chapeau général du mot *comique*. Il y a, d'autre part, un grotesque fantastique, satanique et, bien que ce soit là souvent une forme qui permet d'exprimer les problèmes historiquement réels de l'heure, cet insolite prend la forme irréelle et conventionnelle de l'orgie et du carnaval. Cette dernière se rencontre, du reste, en dehors même de la période 1830 où le grotesque était à la mode et où Balzac y avait consacré comme d'autres : *La Fausse Maîtresse* est de 1841.

Cette répartition relativement claire laisse toutefois de côté le grotesque rejoignant le vrai selon le processus que nous avions décrit au chapitre précédent. Quelle place occupe précisément sur le clavier de l'originalité comique le grotesque quotidien (Molineux, Mme Soudry, etc.) ? Quelle est la forme du *vrai* grotesque ? Et quel en est le sens[53] ?

51. *L'Interdiction*, t. III, p. 437.
52. *Les Paysans*, t. IX, p. 261.
53. Avant d'examiner la question particulière du *vrai* grotesque, nous pouvons récapituler les fréquences des divers termes de désignation comique susceptibles d'intervenir dans le domaine de l'originalité et examiner leur ventilation dans les secteurs

Le réalisme grotesque de Balzac

Le mécanisme de la fabrication d'un tel réalisme grotesque a été précisé par Pierre Laubriet à propos de du Tillet et de Molineux dans son étude sur « L'élaboration des personnages dans *César Birotteau* »[54]. « M. Molineux était un petit rentier grotesque » n'est pas une phrase du premier jet : elle coïncide avec un renforcement parallèle des détails concrets (par exemple la chaîne de montre, dont les breloques deviennent « sonnantes »), un souci plus grand de l'effet comique (addition de : « Parmi les figures plus ou moins comiques [...] ») et l'indication de la valeur mythique (addition du « diaboliquement ») que prend le personnage. « Double démarche de l'imagination créatrice de Balzac, écrit Pierre Laubriet ; elle s'assure d'abord une base solide dans le réel en multipliant les détails concrets, en individualisant le plus possible le personnage, en le fixant très exactement dans la hiérarchie des êtres ; puis, il semble que plus il s'enrichit de traits particuliers, plus il se charge en même temps de signification, et l'imagination du romancier, dépassant peu à peu le réel, le déformant comme dans une hallucination, confère au personnage une quatrième dimension, en fait la représentation passagère d'une des forces de l'univers »[55]. Même processus chez du Tillet : « L'imagination se nourrit de réalité pour mieux faire de l'imaginaire »[56].

Le comique apparaît tardivement. La chaîne de montre de Molineux a, dès le début, des « breloques », lesquelles deviennent « sonnantes », ce qui entraîne, dans le dernier état : « [...] qui donnaient au vieillard l'air d'un serpent à sonnettes »[57]. Le dernier état associe l'aspect le plus redoutable et l'aspect le plus comique, grâce à une surcharge de « réalité » qui la fait déboucher, du même mouvement, dans l'étrange et dans le comique. Même démarche pour du Tillet : ce n'est pas sur manuscrit, mais sur épreuves qu'apparaît la référence à la comédie : « Son principal mérite consistait en celui des Scapins de la vieille comédie [...] »[58]. Mais l'exemple de Claparon parle davantage encore : la plupart des « grotesques confidences »[59] de Claparon à Birotteau sont des additions successives et c'est peu à peu qu'on arrive à cette « éblouissante scène de comédie-bouffe, sorte de transposition par Robert Macaire de la scène de Don Juan et de M. Dimanche »[60]. Le comique du grotesque assure la véritable ambivalence : Molineux a la silhouette comique d'un animal, mais cet

---

que nous avons découpés. Nous avons rencontré une cinquantaine de *drôle* (ou *drôlerie* ou *drôlement*) ; quelque 150 *comique* (adjectif ou nom) ; une vingtaine de *drolatique*, nous l'avons dit ; une soixantaine de *grotesque* ; une dizaine de *burlesque*. Au total, donc, quelque 290 termes de désignation comique ayant vocation à l'étrange, dont 200 dans le premier domaine (*vrai* comique) et 45 dans le second (*grotesque* fantastique). Restent 20 *grotesque* et 5 *burlesque* ressortissant au *vrai* grotesque.

54. *AB 1964*, p. 251-270.
55. *Ibid.*, p. 256.
56. *Ibid.*, p. 259.
57. *César Birotteau*, t. VI, p. 177. Cité par Pierre LAUBRIET, *ibid.*, p. 256.
58. *Ibid.*, p. 72-73. Cité par Pierre LAUBRIET, *ibid.*, p. 258.
59. *César Birotteau*, t. VI, p. 244.
60. Pierre LAUBRIET, art. cit., p. 260.

animal est dangereux ; du Tillet s'apparente à Scapin, agile meneur et
grand acteur devant l'éternel, mais ses farces peuvent être lugubres ;
Claparon joue la comédie, franche comédie d'une franche crapule. L'équilibre instable entre le réel et le fantastique est relayé par l'instabilité des
facteurs comiques et tragiques. Il ne s'agit pas ici de mélange, mais d'une
possibilité double que l'histoire peut révéler aussi bien dans un sens quo
dans l'autre. C'est par addition et par surcharge de détails généralement
« réalistes » que s'est créée cette inquiétante et réjouissante ambivalence.

Ainsi, on comprend mieux comment le *comique* et sa *physionomie*
peuvent déboucher dans le *grotesque* et le *fantastique*. La surcharge caricaturale aboutit à un comique qui dit la possibilité du basculement dans
l'étrange et le tragique. C'est en forçant l'aspect Callot que Balzac devient
Goya ou Daumier[61]. Balzac semble avoir rompu très vite avec les extra-
vagances sans support de réalité. Il a fait disparaître, dans l'édition
Vimont des *Chouans*, en 1834, « les jeux les plus grotesques » des nuages,
qui figuraient dans l'édition Canel, en 1829, conformément au manuscrit[62].
Jeux gratuits, sans signification, sans *humanité*, pour reprendre le mot de
Baudelaire concernant Goya. Balzac a cessé progressivement de se livrer
aux purs caprices sans fondement, à ces « capricieuses conceptions
d'artiste », comme il l'écrit dans *La Peau de chagrin* de 1831, pour qualifier *La princesse Brambilla* d'Hoffmann ou le *Fragoletta* de Latouche[63].

La lecture sérieuse d'Hoffmann a certainement contribué à l'évolution
de Balzac. Du fantastique irréel des débuts il est arrivé au fantastique du
réel tel que le présentent les deux casse-noisettes du *Cousin Pons*. Le visage
de Pons peut bien « dément[ir] toutes les lois de l'anatomie »[64], il n'empêche
que, gélatine de la chair, bosses du crâne, gris des yeux ou rouge des
sourcils, la référence à la matière et au concret donne du poids aux rêves
et instruit entre des éléments disparates une cohérence interne, faite à
l'image des êtres réels. Etrange, extravagante, singulière, chaque image
grotesquement comique ou comiquement grotesque propose un *analogon*
du monde réel. C'est une sorte de retour dialectique. La caricature, en
accumulant fantastiquement les signes de réalité, n'éloigne de celle-ci,
en un premier temps, que pour y ramener le lecteur, pour l'amener à
interroger le réel. C'est ce type de comique instable, de comique des

---

61. La problématique du réalisme et du fantastique dans leurs relations avec le
comique et le grotesque est éclairée par les essais de BAUDELAIRE : *Curiosités esthétiques :
Quelques caricaturistes français* (Bibl. de la Pléiade, 1951, p. 721-740) et *Quelques cari-
caturistes étrangers* (*ibid.*, p. 741-751). Le pôle fantastique est occupé par Brueghel,
Cruikshank et Grandville. Le pôle « matérialiste » par Léonard de Vinci, Pinelli et
Henri Monnier, artistes « copieurs », mais aussi par Callot, dont le « réalisme » ne com-
promet pas l'originalité. Proches de la veine balzacienne, à la fois réalistes et grotesques,
Goya, Traviès et Daumier. Ces trois artistes illustrent Molineux ou Pons ; mais aussi,
Molineux et Pons illustrent Goya, Traviès ou Daumier.

62. Lov. A. 13, f° 30/49 recto. On peut lire l'ensemble du passage, relevé par Lucienne
FRAPPIER-MAZUR, *Les Chouans*, t. VIII, p. 1092, *f*.

63. C'est le moment où Raphaël, caché dans la chambre, contemple Foedora :
« En ce moment, un trait de lumière illumina cette vie de femme. Je pensai tout à coup
à la princesse Brambilla d'Hoffmann, à Fragoletta, capricieuses conceptions d'artiste,
dignes de la statue de Polyclès » ; ce texte est cité par Lucie WANUFFEL, Présence
d'Hoffmann dans les œuvres de Balzac (1829-1835), *AB 1970*, p. 45-46.

64. *Le Cousin Pons*, t. VII, p. 485.

limites, qui fait percevoir, grâce à une lecture mobile, les composantes du réel et, mieux encore, les multiples questions qu'il pose.

La conciliation littéraire de l'excentrique et du réel se retrouve, en miroir, dans l'appréciation que Balzac donne lui-même du réel, dans sa correspondance. Ainsi en va-t-il de son restaurateur de tableaux, évoqué dans une lettre à Mme Hanska du 19 juillet 1846. Ce « petit vieillard sec et spirituel », ce « petit bonhomme », ce « bon petit vieux » (expressions quasi obsessionnelles, pendant deux pages) a « un respect, un amour, une adoration pour les vieux maîtres qui va jusqu'au comique d'Hoffmann »[65]. Juste retour : après avoir donné le poids de la réalité à l'étrange[66], Balzac découvre l'étrange de la réalité. L'infini est réel et la réalité infinie.

Comique, étrange, réel, le monde vu par Balzac, comme le monde écrit par Balzac ont la réalité baudelairienne des choses infinies. Ce comique de l'étrange participe de la visée balzacienne : aspiration à l'infini dans une âme et dans un corps, dont le réel donne l'image non finie, indéfiniment mobile en ses constantes oscillations et ses incessants va-et-vient.

65. *LH*, t. III, p. 285.
66. A cette date de juillet 1846, Balzac venait d'écrire un premier *Pons,* dit couramment *Pons*-nouvelle ; son personnage, antérieur à cette lettre, est sans doute présent à son esprit quand il parle de ce vieux restaurateur de tableaux.

CHAPITRE III

LES SUPPORTS ET LES CARACTÈRES DU COMIQUE

I. MÉTHODE

Tous les mots du lexique de la désignation comique font entrer les réalités qu'ils désignent dans le champ de l'originalité, voire de l'étrange. Tous ces termes oscillent entre un franc comique et une quasi-disparition de toute espèce de comique. C'est le contexte qui assure la place exacte de chacun d'eux sur le prisme de l'intensité comique. C'est le « support » du terme de qualification comique qui contribue le plus nettement à donner à chaque mot de ce lexique comique sa qualité spécifique. C'est enfin la place et la fonction romanesques qui déterminent le rôle de ces vocables dans la lecture du roman, leur type d'effet sur le lecteur. S'impose donc le recensement de tous les éléments comiquement désignés, et que nous appelons *supports*. A partir de cette liste seront dégagés les caractères principaux de l'ensemble et ajustées en conséquence les nuances du lexique comique.

Un exemple précis peut illustrer la méthode pratiquée. Nous l'empruntons au stock des adjectifs *comique*[1]. Sur la soixantaine que compte *La Comédie humaine*, un groupe d'une vingtaine désigne un geste, une mimique, une élocution, un comportement de personnage qui va prononcer, prononce (s'il s'agit d'une incise) ou vient de prononcer une réplique. Ainsi, à l'intérieur du discours « comiquement débité »[2] par Vautrin à la pension Vauquer, on peut lire, en incise, cette indication du « discours attributif »[3] : « cria Vautrin avec la volubilité comique et l'accentuation d'un opérateur »[4]. En faisant le recensement de tous les personnages supports d'une telle désignation, j'ai pu constater qu'aucun d'entre eux n'appartenait à la bourgeoisie : gens hors du commun, sinon hors-la-loi, au-dessus, au-dessous ou à côté de la norme sociale. Une seule exception : Crevel, qui, à l'heure de la mort, parle avec un « sang-froid

---

1. Voir Maurice MÉNARD, La notion de comique et la notation comique chez Balzac, *AB 1970*, p. 265-306.
2. *Le Père Goriot*, t. III, p. 168.
3. Voir Gerald PRINCE, Le discours attributif et le récit, *Poétique*, n° 35, septembre 1978.
4. *Le Père Goriot*, p. 167-168.

comique »[5]. En fait, l'exception confirme la règle : Crevel fait des jeux de mots stupides ; il imite mal les grands modèles, quand il veut faire des mots de la fin dignes de Montesquieu. Il reste un bourgeois ridicule, mais son modèle demeure aristocratique. Ainsi se trouve confirmé le caractère dominant du groupe : l'aptitude au détachement, les possibilités de distance par rapport aux divers déterminismes. La sélection sociologique des supports de la désignation comique était déterminante par son apport de sens à la notion de comique. *Le comique*, comme sens de la dérision, définit certaines espèces sociales, qui, dans le même temps, définissent le comique. Il s'agit bien d'un tourniquet, mais qui fonctionne dans un cadre assez vaste : sur chaque support se reversent à la fois les caractéristiques de l'adjectif qui le qualifie, mais aussi tous les caractères repérés dans les autres supports de ce même type d'adjectifs. Ce tourniquet ne peut tourner à sa cadence, rapide, et connaître son mouvement, perpétuel, que grâce à deux facteurs, qui sont ici réunis : jouer à l'intérieur d'une œuvre assez vaste pour offrir un nombre important d'occurrences et mettre en jeu des vocables assez mobiles et assez opaques pour ne jamais se livrer d'emblée dans la totalité de leurs sens. *La Comédie humaine* et des mots comme *grotesque* ou *comique* présentent cette difficulté et cette chance.

II. DOCTRINE BALZACIENNE DU SUPPORT COMIQUE

Deux textes fondamentaux forment en quelque sorte le corps de doctrine balzacien du support comique, en matière de personnages : deux passages empruntés aux Préfaces, respectivement d'*Une fille d'Eve* et de la première édition de *Splendeurs et misères des courtisanes*.

Le premier texte limite le comique de la société contemporaine à un étroit domaine : « Les sociétés n'ont plus rien de pittoresque ; il n'y a plus d'originalité que dans les professions, de comique que dans les habitudes »[6].

Le deuxième texte lie le comique à une situation dans l'espace social : « Aussi, selon l'observation spirituelle de l'auteur de *Louison d'Arquien* et du *Pauvre de Montlhéry*, n'y a-t-il plus de mœurs tranchées et de comique possible que chez les voleurs, chez les filles et chez les forçats, il n'y a plus d'énergie que dans les êtres séparés de la société. » Balzac cite encore les espions, les filles entretenues et les « gens en guerre avec la société qui grouillent dans Paris »[7]. Personne avant lui, ajoute Balzac, n'avait « osé aborder le profond comique de ces existences [...] »[8].

Les supports sociaux du comique étant ainsi proposés, Balzac analyse les caractères qui s'attachent à ces supports.

D'abord sont privilégiées « les mœurs françaises », pour leur « mouvement », leur « désordre », la « variété de [leurs] contrastes »[9]. N'est pas

---

5. *La Cousine Bette*, t. VII, p. 434.
6. *Une fille d'Eve*, Préface de la première édition (1839), t. II, p. 263.
7. *Splendeurs et misères des courtisanes*, Préface de la première édition (1845), t. VI, p. 425.
8. *Ibid.*
9. *Une fille d'Eve*, Préface, t. II, p. 268.

cité expressément le *comique*, mais la *physionomie*, qui le fonde. Les bigarrures et les contrastes naissent le plus souvent du rapprochement des supports. D'où « les mille détails, les existences typiques et grandioses »[10], qui deviennent des formes littéraires. Car, pour dégager *détails* et *types*, le romancier procède, dans le réel social, à un découpage qui est déjà littérature. En fait, le réel est soumis à une mise en forme sous les espèces du détail ou du type. La littérature trouve ce qu'elle cherche : « les émotions les plus délicates du cœur humain »[11]. Au théâtre, c'est le type qui a les faveurs de Balzac : « Prudhomme, comme type de notre bourgeoisie actuelle [...] est un personnage plus comique que Turcaret, plus drôle que Figaro, il est tout le temps actuel »[12]. Les détails, selon la formule de Balzac, permettent d'individualiser le type et le type arrache l'individu à l'insignifiance. Cette dialectique du détail et du type est au premier rang du travail *comique*.

Dans la Préface à *Splendeurs et misères*, Balzac estime toujours nécessaire la recherche des contrastes. Mais la variété et la bigarrure prônées en 1839 ne peuvent plus se trouver en 1845 : « Aujourd'hui les nuances disparaissent »[13]. Il faut aller explorer quelques zones dérobées du corps social pour y rencontrer ces « distances » sans lesquelles « il n'y a pas de contrastes possibles »[14]. C'est là que Balzac « est allé chercher le comique ». Car il faut *aller chercher* le comique ; il faut *trouver* dans le monde, pour en faire de la littérature, les « côtés beaux » des caractères[15].

Les deux préfaces disent toute l'importance que Balzac attache à la sélection de sujets « comiques ». Elles justifient notre propre investigation des « supports » du comique et l'analyse de leurs caractères.

III. LES SUPPORTS DU COMIQUE ET LEURS CARACTÈRES

D'un recensement ancien des supports de l'adjectif *comique* dans *La Comédie humaine*[16] il est ressorti que jamais les choses, les objets ne sont dits « comiques », mais généralement « grotesques ». Aussi le premier volet de l'étude des supports est-il entièrement réservé au « grotesque ». Dans

10. *Une fille d'Eve*, Préface, t. II, p. 267.
11. *Ibid.*, p. 262.
12. *LH*, t. I, p. 541, 10 octobre 1837.
13. Une certaine contradiction se fait jour dans cette Préface, car à cette première affirmation s'oppose cette autre : « ce livre offre [...] une des mille faces de Paris », et Balzac lui-même se félicite d'avoir pu examiner les questions « sous tous leurs aspects ». L'idée du multiple demeure présente, en dépit d'affirmations contraires.
14. *Splendeurs et misères des courtisanes*, Préface, t. VI, p. 425.
15. L'ensemble du texte doit être cité : « Peut-être rendra-t-on plus tard justice à l'auteur en voyant avec quels soins il a mis en scène ces figures, si curieuses, de la courtisane, du criminel, et de leurs entourages, avec quelle patience il est allé chercher le comique, avec quel amour du vrai il a trouvé les côtés beaux de ces caractères, par quels liens il les a rattachés à l'étude générale du cœur humain. Certainement, le baron Nucingen est le Géronte moderne, le vieillard de Molière moqué, dupé, battu, content, vilipendé, dans le costume et avec les moyens modernes » (*ibid.*, p. 427).
16. Maurice Ménard, art. cit.

le deuxième volet, consacré aux personnages, c'est-à-dire, pour l'essentiel, à la description des personnages, c'est encore « grotesque » qui est au centre, mais pas exclusivement : le « comique » intervient quand se pose la question de l'ambivalence comique/tragique. « Comique » tiendra, enfin, la place la plus importante dans le troisième volet, celui qui traite du support *spectacle* ; mais le spectacle *grotesque* y dispute encore la vedette au spectacle *comique*. C'est là que se manifestent les deux caractères fondamentaux du comique : l'humain et le théâtral. Illustration attendue de *La Comédie humaine* par l'humanité comique !

Premier support : l'objet

● *Inventaire : des objets aux hommes*

Les choses, architectures, bâtisses, sculptures, objets (et, en général, objets d'art) constituent un ensemble assez important de supports du grotesque.

L'une des plus célèbres maisons de *La Comédie humaine* est celle des Guillaume, dont la description occupe les premières pages de *La Maison du chat-qui-pelote*[17]. C'est l'ensemble de la façade qui est dit *grotesque* vers la fin de la nouvelle, lorsque, jeune mariée, Augustine revient à la maison familiale : « Un matin donc, elle se dirigea vers la grotesque façade de l'humble et silencieuse maison où s'était déroulée son enfance »[18]. Au début de la nouvelle avait été dit *grotesque* le vieux tableau qui tient lieu d'enseigne : « En altérant cette peinture naïve, le temps l'avait rendue encore plus grotesque par quelques incertitudes qui devaient inquiéter de consciencieux flâneurs »[19]. Il s'agit de « l'antique tableau représentant un chat qui pelotait ». Cette « curiosité » est à la fois objet d'observation et d'amusement pour Théodore qui, lui aussi, avait « ses singularités » ; « cet étrange jeune homme devait être aussi curieux pour les commerçants du Chat-qui-pelote, que le Chat-qui-pelote l'était pour lui »[20]. Ton sur ton, dans la singularité, mais seule l'enseigne est dite *grotesque*, ou, par métonymie, la façade.

Autre vieille demeure : le château des du Guénic, à Guérande, « grotesque séjour [...] où les fenêtres sont des portes cochères et où les vaches pourraient tondre les prairies poussées dans les salles »[21].

Dans ces deux cas, les seuls où des demeures reçoivent la désignation de « grotesque », le comique provient d'un comportement humain. Dans un cas, un chat se livre à une activité humaine. Dans l'autre, si le bâtiment est grotesque, c'est que sont grotesques les gens qui y vivent, leurs habitudes, leurs mœurs, leur comportement.

Mêmes conclusions dans les autres exemples d'objets grotesques. Ce

17. *La Maison du chat-qui-pelote*, t. I, p. 39-43.
18. *Ibid.*, p. 78.
19. *Ibid.*, p. 40.
20. *Ibid.*, p. 42.
21. *Béatrix*, t. II, p. 851.

sont des scènes humaines, des visages humains qui font l'essentiel de la
représentation grotesque. Dans *La Peau de chagrin*, « les sculptures circulaires [du vase] représentaient de toutes les priapées romaines la plus
grotesquement licencieuse »[22]. Le heurtoir « grotesque »[23] du domicile de
Pourbus laisse planer un doute. Mais partout ailleurs, sur l'objet grotesque,
grimacent des visages, se creusent des rides, se modèlent des silhouettes.
En miroir, *La Comédie humaine* propose la matière qui fait songer à
l'humain[24] et l'humain qui fait songer à la matière[25].

D'où l'hésitation constante du grotesque : homme ou chose ? nature
ou œuvre d'art ? Etrange croisement : chose par la matière, œuvre d'art
par le travail de burin auquel s'est livrée sur un visage toute une histoire
humaine. Comme dans le cas de Chabert, comparé à « ces grotesques qui
nous viennent d'Allemagne »[26], c'est par une apparition (l'expression est
de Balzac : « les charmes d'une apparition ») que se manifeste à Raphaël
ce centenaire qu'il contemple « comme un vieux Rembrandt enfumé »
et que Balzac narrateur, de son côté, comparait, quelques lignes plus haut,
« à ces grotesques figures de bois sculptées par les bergers pendant leurs
loisirs »[27].

Dans tous les exemples recensés où le support du grotesque est un
nom d'objet, architecture ou sculpture, l'objet grotesque est métaphorique de l'humain.

Mais les caractères humains énoncés par les objets grotesques reçoivent
des objets qui les figurent leur spécificité. A travers les exemples cités,
quelques caractères principaux se sont imposés : ceux du vieux et de
l'exotique, avec pour caractères seconds le naïf et le démodé, qui, tous,
semblent concourir à un effet général de distance, effet qui est, selon
Balzac, consubstantiel au comique. Distance esthétique, distance du jeu.

● *Les caractères des supports*

— *Le vieux* :

Dans le cas de l'enseigne des Guillaume, le contexte donne sens au
pittoresque : il s'agit, en plein XIXe siècle, « d'un débris de la bourgeoisie
du XVIe siècle »[28]. A Guérande, la demeure des du Guénic se situe au milieu
d'une ville féodale qui garde les traces de la « grande école vénitienne

22. *La Peau de chagrin*, t. X, p. 74.
23. *Le Chef-d'œuvre inconnu*, t. X, p. 413.
24. Dans *L'Enfant maudit* (t. X, p. 867), « les marmousets, pressés dans le marbre
de [la] cheminée [...] offraient des figures si grotesquement hideuses [...] qu'elle craignait [...] d'entendre un rire éclatant sortir de leurs bouches éclatantes et contournées ».
25. Dans *Maître Cornélius* (t. XI, p. 36), Georges d'Estouteville prend d'abord
« [les] deux visages [de Cornélius et de sa sœur] pour des masques grotesques sculptés
dans la pierre ».
26. *Le Colonel Chabert*, t. III, p. 371.
27. *La Peau de chagrin*, t. X, p. 222. Dans *Les Chouans*, Pille-Miche « ressemblait »
aux « petits hommes de buis, grotesquement sculptés en Allemagne » (t. VIII, p. 1080 ;
addition de l'édition Vimont) ; Barbette ressemblait assez aux têtes que les architectes
placent comme ornement aux clefs des croisées (p. 1099).
28. *La Maison du chat-qui-pelote*, t. I, p. 39.

du XIIIe siècle »[29]. Cette maison évoque elle-même la maison de Tristan à Tours : la cheminée est « en pierre sculptée dans le goût du siècle de Louis XIV »[30]. Le XVe siècle est illustré par les deux « masques grotesques » qui encadrent la porte de Maître Cornélius[31]. *L'Enfant maudit*, à cheval sur XVIe et XVIIe siècle, doit peut-être encore au XVe les marmousets de sa cheminée[32]. Dans la fable du *Chef-d'œuvre inconnu*, le « heurtoir grotesque »[33] est le témoignage d'une époque antérieure au XVIIe siècle, date de la fiction, qui commence en 1612. Telle façade au grotesque drolatique de *Sur Catherine de Médicis* est due « au bon roi Louis XII ». Du XVIIIe siècle date le « trumeau grotesque » des *Paysans*[34]. On pourra donc conclure que Balzac fait usage du grotesque dans tous les siècles, mais généralement pour redoubler, en abyme, l'éloignement déjà créé par la date à laquelle il a situé ses histoires. Objets d'époque, objets anciens, objets de style, le grotesque joue des trois façons et contrefaçons pour créer ces points de fuite, cette perspective temporelle, cette profondeur de champ, dans le temps, créatrice de distance, et éventuellement de jeu.

— *L'exotique* :

La « distanciation » créée par l'objet grotesque peut se faire aussi par l'entremise de l'exotisme. L'Allemagne arrive en tête, sans doute grâce à la lecture d'Hoffmann. Si les indications concernant la figure de Pille-Miche, dans *Les Chouans*, sont une addition de l'édition Vimont en 1834, c'est que, entre 1829 et 1834, Balzac avait lu Hoffmann[35]. Mêmes grotesques sculpturaux d'origine germanique, ceux de *La Peau de chagrin* et du *Colonel Chabert*[36]. L'Allemagne est présente aussi dans le domaine des contes : ainsi, dans *Gambara*, « un de ces personnages grotesques si souvent mis en scène par les conteurs allemands et les poètes de *libretti* »[37].

Autres exotismes : l'Italie, comme dans l'exemple précédent, la Rome antique[38], la Suisse, au style voisin de celui de l'Allemagne[39], enfin la Chine, voire le Japon : dans *Les Paysans*, les « monstres de porcelaine

---

29. *Béatrix*, t. II, p. 645 ; addition sur épreuves.
30. *Ibid.*, p. 646.
31. *Maître Cornélius*, t. XI, p. 36.
32. *L'Enfant maudit*, t. X, p. 867.
33. *Le Chef-d'œuvre inconnu*, t. X, p. 413.
34. *Les Paysans*, t. IX, p. 239.
35. Le goût pour le grotesque germanique se manifeste souvent pendant la période romantique. Telle l'apparition, dans l'*Histoire du roi de Bohême*, d'un portier « ouvrant son vasistas, ou *Was ist das* de verre obscurci par la fumée, et... y passant sa tête grotesque illuminée de rubis d'octobre » (p. 107).
36. De même veine sont les vieillards du *Cabinet des Antiques* (t. IV, p. 976) : « figures aplaties, mais creusées par des rides, qui ressemblaient aux têtes des casse-noisettes sculptées en Allemagne » ; et aussi Josette, la cuisinière des Claës, dont la « tête coiffée d'un bonnet rond à ruches ressemblait à celle d'un casse-noisette allemand » (*La Recherche de l'Absolu*, t. X, p. 734).
37. *Gambara*, t. X, p. 470.
38. *La Peau de chagrin*, t. X, p. 74.
39. Dans *Pierrette*, le visage de Sylvie Rogron « rappelait l'ampleur inouïe de certaines figures suisses » (t. IV, p. 33).

chinoise », qui « sur la cheminée riaient à gorge déployée »[40], appartiennent à un monde lointain qui dit les menaces pesant sur ce refus de l'histoire présente de la société par les châtelains des Aigues. La mort menace, par Chine interposée, dans cette « face grotesque » de Pons, comparée à celles que « les Chinois seuls [...] savent inventer pour leurs magots »[41].

— Le naïf et le démodé :

Presque toujours, à l'étrangeté comique du grotesque est associée une esthétique, picturale ou sculpturale, qui est une esthétique de la naïveté, liée aux formes passéistes du grotesque, aussi bien qu'à ses formes exotiques. Rien de tel que la patine d'un vieux tableau pour réaliser l'excellent grotesque né de l'association du naïf et du démodé[42].

Le relais de l'objet d'art n'est toutefois pas indispensable pour réaliser cette union. Le temps et la naïveté s'associent pour susciter la beauté de Guérande et des du Guénic. Si le séjour des du Guénic est « sublime »[43], c'est que la maison est le « symbole d'une grande chose détruite, une poésie »[44]. En ce logis respiraient « l'esprit, la grâce, la naïveté, de la vieille et noble Bretagne »[45]. Ce tableau « grotesque » peint le paradis, mais le paradis perdu, le démodé, voué à la mort, mais grandiose par sa naïveté indestructible. La destruction du fendillement de la porte, de l'effacement des sculptures maintenant si frustes, la prolifération des pariétaires créent le grotesque constitutif de cette Bretagne qui, selon la formule de Madeleine Fargeaud, est « une image, un symbole et un mythe »[46]. Grotesque est ce mélange indissoluble de naïf et de démodé : ici, le comique dit la tendresse, comme la ruine dit la grandeur, grâce à un effet de recul qui est l'un des effets propres du *grotesque*.

● L'effet narratif du grotesque

Lié au temps par les caractères mêmes de son support, le mot *grotesque* joue un rôle dans la temporalité romanesque. Le terme met en perspective l'objet qu'il désigne, à l'intérieur du roman : effet d'annonce pour le temps à venir, effet rétrospectif pour le temps déjà écoulé.

Reprenons l'exemple de *Béatrix*. Au début du roman, Balzac décrit le vieil hôtel, essentiel à l'histoire, l'exprimant déjà par avance. Presque tous les caractères du *support* grotesque ont été livrés d'emblée, mais ils ne prennent la totalité de leur sens qu'à la fin de l'histoire, au moment où intervient le mot *grotesque*, qui donne son plein effet narratif à ce retour

---

40. *Les Paysans*, t. IX, p. 65.
41. *Le Cousin Pons*, t. VII, p. 485.
42. *L'Hôpital et le Peuple*, t. XII, p. 570. Le vieillard de *La Peau de chagrin*, nous l'avons dit, a le grotesque des productions des naïfs bergers et il est « un vieux Rembrandt » ; l'enseigne des Guillaume doit son grotesque à son ancienneté.
43. *Béatrix*, t. II, p. 851.
44. *Ibid.*, p. 643.
45. *Ibid.*, p. 649.
46. Madeleine FARGEAUD, Introduction de *Béatrix*, t. II, p. 631.

de l'hôtel du début. C'est dans une lettre de Sabine à sa mère que surgit ce « grotesque séjour ». Sabine, mariée, parisienne, prend, par rapport à la réalité féodale qu'elle vient de redécouvrir, un recul à la fois attendri et moqueur. Cette réalité n'a pas tenu compte de l'histoire, « comme si la révolution de 1830 et celle de 1789 n'avaient jamais abattu de bannières »[47] ; elle fait corps avec Calyste, avec son charme et avec sa fragilité morale. Cette mise en perspective du vieil hôtel et de ses habitants à l'intérieur de l'intrigue du roman mime la distance qu'inéluctablement la Vie et l'Histoire font prendre, sous peine de mort, par rapport aux plus vénérables et aux plus attendrissantes institutions. Ce « grotesque » accompagne l'histoire autour de laquelle s'organise la fiction romanesque. Car, selon la formule de Madeleine Fargeaud, *Béatrix* est « le roman des illusions perdues »[48]. Le monde des origines est vu par Sabine, au début même de sa désillusion, comme *grotesque*. Ce mot isole de façon dérisoire et tragique, selon une nuance de comique typiquement balzacienne, tendre et lucide à la fois, tout cet univers perdu dans le lointain historique et personnel. Logis, mœurs, habitants n'ont de vie que dans la survie, assez drôlement protégés de la mort par leur fixité, et voués à l'enlisement par cette fixité même.

A ce grotesque de la fin paraît s'opposer le grotesque des débuts. Au début de *La Maison du chat-qui-pelote*, l'adjectif *grotesque* est concomitant d'une découverte, d'une apparition. Dans le face-à-face de l'artiste et du bourgeois qui formera l'armature de la nouvelle, le texte souligne la double distance qui interdira l'unité du couple Théodore-Augustine : « Cet étrange jeune homme devait être aussi curieux pour les commerçants du Chat-qui-pelote que le Chat-qui-pelote l'était pour lui »[49]. *Grotesque* énonce la distance qui sépare ce jeune artiste de ce vieux commerce : c'est lui qui trouve l'enseigne « grotesque ». L'art est pour lui une garantie de familiarité, pleine de sympathie et d'amusement, tout en lui permettant de garder la distance nécessaire. Ce *grotesque*, comme le chant des sirènes, exprime l'attirance et la menace, à la lisière de l'ancien et du nouveau, de l'art et de la vie. Le grotesque accompagne la naissance de l'histoire, mais, comme dans *Béatrix*, on le retrouve au moment où commence la fin. « Un matin donc, elle se dirigea vers la grotesque façade [...] »[50]. C'est la phrase du retour d'Augustine à ses sources, alors que l'histoire du roman touche à sa fin, et cette phrase fait pendant à celle du début : « Par une matinée pluvieuse, au mois de mars, un jeune homme, soigneusement enveloppé dans son manteau, se tenait sous l'auvent d'une boutique en face de ce vieux logis »[51]. Comme *Béatrix*, cette nouvelle conte l'histoire d'un combat douteux : est-ce le monstre du passé qui, touché à mort, s'offre une dernière victime ou bien est-ce le monde nouveau qui sacrifie sa première victime, propitiatoire ?

Le *grotesque* apparaît comme l'un des signaux qui balisent le récit et

47. *Béatrix*, t. II, p. 850-851.
48. Madeleine FARGEAUD, Introduction de *Béatrix*, *ibid.*, p. 633.
49. *La Maison du chat-qui-pelote*, t. I, p. 42.
50. *Ibid.*, p. 78.
51. *Ibid.*, p. 39.

viennent renforcer son armature : il redouble apparition et étonnement, ou bien disparition et détachement[52].

Ainsi, les supports du grotesque ne peuvent être séparés de l'ensemble mobile du roman. Dans le roman, le grotesque accompagne la fable dans sa naissance et dans sa mort. Le bel objet grotesque, naïf, démodé, exotique, populaire, buriné, patiné, pourrait se contempler dans l'immobilité de la vitrine où l'expose la lecture. Mais, selon sa place dans une histoire, il dit l'objet encore lointain, piquant pour la curiosité, appelant à la découverte, ou, au contraire, déjà lointain, annonçant la fin de l'histoire avec sa propre fin. L'objet grotesque a participé à l'instauration d'une dialectique du mobile et de l'immobile : lui, immobile, est lu dans la forme de l'apparition et de la disparition. Mais celle-ci n'est pas dissociable d'une autre dialectique, celle de l'attachement et du détachement. Se superposent de la sorte les caractères conférés à l'objet grotesque par sa place dans le roman et ceux que l'analyse de ses caractères propres avait permis de dégager. De surcroît, le mot *grotesque*, récepteur de ces sens superposés, devient à son tour distributeur du sens, pour le lancer ou pour le rassembler.

Deuxième support : le personnage

● *Inventaire : supports globaux et supports secondaires*

— *Les personnages comme supports globaux :*

Ont été déjà rencontrés comme supports de grotesque le colonel Chabert, Molineux, Pons, Maître Cornélius et sa sœur, l'antiquaire de *La Peau de chagrin*, Bécanière, Pille-Miche. Beaucoup d'autres sont globalement désignés comme grotesques : d'Orgemont[53], Mme Soudry[54], Crevel[55], Peyrade[56], Andoche Finot[57]. Exception faite de Mme Soudry, le grotesque est conféré au personnage par la situation où Balzac l'a placé dans le roman. Le grotesque est toujours un grotesque de situation : c'est de cette situation romanesque que rend compte, pour l'essentiel, la désignation grotesque du personnage pris dans son ensemble.

---

52. Sur la soixantaine d'occurrences de *grotesque* et de *grotesquement*, un tiers sont à ces places caractéristiques de début et de fin (soit du roman, soit d'une séquence), avec une nette prédominance (les trois quarts) pour le début, en liaison avec une description initiale. Citons comme *grotesques* de début : *Pierrette*, t. IV, p. 32 ; *La Muse du département*, t. IV, p. 655, 665 ; *La Fille aux yeux d'or*, t. V, p. 1044 ; *Le Cousin Pons*, t. VII, p. 485, 486 ; *Une ténébreuse affaire*, t. VIII, p. 513 ; *Le Chef-d'œuvre inconnu*, t. X, p. 413 ; *La Recherche de l'Absolu*, t. X, p. 659 ; *L'Enfant maudit*, t. X, p. 867. Comme *grotesques* de fin de roman : *Gobseck*, t. II, p. 1007 ; *Le Colonel Chabert*, t. III, p. 371 ; de fin d'orgie : *Illusions perdues*, t. V, p. 408 ; de fin de bal : *César Birotteau*, t. VI, p. 179. Comme *grotesques* à la fois en début et en fin de roman : *La Peau de chagrin*, t. X, p. 69, 222.
53. *Les Chouans*, t. VIII, p. 1087.
54. *Les Paysans*, t. IX, p. 61.
55. *La Cousine Bette*, t. VII, p. 191.
56. *Une ténébreuse affaire*, t. VIII, p. 581.
57. *La Maison Nucingen*, t. VI, p. 330.

— Les supports secondaires :

On s'aperçoit très vite que le support de détail n'échappe pas non plus à cette détermination par la situation où il se trouve dans la fable. De surcroît, il est difficile d'apprécier le « grotesque » des détails hors des considérations de perspective narrative. Modes ou voix de narration sont en question dans le grotesque des allures, des silhouettes, des vêtements, des visages.

● *La tournure :* Si Balzac écrit que « l'aspect un peu niais » de Popinot « s'accordait [...] avec sa grotesque tournure »[58], il le fait à la fois selon la vision et le jugement de Mme d'Espard et conformément à son vocabulaire habituel de romancier. Voulant rendre compte des femmes de province en général et de Dinah Piédefer en particulier, Balzac use semblablement du « grotesque » : « De là ces tournures grotesques, ces maigreurs effrontées [...] »[59]. En l'absence d'un observateur-relais dans la fable, à qui serait confié le soin de la désignation « grotesque », c'est le lecteur qui, par cette désignation, est promu spectateur et chargé d'imaginer en forme de grotesque cette caricature du détail. Un même mécanisme joue pour le tour apparenté de la « silhouette grotesque ». Le lecteur doit se faire juge, lorsque les « seins volumineux » de Mme Jeanrenaud « excitaient le rire en faisant craindre une grotesque explosion à chaque tousserie »[60].

● *Le vêtement :* Le vêtement, comme la tournure, transforme la description en narration, remplace la vision par le jugement. Une Bretonne apparaît à Hulot « grotesquement vêtue d'une peau de bique usée »[61]. Deux ordres sont ici en présence : celui des Bleus et celui des Blancs. Le support grotesque que constitue le vêtement formule à l'intention du lecteur l'écart de l'un par rapport à l'autre. Écart dont prend conscience Lucien de Rubempré, peu après son arrivée à Paris : « Son gilet était trop court et la façon si grotesquement provinciale que, pour le cacher, il boutonna brusquement son habit »[62]. Pour Bianchon, les bancs du parloir où il aperçoit Popinot étaient « garnis d'indigents qui présentaient les grotesques singularités de costume à l'aspect desquelles s'arrêtent en pleine rue les passants les moins artistes »[63]. Indigènes, déracinés, indigents, ce groupe fait le lecteur juge, par Bianchon interposé, de l'écart de la destinée d'un Popinot. Témoin encore cette figure de mari « prédestiné » qui, au réveil, s'offre comme « grotesquement coiffée »[64], aux yeux de son épouse.

La principale vocation de ces costumes grotesques est de susciter la prise de conscience d'une réalité en mutation, douteuse et grosse d'événements à venir. Au banquet Taillefer, « les paradoxes douteusement lumi-

58. *L'Interdiction*, t. III, p. 456-457.
59. *La Muse du département*, t. IV, p. 655.
60. *L'Interdiction*, t. III, p. 469.
61. *Les Chouans*, t. VIII, p. 1162.
62. *Illusions perdues*, t. V, p. 268.
63. *L'Interdiction*, t. III, p. 437.
64. *Physiologie du mariage*, t. XI, p. 1065.

neux, les vérités grotesquement habillées se heurtèrent [...] »[65]. Ici, vérités aussi bien que paradoxes se produisent sous une forme qui est mensongère, contrairement aux exemples précédents, où la vérité à venir était déclarée par le grotesque présent. Le vêtement grotesque est, pour les « vérités » du banquet Taillefer, un déguisement, et un déguisement qui se propose comme tel. Masque perçu comme masque et, par là même, masque provoquant, qui oblige à la mise en question. L'écart grotesque, ici, insiste sur la distance qui sépare l'apparence de la vérité ; il induit à penser que la seule façon, pour la vérité, de se produire au monde, c'est de se séparer et de se masquer. Le spectateur ou le lecteur doivent apprendre, par ce masque, à mettre en question les masques mêmes. Le masque fait pleinement jouer au grotesque son rôle de distanciation dialectique.

Mais cette fonction du « vêtement grotesque » demeure exceptionnelle. Le plus souvent, le vêtement fait corps avec la personne qui le porte et le personnage tout entier joue le rôle de la mise en question. Et si c'est l'apparence elle-même qui provoque au soupçon, qui appelle à « équivoquer », la bouffonnerie critique devient une forme d'ironie : elle oblige à penser le dedans avec le dehors et le tout avec le détail.

● *Le visage :* Le visage, autre support du grotesque, joue un rôle comparable à celui du vêtement : il constitue un résumé significatif de l'ensemble du personnage ; ce « détail » renvoie à l'ensemble. Ainsi, la « face grotesque », la « figure grotesque » de Pons[66]. On se rappelle la figure de Pille-Miche[67], et aussi les « marmousets » de *L'Enfant maudit*[68]. Ce visage chargé d'exprimer l'essentiel, Balzac l'agrandit démesurément. Ainsi, la face de Sylvie Rogron, anormalement large, « rappelait l'ampleur inouïe de certaines figures suisses »[69]. Les arbres aquatiques, dans *Les Chouans*, ont des « têtes énormes et chenues, élevées au-dessus des roseaux et des broussailles », ce qui les faisait ressembler à des « marmousets grotesques »[70].

Grotesque et caricature marchent de pair. Ici, front privilégié, menton amenuisé : c'est la tête du vieillard méphistophélique de *La Peau de chagrin*[71]. Là, front rétréci, mais nez de grande taille : c'est le portrait de Peyrade[72].

Le nez imposant obéit à la plus vieille tradition du grotesque : les statuettes de grotesques alexandrins lui faisaient déjà subir cette déformation. Balzac en use à son tour. C'est le nez qui « commande » la caricature de Pons : « Cette face grotesque, écrasée en forme de potiron, attristée par des yeux gris surmontés de deux lignes rouges au lieu de sourcils, était commandée par un nez à la Don Quichotte, comme une plaine est dominée par un bloc erratique »[73]. Que dire du nez « grotesque »

65. *La Peau de chagrin*, t. X, p. 98.
66. *Le Cousin Pons*, t. VII, p. 485-486.
67. *Les Chouans*, t. VIII, p. 1080.
68. *L'Enfant maudit*, t. X, p. 867.
69. *Pierrette*, t. IV, p. 33.
70. *Les Chouans*, t. VIII, p. 1026.
71. *La Peau de chagrin*, t. X, p. 222.
72. *Une ténébreuse affaire*, t. VIII, p. 513.
73. *Le Cousin Pons*, t. VII, p. 485.

du duc Cataneo, nez sous « les arches empourprées » duquel avaient passé des milliers de bouteilles[74] ? Même formule pour le nez de Séchard, au début d'*Illusions perdues* : « Sa passion laissait sur sa physionomie oursine des marques qui la rendaient originale : son nez avait pris le développement et la forme d'un A majuscule corps et triple canon, ses deux joues veinées ressemblaient à ces feuilles de vigne pleines de gibbosités violettes, purpurines et souvent panachées ; vous eussiez dit d'une truffe monstrueuse enveloppée par les pampres de l'automne »[75]. Le visage de Séchard n'est pas désigné comme grotesque, mais ce nez si proche de celui de Cataneo autorise le classement dans la catégorie, au même titre que le nez de Peyrade. Chaque trait de ces visages dit le grotesque à sa façon : d'un sourcil à une oreille et d'un œil à un menton des correspondances existent, dans une surprenante et grotesque unité, que résume et condense le nez. Au contraire, dans le visage de Pons, le grotesque naît d'un contraste entre la vigueur et la verdeur suggérées par ce nez de taille et tout le reste du visage, si nul, si exsangue. Les deux éléments pris isolément sont dénués de grotesque ; c'est de leur juxtaposition bouffonne que naît le grotesque, dans les couples force-faiblesse ou talent-nullité.

Tournures, vêtements, visages, nez, l'ordre que nous avons suivi va de la vue d'ensemble jusqu'à un détail privilégié du visage : le nez. On passe de l'ensemble à des sous-ensembles de plus en plus limités ; mais, dans tous les cas, le grotesque fait jouer tel élément avec tel autre : il se définit par différents types de relations entre éléments divers, il est au principe de cette confrontation entre le support et ses divers contextes, jouant comme détail par rapport à un ensemble ou comme ensemble par rapport à tel détail. La désignation grotesque des personnages est donc génératrice d'effets spéciaux.

● *Les effets du grotesque*

Comme pour les objets supports, le grotesque des personnages crée un effet de présence et joue un rôle dans la narration. Mais, d'une façon plus spécifique, le grotesque des personnages contribue à la création de diverses formes de composite et de contrasté, figures ambivalentes propices à une lecture mobile.

— *La présence :*

Assurément, l'impression de proximité, de vie toute proche, que tant de détails concrets font naître, confirme le souci balzacien de placer le grotesque dans la nature. Le matériau de référence, bois ou pierre, imposait souvent la présence de l'objet. Ce qu'imposent surtout les personnages, ce sont des contours, des formes, œuvres du trait. Donc, le style de traitement qui prédomine ici est celui de la caricature. Caricature éventuellement colorée, n'excluant pas, de ce fait, la caricature picturale. Mais, en

---

74. *Massimilla Doni*, t. X, p. 555.
75. *Illusions perdues*, t. V, p. 127.

noir ou en couleur, cette caricature donne forme à la matière en délimi-
tant ses contours, elle cerne le trait et précise les volumes.

L'imagination de la matière n'est nullement abolie par cet art du
dessin ; celui-ci, en découpant des volumes, donne même aux êtres leur
consistance et leur poids, dans l'imagination. Le grotesque va de pair
avec la réintroduction de l'homme dans la nature, dans la matière,
parmi les choses. Balzac classe Cataneo parmi « ces personnages à qui
personne ne veut croire dès qu'on les fait passer de l'état réel où nous les
admirons, à l'état fantastique d'une description plus ou moins littéraire »[76].
Une fois terminée cette description, Balzac la place sous le signe de la
« nature » : « Quand on observe la nature, on y découvre les plaisanteries
d'une ironie supérieure [...] »[77]. Forme et matière sont alternativement
mises en œuvre : d'un côté, le nez en as de trèfle, le front pointu, de l'autre,
les yeux de verre, les métaux dans le sang, les cheveux comparés à des
filaments de verre soufflé, bref, un « noble argile » devenu « boueux ».
Enfin, après avoir donné à imaginer le « poids » des oreilles, Balzac complète son énoncé « matérialiste » par la « majesté cyclopéenne » de
l'ensemble du personnage : fantastique par ces dimensions, Cataneo a
reçu le don de présence. Il est tout à fait là.

— *L'apparition* :

Le grotesque du personnage renforce la liaison de la description et
de l'apparition pour un spectateur, contribue, comme le grotesque de
l'objet, à donner à la description la forme de l'apparition. Cette apparition
dans le roman participe d'une esthétique du point de vue. La « physionomie attachante » du colonel Chabert apparaît dans le champ de vision
de Godeschal et de Derville[78]. En effet, l'un et l'autre « allaient à Ris » ;
« lorsqu'ils parvinrent à l'avenue [...], ils aperçurent [...] ». Alors naît le
grotesque et, en même temps, le grotesque fait apparaître le personnage.
Les mêmes circonstances et le même vocabulaire narratif président à
la « naissance » du personnage de Popinot : « Bianchon aperçut son
oncle [...] »[79]. L'apparition de Popinot dans le champ du roman se double,
grâce au grotesque, de la promotion du personnage de roman en personnage de tableau. La « grotesque tournure » de Popinot, avec laquelle
s'accorde son « aspect un peu niais », fait rire Rastignac[80]. Le grotesque
de Pons n'est pas dissociable, lui non plus, des regards des badauds : « En
apercevant de loin ce vieillard, les personnes qui sont là tous les jours
assises sur des chaises, livrées au plaisir d'analyser les passants, laissaient
toutes poindre dans leurs physionomies ce sourire particulier aux gens
de Paris »[81].

Les exemples que proposent *Les Chouans* permettent de définir avec
plus de précision encore le mécanisme de l'apparition grotesque. Le

76. *Massimilla Doni*, t. X, p. 555.
77. *Ibid.*, p. 556.
78. *Le Colonel Chabert*, t. III, p. 371.
79. *L'Interdiction*, t. III, p. 437.
80. *Ibid.*, p. 457. Rastignac rit de Bianchon humilié.
81. *Le Cousin Pons*, t. VII, p. 483.

grotesque de Pille-Miche développe la « reconnaissance » que vient de
faire Marie de Verneuil : « Mlle de Verneuil ne reconnut pas alors sans
effroi ce rusé Pille-Miche »[82]. L'ordre de l'énoncé n'est pas sans importance :
l'indication du grotesque ne vient ici qu'après celle de la reconnaissance,
du point de vue de Marie de Verneuil. Cet élément de grotesque peut
coïncider avec un regard, une réflexion, une rêverie de l'héroïne. De
surcroît, le niveau de culture, le degré d'évolution, de Marie de Verneuil
permet d'imaginer que la formulation qu'elle se fait à elle-même, ou du
moins qu'elle pourrait se faire, du spectacle qui s'offre à elle recourrait
à ce même terme de *grotesque*. La souplesse technique de Balzac est sans
limite : à la page suivante, l'énoncé obéit à un ordre inverse et la désignation du grotesque précède l'indication de la surprise de l'observateur :
« La figure grotesque de ce dernier [le quatrième chouan] tira Marche-à-
terre de la rêverie religieuse où l'avait plongé l'accomplissement d'un
miracle [...] »[83]. Ici, plus de coïncidence entre l'apparition d'un personnage
grotesque et une attention plus ou moins rêveuse du personnage témoin ;
au contraire, l'apparition grotesque tire Marche-à-terre de sa rêverie.

Dans le premier exemple, le grotesque de Pille-Miche est formulé
par le narrateur, mais en union parfaite avec le point de vue, et vraisemblablement avec le vocabulaire même qu'on peut prêter au personnage-
observateur, Marie de Verneuil. Exemple plausible de « vision avec »,
pour reprendre la terminologie, ici justifiée, de Jean Pouillon[84]. Cela va
de pair avec une sorte d'arrêt de la narration au bénéfice de la description. Le grotesque devient l'auxiliaire de celle-ci et même, à lui seul, il
constitue un embryon de description, à la fois intéressante pour elle-
même et utile comme moyen de baliser la narration.

Dans le deuxième exemple, avec la « figure grotesque », l'auteur
donne, par anticipation, l'explication du réveil de Marche-à-terre ; le
narrateur précède le personnage et permet au lecteur de prendre, lui
aussi, de l'avance sur l'action, grâce à cette « vision par-derrière » que le
grotesque, ainsi placé dans la phrase, lui permet d'avoir. En fait, le
terme de *grotesque* ne serait pas désavoué par Marche-à-terre, s'il pouvait
employer ce vocabulaire, pas plus que la vision du *grotesque* par Marie
de Verneuil ne serait démentie par Balzac-narrateur, s'il exprimait son
opinion en dehors même de celle du personnage-observateur. Balzac et
le personnage-témoin ont même façon de voir, mais parfois leur façon
de dire est différente.

Le roman joue donc sur un double registre narratif. Pour la désignation, il peut recourir à un vocable qu'un personnage serait incapable,
d'après le statut qu'il a reçu dans ce roman, d'employer sans invraisem-
blance. Le roman remplit, dans ce cas, sa fonction d'analyse, de clarification. Ce que veut dire l'auteur se ventile entre un personnage chargé
d'en mimer l'essentiel et des mots, étrangers au personnage, chargés de
formuler en clair la commune pensée de l'auteur et du personnage.
Ou bien, autre fonction romanesque, les pensées de l'auteur sont mimées

82. *Les Chouans*, t. VIII, p. 1080.
83. *Ibid.*, p. 1081.
84. Jean Pouillon, *Temps et roman*, p. 74-116.

et exprimées, sans hiatus, par les actions, les pensées et les paroles d'un personnage délégué. Le *grotesque* est associé à l'une et à l'autre fonction, celle de l'analyse et celle du mime.

Avec objet ou personnage, le terme *grotesque* formule la réalité méritant d'être vue, c'est-à-dire le réel transformé en spectacle dans un roman mué en une comédie mobile : comédie d'un réel au double visage.

— Le doublement et le dédoublement :

C'est une dernière contribution de la désignation comique du personnage que cet effet de lecture en double portée de la réalité. Comique ou grotesque, le personnage affirme son caractère double, tantôt composite, tantôt contrasté, donnant au lecteur le sentiment d'un inachèvement. C'est tout particulièrement le cas des « mariages » grotesques, qui sont mésalliances, et de « successions », non moins grotesques, qui sont retournement et renversement. L'effet de vacillement, d'oscillation, atteint son comble dans le cas de personnages dits aussi souvent « comiques » que « grotesques », dans lesquels le comique et le tragique apparaissent comme deux faces de la réalité, complémentaires, interchangeables et se créant sans cesse l'une l'autre.

• *Le mariage grotesque ou la mésalliance :* « Le commencement du monde et les événements d'hier se mariaient avec une grotesque bonhomie »[85] : le texte « marie » les éléments contrastés et ce mariage grotesque suggère quelque dérèglement obscène. Premier apport du grotesque au bizarre : cas limite, ce mariage est un dérèglement de la nature. Deuxième apport : ce mariage est un faux mariage, il parodie le vrai. Il introduit l'idée du simulacre et de la parodie. Le grotesque amorce donc, dans le cadre du bizarre, une entreprise de dérision, de dédramatisation du pathétique et du tragique.

Non pas que le grotesque chasse totalement le tragique : il n'est pas dans sa nature double, voire multiple, en tout cas composite, de pratiquer l'exclusive. Le « petit rentier grotesque » qu'est Molineux ne manque pas d'effrayer[86]. Il est une « espèce hybride », une « nature mixte », un « produit bizarre »[87] : donc, on s'inquiète de voir dans la nature d'aussi surprenantes déviations. Mais *grotesque* oblige à lire l'hybride comme caricature, à colorer d'une nuance de dérision, de comique, la surprise provoquée par l'étrangeté et la bizarrerie. Ce qui rend « un peu grotesque » la « reine » qu'est Mme Soudry, dans *Les Paysans*[88], c'est le « mélange de teintes », typique des gens de la campagne. Ce mélange ne parvient pas à créer une harmonie ; les couleurs se marient mal et cette discordance, qui contrecarre les habitudes et heurte le bon goût, fait rire plus encore qu'elle ne choque.

Le mariage grotesque naît parfois de la situation dans laquelle se trouve placé le personnage support. Les circonstances imposent à celui-ci

85. *La Peau de chagrin*, t. X, p. 69.
86. *César Birotteau*, t. VI, p. 105.
87. *Ibid.*
88. *Les Paysans*, t. IX, p. 261.

une adaptation qu'il n'est pas capable d'accomplir. Mésalliance grotesque entre éléments incompatibles. C'était la formule de Molière : dévot amoureux, atrabilaire amoureux, avare amoureux. Ainsi en va-t-il du « ravissement grotesque » de l'usurier d'Orgemont dans *Les Chouans*. Après s'être fait « chauffer » par les chouans, avoir été libéré par Marie de Verneuil, s'être réfugié avec elle dans un « petit cabinet de quatre pieds carrés », il reste un moment en contemplation devant cette compagne imprévue : « Depuis un moment, d'Orgemont était plongé dans un ravissement grotesque. La douleur que la cuisson lui faisait souffrir aux jambes, et sa terreur en voyant un être humain au milieu de ses trésors, se lisaient dans chacune de ses rides ; mais en même temps ses yeux arides exprimaient, par un feu inaccoutumé, la généreuse émotion qu'excitait en lui le périlleux voisinage de sa libératrice, dont la joue rose et blanche attirait le baiser, dont le regard noir et velouté lui amenait au cœur des vagues de sang si chaudes, qu'il ne savait plus si c'était signe de vie ou de mort »[89]. Ce passage organise un festival de ruptures fondatrices de grotesque, de « mariages » pleins de non-sens comique. En premier lieu, ce texte présente le contre-champ du spectacle grotesque tel que nous l'avions rencontré[90]. Habituellement, le personnage dont on dit la surprise introduit à un spectacle et c'est ce spectacle que l'on dit éventuellement *grotesque*. Ici, c'est le spectateur qui est le support du *grotesque*. Le spectateur est lui-même spectacle : il est regardé par Marie de Verneuil, et le « ravissement grotesque » se situe dans la perspective, développe le « point de vue » de celle-ci. En effet, les yeux de l'héroïne, selon l'indication de Balzac, ne sont pas quittés un seul instant des yeux de l'usurier. Or, elle réussit « à dérober un coup d'œil à son argus » et elle parvient ainsi à observer les murs. Pourquoi ? Le « ravissement grotesque » donne la réponse : si Marie peut un instant échapper à la surveillance de d'Orgemont, c'est parce qu'elle a perçu à quel point celui-ci était absorbé, fasciné, rêveur, alors que l'usurier devrait être en cet instant toute attention, toute surveillance, toute défiance. Risible pour Marie est cette pâmoison d'un personnage dont on attendait tout, sauf ce ravissement : c'est le mot *grotesque* qui signale et souligne la comédie. Le personnage est comique par sa contradiction, son impuissance. Dans cette situation où jouent les miroirs de deux regards (deux personnages réfléchissants-réfléchis), un seul exprime, dans les miroitements d'une phrase mobile, ce contraste grotesque, offert par d'Orgemont aux yeux de Marie et à ceux du lecteur, et traduits par le discours du narrateur-auteur, ce mariage impossible entre deux moitiés de soi-même cherchant en vain, dans l'inconscience, à se joindre.

Le *grotesque* irrigue jusqu'aux moindres détails. Divers couples de mots disent, par l'entremise des copules de coordination, à la fois l'accouplement et l'impossibilité de la fusion et de l'harmonie. Facteurs juxtaposés, sans communication : sa « douleur » *et* « sa terreur ». Celle-ci provient elle-même d'un spectacle (« en voyant ») constitué par deux facteurs incompatibles (« un être humain *au milieu de* ses trésors »).

89. *Les Chouans*, t. VIII, p. 1087-1088.
90. Cf. *supra*, p. 108-109.

Ce premier couple ne représente que le premier volet d'un diptyque
(« mais, *en même temps* [...] »). Dans le deuxième volet, nouvelle bipar-
tition : ce sont les yeux qui constituent le champ clos où se déroule ce
nouveau combat (« feu inaccoutumé » dans ses « yeux arides »), de
même que, dans le premier volet, le couple *douleur-terreur* « se lisait »
dans « chacune de ses rides ». Couples, paires, duos, duels, reflétés à
l'infini, dans mille rides et dans mille facettes. En effet, dans les yeux
de d'Orgemont, on peut encore déceler une « généreuse émotion » née
en lui du « périlleux voisinage » de Marie : autrement dit, d'Orgemont
a peur pour Marie, qui pourtant lui fait peur... D'Orgemont *et* Marie
forment le spectacle double du mariage contre nature. L'antithèse se
poursuit : sa « libératrice » constitue pour lui un « péril », et l'antithèse
se subdivise à son tour, puisque le portrait de Marie se compose de
deux éléments, la *joue* (elle-même rose *et* blanche) et le *regard*. Or, ce
regard est « noir *et* velouté ». Et la joue fait naître en d'Orgemont une
pulsion, de l'intérieur vers l'extérieur (« attirait le baiser »), sorte de
flux, cependant que le regard suscite un reflux (« lui amenait au cœur
des vagues de sang »). Avant de parvenir à la conclusion de ce texte
exemplaire, il ne faudrait pas omettre de signaler l'effet qui naît de la
confrontation, de l'affrontement, champ/contre-champ, du regard de
d'Orgemont (« yeux arides ») avec celui de Marie de Verneuil (« noir et
velouté »). Il importerait aussi de signaler — mais une telle phrase ne
vise-t-elle pas à empêcher une totalisation de ses nombreux effets, à
créer un « poème infini » ? — que le feu des yeux de d'Orgemont est
présenté comme « inaccoutumé », mot qui réintroduit l'auteur-narrateur
et double d'une « vision par-derrière » ce qui, pour le reste de la phrase,
constituait une « vision avec ».

Ce portrait ainsi dédoublé, fragmenté, brisé, dont nous avons tenté
d'énoncer tous les « couples » et qui devrait constituer une analyse
nette, tranchante, coupée au tranchant des antithèses, dit, pour finir,
l'incertain, le dit avec ironie et comique, sous la forme d'un avare extasié,
d'une risible victime de la torture, d'un homme partagé entre son désir
et son effroi. Ce reflux de sang chaud que lui amène au cœur le regard de
Marie, d'Orgemont « ne savait plus si c'était signe de vie ou de mort ».
De la même façon, Raphaël de Valentin voyait les spectacles grotesques
« sur les confins de la mort et de la vie »[91] et, « doutant de son existence,
il était comme ces objets curieux, ni tout à fait mort, ni tout à fait
vivant »[92]. Les deux textes manifestent leur parenté par leur thématique
et par leur richesse en antithèses. L'antithèse globale, qui, dans chacun
de ces textes, double les antithèses de détail, c'est celle que constituent
le monde *et* la phrase, l'un et l'autre indéfiniment sécables, indéfiniment
extensibles, faits l'un et l'autre sur le même patron, et pourtant s'opposant foncièrement. Entre la phrase et ce qu'elle dit sont formulés ensemble,
sous l'égide du grotesque, le contraire et l'identité, le mariage et le divorce,
c'est-à-dire la mésalliance. L'effort vers l'analyse est visible en même
temps que l'effort vers la synthèse, à travers ce *grotesque* balzacien.

---

91. *La Peau de chagrin*, t. X, p. 73.
92. *Ibid.*

L'une et l'autre se relancent sans fin. L'œuvre romanesque dit l'échec d'un accomplissement qui est toujours poursuivi, semble-t-il, jamais atteint, et pourtant toujours possible. Bien que Raphaël ressemble à ces objets curieux qui l'entourent au début de *La Peau de chagrin*, car il est, comme ces objets grotesques, partagé entre des fractions discordantes et inconciliables de lui-même, il échappe lui-même au grotesque. D'Orgemont, au contraire, personnage secondaire, fait partie du monde-spectacle qui s'offre aux regards de Marie de Verneuil.

Ces « mariages grotesques » réalisent assez bien ce que Bakhtine appelle « carnavalisation ». C'est à la définition bakhtinienne du carnaval littéraire que correspondent tous ces textes illustrés par le grotesque : « Le carnaval est un spectacle sans la rampe et sans la séparation en acteurs et spectateurs »[93]. Parmi les caractéristiques de ce « carnaval » figurent le « contact libre et familier », « l'excentricité », les « mésalliances » et la « profanation », soit tout ce que nous avons privilégié sous le terme englobant de « mésalliance ». *La Peau de chagrin* ou *Les Chouans* illustrent l'analyse de Bakhtine : « Tout ce que la hiérarchisation fermait, séparait, dispersait, entre en contact et forme des alliances carnavalesques. Le carnaval rapproche, réunit, marie, amalgame le sacré et le profane, le haut et le bas, le sublime et l'insignifiant, la sagesse et la sottise, etc. »[94]. Entre autres mésalliances, il y a celles qui se manifestent dans la temporalité, soit au fil du temps de l'action, soit au fil du temps romanesque. Le contraste naît alors de la succession d'un moment à l'autre, c'est-à-dire, le plus souvent, d'un renversement. Renversement qui, selon Bakhtine, caractérise la ménippée : « La ménippée aime à jouer avec les transformations brusques, les revirements »[95].

● *La succession et le retournement grotesques :* L'instantané que propose la narration balzacienne, dans la minute présente, laisse apercevoir le fantôme d'un état ancien. Le temps est un auxiliaire, voire un générateur de comique. En effet, la succession des moments ne s'opère pas sans certaines superpositions, des chevauchements, des interférences, mais aussi des disparitions, des creux, des manques. C'étaient déjà les « incertitudes » dont témoignait *La Maison du chat-qui-pelote*[96]. Dans le cas d'Orgemont, l'ancien (les réactions traditionnelles de l'usurier) se juxtaposait au nouveau (la situation créée par la présence imprévue de Marie). Plus nettement encore, on voit le grotesque se lier au temps dans le cas de la « Bretonne si grotesquement vêtue d'une peau de bique usée »[97]. L'incertitude habituelle du grotesque provient au premier chef de la peau de bique ; incertitude entre les deux règnes de l'humain et de l'animal, incertitude renforcée par les deux autres : on s'interroge sur le sexe de cet être douteux et sur son âge. L'usure de la peau de

---

93. Mikhail BAKHTINE, *La Poétique de Dostoïevski*, p. 169-170.
94. *Ibid.*, p. 170-171.
95. *Ibid.*, p. 164.
96. « En altérant cette peinture naïve, le temps l'avait rendue encore plus naïve par quelques incertitudes » (t. I, p. 40).
97. *Les Chouans*, t. VIII, p. 1162.

bique crée l'indécision en matière de temps, car elle est à interpréter conjointement comme survivance du passé dans le présent et comme mort de ce passé, tué par le présent. En tant que facteur d'indécision, le grotesque collabore à la fabrication des mythes balzaciens : cette paysanne est elle-même et plus qu'elle-même. On a le sentiment que Balzac entend conférer à cette modeste figure un sens qui n'exclut nullement ce concret et cette individualité, mais qui dépasse la limite des détails. Les bornes de l'identité sont, pour cette paysanne, effacées, reculées, intégrées dans un ensemble.

César Birotteau confirme ce rôle par un instantané caractéristique : « Les cheveux frisés s'allongent sur les visages et leur[98] donnent de grotesques expressions qui provoquent le rire »[99]. C'est la « folie d'un moment », moment indécis où « les lueurs du jour firent pâlir les bougies », moment où les hommes se démasquent (« les cheveux défrisés » disent que chacun n'est plus que ce qu'il est, la réalité s'est désembellie, désenchantée) ou se costument, se mettent un masque (« Matifat dansait avec un chapeau de femme sur la tête »). En même temps se signalent les masques que la réalité sociale cachait et se trouvent permis les masques signalés du carnaval, de la bouffonnerie et de la dérision. C'est le réel sans illusions, mais aussi sans tabous, sans normes et sans respect humain : c'est le carnaval.

Ces oscillations, cette bivalence du grotesque, dans l'espace (juxtaposition), dans le temps (succession), dans la phrase (juxtaposition et succession), ont placé le bizarre sous la juridiction de Momus, dieu de la dérision, qui préside en effet à l'aube carnavalesque du bal Birotteau : « Le Momus bourgeois apparaît suivi de ses farces ! »[100]. En cette aube indécise, le tragique peut se lever, à la faveur des masques, et aussi grâce au démasquage ; la farce peut, à la faveur de l'incertitude et du jeu, faire admettre sans risque les bouffonneries les plus équivoques et les inversions les plus choquantes. L'heure du grotesque est l'heure du trouble, de l'incertain : tout est possible, rien n'est interdit, rien n'est sûr.

Dans cette fête grotesque point la menace du tragique : celui-ci est latent, on peut le conjecturer à divers signes épars dans le texte. Le contraste *comique/tragique* n'y apparaît pas avec netteté ni franchise, en des zones précisément délimitées, mais se lit dans le composite, figure de la confusion et de l'indécision. En Momus il faut découvrir Janus. Sous la forme de la mésalliance et du retournement se lit la polyvalence du grotesque, sa polysémie[101]. Il ne faut pas s'attendre à trouver chez Balzac des zones aussi sûrement balisées que chez Hugo, où le laid et le mal ne paraissent souvent que comme des étapes transitoires vers le beau et le bien, où le grotesque n'est pas équivoque, mais très souvent

98. Il s'agit des invités de Birotteau.
99. *César Birotteau*, t. VI, p. 179.
100. *Ibid.*
101. Anne UBERSFELD souligne cette présence de la polysémie dans le grotesque hugolien : « Cette polysémie que Hugo indique sans en faire expressément la théorie est la racine même du grotesque » (*Le roi et le bouffon*, p. 467).

une formulation du Bien par les apparences de son envers[102]. Chez Balzac, comique et tragique sont « mêlés ». Selon quel dosage ? Selon quelle formule ?

● *Comique-tragique* : En fait, *comique* (ou *grotesque*) et *tragique* (ou *horrible, dramatique*, etc.) sont constamment en contact dans *La Comédie humaine*. Mais quel contact ?

L'hésitation sur la formule de l'union (mariage réussi ou mariage dérisoire, succession harmonieuse ou heurtée...) se manifeste dans toute l'époque romantique, mais jamais plus fréquemment que dans les années 1826-1827. Duvergier de Hauranne traite, dans *Le Globe* des 6 mai et 10 juin 1826, du « Mélange du comique et du tragique ». Il fait, pour que se réalise heureusement ce « mélange », deux suggestions, reprises de Walter Scott : soit recourir, dans une même pièce, à des personnages de type opposé, soit montrer, « successivement, le même personnage sous deux faces différentes ». Ce que l'on appelle « mélange » consiste donc à mettre l'un à côté de l'autre, à l'intérieur d'une même unité, personnage ou pièce, deux éléments contraires. Juxtaposition, si les personnages sont confrontés dans une même scène. Succession, aussi bien dans le cas de deux personnages de tonalité opposée, qui apparaissent à des moments différents de la pièce, que dans le cas d'un même personnage aux aspects contrastés et se révélant tour à tour.

Le terme de « *mélange* » est repris par Hugo dans la Préface de *Cromwell*. Mais il y figure aux côtés de « l'union », de « l'alliance », de la « combinaison », du « croisement » et de la « fusion ». Telles sont les opérations où se trouve pris le « grotesque » ; car, « ce qui n'est que grotesque n'est pas complet »[103]. Pourtant, de sa place qui demeure modeste, il joue un rôle de premier plan : il est devenu « point de départ »[104], « germe »[105]. Quelle que soit la formule selon laquelle s'opèrent le « mélange » et « l'union » (juxtaposition, succession ou envers), le grotesque joue un rôle d'inspiration, de tension, qui exclut tout autant les oppositions sommaires que le statisme. L'idée d'une fin de l'histoire, d'une harmonie des contraires ne vient jamais canaliser, endiguer, emprisonner le courant de l'invention. Mais cette « alliance » ne prend jamais la forme d'une indécision. Les contiguïtés, les échanges d'un versant à l'autre qui se manifestent dans le grotesque hugolien ne créent pas de véritable ambivalence. Le grotesque hugolien permet les retournements de l'avenir, instruit la perspective de la fin de Satan et le retournement du laid vers le beau. Mais il n'y a point là de « combat douteux », d'ouverture totale du sens, y compris éventuellement au pire.

Qu'il s'agisse de *grotesque* ou de *comique*, le problème se pose au départ dans les mêmes termes chez Balzac.

---

102. La polysémie, « racine » du grotesque, est donc en partie démentie par le texte hugolien. Anne UBERSFELD cite HUGO : « le sublime est en bas » (*Les Contemplations*, V, XXVI, *Les Malheureux*, éd. ALBOUY, Pléiade, p. 716), et propose cet éclairage : « Où situer le sublime ? Hugo finit par l'installer dans *le grotesque* » (*ibid.*, p. 474).
103. Victor HUGO, La Préface de *Cromwell*, Club fr. du Livre, *OC*, t. III, p. 51 n.
104. *Ibid.*, p. 54.
105. *Ibid.*, p. 55.

En effet, le comique peut apparaître comme un élément spécifique, homogène, isolé, nettement repérable à sa place, dans une scène, dans un roman, « coin du tableau » à la Hugo. « Cependant l'élément comique ne faisait pas défaut », énonce Balzac-narrateur dans *Modeste Mignon*[106]. Cette façon de considérer comme localisable « l'élément comique » témoigne de la permanence, en 1844, d'un mode de pensée qui avait la vogue aux alentours de 1830 · d'un côté, selon l'occasion, comique, grotesque, rire, et, de l'autre, non-comique, sublime, larmes. Ainsi peut-on lire dans *Physiologie du mariage* : « Paraître sublime ou grotesque, voilà l'alternative à laquelle vous réduit un désir »[107]. Sous la forme de la succession, même séparation entre le rire et les larmes dans la *Correspondance* : « [...] tout cela est drôle — mon Dieu, la vie est un singulier drame à la Sheakespeare *(sic)* : du rire, des pleurs, et puis du rire, et encore des larmes »[108].

Ces trois exemples parlent en faveur d'une conception analytique du comique et du non-comique. Lorsque Balzac, à propos de *L'Ecole des ménages*, parle de « l'alliance du comique et du tragique »[109], les deux éléments restent nettement définis et tranchés. Mais d'autres exemples font apparaître l'incertitude (ambiguïté ou ambivalence). Comment rendre compte d'une formule comme celle-ci : « En un moment, j'avais vu la nature dans toute sa vérité, sous deux aspects bien différents qui mettaient le comique au sein même de la plus horrible douleur »[110] ? Quelle est la nature de « l'aspect » ? Comment s'opère le « mettre au sein » ? Même difficile « à la fois », dans ce passage de *La Rabouilleuse* : « En entrant dans la salle où pleurait la victime de toutes les scènes à la fois comiques et tragiques, Max demanda la cause de cette désolation [...] »[111]. Il est impossible d'isoler dans cette phrase un élément de la fiction étiqueté « comique » et un autre étiqueté « tragique » : « à la fois » réalise une indétermination, une possibilité de double lecture, selon le type d'observation et de lecture que l'on veut ou que l'on peut faire. Ce n'est plus le « mélange » d'éléments demeurés séparés et repérables, mais un nouveau produit, instable, mobile, interprétable de façons différentes, donc vraiment polysémique.

« Grotesque » semble apte à réaliser à lui seul cette opération de « fusion », à l'intérieur de la fiction, dans le plan de la scène contée. Lorsque César Birotteau s'adresse à Claparon, celui-ci se livre à une comédie qui comprend, entre autres choses, des « grotesques confidences »[112]. Sa conduite consiste, dit le roman, en une « froide et grimacière obligeance ». « Froide » indique la réalité de la conduite de Claparon, tragique pour Birotteau ; « l'obligeance » est le masque qui cache à Birotteau la froideur. Quant à « grimacière », le mot apporte ce qu'il faut d'outrance, de charge, dans l'opération de camouflage, pour que cela

---

106. *Modeste Mignon*, t. I, p. 690.
107. *Physiologie du mariage*, t. XI, p. 1069.
108. *Corr.*, t. II, p. 642, le 1er mars 1835, à la duchesse d'Abrantès.
109. *LH*, t. I, p. 637, le 13 mars 1839.
110. *Le Message*, t. II, p. 405.
111. *La Rabouilleuse*, t. IV, p. 492.
112. *César Birotteau*, t. VI, p. 244.

n'ait pas l'air tout à fait vrai, aux yeux de Birotteau, pour susciter en lui une légère inquiétude, l'amener à pressentir une vague menace. En même temps, c'est un signe assez fort pour que le lecteur ne puisse douter un instant du danger, sans faire basculer pour autant le roman dans le mélodrame : le terme est nettement tragique dans son contenu, mais sa forme est celle de la comédie. Quand Balzac dit : « grotesques confidences », le lecteur lit en clair, mais sans émotion ; Birotteau lit moins qu'à demi, mais avec anxiété, l'ensemble de la réalité que composent, indissociables, le masque (comique) et le réel (tragique). *Grotesque* et *grimace* s'interpénètrent : le grotesque comporte la grimace, mais signale surtout, dans cette grimace, ce qu'elle contient de grime[113]. Ainsi, le contexte romanesque permet de décomposer « grotesque » en ses éléments constitutifs. Le mot lui-même assure entre ces éléments la relation de va-et-vient, la relation « dialogique » qui oblige à faire une lecture mobile d'un réel lui-même double. Grâce à « grotesque », on ne peut dire le tragique sans le comique, ni le comique sans le tragique. Double signification, mais aussi fonctionnement double, puisque le mot assume un rôle dans la fiction (*dans* la comédie) entre les personnages, mais aussi un rôle dans la transmission du message au lecteur-spectateur.

Très souvent, donc, comique *au sein du* tragique, comique et tragique *à la fois*, ou *grotesque* tout court, le support se compose d'éléments opposés, qui perdent plus ou moins leur autonomie en passant, grâce à des termes du genre de « grotesque », de l'état double à l'unité bivalente, duelle. Le caractère double est alors conféré au support.

Mais, dans le plus grand nombre d'exemples, ce n'est pas *dans* le support que se situe l'opposition, mais entre le support et l'effet qu'il provoque sur le lecteur en passant par un ou plusieurs relais. La polysémie grotesque, l'ambivalence comique sont plus sensibles lorsqu'un support en soi nullement comique est perçu comme comique dans la fable par un personnage témoin ou par le narrateur, le conteur de la fable, voire l'auteur, s'il est ce narrateur, premier témoin implicite, et qui témoigne à travers le terme de désignation comique. Dans le cas du « ravissement grotesque » de d'Orgemont[114], c'est le regard de Marie de Verneuil qui oriente notre propre vision et la rend binoculaire. Le filtre « grotesque » oblige à considérer à la fois la situation, tragique, et l'impression produite, comique. Bipolarisation encore dans *Jésus-Christ en Flandre* ; les passagers de l'arrière de la barque, « le beau monde », regardent les rameurs à la peine : « Loin de déplorer cette misère, ils se montrèrent les rameurs en riant des expressions grotesques que la manœuvre inspirait à leurs physionomies tourmentées »[115]. Pour les gens de l'arrière, les efforts des mariniers constituent un spectacle comique : *grotesque* fait à la fois vibrer pour le lecteur l'effort pénible des mariniers et la

---

113. Les deux mots *grime* et *grimace* se superposent dans l'imagination de Balzac. Dans *Illusions perdues*, on lit (t. V, p. 198) : « Cette assemblée de personnes bizarres, aux costumes hétéroclites, aux visages grimés [...]. » Or, comme nous le soulignions dans nos commentaires d'*Illusions perdues* (Livre de Poche, 1972, p. 586), sur le manuscrit, *grimés* a pris la place de *grimaçants*, effacé.

114. *Les Chouans*, t. VIII, p. 1087.

115. *Jésus-Christ en Flandre*, t. X, p. 314.

possibilité de les voir comme risibles, si, au lieu de sympathiser avec eux, on se tient à distance et si on les considère comme un spectacle. C'est d'une façon semblable que, dans *Adieu*, le médecin fait le récit du passage de la Bérésina et détend l'atmosphère en faisant du radeau des fuyards un tableau comique, en faisant d'une réalité pénible un spectacle éventuellement risible : « Il y avait quelque chose de comique dans la situation des gens installés sur le radeau »[116]. Dans la lettre d'adieu qu'elle laisse à Lucien, Esther fait, par avance, prendre à Lucien la distance nécessaire pour qu'il considère sa mort à elle, et cette dernière lettre, comme un véritable spectacle de comédie : « Une morte qui demande l'aumône, en voilà du comique ?... »[117].

S'il n'y a pas de spectateur présent, ni de narrateur désigné pour muer en spectacle la réalité contée, c'est Balzac narrateur qui joue ce rôle. Il en va ainsi dans cette phrase des *Martyrs ignorés* : « La scène fut bien comique, car le vieillard se mit à pleurer [...] »[118]. Balzac, sans le dire, adopte le point de vue des farceurs. Le lecteur possède le double dossier : le spectacle et l'effet produit sur un premier spectateur.

Ce qui ressort de cet ensemble d'exemples, c'est que Balzac recourt dans son récit à une stratégie qui permet au lecteur de faire varier les points de vue, c'est-à-dire non seulement les « visions » (vocabulaire Pouillon) ou les « focalisations » (vocabulaire Genette), mais l'attitude morale à l'égard des faits proposés comme point de repère immuable. Vision comique ? Vision tragique ? Balzac donne au lecteur la possibilité double de considérer à la fois les faits (en eux-mêmes tragiques) et l'interprétation comique qu'en fait un premier observateur, dans la fiction, voire Balzac-narrateur lui-même. Dans une note qu'il a laissée, Balzac écrivait, à propos d'un projet de comédie, *L'Artiste* : « homme de génie en butte à des esprits médiocres, aimant avec idolâtrie une femme qui ne le comprend pas ; tout cela pris comiquement »[119]. En fait, le sujet, le support peuvent être *en soi* comiques ou tragiques, mais ils sont vus ou donnés à voir, éventuellement, dans une perspective opposée. Le lecteur peut emprunter l'une ou l'autre entrée. « Les événements qui nous paraissent dramatiques ne sont que les sujets que notre âme convertit en tragédie ou en comédie, au gré de notre caractère »[120]. Le lecteur peut choisir ou garder ensemble, comme le fait Balzac, cette double perspective.

Deux formules résument ce contraste mobile ; elles disent, l'une et l'autre, le mal « pris comiquement » : ce sont le « grotesquement horrible » et le « comiquement dramatique ». L'horreur et le drame sont énoncés comme un spectacle grotesque ou comique dans une expression qui lie les deux aspects opposés. « Horrible » et « dramatique » proposent l'effet sensible que les supports pourraient avoir, si « grotesquement » et « comiquement » ne disaient en même temps la façon dont Balzac

116. *Adieu*, t. X, p. 1000.
117. *Splendeurs et misères des courtisanes*, t. VI, p. 762.
118. *Les Martyrs ignorés*, t. XII, p. 734.
119. *Pensées, Sujets, Fragments*, p. 130.
120. *Modeste Mignon*, t. I, p. 480.

souhaite infléchir la « vision » du lecteur. Le support est alors transformé en spectacle et, à ce titre, il est « pris comiquement ».

Le cadavre de Restaud s'offre aux regards de Derville et de Gobseck, dès que la porte de la chambre a été ouverte : « Quel spectacle s'offrit à nos regards ! »[121]. Le spectacle est « conté » par Derville, qui en a été l'un des témoins : « Ses membres raidis et inflexibles lui donnaient quelque chose de grotesquement horrible. » Selon une formule bergsonienne, la mort a plaqué du mécanique sur du vivant ; cette raideur est celle du corps de Restaud, tel que Balzac a choisi qu'il fût, et son caractère horrible est moins une affaire de réception, de sensation provoquée sur un « spectateur », que la traduction d'une réalité. La notation grotesque, en revanche, est très étroitement liée à la transformation du cadavre de Restaud en spectacle : le mot « grotesque » contribue même à cette métamorphose. Le contraste entre l'horrible et le grotesque ne s'inscrit donc pas fondamentalement dans le support, mais dans la relation entre ce support donné à imaginer comme existant vraiment et un spectateur, en la circonstance Derville. Le tout est ensuite proposé à la lecture. Il faudrait interpréter de la même manière l'expression par laquelle Balzac désigne à Mme Hanska le personnage de Delphine de Nucingen dans *La Maison Nucingen* : « Vous me demandez ce que devient Mme de Nucingen ; elle sera, ainsi que son mari, le personnage le plus comiquement dramatique de *Une Vue du Monde* [...] »[122].

Mais si le « réel » devient spectacle, et même spectacle comique à travers de telles expressions, le mouvement inverse peut être tout aussi bien constaté. A travers le spectacle, éventuellement comique, le « réel », sous la forme du drame, de l'horrible, du triste, ne manque pas de percer. Cas révélateur de cette démarche : celui de Pons, avec sa « figure falote et drolatique », sa « face grotesque ». « Cette laideur, poussée tout au comique, n'excitait cependant point le rire. La mélancolie excessive qui débordait par les yeux pâles de ce pauvre homme atteignait le moqueur et lui glaçait la plaisanterie sur les lèvres »[123]. L'ordre des facteurs mis en opposition dans les exemples précédents se trouve inversé. Le comique ou le grotesque qu'impliquait une laideur caricaturale sont complètement oubliés et recouverts par le pathétique. Celui-ci noie la couche première ; l'impression première est totalement effacée par la dernière en date : le lecteur ne gardera pas d'autre souvenir que celle-ci. Dans tous les cas où le sentiment du tragique ou du drame succède à une impression initiale de comique, celle-ci se trouve complètement annulée. Aussi le lecteur de Balzac est-il souvent surpris, s'il devient re-lecteur, à plus forte raison s'il se fait « archilecteur »[124], de constater la présence, première, lointaine, effacée, d'un comique spontané.

Paradoxe, pour renforcer l'effet de tragique et d'horreur, Balzac fait rire le visage grotesque : l'effet de ces rires est à l'opposé de tout comique ; il est la peur, l'effroi[125]. Le récepteur, dans la fable ou hors de la fable,

121. *Gobseck*, t. II, p. 1006.
122. *LH*, t. I, p. 313, le 11 mars 1835.
123. *Le Cousin Pons*, t. VII, p. 485.
124. L'idée et le terme d' « archilecteur » sont de Michaël Riffaterre.
125. Cf. le « rire prométhéen » de *L'Homme qui rit* (HUGO, *OC*, t. XIV, p. 200).

ne retient que cela, ne garde le souvenir que de son impression, ne prend nullement en compte le fait du rire dans son évaluation du fait ou du texte. Mlle de Verneuil a reconnu « non sans effroi » Pille-Miche, dont retentit, un instant après, le « rire immense »[126]. Jeanne d'Hérouville, regardant les marmousets à la face grotesque, « n'osait y arrêter ses regards, elle craignait de les voir se remuer ou d'entendre un rire éclatant sortir de leurs bouches béantes et contournées »[127].

Au-delà de l'effet immédiat, le lecteur doit retrouver dans le texte la contradiction mobile. Balzac parvient à combiner, à associer, à fragmenter et à rendre plus oscillatoires les effets en rendant le texte contradictoire ou parodique. Contradictoire, ce texte de *Pierrette*, où un même spectacle est à la fois mis au nombre des spectacles « qui font la joie des voyageurs » et indiqué comme « trop repoussant pour qu'on en rie » : « Y a-t-il rien de plus horrible à voir que la matinale apparition d'une vieille fille laide à sa fenêtre ? De tous les spectacles grotesques qui font la joie des voyageurs quand ils traversent les petites villes, n'est-ce pas le plus déplaisant ? il est trop triste, trop repoussant pour qu'on en rie »[128]. Ce spectacle est « horrible », « déplaisant », « triste », « repoussant », ce qui n'est pas nouveau parmi les exemples de « grotesque » balzacien. Dans un autre exemple, la tonalité d'ensemble de la phrase est parodique et caricaturale et le « double » du grotesque se trouve à son tour dédoublé ou redoublé. Il s'agit des « seins volumineux » de Mme Jeanrenaud qui « excitaient le rire en faisant craindre une grotesque explosion »[129]. On imagine des mimiques parodiques et farcesques de peur, jouées par la collectivité environnante, avec maintes grimaces et bouffonneries. « Rire » et « peur » vont de pair selon le schéma du double grotesque auquel la parodie donne ici un tremblement et une ambivalence supplémentaires.

Pour trouver réunis dans un même texte les aspects que nous n'avions jusqu'alors rencontrés qu'isolément, il faut lire le portrait de Peyrade. « Sa figure bourgeonnée, son gros nez long couleur de brique, ses pommettes animées, sa bouche démeublée, mais menaçante et gourmande, ses oreilles ornées de grosses boucles en or, son front bas, tous ces détails qui semblent grotesques étaient rendus terribles par deux petits yeux placés et percés comme ceux des cochons et d'une implacable avidité, d'une cruauté goguenarde et quasi joyeuse »[130]. Une moitié de ce portrait est conforme au « grotesque » du type Cataneo[131] et mériterait d'être appelé « grotesque » d'après les caractéristiques du support : dans cette description au passé, l'insolite présent du « semblent » se réfère au présent du lecteur, il fait appel à l'impression du lecteur-spectateur qui, en ce point de la description, délivrerait volontiers un certificat de « grotesque », mérité par ce qu'est Peyrade dans la fiction. Mais il n'y a pas d'en-soi

---

126. *Les Chouans*, t. VIII, p. 1080.
127. *L'Enfant maudit*, t. X, p. 867.
128. *Pierrette*, t. IV, p. 32-33. Tout ce passage a été éliminé de l'édition du *Siècle* en janvier 1840 et rétabli dans l'édition originale en juin 1840.
129. *L'Interdiction*, t. III, p. 469. « En faisant craindre, etc. » est une add. de *La Chronique de Paris* (janvier-février 1836).
130. *Une ténébreuse affaire*, t. VIII, p. 513.
131. *Massimilla Doni*, t. X, p. 555-556.

dans la lecture : une seconde moitié du portrait va annuler les effets de la première. En effet, les yeux n'interviennent que dans cette seconde moitié et leur description suffit à submerger le souvenir de la moitié précédente. Les yeux *rendent* terribles tous les détails qui, sans eux, eussent été grotesques.

En suscitant la participation, par la crainte et par la pitié, en supprimant le recul et le détachement, les éléments de laideur, de tristesse, de menace que comporte le support font basculer la comédie vers la tragédie. Péripétie descriptive avec effet rétroactif : l'apparition des yeux dans le portrait de Peyrade réduit tous les éléments précédents, qui auraient dû être grotesques, à l'état de possibles, non réalisés.

Telle est la dynamique du contraste en action, qui se vérifie aussi bien dans le « tristement comique » d'*Eugénie Grandet* que dans le « grotesquement horrible » de *Gobseck*. « [...] tout contribuait à rendre cette scène tristement comique »[132] : c'est ainsi que Balzac conclut la présentation de l'intérieur des Grandet. Le sujet même du tableau, c'est « une soirée chez les Grandet ». *Comique* apparaît le premier temps de la description ; précisons, le tableau serait vu comme comique par un observateur uniquement sensible au jeu de l'envers et de l'endroit, à la découverte du monde comme comédie. C'est la vision de Grandet. Tout le temps que le décryptage s'opère dans la perspective de Grandet, dieu de l'or, qui observe son petit monde, qu'il dupe, le comique de l'apparence, décrite et dénoncée, est bien vivant. On peut coïncider avec le regard et les pensées de Grandet, qui est sensible à la « petitesse », et rire, et dire avec lui : « Ils sont là pour [mes] écus. » Mais, dès que Balzac remet Grandet lui-même à sa place dans cet envers, non plus seulement « dominant », mais « éclairant » ce drame, dès que les images pathétiques font d'Eugénie une victime et pas seulement une dupe, « semblable à ces oiseaux victimes du haut prix auquel on les met et qu'ils ignorent »[133], alors la petitesse est « jointe à de si grands intérêts »[134] que la tristesse l'emporte. Comme pour Peyrade, l'effet *tragique*, de tristesse ou d'horreur, de crainte ou de pitié, s'exerce rétroactivement. Après ce passage, le lecteur oublie le comique, pourtant inscrit dans le texte, mais annulé dès qu'il était dit, effacé après avoir été énoncé.

La lecture, sur les indications, sur l'impulsion de Balzac, met en œuvre le contraste du comique et du tragique, non pas sous la forme d'une opposition entre des lieux et des tonalités nettement circonscrits, mais sous celle d'un *comico-tragique* dans lequel la relation entre les deux « côtés » s'opère grâce à une sorte de dialogue, de va-et-vient, de jeu entre les moments de l'histoire et les moments de la lecture. Dans les exemples du « grotesquement horrible » et du « comiquement dramatique », le lecteur prend, par rapport aux êtres de la fiction, une distance qui est génératrice de comique, la distance comique. Dans le cas du « tristement comique », un spectacle comique, ressortissant à la

132. *Eugénie Grandet*, t. III, p. 1052-1053.
133. *Ibid.*
134. *Ibid.*

comédie des mœurs de province, s'est trouvé résumé par l'adjectif. Mais l'adverbe contredit le comique : il supprime le spectacle en faisant découvrir l'envers. Le spectacle est abandonné pour l'analyse, qui tue le comique. Eugénie n'est plus donnée à voir, mais donnée à comprendre, pauvre oiseau.

Cette lecture, qui éloigne après avoir rapproché, ou cette autre, qui rapproche après avoir éloigné, imposent, dans le temps et dans l'espace imaginaires de la lecture, des figures mobiles dont le sens se superpose au sens qu'avaient en soi les divers moments de la fiction. Les deux mouvements, de rapprochement et de recul, loin de se contredire, se complètent, grâce au lecteur de La Comédie humaine. On peut bien faire naître l'un de l'autre chacun de ces deux mouvements, s'engager soi-même dans un mouvement général à deux temps. Le drame, qui n'existe que dans la vision rapprochée ou dans la compréhension née de la vue d'ensemble, se manifeste lorsque l'on se rapproche trop, et qu'alors le décor se crève pour révéler son envers, ou lorsque l'on se situe en un observatoire très éloigné, d'où se dessine la totalité. A distance moyenne, il y a spectacle, et spectacle comique. A tout instant, recul, rapprochement, abolition de la distance ou, au contraire, envol vers un point d'optique situé à l'infini, tous ces mouvements sont possibles, chacun d'eux étant révocable par son contraire. Le contraste proprement dit n'est donc perceptible que dans le premier temps du mouvement, lorsqu'il y a retournement. Mais comme ce premier retournement est toujours annulable par son possible contraire, invisible réserve de multiples moments successifs, il faut plutôt parler d'une unité à deux temps, celle que nous avons choisi de nommer le *comico-tragique*, unité toujours agitée et mobile[135].

Troisième support : le spectacle

Le lexique de la désignation comique met en œuvre une relation « comique » du lecteur avec les objets et les personnages. Cette relation crée pour le lecteur un « spectacle dans un fauteuil ». Théâtralisation du monde fictif qui devient pleinement explicite lorsque c'est le spectacle qui est lui-même support : les exemples en sont nombreux. En ce troisième type de support se concentrent et se redoublent certaines des caractéristiques éparpillées jusqu'alors entre plusieurs supports. Ainsi, nous sommes amené à repérer deux grandes catégories de spectacles-supports : d'une part, les spectacles du temps, théâtres, acteurs, marionnettes à la mode qui appartiennent à l'ordre du « vérifiable » ; d'autre part, les diverses mimiques et manifestations gestuelles grâce auxquelles les personnages des romans deviennent acteurs sur la scène de la « Comédie » humaine. Entre le « vérifiable » des références contemporaines et le

135. « Comico-tragique » est l'expression qu'emploie IONESCO : « J'ai écrit trois contes, comico-tragiques [...] » (*Notes et contre-notes*, p. 179). Vladimir JANKÉLÉVITCH parle d' « humour tragi-comique et 'comi-tragique' » (*L'Ironie*, p. 142), et Balzac écrit, lui aussi : « — Encore la civilisation !... répéta le médecin d'un air comi-tragique » (*Echantillon de causerie française*, t. XII, p. 486).

« vraisemblable » de personnages métamorphosés en acteurs[136], le grand nombre des spectacles qui servent de supports à la désignation comique met en place et assure le fonctionnement du « comique », au sens premier de « qui appartient à la comédie ».

● *Le théâtre « réel »*

Balzac cite les acteurs contemporains[137], évoque à l'occasion leur style de jeu, mais ne les montre jamais dans l'exercice de leur art. On ne les « voit » pas sur scène. Dans *Melmoth réconcilié*, « Perlet allait jouer le *Comédien d'Etampes*, vaudeville où il remplissait quatre rôles diférents »[138]. Mais, à cet instant précis, le spectacle prévu s'interrompt ; il est remplacé par le « spectacle » fantastique que Melmoth fait voir à Castanier. On ne « voit » pas jouer Perlet. Grâce à la réaction d'Aquilina, spectatrice, on peut juger de Perlet : « Aquilina riait aux larmes en s'écriant : 'Mon Dieu ! Perlet est-il drôle en Anglaise ! Quoi ! vous seuls dans la salle ne riez pas ? Ris donc, mon chat !' »[139]. Balzac commente : « En ce moment, au lieu de voir la pudibonde *lady* que représentait si comiquement Perlet, et dont le parler anglo-français faisait pouffer de rire toute la salle [...] »[140]. Mais Perlet n'est jamais « vu » en direct.

De la même façon, Bouffé, acteur de *L'Alcade dans l'embarras*, acteur « réel », n'apparaît que pour saluer, à la fin de la pièce imaginaire. Lucien, par la vision duquel la scène est racontée, n'a eu d'yeux que pour la salle et pour Coralie. Après coup, toutefois, dans l'indirect, on peut, grâce à l'article de Lucien, apprécier le jeu de Bouffé : « Quel charmant sourire inquiet, quelle bêtise importante ! quelle dignité stupide ! quelle hésitation judiciaire ! Comme cet homme sait bien que tout peut devenir alternativement faux et vrai ! »[141]. Si la scène et le rôle peuvent être déclarés « éminemment comiques »[142], c'est au jeu de Bouffé qu'ils le doivent. Car, si nous comprenons bien le compte rendu assez contourné que Balzac prête à Lucien, l'alcade, décidé à ne pas répondre nettement à son interlocuteur, lui dévoile ses opinions dans les questions qu'il pose

---

136. Cette terminologie du « vraisemblable » et du « vérifiable » est celle que Françoise Van Rossum-Guyon définit et développe dans *Critique du roman* (chap. I : « Le vérifiable », p. 45-80 ; chap. II : « Le vraisemblable », p. 81-113).

137. Nous relevons dans l'Index d'Anne-Marie Meininger la citation d'une douzaine d'auteurs dramatiques (contemporains ou classiques), une centaine de titres de pièces de théâtre, opéras ou ballets, quelque 120 personnages du répertoire dramatique et une cinquantaine de noms d'interprètes : acteurs, chanteurs, danseurs, montreurs de marionnettes, parmi lesquels la moitié environ sont des acteurs *comiques*. Si on examine le nombre total des occurrences d'artistes de théâtre, ce ne sont pas forcément les acteurs comiques qui sont le plus cités dans *La Comédie humaine*. On trouve en effet Talma (24 références), Mlle Mars (14), la Malibran (10), Frédérick Lemaître (7), Sophie Arnould (6), Monrose (6), Bouffé (5), Potier (5), Fanny Elssler (5). En tête, donc, un tragédien, une tragédienne, une cantatrice, dont la réputation a été consacrée par l'histoire. Les acteurs de comédie n'en figurent pas moins en bonne place.

138. *Melmoth réconcilié*, t. X, p. 365.

139. *Ibid.*, p. 367.

140. *Ibid.*

141. *Illusions perdues*, t. V, p. 396.

142. *Ibid.*, p. 397.

lui-même. « A chacune des demandes de l'alcade, l'inconnu l'interroge ;
Bouffé répond, en sorte que questionné par la réponse, l'alcade éclaircit
tout par ses demandes »[143]. C'est le jeu de Bouffé qui permet de rapprocher
de Molière un aussi méchant vaudeville : oppositions et chiasmes dans
la phrase de Lucien mettent en lumière, à l'unisson de Bouffé, le comique
de la contradiction, qui saute aux yeux des spectateurs, même sans le
secours d'un grand texte, grâce à la mimique et à la gestuelle de l'acteur.
Celles-ci font apprécier d'un seul trait la puissante contradiction humaine.
Le recours à l'acteur réel, pris comme métaphore, renforce l'effet de
dédoublement, dans l'instant ou dans la succession des instants.

Dans l'instant, le personnage apparaît comme métamorphosé, déper-
sonnalisé, dans la mesure où il adopte un ton autre que le sien propre.
Mais, en même temps, il est toujours lui-même : le masque n'est pas
fait ici pour masquer, mais pour proclamer le masque, pour signifier la
comédie. « Laissez-les, dit Bixiou tout aussi comiquement que l'eût dit
Monrose [...] »[144]. La comparaison avec le comédien impose le comédien
dans le personnage et isole le comédien de son rôle, transforme en retour
le comédien « réel » en personnage. C'est le même phénomène qu'on
peut observer chez Fourchon : « — Et moi, qui croyais avoir vu dans
Pothier, dans Baptiste Cadet, dans Michot et dans Monrose, les plus
grands comédiens de ce temps-ci !... se dit Blondet ; que sont-ils auprès
de ce mendiant ? »[145].

L'aptitude à la métamorphose, perçue dans l'instant, peut aussi
s'apprécier dans l'interprétation successive de plusieurs rôles très différents par le même acteur. L'époque abonde en Fregolis. L'un des plus
célèbres était Henri Monnier, aussi apprécié dans sa création de Monsieur
Prudhomme que dans ses transformations de *La Famille improvisée*.
Perlet appartenait à la même race de comédiens, lui qui, dans *Le Comédien
d'Étampes*, « remplissait quatre rôles différents »[146]. Comme le comédien,
le personnage prend le costume du rôle qu'il veut jouer, mais plutôt
prend le rôle du costume qu'il porte ; ainsi Esther, dont Nucingen va
célébrer la drôlerie qu'elle a manifestée, a revêtu, pour accueillir le
financier, « le costume que se fit plus tard la belle Amigo dans *I Puri-
tani* »[147]. Valérie, autre « drôle », est dite « drôle comme Arnal »[148], Arnal
étant pris comme signe de l'acteur à transformations. Et, « dans le
million d'acteurs qui composent la grande troupe de Paris », Pons, qui
est un « Hyacinthe sans le savoir »[149], a un gilet « qui vous remettait
en mémoire les cinq gilets de Garat »[150]. L'acteur retient l'attention par
son art d'interpréter mille et un rôles. L'acteur est sans doute la prin-

143. *Illusions perdues*, t. V, p. 396-397.
144. *Les Comédiens sans le savoir*, t. VII, p. 1199-1200.
145. *Les Paysans*, t. IX, p. 77.
146. Henri Monnier est évoqué par BALZAC dans l'une de ces transformations, le
rôle de Coquerel, l'un de ces « petits vieillards que, depuis Henri Monnier, on devrait
appeler l'Espèce-Coquerel » (*Un homme d'affaires*, t. VII, p. 786-787). La citation de
Perlet est toujours celle de *Melmoth réconcilié*, t. X, p. 365.
147. *Splendeurs et misères des courtisanes*, t. VI, p. 615.
148. *La Cousine Bette*, t. VII, p. 236.
149. *Le Cousin Pons*, t. VII, p. 483.
150. *Ibid.*, p. 486.

cipale des incarnations de ce mythe de Protée si important dans *La Comédie humaine.*

Parmi les formes les plus significatives du mythe : le mime. « L'immortel Carlin, de la comédie italienne, tenait toute une assemblée en suspens et en gaieté pendant des heures entières par ces seuls mots variés avec tout l'art de la pantomime et prononcés de mille inflexions de voix différentes : 'Le roi dit à la reine. — La reine dit au roi' »[151]. Pierrot et Arlequin, eux aussi, traduisent ce génie de la mobilité, de l'invention comique : « Avez-vous jamais compté combien de formes diverses Arlequin et Pierrot donnent à leur petit chapeau blanc ? Ils le tournent et le retournent si bien, que successivement ils en feront une toupie, un bateau, un verre à boire, une demi-lune, un béret, une corbeille, un poisson, un fouet, un poignard, un enfant, une tête d'homme, etc. »[152]. Infinies ressources du jeu, avec ou sans modulations concomitantes de la voix[153]. Sans doute la pantomime n'est-elle pour Balzac, si l'on en croit Champfleury, qu' « une des faces de l'art dramatique »[154]. Mais il lui accorde une place importante : le jeu du mime mérite, selon lui, la comparaison avec Molière ou avec Shakespeare[155].

Parmi les spectacles comiques qu'offrait l'époque, le galop de *Gustave* et les marionnettes de Gerolamo sont plutôt des supports du « grotesque ». A l'intérieur du spectacle « burlesque » que constitue le Carnaval, parmi des « images grotesques », au rythme d'une « musique aussi puissante que la foule en désordre », défile « le galop, cette ronde du sabbat, une des gloires d'Auber, car le galop n'a eu sa forme et sa poésie que depuis le grand galop de *Gustave* »[156]. Image de mouvement, d'animation, d'instabilité, de renouvellement ; vie éphémère, mort dans la vie, laquelle est un théâtre. Quant à la deuxième occurrence du galop de *Gustave*, elle manifeste chez Andoche Finot la stylisation du double jeu : « Semblable à l'un des grotesques du ballet de Gustave, il est marquis par derrière et vilain par devant »[157].

Deux théâtres de marionnettes sont cités par Balzac : celui de Séraphin[158] et celui de Gerolamo le Napolitain[159]. La marionnette fournissait

---

151. *Physiologie du mariage*, t. XI, p. 1037-1038.

152. *Ibid.*, p. 1029.

153. Le geste parle seul chez les Deburau, chez Fanny Elssler, danseuse-mime ; il est prépondérant dans les mimiques du niais Bobèche.

154. Champfleury, *Grandes figures d'hier et d'aujourd'hui*, cité par Jacqueline Sarment dans le Catalogue de l'Exposition *Le spectacle et la fête au temps de Balzac* (Maison de Balzac, 23 novembre 1978-25 février 1979).

155. C'était l'opinion qu'exprimait Arsène Houssaye dans la Préface du *Deburau* de Jules Janin, en 1881 : « [Deburau] exprimait sous sa farine et sans dire un mot toutes les joies et toutes les douleurs humaines, et n'avait besoin pour cela ni d'un Molière ni d'un Shakespeare » (cité *ibid.*).

156. *La Fausse Maîtresse*, t. II, p. 233.

157. *La Maison Nucingen*, t. VI, p. 330.

158. Séraphin est cité comme la référence obligée de toute éducation parisienne ; ainsi Gaudissart : « Si, enfants, nos bonnes nous ont menés chez Séraphin, ne faut-il pas, à nous vieillards, les tableaux de l'avenir ? » (*L'Illustre Gaudissart*, t. IV, p. 591) ; et, dans la *Physiologie du mariage* : une jeune fille « à laquelle enfin tout est inconnu, même le spectacle de Séraphin » (t. XI, p. 969).

159. *Massimilla Doni*, t. X, p. 555 ; *Gambara*, *ibid.*, p. 467.

à Balzac une référence précieuse pour faire passer le personnage de la singularité individuelle à l'originalité du type comique, n'ayant de signes distinctifs que ceux du masque, et pas d'autre style qu'un style de jeu. Après l'acteur, après le clown (le « grotesque » du ballet de Gustave), voici la marionnette. La progression se fait dans le sens de la théâtralisation caricaturale. L'interférence se précise entre l'humain et le théâtral, entre le vivant et le mécanique, entre l'individu et le type. Formes diverses de l'illusion comique, dont les « grotesques » Giardini et Cataneo, marionnettes échappées de leur théâtre, tiennent les premiers rôles. Cataneo, le duc au « nez grotesque »[160], ce « vieux singe »[161], « semblait avoir pris à tâche de justifier le Napolitain que Gerolamo met toujours en scène sur son théâtre »[162]. De son côté, la parole de Giardini « sentait tant la naïve rouerie napolitaine, que le comte charmé se crut encore à Gerolamo »[163]. Chez Cataneo, la marionnette ne manquait pourtant pas « d'une certaine majesté cyclopéenne ». Giardini offre une image du double que la simplification de la marionnette n'a pas réduit à l'unité : cette « naïve rouerie » réintroduit le double jeu à quoi excellaient les meilleurs acteurs comiques du moment.

Acteurs, clowns de ballets, marionnettes font plus ou moins disparaître l'individualité des personnages de fiction en rattachant ceux-ci, par la comparaison, aux types de la scène comique contemporaine. Loin de réduire à l'unité le double de la personne vivante, cette schématisation met en relief le double animé : acteurs qu'on veut retrouver toujours les mêmes dans des rôles différents ; clowns à double face une fois pour toutes fixée, mais entraînée dans un galop ; marionnettes à la fois petites et cyclopéennes, simples et pourtant bien faites pour exprimer l'insaisissable mobilité[164].

● Le théâtre « imaginaire »

Toute une part de la théâtralité des divers acteurs, clowns ou marionnettes rencontrés se reverse sur les personnages de fiction, grâce à telle mimique, tel geste. Devenu métaphoriquement « spectacle », le support renforce à son tour la théâtralité des adjectifs de désignation comique, par un phénomène de retour.

Dans tous les exemples, même support : une mimique ou une gestuelle.

---

160. *Massimilla Doni*, t. X, p. 355.
161. *Ibid.*, p. 557.
162. *Ibid.*, p. 555.
163. *Gambara, ibid.*, p. 467.
164. On songe au recours de Jarry à la marionnette. Dans *Jarry, le monstre et la marionnette*, Henri BÉHAR cite Franc-Nohain, qui avait animé avec Jarry le « Théâtre des Pantins » et qui souligne, dans un article sur « la mystique des marionnettes » (*Nouvelles littéraires*, 28 février 1933), leur souci commun de « stylisation » (p. 203). Henri Béhar commente : « Il s'agit pour eux, à l'opposé de certains marionnettistes qui rêvent d'imiter l'homme, de styliser et de simplifier le mouvement, de rendre compte par un seul trait, essentiel, du *type* que l'on veut créer » *(ibid.).* « Pantin, fantoche, poupée, guignol, la marionnette reçoit (presque) docilement toutes nos projections. Elle est notre réalité tendue vers l'infini » (p. 204).

Gestes, poses, grimaces, mines, à quoi il convient d'ajouter effets de voix, intonations et modulations diverses. Reste à considérer la nature de cette gestuelle. Consciente ou inconsciente ? A l'adresse de qui ? Perçue par qui ? Dans la fable ou, hors de la fable, par le seul lecteur ?

En tenant compte de ces diverses questions, il est apparu que l'ensemble des « spectacles » qui font la « Comédie humaine » pouvait se diviser en quatre grands groupes, selon quatre grandes figures de jeu : celui, inconscient, de la niaiserie ; celui, conscient, de la bouffonnerie, perçu, apprécié par un certain nombre d'auditeurs-spectateurs ; celui, conscient mais passant inaperçu, de la tromperie ; enfin, parodique, ironique, mais aussi pédagogique, celui de la dérision, perçue comme telle par un public, mais celui-ci n'appréciant pas forcément, ou, du moins, pas à ce stade du roman, le sens exact, le contenu précis, du « message » comique.

— La niaiserie :

Dans cette première figure, le personnage est inconscient : condition du comique selon Bergson ou Marcel Pagnol. Le comique naît de la différence de niveau entre le personnage et ses spectateurs, qui ont sur lui la supériorité de la conscience. Que les spectateurs existent ou n'existent pas dans la fable ne joue aucun rôle sur le style du jeu qui est conféré au personnage, ainsi confiné dans le ridicule auquel le livre sa cécité.

Telle est la « manœuvre inspirée » aux passions de Crevel et de Hulot, et qui « devint si comique par la simultanéité de cette gymnastique, qu'elle fit sourire les gens d'assez d'esprit pour y voir une révélation »[165]. Rien n'est changé si l'existence d'un public n'est pas précisée : la figure de Birotteau « offrait une sorte d'assurance comique, de fatuité mêlée de bonhomie qui le rendait original à voir »[166]. Le seul témoin désigné par le romancier est souvent le narrateur de l'histoire : tel Nathan dans *Un prince de la bohème* ; il est seul à pouvoir évaluer la nature du jeu auquel se livre Cursy. Celui-ci, « au lieu d'aller prévenir ses amis [...] resta sur le boulevard, arpentant l'asphalte depuis la rue de Richelieu jusqu'à la rue du Mont-Blanc, en se livrant aux plus furieuses imprécations et aux exagérations les plus comiques »[167]. Outrance caricaturale, créatrice de la relation comique : l'inconscience du personnage le rend comique aux yeux d'un lecteur distant et supérieur.

Le ridicule de ces acteurs sans le vouloir saute aux yeux des spectateurs et des lecteurs ; car au ridicule de l'inconscience s'ajoute souvent celui de l'échec. A la mimique forcée se joint l'idée d'un jeu de mauvaise qualité et d'une parodie involontaire. Mauvais acteur, Saillard fait rire sa femme quand il « répète » devant elle : « *Madame la comtesse*, reprit Saillard en se levant et regardant sa femme avec un sourire agréable. — Jésus ! Saillard, es-tu drôle comme ça ! Mais, mon fils, prends garde, tu la feras rire c'te femme ? »[168]. Mauvais acteur, grotesque, le singe de

165. *La Cousine Bette*, t. VII, p. 211.
166. *César Birotteau*, t. VI, p. 78.
167. *Un prince de la bohème*, t. VII, p. 832.
168. *Les Employés*, t. VII, p. 1035.

la *Physiologie du mariage* ne l'est pas moins. Un bref récit montre ce « demi-homme » s'ingéniant à jouer du violon, n'y parvenant pas, et finissant par briser l'instrument[169].

L'association, à l'enseigne du grotesque, de la pose théâtrale, de la parodie inconsciente et de l'échec se retrouve à la lettre chez Phellion et Poiret qui, dans *Les Employés*, « singeaient grotesquement la pose des deux Marie et dont les figures étaient crispées par l'attendrissement »[170]. Balzac ridiculise ses personnages en creusant l'écart qui les sépare de modèles sublimes ; il les relègue dans leur mesquinerie et leur petitesse.

Beaux exemples de comédiens sans le savoir et sans le vouloir, inconscients et sans liberté ; donc, de surcroît, comiques sans le savoir, ridicules. Jouant comme de mauvais acteurs, jouant faux ou bien jouant grossièrement, comme si leurs rôles étaient ceux d'une grosse farce. Mais, dans tous les cas, parodie ou farce, ni la « pièce », ni le « théâtre » où elle se joue ne sont même soupçonnés par ceux qui jouent, véritables pantins.

— *La bouffonnerie :*

Figure inverse de la précédente, puisque le rôle joué devient conscient : c'est la figure des bouffons. Le personnage dit un texte, raconte une histoire, prononce une réplique avec une mimique telle que son entourage devient son public et un public qui rit aux facéties de cet acteur si drôle. Ces exemples sont marqués par le cabotinage et la verve d'acteur. Celle-ci se déploie pour elle-même, sans chercher à jouer un autre jeu que le jeu.

Bouffon était Bixiou jouant comme Monrose[171]. Autre bouffon, Maxence Gilet fait rire sa dupe, Jean-Jacques Rouget, en contant bien, avec un vrai talent d'acteur : « Max se mit à raconter si drôlement l'histoire de Fario qu'il fit rire le bonhomme »[172]. Les paroles du même Maxence sont transformées en répliques de théâtre par le geste d'acteur qui les accompagne ; c'est ainsi qu'il confirme son autorité « drolatique » sur le public des Chevaliers de la Désœuvrance, en jouant bien son rôle comique, en les faisant rire. « — Et qu'est-ce que cela me fait ? dit Max en prenant son verre, le vidant d'un trait et le remettant sur la table par un geste comique »[173].

Le monde devient alors un théâtre, une illusion comique dont les acteurs jouent comme les acteurs de la comédie italienne. Samanon prétendant s'être fait « attraper » par un petit jeune homme, le visiteur lance comme une réplique de théâtre : « On l'attrape ! dit l'artiste aux deux journalistes en leur montrant Samanon par un geste comique »[174]. Balzac enchaîne sur une comparaison avec les Italiens, qui définit un style de jeu : « Ce grand homme donna, comme donnent les lazzaroni pour ravoir un jour leurs habits de fête au *Monte-di-Pietà*, trente

169. *Physiologie du mariage*, t. XI, p. 954.
170. *Les Employés*, t. VII, p. 1086.
171. Cf. *supra*, p. 124.
172. *La Rabouilleuse*, t. IV, p. 418.
173. *Ibid.*, p. 380. Réplique d'autant plus drôle que réplique connue du *Roi de Bohême et ses sept châteaux* de NODIER.
174. *Illusions perdues*, t. V, p. 508.

sous [...]. » Le grotesque joue le même rôle dans cet autre exemple :
le « signor » Giardini « fit un geste grotesque, et regarda son convive
d'un air malicieux, en laissant errer un sourire sur ses lèvres »[175]. Cet
« air malicieux » s'harmonise avec la « naïve rouerie napolitaine » que
Balzac attribue d'autre part au personnage.

Dans les exemples de bouffonnerie qui ont été rencontrés, les personnages jouent ; leur jeu n'a d'autre sens que d'exister et de se signaler
lui-même. Le style du jeu comique ne dit pas ici le monde au moyen
du jeu, il impose le jeu dans le monde. Comme dans les deux autres
figures qui nous restent à examiner (la tromperie et la dérision), le jeu
des bouffons impose l'idée du dédoublement, toujours présent chez
l'acteur comique : « La grande supériorité des comiques vient de cette
puissance qui révèle deux hommes en un seul »[176]. Dans les trois catégories de figures, ce dédoublement se manifeste sans ambiguïté au lecteur.
Mais dans les trois catégories du bouffon, du trompeur et du dériseur,
la relation avec l'entourage, dans la fable, n'est pas la même : elle est
de complicité avec tel ou tel dans la bouffonnerie ; elle est tromperie
par le jeu dans la figure suivante ; elle est d'enseignement, nous le constaterons, dans la dernière figure, celle de la dérision.

— La tromperie :

Les exemples de tromperie sont légion dans *La Comédie humaine* :
elle vise l'un des personnages présents et elle est l'œuvre d'une mimique
perçue par le lecteur, désignée comme « comique », « grotesque », etc.
C'est un « comique mensonge »[177], pour reprendre l'expression par laquelle
Balzac résume la comédie de Diane de Maufrigneuse, en présence de
d'Arthez, dans *Les Secrets de la princesse de Cadignan*.

Dans tous les exemples de cette catégorie, on pourrait remplacer
« comique » ou « grotesque » par « trompeur, et d'autant plus trompeur
que joué par un acteur consommé ». Pas de différence, sur ce point,
entre la structure de « comique » et celle de « grotesque ». Mais, du fait
de supports différents, « comique » reste fidèle à la comédie dans le goût
français ; « grotesque » irait plutôt dans le sens de l'humour, et même
de l'humour le plus grinçant.

Ainsi, on peut relever dans le dialogue entre le duc de Chaulieu et
sa femme les répliques suivantes :

« — Vous vous ennuierez bien en Allemagne, et vous en reviendrez
brouillés avec Melchior, dit naïvement le duc.

— Et pourquoi ?

— Mais ne serez-vous pas toujours ensemble ?... répondit cet ancien
ambassadeur avec une comique bonhomie.

— Oh ! non, dit-elle, je vais le marier.

— S'il faut en croire d'Hérouville, notre cher Canalis n'attend pas
vos bons offices, reprit le duc en souriant »[178].

175. *Gambara*, t. X, p. 465-466.
176. *La Frélore*, t. XII, p. 816.
177. *Les Secrets de la princesse de Cadignan*, t. VI, p. 989.
178. *Modeste Mignon*, t. I, p. 687.

« Naïveté » (fausse), « comique bonhomie » (jouée), « sourire » (pipeur),
ce sont maillons d'un même filet. Le jeu est fin comme il sied à un aristocratique jouteur, et, aussi bien, à la comédie spirituelle dont Balzac a
ourdi la trame. Même le signe de complicité que la femme de chambre
lance au duc est dit « imperceptible ».

Plus grosse dans ses moyens et dans ses effets est la politesse affectée,
toute particulière, dont les employés du ministère jouent le jeu avec le
jeune de La Billardière. Celui-ci était d'une « bêtise vernissée par des
manières qui sentaient l'imitation »[179]. Il « se croyait joli garçon » ; bref,
c'était « un jeune fat ». Donc, on se trouve en présence d'un personnage
dont le ridicule est à la mesure de son inconscience. Ce qui suscite, de
la part du clan des employés soudé par la moquerie, la mise en quarantaine
de La Billardière, qui ne s'en aperçoit pas : « les employés l'avaient
mis en dehors de leur camaraderie par une politesse grotesque inventée
pour lui ».

Même parodie, mais d'effet plus cruel, dans le cas de Claparon, face
à César Birotteau, « l'innocent parfumeur ». Celui-ci ne voit pas très
clair dans le jeu qu'on lui joue. Il a, certes, quelques vagues pressen-
timents : il est « atteint dans le cœur » par cette mascarade et il crut
« sortir d'un mauvais lieu ». Surtout, il a été comme étourdi par toutes
ces « gamineries »[180], par cette « phraséologie composite »[181], par ces
« bavardages »[182] qui font le style de Claparon. Il est submergé par cette
débordante « verve du mauvais ton »[183], en laquelle il croit reconnaître
« les symptômes de l'ivresse ». Ces bavardages n'ont « aucun sens » ;
en effet, ce n'est que « parlerie », comme dirait notre temps ; pure « tartine », comme aurait pu le dire Balzac. Mais ce discours vide a le style
de son vide : ces paroles sans contenu existent par leur théâtralité, par
les interjections, les gestes et les mimiques en tous genres qui définissent
un style de jeu, celui de l'acteur Claparon sur son théâtre. Sur cette
scène défilent, mimés par lui, Roguin, Nucingen, Gobseck, du Tillet.
Quant aux sujets qu'il aborde et qu'il traite, ils ne sont que théâtre :
théâtre des affaires, qu'il appelle « blague à mort » ou « esbrouffe »,
théâtre tout court, puisque Claparon serait prêt, si Birotteau ne partait,
à lui conter de bout en bout l'aventure « d'un représentant du peuple
à Marseille, amoureux d'une actrice qui jouait le rôle de la BELLE ARSÈNE
et que le parterre royaliste sifflait »[184]. Claparon commence à mimer son
récit, interprète le rôle dudit représentant en reproduisant son accent
marseillais, tout à fait comme Balzac mimant par écrit Nucingen,
Schmucke, la Cibot ou Rémonencq. L'illusion théâtrale parodiée, tout
aussi bien que Balzac parodié constituent un signe mensonger, à la fois
grime et grimace. Claparon est un « simulacre de banquier » ; ses singeries, qui durent « une heure et demie », sont un simulacre, qui cache,
recouvre et trompe, mais aussi qui annonce la réalité pour qui sait inter-

179. *Les Employés*, t. VII, p. 988.
180. *César Birotteau*, t. VI, p. 239.
181. *Ibid.*, p. 242.
182. *Ibid.*, p. 243.
183. *Ibid.*, p. 241.
184. *Ibid.*, p. 244.

prêter les signes. La réalité tombe en effet comme un couperet, en une courte phrase, à la fin du texte : « Je vais envoyer chez vous, car les affaires avant tout »[185].

Nous avons donc rangé dans la même rubrique une « bonhomie comique », une « politesse grotesque » et une « grotesque obligeance », parce que tout indiquait, dans le contexte, que cette « bonhomie », cette « politesse », cette « obligeance », bref toutes ces vertus sociales, ces comportements à l'égard d'autrui, bien faits en eux-mêmes pour plaire et pour rassurer, étaient un théâtre mensonger, fait pour mieux avoir raison de sa victime. Dans les trois cas, il y a jeu conscient et volontaire : dissimulation chez le duc de Chaulieu, simulation chez les employés, simulacre chez Claparon. Ce jeu a un destinataire, qui est une dupe. Dupe plus ou moins inconsciente et, d'un cas à l'autre, différemment inconsciente. La fine duchesse ne perçoit rien d'un théâtre qui se fait oublier pour atteindre son but. La Billardière ne perçoit sans doute rien d'effets pourtant très gros et que leurs auteurs grossissent encore pour que soit plus risible la sottise de leur victime. César Birotteau voit bien le théâtre de Claparon et il en perçoit bien le caractère inquiétant, mais il ne comprend pas le sens de ce théâtre, qui est un faux théâtre. Claparon n'est qu'un « *simulacre* de banquier »[186], mais il est un *véritable* instrument de la banque. Ce masque est faussement insignifiant : il signifie la réalité du simulacre et du mensonge comme moyens de guerre et outils de l'économie.

— *La dérision* :

Dans cette dernière rubrique, le support est constitué par une manifestation exagérée, parodique, dont il est patent que l'outrance est volontaire. Balzac a clairement organisé sa scène de façon que le geste outré ou l'intonation forcée soient lus comme une manifestation volontaire et qui veut se faire remarquer. La charge de l'effet s'adresse, dans l'univers imaginaire de Balzac, à l'un des personnages présents et il est tout aussi évident que le destinataire est conscient que ce signe lui est destiné. Le destinataire fait dans tous les cas figure d'initié ou, du moins, de personnage en voie d'initiation, face à un « destinateur » plus lucide et plus fort. A un destinataire dont la lucidité est momentanément offusquée (jeune homme en cours d'initiation, héros passionné, aveuglé par la jalousie ou l'ambition, etc.) s'adresse le message d'un « destinateur » conscient et désireux d'exercer sur son partenaire une influence, de lui donner une leçon. Ici, la grimace est pédagogique, la mimique est didactique.

Deux groupes sont ici à envisager. Un premier groupe de gestes, mimiques et intonations supports de « comique » se situe dans le prolongement des répliques que viennent de prononcer les personnages. L'adjectif ou l'adverbe de désignation comique qualifient une gestuelle qui accompagne, double ou précise la réplique proposée au lecteur « en direct », Ce « prolongement » du sens de la réplique donne au lecteur un « complé-

---

185. *Ibid.*
186. *Ibid.*, p. 239. C'est nous qui soulignons.

ment » d'information. C'est une sorte de « didascalie » qui précise comment
« joue » le personnage, fait de ce jeu une composante du sens pour un
lecteur devenu spectateur. Ce premier groupe d'indications confère au
roman sa plénitude de fonctionnement comme « comédie ». Dans un
deuxième groupe, l'ensemble du support et de la désignation comique
apporte l'information capitale : le geste donne le vrai sens de la réplique
en nuançant, voire en inversant le sens des coulées paroles. En phase ou
en rupture avec le signifié de la réplique, ce geste est l'outil principal de la
théâtralisation.

Dans le premier groupe figure le « discours comiquement débité » de
Vautrin[187], couplet-charge dans le style d'un bonimenteur de foire contre
Rastignac et sa toilette « soignée » : « [...] cria Vautrin avec la volubilité
comique et l'accentuation d'un opérateur »[188]. Sur le manuscrit, on lisait
seulement : « d'une voix d'opérateur ». « Volubilité comique » et « accentuation » sont des additions de La Revue de Paris. Ces ajouts aident à
comprendre que Balzac attache du prix à ces notations. Celle-ci illustre
bien les conclusions de Pierre-Georges Castex sur l'ensemble des variantes
du Père Goriot : elle « précise une attitude significative »[189]. Le style
du geste importe ici plus que le contenu du propos. Du reste, la réplique
actuellement prêtée à Vautrin l'avait d'abord été à Bianchon, la médecine
fournissant l'essentiel des plaisanteries sur « l'épouse » : « Guérissant
le mal de dents, et autres maladies approuvées par l'Académie royale de
Médecine ! excellente d'ailleurs pour les enfants ! meilleure encore contre
les maux de tête, les plénitudes et autres maladies de l'œsophage, des
yeux et des oreilles »[190]. Le style de bonimenteur auquel s'était laissé
aller Balzac convenait en fait beaucoup mieux à Vautrin qu'à Bianchon.
Dès l'appropriation de la réplique à Vautrin, Balzac a forcé encore sur
la théâtralité. Les gestes constituent un langage de scène[191] : ils disent
l'essentiel du message de Vautrin, « cet opérateur »[192], à savoir que « tout
est théâtre », tout est dérision dans la société. Le « théâtre » enseigne le
théâtre.

Dans la même veine, on peut relever le « geste comique » de Michel
Chrestien. Lucien de Rubempré est venu rendre visite au Cénacle, rue

---

187. Le Père Goriot, t. III, p. 168.
188. Ibid., p. 167-168.
189. Pierre-Georges Castex, éd. cit., p. 348.
190. Le Père Goriot, t. III, p. 167. Rose Fortassier indique que, sur le manuscrit,
au lieu de « meilleure encore [...] oreilles » on lisait seulement « vermifuge souverain ».
Toutes les métaphores étaient médicales, comme il convenait à un discours de Bianchon.
Balzac avait d'abord écrit : « cria Bianchon » ; « Bianchon » a été rayé et remplacé par
« Vautrin ».
191. Pour le langage des gestes, on trouve d'utiles analyses dans Pierre Larthomas,
Le langage dramatique, IIe partie (« Les éléments paraverbaux du langage dramatique »),
chap. II, « Les gestes », p. 81-106. Il importe de se rappeler la distinction que fait Pierre
Larthomas entre les gestes de prolongement, de remplacement et d'accompagnement
(p. 88).
192. La note de Rose Fortassier doit être ici intégralement citée (p. 168, n. 1) ;
elle marque bien les relations intimes entre l'art du charlatan et l'art théâtral : « Pour
ce couplet d'opérateur, c'est-à-dire de 'Charlatan qui vend des drogues en place publique'
(Littré), Balzac s'inspire peut-être des parades du boulevard du Crime. Ce genre de
'discours' avait intéressé avant lui Rabelais, Tabarin, Molière et Beaumarchais. »

des Quatre-Vents. Il a déjà fait son entrée dans la Presse avec son article sur *L'Alcade dans l'embarras* : pour le Cénacle, il est donc déjà perdu, et c'est un verdict cinglant qu'ajoute la précision du « geste comique » dans la réplique de Michel Chrestien[193] : « — On dirait d'une boutique de parfumeur, s'écria Michel Chrestien en flairant par un geste comique la tête de Lucien »[194]. La dérision théâtrale est ici dialectique, elle équivaut à une dénonciation et, par le moyen de cette ironie, à une profession de foi.

Partant d'une même donnée (la Société est un théâtre dont il est vital de comprendre l'aspect dérisoire), Vautrin et Michel Chrestien parviennent à des conclusions opposées : le premier tient le cynisme pour nécessaire, le second en tire argument pour des convictions républicaines. Michel Chrestien proclame qu'il ne « pourrai[t] pas aimer une femme qu'un acteur baise sur la joue en face du public [...] », tandis que Vautrin-Carlos Herrera fera vivre Lucien avec Esther, ancienne prostituée. Avertissement ou mépris, le « geste comique » est message, aussi transparent pour le destinataire de la fiction que pour le lecteur.

Dans *Les Comédiens sans le savoir*, le héros à initier est le provincial Gazonal, cousin de Léon de Lora. « Eh ! bien, peux-tu garantir encore ton cousin ? demanda le jeune homme à Léon. — Nous le formons... dit Bixiou d'un ton profondément comique »[195]. Cette réplique s'adresse au « jeune homme », c'est-à-dire à Rastignac, et non pas à celui qu'il s'agit de former, Gazonal. Mais la précision de l'incise indique nettement comment Bixiou veut que Rastignac comprenne cette « formation », comment Balzac veut que le lecteur lise la réplique. Notation à la fois complice et moqueuse, joueuse.

La liaison de l'apprentissage et de la dérision est tout aussi clairement indiquée, mais cette fois-ci au seul lecteur (car le sujet à initier est endormi), dans un autre passage du *Père Goriot* :

« — Allons, les voilà partis, ceux-là, dit Vautrin en remuant d'une manière comique la tête du père Goriot et celle d'Eugène.

« En plaçant la tête de l'étudiant sur la chaise, pour qu'il pût dormir commodément, il le baisa chaleureusement au front, en chantant :

Dormez, mes chères amours !
Pour vous je veillerai toujours »[196].

Cette sollicitude, réelle, de Vautrin pour Rastignac se dit en gestes de théâtre, au moment où, dans le roman, Vautrin va quitter la pension pour aller au théâtre « admirer M. Marty dans *Le Mont sauvage*, une grande pièce tirée du *Solitaire* »[197].

193. Il s'agit donc ici, comme pour la plupart des autres indications que nous citons, d'un « geste d'accompagnement », selon la terminologie de Pierre LARTHOMAS (*op. cit.*, p. 92-95).
194. *Illusions perdues*, t. V, p. 421.
195. *Les Comédiens sans le savoir*, t. VII, p. 1199.
196. *Le Père Goriot*, t. III, p. 203.
197. *Ibid.* C'est un mélodrame tiré du roman de d'ARLINCOURT. Quant à « Dormez [...] », c'est le refrain d'une romance célèbre d'Amédée de BEAUPLAN, « insérée dans *La Somnambule*, vaudeville de Scribe et Delavigne créé le 6 décembre 1819. Vautrin est très au fait, on le voit, de l'activité théâtrale » (Rose FORTASSIER, n. 4 à la p. 203).

Dans les quatre exemples cités (Vautrin à deux reprises, Bixiou et Michel Chrestien), l'ensemble du support et de la désignation comique prolonge et couronne ce que les propos avaient de parodique, d'ironique. Les paroles prononcées deviennent rétrospectivement réplique de théâtre. La quintessence du jeu a été exprimée après coup, sens et jeu mêlés.

Dans un deuxième groupe d'exemples, c'est la clé du sens de la réplique qui est donnée par le geste comique. Le support résume l'apparence du personnage, la façon dont il vient de « jouer » sa réplique, mais l'adjectif « comique » précise que le jeu était « faux », qu'il fallait inverser, retourner totalement la suggestion de sens que ce jeu proposait. Aucune ambiguïté ne subsiste pour le lecteur, du fait de cette indication, donnée par l'auteur-narrateur. Une assez grande marge demeure cependant entre les diverses possibilités de compréhension ou d'inconscience chez les divers témoins. Or, c'est à la conscience de l'interlocuteur que cette mimique, résolument ironique, fait appel, avec plus ou moins de succès.

Par sa mimique, Goupil cherche à faire naître l'inquiétude chez les héritiers Minoret, à propos du juge de paix Bongrand. Celui-ci vient de dire à l'un des héritiers de ne pas s'inquiéter :

« — Oh ! il y a bien des manières de dire ça, répondit Goupil en riant. J'aurais bien voulu entendre votre finaud de juge de paix ! S'il n'y avait plus rien à faire ; si, comme lui qui vit chez votre oncle, je savais tout perdu, je vous dirais : — Ne vous inquiétez de rien.

« En prononçant cette dernière phrase, Goupil eut un sourire si comique et lui donna une signification si claire, que les héritiers soupçonnèrent le greffier de s'être laissé prendre aux finesses du juge de paix »[198].

« Comique » veut dire que le sourire est assez forcé pour être perçu par les témoins comme un faux sourire. Mais, dans la scène en question, les destinataires ne sont pas assez malins pour s'apercevoir que ce faux est volontaire, tandis que le lecteur perçoit la totalité du jeu, grâce au mécanisme que le « comique » fait si bien voir.

Lorsque la vérité se dévoile à l'innocent Montès, dans *La Cousine Bette*, au cours d'une soirée où sont rassemblés quelques-uns des plus célèbres railleurs de *La Comédie humaine*, chacun y va de sa banderille. Josépha couronne le tout : « — Ah ! Combabus prend la défense de Mme Marneffe ! dit Josépha qui se leva solennellement. Elle alla d'un air tragique jusqu'à Montès, elle lui donna sur la tête une petite tape amicale, elle le regarda un instant en laissant voir sur sa figure une admiration comique, et hocha la tête »[199]. Admiration comique, admiration bouffonne : il faut comprendre qu'en jouant l'admiration à l'adresse de « Combabus » Josépha veut faire apparaître à Montès qu'elle ne l'admire pas du tout, qu'il n'y a rien d'admirable à défendre Valérie ; elle participe à l'entreprise générale d'information de Montès sur Valérie. C'est donc, encore une fois, un recours à la mimique théâtrale de la dérision, pour informer le personnage et le lecteur, pour amuser éventuellement les complices,

198. *Ursule Mirouët*, t. III, p. 780.
199. *La Cousine Bette*, t. VII, p. 411.

sûrement le lecteur, qui est au fait de tout le jeu, et qui est invité à le jouer dans tous ses tours et détours.

A la suite de cette soirée, Montès va chercher auprès de l'intéressée elle-même une confirmation. Jeu de chat et de souris. Valérie, trop sûre de la naïveté de Montès, ne perçoit pas dans la question qu'il pose cette « mauvaise anxiété » qu'indique le narrateur en incise, après la question de Montès : « — Et te marierais-tu toujours ? demanda le baron en proie à une mauvaise anxiété »[200] ; enfin, dernière indication du narrateur sur la confiance naïve, et mortelle, de Valérie : « Et elle descendit triomphante »[201]. Phrase immédiatement suivie de cette transcription des pensées de Montès : « — Je n'ai plus de scrupules, pensa le baron »[202]. Dans l'intervalle, après la question de Montès (« — Et te marierais-tu toujours ? »), Valérie a répondu et Balzac narrateur a précisé de quelle façon : « — Quatre-vingt mille francs de rente ! dit-elle avec un enthousiasme à demi comique. Et Crevel m'aime tant, qu'il en mourra ! »[203]. Selon le code ironique qui a prévalu dans les précédents emplois de « l'attitude comique », « enthousiasme comique » voudrait dire « enthousiasme joué ». Si « l'enthousiasme » de Valérie pour évoquer l'argent de Crevel était « pleinement comique », au lieu de ne l'être qu'à demi, Montès pourrait peut-être être convaincu de ne pas prendre au sérieux ce projet de mariage. Mais Valérie ne parvient pas, ne parvient plus, à jouer vraiment. Le « sérieux » de son attachement à l'argent de Crevel perce plus qu' « à demi ». C'est par la faille dans le jeu comique que s'introduit le mélodrame, le drame.

On pourrait enfin rappeler le « sang-froid comique » de Crevel, aux approches de la mort[204]. « Comique » éclate ici en plusieurs directions. Comme dans les exemples que nous venons de citer, « comique » prend le sens de « faux », dans la mesure où Crevel en fait trop dans l'interprétation de son rôle, où son effort pour se hausser jusqu'à ses grands modèles ne parvient pas à se faire prendre au sérieux : « Hulot fils contemplait tristement son beau-père, en se demandant si la bêtise et la vanité ne possédaient pas une force égale à la vraie grandeur d'âme »[205]. Victorin Hulot pose le problème : sang-froid sans grandeur, le jeu du jeu n'en devient pas moins jeu. Malgré lui, Crevel, par son jeu de la dérision, donne à penser, dispense un enseignement du jeu.

Il est remarquable que, dans tous les cas où l'adjectif de désignation comique est mis en opposition avec son support, un doute, une oscillation, une ambivalence, c'est-à-dire un jeu ironique, sont mis en mouvement. Ce jeu intervient d'abord entre les partenaires de la scène, plus ou moins bons joueurs ou récepteurs plus ou moins doués. De là naît une relation d'ambiguïté ou d'ambivalence entre le lecteur et le texte, entre le lecteur

---

200. *La Cousine Bette*, t. VII, p. 422. Si la lecture d'Anne-Marie Meininger est la bonne, ce n'est pas « mauvaise » qu'il faut lire, comme dans l'anc. Pléiade, mais « navrante » : point de vue de Valérie dont l'illusion se marque alors mieux encore.

201. *Ibid.*, p. 423.
202. *Ibid.*, p. 423.
203. *Ibid.*, p. 422.
204. *Ibid.*, p. 434.
205. *Ibid.*, p. 435.

et Balzac. Cela nous mène à conclure qu'en ce « théâtre imaginaire » une part importante de la théâtralité est conférée au roman par le réseau des éléments « comiques ». Autant d'éléments du roman qui sont, de ce fait, constitués en « rôles ». Rôles-partitions qu'interprètent diversement les « acteurs ». Rôles-fonctions, que définissent le but visé et le résultat obtenu par une attitude, des vêtements ou une gestuelle « comiques ». Rôles-emplois, qui comportent certains styles de jeu.

La constitution des multiples rôles ne peut être dissociée d'un découpage connexe du texte du roman en autant de scènes. Ce découpage appelle tous les facteurs « comiques » déjà rencontrés ; mais aussi les ensembles « supports-désignation comique » transforment la séquence où ils apparaissent en « scènes ». Rôles et scènes donnent corps à la métaphore théâtrale dans l'œuvre balzacienne[206]. Métaphore qui se caractérise par une série de redoublements du spectacle par diverses formules de miroir, d'abyme. Pierre-Georges Castex souligne la conjonction des thématiques de la scène et du miroir : « Cependant, c'est à [l'exemple] d'un dramaturge qu'il songeait, dès le début de sa carrière, lorsqu'il se donnait l'ambition de présenter à ses contemporains un *speculum mundi*, un miroir du monde : 'Jadis Shakespeare s'est, dit-on, proposé dans ses compositions scéniques un semblable but'[207] »[208]. Pierre-Georges Castex cite également la lettre-programme du 26 octobre 1834 : « Les *mœurs* sont le *spectacle* [...] »[209]. Or, nous avons constaté le pouvoir des adjectifs « comique » ou « grotesque », leur aptitude à transformer un support quelconque en élément de spectacle, et, qui plus est, en spectacle de comédie. Lorsque le support est lui-même un spectacle, l'idée spectaculaire se trouve être redoublée. Cette transformation, simple, double ou triple, donne à son tour naissance à la *scène* et, lorsque le terme de « scène » est explicitement formulé, cette confirmation est elle-même créatrice de nouveaux reflets, de nouveaux effets de théâtre. L'humanité devenue comique et le récit en forme de théâtre se relaient, comme jouent ensemble la réplique de dialogue, l'indication du geste et de la mimique et enfin l'adjectif ou l'adverbe de désignation comique. La lecture du spectacle ainsi écrit se fait comme déchiffrage des signes du spectacle et suscite une série de relations successives, interchangeables, superposées, toujours en mouvement.

Le sentiment qu'a le lecteur d'être plus ou moins proche de la scène, d'être le seul spectateur ou, s'il y a tel ou tel autre « spectateur » dans le cadre de l'univers romanesque, d'être avec lui, ou derrière lui, pour regarder le spectacle, se combine avec l'impression d'une plus ou moins grande complicité, ou d'une plus ou moins grande distance, par rapport au personnage-acteur. Distance et proximité, loin d'être fixées une fois pour toutes, sont à tout instant modifiables. Ainsi, à l'intérieur de la

---

206. Rôles, répliques, gestes, scènes sont autant d'éléments de la métaphore théâtrale. Celle-ci, selon la formule de Lucienne FRAPPIER-MAZUR, « n'a pas manqué de susciter un réseau structuré qui donne vie au titre de l'œuvre » (*op. cit.*, p. 103). « L'image théâtrale irrigue véritablement toute l'œuvre » (*ibid.*, p. 122, n. 62).

207. *Introduction aux « Études philosophiques »*, par Félix DAVIN (1834), t. X, p. 1209.

208. Pierre-Georges CASTEX, *L'Univers de « La Comédie humaine »*, t. I, p. XVI-XVII.

209. *LH*, t. I, p. 270.

scène « découpée » dans le roman, surtout grâce au lexique du spectacle, la relation du lecteur-spectateur avec le personnage-acteur se trouve constamment variable. D'autant que la relation du personnage avec son propre jeu varie d'un cas à l'autre. Les deux ordres de relation, du lecteur avec le personnage et du personnage avec lui-même, interfèrent. On peut se trouver, dans le même temps, complice du meneur de jeu et se mettre à la place du personnage destinataire. Le lecteur se partage entre l'arroseur et l'arrosé : il peut aller de l'un à l'autre, démultiplier les points de vue. C'est le lexique de la désignation comique qui, avec ou contre son support, déclenche, enclenche le mécanisme de la lecture comique, qui est une lecture mobile.

Trois idées connexes se sont ainsi imposées : mobilité, distance et dédoublement. Tous les termes repérés sont des embrayeurs de mobilité. Mobilité horizontale ; mobilité dans la profondeur ; mobilité « latérale ». *Mobilité horizontale :* au fil du récit, objets, personnages, spectacles, grotesques ou comiques sont liés à la diachronie du récit, pour signaler le début, le moment marquant, le nouvel épisode, la fin. *Mobilité dans la profondeur :* en liaison avec les termes qui appellent à la terreur ou à la pitié, l'effet de recul intervient brusquement, mais l'effet de rapprochement est possible, focalisant l'attention sur un détail. Selon la présence ou l'absence de relais pour le spectacle comique, celui-ci se rapproche ou s'éloigne. Selon le degré de lucidité du personnage-acteur comique, on oscille, à la lecture, entre le plan de l'apparence et l'arrière-plan de la réalité. Enfin, *mobilité latérale :* répartis sur la scène comique entre cour et jardin, les personnages, au gré de la notation comique, appellent le lecteur à déplacer son attention de la gauche à la droite, et *vice versa,* selon une sélection qu'organise le texte du roman. Dans tous les cas est prépondérant un effet de distance.

Moins apparente, peut-être, mais non moins importante est l'opération de dédoublement. L'idée du double s'est imposée à travers les contrastes et les antithèses : l'ancien et le nouveau, le réel et l'apparence, l'envers et l'endroit, le fini et l'infini, la chose dite et l'effet produit, le personnage du roman et le personnage joué, le personnage et l'acteur, l'acteur et son rôle, etc. Couples qui, souvent, n'existent que mis en œuvre par une lecture active, dédoublante. Distance et mobilité sont toujours à l'œuvre, créées par ces couples, créant ces couples, en des relances sans fin.

CHAPITRE IV

L'EFFET COMIQUE
DE LA DÉSIGNATION

L'effet sur le lecteur de la théâtralisation du texte balzacien est-il comparable aux effets produits sur un public par le théâtre comique ? La désignation comique fait-elle rire ?

On peut mettre à nu certains mécanismes de cette désignation, qui sont les mécanismes traditionnels de la production du rire. Ce sont les mécanismes divers du grossissement, du rapetissement ou du renversement. Tous ces effets, dus à la déformation ou à la mise sens dessus-dessous, sont des effets de caricature, mais de caricature théâtrale, en mouvement.

I. GROSSISSEMENT

L'effet comique apparaît couramment, chez Balzac, comme dans la caricature, lorsque traits et caractères sont délibérément agrandis, grossis, poussés à la charge. « Burlesque », « comique », « grotesque » pourraient souvent être remplacés par : « risible, parce que porté à son paroxysme ».

On relève, chez Corentin, « l'opposition burlesque des couleurs du pantalon jaune, du gilet rouge, de l'habit cannelle »[1]. Opposition criarde, dont la violence crée le spectacle comique. Cette opposition ne mérite d'être dite « burlesque » que dans la mesure où elle est très contrastée. En un certain sens, le « burlesque » est le produit de l'opposition des couleurs, mais c'est l'indication du « burlesque » qui crée auprès du lecteur l'impression comique. Le contexte confirme le grossissement de tous les traits ; ce ne sont qu'excès, paroxysmes, superlatifs : « basques si courtes », « pans si longs », « cravate énorme », « immense camée blanc et bleu », cols de chemise et d'habit qui « montaient si haut », « suprême bon ton », « costume tout à fait baroque ». Corentin a, d'autre part, suscité des comparaisons amusantes. D'abord celles qu'ont « faites » Merle et Gérard, « un canard dont la tête sort d'un pâté », des « figures [qui]

---

1. *Les Chouans*, t. VIII, p. 966.

ressemblent à des carafes de limonade »². Ensuite, celles que fait directement Balzac, « queue de morue », tête qui « paraissait enveloppée dans un cornet de papier ». Du reste, Balzac parle expressément de caricature : « Le costume de cet inconnu présentait un exact tableau de la mode qui valut en ce temps les caricatures des Incroyables »³. Au sommet de l'opposition, véritable couronnement, le burlesque : « Ajoutez à ces grêles accessoires qui juraient entre eux sans produire d'ensemble, l'opposition burlesque [...]. » « Burlesque » produit l'effet comique en portant la mésalliance grotesque à son ultime degré de discordance.

On rencontre nombre d'emplois similaires de l'adjectif « comique ». La « gravité comique » de M. de Kergarouët⁴, la « volubilité comique » de Vautrin⁵, les « convulsions comiques » de Rogron⁶ constituent, dans leurs ordres respectifs, « les exagérations les plus comiques », pour reprendre l'expression qui qualifie Cursy⁷. Toutes ces expressions désignent une attitude, une intonation, une mimique, mais le schème est identique pour l'enflure morale, la prétention, cible classique du comique. Ainsi en va-t-il de la « comique importance » de Chanclos⁸, des « dignes bourgeois » de la vallée de Soulanges, qui, « fiers de leur aisance, regardaient leur société comme bien supérieure en agrément à celle de La Ville-aux-Fayes »⁹, à quoi fait écho, dans la parodie, la « risible importance » du père Fourchon¹⁰. Dans la plupart des cas, le terme qui marque l'excès suffirait à dire le comique ; l'adjectif de la désignation comique contribue, par cette désignation même, à parachever l'effet risible.

Il peut arriver aussi que l'excès dépasse à ce point les bornes qu'il rend comique ce qui ne l'était pas. Exemple, la laideur de Pons, « poussée tout au comique »¹¹. Le rire est, sinon réellement provoqué, du moins logiquement attendu devant une si énorme accumulation de laideur ; il est lié directement au grossissement.

Au même chapitre du grossissement figure aussi le « grotesque ». Tel ce passage des *Paysans* : « La plaisanterie du paysan et de l'ouvrier est très attique, elle consiste à dire toute la pensée en la grossissant par une expression grotesque »¹². Une scène de roman peut jouer ce rôle dans l'économie de l'intrigue. Ainsi, la fin de la première partie de *César Birotteau*, la fin de la grandeur, se trouve être aussi la fin du bal et la fin de la nuit. C'est le moment où « les cheveux défrisés s'allongent sur les visages, et leur donnent de grotesques expressions qui provoquent le rire »¹³. Cet « allongement », qui est un « grossissement » déformant, crée le grotesque, qui provoque le rire : effets en chaîne qui atteignent

2. *Les Chouans*, t. VIII, p. 964.
3. *Ibid.*, p. 965.
4. *Le Bal de Sceaux*, t. I, p. 143.
5. *Le Père Goriot*, t. III, p. 168.
6. *Pierrette*, t. IV, p. 55.
7. *Un prince de la bohème*, t. VII, p. 832.
8. *L'Héritière de Birague*, OJ, 1ᵉʳ vol., p. 171.
9. *Les Paysans*, t. IX, p. 273.
10. *Ibid.*, p. 101.
11. *Le Cousin Pons*, t. VII, p. 485.
12. *Les Paysans*, t. IX, p. 94.
13. *César Birotteau*, t. VI, p. 179.

successivement témoins fictionnels et lecteurs. La surcharge de toutes les
« fins » appelle le grotesque. Pourraient tout aussi bien être désignées
comme « grotesques » les autres démesures de cette « fin de partie »[14].

On va donc ainsi de l'exagération comme défaut (grimace ou prétention) à l'exagération pure (les « énormités »), en passant par l'exagération
de défauts en eux-mêmes peu comiques, et qui devient comique. Ce
grossissement d'aspects médiocres, mesquins, petits, amène naturellement à évoquer la déformation par rapetissement, nouvelle source
d'effets comiques.

II. RAPETISSEMENT

« Burlesque », « bouffon », « comique », « grotesque » peuvent tous
exercer, à l'occasion, une fonction de dépréciation liée à la parodie,
l'accent étant mis, selon le cas, plutôt sur la parodie ou sur le rapetissement. Mais les deux actions d'imitation et de réduction s'opèrent
ensemble en toute occasion. Faut-il n'y voir qu'une miniaturisation qui,
selon Lévi-Strauss, constitue l'œuvre en œuvre esthétique[15] ? Ce n'est
pas suffisant, puisque la réduction balzacienne, génératrice non seulement
d'effet esthétique, mais de rire, comporte une nuance insistante de dépréciation. Cet effet comique provient du rapetissement du support par
l'adjectif ou l'adverbe de désignation comique et prend place dans une
vaste perspective de « détronisation », de démythification : *La Comédie
humaine* est une épopée à l'envers, une épopée bourgeoise, une épopée
amusante. Les effets, les thèmes, l'écriture de cette somme romanesque
participent du comique au même titre que l'époque se voit prosaïque,
médiocre, petite, après l'âge de la grandeur.

Le « bouffon » est ici particulièrement sollicité. Par « bouffonnerie »
il faut entendre à la fois pastiche (ou parodie) et caricature. Pastiche, le
livre que les clercs de notaire fabriquent à l'imitation des livres notariaux
qui servent d'archives. On se procure un ouvrage relié en parchemin que
l'on vieillit en le traînant « dans la poussière, dans le poêle, dans la cheminée, dans la cuisine »[16]. On y consigne, en imitant scrupuleusement
l'écriture du xviiie siècle, l'intronisation des nouveaux clercs de l'étude
et, en particulier, les festivités, repas, distractions qui ont marqué ce
jour. Balzac, à propos de ces « archives architriclino-bazochiennes »,
parle de « pages bouffonnes »[17], de « bouffonnes archives »[18]. Bouffonnes,
c'est-à-dire fausses : imitant les vraies à la perfection, mais appliquées
à une matière futile, mineure, dérisoire. La perfection de l'imitation pour

14. « Dans ces maisons bourgeoises, cette joie *suprême* ne s'accomplit pas sans
quelques *énormités* » ; « Célestin se livrait à des *charges* » ; « Quelques dames frappaient
dans leurs mains avec *exagération* » et la contredanse est « *interminable* » (*César Birotteau*, p. 178-179). C'est nous qui soulignons.
15. Claude Lévi-Strauss, *La pensée sauvage*, p. 34-35.
16. *Un début dans la vie*, t. I, p. 849.
17. *Ibid.*, p. 853.
18. *Ibid.*, p. 855.

un sujet si bas et si petit suscite le rire : cette « alliance » est génératrice d'un comique sans malignité qui fait rire par la simple pratique du pastiche et ne met en question que le sérieux.

L'attaque se charge de plus de corrosion à l'égard de Mme de Bargeton dans le « parallèle bouffon »[19] auquel se livre Lousteau : elle y est traitée en « os de seiche ». Bouffonnerie qui tue, comme le ridicule, en grossissant les défauts, en rapetissant la personne. Même situation pour Marie de Vandenesse, objet de la « plaisanterie bouffonne »[20] à laquelle se livrent à son sujet Blondet et Rastignac et qui « la déshabillait et l'analysait ».

Dans tous les cas, « bouffon » réduit, rabaisse : rien ni personne n'est intouchable, que ce soit pour le plaisir ou pour la démolition.

Un même effet de démythification se rencontre dans les occurrences de rapetissement par les adjectifs « comique », « grotesque » ou « burlesque ».

On se rappelle le « sang-froid comique » de Crevel, « l'admiration comique » de Josépha, « l'enthousiasme à demi comique » de Valérie Marneffe[21]. *Sang-froid, admiration, enthousiasme* appartiennent au registre noble, désignent des vertus, des qualités en quelque façon sublimes. L'adjectif « comique », qui équivaut à « joué », à « parodié », donc à « faux », exerce sur son support une annulation, une négation productrices de comique.

Cette négation par l'imitation grimaçante ne doit pas être considérée comme une mise en question satirique de la réalité de registre élevé. Celle-ci n'est pas utilisée autrement que comme point de référence. *Sang-froid, admiration, enthousiasme* ne sont nullement mis en question par les manifestations parodiques qu'en donnent leurs titulaires : l'expression signale seulement, de façon comique, la contrefaçon, la dévaluation.

Il en va de même pour le « burlesque ». Quand Balzac, dans *Le Contrat de mariage*, évoque la « burlesque armée des gens du monde »[22], le ridicule n'atteint pas l'armée. Balzac fait la comparaison entre les « gens du monde » et une « armée » pour dire combien les gens du monde, en dépit de (et à cause de) leurs hiérarchies et de leurs ridicules, sont au-dessous d'une véritable armée. La réalité de l'armée n'est pas touchée, en soi, par cette comparaison. Le « parallèle », dans le cas de Mme de Bargeton, était une comparaison comique avec un os de seiche ; ici, nous sommes en présence d'une métaphore comique dont la structure consiste en un rapprochement entre un nom représentant la valeur, « armée », et un adjectif dévaluant, « burlesque ».

On peut dégager la conclusion qu'imposent les diverses observations possibles de ce *burlesque* balzacien. Il n'y a rien ici qui corresponde à la stricte définition du burlesque littéraire tel qu'il était pratiqué au XVIIe siècle. Ce ne sont pas des héros, des personnages nobles ou sublimes qui se trouvent traités dans un style bas, mêlés à des actions communes, vulgaires, grossières. Tout au contraire, ce sont des représentants d'une

---

19. *Illusions perdues*, t. V, p. 399.
20. *Une fille d'Eve*, t. II, p. 309.
21. *La Cousine Bette*, t. VII, p. 434, 311, 422.
22. *Le Contrat de mariage*, t. III, p. 530.

réalité quelconque, basse et plate, qui endossent un costume noble (une métaphore noble), trop grand pour eux, qui flotte ridiculement. On reconnaît la notion proche et inverse du burlesque traditionnel : l'héroï-comique. Pour reprendre les exemples classiques, ce n'est pas *Virgile travesti*, mais *Le Lutrin* dont reparaît ici le canevas. Le burlesque (noble fourvoyé) sert, dans cet exemple, à écrire l'héroï-comique (vulgaire qui n'est pas à sa place). La réalité héroï-comique se dit par la métaphore burlesque.

Faut-il conclure dans tous les cas à « l'innocence » du comparant ? La petitesse du comparé ne rejaillit-elle pas sur la catégorie du comparant ? La « burlesque armée des gens du monde » offre la possibilité ironique de réfléchir à la structure comique de toute armée. Le grand et le petit se regardent l'un l'autre en miroir. De même, le « burlesque drame »[23] de la faillite Birotteau montre la possibilité pour tout drame de s'inscrire dans la petitesse. De la même manière, ce qui fait la réussite du burlesque dans ce « burlesque axiome : *Toutes les femmes sont égales devant l'homme* »[24], c'est le fait de se trouver, sans que cela soit dit, devant une version dégradée de : *Tous les hommes sont égaux devant la loi*. La seule expression « burlesque axiome » fait se lever, en filigrane, le fantôme ironique de la légalité. Le royaume proposé à Raphaël par ses compagnons de *La Peau de chagrin*, c'est celui qui convient à quelque Prince des Sots, à quelque royal bouffon : « Nous te destinions les rênes de cet empire macaronique et burlesque »[25]. Mais la création dérisoire de ce faux empire va de pair avec la dérision des vrais empires. Le burlesque au sens propre, qui fait se compromettre dans la farce et la chienlit le sublime et l'épique, peut donc se profiler derrière le burlesque héroï-comique. Tandis que l'on couronne le faux empereur de ce pays bouffon, les vrais princes de ce monde, « les Mirabeau, les Talleyrand, les Pitt, les Metternich », sont consacrés comme « hardis Crispins »[26].

Mais c'est la perspective de l'*héroï-comique* qui prévaut le plus souvent. Armée pour rire, axiome pour rire, empire pour rire ont donné la formule qui n'est pas seulement celle du « burlesque » balzacien, mais aussi celle du « grotesque » tel que le pratique Balzac. La confusion des termes et des notions de « burlesque » et de « grotesque » était fréquente, dès le XVIIe siècle. L'*Histoire de l'Académie* de Pellisson témoigne que les deux mots étaient devenus assez vite interchangeables : « M. de Saint-Amant ferait, comme il s'y était offert lui-même, la partie comique du dictionnaire, en recueillerait les termes grotesques, c'est-à-dire, comme nous parlerions aujourd'hui, burlesques »[27]. Peyrade, s'étant brûlé le fond du pantalon, est présenté comme un « grotesque Scaevola »[28] et l'on aurait aussi bien pu remplacer ce « grotesque » par un « burlesque ». Du reste, Balzac avait déjà employé ce dernier terme pour Peyrade à la page précédente : « Ce fut le burlesque au milieu de la terreur, contraste

23. *César Birotteau*, t. VI, p. 274.
24. *Un prince de la bohème*, t. VII, p. 809.
25. *La Peau de chagrin*, t. X, p. 91.
26. *Ibid.*, p. 92.
27. Paul PELLISSON, *Histoire de l'Académie française*, p. 107-108.
28. *Une ténébreuse affaire*, t. VIII, p. 581.

fréquent dans les choses humaines »[29]. « Grotesque », « burlesque », l'un et l'autre contribuent à la mise en scène de l'héroï-comique, à la création des effets comiques que mérite la confrontation de la médiocrité avec la grandeur. Ce Scaevola dévalué ne peut faire ses dévotions qu'à des dieux dévalorisés, « burlesques », « grotesques », que seule peut honorer une caricature de rite (« Ce grotesque Scaevola, qui venait d'offrir au dieu de la Police, la Peur, le fond de sa culotte abricot [...] »[30]), à laquelle on ne peut donner qu'une bouffonne offrande.

La Comédie humaine apparaît alors, dans toutes ces occurrences, comme la parodie, humaine, trop humaine, c'est-à-dire dans le registre du minuscule et du prosaïque qui est celui de l'humain, d'une réalité grandiose, sublime, qui demeure, au moins dans les circonstances historiques du XIXᵉ siècle, inatteignable par l'homme. L'opposition *grotesque/ sublime* existe chez Balzac. Elle est formulée, à ses débuts, d'une façon assez proche de la problématique hugolienne : « Paraître sublime ou grotesque, voilà l'alternative à laquelle nous réduit un désir »[31]. Mais, dans tous les exemples que nous avons sollicités, nous ne trouvons le sublime que comme référence transcendante, hors de l'immanence humaine ou, du moins, hors d'atteinte pour les personnages ainsi qualifiés. C'est l'écrivain Balzac, le narrateur omniscient, qui mobilise le parangon sublime pour en faire une métaphore négative, hors du champ de la fable, au seul niveau du texte. Le « comique », le « burlesque », le « bouffon », le « grotesque » sont, comme l'hypocrisie, autant d'hommages que le vice rend à la vertu, la petitesse à la grandeur. Ce sont autant de signes de la polarisation négative et dévalorisante du comique, qui fait voir l'envers et la dégradation de la valeur.

III. RENVERSEMENTS

Le dieu qui règne en cette épopée bourgeoise, c'est bien celui qui est évoqué par le roman le plus épique, en même temps que le plus prosaïque, *Histoire de la grandeur et de la décadence de César Birotteau, marchand parfumeur, adjoint au maire du deuxième arrondissement de Paris, chevalier de la Légion d'Honneur, etc.*, c'est Momus, mais « le Momus bourgeois », tel que Balzac le fait apparaître « suivi de ses farces ! », lors du fameux bal[32]. Momus est le dieu de la dérision et le fils de la nuit chez Hésiode,

---

29. *Une ténébreuse affaire*, t. VIII, p. 581.
30. *Ibid.* Autres exemples possibles de cette structure de l'héroï-comique balzacien : Valérie Marneffe, face à Crevel : « Valérie devina d'un seul coup d'œil le caractère de cet adorateur grotesque » (*La Cousine Bette*, t. VII, p. 191) ; Valérie riait de Crevel « comme on rit d'un bouffon » (*ibid.*, p. 195) ; décalage comique entre individu et histoire, le « fameux Léonard », le coiffeur de Marie-Antoinette, « illustration grotesque du dernier siècle » (*Le Théâtre comme il est*, t. XII, p. 593) ; distance entre le modèle emprunté et sa pâle copie, chez Dinah de La Baudraye, avec son « grotesque surnom de Sapho de Saint-Satur » (*La Muse du département*, t. IV, p. 665).
31. *Physiologie du mariage*, t. XI, p. 1069.
32. *César Birotteau*, t. VI, p. 179.

mais il apparaît ici laïcisé, embourgeoisé, en quelque sorte rabougri par sa présence en ce Roman Bourgeois.

Les extases, de fait, sont risibles, à la fin du bal des Birotteau : « — Comme ils s'amusent ! disait l'heureux Birotteau »[33]. Les préoccupations sont prosaïques : « — Pourvu qu'ils ne cassent rien, dit Constance à son oncle »[34]. Mais, pour faire comprendre que l'enthousiasme vécu par Birotteau et par sa femme Constance comporte une certaine grandeur, Balzac développe pendant près d'une page celui qu'il connaît lui-même à l'audition de la « fantaisie, grande comme un poème, qui domine le finale de la symphonie en *ut* mineur » de Beethoven. L'enthousiasme des Birotteau est du même ordre. A deux reprises, Balzac souligne la comparaison : « [...] les poètes dont le cœur palpite alors comprendront que le bal de Birotteau produisait dans sa vie l'effet que produit sur leurs âmes ce fécond motif [...] »[35] ; de même nature sont les « émotions prodiguées par cette fête à Constance et à César »[36]. Le lyrisme de cette page interdit toute idée de dépréciation : la sincérité de la rêverie séraphique, féerique et baroque, à laquelle Balzac laisse aller son écriture ne permet pas d'imaginer la moindre distance entre Balzac et Beethoven, ni, en conséquence, entre Balzac et Birotteau. L'adhésion, dans les deux cas, est totale. Pourtant, après les sommets où le lecteur est transporté par le « sublime magicien » qu'est Beethoven, il lui faut redescendre : « Collinet avait composé de son galoubet le finale de cette symphonie commerciale »[37]. Il faut donc transposer en mineur le lyrisme beethovenien et l'enthousiasme qu'il communique, passer du registre sublime au registre « commercial » et terre à terre. L'orchestre puissant est remplacé par un « galoubet », la symphonie en *ut* mineur par la « symphonie commerciale ». Mais ce rapetissement ne signifie pas l'abolition de la grandeur morale ; simplement sa mise en relation avec le contexte sociologique. On joue une sorte de « Beethoven grotesque », le Beethoven du pauvre, qui, dans l'ordre bourgeois, a toute la grandeur de Beethoven. La version grotesque du sublime permet de voir le sublime dans le grotesque.

Il faut attendre la fin du roman pour que le sublime s'accomplisse. En effet, c'est au soir de la réhabilitation de Birotteau que « tout à coup le mouvement héroïque du finale de la grande symphonie de Beethoven éclata dans sa tête et dans son cœur. Cette musique idéale rayonna, pétilla sur tous les modes, fit sonner ses clairons dans les méninges de cette cervelle fatiguée, pour laquelle ce devait être le grand finale »[38]. Le mouvement de symphonie n'est plus proposé par Balzac comme métaphorique : il est donné à lire comme éclatant *vraiment* dans la tête de Birotteau. Cependant, aucun galoubet, aucun Collinet, aucune « symphonie commerciale » ne viennent constituer un « parallèle bouffon ». La « probité commerciale » a remplacé la « symphonie commerciale ». Le « commercial » se sublime. « Commercial » a perdu sa fonction de rape-

33. *César Birotteau*, t. VI, p. 179.
34. *Ibid.*
35. *Ibid.*
36. *Ibid.*, p. 180.
37. *Ibid.*
38. *Ibid.*, p. 311.

tissement grotesque, en même temps que s'opérait la promotion de la comparaison en réalité. Double renversement, donc : dans le sens des mots et dans les tours. Le déroulement du récit a engendré cette métamorphose, dont le terme est cette « harmonie intérieure »[39] de Birotteau. Ce n'est peut-être pas le finale beethovenien, mais Balzac le laisse supposer ; le lecteur est convié à croire à ce miracle. De toute manière, la « musique idéale » qui retentit en Birotteau est maintenant à la mesure de celle de Beethoven. Les promesses de sublime que comportait le grotesque de la première partie sont maintenant accomplies.

La sublimation du grotesque a permis de mieux prendre conscience de ses aspects positifs. La réduction de l'idéal peut donner une idée de l'idéal. Le « matériel » n'est pas forcément le négateur du « spirituel ». Ce peut être la voie concrète par laquelle, dans ce monde « bourgeois », prosaïque et généralement quelconque, l'idéal et éventuellement le spirituel se perçoivent et se transmettent. Sous cette forme si « petite », l'idéal est peu lisible, et pourtant, sous cette gaucherie, malgré la petitesse et les compromissions, l'idéal s'ébauche, avec un « grain », une « physionomie » prometteurs de vérité. Le mythe est alors à découvrir sous une figure encore peu lisible dans ses particularités grotesques ; c'est le déroulement de l'histoire qui donnera son sens à ce qui n'est encore que drôle ou drolatique. Dans un roman comme *César Birotteau* on suit en raccourci toute l'évolution historique que résume avec pertinence Michael Riffaterre. On était parti, au début du xixe siècle, du roman gai, on arrive à Dickens ou à Hugo. *César Birotteau* met Balzac dans une zone toute proche de ces deux romanciers. En effet, on y assiste bien à ce que Michael Riffaterre appelle le « passage de la dévaluation comique du burlesque littéraire à l'humour de sympathie »[40]. De ce passage Michael Riffaterre cite un exemple révélateur, que fournit le titre de la quatrième partie des *Misérables* : « L'idylle rue Plumet et l'épopée rue Saint-Denis »[41]. Michael Riffaterre commente ce titre d'une façon qui pourrait tout d'abord s'appliquer aussi bien à Balzac : « L'idylle et l'épopée sont désormais possibles dans ces bas quartiers. D'où l'inversion du rapport

---

39. *Ibid.*
40. Michael RIFFATERRE, *La production du texte* (Production du récit, II : L'humour dans « les Misérables », p. 169). Tout le passage qui précède analyse cette évolution : « [Le roman gai du début du siècle est un] roman dont les personnages — des simples, petites gens, petits bourgeois — sont comiques parce qu'ils semblent les caricatures d'une société plus relevée. Partagent leur sort les personnages d'*originaux* qui, destinés à devenir des phénomènes révélateurs, dignes d'observation, commencent par être des animaux curieux, bons à amuser le public. L'évolution se fera du particulier au significatif, du trait forcé au détail souligné, et du détail en soi, si isolé qu'il en est absurde, au détail intégré à des rapports et donc significatif. Ce qui donne à sourire ou à rire dans le roman gai donnera à réfléchir dans le roman réaliste. Et les personnages qui caricaturaient la classe supérieure à laquelle tout lecteur aime s'identifier deviendront à ses yeux l'image naïve, et par là attrayante, d'un monde parallèle au sien, à la fois inférieur et semblable, donc susceptible de faire naître des émotions charitables. On sera passé du pittoresque comique à l'humour comme signe à la fois de réalisme et de prédisposition à une sympathie attendrie et condescendante. On trouverait un aboutissement analogue dans les romans de Dickens » *(ibid.).*
41. *Ibid.*

d'inégalité : au lieu que l'épopée soit abaissée, et par conséquent comique parce que située rue Saint-Denis, c'est la rue Saint-Denis qui s'élève à l'épopée. Les petites gens aussi sont capables de grandeur. La condition humaine, dans tous les milieux, est semblable, et partout proposée à notre admiration. Mais le contraste stylistique, et son effet : le contraste entre les noms de genres nobles et les noms de rues qui ne le sont pas, reste comique »[42]. Là où se marque la différence entre Balzac et Hugo, c'est que l'on ne peut pas appliquer à Balzac la suite du commentaire sur l'inversion hugolienne du burlesque. On ne saurait dire en effet que l'humour est chez Balzac ce qu'on peut en dire chez Hugo : « une des marques stylistiques du roman à thèse, ou plutôt de la thèse dans le roman »[43]. Il est bien vrai que la « grandeur » de César Birotteau allait de pair avec des ridicules, certaines petitesses comiques, et que sa « décadence » comporte une réelle grandeur qui fait désormais oublier les éléments comiques. Pourtant, ceux-ci demeurent, et il n'est pas non plus question de spécialiser le sublime dans la catégorie sociale de Birotteau, la bourgeoisie commerçante. Balzac montre seulement que ce sublime est possible même dans le prosaïque et que la petitesse de la forme n'exclut pas la grandeur de l'âme, mais celle-ci n'annule pas le ridicule, le comique du personnage.

On trouve dans *La Comédie humaine* d'autres illustrations de ces retournements possibles de la petitesse vers la grandeur, retournements qui demeurent compatibles avec un réel comique. Ainsi en va-t-il du mercier parisien dans *La Fille aux yeux d'or* : « N'est-ce pas le mouvement fait homme, l'espace incarné, le protée de la civilisation ? Cet homme résume tout : histoire, littérature, politique, gouvernement, religion, art militaire. N'est-ce pas une encyclopédie vivante, un atlas grotesque, sans cesse en marche comme Paris et qui jamais ne repose ? »[44]. Tout comme dans le carnaval de *La Fausse Maîtresse*, le plus « burlesque » et le plus « européen » qui soit[45], parce que le plus animé, on trouve en pleine action « le mouvement exorbitant des prolétaires »[46]. « Grotesque » impose l'idée de la matérialité, de l'incarnation dans l'homme. Si l'on replace « atlas grotesque » dans la série des expressions qui définissent le personnage, donc à côté du « mouvement fait homme », de « l'espace incarné », d'une « encyclopédie vivante », « atlas » prend la suite de tous les termes exprimant la totalité, l'infini (« mouvement », « espace », encyclopédie »), tandis que « grotesque » s'inscrit dans la ligne de « fait homme », « incarné », « vivante ». C'est « l'âme résumée », mais aussi tout l'univers matériel résumé. Ces modèles « réduits » sont des « monades que le microscope fait apercevoir dans une goutte d'eau », semblables au « Gargantua de Rabelais, figure d'une sublime audace incomprise », « géant tombé des sphères célestes »[47]. C'est l'ancienne théorie du micro-

42. Michael RIFFATERRE, *op. cit.*, p. 169.
43. *Ibid.*, p. 170.
44. *La Fille aux yeux d'or*, t. V, p. 1044.
45. *La Fausse Maîtresse*, t. II, p. 233.
46. *La Fille aux yeux d'or*, t. V, p. 1052.
47. *Ibid.*, p. 1045.

cosme et du macrocosme qui redonne au « grotesque » ses lettres de noblesse. Balzac s'y réfère explicitement en quelques rencontres, et notamment dans *Le Cousin Pons* : « [...] l'ensemble se représente dans le moindre mouvement. Rabelais [...] a dit [...] : L'homme est un microcosme »[48]. Mais ce « grotesque », au lieu d'être un abrégé de toutes les grandeurs, peut tout aussi bien demeurer à son rang d'irrémédiable petitesse, de mesquinerie sans rémission, singerie, simagrée, grimace. C'est le cas de la « sphère supérieure » de Paris : « [...] là plus d'idées, elles ont passé comme l'énergie dans les simagrées du boudoir, dans les singeries féminines »[49]. C'est la « vie creuse » ; on n'y voit plus que cette « physionomie des riches où grimace l'impuissance, où se reflète l'or, et d'où l'intelligence a fui »[50].

Dans les deux cas, « grotesque » ou « simagrée », règne la petitesse : celle qui est l'image et la promesse de la grandeur ou celle qui n'en est, irrémédiablement, que la grimace ou le reflet. Ici, renversement du petit au grand ; là, retournement de l'apparence vers le vide. Bien que n'étant pas expressément cité dans le deuxième cas, celui des singeries et simagrées, le grotesque n'y est pas moins présent (la singerie en est un signe). Mais, dans la présentation qu'en fait ici Balzac, aucun renversement n'est amorcé. Cela n'est pas interdit en soi, mais cela n'est pas garanti. Contrairement à ce qui se passe chez Hugo, le grotesque, chez Balzac, n'est pas toujours sûr.

Quelles sont les incidences de chaque formule de grotesque ou de burlesque sur le comique ? Quand, et à quelles conditions, peut-on enregistrer un effet comique ?

Les deux formules nous ramènent au « tristement comique » d'*Eugénie Grandet*. Eugénie et sa mère, en tant que figurantes d'une « scène » de la vie de province, avec leurs petites habitudes et leurs petites cervelles, sont aussi comiques que les autres membres de cette petite société provinciale. Cette *petitesse* et ce *comique* vont de pair avec une *vision à distance*, avec un certain lointain, et aussi avec une certaine *généralité* : ce sont là des types de la Province, avec leurs habitudes, leurs clichés, leurs stéréotypes. Si l'on considère que quatre couples de facteurs sont mis en cause en cette description, la phase comique de la scène réunit les quatre premiers termes. Dans les couples *comique/tragique*, *petit/grand*, *éloigné/proche*, *général/individuel*, ce sont les facteurs respectivement *comique*, *petit*, *éloigné* et *général* qui se trouvent en un premier temps réunis.

Mais, comme le précise le texte d'*Eugénie Grandet*, il faut percevoir « cette petitesse » comme « jointe à de si grands intérêts »[51]. On va glisser du comique vers le tragique en même temps que ce qui était petit devient grand, que ce qui était éloigné devient proche, que ce qui était général s'individualise. Le renversement de la petitesse à la grandeur correspond

48. *Le Cousin Pons*, t. VII, p. 587.
49. *La Fille aux yeux d'or*, t. V, p. 1051.
50. *Ibid.*
51. *Eugénie Grandet*, t. III, p. 1052.

assez exactement au passage d'Eugénie Grandet à l'état de victime et d'amoureuse. Au détachement initial du lecteur succèdent la sympathie, la pitié, l'émotion : on entre alors dans le monde de la tragédie, s'il est vrai que, selon Stendhal, « l'intérêt passionné avec lequel on suit les émotions d'un personnage constitue la tragédie », alors que « la simple curiosité qui nous laisse toute notre attention pour cent détails divers » fait la comédie[52]. Pour Eugénie et sa mère, on observe donc quatre renversements connexes qui assurent l'avènement global du *tragique*, de la *grandeur*, de la *proximité* et de l'*individualité*. La « scène tristement comique » permet le fonctionnement simultané du double processus dans les quatre directions.

Sur cet unique exemple, on pourrait être tenté de conclure que le monde est une tragédie pour l'homme qui sent et une comédie pour l'homme qui pense[53]. La découverte de l'envers, la compréhension de l'opposition entre l'apparence et la réalité font naître une comédie, assurent au lecteur la perception d'un certain comique. Mme des Grassins, Adolphe, le président, l'abbé, le notaire sont autant de personnages dont le lecteur perçoit le comique en ce sens qu'il voit leurs ficelles, qu'il comprend leurs mécanismes. En ces pantins, aucune individualisation n'empêche de voir la généralité anonyme de l'intérêt et de l'hypocrisie. Si individualisation il y a, c'est l'individualisation du type, fonctionnement favorable à la comédie : « N'est-ce pas d'ailleurs une scène de tous les temps et de tous les lieux, mais ramenée à sa plus simple expression ? »[54]. La petitesse n'ayant aucune chance de se promouvoir en grandeur, ni en pathétique, elle peut demeurer comique.

Mais elle peut, tout en restant comique, devenir elle-même triste, donc « tristement comique », d'une double façon, bien différente de l'individualisation pathétisante d'Eugénie et de sa mère : soit par évolution vers *la désolation du vide*, soit par rattachement aux *grandes lois* de la Société, de l'Economie et du Cosmos. Si « comprendre » veut dire remonter des effets à la cause, connaître la « raison des effets », alors « comprendre » n'engendre plus le comique, pas forcément non plus le sentiment tragique, mais pour le moins cette impression mixte, oscillante et dialogique que Balzac résume dans son « tristement comique ». Le comique se trouve aboli par un renforcement de petitesse qui fait confiner ces Lilliputiens de province et d'ailleurs à l'infiniment petit, ou bien, au contraire, les faits rentrer dans l'infiniment grand qui dépasse de bien loin la dimension platement humaine.

La *vision du nul*, qui succède au comique de la révélation, c'est le point vers lequel tendent la soirée d'Angoulême, celles de Provins, de La Ville-aux-Fayes ou d'Arcis-sur-Aube. Evolution comparable à celle qui mène de la drôlerie de tant de soirées jusqu'au cauchemar de la dernière soirée de l'hôtel de Guermantes, dans *Le Temps retrouvé*. Même

52. STENDHAL, *Racine et Shakespeare* (II), 1825, Lettre 8 (Jean-Jacques Pauvert, 1965, p. 172, n. 1, 3°).
53. Proverbe cité par Pierre-Aimé TOUCHARD, *Dionysos*, Apologie pour le théâtre, Ed. du Seuil, 1949, p. 45.
54. *Eugénie Grandet*, t. III, p. 1052.

analyse dans la présentation de la haute société parisienne au début de *La Fille aux yeux d'or* : « Là rien de réel »[55]. Inanité, ravage et desséchement : tout cela donne lieu à la comédie de « l'esprit tout fait » et des « lieux communs ». Mais le fond du tableau, c'est ce « vide absolu » qui se trouve ici énoncé : « comme s'il n'existait pas un milieu, trouvé par le dix-huitième siècle, entre le trop-plein et le vide absolu »[56].

Autre limite de la comédie, les *grandes lois* de la Société, particulièrement de l'Economie, qui font l'Histoire et son tragique. La comédie et la fin de la comédie sont conjointement formulées au début de *La Vieille Fille*. D'une part, Balzac propose du salon de Rose Cormon une analyse conforme au mécanisme de l'héroï-comique ; le petit est énoncé par la métaphore du grand : « C'était, comme à Paris, la sortie d'un spectacle »[57]. Le comique de cette « compagnie », c'est que « ses intérêts » sont « agrandis par la petitesse de l'esprit », selon une formule qui manifeste spirituellement la jonction mobile du petit et du grand. Il n'y a de grand, ici, que ce qui le paraît à ces Lilliputiens. Pourtant, ce groupe si « petit » ne manque pas d'importance politique, ce qui intéresse du Bousquier : « Pour chiffrer l'importance du salon de Mlle Cormon, il suffira de dire que, statisticien-né de la société, du Bousquier avait calculé que les personnes qui le hantaient possédaient cent trente et une voix au Collège électoral et réunissaient dix-huit cent mille livres de rente en fonds de terre dans la province »[58].

Il y a donc maintes possibilités pour les médiocres, minuscules et prosaïques pantins de *La Comédie humaine* de manifester un renversement du comique vers l'absence de comique. Nous en avons déjà relevé deux : l'évanouissement vers « le vide absolu », la contribution aux grands combats, politiques, sociaux, économiques. Il en reste une troisième : la promotion vers le pathétique et le sublime.

C'est l'individualisation du personnage, son passage du statut de type à celui de personne, qui lui assure cette grandeur en quelque sorte tragique, qui le fait échapper à ses origines médiocres et généralement comiques. Il faut reprendre à l'envers la formule d'Henri Gouhier : « Un personnage devient comique à mesure qu'il est vidé de la biographie qui fait de lui *cette personne* unique ; de l'être réalisé dans une histoire qui se réalisera une seule fois se détache un type ; la sympathie qui nous attache à la personne historique disparaissant avec elle, le comique peut naître »[59]. L'individualisation du personnage fait que le lecteur se rapproche de lui par la sensibilité, la sympathie ; l'émotion que le personnage suscite chez le lecteur contribue à l'individualisation. On s'attendait à trouver un termite, une ganache, une marionnette, et l'on est tout surpris de découvrir un homme. Cette métamorphose va de pair avec le renversement du comique au sublime, au pathétique ou à la terreur, traditionnels ressorts de la tragédie.

55. *La Fille aux yeux d'or*, t. V, p. 1050.
56. *Ibid.*, p. 1051.
57. *La Vieille Fille*, t. IV, p. 853.
58. *Ibid.*
59. Henri GOUHIER, *Le Théâtre et l'existence*, p. 139.

Le sublime, c'est la conséquence de la mutation de l'héroï-comique en héroïque. Ce qu'il y avait de Napoléon dans le « Napoléon de la parfumerie » se réalise. Le type burlesque se mue en individu sublime. Le parfumeur comique devient un homme qui souffre et qui se dépasse. Cela n'annule pas les authentiques ridicules ni ne les rend forcément attendrissants. Le « mélange » maintient intactes les composantes : c'est un secret balzacien.

Le pathétique, nous l'avons repéré dans le « tristement comique » d'*Eugénie Grandet*. Eugénie, pur produit, tout étréci, de l'univers des provinces, mi-paysannes, mi-bourgeoises, est une femme blessée. L'abbé Birotteau, Rose Cormon n'atteignent pas au grandiose dans leur souffrance : leur pathétique demeure sourd, gauche et muet. Ici le pathétique balzacien culmine : il crée la personne dans le personnage, grâce à un attendrissement sans phrases. L'effort de ces êtres limités pour échapper à leurs limites est d'autant plus touchant qu'il est voué à l'échec. Au détour d'une phrase, quelquefois, se réalise une telle échappée vers la sympathie. Ainsi, après une sorte d'inventaire sociologique, propice aux effets comiques, à la manière des *Choses* d'un Georges Perec, une phrase appelle à se rapprocher de ces êtres plats, de ces cloportes : « Il y avait quelque chose de touchant dans cette heureuse et laborieuse médiocrité » (il s'agit de Zélie Minard)[60].

Tout proche, parce que lié, comme l'effet de pitié, à l'individualisation du personnage par la tendresse, on rencontre enfin l'effet de crainte, de terreur. Ce qui était comique devient horrible, dès qu'il devient impossible d'avoir sur le personnage et la situation où il se trouve une vue abstraite et généralisante. C'est ce que Modeste Mignon écrit à Canalis : « Superposé à sa vie privée, le comique de Molière est horrible »[61]. Les détails permettent souvent la naissance de la « terreur », en obligeant à s'approcher des faits par l'émotion, en interdisant le détachement : ainsi, dans *Splendeurs et misères*, « quelques détails servent de comique, terrible si vous voulez, à cette Scène »[62].

Contre-épreuve de cette analyse : on assiste souvent aussi, dans *La Comédie humaine*, au mouvement inverse du précédent, celui qui fait « prendre les choses comiquement ». Cela coïncide généralement avec la typisation de l'individu. On sait que les deux opérations sont connexes chez Balzac : « individualiser le type » et « typiser l'individu ». Cette dernière opération favorise incontestablement le comique, dans la mesure où la généralisation fait prendre du champ par rapport à l'individu. En mettant à distance, la typisation interdit ou, pour le moins, contrarie la sympathie. Distance et généralité recréent le comique. Ainsi, le dramatique devient « comique » : c'est le « comiquement dramatique » que nous avons commenté sur un autre plan[63]. Et, tout aussi bien, le

60. *Les Employés*, t. VII, p. 977.
61. *Modeste Mignon*, t. I, p. 551.
62. *Splendeurs et misères des courtisanes*, t. VI, p. 591-592.
63. Cf. *supra*, p. 119, 121-122 ; *LH*, t. I, p. 313, le 11 mars 1835.

« grotesquement horrible »[64], lui aussi déjà rencontré[65]. On pourrait rattacher à la même formule le « mélodrame comique »[66], le « drame affreux, hideux, comique, terrible » que constitue le « derrière des coulisses »[67] ou bien ce « drame horrible qu'il faudrait nommer l'envers du vice » et que Balzac nomme d'autre part « un de ces drames noirs et comiques, auprès desquels le drame de *Tartuffe* est une vétille »[68].

Pour que se réalise l'opération du « prendre comiquement », il faut que l'ensemble puisse être perçu, que l'individu apparaisse comme un jouet dans la grande mécanique sociale ou métaphysique. Il faut que l'individu n'interdise pas de percevoir la marionnette, que l'histoire particulière n'empêche pas de voir les lois de l'ensemble. Ainsi en va-t-il de *Gobseck* dont l'histoire est « grotesquement horrible », vue par les yeux de Gobseck, qui connaît les lois humaines de l'amour et de l'or, dans le cadre de cette société. Sous le regard du démiurge (du romancier) rieur, le « mensonge » de Diane de Maufrigneuse devient « comique », comique également l'effacement dans un silence heureux du grand esprit qu'était d'Arthez. On peut toujours, dans le roman balzacien, prendre le champ nécessaire pour percevoir le comique d'une situation d'échec, d'un écrasement ou d'une déception. Dès les premières *Scènes de la vie privée*, l'attendrissante Emilie de Fontaine est ridicule avec ses préjugés d'un autre âge : comment ne pas recevoir le message ironique de M. de Persépolis (non pas conscient chez M. de Persépolis, mais présent dans le texte du roman) lui disant « avec sa grâce épiscopale : 'Ma belle dame, *vous avez écarté le roi de cœur*, j'ai gagné. Mais ne regrettez pas votre argent, je le réserve pour mes petits séminaires' »[69] ? L'envoi de Félix de Vandenesse à Natalie de Manerville et la réponse de celle-ci, après le récit du *Lys*, placent l'élégie dans la perspective d'un échec ironique. Quant à David Séchard, génie méconnu et honnête homme exploité, il bénéficie d'une fin heureuse, mais il suffit d'un curieux « mais » et d'un « bravement » plein de sympathie et d'estime pour qu'un éclairage puissamment ironique soit proposé, donnant tout son sens à cette destinée : « Il cultive les lettres par délassement, *mais* il mène la vie heureuse et paresseuse du propriétaire faisant valoir. Après avoir dit adieu sans retour à la gloire, il s'est *bravement* rangé dans la classe des rêveurs et des collectionneurs ; il s'adonne à l'entomologie, et recherche les transformations jusqu'à présent si secrètes des insectes que la science ne connaît que dans leur dernier état »[70]. Ainsi des histoires tristes ou mélancoliques peuvent-elles être prises « comiquement », grâce à la ligne générale du roman où elles se trouvent enchâssées.

Deux mouvements de sens opposé s'associent donc dans le comique balzacien, en liaison avec la désignation comique. D'un côté, le mouvement qui, du comique le plus gros et le moins mêlé, va jusqu'à une

64. *Gobseck*, t. I, p. 1006.
65. Cf. *supra*, p. 119, 121-122.
66. *Illusions perdues*, t. V, p. 372.
67. *LH*, t. II, p. 474, 16 juillet 1844.
68. *Les Secrets de la princesse de Cadignan*, t. VI, p. 979.
69. *Le Bal de Sceaux*, t. I, p. 165. C'est nous qui soulignons.
70. *Illusions perdues*, t. V, p. 732. C'est nous qui soulignons.

certaine tendresse, voire jusqu'à la compassion. D'un autre côté, on part de la sympathie pour arriver à l'ironie. Ce que précise la désignation comique du type, qui le rend généralement risible, c'est qu'il unit la petitesse de sa vie quotidienne et de sa condition à la grandeur représentative de l'Histoire. Balzac écrit à Armand Bertin à propos des *Petits Bourgeois de Paris* que les personnages, « étant presque tous Electeurs, méritent autant d'égards, pour leurs grandeurs et leurs petitesses, que s'ils étaient des princes [...] Monsieur Jourdain, Chrysale, etc., sont les patrons éternels du Bourgeois, que chaque temps habille à sa manière »[71]. C'est le social qui fait le ridicule, la « bête » qu'est l'homme n'est en elle-même pas si comique ; tel est le fondement du retournement du comique social vers le pathétique humain. Birotteau est expliqué par ce passage de *La Maison Nucingen* : « Le moqueur est toujours un être superficiel et conséquemment cruel, le drôle ne tient aucun compte de la part qui revient à la Société dans le ridicule dont il rit, car la Nature n'a fait que des bêtes, nous devons les sots à l'Etat social »[72]. Et de Simon Giguet, stupide entre les stupides, Balzac écrit : « Simon Giguet, comme presque tous les hommes d'ailleurs, payait à la grande puissance du ridicule une forte part de contributions »[73]. Telles sont les orientations auxquelles conduit l'examen des renversements dont certains des termes de la désignation comique appellent le lecteur à prendre conscience. Celui-ci est appelé à vivre la mobilité du double.

Désignation comique, disions-nous. Oui, désignation, et jamais assignation. Non pas sens donné, mais sens à trouver. Le lexique de la désignation comique suggère une situation, un objet difficilement définissables par un sens unique et statique. Entre le réel et le fantastique, entre l'hier et le demain, entre le connu et l'inconnu, le terme de désignation comique appelle à une imagination de la distance, de la théâtralité, de la mutation. La désignation comique vaut en premier pour ce qui est encore impossible à désigner, l'innommable. Nous avons trouvé des exemples comparables de cette fonction dans le roman contemporain, chez Malraux, chez Nathalie Sarraute ou chez Sartre. En témoigne éloquemment l'effort de Roquentin, cherchant à rendre compte d'une expérience qui a fait basculer son univers tranquille, balisé, dûment étiqueté, vers un innommable, qui est dit, en attendant mieux, « grotesque », « comique ». « Les choses sont délivrées de leurs noms. Elles sont là, grotesques, têtues, géantes et ça paraît imbécile de les appeler des banquettes ou de dire quoi que ce soit sur elles : je suis au milieu des Choses, les innommables »[74]. Un peu plus loin sur le chemin de l'expérience : « Toutes ces somnolences, toutes ces digestions prises ensemble offraient un aspect vaguement comique. Comique... non : ça n'allait pas jusque-là, rien de ce qui existe ne peut être comique ; c'était une analogie flottante, presque insaisissable avec certaines situations de vaudeville »[75]. La réalité

71. *Corr.*, t. IV, p. 683, 25 mars 1844.
72. *La Maison Nucingen*, t. VI, p. 354.
73. *Le Député d'Arcis*, t. VIII, p. 726.
74. Jean-Paul SARTRE, *La Nausée*, Gallimard, 1938, p. 159.
75. *Ibid.*, p. 162-163.

complexe, mobile, que Balzac cherche à nommer n'est pas celle dont les autres romanciers tentent de rendre compte, chacun selon son projet d'homme et d'artiste. Mais le mécanisme de la désignation comique est dans tous les cas un moyen de mettre cette réalité en perspective. La désignation comique met le monde romanesque en observation et soumet notre monde à l'interrogation. Comique ou grotesque est l'univers de la fiction, ce qui nous appelle à nous interroger sur le nôtre et sur ses contradictions. Mais aussi cet univers de la fiction est un univers ricur : quel sens devons-nous inférer de l'écriture romanesque du rire ?

TROISIÈME PARTIE

UN UNIVERS RIEUR

Ce qui visait d'abord à être une critique de signification est devenu surtout une étude de fonctionnement. Nous avions cherché à entendre, à travers les vocables de la désignation comique, l'opinion exacte de Balzac théoricien et penseur du comique. Or aucune notion, dans le roman, ne se livre dans sa nudité. Chaque élément du lexique de jugement comique se révèle à la fois comme créateur et comme tributaire de certains effets : créateur ou, pour le moins, auxiliaire de la participation du lecteur à l'action et aux acteurs du romanesque et, plus souvent, responsable de la distance et du détachement, faisant osciller le lecteur d'un pôle à son contraire ; mais, dans ces rôles, le lexique comique dépend du contexte narratif. Aussi l'étude de la désignation comique a-t-elle fait apparaître l'interpénétration de l'esthétique du roman et de l'esthétique du comique.

Interpénétration plus sensible encore dans l'étude des diverses actions qui, dans l'univers de la fiction romanesque, ressortissent à une psychologie du rire. Car on « rit » beaucoup dans *La Comédie humaine* et, avant d'analyser la relation du lecteur avec ces rires du texte romanesque, il convient d'interpréter les relations qui s'instaurent, dans le monde imaginaire, entre personnages comiques et personnages qui en rient, entre une cause et un effet supposés. Psychologie du rire romanesque et psychologie de la lecture de ce rire sont dans une relation d'étroite interdépendance. Au lieu d'intituler la présente troisième partie *Un univers rieur*, nous aurions pu choisir *Lecture du rire romanesque*. Le problème du rire *dans* le roman et de la lecture de ce rire doit être considéré, parmi les problèmes du roman balzacien, comme l'un des plus importants.

La question est délicate, comme le sont toutes les questions qui, en littérature, touchent à la psychologie. Nous allons nous intéresser à *rires, sourires, sarcasmes, ironies, railleries, épigrammes*, etc. Mais ces diverses actions « comiques » sont *écrites*. Nous avons lu depuis le début de ce siècle que les personnages de roman sont des « héros sans entrailles » : c'était la formule de Paul Valéry, avant celle de Barthes : « êtres de papier »[1], ou celle de Michel Raimond : « *homo fictus* »[2]. Si psychologie il y a, il ne peut s'agir, en la circonstance, que d'une « psychologie métaphorique »[3]. Si cohérence il y a, elle est celle d'une métaphore, et, qui plus est, d'une métaphore qui est définie par trois ensembles emboîtés : l'ensemble constitué par le personnage, logé lui-même dans l'ensemble

---

1. Roland BARTHES, *S/Z*, p. 217.
2. Michel RAIMOND, Les sentiments dans la tradition naturaliste, in *Cahiers de l'AIEF*, 1973, p. 275.
3. *Ibid.*

d'un roman qui fait partie de l'ensemble *Comédie humaine*. Ce que nous avons à reconstituer, avant d'arriver à une psychologie humaine, c'est « l'homme mis en mots », selon l'expression d'Aragon : « L'homme mis en mots comme on dirait l'homme mis en pièces (mis en pièce) »[4]. Sur la scène du roman, quelles figures tracent toutes ces « manifestations » de gaieté ? Quels parcours ? Quels réseaux ? Et pour quels sens ?

La mise en scène romanesque joue de toutes les ressources du récit et du discours. Un « rire » s'inscrit dans une perspective ouverte au lecteur par le « mode narratif ». Ici, le rire est donné à lire dans la franchise de son éclatement, comme le serait un rire de théâtre, à la fois perçu en imagination par le lecteur et dans la « réalité » de la fiction par les autres personnages. Dans ce cas, il y a « focalisation interne », si le rire apparaît dans la perspective d'un autre personnage du roman, ou bien « focalisation externe », dans la mesure où le récit s'accomplit comme pourrait le faire un témoin, à l'intérieur de la fable[5]. Ailleurs le roman propose un rire qui, dans la fable, échappe aux voisins : il est révélé au lecteur par un récit en « focalisation zéro », sans indication de point de vue.

Doit également être mesuré le degré d'opacité, d'indétermination, que conserve le rire, à l'intérieur du roman. Dans la fable, il y a le rire franc et celui qui ne l'est pas, celui qui cache et celui qui est caché, celui qui est à demi dissimulé et celui qui n'est qu'à demi déclaré. De la même façon, si l'on passe du plan de la fable à celui de l'énonciation, la révélation au lecteur du caché (dévoilement du rire caché ou dévoilement de ce que cache le rire) crée une certaine forme de complicité entre le « narrateur » et le lecteur. Le statut du rire inscrit dans le texte ne peut donc être jamais défini si n'est pas en même temps précisé le statut de son apparition dans le champ de la lecture, de son énonciation dans le roman. Si la complicité paraît appelée par le texte du roman, on peut en inférer une visée de l'auteur qui avait besoin de la participation de son lecteur à ce rire, qui la recherchait expressément, visant l'effet. En revanche, parallèlement aux rires seulement à demi déclarés dans la fable, on peut repérer des rires dont l'énonciation et la désignation ne donnent pas précisément la clé, qui demeurent donc pour le lecteur — et pour l'auteur ? — à demi opaques.

Ainsi se met en mouvement un jeu du caché et du montré, du cachant et du montrant, dans le *dit* et dans le *dire*, sorte de cache-cache des rires. Aucune autre notation « psychologique » appliquée aux personnages, dans l'œuvre balzacienne, ne nous a paru plus apte que les rires, ou toute autre manifestation de la gaieté, à susciter un tel jeu. Ce jeu est créateur d'ambiguïté et d'ambivalence : le jeu des rires lus réalise, mieux que tout autre élément de la fiction, ce projet esthétique que faisait pressentir le rire de Balzac vivant.

4. ARAGON, *Théâtre/Roman*, p. 389, p. 401.
5. Nous avons adopté la terminologie des « modes » narratifs et des « focalisations » que propose Gérard GENETTE dans *Figures III*.

CHAPITRE I

SOURIRES, RIRES ET COMIQUE

La première tâche est de trier les rires et les sourires qui doivent entrer dans notre champ opératoire. Aucun rire, aucun sourire ne peuvent être *a priori* récusés, mais seuls sont à considérer ceux qui ont à voir avec le comique pris en son sens le plus large, qui disent la comédie, naissent d'un objet risible, à moins qu'ils ne rendent celui-ci ridicule, qui ont le pouvoir de communication et de contagion physiques dans une participation à un même jugement de dépréciation ou de mise à distance, qui ne se limitent pas à la seule tendresse ou à la naïve et gracieuse gaieté. Hommage doit ici être rendu aux pionniers de l'étude du rire dans le roman[1]. Le présent travail leur doit cette idée, mais subordonne l'étude du rire à la psychologie du comique littéraire et à sa poétique.

I. RECENSEMENTS

Au terme d'un recensement systématique, nous avons compté 1 514 sourires et 1 263 rires dans l'ensemble de *La Comédie humaine*. Ces chiffres ne désignent pas seulement le nombre des « actions » (rires ou sourires des personnages), mais celui des occurrences de noms et verbes employés dans le récit ou dans le discours, comme commentaire sur un rire particulier ou sur le rire en général. Etant donné que *La Comédie humaine* comporte 10 652 pages, la moyenne est, pour 1 000 pages, de 142 sourires et de 118 rires. Nous avons pu dresser la liste, par ordre décroissant, des fréquences en rires, puis en sourires, de tous les romans de *La Comédie humaine*. On pourra lire, ci-dessous, la liste des 37 titres sur 90 dont la fréquence en rires est supérieure à la moyenne, puis la liste des 42 titres

1. Léon CELLIER, Rires, sourires et larmes, dans « La Chartreuse de Parme », *Colloque Stendhal*, Parme, 1967, et Rires, sourires et larmes dans « Le Rouge et le Noir », dans *De Jean Lemaire de Belges à Jean Giraudoux*, 1970, p. 277-297 ; Philippe MÉNARD, *Le rire et le sourire dans le roman courtois en France au Moyen Age, 1150-1250*, Droz, 1969 ; Madeleine FARGEAUD, Une lecture de « Béatrix », *AB 1973*, p. 99-114, particulièrement le second volet, p. 107-114.

dont la fréquence en sourires est supérieure à la moyenne des sourires. Deux œuvres seulement ne comportent aucune mention de rire : *Un Episode sous la Terreur* et *Les Marana*, cependant qu'un seul ne comporte aucune mention de sourire : *La Messe de l'athée*.

Liste des romans dont la fréquence en RIRES dépasse la moyenne

1.	*La Paix du ménage*	558	20.	*Maître Cornélius*	185
2.	*Sarrasine*	454	21.	*Petites misères de la vie conju-*	
3.	*Etude de femme*	444		*gale*	174
4.	*L'Elixir de longue vie*	434	22.	*Physiologie du mariage*	171
5.	*Un grand homme de province*		23.	*Le Contrat de mariage*	168
	à Paris	327	24.	*Un homme d'affaires*	166
6.	*Melmoth réconcilié*	318	25.	*L'Illustre Gaudissart*	162
7.	*La Peau de chagrin*	317	26.	*Illusions perdues*	156
8.	*Un prince de la bohème*	290	27.	*Gobseck*	153
9.	*El Verdugo*	272	28.	*Un début dans la vie*	152
10.	*Le Colonel Chabert*	269	29.	*La Cousine Bette*	151
11.	*Les Comédiens sans le savoir*	263	30.	*Un drame au bord de la mer*	150
12.	*Jésus-Christ en Flandre*	235	31.	*Les Secrets de la princesse de*	
13.	*Le Député d'Arcis*	216		*Cadignan*	145
14.	*Les Chouans*	209	—	*Une fille d'Eve*	145
15.	*Les Employés*	203	33.	*La Vieille Fille*	144
—	*Le Bal de Sceaux*	203	34.	*La Vendetta*	138
17.	*Autre étude de femme*	196	35.	*Pierre Grassou*	130
18.	*La Maison Nucingen*	193	36.	*Le Père Goriot*	129
19.	*La Fille aux yeux d'or*	188	37.	*L'Interdiction*	126

Nous constatons que 8 sur les 12 premiers romans ont été écrits entre 1830 et 1832, en particulier les 4 premiers, qui sont de 1830. On peut noter de surcroît que, sur les 6 premiers romans, 4 appartiennent ou ont appartenu d'abord, comme *Sarrasine*, aux *Romans et Contes philosophiques*, puis aux *Etudes philosophiques*. Dans la même période ont été écrits les *Contes drolatiques* : nous avons recensé les rires et les sourires dans le premier dixain et nous avons constaté une fréquence moyenne de 375, ce qui placerait ce dixain au cinquième rang de notre liste des romans de *La Comédie humaine*, dans la ligne des romans écrits entre 1830 et 1832. Il faut enfin remarquer que la plupart des œuvres qui arrivent en tête sont des œuvres courtes, nouvelles ou romans inachevés : seuls ont la taille de « romans », parmi les 13 premiers titres de notre liste, *La Peau de chagrin* et *Le Contrat de mariage*. Cela pose une question à laquelle nous n'avons pas apporté de réponse : quelle est la relation entre cette brièveté et l'importance de la fréquence en rires ? Genre moins sérieux ? Genre où la part du dialogue est plus importante que celle de la description ou de la dissertation ?

Nous livrons aussi l'essentiel des résultats de notre enquête sur les sourires, avec la réserve qu'une grande partie de ces sourires n'intéresse guère le comique.

Liste des romans dont la fréquence en SOURIRES dépasse la moyenne

1.	Etude de femme	666	24.	Le Député d'Arcis	185
2.	La Paix du ménage	558	25.	El Verdugo	181
3.	La Vendetta	415	26.	Jésus-Christ en Flandre	177
4.	Le Message	307	—	Splendeurs et misères des courtisanes	177
5.	Gaudissart II	300			
6.	La Peau de chagrin	297	28.	Le Lys dans la vallée	174
7.	Les Chouans	287	29.	La Grenadière	173
—	Une double famille	287	—	Pierre Grassou	173
9.	Les Deux Poètes	276	31.	La Femme de trente ans	172
10.	Sarrasine	272	32.	L'Envers de l'histoire contemporaine	170
11.	Z. Marcas	269			
12.	L'Auberge rouge	264	—	La Femme abandonnée	170
13.	Gambara	237	34.	Le Curé de Tours	169
14.	Le Chef-d'œuvre inconnu	230	35.	Modeste Mignon	165
15.	La Fausse Maîtresse	224	36.	Les Proscrits	161
16.	Le Bal de Sceaux	222	37.	Madame Firmiani	150
17.	Massimilla Doni	217	—	Une passion dans le désert	150
18.	Adieu	214	39.	La Muse du département	148
—	Autre étude de femme	214	40.	La Cousine Bette	146
20.	Gobseck	211	41.	Mémoires de deux jeunes mariées	145
21.	L'Enfant maudit	208			
22.	Un grand homme de province à Paris	188	—	Les Secrets de la princesse de Cadignan	145
23.	Petites misères de la vie conjugale	187			

Un certain nombre de titres se retrouvent dans les deux listes et le meilleur moyen est de repérer les romans où la somme des rires et des sourires (entendons la somme des fréquences moyennes) est particulièrement importante.

Liste des 12 romans où la somme des fréquences moyennes
de RIRES et SOURIRES est la plus importante

1.	La Paix du ménage	1 116	8.	Un grand homme de province à Paris	489
2.	Etude de femme	1 100	9.	El Verdugo	453
3.	Sarrasine	726	10.	Melmoth réconcilié	431
4.	La Peau de chagrin	614	11.	Le Bal de Sceaux	425
5.	L'Elixir de longue vie	564	12.	Jésus-Christ en Flandre	412
6.	La Vendetta	553			
7.	Les Chouans	496			

A l'exception d'*Un grand homme de province à Paris*, les titres qui figurent sur ce tableau sont ceux de romans et de nouvelles écrits et publiés entre 1829 et 1831. La proportion en est encore plus forte pour la somme des rires et des sourires que pour chacune des listes respectives de rires et de sourires. Pourquoi, dans ces années, une telle concentration ? Phénomène de mode, au moment où le roman cherche à conquérir la première place et affirme, par rires et sourires indifférenciés, sa vocation à la fois théâtrale et réaliste ?

Pour l'étude de la spécificité comique, plus important se révèle l'examen des romans où le rire l'emporte le plus, en fréquence, sur le sourire. La liste des douze romans qui arrivent en tête dans cette rubrique fait apparaître que le fait *Paris* l'emporte sur le fait *1830*.

Liste des 12 romans où la fréquence moyenne des RIRES
domine le plus celle des SOURIRES

1. *L'Elixir de longue vie*	214	8. *Les Comédiens sans le savoir*	141
2. *Melmoth réconcilié*	205	9. *Les Employés*	134
3. *Un prince de la bohème*	196	10. *Un grand homme de province*	
4. *Sarrasine*	178	*à Paris*	123
5. *Le Colonel Chabert*	158	11. *La Fille aux yeux d'or*	116
6. *La Maison Nucingen*	145	12. *Un homme d'affaires*	111
7. *Le Contrat de mariage*	144		

La pertinence de ce repérage du rire pour l'étude du fait *comique* est, à notre sens, établie par une enquête connexe sur le premier dixain des *Contes drolatiques*, œuvre qui, sans détour, se voulait « comique ». Nous y avons relevé 70 rires et 17 sourires en 162 pages, soit une fréquence moyenne en rires de 432, une fréquence moyenne en sourires de 104 et une différence de 328 entre la fréquence des rires et celle des sourires. Ce chiffre dépasse de loin la plus forte différence relevée dans *La Comédie humaine*, celle de *L'Elixir de longue vie*, qui est de 214. L'intention de Balzac, quand il écrit *Les Contes drolatiques*, est de rire et de faire rire. Or, nous relevons dans les *Contes* une nette prédominance du rire. Une œuvre qui se veut comique est donc une « poësie tissue de rires »[2]. La présence du rire dans un roman et sa nette prédominance sur le sourire sont un facteur essentiel pour le dépistage et l'analyse du phénomène comique.

Confirmation contemporaine : le roman de Nathalie Sarraute *Vous les entendez ?*, où le rire est omniprésent. Le nombre des rires y est de 179 et celui des sourires de 25. La fréquence, rapportée au modèle d'une page de Pléiade, est approximativement de 1 750 pour les rires et de 250 pour les sourires, soit trois plus que la plus forte fréquence balzacienne pour les rires, alors que la densité en sourires placerait ce roman en douzième ou treizième position sur la liste balzacienne des sourires. L'écart entre la fréquence des rires et celle des sourires est de 1 500 dans le roman de Nathalie Sarraute, soit sept fois le plus fort des écarts balzaciens. Rire et comique sont au centre de ce roman : au carrefour entre le dit et le dire, entre psychologie et sociologie, entre vie et mort, entre tragique et dérision. La prolifération des mots « rire » y manifeste l'importance du « rire » pour la forme du roman, mais sans que cela interdise, au contraire, la lecture psychologique de nos minuscules et

2. *Contes drolatiques*, Epilogue du 1er dixain, ancienne Pléiade, t. XI, p. 594.

dévorantes pulsions, entre agressivité et vulnérabilité, entre nos rires et
ceux que nous suscitons chez les autres. Le rire exprime aussi, en même
temps, le combat entre les microsociétés des « jeunes » et des « vieux » ;
il situe l'ouvrage « entre la vie et la mort », dans la ligne proustienne
de cette « fine buée » qui vise à faire une œuvre d'art dont la figure centrale est une œuvre d'art, objet des rires, et capable de survivre à cette
mort qui rôde du début à la fin du roman. Le rire est au centre des problèmes du roman, du comique et de la vie.

Si l'on revient au roman balzacien, il apparaît que *Paris* est présent
là où le rire l'emporte nettement sur le sourire. Du moins dans un grand
nombre de cas : huit sur douze, dans le tableau précédent, appartiennent
aux *Scènes de la vie parisienne* ; neuf sur douze se passent à Paris pour
l'essentiel, dont, bien entendu, *Un grand homme de province à Paris*[3] ;
de surcroît, plus du tiers des titres de *Scènes de la vie parisienne* se trouvent
dans l'ensemble des 12 premiers romans du rire dominant.

Contre-épreuve : la liste des romans où le nombre des sourires l'emporte
le plus nettement sur le nombre des rires. Cinq d'entre eux appartiennent
aux *Scènes de la vie privée*, 4 aux *Etudes philosophiques*, 1 aux *Scènes
de la vie de province*, 1 aux *Scènes de la vie politique* et un seul aux *Scènes
de la vie parisienne (Gaudissart II)*. Donc, si l'on constate une assez
large interférence entre les divers secteurs pour des romans « philosophiques », le rire s'impose à Paris, le sourire dans la « vie privée ».

*Liste des 12 romans où la fréquence moyenne des SOURIRES
domine le plus celle des RIRES*

1. *La Vendetta*	277	7. *L'Auberge rouge*	176
2. *Le Message*	231	8. *Z. Marcas*	154
3. *Une double famille*	212	— *Le Chef-d'œuvre inconnu*	154
4. *Les Deux Poètes*	208	10. *La Femme abandonnée*	146
5. *Gaudissart II*	200	11. *Les Proscrits*	129
6. *La Fausse Maîtresse*	184	12. *Gambara*	126

II. RIRES, SOURIRES : NUANCES FONCTIONNELLES

Après ce premier sondage qui justifie la place donnée au rire dans
une étude du comique romanesque, la question du sourire se pose :
quelle place lui donner ici ?

Une première observation est à faire : quelle est la proportion des
rires et des sourires spécifiés, qualifiés, par rapport aux ensembles respectifs de rires et de sourires ?

Seconde observation nécessaire : comment se répartissent dans chaque
groupe les noms et les verbes ?

3. Pierre CITRON justifie l'appartenance d'*Illusions perdues* aux *Scènes de la vie
de province*, Garnier-Flammarion, p. 28-29 ; mais la deuxième partie est bien une
« scène de la vie parisienne ».

Rires et sourires spécifiés

La spécification ou qualification des rires et des sourires peut être un adjectif, si l'emploi du mot est nominal, un adverbe, si l'emploi est verbal. Or la proportion des occurrences de qualification est différente d'un groupe à l'autre. Deux sur trois, approximativement, des occurrences de sourires ne sont pas qualifiées, tandis que 86 % des rires ne le sont pas. La qualification joue un rôle plus important pour le sourire que pour le rire : un tiers des sourires sont qualifiés, 14 % seulement des rires.

Hypothèse : le sourire est chargé de transmettre, de manifester, de créer des nuances de sentiment dont la tonalité ne peut s'exprimer sans les précisions qui lui confèrent même souvent tout son sens. Le rire apparaît comme plus souvent capable de constituer un sens par lui-même : il est davantage un acte, alors que le sourire prend souvent valeur expressive ou impressive. Certes, parmi les autres signes qui constituent le roman, le sourire peut jouer un rôle de révélateur ; avec lui émergent des intentions cachées, se fissure le personnage social. Mais il n'a pas la force de démenti, le pouvoir négateur du rire, apte, en certaines circonstances, à prendre le contre-pied des paroles prononcées, à devenir le contrepoint qui est en fait toute la partition.

Verbes et noms

La différence numérique des noms et des verbes dans chaque groupe respectif est assez significative. Sur l'ensemble des rires on repère à peu près le cinquième des occurrences sous la forme du nom *rire* ; tous les autres emplois sont verbaux. La proportion des noms *sourire* par rapport à l'ensemble s'élève à 37 %. Pouvons-nous trouver dans ce fait une confirmation de notre première hypothèse ? Oui sans doute : la proportion des noms sans spécification par rapport à l'ensemble est sensiblement la même dans le groupe des rires et dans le groupe des sourires : 9 % pour les rires et 11 % pour les sourires. En revanche, la différence est considérable entre rires et sourires pour la proportion des noms spécifiés et des noms qui ne le sont pas. En effet, on peut compter à peu près 12 % de l'ensemble des rires qui sont des noms spécifiés ; proportion qui monte à plus de 30 % pour les sourires.

Considérons l'ensemble des occurrences de sourires et de rires sous la forme *verbale* nue, c'est-à-dire sans aucune formule d'introduction telle que *se mettre à, se prendre à, finir par*. On compte 165 emplois de *sourire* sous cette forme, alors que l'on dénombre 364 emplois semblables pour *rire*. Ainsi on rencontre 11 % de l'ensemble *sourire* et 28 % de l'ensemble *rire*. Ou encore 16 % de l'ensemble des emplois non spécifiés de *sourire* et 33 % des emplois similaires de *rire*.

On remarque d'autre part que 19 fois seulement est utilisée une forme telle que *se mettre à sourire*, 9 fois celle de *se prendre à sourire*, donc en tout 28 recours à une forme du sourire comme événement, inauguration, rupture. A l'opposé, on arrive à un total de 108 *se mettre à rire* ou *se prendre à rire.* Dans le cas du sourire, c'est l'être qui se manifeste ou, du moins, qui est donné à imaginer. Dans le cas du rire, on assiste à un événement, à une action.

Le sourire, qui écrit l'être, privilégie aussi la communication d'être à être, de conscience à conscience, relation qu'ignore tout à fait le rire. Ainsi rencontre-t-on 89 emplois de *sourire à* et 3 seulement de *rire à.* A l'inverse, on ne totalise que 11 emplois de *sourire de*, alors que les formes *rire de* sont au nombre de 137. La fonction satirique, offensive, du rire éclate en cette occasion. La liaison du rire avec l'objet qui le fait naître est sensible dans ce cas. Les dynamiques respectives du rire et du sourire sont très opposées. Le sourire va vers l'autre, attendant le mouvement en retour d'un sourire qui dit la communication. Le rire reçoit de l'objet, qui est du reste bien souvent une personne, une information, à laquelle il répond par une attaque.

On peut enfin signaler que parmi les occurrences de verbes non qualifiés le groupe des verbes *sourire* est, absolument et relativement, beaucoup plus limité que celui des verbes *rire*. On dénombre 300 verbes *sourire* sur 1 013 occurrences de sourires non qualifiés, soit 29 %. Le nombre des verbes *rire* est de 632 dans le groupe similaire des rires, soit 58 %. Cela confirme encore la vocation du rire à l'action et en même temps la place privilégiée du rire dans les textes où s'opère l'action romanesque. Le sourire, du fait de sa relative spécialisation dans la communication d'être à être, semble devoir s'intégrer davantage dans les textes descriptifs, imposer la dimension descriptive du roman.

Ces premières conclusions, provisoires, se renforcent si l'on prête attention aux formules *en souriant* et *en riant*. Formes stéréotypées qui, généralement, accompagnent les paroles des personnages au cours d'un dialogue au style direct. Nous en avons dénombré 377 occurrences pour les sourires et 248 pour les rires. Soit 23 % des sourires et 19,6 % des rires. Même domination du sourire pour marquer l'accompagnement d'actions autres que celles de la parole, telles que *regarder*, *sortir*, *marcher*, etc. Ici, nous dénombrons 40 sourires et 27 rires, soit respectivement 2,6 % et 2,1 %.

En revanche, si l'on considère seulement le groupe des *en souriant* et *en riant* qui accompagnent un verbe de parole, soit pour annoncer une réplique, soit pour résumer un propos, on voit la proportion s'inverser : les *en riant* l'emportent nettement sur les *en souriant*. On dénombre en effet 26 *en souriant* de ce type et 52 *en riant*. Soit, respectivement, 1,7 % de ces formules par rapport à l'ensemble des sourires et 4,1 % par rapport à l'ensemble des rires. Ici la formule de l'accompagnement mimique de la parole colle moins étroitement au propos, l'individualise moins, vise moins à la description imitative d'une subjectivité. La formule entre moins dans le récit que dans le discours. A l'inverse des formes « dit-il en souriant » ou « dit-il en riant ». En effet, annonçant ou résumant le propos, les formules « il dit en souriant » ou « ainsi s'exprima-t-il en riant » énoncent l'esprit dans lequel le propos est tenu, la tonalité de pensée qui préside à cette parole, le sens (sérieux ou non) qu'il convient de lui donner. C'est pourquoi les *en riant* l'emportent ici, alors que les *en souriant* l'emportaient en incise ou en enclave, parce que dans ce cas se trouve privilégiée la forme extérieure, visible par un éventuel observateur, que prend dans l'univers fictif l'énoncé du propos, avec son tempo et sa vibration propres.

Louise de Chaulieu écrit à Renée de L'Estorade que la duchesse lui « donne... en riant... le nom de *commère éveillée* »[4]. La formule se rapproche de l'idée de plaisanterie, de taquinerie, de dérision légère ; on n'est pas très loin de quelque « pour rire » ou d'un « par raillerie ». Nuance infime, souvent peu perceptible. Pourtant les différences de statut des deux formules doivent orienter vers des lectures plus différenciées et permettre quelquefois de trancher entre deux lectures, lorsque l'hésitation est permise. Ainsi, Louise de Chaulieu écrit à Renée de L'Estorade : « J'ai dit alors en riant à Macumer : — Monsieur de Marsay vous a fait une épigramme sur moi. — Bien plus qu'une épigramme, a-t-il répondu, un épithalame. — Vous me parlez grec, lui ai-je dit en souriant et le récompensant par un certain regard qui lui fait toujours perdre contenance »[5]. Ce passage réunit les deux types les plus fréquemment employés par Balzac : *en riant* plutôt en amorce et *en souriant* plutôt en incise. Dans l'exercice du badinage, il y a, d'une formule à l'autre, gradation dans la subjectivité, le sentiment, la confidence. Le rire annonce que le propos ne doit pas être pris au sérieux : il constitue un appel à la connivence par la compréhension du fait que le propos n'est tenu que pour être démenti, mis à l'envers. Le sourire dit ce que le regard va confirmer, l'amour. Le rire joue sur le sens, le sourire sur la sensibilité.

La même explication pourrait rendre compte de la différence considérable que l'on constate entre le nombre des sourires spécifiés et celui des rires spécifiés utilisés en incise comme complément d'un verbe déclaratif. On peut compter 96 occurrences du type « dit-il avec un sourire amer » ou « répondit-il en souriant avec amertume ». On dénombre seulement 26 occurrences du type « dit-il en riant forcément » ou « dit-il en riant d'un rire de fou ». Donc 6,3 % des sourires appartiennent à ce type « sourire spécifié accompagnant un verbe déclaratif en incise » et seulement 2 % des rires.

On ne peut pas dissocier complètement les rires des sourires. Les fonctions, les statuts des uns et des autres sont très souvent semblables. Toutefois l'utilisation de la méthode quantitative nous permet de dégager des vocations spécifiques au rire ou au sourire. Vocation active, offensive, conceptuelle du rire, tel que ses diverses occurrences nous l'ont jusqu'à présent manifesté. Vocation émotive, descriptive, subjective du sourire. On perçoit comment, par le rire, le texte peut orienter le lecteur vers la dérision et comment, par le sourire, vers la comédie.

Reste que, possible, le comique du sourire n'est pas automatique. Dans le groupe des sourires spécifiés (environ 500), nous n'avons pu en conserver qu'une centaine ressortissant au domaine du comique. Quatre rubriques suffisent à rendre compte de ces divers sourires à vocation comique : la niaiserie, qui comporte divers degrés ; la gaieté, qui, entre

4. *Mémoires de deux jeunes mariées*, t. I, p. 281.
5. *Ibid.*, p. 294.

innocence et cruauté, n'atteint vraiment au comique que si l'on y décèle une part de jeu ; la comédie sociale, avec, au premier plan, la tromperie ; enfin l'agression, de loin la mieux représentée, les sourires offensifs offrant un grand nombre de nuances, du ludique au sérieux et du maléfique au bénéfique. A condition de préserver les caractéristiques que leur donne leur statut dans la phrase, ces « nuances fonctionnelles » que nous avons examinées, nous ne traiterons pas à part rires spécifiés et sourires spécifiés. Ce qui s'est imposé pour les sourires spécifiés (niaiserie, gaieté, comédie sociale, agression) se retrouvera dans l'examen des grandes lignes du comique balzacien, rires et sourires mêlés.

Se pose enfin la question des rires et des sourires non spécifiés. Le statut de l'apparition du rire ou du sourire dans la phrase ne suffit pas à rendre compte de leur spécificité respective. Un examen séparé de ce groupe est indispensable.

III. RIRES ET SOURIRES NON SPÉCIFIÉS

Equivalences

Une douzaine d'exemples peuvent convaincre que Balzac emploie indifféremment le rire ou le sourire.

« Peyrade se mit à rire. Le banquier conçut alors d'étranges soupçons sur son domestique en remarquant ce sourire »[6]. On pourrait émettre l'hypothèse que le même fait est désigné comme rire, en tant qu'événement énoncé par le narrateur, et comme sourire en tant que « vision », focalisation interne du banquier témoin. Le *rire* de Peyrade déguisé est-il vu comme *sourire* par Nucingen ? Ou bien faut-il admettre que Balzac ne fait aucune différence ? Plusieurs passages contribuent à accréditer cette dernière hypothèse. Ainsi, *L'Enfant maudit* propose le même phénomène, mais dans l'ordre inverse : « Flatté dans son fanatisme, le comte sourit ; mais, pour effacer ce rire qui contrastait avec l'expression répandue sur son visage, il répondit... »[7]. Autre illustration similaire, sous la « plume » de Renée de L'Estorade écrivant à Louise de Chaulieu ; donc l'équivalence *rire-sourire* est prêtée au même locuteur. Dans le cas précédent, l'instance narrative était la même pour rire et sourire, et c'était le narrateur ; ici, il s'agit du même scripteur, épistolier. Renée de L'Estorade confie à son amie les impressions que lui font les premières manifestations de la vie chez son enfant : « Cette adorable sensation de son premier cri... je viens de la retrouver en savourant dans son premier sourire sa première pensée. Il a ri, ma chère. Ce rire, ce regard... »[8]. Ou encore ce passage de *Maître Cornélius* : « Déjà l'amour avait prêté sa force et sa ruse à la

---

6. *Splendeurs et misères des courtisanes*, t. VI, p. 543 ; « en remarquant ce sourire » est une addition de l'édition Furne.
7. *L'Enfant maudit*, t. X, p. 880.
8. *Mémoires de deux jeunes mariées*, t. I, p. 320.

comtesse. Quand elle avait ri, son attitude et ses sourires étaient dus à cet héroïsme que déploient les femmes dans les grandes crises de la vie »[9]. La première hypothèse (celle d'une différenciation en fonction des « visions ») n'est donc pas étayée par les trois exemples que nous avons cités. Il n'est pas non plus possible d'invoquer l'ordre des termes. L'équivalence paraît s'imposer.

Un autre type d'apparition du rire et du sourire nous a mené aux mêmes conclusions. Olivier Vinet prononce deux répliques, dans la même scène, à deux pages d'intervalle. Dans le discours attributif, ce sont respectivement le rire et le sourire qui qualifient la mimique : comment les différencier ? Premier exemple : dans le dialogue de la contre-allée de l'avenue des Soupirs, le sous-préfet s'étant plaint qu'en « de si graves conjonctures » le gouvernement le laisse « sans instruction », on lit : « — Vous ressemblez en ceci à beaucoup de monde !, répondit Olivier Vinet en souriant »[10]. « En souriant » est une indication de mimique, un clignotant qui signale, qui souligne la présence d'une plaisanterie dans la réplique : celle-ci doit être lue comme elle a été prononcée, avec une certaine distance, avec un certain sous-entendu. Le sens est double : c'est un jeu de mots sur *instruction* et c'est une allusion au candidat à la députation, Simon Giguet, considéré par Olivier Vinet et son parti comme un personnage borné. Balzac, à vrai dire, pipe les dés : la rigueur voudrait « sans instruction*s* » et non « sans instructio*n* ».

Comment faire la différence entre ce « en souriant » et le « en riant » qui accompagne dans la même scène une autre réplique du même Vinet, en discussion avec le même sous-préfet, Antonin Goulard ? Celui-ci vient de déclarer que la mort du candidat ministériel, Charles Keller, donne toutes ses chances à Simon Giguet : « — Un pareil imbécile serait nommé ?... dit Olivier Vinet en riant »[11]. La situation et les personnages sont les mêmes que dans l'exemple précédent ; le sujet est le même. L'indécision entre les deux termes paraît complète ; rire et sourire pourraient s'intervertir. On ne doit pourtant pas oublier les premières hypothèses que nous avons formulées[12]. Le sourire, mieux fait pour communiquer au lecteur l'échange entre deux personnages et la nuance vécue d'une réplique, est mieux adapté au sous-entendu, et en particulier à celui que comporte tout trait d'esprit. Moins net, moins fort que le rire, le sourire maintient plus d'équivoque ; il est mieux fait pour équivoquer. Le rire, qui traduit souvent une opinion, est sans doute indiqué pour une réplique où le personnage laisse éclater son jugement devant l'énormité de cette nomination d'un Simon Giguet. La nuance est ici surtout une affaire d'intensité : le sourire, nuancé, appelle à saisir la nuance ; le rire, plus fort, souligne l'énormité. Mais ce sont là écarts assez minces et il arrive que la nuance du sourire vienne corriger ce que le propos aurait de trop abrupt, en retour de quoi la rudesse du propos donne au sourire une plus grande cruauté. A l'inverse, « en riant » introduit par sa négation une équivoque

9. *Maître Cornélius*, t. XI, p. 52.
10. *Le Député d'Arcis*, t. VIII, p. 742.
11. *Ibid.*, p. 744.
12. Cf. *supra*, p. 162.

que le propos en soi ne comportait pas. Le sourire et le rire échangent donc facilement leurs valeurs et rendent la distinction difficile.

On ne voit plus guère la différence, lorsque, dans un même roman, le sourire et le rire sont les supports d'une seule et unique idée-force, celle autour de laquelle s'organise l'ensemble du personnage de ce roman. La folie de Balthazar Claës et la froide passion de Gobseck écrasent les nuances possibles du sourire et du rire. Dans le personnage de Balthazar Claës, « la démence », « toutes les démences ensemble » sont présentes en chaque trait, en chaque manifestation. Toutes les expressions du personnage sont en relation avec ce centre, avec cette monomanie. Rire et sourire sont arasés sous ce soleil écrasant de la folie. Les différences sont négligeables entre un « rire éclatant » qui « tout à coup... trahissait la folie »[13] et le « sourire de fou » qui accompagne son propos lorsque, à la question de Marguerite : « ... vous cherchez donc toujours ? », il répond : « — Toujours »[14].

De même, la variation rire-sourire semble importer assez peu à Balzac dans le cas de Gobseck, alors que l'invariant de la mutité définit l'essence même du personnage. Au premier tiers du roman : « Les lèvres du vieillard se tirèrent vers les coins de sa bouche absolument comme des rideaux, et ce sourire muet fut accompagné d'un regard froid »[15]. A la fin du roman : « Gobseck se mit à rire, de ce rire muet qui lui était particulier »[16].

Résumons-nous. Une même action est désignée par le narrateur aussi bien par le mot *rire* que par le mot *sourire*. Un même personnage prononce, dans une scène, deux répliques ayant un même sujet et un même interlocuteur : les nuances qu'introduit dans chaque cas l'élément respectif du rire et du sourire sont presque interchangeables. Enfin, pour illustrer, individualiser ce qui est typique pour un personnage, sourire et rire peuvent aussi bien l'un que l'autre servir de support, ce qui compte ici étant beaucoup plus la passion typique. Le changement du support rire ou sourire ne fait qu'accentuer l'impression de permanence que laisse le trait constant, essentiel.

Différences

Une demi-douzaine d'exemples apportent cependant des correctifs, qui, de proche en proche, permettent de tracer les grandes lignes d'une opposition.

Nous sommes parti d'un exemple emprunté à la *Physiologie du mariage*. Le narrateur (Balzac), dans une incise, au milieu d'une anecdote sur singe et violon, met en relation le *sourire* d'aujourd'hui et le *rire* d'autrefois : « Je ne sais pas si vous avez eu comme moi le plaisir de voir un singe essayant d'apprendre la musique ; mais en ce moment, que je

13. *La Recherche de l'Absolu*, t. X, p. 814.
14. *Ibid.*, p. 818.
15. *Gobseck*, t. II, p. 979.
16. *Ibid.*, p. 1006.

ne ris plus autant qu'en ces jours d'insouciance, je ne pense jamais à mon singe sans sourire »[17]. Toute l'affaire de l'équivalence sourire-rire tourne autour du « autant ». Si « autant » veut dire « aussi souvent », l'équivalence est parfaite. Au contraire, si « autant » marque la quantité, l'intensité, le volume du rire, la différence entre rire et sourire est une différence d'intensité : le sourire n'est que la reprise en mineur du rire. Mais c'est alors, en même temps, une différence de plan : « rire » dit l'attitude générale à l'égard de la vie, l'attitude morale, de gaieté et de dérision, tandis que « sourire » est la manifestation de cette attitude, l'expression individualisée, dans le temps, de l'idée du rire. Nous penchons dans le sens de cette hypothèse de lecture, d'interprétation ; hypothèse qui rejoint celles que nous avions formulées en faisant la recension des divers emplois de *rire* et de *sourire*.

L'hypothèse est confirmée par d'autres occurrences. Ainsi : « ... Mme de Cadignan put laisser errer sur ses lèvres un malicieux sourire de triomphe, un sourire qu'auraient les singes si les singes riaient »[18]. C'est-à-dire « si les singes avaient la possibilité de voir les choses comiquement ». Pour former un *sourire*, il faut être en mesure de *rire*. Le rire est l'idée et le sourire en est la forme.

Même conclusion pour ce passage : « Je me rappelai le sourire de la couturière ! Ah ! ce sourire me remit en mémoire les sourires de bien des femmes qui riaient de me voir petite fille chez Mme de Fischtaminel... »[19]. L'opposition précédemment définie est ici d'autant mieux marquée que *rire* est utilisé sous sa forme de *rire de*. Le rire est noté comme pensée, attitude à l'égard d'une personne, d'un objet ; le sourire comme la manifestation extérieure de cette idée.

Un double volet se met ainsi en place : le sourire extériorise l'idée du rire et même, dans certains cas, le sourire apparaît comme l'effet et le rire la cause. Cette relation est nettement perceptible dans quelques exemples. Ainsi, lorsque César Birotteau et son commis Popinot rendent visite à Vauquelin, l'illustre membre de l'Académie des Sciences. Trois fois, au cours de la visite, Vauquelin sourit. « Vauquelin sourit à l'idée de Popinot »[20]. « Rassurez-vous, dit Vauquelin en souriant... »[21]. « Le savant sourit et se leva »[22]. Or cette série n'est interrompue que d'un « rire », dans un commentaire du narrateur à propos d'une réplique de Popinot. Cela intervient après le premier sourire de Vauquelin. Birotteau parle : « ... vous ne savez pas comme le public est drôle, on ne peut pas venir lui dire... — Qu'il a un fumier sur la tête, dit Popinot voulant encore faire rire Vauquelin »[23]. Aucun « rire » n'avait été noté, avant cette réplique ; en revanche, comme nous l'avons dit, déjà un sourire. Donc Balzac entend que Vauquelin en *souriant* avait déjà *ri*. Pour qu'il *sourie* une deuxième fois, il faut le faire *rire*, il faut

---

17. *Physiologie du mariage*, t. XI, p. 953.
18. *Les Secrets de la princesse de Cadignan*, t. VI, p. 996.
19. *Petites misères de la vie conjugale*, t. XII, p. 124.
20. *César Birotteau*, t. VI, p. 126.
21. *Ibid.*
22. *Ibid.*, p. 128.
23. *Ibid.*, p. 126.

lui faire retrouver l'humeur comique, condition et moteur de l'effet-sourire.

Cette idée, valable dans le plan du discours narratif, est confirmée par un exemple emprunté au dialogue. Dans *La Cousine Bette*, Crevel vient de questionner : « Vous souriez, Mademoiselle Fischer ?... ah ! vous savez quelque chose ?... » Et la cousine Bette explique : « — Je ris de vos idées, répondit Lisbeth. Oui, ma cousine est encore assez belle pour inspirer des passions ; moi, je l'aimerais, si j'étais homme »[24].

L'exemple est plus probant encore lorsque le « sourire » est dit par le narrateur, alors que le « rire » figure dans le dialogue.

Ce type de « mise en scène » apparaît à l'occasion d'un dialogue entre David Séchard et son père : « *Item*, dit David, cinq milliers de livres de caractères, provenant de la fonderie de M. Vaflard... A ce nom, l'élève des Didot ne put s'empêcher de sourire. — Ris, ris ! Après douze ans les caractères sont encore neufs »[25]. Le romancier donne des indications propres à faire imaginer la scène par le lecteur. Celui-ci peut se figurer l'apparence extérieure de David grâce à ce « sourire », cependant que la réaction de Séchard, qui y voit un « rire », dit quel sens Séchard donne à la réaction de David, aide le lecteur à la déchiffrer sous toutes ses faces. Ce que le père Séchard met en relief dans la condescendance de David, c'est la moquerie. Qu'importe au père Séchard la nuance de l'apparence ou la qualité particulière du vécu ! Ce qui compte pour lui, c'est le sens pratique de cette manifestation. La réplique du père Séchard contribue à mettre en place l'analyse, à fournir l'interprétation en même temps que le tableau. Mais cette interprétation est elle-même en situation, car, si le père Séchard tient tellement à ce que son fils prenne au sérieux les caractères de son imprimerie, c'est qu'il compte bien en tirer dix mille francs. Le « rire » et le « sourire » sont des rouages de l'horlogerie du raisonnement romanesque.

Même déhanchement du texte entre sourire et rire, lors d'une scène entre le comte de Mortsauf et sa femme : « La comtesse souriait superbement et regardait le ciel. — Oui, s'écria-t-il, Blanche, vous êtes mon bourreau, vous m'assassinez ; je vous pèse ; je veux vous débarrasser de moi, tu es un monstre d'hypocrisie. Elle rit ! Savez-vous pourquoi elle rit, Félix ? »[26]. Par le sourire, le narrateur (Félix) traduit son admiration pour l'impassibilité souveraine, le courage sous les coups, la belle âme d'Henriette. Pour dire la blessure que lui, écorché vif, ressent de cette attitude, dans une perspective réellement *interprétative*, le personnage du comte emploie un autre langage. Il parle de *rire* et non pas de *sourire* : ce sourire lui dit qu'on *rit de* lui.

Ce que veut savoir Mme de Vaudremont, dans *La Paix du ménage*, quand elle interroge Martial de La Roche-Hugon, c'est la raison de son sourire : « Martial, qui devina la dernière demande du colonel et le refus qu'il essuyait, se mit à sourire et se caressa le menton en faisant briller la bague qu'il avait au doigt. — De quoi riez-vous ? lui dit la comtesse de Vaudremont »[27]. Quel est le rire-cause de ce sourire-effet ?

24. *La Cousine Bette*, t. VII, p. 160.
25. *Illusions perdues*, t. V, p. 132.
26. *Le Lys dans la vallée*, t. IX, p. 1071.
27. *La Paix du ménage*, t. II, p. 108-109.

Ce clivage se retrouve à toute époque de la création balzacienne. Il était déjà présent dans *Les Chouans*. Mme du Gua, grâce à la lumière des bougies, scrute un sourire de Montauran et l'interprète, faussement, dans un sens qui lui est favorable à elle, cependant que le comte de Bauvan interroge : « De quoi riez-vous donc ? »[28]. Ce double jeu du sourire et du sourire met en scène le quiproquo, comique ou tragique, à la fois l'un et l'autre.

De l'examen des doublets *sourire-rire*, retenons qu'ils font jouer les divers plans de l'écriture romanesque : description et analyse, extérieur et intérieur, personnage et narrateur. Sourires et rires aident le lecteur à différencier ces divers plans, en même temps que ces plans divers lui permettent souvent de faire la différence entre tel sourire et tel rire qu'une première lecture amalgamait.

A cet égard, le couple sourire-rire écrit la comédie humaine de la communication avec autrui et de la relation au monde. Bien souvent se repère un hiatus entre ce qui est senti et ce qui est montré, entre ce qui est décrit par le narrateur comme émergeant dans le monde et ce que le signe traduit en réalité. On perçoit la dualité des points de vue dans ce passage des *Contes drolatiques* : « La bourgeoyse recongneut son espoulx, et se print à soubrire, veu qu'elle ne avoyt poinct attendu l'ordre du roy pour faire ce qui estoyt dict. Ains aprest le rire, vint la frayeur »[29]. Le sourire, dans ce cas, traduit le rire éprouvé par le sujet. Mais il se peut faire que les autres, les interlocuteurs du personnage en question, ne voient pas du tout la même chose que ce que lui-même éprouve. Le justiciard du même conte drolatique croit *rire*, mais personne ne perçoit son *rire* dans son *sourire* : « Alors qu'il cuydoyt rire, il fendoyt ses badigoinces en la manière dont se troussent les vasches pour lascher de l'eaue ; lequel soubrire estoyt dict à la Court ung soubrire de Prevost »[30]. En revanche, c'est par le sourire, forme atténuée du rire, que les initiés se communiquent leur communauté dans le rire, en une même situation : « Les Minard, Colleville et La Peyrade échangèrent quelques-uns de ces sourires qui trahissent une communauté de pensées satiriques, mais contenues »[31]. Cette complicité qu'écrit Balzac oriente le lecteur et l'amène à lire la comédie du double jeu : de l'homme dans le monde (sourire) et de l'homme devant le monde (rire).

Les sourires de ceux qui, dans la fable, assistent à un spectacle comique sont alors des relais pour la perception, l'imagination, par le lecteur, d'un spectacle comique. Le sourire, qui, dans le monde de la fiction, met au jour la pensée comique, sert aussi de relayeur de la pensée comique auprès du lecteur, d'incitateur à la vision comique, en même temps que de régleur d'intensité pour la perception par le lecteur du comique de l'histoire. Sourire relayeur dans *La Cousine Bette* : « Cette entrée en scène [de Montès de Montejanos dans le salon de Mme Marneffe], cette pose,

28. *Les Chouans*, t. VIII, p. 1133.
29. D'ung iusticiard qui ne se remembroit les choses, *Contes drolatiques*, 3ᵉ dixain, anc. Pléiade, t. XI, p. 794.
30. *Ibid.*, p. 789.
31. *Les Petits Bourgeois*, t. VIII, p. 104.

et l'air du Brésilien déterminèrent deux mouvements de curiosité mêlée
d'angoisse, identiquement pareils chez Crevel et chez le baron. Ce fut
chez tous deux la même expression, le même pressentiment. Aussi la
manœuvre inspirée à ces deux passions réelles devint-elle si comique
par la simultanéité de cette gymnastique, qu'elle fit sourire les gens
d'assez d'esprit pour y voir une révélation »[32]. Sourire modulateur dans
Massimilla Doni : « — Mon prince, disait le duc à l'oreille d'Emilio,
venez souper avec moi. Quand on prend à un pauvre Napolitain sa
femme et sa maîtresse, on ne peut lui rien refuser. »

« Cette bouffonnerie napolitaine, dite avec le bon ton aristocratique,
arracha un sourire à Emilio, qui se laissa prendre par le bras et emmener »[33].
La plaisanterie faite par le duc Cataneo est pleine de piquant ; elle est
étiquetée par Balzac comme « bouffonnerie napolitaine ». Elle devrait
donc provoquer un franc et large rire. Au lieu de cela, elle « arrache un
sourire », double effet d'atténuation. Triple effet, si l'on considère aussi
« le bon ton aristocratique » qui caractérise sa formulation. Donc, ici,
modalité du message et modalité de la réception renforcent leurs effets
pour une lecture en mineur du comique.

IV. GROUPEMENTS ET VENTILATIONS

L'une de nos impressions s'est ainsi confirmée. Ni le rire ni le sourire
ne sont toujours sûrs. Il n'y a pas d'en-soi du rire ni du sourire. Ni l'un
ni l'autre ne peuvent *a priori* être acceptés ou refusés comme faisant
partie ou ne faisant pas partie du comique. Le contexte commande, selon
un processus qui est celui de tout message littéraire, mais qui se trouve
ici radicalisé. *Rire, sourire*, mots vides, apparences suspectes. Et pourtant
mots pleins de sens, collaborateurs du fonctionnement et de la signification du roman, voire créateurs de sens neuf.

C'est ce qu'a permis d'établir un examen systématique des rires et
des sourires en fonction de leur contexte, de leur place caractéristique
dans chaque roman de *La Comédie humaine*. Cette étude s'est développée
à l'intérieur de trois espaces contextuels : l'espace de la séquence, l'espace
du personnage, l'espace du roman, en tenant compte à la fois du lieu
d'émergence des rires isolés et des concentrations notables de rires et de
sourires à telle ou telle place de chaque roman.

Rires et sourires, en quelques rencontres, déterminent par leur nombre
et leur agglomération des sortes de nébuleuses, *séquences* rieuses. Les
unités ainsi constituées retirent à chaque rire ou sourire sa nuance individuelle, chacun d'eux vivant en une sorte de symbiose avec ses voisins,
chacun d'eux jouant sa partie dans l'ensemble de la séquence. Les pièces
maîtresses, parmi ces séquences rieuses, s'organisent autour d'un person-

32. *La Cousine Bette*, t. VII, p. 211.
33. *Massimilla Doni*, t. X, p. 614.

nage, Beauvisage[34], M. de Bargeton[35], la princesse de Cadignan[36], Sarrasine[37], Castanier[38], ou bien constituent un tout autonome, hors action, comme dans les pages d'ouverture du *Cousin Pons*[39].

Les rires et sourires ont été aussi considérés dans leur attribution aux divers *personnages*, à l'intérieur d'un même roman ou d'un roman à l'autre.

Ainsi, le comte de Sérisy, dans *Un début dans la vie*, ne rit qu'une fois, alors que rapins et actrices monopolisent les rires. Dans *La Paix du ménage*, Mme de Vaudremont et Martial de La Roche-Hugon remportent la palme. Dans *Béatrix*, Camille Maupin et Béatrix arrivent en tête de tous les personnages pour le nombre des sourires et des rires. Dans *La Rabouilleuse*, en tête de liste pour la somme rires-sourires : Max Gilet (4 rires, 3 sourires) et Joseph Bridau (4 rires, 2 sourires) ; deux faces différentes de l'esprit de dérision. Dans *La Muse du département*, il est instructif que Dinah et Lousteau dominent tous les autres personnages par leurs sourires ; mais peut-être est-ce parce qu'ils tiennent la plus grande place, occupent le plus grand nombre de pages du roman ? Plus intéressant, le fait que Dinah totalise 6 rires, alors que Lousteau n'en compte que 3. On pourra également remarquer les places de tête de Modeste et de Canalis dans *Modeste Mignon*, celle de Nucingen dans *Splendeurs et misères*. On retiendra la place de Théodose de La Peyrade dans *Les Petits Bourgeois* : sur les 46 rires et sourires du roman, Théodose en totalise 16 à lui seul. Mais le record, parmi les personnages de *La Comédie humaine*, reviendrait sans doute à Marie de Verneuil qui, sur les 88 sourires des *Chouans*, en compte à elle seule 46 et 23 sur les 64 rires.

Facteur important entre tous, la spécialisation des personnages dans le sourire ou dans le rire. Ainsi, pour le rire, le Gaudissart du *Cousin Pons* : 5 rires sur trois pages, et pas un seul sourire[40]. Dans *La Fausse Maîtresse*, si l'on excepte le « Vous allez rire » dit par Thaddée Paz à la comtesse Laginska[41], on ne rencontre qu'un seul rire, celui de Thaddée lisant la lettre de Malaga[42]. Or Thaddée ne sourit pas. Dans l'ensemble du cycle Vautrin, nous constatons que Vautrin, « rieur »[43], capable de « grosse gaieté »[44] et d' « hilarité »[45], n'est titulaire d'aucun rire individualisé, alors que 27 sourires lui sont dévolus. Mme Grandet et Eugénie ne rient jamais ; Nanon, elle, rit (4 fois), mais ne sourit jamais. Grandet,

34. *Le Député d'Arcis*, t. VIII, p. 728-731 ; dans son relevé de variantes, Colin SMETHURST montre que plusieurs de ces rires ont été ajoutés par Balzac sur épreuves, en vue de « rendre comique cette scène de la réunion », p. 1606, de parfaire « cette belle création comique », p. 708.
35. *Illusions perdues*, t. V, p. 187-188.
36. *Les Secrets de la princesse de Cadignan*, t. VI, p. 995-996.
37. *Sarrasine*, t. VI, p. 1065-1070.
38. *Melmoth réconcilié*, t. X, p. 367-368.
39. *Le Cousin Pons*, t. VII, p. 483-487.
40. *Ibid.*, p. 650-653.
41. *La Fausse Maîtresse*, t. II, p. 223 ; addition des premières épreuves.
42. *Ibid.*, p. 229.
43. *Le Père Goriot*, t. III, p. 61.
44. *Ibid.*
45. *Splendeurs et misères des courtisanes*, t. VI, p. 756.

pour sa part, figure en bonne place aussi bien dans la colonne des rires que dans celle des sourires. Quant à Lucien de Rubempré, il rit et il sourit dans *Un grand homme de province à Paris*, mais il ne rit jamais dans *Les Deux Poètes*, ni dans *Les Souffrances de l'inventeur*.

Un dernier critère est enfin intervenu pour le classement des informations données par les « titulaires » de rires et sourires : celui de l'appartenance des rires et sourires recensés à une collectivité, à un groupe, à une catégorie, à un « on ». Catégorie, par exemple, celle de la sphère « artistes-aristocrates-viveurs » qui rassemble dix des seize rires d'*Une fille d'Eve*[46]. Mieux, 12 sur les 18 rires de *La Vieille Fille* sont collectifs : Alençon rit. Même dominante dans *Un grand homme de province à Paris*, où les rires de loin les plus nombreux, 19, sont ceux des loges, des galeries de bois, des groupes d'hommes de lettres, des hôtes des diverses soirées, des coulisses, des spectateurs, des journalistes... Le nombre des rires de de Marsay dans *La Fille aux yeux d'or* confirme la place centrale du personnage (6 rires), mais tous les autres (7 rires) sont ceux de *Paris* (gamins, élégants, etc.). Le phénomène est identique dans *Splendeurs et misères* (18 rires collectifs sur 46). Plus caractéristique encore dans *Le Cousin Pons* : les 6 rires inauguraux sont généraux. Cela est net enfin pour *Le Député d'Arcis*, avec 6 rires collectifs et généraux sur 22.

La *place* qu'occupe dans le roman tel ou tel rire, au début, au milieu, à la fin, peut lui conférer une valeur particulière.

Un premier rire, un dernier sourire doivent souvent être pris, plus que d'autres, en considération : ils projettent sur l'ensemble de l'œuvre une lueur éclairante, tout en recevant d'elle leur sens.

Ainsi, le dernier des sourires de *Modeste Mignon* : « Puis venait la duchesse de Chaulieu flanquée de Canalis à qui elle souriait sans trace de rancune »[47]. Celui qui sourit le plus dans ce roman, c'est Canalis. Or, ici, c'est au sourieur patenté que l'on sourit. Les sourires avantageux, la façade miroitante de l'homme de lettres, tout cet arsenal du passé est maintenant sans effet. Maintenant, la duchesse a raison de Canalis. Le « flanquée de Canalis » prend toute sa valeur, et aussi l'ironique magnanimité de la duchesse victorieuse, qui sourit « sans rancune ». Cette souveraineté devient éminemment comique pour le lecteur de la totalité du roman, qui, d'un coup, reçoit rétroactivement l'éclairage de l'ironie.

Début ou fin, la place du rire ou du sourire est stratégique. Le premier des 16 rires d'*Une fille d'Eve* est celui de Schmucke[48]. Les trois derniers rires, groupés en une même page, sont des rires de Schmucke[49]. Si on y ajoute les sourires[50], on constate que 6 des 29 sourires et rires du roman sont réservés au très épisodique Schmucke, et à des places qui les mettent particulièrement en relief. Roman tout intrigue qu'encadre un personnage sans intrigue. Rires ingénus, non comiques, qui font valoir

46. *Une fille d'Eve*, t. II, p. 306, 307-308, 318, 319, 325, 331, 351.
47. *Modeste Mignon*, t. I, p. 712.
48. *Une fille d'Eve*, t. II, p. 279.
49. *Ibid.*, p. 365.
50. *Ibid.*, p. 278, 365.

tout ce que les autres rires du roman ont de faux, de cynique, mais aussi de comique.

Le repérage de ces localisations confirme, renforce ou parfois même révèle la ligne générale d'une action dramatique ou la valeur symbolique d'un personnage, d'une histoire. L'analyse de *L'Illustre Gaudissart* permet de mettre en tension le groupe initial de trois sourires et un rire avec le groupe final de trois rires. Les deux sourires de Carabine, dans *Les Comédiens sans le savoir*, l'un au début, l'autre à la fin, sont deux signaux qui suggèrent de donner une position clé à ce personnage.

Il peut arriver que le rire assigne à l'instant et au lieu où il éclate leur valeur « nodale ». Le balisage des rires de Raphaël met à nu l'architecture de *La Peau de chagrin* : « Raphaël laissa tout à coup échapper un éclat de rire si burlesquement intempestif, que son ami lui demanda compte de cette joie brutale »[51]. La surdétermination de l'éclatement et de la rupture comiques (« tout à coup », « échapper », « éclat », « intempestif », « brutale » et « burlesquement ») marquent, à la fin de la première partie, le début d'une confession qui va occuper toute la seconde et signale l'abandon définitif de Raphaël au désenchantement, à la dérision désespérée.

Les effets de la place sont donc nombreux : éclairage global sur le roman, par anticipation ou par rétrospection, mise en lumière contrapuntique, mise en tension de pôles opposés, mise en relief d'une ligne de force qui était restée difficilement repérable.

L'effet de *masse* complète l'effet de place. Effets de plein ou effets de creux, tels sont les résultats de la concentration ou de l'absence des rires et des sourires dans de larges zones du roman. Au terme de notre enquête, il apparaît que de tels effets sont sensibles dans une douzaine de romans ; 8 figurent dans les *Scènes de la vie privée*[52], 3 dans les *Scènes de la vie de province*[53], et un seul dans les *Scènes de la vie parisienne*[54].

Selon les romans, les « masses » de rires se concentrent sur une seule ou sur plusieurs zones, non caractéristiques par leur place, mais par leur fonction (5 cas)[55], ou bien les rires se concentrent dans la deuxième moitié (2 cas)[56] ou encore, et c'est plus fréquent, dans la première moitié (5 cas)[57]. Quant aux sourires, ou bien ils suivent le même sort que les rires ou bien ils ont un statut différent et il faut alors étudier cette dissociation.

---

51. *La Peau de chagrin*, t. X, p. 118. Pierre Citron rétablit le « burlesquement » des éditions antérieures au Furne, où était apparu un « brusquement » erroné. Ainsi, le rire de Raphaël réintègre l' « empire macaronique et burlesque » (p. 91) et la discussion « furieuse et burlesque », vrai « sabbat des intelligences » (p. 98).
52. *Le Bal de Sceaux, Modeste Mignon, Un début dans la vie, La Vendetta, Étude de femme, Une fille d'Eve, Le Colonel Chabert, Le Contrat de mariage.*
53. *Eugénie Grandet, La Rabouilleuse, Illusions perdues.*
54. *La Cousine Bette.*
55. *Le Bal de Sceaux, Un début dans la vie, La Rabouilleuse, Illusions perdues, La Cousine Bette.*
56. *Étude de femme, Modeste Mignon.*
57. *La Vendetta, Une fille d'Eve, Le Colonel Chabert, Le Contrat de mariage, Eugénie Grandet.*

Cinq romans, donc, se remarquent par des zones de forte concentration des rires. Ces zones drainent en quelque sorte la plus grande partie des rires du roman.

Dans *Le Bal de Sceaux*, qui compte 11 rires et 14 sourires, le fait notable, c'est que 5 rires et 5 sourires apparaissent en 6 pages : 10 % des pages contiennent 40 % des rires et sourires. Cette zone du récit correspond aux moments qui suivent la rupture entre Emilie de Fontaine et Maximilien de Longueville[58]. Là se tissent des rapports entre l'héroïne et les autres, entre individu et société, surface et profondeur.

Dans *Un début dans la vie*, sur les 24 rires, 22 se concentrent sur deux tranches du roman : l'une de 58 pages[59], avec 17 rires : c'est le « voyage en coucou » ; l'autre de 2 pages[60], avec 5 rires : c'est la soirée chez la marquise de Las Florentinas y Cabirolos. Ce roman de la mystification culmine dans les fous rires.

La Rabouilleuse fait se concentrer 11 des 26 rires que compte le roman en un espace de 20 pages : 42 % des rires dans 7 % des pages[61]. Le pendule oscille, au cours de ces 20 pages, entre les deux pôles rieurs : Flore Brazier et Max Gilet, également triomphants dans leurs tours, également menacés. L'ensemble des rires donne à ce long passage une cohérence qui va au-delà des nécessités narratives. Le comique donne sa tonalité à l'ensemble du roman.

Illusions perdues pris dans son ensemble offre, avec ses 78 rires, une fréquence qui place le roman au 27e rang de *La Comédie humaine*. Mais la fréquence des rires varie considérablement d'une partie à l'autre. En effet, *Les Deux Poètes* a une fréquence de 69 rires qui le place en 68e position et *Les Souffrances de l'inventeur* une fréquence de 45 qui lui donne le 81e rang. *Un grand homme de province à Paris* a une fréquence de 327, ce qui le met à la 5e place. Cette deuxième partie constitue un ensemble de rires insécable : les rires y sont ventilés sur toute la surface du roman ; le plus grand écart entre deux occurrences du mot *rire* est de 23 pages[62].

Enfin, dans *La Cousine Bette*, la distribution des rires manifeste de grandes disparités, qui seront à interpréter conjointement avec l'examen des sourires : 43 % du roman, répartis sur trois zones, contiennent plus de trois quarts des rires[63].

Certains romans sont remarquables par la netteté de la concentration des rires soit en première partie, soit en deuxième partie.

Rares sont les ouvrages où les rires se massent plutôt en seconde moitié : nous n'en avons guère dénombré que deux : *Etude de femme* (1830) et *Modeste Mignon* (1844). Dans *Etude de femme*, c'est dans ce deuxième volet que figurent les 4 rires et les 6 sourires. L'essentiel se resserre même sur deux pages : 4 sourires et 3 rires, le temps de l'entrevue entre Rastignac et Mme de Listomère. Rires et sourires ont partie liée

58. *Le Bal de Sceaux* t. I, p. 157-163.
59. *Un début dans la vie*, t. I, p. 763-822.
60. *Ibid.*, p. 868-870.
61. *La Rabouilleuse*, t. IV, p. 398-418.
62. *Illusions perdues*, t. V, p. 331-355.
63. Voir *infra*, p. 180.

avec les « scènes » où la socialité se manifeste en acte. Plus symptomatique encore se révèle *Modeste Mignon*. Sur les 21 rires du roman, un
seul se trouve en première moitié, ainsi que 9 seulement des 40 sourires.
Que signifie donc cette « deuxième moitié » ? C'est la partie du roman
qui fait suite à la révélation de la vérité qu'a eue Modeste.

Plus fréquente est la disposition inverse : les rires sont en première
moitié dans cinq œuvres : *La Vendetta* (1830), *Le Colonel Chabert* (1832),
Eugénie Grandet (1833), *Le Contrat de mariage* (1835), *Une fille d'Eve*
(1838-1839). Quatre d'entre elles appartiennent aux *Scènes de la vie privée*
et une aux *Scènes de la vie de province (Eugénie Grandet)*.

La Vendetta commence sous les auspices de rires heureux, à l'atelier
de peinture[64]. Au fil du temps, ce vernis rieur, collectif, s'écaille, fendu
par les rires du malheur, individualisés : en opposition avec le début
aux 6 rires, les deux rires uniques de la fin disent l'installation du malheur :
Luigi pousse « un rire convulsif »[65] et Ginevra se met à « rire machi-
nalement »[66].

On peut élargir la « première moitié » du *Contrat de mariage* jusqu'à
la conclusion du mariage : on constate alors que l'avant-mariage a pro-
portionnellement 4 fois plus de rires que la Conclusion, l'après-mariage.
Les rires sont liés à « la grande comédie qui précède toute vie conjugale »[67].

Dans les trois derniers cas de rire dominant en première moitié, il se
trouve aussi que c'est le sourire qui prend la succession. Nous traiterons
donc conjointement, pour *Une fille d'Eve*, pour *Le Colonel Chabert* et
pour *Eugénie Grandet*, des places réciproques des rires et des sourires
dans ces romans. Et nous reviendrons sur l'alternance rire/sourire dans
La Cousine Bette, dont nous avions réservé le cas.

Dans *Une fille d'Eve*, aucun des rieurs de la première partie ne se
retrouve parmi les sourieurs de la seconde, ce qui invite à bien différencier les uns des autres. Cet ouvrage met en présence le Monde (l'aristocratie)[68] et le monde des arts, de la comédie des lettres. Il développe
la fascination qu'exerce sur une épouse fidèle le fruit défendu (d'où le
titre). Il traite, sans le dire explicitement, d'un troisième sujet : le sort
des âmes en ce monde corrompu. La tactique, le machiavélisme de Félix
de Vandenesse sont ceux qu'a appris le « naïf » d'antan, le « romantique »,
l' « idéaliste » d'hier, dont la pureté était, dès le *Lys*, déjà bien entamée ;
lui, il s'était déjà trempé en ce monde rieur où il faut que l'on perde
ou sa vertu ou son âme[69]. Ici, la vertu est sauvée, mais l'âme ? Les rires

---

64. *La Vendetta*, t. I, p. 1042-1053.
65. *Ibid.*, p. 1099.
66. *Ibid.*
67. *Le Contrat de mariage*, t. I, p. 551.
68. En fait, comme le montre Roger Pierrot (*Introduction*, t. II, 258-259), « deux
mondes en opposition et même en lutte » composent ce Monde. Les aristocrates qui
rient, ici, vivent en symbiose avec le troisième « monde », le monde artiste : les rires
de de Marsay et de Rastignac se mêlent à ceux de Blondet, de Nathan ou de Florine.
69. Félix a « formé » sa femme à ce monde, mais cela n'a pas été une véritable
éducation. Il n'évite à Marie la dégradation qu'en lui faisant subir une épreuve de
force dont son amour pour Félix ne devrait pas sortir plus intact que sa liberté ni
son bonheur, selon le pronostic d'Arlette Michel (*op. cit.*, t. III, p. 1240-1264).

sont là comme des faits qu'il faut affronter, comme les signaux d'un monde par où il faut passer, pour s'y tremper ou s'y perdre. Les sourires disent l'ailleurs de ce monde ou, au contraire, les reptations et les tentatives plus ou moins réussies d'adaptation à ce monde.

Le Colonel Chabert est l'un des romans les plus typés de *La Comédie humaine* par la spécialisation des domaines respectifs du rire et du sourire. Tous les rires ou presque sont dans la première moitié, 15 sur 18, alors que 4 sur 6 des sourires sont dans la seconde moitié, précisément là où l'on constate un grand vide de rires. Deux tableaux rendront compte de cette répartition alternée.

Le premier constitue un rappel des diverses séquences narratives (notées de I à IX) :

I - p. 311-323   Etude de Derville avant le récit de Chabert.

II - p. 323-334   Récit de Chabert à Derville.

III - p. 334-336   Visite de Crottat à Derville.

IV - p. 336-346   Visite de Derville chez Chabert au faubourg Saint-Marceau.

V - p. 346-350   Coup d'œil sur la situation des Ferraud.

VI - p. 350-354   Visite de Derville à Mme Ferraud.

VII - p. 354-358   Rencontre de Chabert et de sa femme chez Derville.

VIII - p. 358-367   Séjour de Chabert avec sa femme à Groslay.

IX - p. 367-373   Conclusion en trois paliers :
— Lettre de la comtesse Ferraud à Derville.
— Rencontre de Derville et de Hyacinthe, alias Chabert, condamné pour vagabondage.
— Godeschal et Derville rencontrent Hyacinthe en 1840.

Le second vise à rendre manifeste la ventilation des rires et des sourires (voir p. 178).

L'organisation d'*Eugénie Grandet* présente elle aussi une opposition très nette entre le statut des rires et celui des sourires. En effet, 13 sur 15 des rires se situent dans la première moitié du roman. Mais surtout on peut noter, d'après le tableau de la page 179, qu'une large zone, proche du début, comporte, sur 25 pages, 9 rires et pas un seul sourire. A l'inverse, on constate que le dernier rire du roman intervient une cinquantaine de pages avant la fin (c'est un rire de Grandet)[70]. Suivent plus de 20 pages sans rire ni sourire, puis, sur une zone de quelque 25 pages, 5 sourires sans un seul rire. Le roman, pour l'essentiel, se partage en trois zones : une de rires sans sourires ; une, centrale, comportant rires et sourires ; enfin, une zone de sourires sans rires. On constate de surcroît que les deux seuls à se trouver dans un même passage titulaires à la fois d'un rire et d'un sourire sont le bonhomme Grandet et

---

70. *Eugénie Grandet*, t. III, p. 1145.

Répartition des RIRES et des SOURIRES dans « Le Colonel Chabert »

Séquences	Rires	Sourires
I	1) p. 313 (tous les clercs)	
		1) p. 315 (Chabert)
	2) p. 317 (tous les clercs)	
	3) p. 317 (tous les clercs)	
	4) p. 318 (tous les clercs)	
	5) p. 318 (tous les clercs)	
		2) p. 320 (Chabert)
	6) p. 322 (Boucard, Derville)	
II	7) p. 326 (camarade Chabert)	
	8) p. 327 (on)	
	9) p. 327 (on)	
	10) p. 330 (camarade Boutin)	
	11) p. 333 (jeune avocat)	
III	12) p. 335 (Crottat)	
	13) p. 335 (Derville)	
	14) p. 335 (Crottat)	
IV	15) p. 338 (gamins)	
V	16) p. 350 (les femmes)	
VI	17) p. 351 (Mme Ferraud)	3) p. 351 (Derville)
		4) p. 352 (Derville)
VII	18) p. 355 (les clercs)	
VIII		5) p. 361 (Chabert)
IX		6) p. 372 (Chabert)

La ligne en pointillé signale le milieu de l'ouvrage (p. 342).

son neveu Charles, deux « mixtes »[71]. En l'espace d'une même page, Charles jeta sur Eugénie « un regard qui semblait sourire »[72] et il fit une réponse « en riant »[73]. Quant à Grandet, il « riait dans sa barbe, et ne disait jamais sans laisser échapper un fin sourire et un juron le mot : ' Ces PARISIENS ! ' »[74].

---

71. Cf. *supra*, p. 172-173. L'examen des variantes confirme la vocation d'Eugénie au seul sourire et celle de Grandet au « mixte ». Trois rires prêtés à Eugénie sur le manuscrit sont devenus sourires ou joyeusetés pour l'originale (*Eugénie Grandet*, t. III, p. 1073 *d* et *e*). A Grandet ont été ajoutés le mouvement de la loupe « qui valait le plus ironique des sourires » (p. 1081) et son sourire à froid (p. 1168).
72. *Ibid.*, p. 1088.
73. *Ibid.*, p. 1089.
74. *Ibid.*, p. 1145.

Répartition des RIRES et des SOURIRES dans « Eugénie Grandet »

Rires	Sourires
	1) p. 1034 (le Parisien)
	2) p. 1036 (Cruchot de Bonfons)
1) p. 1043 (Nanon)	
2) p. 1043 (Grandet)	
3) p. 1043 (Grandet)	
4) p. 1048 (Cruchot de Bonfons)	
5) p. 1052 (collectifs)	
6) p. 1053 (Nanon)	
7) p. 1060 (Nanon)	
8) p. 1062 (des Grassins)	
9) p. 1067 (l'abbé Cruchot)	
	3) p. 1073 (les enfants)
	4) p. 1073 (Eugénie)
	5) p. 1073 (Eugénie enfant)
10) p. 1076 (Nanon)	
	6) p. 1081 (Grandet)
	7) p. 1085 (Mme Grandet)
	8) p. 1088 (Charles Grandet)
11) p. 1089 (Charles Grandet)	
12) p. 1093 (le rire en général)	
	9) p. 1095 (Grandet)
13) p. 1111 (Grandet)	
14) p. 1114 (Me Cruchot)	
	10) p. 1130 (Charles Grandet)
	11) p. 1142 (Me Cruchot)
15) p. 1145 (Grandet)	12) p. 1145 (Grandet)
	13) p. 1168 (Grandet)
	14) p. 1175 (Grandet)
	15) p. 1180 (Eugénie)
	16) p. 1189 (le curé)
	17) p. 1195 (Cruchot de Bonfons)

La ligne en pointillé signale le milieu de l'ouvrage (p. 1112).

Ces alternances en quelque sorte rythmées de rires et de sourires dans un même roman doivent être également observées dans *La Cousine Bette*. Comme en témoigne le tableau ci-après, les sourires, fort peu représentés au départ, croissent au fil du roman, cependant que décroissent les rires. Cela jusqu'en un point (à quelque 80 pages de la fin) où rires et sourires s'équilibrent, avant, les uns et les autres, de s'effacer.

Tableau de la répartition numérique des RIRES et des SOURIRES
dans « La Cousine Bette »

Sections du roman	Nombre de RIRES	Nombre de SOURIRES
I - p. 55-124 :		
I *a* - p. 55-103	20	4
I *b* - p. 103-124	0	0
II - p. 124-206	17	11
III - p. 206-286	6	14
IV - p. 287-369	5	17
V - p. 369-451 :		
V *a* - p. 369-423	10	9
V *b* - p. 423-451	1	2

Les sections que nous avons découpées dans le roman sont de 70 pages pour la section I et approximativement de 80 pages pour les autres.

Dénombrements, regroupements, confrontations : ce premier chapitre aura voulu donner une idée des investigations et des cheminements nécessaires en cet univers rieur avant toute synthèse. Les deux chapitres suivants proposent les conclusions auxquelles a mené la minutieuse observation de chaque « action rieuse » en son contexte romanesque. Deux grands axes : le rôle du rire dans le fonctionnement du roman (narration et thématique), la place du rire dans la philosophie et dans l'esthétique du roman. Quand, dans nos titres ou nos résumés, nous disons « rire », nous entendons toutes les variétés et les nuances des manifestations « rieuses » : non seulement « rires » et « sourires », mais « épigrammes », « ironies », parodies... : tout ce qui fait de *La Comédie humaine* cet « univers rieur ».

CHAPITRE II

FONCTIONS DU RIRE

Moyen de communication entre les personnes, le rire peut devenir aussi un moyen de regrouper par connivence plusieurs alliés et, par là même, d'exclure ceux qui ne font pas partie de cette alliance du rire. Il peut être véhicule de vérité ou de mensonge ; expression de la collectivité ou de l'individu ; signe de faiblesse, puisqu'il « trahit », mais aussi moyen de se défendre ou d'attaquer, puisqu'il dissimule. Aussi les histoires de *La Comédie humaine* mettent-elles fréquemment les rires à contribution pour assurer leur marche. Le rire a une place spécifique dans la conduite du récit balzacien et un rôle capital dans l'expression de la thématique balzacienne, quand se confrontent apparence et vérité, quand s'affrontent les diverses forces qui sont à l'œuvre en cette énergétique.

I. LE RIRE ET LE NARRATIF

Le rôle du rire est subordonné à sa modalité. Dans quelle mesure est-il volontaire ? Quel est son degré de transparence ? Qui est l'émetteur, qui le récepteur ? On peut poser ces questions à l'occasion de toute manifestation rieuse et spécialement à propos de nombreux sourires dits « significatifs ». Ces sourires signifient en effet à un personnage qui semble se montrer peu compréhensif ou que l'on tient particulièrement à convaincre le sens très fort qu'il doit donner aux paroles qui lui sont adressées. Dans le jeu des paroles et des regards, le rire et le sourire constituent des atouts de poids. Ainsi, dans l'entrevue entre Louise de Nègrepelisse, comtesse du Châtelet, nouvellement préfète, et Petit-Claud, qui espère tirer de cette rencontre quelques avantages, Petit-Claud mise sur les sentiments que la comtesse porte peut-être encore à Lucien : « C'est bien là ce que je pensais, Madame, répondit-il vivement en observant la comtesse avec une attention aussi profonde que peu visible »[1]. Visible donc seulement pour le lecteur. Louise ne voit pas, mais pressent : « Surprise d'être si bien devinée, elle regarda Petit-Claud en dépliant son éventail, car Françoise de La Haye entrait, ce qui lui donna le temps

---

1. *Illusions perdues*, t. V, p. 657.

de trouver une réponse. — Monsieur, dit-elle avec un sourire significatif, vous serez promptement procureur du Roi [...] »[2]. Parallèlement aux paroles prononcées court un récit second qui double le premier. Il se déploie une « sous-conversation »[3] qui écrit la relation des personnages les uns avec les autres, la relation de l'homme avec le monde. Petit-Claud voit tout le jeu, et ce qu'on voulait lui faire comprendre et ce qu'on ne voulait pas lui faire voir. Le lecteur « voit » cela aussi, et en même temps domine le regard de Petit-Claud. Le « sourire significatif » est un élément essentiel de cette comédie. En d'autres rencontres, le récepteur peut, dans le monde de la fiction, se laisser prendre à un tel sourire, artisan de tromperie. La comédie bascule alors dans le drame. Ainsi, dans la seconde scène entre Crevel et Adeline Hulot : « — D'une femme divine, reprit Crevel en souriant significativement à la baronne qui baissait les yeux et dont les cils se mouillèrent [...] »[4].

Dans un « sourire imperceptible » toutes les nuances de la communication du message sont possibles. Il est assez ténu pour rester caché et assez visible pour être néanmoins perçu. Diverses combinaisons sont possibles, dont joue le romancier dans sa relation propre avec le lecteur. Des « sourires imperceptibles » disent la connivence entre les contrôleurs de l'Opéra qui refoulent Lucien dont « l'élégance empruntée le faisait ressembler à un premier garçon de noces »[5]. Ces « sourires imperceptibles » sont évidemment faits pour être perçus, et par le complice et par l'exclu : c'est un des moyens de la connivence-exclusion. En l'occurrence, Balzac ne précise pas si Lucien voit ou ne voit pas ce sourire ; mais il est impliqué par le texte que Lucien en reçoive l'affront. Ailleurs, le texte est parfaitement explicite. Lucien ayant juré ses grands dieux devant les membres du Cénacle qu'il leur serait toujours fidèle : « Michel et Fulgence se regardèrent en échangeant un sourire moqueur que vit Lucien et qui lui fit comprendre le ridicule de sa phrase »[6].

Ailleurs, la fiction d'un conteur-témoin s'interpose entre la scène et le lecteur, comme pour ce « sourire imperceptible qui vint effleurer les lèvres pâles de de Marsay » et qui « fit rougir Delphine de Nucingen »[7] ; le narrateur d'*Autre étude de femme* est censé l'avoir surpris. Ces alliances, ces allusions, ces collusions, ces exclusions et toutes les effractions qu'appellent ces pseudo-fermetures participent bien à la trame du récit de la *Comédie*[8]. Ces moyens de la comédie d'intrigue sont au service de

2. *Illusions perdues*, t. V, p. 657.
3. Dont le roman de Nathalie Sarraute a développé la technique.
4. *La Cousine Bette*, t. VII, p. 323.
5. *Illusions perdues*, t. V, p. 272.
6. *Ibid.*, t. V, p. 473. Ce passage est une addition de l'édition originale Werdet, 1837.
7. *Autre étude de femme*, t. III, p. 688.
8. Comédie d'où naît souvent le drame. C'est peut-être à l'échange d'un regard et d'un sourire avec un ami et complice, lorsque Molineux leur montre ses pistolets, que César Birotteau doit l'inimitié farouche du rentier : « Mais, Monsieur, vous n'avez rien à craindre de semblable de ma part, dit Birotteau regardant Cayron auquel il sourit en lui jetant un regard où se peignait un sentiment de pitié pour un pareil homme. Ce regard, Molineux le surprit, il fut blessé de rencontrer une semblable expression [...] » (*César Birotteau*, t. VI, p. 111).

la comédie romanesque. La rubrique pourrait être fort longue sur ce sujet, nourrie des nombreux « fins sourires » et « rires muets ». Tous indiquent l'aspect rusé et matois des agents de l'intrigue, la supériorité liée à la tromperie, faite pour abuser, inquiéter ou intriguer[9].

Sourires et rires accompagnent l'action dans *La Comédie humaine*. Le rire caché est l'arme tactique des forts dans un monde de la force. Sans doute, la réussite sociale exige le sérieux et la gravité : « Le comte de Lanty passait pour un profond politique, peut-être parce qu'il riait rarement »[10]. Mais le politique ou l'ambitieux rient *in petto* ou en coulisse : le rire auquel Rastignac donne carrière, dans *Les Comédiens sans le savoir*, il le « comprimait depuis son entrée dans la salle des Pas-Perdus »[11]. De même, Vital a une « jovialité primitive rentrée sous la pression de ses idées ambitieuses »[12]. On pourrait dresser une assez longue liste de triomphateurs au rire caché : le syndic de *Sur Catherine de Médicis*[13], Grandet[14], la princesse de Cadignan[15], Giardini[16], le Parisien des *Méfaits d'un procureur du Roi*[17].

Mais, selon les voies habituelles de la pensée balzacienne, le contraire est également vrai : la gaieté peut devenir masque à son tour pour les témoins de cette action, dans la fable, en vue d'en assurer le triomphe. Elle constitue une nouvelle dissimulation, inverse de la précédente, interchangeable avec elle, mais plus offensive. Signe ou moyen de la réussite, la gaieté a vocation double : dissimulée-dissimulante.

La formule applicable à tous les cas de gaieté cachante est donnée par la cousine Bette : « ... cachons-lui tout, soyons gais ! »[18]. Aussi toute gaieté balzacienne doit être soupçonnée. Telle « gaieté de commande » effraie[19]. Lorsque Grandet est gai, le cœur de sa femme et celui d'Eugénie se serrent[20]. Nucingen étant rentré chez lui de belle humeur, du Tillet s'écrie : « Gare à nos actionnaires ! »[21]. A maman Vauquer remarquant qu'il est gai comme un pinson, Vautrin explique : « Je suis toujours gai [...] quand j'ai fait de bonnes affaires »[22]. De bonnes affaires, c'est-à-

9. C'est le « fin sourire, élégant et rusé, candide et triomphant » de la princesse Gandolphini (*Albert Savarus*, t. I, p. 961), ce sont les fins ou légers sourires de Contenson (*Splendeurs et misères*, t. VI, p. 524), des « belles créatures » (*La Cousine Bette*, t. VII, p. 235), de Corentin (*Les Chouans*, VIII, p. 1155), de Rigou (*Les Paysans*, t. IX, p. 285), de Vinet (*Le Député d'Arcis*, t. VIII, p. 784).

10. *Sarrasine*, t. VI, p. 1046.

11. *Les Comédiens sans le savoir*, t. VII, p. 1198.

12. *Ibid.*, p. 1166.

13. *Sur Catherine de Médicis*, t. XI, p. 365.

14. *Eugénie Grandet*, t. III, p. 1145.

15. *Les Secrets de la princesse de Cadignan*, t. VI, p. 997. « En elle-même » est une addition de l'épreuve 1.

16. *Gambara*, t. X, p. 476.

17. *Les Méfaits d'un procureur du Roi*, t. XII, p. 425.

18. Cité par Hortense, *La Cousine Bette*, t. VII, p. 210.

19. *Les Marana*, t. X, p. 1083. « De joie », dans l'expression « rôle de joie » qui désigne cette gaieté, date de Furne.

20. *Eugénie Grandet*, t. III, p. 1152. Le paragraphe est une add. de l'orig.

21. *Splendeurs et misères des courtisanes*, t. VII, p. 544.

22. *Le Père Goriot*, t. III, p. 200.

dire de mauvais coups. Ce que résume la « jovialité particulière aux notaires et aux avoués de Paris »[23].

Fausseté marche si souvent avec gaieté dans *La Comédie humaine* qu'il s'est constitué métonymiquement une équivalence : gaieté égale fausseté. Vautrin, « obligeant et rieur », laissait une « impression douteuse »[24]. Balzac va jusqu'à écrire : « excellent cœur sous les apparences trompeuses d'un caractère gai »[25]. On parcourt ainsi toute une gamme : de la gaieté qui cache d'un Vautrin, on passe à la gaieté qui trompe (la « gaieté trompeuse » d'un Gaubertin[26]) et de celle-ci à la gaieté signe du faux (« créancier gai » signifie « faux créancier »[27]). Balzac use lui-même, en tant que narrateur, de la vocation ambiguë de la gaieté. Celle que lit le lecteur peut devenir indice de catastrophe à venir ou de forfait caché. Gaieté, rire, sourire demeurent souvent opaques. Les réactions « comiques » fonctionnent alors comme leurres et le « rire équivoque » de Grandet[28] provoque à l'interrogation sur le sens même de son histoire.

Rires-événements et rires-actions

● Révélations

Balzac utilise conjointement le code mondain du rire et du sourire et le code littéraire du roman écrit par le romancier omniscient. Le code mondain assure la communication entre les personnes du monde romanesque par ces signes codés que sont le détachement, l'amusement et le sous-entendu. Le code littéraire communique tout à son lecteur, à la fois par ses révélations propres et par le truchement du code mondain.

Un bel exemple : celui de *Splendeurs et misères des courtisanes* : tout se passe en une séquence de 7 sourires et d'un rire, sur 3 pages[29]. Rires et sourires tissent la comédie de la révélation, qui est une comédie de la complicité auteur-lecteur.

Première révélation : un sourire de Delphine fait comprendre à Bianchon que Nucingen est impuissant[30], ce que déjà savait le lecteur, grâce au narrateur : « Le baron de Nucingen avait alors soixante ans, les femmes lui étaient devenues parfaitement indifférentes et, à plus forte raison, la sienne »[31].

Deuxième révélation : Nucingen confesse à toute la compagnie, sauf Delphine, qu'il est amoureux d'une inconnue, ce qui provoque un sourire de Lucien[32].

23. *L'Envers de l'histoire contemporaine*, t. VIII, p. 240.
24. *Le Père Goriot*, t. III, p. 61.
25. *L'Enfant maudit*, t. X, p. 885.
26. *Les Paysans*, t. IX, p. 307.
27. *César Birotteau*, t. VI, p. 284.
28. *Eugénie Grandet*, t. III, p. 1043.
29. *Splendeurs et misères des courtisanes*, t. VI, p. 497-499.
30. *Ibid.*, p. 497.
31. *Ibid.*, p. 494.
32. *Ibid.*, p. 497.

Troisième révélation : le sourire de Lucien est, pour Rastignac, la révélation que Lucien connaît l'inconnue : il le dit, Lucien l'entend[33]. Puis Bianchon évoque à son tour, devant Nucingen, le sourire de Lucien[34]. Nucingen va lancer des espions.

Quatrième révélation enfin : Lucien découvre le secret du banquier à Delphine, laquelle rit[35].

Tout s'enchaîne en cascade, en une série de rebonds d'un plan à l'autre du récit. A la suite d'un seul sourire, détonateur, est lancée une triple chasse : celle du Monde espionnant Lucien, celle de Nucingen surveillant Lucien pour remonter jusqu'à Esther, celle de Vautrin guettant les sbires de Nucingen. De la même façon, un sourire (ou un rire) échappé à Peyrade va causer sa perte[36]. Sous la surface rieuse se tisse le drame.

● *Actions, quiproquos*

Un sourire ou un rire peuvent aussi constituer par eux-mêmes des actions. Dûment codés par la société du temps, ils formulent un message qui vaut un acte. Ainsi, dans *La Maison Nucingen* :

« Et Rastignac t'a refusé, dit Blondet à Finot ?
— Net.
— Mais l'as-tu menacé des journaux, demanda Bixiou.
— Il s'est mis à rire, répondit Finot »[37].

Des deux possibilités qu'a le rire, celle de dévoiler et celle de tromper, c'est cette dernière que Balzac exploite le plus souvent pour filer ses intrigues. Dans la fiction, les tartuffes et les séducteurs en usent à leur profit. Balzac y recourt lui aussi pour la conduite de l'action et pour le plaisir du lecteur.

Balzac joue de la confiance commune dans ce postulat : le rire est un signe qui ne trompe pas ; autrui ne peut vous tromper par son rire et vous-même ne pouvez vous y tromper. C'est sur cette naïveté que repose le quiproquo, forme privilégiée de la comédie : de cette action dans la comédie jouée naît le plaisir de la comédie lue.

Trois romans en offrent l'illustration : *Un début dans la vie, Etude de femme, La Vieille Fille*.

Toute l'intrigue de la première partie de *Un début dans la vie* est fondée sur un quiproquo dont le rire et les sourires du comte de Sérisy sont en grande partie responsables : les occupants du coucou sont persuadés par ces formes rieuses que le comte se moque d'eux, alors qu'il décline ses titres réels. Or on sait les fâcheuses conséquences de ce quiproquo sur la destinée d'Oscar Husson.

Dans la courte aventure d'*Etude de femme*, tout est quiproquo ; les rires et les sourires en sont pour une grande part l'origine. Rastignac se rend chez Mme de Listomère. Celle-ci l'accueille par « un de ces sourires

33. *Ibid.*, p. 498.
34. *Ibid.*, p. 499.
35. *Ibid.*, p. 498.
36. *Ibid.*, p. 543.
37. *La Maison Nucingen*, t. VI, p. 332.

féminins plus impénétrables que ne l'est la parole d'un roi »[38]. Le caractère énigmatique de ce sourire permet le quiproquo. Rastignac s'y enfonce tandis que Mme de Listomère persévère dans sa méprise. L'histoire de cette nouvelle vit d'erreur, de mensonges, de rires et de sourires. Dès que la vérité se fait, les rires et les sourires cessent, l'histoire est finie.

Pour mener à bonne fin l'intrigue de *La Vieille Fille*, brusquer la décision du mariage, une scène de six pages en 4 sourires et 3 rires joue un rôle essentiel. Dans cette scène, l'action repose sur le quiproquo : les sourires de courtoisie du vicomte de Troisville sont interprétés par Rose Cormon comme des signes de l'acquiescement au mariage. La scène se dénoue sur l'évanouissement de Rose Cormon quand elle apprend que le vicomte est déjà marié, ce qui entraîne la visite de du Bousquier, lequel voit la poitrine de Rose, ce qui oblige celle-ci à choisir du Bousquier pour mari. A partir d'un quiproquo sur des sourires tout s'enchaîne selon une précise mécanique.

Ce type de fonctionnement des intrigues qui marchent au rire emprunte beaucoup au théâtre, à la comédie, où de tels signes sont à la fois destinés au partenaire dans la pièce en cours et au spectateur. L'action se joue dans la connivence du clin d'œil, avant ou pendant l'action, en accord avec certains des partenaires de la pièce ou sans partage. Ce qui assure l'originalité des exemples retenus, c'est que l'on passe par la comédie pour arriver parfois au drame, souvent aux embarras, toujours à un dénouement d'où le rire, comme le sourire, est tout à fait absent.

Les rires, les histoires et l'Histoire

A travers rires et sourires, au fil de l'histoire romanesque, la vérité se fait. Le fallacieux, le spécieux, l'erroné vont se révéler pour ce qu'ils sont ; le dupeur et le dupé vont apparaître dans la pleine lumière de la Fin. L'histoire comique, les histoires de rires privilégient donc le retournement, le renversement : le retournement de l'extérieur s'opère par le renversement d'un avant en un après. Parfois les rires premiers s'annulent (*La Vieille Fille* en témoigne) en faisant apparaître leur trompeuse gaieté. Parfois un nouveau rire chasse le précédent : les rires ayant manifesté la vérité, l'avènement d'une vérité triste se marque par de nouveaux rires (en témoigne la résurgence du rire dans *La Cousine Bette*). La fin de l'histoire introduit à une nouvelle histoire ; les nouveaux rires eux-mêmes ne sont pas définitifs, la dérision de la désillusion n'apparaît pas comme un dernier mot.

• Moments clés

Dans trois ouvrages, qui sont des nouvelles plutôt que des romans, un point crucial, de cinq pages au plus, rassemble la majorité des rires ou des sourires[39]. Foyers de rires, foyers de l'action.

---

38. *Etude de femme*, t. II, p. 177.
39. *Les Secrets de la princesse de Cadignan*, t. VI, p. 995-996 ; *Sarrasine*, t. VI, p. 1065-1070 ; *Melmoth réconcilié*, t. X, p. 367-368.

A un rire près, les sourires et les rires qui forment la constellation des *Secrets de la princesse de Cadignan* sont le fait de Diane de Maufrigneuse : moment clé où d'Arthez se mit à genoux et « fourra » sa tête dans les mains de la duchesse, dans lesquelles il pleura. Diane n'aura plus dès lors qu'à consolider les positions. La concentration sur le personnage de Diane de tant de signaux rieurs marque le foyer de la nouvelle, au point de convergence de ses lignes de force, avec pour pivot ironique le « Vierge et martyre ». Deux plans s'opposent, qui se rejoignent ici : celui d'une conscience organisant la comédie à son profit, grâce à son art du mensonge, et une inconscience innocente, sensible et aimante. Pour d'Arthez, l'inconscience est sublimée par le génie. Mais, pour Diane, la lucidité comédienne est sublimée par le génie de la comédie. Les deux plans se confrontent une dernière fois avant de se fondre : c'est, après la dérision du sublime, le sublime de la dérision.

Les pages surchargées de rires et de sourires dans *Sarrasine* constituent le nœud de l'histoire. Premiers moments où Sarrasine, le sculpteur amoureux, peut enfin rencontrer Zambinella, le *musico* qu'il aime passionnément, le prenant pour une femme. Trois sourires[40], signes de conscience, sont autant de modulations de la mystification : instruments de torture cachée, ils appartiennent aux bourreaux, dont ils font durer le plaisir. Or, le narrateur, lui aussi, sourit : « — La Zambinella, repris-je en souriant, s'était effrontément croisé les jambes [...] »[41]. Comme les « bourreaux » Sarrasine, le narrateur, tient la narrataire à sa merci. Mais pour un instant seulement : dès ce sourire, les renversements de situation sont possibles. Si l'on revient à l'histoire contée, celle de Sarrasine, on peut observer une succession de 4 rires : au début et à la fin, le rire de l'orgie et le rire de la vie d'artiste. Orgie où « les plaisanteries et les mots d'amour se croisaient, comme des balles dans une bataille, à travers les rires, les impiétés, les invocations à la Vierge ou *al Bambino* »[42]. Vie d'artiste caractérisée par des plaisirs « continus », par une « fête perpétuelle où l'on rit sans arrière-pensées »[43]. Deux rires qui se ressemblent par une même opposition à la normalité, au sérieux, à l'univocité. Sur ce fond commun se détachent les deux rires respectifs de Sarrasine et de ses persécuteurs, qui s'opposent l'un à l'autre au point culminant de l'action. Si Sarrasine « se prit à rire », c'est parce que, lui, esprit fort et rationnel, se moquait des scrupules superstitieux de Zambinella : « — Mais c'est aujourd'hui vendredi », répondit-elle, effrayée de la violence du Français. Sarrasine, qui n'était pas dévot, se prit à rire »[44]. Quant au camp de la mystification, il abandonne la plénitude de son rire artiste pour la simplification de son « rire infernal » ; il va jusqu'au bout de sa logique, destructrice pour qui nie l'ambivalence comique : «[Sarrasine] fut accueilli par un rire infernal »[45]. Le paroxysme est tel, en ce point de l'histoire, que la « plaisanterie d'artiste » va dégé-

40. *Sarrasine*, t. VI, p. 1066.
41. *Ibid.*, p. 1065.
42. *Ibid.*, p. 1067.
43. *Ibid.*, p. 1069.
44. *Ibid.*, p. 1068.
45. *Ibid.*

nérer en drame et en tragédie. La faute en est à Sarrasine, artiste pourtant, mais qui a oublié l'une des leçons essentielles de l'art, son refus de l'esprit de sérieux, sa vocation universelle et non réductrice. Sarrasine ne connaît que la passion monomane, écorchée et superbe, immaturée. Prométhée ou Orphée dérisoire. Tout est en place pour le double dénouement : la révélation pleine de rire[46], suivie de la mort de Sarrasine, et le congédiement du narrateur : « Laissez-moi seul »[47].

Dans *Melmoth réconcilié*, très exactement au milieu de l'œuvre, 10 rires constituent la plus intense mobilisation de rires de toute *La Comédie humaine*[48]. Dans cette page, censée se passer dans un théâtre, tout le monde rit. Le jeu de l'acteur Perlet est « comique » ; la salle rit, Aquilina rit, Melmoth rit. Mais Castanier ne rit pas. Du moins au début. Il ne rit qu'après « l'échange » diabolique, et c'est d'un « rire de démon »[49]. Le héros, Castanier, après s'être appelé plus prosaïquement encore Poivrier[50], est un petit caissier de la Restauration. En ce moment décisif, le seul choix qui s'offre à lui, dans ses coordonnées historiques, prosaïques et mesquines, c'est le rire désenchanté, celui dont Melmoth lui propose le modèle, ce « rire anglais » de la lucidité sans amour, romantiquement diabolique. Progressivement, Castanier opérera sa « conversion » et perdra ce mauvais rire. La plaisanterie ne réapparaît dans le conte qu'avec les répliques farceuses des « mauvais diables » de clercs. Comme l'écrivent justement Ruth Amossy et Elisheva Rosen, « l'épisode facétieux sur lequel se termine *Melmoth réconcilié* souligne la veine humoristique dont se réclame ce conte fantastique nouveau »[51]. Il est bien vrai que les « clercs de notaire [...] sont incapables dans leur ignorance et leur vision badine et superficielle de saisir la portée du pacte diabolique »[52]. Leur facétie est en deçà des problèmes. Seul Balzac, auteur de ce conte, embrasse la totalité, cependant que Castanier reste dans l'entre-deux de la désillusion sarcastique. Ce choix ou cette impossibilité de choisir autre chose apparaissaient dans la séquence décisive où le rire disait toute l'étendue du clavier : l'innocence, le sarcasme et le génie rieur. Le peuple, Melmoth, Balzac. Le moment clé des rires marquait l'angoissante nécessité du choix, les possibilités de salut ou de damnation en ce douteux et ironique combat.

Moment clé se révèle, dans sa surcharge de sourires et de rires, le point extrême de la charge ou le moment de la décharge : or, en ce lieu, rire et théâtre se créent et se renforcent l'un l'autre. Dans *Les Secrets de la princesse de Cadignan*, la pose de d'Arthez crée le tableau de genre

---

46. « Je n'ai consenti à vous tromper que pour plaire à mes camarades, qui voulaient rire. — Rire ! répondit le sculpteur d'une voix qui eut un éclat infernal. Rire, rire ! » (*Sarrasine*, t. VI, p. 1073). Par une sorte de reflet, et de court-circuit, la voix de Sarrasine disant ce « rire » prend le même caractère infernal que le rire des mystificateurs à la p. 1068.
47. *Ibid.*, p. 1075.
48. *Melmoth réconcilié*, t. X, p. 367-368.
49. *Ibid.*, p. 372.
50. « Castanier » n'apparaît que dans les corrections.
51. Ruth Amossy et Elisheva Rosen, « Melmoth réconcilié » ou la parodie du conte fantastique, *AB 1978*, p. 163.
52. *Ibid.*, p. 164.

sérieux et sentimental (il s'est mis à genoux, il a sa tête dans les mains de la princesse, il y verse de douces larmes). Mais aussi, il y a le « mot » de vaudeville, le « Vierge et martyre », et le « fourra » familier qui détonne (il « fourra sa tête dans les mains de la princesse ») ; enfin, la tonalité de parodie est donnée par rires et sourires. Dans la séquence de *Sarrasine*, le moment clé coïncide avec le *symposium*[53], avec l'orgie[54]. Dans *Melmoth réconcilié*, c'est au théâtre même que l'histoire se joue, dans le rire.

• *Renversements*

Mainte histoire de *La Comédie humaine* est constituée par un retournement de situation. C'est le modèle du schéma comique : l'arroseur arrosé, tel est pris qui croyait prendre, etc. Certains mots du vocabulaire comique ont pour effet, nous l'avons constaté, de créer ce mouvement de renversement comique dans l'opération de lecture[55]. Mais où, précisément, s'opèrent ces renversements ? qui rit ? où rit-on ? comment s'enchaînent les rires et les sourires. Doivent être confrontés, en leurs tracés sinueux, les chemins du rire et les chemins de l'histoire.

Un premier groupe s'impose, celui des nouvelles, car en ces histoires toute la matière semble être celle d'un renversement de situation. Rires et sourires donnent à ces habiles mécaniques profondeur et prolongements.

Le Bal de Sceaux met au pas la superbe Emilie. La trajectoire des rires et des sourires dans les 8 dernières pages rend compte de la dure leçon reçue par un personnage trop raide, justiciable de la leçon comique. Emilie de Fontaine fait d'abord face à l'abandon de Maximilien de Longueville en continuant à rire d'autrui (« passant » ou « toilette ridicule »)[56]. Puis, cette « belle ennemie des comptoirs » subit l'humiliation du « rire des Excellences »[57]. Mais, après avoir subi le ridicule, elle l'assume pleinement, crânement : « Au lieu de s'exercer à dire des méchancetés de son oncle, elle lui apporta sa béquille avec une persévérance de tendresse qui faisait rire les plaisants [...] »[58]. Le tracé des rires et des sourires met en lumière la logique des relations entre le sujet-Emilie et le monde constitué par les autres : successivement les passants, les Excellences, les plaisants, l'oncle.

Dans *La Paix du ménage* et dans *L'Illustre Gaudissart*, la confrontation, la superposition des trajets respectifs du rire et de l'action ne font apparaître ni apprentissage personnel, ni évolution individuelle, mais

---

53. Thème souvent évoqué par Bakhtine (par exemple dans *La poétique de Dostoïevski*, p. 165).
54. Pierre CITRON cite d'autres apparitions du thème de l'orgie dans *La Comédie humaine* : dans *Gobseck*, dans *L'Elixir de longue vie* et surtout dans *La Peau de chagrin* (cf. t. X, p. 1551, n. 1 à la p. 1065).
55. Cf. *supra*, p. 143-152.
56. *Le Bal de Sceaux*, t. I, p. 157.
57. *Ibid.*, p. 162.
58. *Ibid.*, p. 163.

contribuent à révéler la nature des forces en présence. A la fin de *La Paix du ménage*, le couple Soulanges retrouve à la fois diamant et bonheur perdus[59], cependant que les deux héros du rire en cette nouvelle, Montcornet et La Roche-Hugon, échouent l'un et l'autre dans leurs entreprises. Montcornet a été placé au centre et au-dessus de toute cette histoire, comme un substitut de la divinité rieuse ou du hasard souverain, ou de Balzac, le maître tout-puissant de ces histoires et de leurs issues : « Montcornet était là comme le roi de la fête, il trouvait dans ce tableau mouvant une vue complète du monde, il en riait en recueillant les sourires intéressés de cent femmes brillantes et parées »[60]. Quant au champion du rire, Martial de La Roche-Hugon, méridional, il a « le génie de l'intrigue », une grande « éloquence de salon » : il se croit le moteur de l'intrigue ; or, il n'en est que le jouet. Le rire, dans *La Paix du ménage*, est en constante relation de sens avec l'idée de l'instabilité, de la constante remise en jeu des affaires humaines. Idée particulièrement illustrée en cette nouvelle, qui est une de ces « petites révolutions d'une soirée », comme dit *Madame Firmiani*[61].

L'Illustre Gaudissart constitue une autre révolution, à sa manière : ne conte-t-il pas l'impensable défaite de l'invincible ? La signification de l'ensemble apparaît clairement dès que l'on met en tension les 4 sourires du début et les 3 rires de la fin. Les sourires du début sont attribués à Gaudissart ; il y a bien en lui du « gros rire »[62], mais Balzac ne lui donne pas lieu de s'exprimer ici. Il est montré habile, infaillible, mais d'une « infaillibilité *commerciale* »[63]. Cette infaillibilité-là va périr en Touraine. Tout est commerce pour ce héros de l'âge industriel qu'est Gaudissart. Il estime que « l'esprit public » de la Touraine est susceptible d'être « exploité » : c'est là son erreur.

En effet, l' « esprit public » de la Touraine est « conteur, rusé, goguenard, épigrammatique »[64]. C'est un « esprit ardent, artiste, poétique, voluptueux »[65]. Autrement dit, détendu, fait pour le plaisir, gratuit. Seule efficacité pour le Tourangeau : « il emploie son esprit à se moquer du voisin, à se réjouir »[66]. Pour les « railleurs indigènes », « les moqueries ne sont offensives que par la perfection même de la moquerie »[67]. La plaisanterie au service du commerce est vaincue par la plaisanterie de la gratuité ludique. Symbolique est l'étiquette de Vernier : « Figaro campagnard ». Dans ce duel, *rhétorique-commerce-gloire*, qui décolle de la réalité en prétendant s'y appliquer, se bat contre *épigramme-épopée-comédie d'intrigue-art*, qui colle à la réalité en ne cherchant que le jeu. Le combat oppose verbe-action, de pure façade, et verbe-jeu, qui réussit son contrat. Le premier est guetté par la mort que lui vaut son habituelle

59. *La Paix du ménage*, t. II, p. 129.
60. *Ibid.*, p. 118.
61. *Madame Firmiani*, t. II, p. 150.
62. *L'Illustre Gaudissart*, t. IV, p. 565.
63. *Ibid.*, p. 575. C'est nous qui soulignons.
64. *Ibid.*
65. *Ibid.*, p. 576.
66. *Ibid.*
67. *Ibid.*

réussite, figé dans son succès. Le second, aujourd'hui triomphant, est menacé de mort dans son cul-de-sac social, mais il s'efforce de survivre par la parole nue, par la *saga*, épopée du rire qui confie au récit et à la fable le soin de pérenniser la geste rieuse. A la fin du roman, Gaudissart trouve Vernier « riant avec ses voisins » (fait collectif) « auxquels il racontait déjà l'histoire »[68]. La victoire de Vernier ne se survit qu'en devenant une histoire, centre de *L'Illustre Gaudissart*. La mise en relation des rires et des sourires de cette nouvelle fait voir, derrière l'histoire d'un « renversement », toute une épopée du rire : sa victoire, son risque de mort, sa chance de survie.

Quand la taille du roman permet le déploiement d'une durée, comme dans *Béatrix* et dans *La Vieille Fille*, les renversements se manifestent par des cheminements et des retentissements qui sont ceux-là mêmes de l'Histoire. De rires en rires, le cours du récit suit le cours des choses. Au début de *Béatrix*, grâce, vitalité, bonté rayonnent à travers 5 sourires[69]. On ne rit pas à Guérande[70] : c'est un étranger qui « eût ri ». De ce ton Guérande du début jusqu'au ton Maxime de Trailles, à la fin, s'inscrit tout le parcours du roman. C'est la trajectoire suivie par Calyste et qui nous mène à ce bouquet du sourire et du rire composé, à la fin du roman, par le trio Maxime de Trailles, La Palférine, Aurélie Schontz. C'est un ensemble de 10 rires et sourires, système cohérent dont le sens gagne à être confronté à l'ensemble inaugural de Guérande. Le sourire ou le rire de Maxime de Trailles quadrillent la dernière « scène » de *Béatrix*, avec le renfort de deux comparses pour la mystification terminale, Aurélie Schontz et La Palférine. La fin de *Béatrix* fait jouer la dérision de la fin avec la fin de la dérision : les héros de la moquerie, Maxime et Aurélie, sont fatigués même de rire. On atteint une sorte d'au-delà de la dérision dans cette mort du rire, et l'on perçoit le chemin parcouru depuis l'ailleurs souriant du début, dont l'éternité n'était comique que par sa façon de se mettre hors du temps. Le débat entre les deux forces antagonistes qui se disputent la partie dans *Béatrix* pourrait se circonscrire à l'antithèse *Félicité/Béatrix*. Les deux noms sont sémantiquement apparentés, selon un parallélisme peut-être ironique entre *felix* marquant le destin heureux et *beatus* qui dit le bonheur de l'âme. Or ce sont les deux personnages qui arrivent en tête, et de loin, par le nombre des sourires et des rires : Félicité, 5 rires et 7 sourires ; Béatrix, 7 rires et 7 sourires. D'un côté, la vie ancienne et authentique (mais historiquement morte) ; de l'autre, la vie nouvelle et falsifiée (mais moralement morte), Calyste étant l'enjeu romanesque. L'authenticité (Félicité), qui ne peut pas plus atteindre son but que Calyste ne pourrait lui rester attaché, se préserve en entrant au couvent. L'inauthenticité, également vouée à l'échec, est promise à une survie dérisoire, dans la demi-mesure et la compromission bouffonne.

---

68. *Ibid.*, p. 595.
69. *Béatrix*, p. 657, 659, 673.
70. Madeleine Fargeaud rappelle opportunément que, chez les du Guénic, règne une « gaieté sans malice » (art. cit., p. 109), « gaieté des âmes simples » (*ibid.*, p. 110) ; « on ne rit jamais » (*ibid.*, p. 109).

La formule à laquelle obéit *La Vieille Fille* est sensiblement différente : l'évolution historique s'y mesure à l'évolution du rire de groupe (Alençon) face à l'individu (Rose Cormon). Le moment clé est le mariage. Le roman est alors aux trois quarts ; Rose Cormon change d'état ; ce qui apparaissait comme un rituel immuable, le rire de la collectivité à l'occasion de quelque « naïveté » de Rose Cormon, n'aura plus lieu de se manifester[71]. Dorénavant, les rires se scindent, on assiste à une partition sociologique, l'Histoire est en marche. D'abord, le rire s'est réfugié dans le faubourg Saint-Germain d'Alençon, qui rit, orgueilleusement, des « enfants » du chevalier de Valois[72]. Puis le rire meurt, parce que triomphe, avec le temps, avec l'Histoire, le parti de du Bousquier. Rose est toujours aussi niaise, mais l'état auquel la réduit, pour finir, le romancier fait qu'aucune bévue, aucune balourdise ne lui sont plus prêtées par le texte du roman. Aussi bien n'y a-t-il plus d'invités pour les recueillir et en rire. C'est le temps du sérieux, après le temps de l'épopée comique. Il n'y a plus ni risible ni rire.

L'histoire des rires, dans ces nouvelles et ces romans où le temps affirme sa maîtrise, donne un particulier relief au temps historique, met l'accent sur l'ambivalence de l'Histoire, à la fois toute-puissante et dérisoire. L'histoire d'une dérision fait éclater aux yeux le Carnaval de l'Histoire : l'échec de l'orgueilleuse Emilie et son triomphe dans la défaite, la déroute de ceux qui marchent le mieux avec leur temps, comme Gaudissart, l'amer triomphe des mystificateurs qui n'assurent la survie de la plus auguste noblesse que par des moyens douteux et par la personne du bien pâle Calyste, le camouflage sous le sérieux de la puissance économique et politique de l'impuissance comique d'un du Bousquier.

Mais, chez Balzac, le temps historique passe souvent par le temps individuel : le rire permet d'apprécier les différentes étapes de l'apprentissage du héros.

Le rire et l'histoire personnelle

Le personnage, de rire en rire, poursuit son apprentissage d'un monde lui-même balisé de rires. Premier plan : les rires du monde tel qu'il est, tel que va l'affronter le personnage. Deuxième plan : le rire des initiés. Troisième plan : les rires et sourires de l'apprenti, avant et après la fin de son apprentissage.

● Le jeune homme et le monde qui rit

Dans les grands romans d'apprentissage balzaciens (par exemple, *Le Père Goriot* et *Illusions perdues*) la rencontre avec le monde s'opère sous

---

71. On peut rappeler ces trois inscriptions de rires collectifs : la première (p. 871) culmine avec les propos de Rose sur la monte des chevaux ; la seconde (p. 881-883) joue sur le double sens de « père nourricier » ; la troisième (p. 904-905) suit l'évanouissement.
72. *La Vieille Fille*, t. IV, p. 922.

la forme de la rencontre avec le rire. Pour Rastignac, c'est le premier repas pris à la Pension Vauquer ; pour Lucien, c'est la succession de divers milieux rieurs, ceux du théâtre, des coulisses, des journalistes, des libraires, dont les rires sont à la fois un spectacle, une blessure et une école.

Quatre rires ponctuent le premier repas chez maman Vauquer : trois d'entre eux émanent de la collectivité et l'un de Bianchon ; ils ont pour cibles Poiret et Goriot[73]. On ne saurait, sans doute, limiter le procès de la scène à la trajectoire des rires, mais celle-ci permet d'appréhender les grandes options qui s'offrent au néophyte spectateur qu'est Rastignac. La scène de cette pension est le monde. Trois couples structurent ce microcosme dont la vue orientera les choix décisifs du jeune homme : l'individu solitaire et la collectivité soudée ; la victime en butte aux rieurs ; le malheur secret et la dérision publique. Il faut opter pour un camp ou pour l'autre : celui du vaincu, celui des vainqueurs ou celui des observateurs rieurs comme Bianchon. Les rires, par leur souplesse et leurs possibilités polyphoniques, font jouer les diverses orientations. Sous la façade des rires, Rastignac pressent qu'il faut voir les réalités de la force et de la faiblesse, de l'agression et du jeu, de la sottise et de la compréhension. Ces rires de la pension obligent à faire un choix, en particulier face à la souffrance. Sera-t-on celui qui la subit, qui l'attise ou qui la plaint, en riant ou sans rire ?

Dans les scènes d'*Illusions perdues* sélectionnables pour leur densité en rires et en sourires, la situation diffère sensiblement de la précédente : Lucien y est à la fois spectateur et victime. La « vision » du lecteur se démultiplie : pour une part, nous « voyons » avec Lucien, nous subissons et nous enregistrons avec lui ; mais, pour une autre part, nous le regardons, nous le voyons réagir, devenir lui-même spectacle. Dans *Le Père Goriot*, nous regardions tout, sans mélange, *avec* Rastignac.

Lors de la soirée à l'Opéra, sourire de l'employé du contrôle et rires orchestrés par Rastignac[74] sont autant de blessures mortelles pour Lucien et pour Mme de Bargeton. L'effet d'apprentissage est immédiat : Lucien et Mme de Bargeton adoptent respectivement l'un sur l'autre le point de vue des rieurs. « En peu de temps » et selon les « lois d'un effet rapide », Louise et Lucien perdent ensemble, l'un sur l'autre, toutes leurs illusions. La désillusion est comme une cristallisation à l'envers : avant de mériter ce nom, elle a été préparée par une déception vague ; elle prend son caractère définitif en recevant l'estampille de la conscience, qui suit le rire du monde. Lucien n'a pas attendu les rires déclenchés par Rastignac pour voir Louise comme on la voit à Paris : dès la fin du premier acte, « Lucien [...] vit enfin dans la pauvre Anaïs de Nègrepelisse la femme réelle, la femme que les gens de Paris voyaient [...] »[75]. Puis Rastignac fait rire d'Anaïs[76]. Enfin, le sourire de de Marsay « fut un coup de poignard

73. *Le Père Goriot*, t. III, p. 90-93.
74. *Illusions perdues*, t. V, p. 272, 281 ; dans ce dernier cas, la phrase est une addition de l'épreuve 28, 1re révision (p. 1220).
75. *Ibid.*, p. 273.
76. *Ibid.*, p. 282.

pour le grand homme de province »[77]. De sourires en rires, le monde parisien a détaché Lucien de Mme de Bargeton et il lui a fait prendre conscience de l'inadaptation de son costume, ce qui lui cause une « secrète amertume »[78]. Mais il lui reste beaucoup à apprendre, et en particulier à s'inquiéter de ce qu'il ne comprend pas. Après le départ soudain de Mme d'Espard et de Mme de Bargeton, il « fut surpris au dernier point de ce brusque abandon, mais il n'y pensa pas longtemps, précisément parce qu'il le trouvait inexplicable »[79].

À l'Opéra, c'était à Rastignac, à de Marsay, à Mme d'Espard que la société déléguait son pouvoir de pression, de condamnation, de conversion. Ensuite, c'est Dauriat qui « partit d'un éclat de rire »[80]. Un rire collectif, un rire de Dauriat, un sourire sur toutes les lèvres : autant de tortures alternées pour Lucien, dont voici la conclusion : « Lucien ne pouvait se fâcher, mais il suait dans son harnais »[81].

Après la Librairie, le Journalisme exprime sa réalité suprême dans le quatuor de rires qui marque le moment où Finot laisse son poste de directeur de revue à Lousteau, dans le chapitre « Les arcanes du journal » : « Lucien aperçut alors Lousteau, Félicien Vernou, Hector Merlin et deux autres rédacteurs qu'il ne connaissait pas [...] fumant ou riant »[82]. Finot, puis Nathan sont les victimes des rires collectifs[83]. Mais, quand Finot s'en va, il rit à son tour[84]. Victimes et bourreaux s'associent dans une même pratique du sarcasme. Or cette communauté fêlée impressionne Lucien, incapable de comprendre que cet « exemple » ne peut appeler qu'à la désillusion et à la dérision, sûrement pas à un apprentissage.

Il est pourtant d'autres rires, plus individualisés, moins symboliques de l'ensemble d'une collectivité, et qui proposent plus directement au jeune héros des modèles personnels, des exemples de ce que lui-même peut s'évertuer à devenir. Ces rires apparaissent comme la projection de l'avenir du personnage dans le champ du possible.

● *Les rires et sourires de l'émetteur initié au récepteur apprenti*

Une partie de ces rires et de ces sourires se perd pour le héros : il ne les voit pas ou n'en connaît pas le code. La comédie des rires et sourires perdus n'existe que pour le lecteur[85]. Dans le champ de vision du personnage apparaît cependant tout un échantillonnage de rires et de sourires qui sont pour lui une chance à saisir, s'il veut comprendre le monde.

77. *Illusions perdues*, t. V, p. 278.
78. *Ibid.*, p. 283.
79. Cette phrase est une add. de l'épreuve 30 (2e révision).
80. *Ibid.*, p. 369.
81. *Ibid.* Cette phrase est une add. de l'édition orig., ainsi que les trois lignes qui précèdent. Cette fois encore, Balzac ajoute l'effet produit.
82. *Ibid.*, p. 433.
83. *Ibid.*, p. 434, 435.
84. *Ibid.*, p. 434.
85. Ainsi, dans *Le Père Goriot*, quelques sourires sont mal compris ou pas compris du tout par Rastignac, comme ce sourire de Mme de Restaud : « Au dernier sourire qu'elle lui jeta, Rastignac crut sa visite nécessaire » (t. III, p. 77). De même, p. 109, 152.

Ainsi se déroule devant Rastignac un jeu varié de sourires et de rires, entre Mme de Restaud et Maxime de Trailles[86], entre Mme de Beauséant et d'Ajuda-Pinto, entre la duchesse de Langeais et la vicomtesse de Beauséant. Entre autres masques, Rastignac peut dorénavant trier, parmi rires et sourires, ceux qui sont signes de hauteur, ceux qui sont signes de scélératesse, quand ils ne sont pas l'un et l'autre à la fois. Rires qui blessent ou rires qui cachent la blessure.

Dans les deux autres séances d'initiation, proposées à Rastignac par les rires et sourires de Delphine et de Vautrin, initiés s'il en est, la leçon est celle du désenchantement, du scepticisme et du cynisme[87]. Il y a donc dans *Le Père Goriot* une progression nette, rationnelle, des rires et sourires initiateurs. Après une *Iliade*, une *Odyssée* qui donne les leçons du voyage à qui va faire soi-même son périple dans le monde et ses méandres.

Illusions perdues apporte également sa contribution aux initiations par rires et sourires individualisés. Dans le chapitre des *Coulisses* qui succède immédiatement à celui de l'*Opéra*, les sourires et les rires n'ont pas, pour le personnage témoin, le caractère anonyme et agressif de ceux du chapitre précédent. Nathan et Florine parlent, par leurs sourires et leurs rires, le langage du désabusement. « Un fin sourire », un « agréable sourire », un « en riant » donnent la tonalité des coulisses dont Lucien peut tirer profit[88].

Mais la leçon la plus précisément caractérisée par le rire d'un personnage initié à un naïf non encore déniaisé, c'est la scène de la fin de *La Maison du chat-qui-pelote*, celle de la visite qu'Augustine de Sommervieux fait à la duchesse de Carigliano. Celle-ci sourit trois fois et rit une fois, alors qu'Augustine ne sourit ni ne rit. La duchesse sourit à l'arrivée d'Augustine, sourit au moment de son départ[89]. Pendant l'entrevue, elle sourit au moment où Augustine « hésite », donc tâtonne. La duchesse à la fois la devine et la domine : « Elle hésita, la duchesse sourit »[90]. Et, quand Augustine semble avoir « compris », puisqu'elle tire les conclusions : « Voilà donc la vie. C'est un combat... », la duchesse enchaîne, complète, finit la phrase, en riant, cette fois-ci[91]. L'artiste met la dernière main au tableau de l'apprentissage. La duchesse a tous les caractères que Balzac avait déjà mis en œuvre dans *La Dernière Fée*.

---

86. Le sourire et le rire de l'amant et de la maîtresse, Maxime de Trailles et Mme de Restaud, disent à la fois la connivence entre l'un et l'autre, l'exclusion des autres et même la provocation à l'égard de ceux-ci. Mme de Restaud « se mit à sourire en disant : 'Venez, Maxime [...]' » (*ibid.*, p. 99). Rastignac les entend « éclatant de rire », donc bruyamment, entre eux (p. 100). C'est à la suite d'un aparté que Maxime « éclata de rire » (p. 101). Voir aussi p. 107, 112-113.

87. *Ibid.*, p. 155, 169, 175, 238, 256, pour Delphine. « Goguenards et diogéniques » (p. 133), « diaboliques » (p. 178), « gracieux » (p. 219), les sourires de Vautrin sont précédés d'un « se mit à », d'un « se prit à » ou d'un « laissait échapper ». Expressions involontaires du caché, secret trahi que seule peut saisir une grande sagacité, ainsi mise à l'épreuve.

88. *Illusions perdues*, t. V, p. 374.

89. *La Maison du chat-qui-pelote*, t. I, p. 86, 90.

90. *Ibid.*, p. 89.

91. *Ibid.*, p. 90.

C'est une « enchanteresse »[92], une « sirène »[93]. Elle « aime les secrets »[94], vit dans un « petit palais » qui comporte tout un « dédale », avec « escalier dérobé » et porte à « secret »[95], et le portrait qu'elle remet à Augustine est un « talisman »[96]. Cette fée puissante est jugée à l'arrivée par Augustine comme maléfique : son « sourire plein de grâce » lui fait dire « Pourquoi tant de fausseté ? »[97], jugement auquel répond, comme en écho, celui du narrateur, qui parle de « cette artificieuse duchesse » et de « cœur sans pitié »[98]. Mais ce n'en est pas moins une initiatrice, qui « se leva pour guider en souriant la jeune et innocente apprentie des ruses conjugales »[99]. Ce qui est « politique astucieuse des hautes sphères sociales » pourrait être une excellente éducation pour qui n'aurait pas « la candeur et la pureté » d'Augustine : le cœur de celle-ci ne se « bronze » pas mais se « brise ». C'est là un cas extrême de rejet. Le signe visible en est l'absence de tout rire et de tout sourire chez Augustine, face à la duchesse de Carigliano. Dans les séances d'initiation rieuse, on peut souvent mesurer aux sourires et aux rires du récepteur l'effet produit par ceux de l'émetteur. Face au statisme des personnages rieurs, déjà arrivés, déjà initiés, on peut marquer de rires et de sourires les étapes franchies au cours de son histoire par le héros mobile.

Quelles sont les réponses rieuses aux modèles rieurs ?

Rastignac, après avoir suivi l'Ecole du Rire chez Mme de Beauséant, marque par son sourire qu'il a assimilé la leçon : « Il se frappa le cœur, sourit au sourire de sa cousine et sortit »[100].

Par ses rires, Mme de Bargeton montre toute sa réceptivité et sa docilité dans l'assimilation du message mondain. Mais on n'observe pas de semblable conversion chez Lucien. L'initiation s'arrête en chemin, comme en témoigne, entre autres exemples, un quatuor de sourires bien composé, sous le titre, ironique, de *Baptême du journaliste* : Lucien signe par ses sourires un pacte avec l'illusion, mais aucun rire converti ne signale son entrée dans le réel[101]. On peut, pour en juger, s'arrêter sur les sourires échangés par Michel Chrestien et Fulgence Ridal après la profession de foi et de fidélité de Lucien : « Michel et Fulgence se regardèrent en échangeant un sourire moqueur que vit Lucien et qui lui fit comprendre le ridicule de sa phrase »[102]. Lucien comprend fort bien le ridicule, mais il ne comprend pas que ce « sourire moqueur » du parti de la Vérité porte condamnation contre ceux qui ne possèdent pas la vérité *sur* cette société, et non pas, comme il le croit, contre ceux qui ne possèdent pas la vérité *de* cette société, qui n'en connaissent pas le

---

92. *La Maison du chat-qui-pelote*, t. I, p. 86.
93. *Ibid.*, p. 87.
94. *Ibid.*, p. 89.
95. *Ibid.*, p. 90.
96. *Ibid.*, p. 91.
97. *Ibid.*, p. 86.
98. *Ibid.*, p. 87.
99. *Ibid.*, p. 91.
100. *Le Père Goriot*, t. III, p. 117.
101. *Illusions perdues*, t. V, p. 471-473.
102. *Ibid.*, p. 473.

mode d'emploi. D'où, contre-champ : dans la conversation qui suit, Lucien, à demi initié, prend de ce sourire moqueur le masque, mais il en néglige le sens. Il se contente de faire de l'esprit : « *Faciamus experimentum in anima vili*, répondit Lucien en souriant »[103]. Il fait de l'esprit là où il aurait fallu avoir l'esprit de faire, d'agir.

Ce sont les sourires et accessoirement les rires qui assurent la mise en scène, dans le même moment, de l'illusion et de la démystification. Le chapitre suivant (l'ancien chapitre XXXI du *Grand homme de province à Paris*, « Le Monde ») continue de mettre Lucien en présence du monde, et de ses rires ou sourires. Autant de chances qu'il ne saisit pas[104]. Il n'y a pas pour lui de courbe du rire ou du sourire : il ne coïncide ni avec la durée d'un personnage social, dont les rires et sourires diraient surtout l'adaptation progressive aux lois de la tribu, ni avec une durée individuelle : son caractère n'est de nature ni à s'incarner ni à s'affirmer dans une évolution personnelle.

• *Itinéraire du vécu*

C'est ce dont témoignent tout au contraire les courbes des rires et des sourires de personnages comme Grandet ou Chabert. Non plus étapes d'une adaptation, mais moments d'une durée vécue, chez Grandet entre soixante-dix ans (en 1819, au début d'*Eugénie Grandet*) et soixante-dix-huit ans (l'âge de sa mort, en 1827) ; chez le colonel Chabert, entre sa réapparition à Paris en 1819 et la rencontre avec Derville en 1840.

Du premier de ses rires[105] jusqu'à son dernier dans le roman[106], il n'y a pas d'évolution de Grandet, pas d'histoire. En revanche, quelle différence entre ses deux premiers sourires et ses deux derniers[107] ! Les deux premiers sourires vont de pair avec les rires : ils ont la même tonalité gaie. Les deux derniers sont nettement en rupture avec la gaieté antérieure. Après avoir fait de son personnage un type où s'incarne l'Histoire[108], Balzac le montre vivant une histoire individuelle où passion et vieillissement sont inséparables, qui se lit dans l'évolution des sourires. En fait, l'âge du rire était un moment où l'esprit d'entreprise et la gaieté marchaient de pair avec la confiance en un avenir plein de ressources. La peur de perdre, la peur de mourir, la thésaurisation au lieu de la spéculation, tout cela se dit à la fois dans la disparition du rire et dans l'évolution du style des sourires. « La vue de l'or, la possession de l'or *était devenue* sa monomanie »[109]. Les sourires disent l'histoire de Grandet,

---

103. *Ibid.*, p. 474.
104. *Ibid.*, p. 482, 483, 485, 486. « — Il se gâtera avant d'être mûr, dit à la marquise de Marsay en souriant. »
105. *Eugénie Grandet*, t. III, p. 1043.
106. *Ibid.*, p. 1145. Cf. *supra*, Tableau des rires et sourires, p. 179.
107. *Ibid.*, p. 1081. Nous avons déjà indiqué que ce sourire et celui de la p. 1168 sont des additions de l'originale : cf. *supra*, p. 178, n. 71.
108. C'est-à-dire, notamment, un spéculateur : cf. Pierre-Georges CASTEX, L'ascension de Monsieur Grandet, in *Europe* (janvier-février 1965, Colloque Balzac), p. 247-263.
109. *Eugénie Grandet*, t. III p. 1167., C'est nous qui soulignons.

Grandet soumis au temps, alors qu'aucune trace de l'historique n'était lisible dans les rires. Nouvel éclairage sur les fonctions respectives, la dissociation du rire et du sourire dans le roman. Nous constaterons que, en Chabert et ses sourires, se condense tout ce qui est sentiment et histoire personnelle ; hors de lui, les rires représentent la comédie omniprésente, éternelle, indestructible. Grandet, lui, est successivement figure mythique, sans histoire ni évolution, de l'ensemble de l'époque et figure individualisée vivant une histoire personnelle. Grandet, dieu de l'or rieur, défiait le temps, de son sourire ironique ; devenu homme, aux approches de la mort, il n'a plus de rire, il n'a plus qu'un sourire pénible.

On peut aussi lire la trajectoire du colonel Chabert : des deux sourires au début du roman jusqu'aux deux sourires de la fin, c'est toute une histoire. Lorsque Chabert sourit, à l'avant-dernière séquence, il a retrouvé une identité, un cœur, une âme. « Nous oublierons tout, ajouta-t-il avec un de ces sourires dont la grâce est toujours le reflet d'une belle âme »[110]. Intervient alors la cassure, la découverte du Mal sans fond. Ultime sourire, celui d'un vieux bouffon qui se met au port d'armes, fait mine de coucher en joue ses interlocuteurs. Alors, il s'écria en souriant : « Feu des deux pièces ! vive Napoléon ! »[111]. C'est le seul sourire de Chabert qui ressortisse en quelque façon au comique : il ne se charge de comique qu'après la traversée du tragique et l'intégration du pathétique dans la dérision. La tragédie n'est pas niée par cette pitrerie finale : au contraire, elle s'y accomplit ; le sourire qui accompagne la mimique témoigne de conscience et de liberté. En effet, c'est Chabert qui devient, en prenant le nom de Hyacinthe, l'organisateur de cette dérision qui, au début du roman, s'exerçait contre lui. Entre-temps, il est devenu le maître des gamins du faubourg Saint-Marceau, auprès desquels il a conquis « toute la naïveté d'un gamin de Paris » : à la fin, quand il quémande une pièce[112], réapparaît en lui cette « stupidité spirituelle »[113] des gamins du faubourg, qui est devenue sienne. Au lieu de se retourner contre le mauvais sort, il met lui-même en scène la dérision qui s'exerce contre lui. Choix stoïcien qui devient humour, parce que cette démarche libre prend les formes enfantines d'une libre imagination.

De fait, ce dernier sourire coïncide avec le mouvement imprimé par Chabert-Hyacinthe à sa canne, et qui est celui d'une « arabesque imaginaire »[114]. « C'est un vieux malin plein de philosophie et d'imagination »[115], dit de lui le vieux Bicêtrien. Lorsque Derville conclut : « Quelle destinée ! »[116], le mot s'applique à merveille au parcours initiatique que le roman a fait suivre à Chabert et dont nous pouvons dessiner le tracé d'un sourire l'autre, à travers l'expérience du Mal et du Faux. La vérité est triste : Chabert sourit. Parcours inverse de celui de Grandet : Chabert, qui n'était qu'un homme souffrant, est sublimé par la prise de conscience

110. *Le Colonel Chabert*, t. III, p. 361. Cf. *supra*, tableau, p. 178.
111. *Ibid.*, p. 372.
112. *Ibid.*
113. *Ibid.*, p. 338.
114. *Ibid.*, p. 372.
115. *Ibid.*, p. 373.
116. *Ibid.*, p. 372.

qui lui permet d'accéder à la dérision souveraine, à l'humour sans rivages dont témoigne le mouvement sans fin de l'arabesque. Les parcours du rire déterminent donc pour le lecteur le sens des histoires : intégration, évasion, libération ou servitude.

II. RIRE ET THÉMATIQUE BALZACIENNE

Signes de l'apparence et de la réalité

Qu'il s'agisse du groupe ou de l'individu, rire ou sourire manifestent leur égale aptitude à dire l'apparence et la réalité, à tromper et à révéler, à créer l'illusion et à la dénoncer. Moyen de l'illusion ou signe de la désillusion, le rire balzacien ne peut être dissocié du couple thématique apparence-réalité, qui est le couple de la comédie même : « La matière de la comédie, c'est la superstructure d'illusion et de mensonge ; le but de la comédie, c'est de faire éclater celle-ci »[117]. Mais, dans cette « comédie écrite »[118] qu'est *La Comédie humaine*, dans cette « Comédie du XIXe siècle »[119] qu'est devenu le roman, rires et sourires écrivent de façon subtile le jeu de l'apparence et de la réalité. Les rires énoncent et dénoncent la comédie, certains d'entre eux jouant sur la scène de la « comédie sociale »[120] et les autres jouant le rôle du spectateur. Certains personnages sont masqués de leur rire, jouent grâce à leur rire la comédie sociale selon la règle de l'apparence, qui règne en cette première moitié du XIXe siècle[121]. D'autres rient du masque qu'ils trouvent devant eux. Cependant que certains mettent un masque en montrant qu'ils le mettent, avec la connivence de spectateurs complices[122]. Enfin, certains se dédoublent jusqu'à être à la fois acteur et spectateur[123]. L'analyse des rires et des sourires mène donc à une analyse de la thématique centrale de la *Comédie*, qui s'ordonne autour du contraste entre la réalité et les apparences[124].

Quelle est la contribution du rire à la thématique *apparence/réalité* ?

---

117. Jacques GUICHARNAUD, *Molière, une aventure théâtrale*, p. 334.
118. BALZAC, *Feuilleton des journaux politiques*, article XVII : « Un roman est une tragédie ou une comédie écrite ; il exprime un fait ou des mœurs » (CONARD, *OD*, I, p. 392).
119. « [...] je regarde le roman comme la Comédie du XIXe siècle », écrit STENDHAL sur un exemplaire du *Rouge* en 1834, que cite Marie-Jeanne DURRY, À propos de « La Comédie humaine », *RHLF*, janvier-mars 1936, p. 98.
120. C'est l'un des trois aspects de la métaphore théâtrale que relève Lucienne FRAPPIER-MAZUR, *L'expression métaphorique dans « La Comédie humaine »*, p. 105.
121. Cf. Eugénie de KEYSER, *L'Occident romantique (1789-1850)* : « La personne est [...] toujours soumise au personnage. Mieux vaut paraître quelque chose qu'être quelqu'un » (p. 10).
122. « Les dehors trompeurs dissimulent, mais ils font savoir qu'ils dissimulent » (Jean STAROBINSKI, *L'Invention de la liberté*, p. 55).
123. C'est, par exemple, le cas d'Esther : « À la fois l'acteur et le spectateur, le juge et le patient, elle réalisait l'admirable fiction des contes arabes [...] » (*Splendeurs et misères des courtisanes*, t. VI, p. 643).
124. Selon Lucienne FRAPPIER-MAZUR, *op. cit.*, p. 114, les nombreux termes qui expriment l'image de la comédie dans *La Comédie humaine* sont unifiés par cette « idée directrice ».

● *La vérité rieuse*

A l'horizon de la comédie se perçoit le domaine des rires transparents,
sans arrière-plan, sans double fond ni provocation au soupçon. C'est
l'ensemble des rires ingénus et des francs rires de la gaieté naturelle.
Ces rires posent la délicate question de la place et du rôle de l'Idéal
humain dans *La Comédie humaine*. Platitude de l'apparence sans réalité
ou unité de l'Etre réconcilié apparaissant dans sa plénitude ?

Le modèle de l'innocente gaieté nous est donné par Pauline dans *La
Peau de chagrin*[125]. Tous les rires de Pauline, et ses sourires, écrivent le
personnage que Balzac, dans son Epilogue, désigne comme « la reine
des illusions »[126]. Mais Arlette Michel pose la question, « est-elle l'illusion
majeure ou au contraire la Réalité même, l'Idéal dans son évidence,
inscrit en creux dans l'incomplétude et les grimaces du réel ? »[127].

Quel que soit l'éclairage dans lequel le roman le situe, le rire de
l'innocence enfantine n'est évoqué généralement que pour annoncer sa
disparition. Ainsi, les rires de Julie au début de *La Femme de trente
ans*[128] ou, d'Henriette de Mortsauf, « sa voix de jeune fille et ses notes
joyeuses »[129]. Dans *L'Enfant maudit*, l'ingénuité joyeuse n'est si précieuse
dans le présent du roman que parce qu'elle est devenue rare, voire parce
qu'elle a disparu tout à fait[130]. Balzac écrit ce paradis des rires perdus
sous les espèces de l'élégiaque.

Un autre groupe d'exemples manifeste que tel n'est pas cependant
le statut de toutes les joies naïves dans *La Comédie humaine*. Cette
valeur imaginaire ou perdue se grave sur le visage de quelques vieillards :
Mme de Listomère, Schmucke, tel vieux chouan[131]. Dans les trois romans
où apparaissent ces manifestations de gaieté, les personnages âgés semblent animés d'une indestructible jeunesse. Les rides de leurs visages
leur confèrent une réalité rugueuse, indestructible.

Joie naïve et triomphe sur le temps coïncident. On retrouve dans
les trois cas les signes qu'en plusieurs occasions Balzac confère explicitement à cette gaieté : la vie, la santé, les deux vertus théologales de
la foi et de l'espérance. Car le secret de la gaieté de Marie de Verneuil,
elle l'explique à Francine sa servante, c'est d'être environnée d'un
« *renaissant* péril »[132], c'est « le jeu de tout ce qui *se meut* en [elle], c'est

---

125. Pauline a un « rire jeune » (*La Peau de chagrin*, t. X, p. 144) ; elle rit avec
une « douce innocence » (p. 232), avec des « rires francs » et un « rire d'enfant » (p. 236) ;
enfin, un « éclat de rire bien franc, bien joyeux » (p. 253), suivi d'un sourire d' « enfant
heureux d'une malice qui réussit » (*ibid.*).

126. *Ibid.*, p. 293.

127. Arlette MICHEL, Les problèmes de l'amour dans « La Peau de chagrin » ;
le désir, l'imaginaire et l'idéal, in *Nouvelles lectures de « La Peau de chagrin »*, p. 130-131.

128. *La Femme de trente ans*, t. II, p. 1170.

129. *Le Lys dans la vallée*, t. IX, p. 1170.

130. *L'Enfant maudit*, t. X, p. 866.

131. *La Femme de trente ans*, p. 1066 (ce « reflet des joies de son jeune âge » est
une addition de l'édition Béchet de 1835) ; *Une fille d'Eve*, t. II, p. 279 ; *Les Chouans*,
t. VIII, p. 1122.

132. *Les Chouans*, p. 968. C'est nous qui soulignons.

la vie ». Et elle conclut : « Quand je ne serais joyeuse que d'avoir un peu *animé* ma vie ! »[133]. C'est la vie, mieux encore c'est le mouvement sans fin qui accompagne et que symbolise cette gaieté. Un mouvement que porte une foi : « Je ne sais personne de gai comme un homme vraiment pieux »[134], un mouvement qui est porté vers l'avenir, puisque la gaieté est « fleur de l'espérance »[135]. Cette gaieté est incarnée, dans le temps et dans le corps : « Elle était gaie, et la gaieté — retenez ce principe — est un des éléments de la santé. C'est elle qui rafraîchit le sang en rafraîchissant les idées [...] »[136].

Ainsi, à l'écriture de la gaieté enfantine sur le mode élégiaque répond une écriture de la gaieté ingénue sur le mode idyllique[137]. C'est la gaieté de la vie prise du bon côté, la « gaieté franche qui faisait les délices de nos ancêtres »[138], la gaieté de l'activité, la gaieté de l'ancienne comédie. Cette sorte de vitalisme joyeux est illustrée par nombre de personnages, tels Mᵉ Mathias ou le chevalier de Valois[139]. La coïncidence entre l'apparence et la réalité est formulée par des types ayant pour dénominateur commun l'activité, et particulièrement l'activité de l'homme occupé à satisfaire ses passions, grandes ou petites[140]. D'autres types de l'activité joyeuse sont empruntés par Balzac aux « mythologies » populaires : ainsi le type du Méridional[141]. Enfin, plus marqués encore, les emprunts faits aux types mêmes de la Comédie italienne ou française[142].

Cette gaieté, où le corps et l'âme font bon ménage et ne sont jamais franchement séparés, privilégie cependant tantôt le pôle matériel, tantôt le pôle moral. Le pôle matériel est éventuellement rabelaisien, tel le Docteur Phantasma, « gai, rieur, aimant la bonne chère »[143]. Il est représenté par la convivialité, qui assure la communion dans la gaieté. En témoignent les repas en tête à tête entre Louise et Macumer[144] ou bien,

133. *Ibid.*, p. 969. C'est nous qui soulignons.
134. *Honorine*, t. II, p. 546.
135. *Une double famille*, t. II, p. 21.
136. *Entre savants*, t. XII, p. 545.
137. Pour reprendre le qualificatif que Schiller donnait à ce sentiment du « bonheur pleinement regagné » où « l'âme est immergée dans le sentiment premier, naïf », selon les termes que Bernard GAGNEBIN et Marcel RAYMOND utilisent à propos de Rousseau (J.-J. ROUSSEAU, *OC*, Bibl. de la Pléiade, Introduction au t. I, p. XXXVI).
138. *Echantillon de causerie française*, t. XII, p. 482.
139. Mᵉ Mathias, face à la gaieté factice du moderne Solonet, fait retrouver « la gaieté de nos ancêtres » (*Le Contrat de mariage*, t. III, p. 560) ; le mariage « était si gai de mon temps ! », dit à Suzanne le chevalier de Valois (*La Vieille Fille*, t. IV, p. 824).
140. Ainsi, Facino Cane, « gai comme un homme qui monte sur son dada » (*Facino Cane*, t. VI, p. 1024), les « gais et nobles conspirateurs des *Chouans* (t. VIII, p. 1059), le « gai soldat » d'*Une passion dans le désert* (t. VIII, p. 1228), l'ouvrier qui « apparaît pour répandre la joie et la gaieté » (*La Fille aux yeux d'or*, t. V, p. 1043).
141. Les sourcils de Gobseck ont une inflexion qui « équivalait au plus gai sourire d'un Méridional » (t. II, p. 968) ; les commis de *Gaudissart II* sont doués « d'une activité, d'une gaieté méridionales » (t. VII, p. 849).
142. Le « rat » introduit la gaieté comme jadis « les Scapin, les Sganarelle et les Frontin de l'ancienne comédie » (*Splendeurs et misères des courtisanes*, t. VII, p. 440). Le modèle de l'activité comique est Carlin, qui « tenait toute une assemblée en suspens et en gaieté pendant des heures entières » (*Physiologie du mariage*, t. XI, p. 1038).
143. *Les Martyrs ignorés*, t. XII, p. 720.
144. *Mémoires de deux jeunes mariées*, t. I, p. 317.

dans la communauté paysanne, « le dernier repas du jour, le plus gai pour les paysans »[145]. Balzac pratique ainsi la « joyeuse peinture des choses », « la vitalité momentanée », la « vitalité de l'apparence » dont parle Hegel[146]. Le pôle moral privilégie la conscience, cette conscience gaie et franche qui ne reste pas murée dans la subjectivité, mais s'exerce dans la communication généreuse avec autrui. Conscience et générosité s'allient pour faire vivre une vraie charité[147].

La « joyeuse peinture des choses » laisse donc souvent la place à la peinture des gens franchement gais, actifs et généreux. Ainsi se trouve réalisée dans l'œuvre la fusion des grandes lignes de la gaieté balzacienne. Rire et gaieté pleins de vitalité en un monde où le réel et l'idéal vivent sans divorce. La communication, la communion sont, avec l'activité, les critères de la réalité, pleine et sans fard ni détour, où se situe la gaieté porteuse des valeurs dans le monde balzacien. Valeurs de la foi, de l'espérance et de la charité, non soumises au soupçon, non problématisées. L'innocence enfantine, au contraire, porte la marque de la perte irrémédiable ou celle de l'inatteignable. Celle-ci s'écrit dans l'élégiaque et n'entre ni dans le monde de la comédie ni dans celui du roman avec ses affrontements et sa durée. La gaieté patriarcale, idyllique, colorée, pleine de vitalité, échappe à tout « soupçon », à tout dédoublement, à toute fracture. C'est sur cet horizon que se jouent les jeux de l'apparence et de la réalité.

● *Apparence rieuse et pipeuse*

Abondante est la contribution du rire au brillant de l'apparence. Que de soirées, de bals, dans *La Comédie humaine*, où fuse un multicolore feu d'artifice, celui des rires ! Ces soirées sont des fêtes. Témoin, cette « fête de Paris » qu'est le bal Nucingen dans *Ferragus*[148]. Mais, dans une telle fête, un Maulincour demeure accessible au soupçon : « Certes toutes [les femmes] qui dansent ici sont moins irréprochables que ne le *paraît* Mme Jules [...] »[149]. Le rire peut tout signifier, l'envers et l'endroit.

— *Le mensonge vrai :*

En cachant la réalité, le masque n'est pas forcément mensonger. Ou, du moins, ce mensonge proclame, hors du leurre narratif, la vérité de la conduite qui l'a fait adopter. C'est sur ce raisonnement que compte « ce chevau-léger qui riait forcément des plaisanteries de l'ouvrier, pour faire

145. *Le Curé de village*, t. IX, p. 846.
146. Cf. HEGEL, *Esthétique*, PUF, 8e éd., 1973, en particulier p. 78-85.
147. Principaux témoins de cette généreuse gaieté : Mme de Beauséant (*Le Père Goriot*, t. III, p. 112), Mme Rabourdin (*Les Employés*, t. VII, p. 1058), avec « rire vrai », David Séchard, riant de lui-même (*Illusions perdues*, t. V, p. 605), Joseph Bridau, avec « cette gaieté qui n'abandonne jamais les artistes français » (*La Rabouilleuse*, t. IV, p. 428).
148. *Ferragus*, t. V, p. 810.
149. *Ibid.* C'est nous qui soulignons.

croire qu'il était assez au-dessus de ces attaques pour s'en amuser »[150]. Le juge qui lit, après le suicide d'Esther, la lettre qu'elle a écrite à Lucien ne s'y trompe pas : ce masque de gaieté adopté par Esther, quoique d'une « gaieté fébrile », est l'expression d'une volonté, est une réalité, et une réalité enviable[151]. Quant à Bianchon, qui « portait sa misère avec gaieté »[152], sa gaieté n'est pas moins « vraie » que la misère qu'elle cache. L'apparence est devenue vérité pour l'homme vrai.

— *Réalité du mensonge rieur :*

Mais aussi l'apparence peut devenir réalité dans son mensonge même. Le rire impose la place du mensonge dans la réalité d'une société marchande. S'il n'y a pas d'autre réalité que l'intérêt, il n'y a pas d'autre vérité que celle de cette apparence menteuse, qui permet les bonnes affaires.

Il ne faut pas se fier au sourire commercial, sauf si l'on est commerçant. Le bon vendeur est le bon rieur, le bon menteur. Aussi n'est-il pas étrange que la métaphore théâtrale occupe la position centrale dans *Gaudissart II*. Ce personnage, écrit Balzac, « vaut Monrose doublé de Molière »[153]. Acteur et auteur, il est aussi spectacle et public : « Des lorettes qui nous *blaguent*, on rit avec elles [...] »[154]. L'ensemble de cette petite œuvre, qui ne comporte en soi rien de risible, rien de comique, fait jouer rires et sourires comme autant d'instruments de la Comédie aux mille visages et aux mille et un tours.

La Comédie-Mensonge, qui est au centre d'une société théâtralisée, occupe toute la scène en ces hauts lieux des affaires et du rire que sont *Le Contrat de mariage* et *César Birotteau*.

Balzac écrit à Laure, à la fin d'octobre 1835, à propos de *La Fleur des pois*, qui, à ce moment, devait être le titre du *Contrat de mariage* : « C'est profondément comique [...] »[155]. Or, c'est un roman où la fréquence des rires est relativement élevée (168, ce qui le place au 23ᵉ rang dans *La Comédie humaine*), mais surtout c'est un roman où la fréquence des rires domine largement celle des sourires (144, ce qui place le roman au 7ᵉ rang). Le clan Evangélista, clan du rire, réalise l'union de la force et du mensonge dans l'apparence menteuse. A ce clan de la comédie est étranger Mᵉ Mathias, le notaire Ancien Régime, honnête et dépassé par l'Histoire, malgré sa subtilité. Le clan de la comédie pratique le rire d'affaires. Y excelle Mᵉ Solonet, « jeune notaire »[156]. Dans son discours, Balzac narrateur souligne l'affectation de Solonet, mais il réussit dans le récit l'invisible couture du mensonge et de la vérité. Discours : « Solonet était *ce* jeune notaire qui arrive en fredonnant, *affecte* un air léger, *prétend*

---

150. *La Modiste*, anc. Pléiade, t. XI, p. 37.
151. *Splendeurs et misères des courtisanes*, t. VI, p. 763. Il en va de même pour la « gaieté philosophique » de M. de Jordy (*Ursule Mirouët*, t. III, p. 795).
152. *La Messe de l'athée*, t. III, p. 389.
153. *Gaudissart II*, t. VII, p. 848.
154. *Ibid.*, p. 852.
155. *Corr.*, t. II, p. 749.
156. « Jeu terrible », commente Henri GAUTHIER, qui insiste à juste titre sur la « comédie triste » des apparences dans *Le Contrat de mariage* (t. III, p. 502-503).

que les affaires se font aussi bien en riant qu'en gardant son sérieux »[157].
Récit : « Solonet, homme de goût et d'élégance, se mit à rire », lorsque
Mme Evangélista demande le sens des vieux termes de la langue notariale
que vient d'employer Me Mathias[158]. Mme Evangélista, elle aussi, entend
bien les affaires. Son rire témoigne de son sens du contrat et de la connivence. Trois fois sur les 5 occurrences de son rire, Balzac fait rire en
même temps qu'elle sa fille ou Me Solonet. Quant à ces deux rires non
accompagnés d'un autre rire, ils apparaissent soit en présence du seul
Me Solonet, soit en présence de sa seule fille[159]. En cette armée bien soudée
du rire, le général en chef rit avec ses troupes : avec le capitaine, Solonet,
dont le rire est une arme ; avec sa fille, Natalie, dont le rire est un appât[160].
L'association des trois rires est efficace : le rire qui fait de l'apparence une
arme invisible (Solonet), le rire envers de la lutte (Mme Evangélista),
le rire flottant, dangereux mirage (Natalie). Trois rires qui sont une seule
et même victime, Paul de Manerville, dont les rires sont faux, eux aussi,
dans la mesure où ils ne reposent que sur une méconnaissance du réel,
sur la niaiserie. Festival des rires, festival des apparences.

On retrouve la même surface rieuse et pipeuse des affaires dans
César Birotteau. Lors de la visite de César au banquier Keller, la banque
se montre rieuse pour le plaisir de tromper[161]. « En entendant le rire de
du Tillet, le parfumeur, abusé par le luxe du banquier, voulut y voir le
rire d'un homme pour qui la somme était peu de chose, il respira »[162].
Le rire rassure pour mieux désespérer.

Tour à tour séduisant, carnassier, sadique, c'est un même rire qui
appâte le chaland, endort la méfiance du niais, s'amuse méchamment
à attiser les faux espoirs. Rires et sourires, quelles que soient les nuances,
appartiennent à un même ordre : ils constituent la surface rieuse et
menteuse de la réalité des affaires et de l'argent. La vérité, ici, c'est la
totalité de l'apparence et de la réalité.

● *Le rire du vide*

Non moins menteurs, non moins symboliques de la réalité du mensonge,
les rires et les sourires de maintes sociétés balzaciennes, importantes
et pourtant vides. La formule du vide rieur atteint sa perfection dans
quelques sociétés provinciales, à la soirée Bargeton d'Angoulême ou à la
soirée Beauvisage d'Arcis. Dans les deux cas, un représentant de cette
société occupe le devant de la scène, monopolise, comme support, les
rires et les sourires : ce sont M. de Bargeton et Philéas Beauvisage, qui
battent les records de densité des rires et sourires. La description de

---

157. *Le Contrat de mariage*, t. III, p. 561. Nous soulignons les termes qui font
prendre de la distance par rapport au personnage. Depuis « prétend », c'est une
variante sur épreuve 1.
158. *Ibid.*, p. 615.
159. *Ibid.*, p. 556, 562, 606.
160. *Ibid.*, p. 611.
161. *César Birotteau*, t. VI, p. 214, 215.
162. *Ibid.*, p. 235.

M. de Bargeton comporte 1 rire et 9 sourires en deux pages. Sur deux pages également se groupent 10 rires et sourires de Beauvisage, soit 5 rires et 5 sourires s'opposant en masses compactes. Ces énormes excroissances Bargeton ou Beauvisage ne sont en fait que les préambules et les emblèmes d'une peinture collective. Le sourire proliférant de Bargeton, c'est pour la réception d'Angoulême ce qu'est la casquette de Bovary pour *Madame Bovary*. En Beauvisage se condense toute une classe, immense statue de la Bêtise à l'entrée du roman[163]. Dans les deux cas, cette mimique est le seul langage de personnages qui n'ont rien à dire.

Pour M. de Bargeton, le sourire est une réponse à tout, seul moyen de satisfaire la dernière exigence qui lui reste, « ses devoirs envers le monde »[164]. A l'opposé, Beauvisage, représentant de la bourgeoisie montante ou arrivée, arbore un sourire qui dit « le contentement de soi-même », la « satisfaction interne »[165]. M. de Bargeton ne manifeste qu'un seul rire[166], alors que Balzac parle à 5 reprises des rires de Beauvisage et, de surcroît, retranscrit à 9 reprises ses rires de fin de phrase, sous forme de « hé ! hé ! hé ! » (4 fois), de « hi ! hi ! hi ! » (3 fois), « Ha ! ha ! ha ! » (1 fois), « Ah !, ah ! ah ! » (1 fois). Chacune de ces émissions ponctue bruyamment un discours fait de lieux communs. Chez Bargeton, le sourire remplaçait le lieu commun ; ici, le lieu commun est redoublé par ce rire sonore, « sans expression », « qu'on devrait appeler la ritournelle de la conversation »[167]. Autre classe, autre temps[168].

A la mimique de Bargeton, très discrète[169], s'oppose celle de Beauvisage, abondante et abondamment écrite : « Il fermait le poing droit et l'insérait dans la paume arrondie de la main gauche en l'y frottant d'une façon joyeuse. » Mimique joyeuse, « manège » qui « concordait à ses rires »[170]. Balzac propose, dans ces deux passages, deux traitements très différents d'un même propos. Dans le cas d'*Illusions perdues*, le sourire-préface recueille moins d'attention, est moins diversifié que ne l'est la Soirée elle-même, qui est traitée en *Scène*. Dans *Le Député d'Arcis*, c'est à Beauvisage que sont accordés tous les soins. Par le gonflement, en nombre et en volume, par les « nuances » des rires, Balzac persuade de l'importance et de l'étendue d'une personnalité de la monarchie de Juillet. Bargeton était voué aux oubliettes de l'Histoire, Beauvisage témoigne de la réussite du vide en politique, et même de la nécessité

---

163. Dans les deux cas, ce rire ou ce sourire a pour lui l'éternité : pour ceux qui entrent comme pour ceux qui sortent, Bargeton, toujours là, a son « éternel sourire » (*Illusions perdues*, t. V, p. 188). Beauvisage « souriait *toujours à tout le monde*, dans *toutes* les circonstances » (c'est nous qui soulignons) (*Le Député d'Arcis*, t. VIII, p. 729). C'est, commente BALZAC *(ibid.)*, « un *perpétuel* et insupportable sourire » (c'est nous qui soulignons).

164. *Illusions perdues*, t. V, p. 187.

165. *Le Député d'Arcis*, t. VIII, p. 729.

166. Il importe de noter que la séquence des sourires Bargeton est écrite à l'imparfait, ainsi que les sourires de Beauvisage, alors que les rires de ce dernier sont au passé simple, événements et instantanés, au lieu d'être description à l'itératif.

167. *Le Député d'Arcis*, t. VIII, p. 730.

168. *Les Deux Poètes* date de 1837 et la soirée Bargeton est censée se passer en 1821. *Le Député d'Arcis* date de 1847 et l'action est située en 1839.

169. *Illusions perdues*, t. V, p. 187.

170. *Le Député d'Arcis*, p. 731.

de ce vide, à condition qu'il prenne, comme ces rires, de grandes proportions. Satisfait, sociable, important, Beauvisage a raison de rire : il sera
député.

Si la platitude de Bargeton demeurait discrète, Balzac, en revanche,
avait donné tous ses soins à varier la *Scène* d'Angoulême, qui offre un très
bel échantillonnage de rires et de sourires : 9 sourires et 5 rires s'y répartissent[171]. Aucun des rires n'exprime une réaction vraiment personnelle,
individualisée : ils sont collectifs, rires de groupe, ou bien machinaux,
rires d'habitude. Quant aux sourires, ils sont la parfaite traduction du
Salon comme microcosme de la société provinciale. Le sourire traduit
surtout le mouvement de la mécanique sociale, met à nu les ressorts dont
le dévoilement porte témoignage contre cette mécanique même. Trois
caractères sont ainsi mis au jour par les sourires : la vanité, l'ostentation,
la malignité.

Lorsque tous ces rouages tournent les uns avec les autres, un même
mouvement se dessine. Mouvement d'automates qui révèle au lecteur
la superstructure sociale, dépersonnalisée et facteur de dépersonnalisation.
Tous les comportements sont des comportements d'automate, chaque
élément étant transformé en automate par la seule présence d'autrui.
Altérité aliénante et altérité aliénée se créent l'une l'autre, inextricablement. Toute conduite est imposée par la loi de l'ensemble, loi de la
comédie qui transforme chacun en spectacle, se faisant lui-même spectacle.
Balzac propose cette aliénation comme le fait d'une société.

Le vide de la vanité sociale dans la scène d'Angoulême rejoint le
vide de la réussite sociale incarnée par Philéas Beauvisage, héros de la
monarchie de Juillet. De Bargeton à Beauvisage se fonde l'unité du Nul.
Le rien timide de Bargeton, le rien triomphant de Beauvisage, l'ersatz des
vanités angoumoises, toute cette réalité frelatée se décèle dans le réseau
des rires et des sourires. L'apparence n'est mensongère que dans sa
prétention à recouvrir une qualité qui n'existe pas, un contenu absent.
Le roman fait éclater la comédie bien réelle de la fraude et de la nullité.

• Le vrai et le faux

Mais, pour distinguer sûrement le vrai du faux, l'apparent du réel,
il faut que les indications du texte soient suffisamment nettes, échappent
à l'ambiguïté. Il faut aussi, pour reprendre les notions adoptées par
W. C. Booth, que le « narrateur » puisse être déclaré « digne de confiance »[172].

La décision est facile lorsque l'indication est prise en compte par un
personnage dont tout nous dit, dans le roman, qu'il est « digne de confiance ».
Ainsi le duc de Chastillonest donne, au début de *La Femme de trente ans*,
son opinion sur Victor d'Aiglemont : « Je connais Victor : sa gaieté est

---

171. *Illusions perdues*, t. V, p. 193, 197, 206, 208.
172. La distinction entre les « narrateurs dignes de confiance » *(reliable)* et les
« narrateurs non dignes de confiance » *(unreliable)* est développée par W. C. Booth
dans *The Rhetoric of Fiction*. Cf. aussi Françoise Van Rossum-Guyon, Point de vue
ou perspective narrative, in *Poétique*, n° 4, 1970, p. 493-494.

une gaieté sans esprit, une gaieté de caserne »[173]. On ne peut que croire sur parole ce vieillard noble, proche de la mort, dont l'œil est perspicace, « plus curieux que moqueur »[174], qui a un « sourire de gaieté bienveillante »[175].

Mieux, certains romans ont un personnage focal, dont le point de vue est central : tout se ramène à sa vision, car ce personnage a le don de tout voir. En général, c'est un personnage qui rit et qui cache son rire. Tel le colonel Montcornet, dans *La Paix du ménage*, qui « pouvait rire incognito sous ses amples moustaches ; il jouissait du plaisir de contempler le tumulte du bal »[176]. Rire et vision vont de pair ; la vision du secret est une vision comique. On peut de la même façon songer à Gobseck dont « la fumée de gaieté » suscitée par le « jeu muet de ses muscles » évoque le « rire à vide » de Bas-de-Cuir[177].

Ailleurs, c'est le narrateur qui se porte implicitement garant et, véritable Asmodée, fait voir dans les consciences grâce à son pouvoir d'affirmation. La voix narrante affirme sans se prêter au soupçon. Le lecteur croit à la feinte chez Emilie de Fontaine-Kergarouët[178], chez Mme d'Aiglemont[179]. On ne sait pas toujours si l'on est en « focalisation zéro » ou en « focalisation interne », si c'est le narrateur tout-puissant ou bien si c'est un compagnon de Philippe de Sucy qui perçoit le véritable caractère de sa « gaieté factice » dans *Adieu*[180]. Quelquefois, peu importe, car il y a coïncidence. Plus ambigu, Goriot : « lorsque son hôtesse l'accusa d'être un *galantin* », il « laissa errer sur ses lèvres le gai sourire du bourgeois dont on a flatté le dada »[181]. Est-ce la traduction du spectacle « vu » par les témoins? ou bien masque et jeu volontairement adoptés par Goriot ? Le texte balzacien joue souvent de l'ambiguïté. Dans l'instant, il peut être difficile de trancher à travers oscillations ou modulations indécodables.

Trois romans fournissent une illustration assez riche de cette impossibilité de décider entre le vrai et le faux de la gaieté, entre comédie et absence de comédie : *Le Colonel Chabert*, *La Cousine Bette*, *Les Petits Bourgeois*.

La comtesse Ferraud passe du rire menteur au sérieux menteur. La comédie marche d'abord sur un fil entre la vérité et le mensonge, puis sur

173. *La Femme de trente ans*, t. II, p. 1050.
174. *Ibid.*, p. 1041.
175. *Ibid.*, p. 1043.
176. *La Paix du ménage*, t. II, p. 117.
177. *Gobseck*, t. II, p. 965. Pierre Citron rapproche cette « fumée de gaieté » de la « fumée de fausseté » du cardinal Dubois chez Saint-Simon.
Il convient de souligner que, dans *La Comédie humaine*, maints délégués à la Spécialité voient sous les rires des autres une vérité tragique sans jamais rire eux-mêmes. Adeline Hulot voit dans le « fou rire » de sa fille un « indice terrible » (*La Cousine Bette*, t. VII, p. 79) ; M. de Granville comprend la « gaieté feinte » de Caroline Crochard (*Une double famille*, t. II, p. 26) et Mme de Lansac celle de Mme de Vaudremont (*La Paix du ménage*, t. II, p. 114). Parfois le relais est un « on » : « Et l'on frissonnait en voyant (Adeline Hulot) affect(er) une gaieté menteuse » (*La Cousine Bette*, t. VII, p. 202).
178. *Le Bal de Sceaux*, t. I, p. 163.
179. *La Femme de trente ans*, t. II, p. 1131.
180. *Adieu*, t. XI, p. 979.
181. *Le Père Goriot*, t. III, p. 64.

un autre fil, entre le rieur et le sérieux. Ainsi, Derville vient lui signifier son arrêt : « Le comte Chabert existe. — 'Est-ce en disant de semblables bouffonneries que vous voulez me rendre sérieuse ?, dit-elle en partant d'un éclat de rire »[182]. La première réaction de la comtesse Ferraud est conforme à l'un de ses rôles : le rôle gai, éventuellement dériseur et persifleur. Cette surface mondaine abrite un secret que le narrateur se contente de signaler, mais nous n'avons pas accès à la conscience de la comtesse : « La comtesse avait enseveli les secrets de sa conduite au fond de son cœur. Là étaient des secrets de vie et de mort pour elle, là était précisément le nœud de cette histoire »[183].

Après ce premier jeu, elle fut « tout à coup domptée par l'étrange lucidité du regard fixe » de Derville[184]. La comtesse Ferraud change de cap. Le masque rieur lui ayant été interdit par Derville, il lui reste le masque de la sincérité, comme elle aura plus tard celui de la pruderie. Le masque de la sincérité, du pathétique porte si bien la marque du naturel que Chabert s'y laissera prendre. Même le lecteur est abusé le temps d'un paragraphe : « Monsieur ! dit la comtesse au colonel d'un son de voix qui *révélait* une de ces émotions rares dans la vie et par lesquelles tout en nous est agité »[185]. Ce « révélait » est un leurre de Balzac narrateur. Mais, avant même que Chabert ait réagi, subjugué, vaincu, le roman lève le voile : « Ce mot comprenait tout. Il fallait être comédienne pour jeter tant d'éloquence, tant de sentiments dans un mot. Le vrai n'est pas si complet dans son expression, il ne met pas tout en dehors, il laisse voir ce qui est au-dedans »[186]. La suite du récit oscille entre les passages où Balzac dévoile, démasque, fait voir le double jeu et ceux où il épouse le point de vue du personnage confiant et naïf. Lorsque nous lisons : « l'air de vérité qu'elle sut mettre dans sa réponse », nous sommes alertés, alors que Chabert est trompé[187]. Quand nous lisons : « le vieux soldat *comprit* la délicatesse, le tact de la femme [...] »[188], nous aussi nous pouvons être trompés. Sauf si nous avons précisément remarqué, entre-temps : « Ce fut un mot décisif qui obtint tout le succès qu'elle en avait espéré »[189]. Ainsi, le récit se fait mensonger pour un lecteur pressé, pris par l'histoire ; il devient ironique pour le lecteur attentif. Balzac a souhaité marquer nettement le noircissement de la comédie : on peut en juger par la correction qu'il a faite pour l'édition originale de *La Comtesse à deux maris* dans les *Etudes de mœurs au XIXᵉ siècle*, en 1835. Sur le manuscrit et dans *La Transaction* de 1832, on lisait : (la comtesse) « déposa le masque de gaieté qu'elle conservait devant le comte Chabert » ; « gaieté » a été remplacé par « tranquillité »[190]. Les deux étapes de la comédie sont dorénavant bien tranchées : ce sont deux paliers qui

182. *Le Colonel Chabert*, t. III, p. 351.
183. *Ibid.*
184. *Ibid.*
185. *Ibid.*, p. 359. C'est nous qui soulignons.
186. *Ibid.*
187. *Ibid.*, p. 362.
188. *Ibid.*, p. 364. C'est nous qui soulignons.
189. *Ibid.*
190. *Ibid.*, p. 362.

marquent les deux degrés du mensonge, le mensonge comique et le mensonge sérieux, celui qui marque l'échappée et la dérobade dans l'ambivalence du rire et celui qui rentre dans la conformité sans plus donner
prise au soupçon, ni à celui du personnage témoin, ni à celui du lecteur.

Les deux « étapes » du mensonge de la comtesse Ferraud trouvent une
illustration respectivement dans *La Cousine Bette* pour le mensonge dans
le rire et dans *Les Petits Bourgeois* pour le mensonge sérieux et infini.

Au début de *La Cousine Bette*[191], l'atmosphère générale que suscite
l'ensemble des rires est celle d'une charmante et badine plaisanterie.
Tout paraît sans méchanceté, sans arrière-pensées. Bette, de son propre
aveu, a « dit la vérité en riant »[192]. Ce n'étaient que « plaisanteries dites
coup sur coup »[193], c'était l'accord parfait.

Pourtant, cette vérité que Bette dit « en riant », c'est l'âpre vérité,
brusque nuage en cet azur. Balzac a insisté sur son « mordant parisien »,
sur le « ton piquant qu'elle imprimait à ses idées », et, conclut Balzac,
« elle eût paru redoutable en toute autre situation »[194]. Sa plaisanterie
se charge d'accents qui commencent à rayer cette surface trop lisse : « La
cousine Bette avait regardé fixement la baronne, et voyant qu'elle riait,
elle avait répondu : 'Ce serait marier la faim et la soif ; il est ouvrier, je
suis ouvrière, si nous avions des enfants, ils seraient des ouvriers...
Non, non, nous nous aimons d'âme... C'est moins cher !' »[195]. Le « mot »
porte, sinon la marque de l'esprit de classe (pauvres contre riches, ce qui
est bien à sa place en ce premier volume des *Parents pauvres*), du moins
celle d'un humour anti-idéaliste, « matérialiste », annonciateur pour la
famille Hulot de lendemains qui déchantent. La guerre des plaisanteries
est bien une guerre. Guerre de part et d'autre, car le rire d'Adeline sur
« l'amoureux » de Bette ne manque pas de cruauté[196] et le rire de triomphe
d'Hortense[197] signale l'épreuve de force.

Ressentiment, cruauté, triomphe : pour chacun des trois personnages,
le rire porte sa charge d'agressivité. Le rire est masque et sa forte concentration en ce lieu du roman trouve son sens dans son envers. Pour le
lecteur, le rire, signalé comme masque, est le révélateur du faux. Bette,
Hortense, Adeline participent toutes les trois à la structure du masque,
héroïnes de la dissimulation, plus ou moins conscientes, plus ou moins
consentantes. Bette est sans doute la dissimulatrice la plus accomplie ;
elle doit à ses dons en cette matière une part de sa popularité, elle devra
à sa maîtrise une grande part de ses succès dans la destruction des Hulot,
tout au long du roman. Le rire témoigne de son don de plasticité, mis
au service du machiavélisme. Si elle commande bien à son rire, c'est
parce que la situation le commande. Dans l'ensemble du passage, le rire
est signe du faux, toujours au moins à demi révélé au lecteur dans la

191. *La Cousine Bette*, t. VII, p. 78-93. Cf. *supra*, p. 180.
192. *Ibid.*, p. 91.
193. *Ibid.*
194. *Ibid.* BALZAC a ajouté, pour *Le Constitutionnel*, cette phrase-leurre : « Méchante,
elle eût brouillé la famille la plus unie. »
195. *Ibid.*, p. 88. Ce « mot » est aussi une addition du *Constitutionnel*.
196. *Ibid.*
197. *Ibid.*, p. 86-87.

réalité de sa fonction. Mais le rire est proposé aussi à l'intérieur du récit romanesque comme superstructure du tragique que seule la suite du roman révélera : le rire est alors signe faux, contre-signe. Un double renversement est à opérer : ou bien le mal (malheur ou agressivité) est présent, mais caché, et le renversement est à faire de la surface vers l'intérieur, vers la profondeur ; ou bien le mal n'existe pas encore, il est à venir, et le renversement doit se faire du présent vers le futur.

Les *Petits Bourgeois* exploitent aussi la veine du soupçon. Avec un dehors sans faille et un dedans sans masque, l'accomplissement de la tartufferie dans le personnage de Théodose de La Peyrade est assuré par la perfection de l'ambiguïté. Or, c'est Théodose de La Peyrade qui est titulaire de 11 des 22 sourires du roman et de 5 des 17 rires. Chacun des rires et des sourires doit être repris en détail, examiné dans son contexte pour que soit décidé du degré de véracité, de fausseté ou d'ambiguïté qu'il comporte.

Les sourires à Thuillier et à la famille Phellion forment l'essentiel de la panoplie du tartuffe : le « sourire fin » de flatterie[198], le sourire de l'amitié déférente[199], le sourire-encensoir[200] disent le bon jeune homme, affectueux et délicat, qu'est Théodose ! Tout est prêt dorénavant pour sceller la complicité avec la victime : le sourire de la docilité et celui de la connivence se fondent. Rien de comique en soi dans ces sourires, mais ce sont les outils de la comédie.

Mêmes outils avec les complices qu'avec les victimes désignées : les sourires à Flavie sont des déclarations de franchise. Franchise vraie ou franchise jouée ? La question perd de plus en plus son sens au fur et à mesure que l'on avance dans le roman[201]. L'hypocrite a besoin d'être vrai, parce qu'il ne donnera l'impression du vrai qu'en étant sincèrement celui qu'il veut paraître : il devient donc sincère momentanément. Les sourires déclarent la franche complicité : « Eh ! me croyez-vous l'ami du peuple ?... dit-il en souriant »[202]. Le sourire scelle la connivence dans le partage du secret : « Et il le ramena dans l'embrasure de la fenêtre, et il lui dit en souriant [...] »[203]. Le sourire de chacun proclame à chacun, à l'intérieur du groupe, communauté, alliance et connivence. Mais surtout, dans l'optique de Théodose, ce sourire soude le clan et le met à sa merci. Pour le lecteur, à peine un simple soupçon effleure-t-il cette surface unie et rieuse, sans conflits ni rapports de force. Seul sourire incontestable, le sourire « intérieur » de Théodose : « Théodose sourit en lui-même à l'idée du combat qui s'allait passer entre le père et le citoyen »[204]. Après des sourires restés ambivalents en focalisation externe, seul ce sourire pour soi-même est proposé en focalisation zéro.

---

198. *Les Petits Bourgeois*, t. VIII, p. 66.
199. *Ibid.*, p. 84.
200. *Ibid.*, p. 86.
201. Cf. André GIDE : « Le véritable hypocrite est celui qui ne s'aperçoit plus du mensonge, celui qui ment avec sincérité. M. dit de Lucien qu'il est 'tout pénétré par sa façade' » (*Journal des Faux-Monnayeurs*, p. 59).
202. *Les Petits Bourgeois*, p. 77.
203. *Ibid.*, p. 112.
204. *Ibid.*, p. 92.

Quant aux rires de Théodose, ils développent l'opacité et l'ambivalence du personnage jusqu'à rendre décidément la franchise suspecte en la maintenant possible. Pour ce faire, Balzac multiplie les points de vue. Théodose parle d'abord « franchement » de son rire avec Flavie[205], mais le rire dévoilé constitue un nouveau voile, dans les plis duquel risque de se trouver pris le lecteur. Il en va de même avec les autres rires de Théodose De ses rires généralement francs, spontanés, rien dans le texte ne permet de supposer la sincérité. Mais alors, narrateur digne de confiance ou indigne de confiance ? Fausse franchise du narrateur se superposant à la fausse franchise du personnage ? Pour en faire mieux voir l'ambivalence ou par réelle ambivalence ? On peut tenter de répondre en analysant un rire où les indices d'hypocrisie sont fort ténus, peu perceptibles au premier abord ; le narrateur, une fois de plus, fait jouer l'ambivalence pour dire l'ambivalence. On lit en effet : « Aussi courait-il au jardin avec Colleville ou Flavie, y rire, y déposer son masque, s'y reposer et se retremper en se livrant auprès de sa future belle-mère à des élans nerveux de passion dont elle était effrayée, ou qui l'attendrissaient »[206]. Ce rire dans le jardin avec des amis, ce masque déposé, ce repos, cette jouvence retrouvée, cela ressemble fort à l'apparition de Rastignac dans le jardin de la Chambre des députés[207]. Même fraîcheur, même transparence pour Théodose de La Peyrade et pour Rastignac, à ceci près que la fin de la phrase peut éveiller le soupçon sur Théodose, puisqu'il est montré comme « *se livrant* auprès de sa future belle-mère à des élans *nerveux* de passion [...] ». Eléments à peine perceptibles pour le lecteur et, dans la fiction, pleins de naturel et de vérité. Génie de l'hypocrisie qui culmine dans le naturel et qui, littérairement, s'accomplit dans « une certaine apparence de facilité ». Ce « génie » que Balzac confère à Théodose, c'est celui de Balzac-narrateur écrivant Théodose : « Tout le monde y aurait été pris ! », tout le monde y est pris[208].

Pour l'hypocrite, il n'est pas de masque, parce qu'il n'y a pas de vérité. C'est la conclusion que permet l'analyse des sourires et des rires de ce personnage où l'art de la comédie balzacienne atteint un sommet en coulant son écriture dans l'art du tartuffe.

Dans ce monde rieur, le rire n'a pas de sens en soi et ne permet pas la distinction automatique du vrai et du faux. L'abolition des signaux de l'apparence et de la réalité fait de ce monde de *La Comédie humaine* un univers trompeur, menteur, faux et vrai où se mène un combat douteux. Ici, ni le meilleur, ni le pire ne sont toujours sûrs pour le personnage. Cela peut être transposé pour le lecteur, qui doit, comme Balzac lui-même, atteindre à ce sentiment de l'équivalence universelle pour pouvoir le dépasser. On sait que la tentation du scepticisme fut constante pour

---

205. *Ibid.*, p. 113.
206. *Ibid.*, p. 139.
207. « Une fois dans le jardin, le ci-devant jeune homme donna carrière à un rire qu'il comprimait depuis son entrée dans la salle des Pas-Perdus » (*Les Comédiens sans le savoir*, t. VII, p. 1198) ; voir aussi, *ibid.*, p. 1199.
208. *Les Petits Bourgeois*, p. 66-67. C'est nous qui soulignons.

Balzac, mais qu'il la repoussa constamment[209]. Or, ici, les mêmes outils disent l'envers et l'endroit. Il faut le long travail de la lecture de l'œuvre entier, de la totalité, pour que de ces équivalences naisse une présomption de sens. Le soupçon longtemps suspendu s'abolit à l'heure de l'écriture, à l'heure où le faire dépasse radicalement le dire, exorcisant la tentation sceptique.

Signes de force

Tout autant que la thématique de l'apparence et de la réalité, la thématique balzacienne de la force est à l'œuvre en cet « univers rieur » que nous explorons. Le « point de vue énergétique »[210] ou, si l'on préfère, celui de la force[211] sont au centre de *La Comédie humaine*[212]. Or le rire, qui est masque, a, comme tout masque, « partie liée avec l'individualisme, dont il représente l'arme d'agression et l'instrument de protection »[213]. Il s'y dépense, plus ou moins, une énergie qui, depuis Freud, est constamment évaluée dans les analyses du comique et du rire. Freud a montré la part des investissements et de l'agressivité liés au *comique tendancieux* qui s'exprime dans le *rire offensif*[214]. Ce rire agressif signale deux formes d'esprit tendancieux : ou bien « l'esprit est [...] *hostile* (il sert à l'attaque, à la satire, à la défense) » ou bien il est « *obscène* (il déshabille) »[215]. En général, cet esprit tendancieux se manifeste en présence d'un tiers : c'est vrai dans la vie, dans la fable, qui met en présence au moins trois personnes ; c'est vrai aussi des trois rôles de l'auteur, du personnage auquel l'auteur règle son compte, et du lecteur, témoin nécessaire à l'accomplissement de cette exécution. Dans l'exercice du comique destructeur, « nous savourons la défaite [de l'ennemi] que nous confirme le rire du tiers, dont le plaisir est tout gratuit »[216]. Les cibles, sans doute, sont à déterminer, si l'on veut rendre compte de ce rire tendancieux : il s'exerce de préférence aux dépens de « gens haut placés » et procède volontiers à un retournement contre le groupe auquel on appartient, donc contre soi-même[217]. A « l'esprit qui déshabille ou esprit obscène », à

---

209. Arlette MICHEL *(op. cit.)* consacre de nombreux développements au scepticisme de Balzac : Balzac est à la fois « sceptique et idéaliste » (p. 1663). Il est vrai que ni *Le Colonel Chabert*, ni *La Cousine Bette*, ni *Les Petits Bourgeois*, si mêlés qu'y soient dans les rires le vrai et le faux, n'ôtent l'envie de distinguer l'un de l'autre : ils contribuent au contraire à renforcer notre exigence.

210. L'expression est employée par Lucienne FRAPPIER-MAZUR *(op. cit.*, p. 168).

211. Cf. Jean-Pierre RICHARD, Balzac, de la force à la forme, *Poétique*, n° 1, 1970, p. 10 : « *Force, combat*, voilà bien, accolés en une formule révélatrice, deux des mots clés de la mythologie, comme de l'architectonique balzaciennes. »

212. Mieux : « Au commencement était *l'Energie*. Ce postulat éclaire toutes les *Etudes philosophiques* [...] », écrit Pierre-Georges CASTEX (*L'Univers de « La Comédie humaine* », Bibl. de la Pléiade, t. I, p. LX).

213. Jean STAROBINSKI, *L'Œil vivant*, p. 239.

214. Cf. Sigmund FREUD, *Le mot d'esprit et ses rapports avec l'inconscient*, en particulier chap. II : « Les tendances de l'esprit ».

215. *Ibid.*, p. 142.

216. *Ibid.*, p. 152.

217. *Ibid.*, p. 155, 166.

« l'esprit agressif (hostile) » et à « l'esprit cynique (critique, blasphé-matoire) »[218], il faut donc joindre « l'esprit *sceptique* »[219], qui s'en prend non plus à une « personne ou à une institution, mais à la certitude de notre connaissance elle-même, qui fait partie de notre patrimoine spéculatif ».

Nous serons amené à privilégier, parmi ces divers traits isolés par Freud, l'idée d'agression, dont il nous semble que « l'obscène » et le « cynique » ne sont que des variantes. Quant à la quatrième forme, dite par Freud « sceptique », elle est la part la plus originale, celle du jeu pour le jeu, de la gratuité ludique. Le rire est ici beaucoup plus épargne que dépense ; il n'est plus alors le lieu d'observation d'une « force » en action, mais constitue le sujet autonome de notre chapitre III.

Présentement nous intéresse le rire comme signe privilégié d'une force qui est à l'œuvre sous sa forme maligne ou sous sa forme sublimante. Pour tenter d'évaluer le degré plus ou moins grand d'énergie qui est investi dans chacune des actions rieuses observées, nous devrons déter-miner la nature et le rôle de la cible des rires, lorsque cible il y a. Dans quel sens s'opère la dépense du rire, vers autrui ou vers soi-même ? Enfin, quels sont les mobiles de l'attaque ?

● *Agression*

Dépense maximale se trouve être la conjonction, dans le rire, d'un signe pour le lecteur et d'une action dans la fable. De surcroît, force et faiblesse dépendent du statut des rires : rires de l'individu ou de la collec-tivité. Les collectivités rieuses sont agitées d'impulsions où le déchaîne-ment de la force se double de peur et de lâcheté et peut retomber avec autant de promptitude qu'il en avait mis à se manifester. Il y a moins de mobilité et de veulerie dans l'agression individuelle et les nuances sont plus nombreuses. Mais, dans tous les cas, une dynamique est à l'œuvre.

— *Groupes agressifs et boucs émissaires :*

Le rire agressif apparaît, dans *La Comédie humaine*, comme l'un des attributs obligatoires de l'écriture du groupe : le rire agressif dit le groupe tout autant que le groupe appelle un tel rire. Face à Derville, les trois gamins qui gardent Chabert rompent le silence avec un « rire brutal »[220]. Puis ces chiens de garde, sur l'ordre du maître, Chabert, regagnent leur niche. De la même façon, dans *Le Colonel Chabert*, on assiste à la mise au pas de la meute des clercs d'avoué, si déchaînés, si agressifs, au début du roman, contre Chabert. Dès que Chabert a retrouvé une identité, le groupe file doux.

Le Député d'Arcis présente une autre version de ces rires collectifs ; ce sont des rires politiques, qui s'expriment lors d'une réunion électorale : ils représentent plus du tiers de l'ensemble des rires du roman[221]. « Orage

218. *Ibid.*, p. 172.
219. *Ibid.*, p. 173.
220. *Le Colonel Chabert*, t. III, p. 338.
221. *Le Député d'Arcis*, t. VIII, p. 735, 738, 741.

de rires », dit Balzac. *On* rieur qui représente la force mobile du politique. « Le mot, pris pour un calembour, fit excessivement rire. Ce petit groupe où l'on riait excita la jalousie des douairières, et l'attention du troupeau d'hommes en habits noirs qui entourait Simon Giguet »[222]. Le rire scelle la connivence et l'alliance ; il suscite et regroupe l'opposition. A roman politique, rires politiques. Rires grégaires et champenois qui coulent dans la forme de l'agression primaire et féroce la force de l'opinion. Balzac fait voir comment on la mobilise, comment on l'enchaîne et on la déchaîne.

En règle générale, on peut constater que ces rires sont gouvernés par un meneur[223]. Et si les groupes n'ont pas positivement de chef[224], ils désarment sur l'intervention d'une autorité qui impose le silence, par exemple le chevalier de Valois dans *La Vieille Fille*.

La condition nécessaire à la formation du groupe est l'existence et, mieux encore, la présence d'une victime. Pas de groupe sans *pâtiras*[225] : Chabert pour les clercs de Derville, Simon Giguet pour les coreligionnaires d'Achille Pigoult, Minard pour le bureau Baudoyer, Poiret ou Goriot pour la pension Vauquer. La victime du groupe rieur est parfois pathétique, comme Ursule Mirouët. Ou bien, d'abord comique, elle devient attendrissante, comme Rose Cormon[226].

L'orchestration du rire de groupe dans *La Comédie humaine* fait donc apparaître, sous le rire, une agressivité qui n'a rien de ludique, qui se livre aux pulsions mauvaises à l'égard d'autrui, dans l'inconscience, l'instabilité, qui présentent tous les caractères de la régression. Balzac utilise-t-il les groupes pour écrire cette tendance à l'agressivité pulsionnelle, infantile ? Ou bien recourt-il à ce mythe des groupes vindicatifs et cruels pour traduire sa propre relation avec la société, sa conception

---

222. *Le Député d'Arcis*, t. VIII, p. 781.

223. Max Gilet *(La Rabouilleuse)*, Achille Pigoult *(Le Député d'Arcis)*, Goupil *(Ursule Mirouët)*, Bixiou *(Les Employés)*.

224. Les moqueurs de la pension Vauquer *(Le Père Goriot)*, les convives de Rose Cormon *(La Vieille Fille)*, les clercs *(Le Colonel Chabert, Melmoth réconcilié)*.

225. Balzac le dit explicitement dans *Les Paysans* : « Vermut était le *pâtiras* du salon, aucune société n'étant complète sans une victime, sans un être à plaindre, à railler, à mépriser, à protéger » (t. IX, p. 270).

226. On peut mieux juger de l'originalité balzacienne par une confrontation avec Stendhal, dans une scène de *Lamiel* : une trentaine de femmes sont au lavoir et se moquent successivement de Mme Hautemare et du Dr Sansfin. Elles « étaient choquées de cet *air de dame*, que se donnait Mme Hautemare : conduire la petite fille *par la main*, au lieu de la laisser gambader comme toutes les petites filles du village ! » (Stendhal, *Romans et nouvelles*, Bibl. de la Pléiade, t. II, p. 896). La démarche de cette dame « fit éclater autour du bassin un éclat de rire *unanime*, universel » (p. 897). En voyant Sansfin, elles « se mirent à rire avec un naturel, un excès de bonheur qui portèrent au comble la rage du malheureux médecin » (p. 898). Le groupe de lavandières rieuses a donc pour mission de mettre en œuvre les idées de Stendhal sur la comédie : elles ont la supériorité du naturel sur l'artificiel et le ridicule. Stendhal en donne lui-même la clé, écrivant le 9 mars 1842 : « Les plaisanteries, criées à haute voix, percent le cœur de Sansfin et commencent à dessiner son caractère ridicule dans l'esprit du lecteur » (cité par Henri Martineau, *Préface*, p. 866). Stendhal écrit une comédie sans ombre, « dessinée », concertée. Le groupe, chez Balzac, demeure opaque, à la fois faible et puissant, vulnérable et assassin. Le rire couronne sa force, mais cette force est instable.

propre de la société contemporaine ? Il faut, pour esquisser une réponse, examiner quelles sont les cibles privilégiées de l'agressivité rieuse dans *La Comédie humaine.*

— Le champ des victimes et les victimaires :

Si, chez Stendhal, toute forme de ridicule est faiblesse, chez Balzac toute infériorité est ridicule[227]. Le moyen d'échapper à la moquerie, c'est de montrer sa force ; telle est la leçon de de Marsay à Paul de Manerville : « En France, le mari insulté qui tue son rival devient un homme respectable et respecté »[228]. Chabert retrouve son prestige en recouvrant son identité. En revanche, dès qu'apparaît la faiblesse, la raillerie se déchaîne : « le diable pose toujours une victime auprès d'un Bixiou »[229]. Le couple de l'échec et de la raillerie est solidement constitué.

Mais l'union peut se faire aussi dans l'autre sens et la moquerie s'en prendre à des domaines qu'elle est la seule à signaler comme échec. S'il est vrai que la moquerie est tout spécialement française, elle est fréquemment suscitée dans *La Comédie humaine* par les thèmes traditionnels de la satire française : l'amour et les mœurs.

Robert d'Hauteserre aimait à railler Laurence de Cinq-Cygne sur sa coquetterie[230]. On raille, dans *La Cousine Bette*, l'amoureux de Bette[231]. Les bureaux mordent à belles dents « le pigeon Villiaume » et ses « calculs matrimoniaux »[232]. On est bien dans le domaine français : « On ne pouvait attribuer les moqueries adressées à cet Amadis à vide qu'au génie malin qui créa la vaudeville »[233]. De même, les commis de la *Reine des Roses* « raillèrent impitoyablement » les « secrètes amours » de César Birotteau et de la cuisinière[234]. Dinah de La Baudraye trace « railleusement » aux Parisiens le « programme de l'amour en province »[235].

Les situations « moquables », et moquées, du mariage sont plus nombreuses encore. Le début de *Splendeurs et misères* en témoigne : « Donc, les hommes masqués sont des maris jaloux qui viennent espionner leurs femmes, ou des maris en bonne fortune qui ne veulent pas être espionnés par elles, deux situations également moquables »[236]. Le mariage toujours remis de Rose Cormon cause en fait plus de railleries que son

---

227. Georges BLIN a consacré un chapitre de *Stendhal et les problèmes de la personnalité* (t. I, 1ʳᵉ partie, chap. IV, p. 145-168) au « Spectre du ridicule ». Stendhal, dans une nation particulièrement sensible au ridicule (surtout à celui de l'originalité), donne une place dans son œuvre à la satire du « ridicule de la terreur du ridicule » (p. 148), façon toute stendhalienne de retourner la situation, de parer le « ridicule involontaire » par le « ridicule réfléchi » (p. 160).

228. *Le Contrat de mariage*, t. III, p. 650.

229. *Les Employés*, t. VII, p. 977.

230. *Une ténébreuse affaire*, t. VIII, p. 607.

231. *La Cousine Bette*, t. VII, p. 87.

232. *Les Employés*, t. VII, p. 973.

233. *Ibid.* Outre l'allusion à Amadis de Gaule, le « génie malin » renvoie à BOILEAU, comme le note Anne-Marie MEININGER (n. 3) : « Le Français né malin créa le vaudeville » (*Art poétique*, chant I). Donc double référence *française.*

234. *César Birotteau*, t. VI, p. 56.

235. *La Muse du département*, t. IV, p. 751.

236. *Splendeurs et misères des courtisanes*, t. VI, p. 430.

mariage blanc : « *se marier comme mademoiselle Cormon* fut dans Alençon une phrase proverbiale qui équivalait à la plus railleuse des négations »[237]. On raille donc le désir floué, mais, au moins autant, l'absence de désirs, comme en témoigne l'exemple de Pierre Grassou. Celui-ci avait des « mœurs tranquilles et rangées qui fournissaient matière aux railleries des différents ateliers où il séjournait »[238].

« Vitelloni » ou coquillards d'Issoudun, basochiens, rapins, tous ces milieux où se perpétuent les traditions favorisent les rituelles plaisanteries du répertoire français consacré aux amours. Milieux jeunes et clos, auxquels il convient d'adjoindre, comme on s'en est aperçu à travers les quelques exemples précédents, les milieux provinciaux de toute espèce qui font de l'amour et du mariage le principal aliment de leur raillerie. Le salon relaie la boutique et l'atelier ou l'étude ; les professionnels de la raillerie s'unissent à la raillerie des professionnels pour cette railleuse *saga*.

La tradition littéraire française se retrouve aussi dans l'attention railleuse que divers personnages de Balzac accordent aux *mœurs* de leurs contemporains. Les personnages eux aussi se livrent à des *Études de mœurs*, souvent rieuses, moqueuses. C'est particulièrement la bourgeoisie, petite et grande, qui recueille les quolibets. Quant aux pourfendeurs, aristocrates et artistes, ils trouvent en La Palférine, prince de la bohème, l'un de leurs plus notables représentants. La Palférine représente la bohème, qui « est très insolente avec le pouvoir moderne »[239]. Et lui, « comme il se moque des bourgeois de 1830, quel sel, que latticisme ! »[240]. Contre le pouvoir en place, le contre-pouvoir de l'esprit. Ce qu'on rencontre très souvent comme objet de la moquerie rejoint la comédie classique et la satire, de Régnier à Boileau. Ceux qu'on trouve du côté des railleurs rejoignent les satiriques des trois siècles passés.

D'abord, la moquerie vise les parvenus. Vanités, enflures, faux prestiges en sont les caractéristiques classiques. Mais la raillerie balzacienne s'opère selon une double articulation : dans le même mouvement se lisent le quolibet (première articulation) et l'analyse qu'en fait Balzac (deuxième articulation). Contre le parvenu, donc, s'exerce la moquerie, avec son jeu comique de détrônisation. Mais Balzac replace cette opération dans l'ensemble du jeu des forces, fait voir sous la comédie des marionnettes le jeu des forces réelles. Ainsi, chaque salon fonctionne comme une microsociété, dont la mécanique ressemble à celle d'une microsociété voisine, au détail près ; l'ensemble de ces microsociétés est régi par le fonctionnement d'ensemble de la Société et de l'Histoire, dont les rouages de détail assurent la marche par un juste retour, conformément au processus dialectique de la mécanique sociale et de sa comédie.

Diard, parvenu trop faible, succombera sous les coups des « railleurs de Paris »[241]. Balzac fait l'analyse de la vanité, en même temps que de la réalité de cette raillerie : « A Paris, de la dernière maison du faubourg

237. *La Vieille Fille*, t. IV, p. 864.
238. *Pierre Grassou*, t. VI, p. 1095.
239. *Un prince de la bohème*, t. VII, p. 811.
240. *Ibid.*, p. 810.
241. *Les Marana*, t. X, p. 1071.

Saint-Germain au dernier hôtel de la rue Saint-Lazare, entre la butte du Luxembourg et celle de Montmartre, tout ce qui s'habille et babille, s'habille pour sortir et sort pour babiller, tout ce monde de petits et de grands airs, ce monde vêtu d'impertinence et doublé d'humbles désirs, d'envie et de courtisanerie, tout ce qui est doré et dédoré, jeune et vieux, noble d'hier ou noble du quatrième siècle, tout ce qui *se moque d'un parvenu*, tout ce qui a peur de se compromettre, tout ce qui veut démolir un pouvoir, sauf à l'adorer s'il résiste ; toutes ces oreilles entendent, toutes ces langues disent et toutes ces intelligences savent, en une seule soirée, où est né, où a grandi, ce qu'a fait ou n'a pas fait le nouveau venu qui prétend à des honneurs dans ce monde »[242]. La force de cette opinion railleuse est comparée par Balzac à « un être moral, insaisissable, à la fois juge et bourreau : il accuse et il marque ». Face à cette force-là, la victime est réduite à l'impuissance.

Le jeu de la raillerie est démonté jusque dans ses attaques apparemment les plus justifiées. La société n'exerce sa moquerie que sur des aspects superficiels, particuliers, accessoires. C'est ce que fait voir Balzac. Dans les provinces, par exemple, c'est aux « particularités de [la] vie »[243] qu'on s'intéresse. Papotages de Provins, de Nemours, d'Angoulême, d'Issoudun, de Sancerre. Balzac n'omet jamais de structurer et de hiérarchiser le champ des forces. Sous la superstructure de la moquerie, l'infrastructure des forces réelles apparaît : Grandet, qui fait taire les rieurs ; Rigou, « ce grand usurier sec » qui « imposait d'ailleurs beaucoup à la société de Mme Soudry, qui flairait en lui ce tigre à griffes d'acier, cette malice de sauvage [...] »[244].

La spécificité balzacienne consiste à montrer la liaison étroite des deux formes de raillerie. Tout anodin que soit l'égratignage d'autrui par les sociétés provinciales, il est symbolique de l'ensemble de la société. Celle-ci, par les moyens du rire et de la plaisanterie, exerce le blasphème ; elle interdit toute foi, toute fraîcheur. Insensiblement, le papotage le cède au sacrilège. *La Recherche de l'Absolu* en propose l'illustration. Le rire moqueur est symbolique du désenchantement universel : on commence par égratigner, puis l'on trucide. « La Société ne pratique aucune des vertus qu'elle demande aux hommes, elle commet des crimes à toute heure, mais elle les commet en paroles ; elle prépare les mauvaises actions par la plaisanterie, comme elle dégrade le beau par le ridicule ; elle se moque des fils qui pleurent trop leurs pères, elle anathématise ceux qui ne les pleurent pas assez ; puis elle s'amuse, elle ! à soupeser les cadavres avant qu'ils ne soient refroidis »[245]. Suit un exemple de dérision blasphématoire, après la mort de Mme Claës. Selon le schéma déjà rencontré avec Grandet et Rigou, Pierquin est là, calculant « avec le coup d'œil

---

242. *Les Marana*, t. X, p. 1072-1073. C'est nous qui soulignons. « Qui prétend à des honneurs » est une variante de *La Revue de Paris*, en 1832-1833. L'objet de la satire est précisé.
243. *Eugénie Grandet*, t. III, p. 1034. Au début, face au père Grandet, Saumur s'intéressait à « quelques particularités de sa vie », et non aux mécanismes de la réalité.
244. *Les Paysans*, t. IX, p. 275.
245. *La Recherche de l'Absolu*, t. X, p. 757.

d'un Juré peseur de fortunes »[246]. La dérision superficielle n'est pas anodine : elle apparaît comme l'avant-coureur, rieur, de la Force brute.

La dérision universelle prend pour cible tout ce qui se présente ; elle fait table rase. Le sobriquet dont les boulevards affublent Pons et Schmucke ne paraît pas justifier la présentation bien grave qu'en fait Balzac : « Il ne faudrait pas connaître Paris pour imaginer que les deux amis eussent échappé à la raillerie parisienne qui n'a jamais rien respecté »[247]. De fait les « flâneurs du quartier » les ont surnommés *les deux casse-noisettes* : c'est le moment où Balzac fait paraître la Cibot. Le détail, qui pouvait paraître gentiment moqueur, est symbolique de la totalité sociale.

Cette société, c'est la moitié de Marie de Verneuil, la bâtarde, part de son âme « gâtée » par cette « philosophie moqueuse dont s'enthousiasmait la France, parce qu'on l'y professait partout avec esprit ». On y décèle un « mépris spirituellement formulé pour ce qui était religieux et vrai. Les hommes, en se moquant des sentiments, les peignaient d'autant mieux qu'ils ne les éprouvaient pas »[248]. Le fondement de toute cette raillerie est l'ignorance, d'où la méconnaissance de science et de foi. Méconnaissance de la science : « Aussi les hommes qui se sont moqués des livres où les prophètes ont recueilli la Parole étaient-ils dans l'état d'ignorance où sont ici-bas les hommes qui ne savent rien d'une science, et se moquent des vérités d'une science »[249]. Méconnaissance de la foi : « Se moquant du charlatan et des imbéciles qui l'écoutaient, au moment où il vit l'inconnu proposant aux passagers de marcher sur la mer, le savant se prit à rire et fut englouti par l'océan »[250].

C'est à ce naufrage sans doute que Balzac promet la société superbe et moqueuse. Mais, pour l'instant, dans le présent historique, celui de la monarchie de Juillet, c'est le désenchantement railleur qui paraît triompher. On voit au premier rang « le monde de coulisses, de journalistes et d'artistes », ce monde qui aime tant Bixiou[251]. Tous « avaient les mêmes vices et la même paresse, puis ils se moquaient si bien de tout entre deux vins ou entre deux danseuses ! »[252]. Cette raillerie, dans l'immédiat, possède la force de sa rosserie : elle rosse l'ennemi avec « la batte de l'épigramme »[253]. Mais, pour que ces railleurs ne soient pas écrasés par des forces supérieures et moins moqueuses, il faut qu'intervienne une sublimation. Moquerie et conscience réunies deviennent inexpugnables. Car la moquerie gagne alors en force ce qu'elle perd en agressivité. La raillerie peut aussi échapper à la mainmise des forces du réel en se dégageant dans le jeu. Dès que le plaisir de jouer paraît plus grand que celui d'écraser, la force le cède au jeu.

246. *La Recherche de l'Absolu*, t. X, p. 757.
247. *Le Cousin Pons*, t. VII, p. 499.
248. *Les Chouans*, t. VIII, p. 1143.
249. *Séraphîta*, t. XI, p. 779.
250. *Jésus-Christ en Flandre*, t. X, p. 320.
251. *Les Employés*, t. VII, p. 924.
252. *Ibid.*
253. *Ibid.*

— *Modalités de la raillerie :*

Le jeu ne se rencontre guère dans la vingtaine des nuances balzaciennes de la raillerie assassine qui peuvent être regroupées sous trois chefs : le froid, le corrosif et l'atroce.

Froids sont « les railleries mordantes » et les « rires dédaigneux » du public parisien[254]. Froids les intermédiaires et les entremetteurs comme Peyrade, avec ses « sourires glacés »[255]. Mitouflet, le mystificateur, se signale par une « froide ironie »[256]. La population de la froideur compte aussi dans ses rangs les critiques littéraires[257], tel un Claude Vignon[258], des aristocrates, comme le duc Cataneo[259], des juges[260], un avoué, comme Fraisier[261], ou encore des dandys[262].

La froideur de la raillerie crée le cauchemar : « La Cibot tomba pâle comme une morte » devant Fraisier[263]. Elle assure à celui qui la pratique un pouvoir absolu. Telle est la domination de Bixiou, le railleur de *La Comédie humaine*, avec son « rire muet et froid » qui était une « sorte de bise labiale »[264]. La froideur de la dérision s'accomplit avec Vautrin, ce « froid railleur »[265], dernier mot de Balzac sur Vautrin. Ces « froideurs » insistantes témoignent de la place qu'occupe dans l'imaginaire balzacien ce type de blessure qui est, avant tout, une blessure de société.

Si la froideur traduit le rapport des forces entre attaquant et attaqué, diverses nuances précisent les modalités de l'attaque, nuances de la causticité et de la corrosion. L' « âcre ironie », alliée de l' « esprit glacial »[266], est une manifestation insidieusement destructrice ; elle unit victime et bourreau dans un même anéantissement.

Mais ce qui pique, tiraille et mitraille inlassablement dans *La Comédie humaine*, c'est l'épigramme. Nous en avons relevé quelque 85 occurrences. Parfois présente dans un silence, dans une simple intonation, dans une mimique (« art tout plastique » de la « Femme comme il faut », capable de mettre « l'épigramme de Voltaire dans un *hein !* dans un *ah !* dans un *et donc !* »[267]), l'épigramme peut manifester sa présence « dans chaque mot », comme le faisait Louis XVIII[268]. C'est bien la définition que propose de Marsay dans *Autre étude de femme* : « L'épigramme, ce livre en un

---

254. *La Peau de chagrin*, t. X, p. 223.
255. *Splendeurs et misères des courtisanes*, t. VI, p. 656.
256. *L'Illustre Gaudissart*, t. IV, p. 594.
257. *La Fille aux yeux d'or*, t. V, p. 1106. Sur le manuscrit, « critique » a remplacé « brigand », barré.
258. *Béatrix*, t. II, p. 722.
259. *Massimilla Doni*, t. X, p. 557.
260. *Splendeurs et misères des courtisanes*, t. VI, p. 800.
261. *Le Cousin Pons*, t. VII, p. 641.
262. *Le Cabinet des Antiques*, t. IV, p. 1034.
263. *Le Cousin Pons*, t. VII, p. 641.
264. *Les Comédiens sans le savoir*, t. VII, p. 1182.
265. *Splendeurs et misères des courtisanes*, t. VI, p. 934.
266. *La Maison Nucingen*, t. VI, p. 331.
267. *Autre étude de femme*, t. III, p. 697.
268. *Le Lys dans la vallée*, t. IX, p. 1191.

mot »[269]. L'épigramme avait partie liée avec le talent de conteur ou avec celui de l'auteur dramatique : c'est « l'esprit conteur, rusé, goguenard, épigrammatique, dont à chaque page est empreinte l'œuvre de Rabelais »[270] ; c'est Voltaire ou Beaumarchais[271].

Mais l'épigramme, signe de l'esprit le plus raffiné, tel celui d'un Louis XVIII[272], peut aller jusqu'à la malignité la plus mesquine. Les salons, par exemple, sont les lieux privilégiés de ce sous-produit de l'épigramme : on a le choix entre ceux de Soulanges[273], de Limoges[274], de Provins[275], de Sancerre[276] ou d'Alençon[277].

Chez les artistes, écrivains et journalistes, l'épigramme retrouve son esprit le plus fin : c'est la finesse qui est le premier mérite de l'épigramme artiste. Lucien de Rubempré lance une « jolie épigramme » à Châtelet au début de *Splendeurs et misères*[278]. Sans Bixiou, dit Lucien, tout devient « fade, même le piment des épigrammes »[279]. L'épigramme, c'est le fait des d'Arthez, Blondet, Nathan : ils déchaînent une « avalanche d'épigrammes » dans *Les Secrets de la princesse de Cadignan*[280]. Brillants aussi sont Vignon[281], Conti[282], Félicité des Touches, qui a reçu de l'un de ses amants « ce ton ingénieux et fin, épigrammatique et profond »[283]. Mais l'épigramme peut signaler la vulnérabilité de son auteur. Chez Vernou, journaliste, ce sont les ressentiments accumulés qui se déversent dans un « déluge » d'épigrammes[284]. Les « fusées » de Nathan lui permettent de briller, mais lui cachent parfois la véritable situation : « il était trop au milieu de ses épigrammes »[285].

Les aristocrates, en revanche, ont suffisamment le sens du jeu pour faire de l'épigramme un art. Le ton « Ancien Régime » de la malice assure « le règne du bien-parler »[286]. L'art se distingue de ses contrefaçons en ce qu'il vise davantage les choses que les personnes : l'épigramme réussie est une satire de tel ou tel défaut ou bien elle est un jeu qui n'a d'autre but que son plaisir[287]. L'opposition entre l'ancienne épigramme, celle de

---

269. *Autre étude de femme*, t. III, p. 698.
270. *L'Illustre Gaudissart*, t. IV, p. 575.
271. *Le Cabinet des Antiques*, t. IV, p. 987 ; *Autre étude de femme*, t. III, p. 698 ; *La Muse du département*, t. IV, p. 784.
272. Louis XVIII est associé 4 fois à l'épigramme (*Le Lys dans la vallée*, t. IX, p. 563, 912, 1191 ; *Les Employés*, t. VII, p. 999).
273. *Les Paysans*, t. IX, p. 280, 288.
274. *Le Curé de village*, t. IX, p. 668.
275. *Pierrette*, t. IV, p. 60-62.
276. *La Muse du département*, t. IV, p. 721.
277. *Le Cabinet des Antiques*, t. IV, p. 966.
278. *Splendeurs et misères des courtisanes*, t. VI, p. 733.
279. *Ibid.*, p. 439.
280. *Les Secrets de la princesse de Cadignan*, t. VI, p. 1003.
281. *Béatrix*, t. II, p. 733.
282. *Ibid.*, p. 823.
283. *Ibid.*, p. 698.
284. *Illusions perdues*, t. V, p. 426.
285. *Une fille d'Eve*, t. II, p. 307.
286. Selon l'expression de Rose FORTASSIER, *Les Mondains de « La Comédie humaine »*, p. 266.
287. Rose FORTASSIER propose un échantillonnage révélateur de citations, de Rivarol, Thackeray ou Proust (*ibid.*, p. 267, n. 90 *bis*), qui toutes reposent sur

l'Ancien Régime vu par Balzac, et la nouvelle épigramme, celle de la société qui suit la Révolution, est représentée par l'opposition du Cabinet des Antiques et de l'hôtel du Croisier. Du côté des nobles : « la fine raillerie, les avantages de l'esprit », « la guerre faite courtoisement et sans fiel » ; du côté de la roture : les « armes empoisonnées des Sauvages »[288].

On retrouve dans l' « ironie » des nuances semblables à celles de l'épigramme, dans quelque 25 cas sur les 200 emplois d' « ironie » que nous avons relevés. L'arme est moins souvent invoquée, précisée, sinon dans le stéréotype des « flèches de l'ironie », propre de l'Ecrivain[289]. L'ironie se recommande en général par sa finesse et son acuité, sauf dans le cas de « l'âcre ironie ». En cette âcre ironie, aucune forme de sublimation n'est possible, ni par la lucidité, ni par le jeu. Sa phonie même l'attire, en même temps que la « ricanerie », dans une nébuleuse gutturale où tout gratte et tout râcle[290].

L' « âcre ironie » fait déjà entrer le lecteur dans le domaine du « sarcasme ». Or, le sarcasme ne reçoit jamais le patronage de Rabelais, de Voltaire, de Beaumarchais ou de la comédie espagnole. Le sarcasme met l'accent sur le contenu, sur l'action visée, c'est-à-dire la souffrance, voire la destruction de l'ennemi, bien plus que sur la forme dans laquelle s'exprime cette attaque. L'aristocratie, l'esprit, le jeu et l'art, tout ce par quoi l'épigramme peut quitter le domaine de la force, fait généralement défaut au sarcasme, livré à son entreprise de destruction. Partout, dans *La Comédie humaine*, le sarcasme a la vocation de la révolte ; toujours s'y retrouvent mêlés la hargne et le ressentiment[291].

Une même efficacité dans la corrosion, une même malignité sont exprimées par le « sardonique »[292].

la distinction et l'opposition *choses/personnes*. Ceci apparaît donc comme un *topos* qui est passé de l'observation morale au roman, mais qui demeure semblable à lui-même du xviiie au xxe siècle. Le « peintre de mœurs » prend en compte l'opposition, dans la Société constituée en milieux clos, des hommes « superficiels », mondains, et des « hommes d'un ordre plus élevé ». Les premiers, bâtards, sont les personnages privilégiés de la comédie romanesque, espèce dégradée par rapport à ces « hommes d'un ordre plus élevé » dont parle Rivarol, cité par Rose FORTASSIER *(ibid.)* : « Ce qui fait que les gens du monde sont à la fois médiocres et fins, c'est qu'ils s'occupent beaucoup des personnes et fort peu des choses ; c'est le contraire des hommes d'un ordre plus élevé. »

288. *Le Cabinet des Antiques*, t. IV, p. 980.

289. Selon la dédicace à Mme Hanska du *Prêtre catholique* (t. XII, p. 803).

290. *La Maison Nucingen* met en scène le moment où « l'âcre ironie » change « la gaieté en ricanerie » (t. VI, p. 331). « Ricanerie » a remplacé « ricanement » dans Furne.

291. C'est le cas, occasionnellement, pour Rouget (*La Rabouilleuse*, t. IV, p. 393), les Parisiens en province (*La Muse du département*, t. IV, p. 670), Esther (*Splendeurs et misères des courtisanes*, t. VI, p. 643), Marie de Verneuil (*Les Chouans*, t. VIII, p. 1022, 1187). C'est l'une des meilleures expressions de la nature de Bette (*La Cousine Bette*, t. VII, p. 393), de La Peyrade (*Les Petits Bourgeois*, t. VIII, p. 61), de Vinet (*Le Député d'Arcis*, t. VIII, p. 786). Le sarcasme se réalise pleinement dans la plaisanterie anglaise (*Le Lys dans la vallée*, t. IX, p. 1174, 1177, 1183). Enfin, il arrive au sarcasme de s'exprimer dans une forme spirituelle, où il se cache (*La Peau de chagrin*, t. X, p. 273 ; *Physiologie du mariage*, t. XI, p. 1073 ; *Massimilla Doni*, t. X, p. 572).

292. Le sardonique est consubstantiel au personnage, chez certains avares, d'Orgemont (*Les Chouans*, t. VIII, p. 1084), Rigou (*Les Paysans*, t. IX, p. 294), Maître Cornélius (*Maître Cornélius*, t. XI, p. 19), chez Tristan l'Hermite, prévôt des mar-

Enfin, on culmine dans l'ordre de l'agression avec les « atroces rail-leries » de du Tillet à l'adresse de Nathan[293], avec la « féroce ironie » de Goupil[294], avec « l'épouvantable ironie » de Marneffe[295]. On n'a que l'embarras du choix, parmi toutes les variétés de l'atroce, entre l'ironie « horrible »[296], « infernale »[297], « sauvage »[298]. Ces ironies, tout autant que la « raillerie sinistre »[299] ou la « sombre raillerie »[300], rendent manifeste que les destins individuels sont traversés par le tragique. Autant de signes qu'un destin terrible attend le héros. Force inéluctable dont le roman déclare le tragique, sans totalement cacher le comique d'insectes qui se débattent en vain ou qui se laissent bercer par des illusions pitoyables et dérisoires, tragiques et comiques à la fois.

● *Conscience*

Le paradoxe de la formulation comique, c'est que, à quelques qualifi-catifs près, les mêmes notions paraissent servir à exprimer, dans le roman, la force aveugle des pulsions ou la maîtrise de la conscience. En fait, avec « l'amère ironie » ou « l'ironie profonde », on n'est plus sur le même versant. Une force se lit encore en ces manifestations, mais la force qui permet la conscience de soi, voire la maîtrise de soi.

Un rien, un tout, sépare les deux interprétations possibles des « amères dérisions » qui se trouvent dans le rire de l'antiquaire de *La Peau de cha-grin*. Raphaël est piqué « d'entendre ce rire muet et plein d'amères déri-sions ». Ce rire qui garde par-devers lui tant de choses de la révélation desquelles Raphaël se sent exclu, ce « rire muet » si plein, c'étaient « deux ou trois bouffées d'air qui peignirent plus d'idées que n'en auraient exprimé les plus énergiques paroles »[301], mais qui les peignirent en vain, pour personne, et surtout pas pour Raphaël. Cette richesse de sens fait souffrir Raphaël pauvre de sens, frustré du sens et de ce fait plein de ressentiment. Lui n'est sensible, dans le malicieux sourire qui a précédé ce rire, qu'à la « supériorité » qu'il y lit et, dans le « rire muet et plein

chands (*ibid.*, p. 48), l'abbé Troubert (*Le Curé de Tours*, t. IV, p. 205, 222), Corentin (*Les Chouans*, t. VIII, p. 1150), le Démon (*Physiologie du mariage*, t. XI, p. 906). Il est parfois lié à la situation (*La Vendetta*, t. I, p. 1076 ; *La Paix du ménage*, t. II, p. 122 ; *Les Chouans*, t. VIII, p. 1005, 966). On rencontre aussi le sardonique en liaison avec d'autres formes de raillerie, chez Maugredie (*La Peau de chagrin*, t. X, p. 258), Claude Vignon (*Béatrix*, t. II, p. 733), les Blondet, père et fils (*Le Cabinet des Antiques*, t. IV, p. 1064).

293. *Une fille d'Eve*, t. II, p. 348.
294. *Ursule Mirouët*, t. III, p. 952.
295. *La Cousine Bette*, t. VII, p. 285.
296. Par exemple, celle de Gambara (*Gambara*, t. X, p. 493).
297. Celle du meurtrier dans *La Femme de trente ans*, t. II, p. 1163.
298. Chez Francesca (*Albert Savarus*, t. I, p. 965), le commandant Hulot (*Les Chouans*, t. VIII, p. 925), Hortense Hulot (*La Cousine Bette*, t. VII, p. 270).
299. Sur la bouche de l'antiquaire se trouvent de « sinistres railleries », diaboliques, tandis que son front se rattache à la belle image du « Père Eternel » : le choix est offert à Raphaël (*La Peau de chagrin*, t. X, p. 78).
300. *L'Enfant maudit*, t. X, p. 958.
301. *La Peau de chagrin*, t. X, p. 82.

d'amères dérisions », Raphaël voit surtout qu'on le taxe de « niaiserie ».
La perception de la face cachée, de la doublure interne, de ces « amères
dérisions » est laissée par Balzac au lecteur, tandis que Raphaël, condamné
à la cécité, réduit cette amertume à l'agressive corrosion.

La conscience et le sentiment du mal et du malheur sont lisibles
dans les diverses expressions de « l'amer » dans *La Comédie humaine*[302].
Stades avancés dans une évolution morale, ce rire ou ce sourire amers
n'ont plus de la raillerie que l'enveloppe. Tout le caractère offensif à
l'égard d'autrui semble s'être ici mué dans la souffrance de l'amer savoir,
né du recul par rapport à soi et au monde. C'est ce recul qu'exprimait
le « sarcasme » de Pons ; le « sarcasme d'artiste » est un « suprême effort » :

« — Je viens de recevoir un nouveau coup de poignard dans le cœur,
répondit le bonhomme en s'appuyant sur le bras de Schmucke. Je crois
qu'il n'y a que le bon Dieu qui ait le droit de faire le bien, voilà pourquoi
tous ceux qui se mêlent de sa besogne en sont si cruellement punis.

« Ce sarcasme d'artiste fut un suprême effort de cette excellente
créature qui voulut dissiper l'effroi peint sur la figure de son ami. — *Che
le grois*, répondit simplement Schmucke »[303].

Ce sarcasme, pas plus que l'amertume, n'agresse d'aucune façon
autrui : on n'est plus dans le champ de la vraie raillerie, offensive, destructrice, haineuse, mais dans celui d'une conscience qui serait racine de
la charité. *Une ténébreuse affaire* donne la formule : « Aussi, quand l'homme
du Moyen Age se mettait en scène, Laurence en faisait-elle aussitôt, à
son insu, le niais du drame ; elle égayait ses cousins en discutant avec
Robert, en l'amenant à petits pas au beau milieu des marécages où
s'enfoncent la bêtise et l'ignorance. Elle excellait à ces mystifications
spirituelles qui, pour être parfaites, doivent laisser la victime heureuse »[304].
C'est la formule d'une agression qui ne rompt pas avec la générosité, voire
qui se commue entièrement en générosité. Le « sarcasme d'artiste » de
Pons est sur ce chemin : cela implique conquête de soi en même temps
que découverte du réel. En ce point tendent à se rejoindre les deux
grandes lignes thématiques, celle de la vérité et celle de la force. Il faut,
pour que s'accomplisse cette fusion, que mûrisse une autre force que celle
qui se déchaînait contre autrui, il faut que l'énergie se dépasse en se
dépensant dans une prise de conscience. L'amertume représente un premier stade sur ce chemin. L'ironie profonde en constitue un second.

Dans l'ironie profonde, c'est l'ironie, toujours, mais une ironie du
dedans, qui ne s'adresse plus aux autres que comme un secret à déchiffrer.
Le personnage à l'ironie profonde se met au-dessus de l'événement. Le
lecteur à son tour se trouve mené à prendre du « jeu », quel que soit le
type de son implication dans l'univers de la fiction : qu'il épouse le mou-

302. Ainsi en va-t-il de « l'amer dédain » du roi dans *Sur Catherine de Médicis*,
t. XI, p. 436 ; de la « mélancolie amère » du sourire de Benassis, *Le Médecin de campagne*,
t. IX, p. 466 ; des sourires amers de Vautrin après la mort de Lucien, *Splendeurs
et misères des courtisanes*, t. VI, p. 897, 926 ; de la « moquerie amère » du Don Juan
de Byron, *Honorine*, t. II, p. 573 ; de l'amertume du rire de Dinah, *La Muse du département*, t. IV, p. 719.

303. *Le Cousin Pons*, t. VII, p. 566-567.

304. *Une ténébreuse affaire*, t. VIII, p. 607.

vement de recul par l'envol et le survol qui est celui du personnage iro-
nisant, dans la pensée duquel il est amené à se couler par identification,
ou bien qu'il constate ce mouvement de l'extérieur, comme le personnage
interlocuteur de « l'ironiste », en restant donc, lui, lecteur, en dehors du
procès de la fiction. Par cette démarche cathartique se trouve accompli
le retrait qui alterne avec la participation, selon les moments de la lecture
du récit. L'effet suscité par l'ironie profonde est un effet de hauteur.
Ainsi se trouve réalisée une véritable sublimation des formes froides,
virulentes, corrosives, liées à l'agressivité.

En ce sublime, nous rencontrons d'abord les rois, Charles IX[305],
Louis XVIII[306]. Les amants malheureux manifestent également cette
prise de hauteur : Montriveau ou le comte de Granville[307].

Le secret est la dominante de ces ironies. C'est celui de Véronique
Graslin[308]. Henriette de Mortsauf met dans son ironie un « cruel enjouement »[309]. Quant à la « profonde ironie »[310] de Thaddée Paz, elle montre
que le titulaire de l'ironie profonde a une connaissance complète de la
situation. Aussi, au gré du temps et de l'expérience acquise au cours du
roman, l'ironie profonde peut passer d'un personnage à l'autre. Au début
des *Chouans*, Corentin, espion, possède cette ironie profonde en présence
de Mme du Gua ; à la fin, c'est Marie de Verneuil, espionne, qui la manifeste, en face de Corentin.

« ' — Ainsi, dit Mme du Gua en regardant Corentin, tu es sûr, citoyen,
que Mlle de Verneuil existe ?

— Elle existe aussi certainement en chair et en os, *madame*, que le
citoyen du Gua-Saint-Cyr.'

« Cette réponse renfermait une profonde ironie dont le secret n'était
connu que de la dame, et tout autre qu'elle en aurait été déconcerté »[311].
Le jeu de chat et de souris est le même à la fin du roman entre Corentin
et Marie de Verneuil : « 'Si le marquis a échappé à son sort...

— Cela n'a pas été votre faute, n'est-ce pas ?' répondit Mlle de Verneuil avec une ironie profonde »[312].

Là où se jouent les jeux du secret, là se retrouve la « profonde ironie ».
Les contextes variés de la « profonde ironie » dans *Eugénie Grandet*, *Une
ténébreuse affaire* ou *Le Cousin Pons* montrent que personnage, romancier
et lecteur communient dans le secret partagé, grâce à une forme d'ironie
qui exclut tous les personnages de la fable témoins aveugles de ce signe[313].

Il y a donc dans les « profondes ironies » un double jeu qui organise

305. *Sur Catherine de Médicis*, t. XI, p. 426. On peut noter que, sur à peine 200 cas
d'*ironie* que nous avons relevés, les « ironies profondes » et les « profondément ironique » sont au nombre de quelque 17.
306. *Le Lys dans la vallée*, t. IX, p. 1191.
307. Respectivement dans *La Duchesse de Langeais*, t. V, p. 961, et dans *Une
double famille*, t. II, p. 80.
308. *Le Curé de village*, t. IX, p. 845.
309. *Le Lys dans la vallée*, t. IX, p. 1156.
310. *La Fausse maîtresse*, t. II, p. 232.
311. *Les Chouans*, t. VIII, p. 979.
312. *Ibid.*, p. 1186.
313. *Eugénie Grandet*, t. III, p. 1098 ; *Une ténébreuse affaire*, t. VIII, p. 659 ;
Le Cousin Pons, t. VII, p. 682.

une comédie d'où le risible et la vraie gaieté sont absents. Mais de ce puits profond de l'ironie sort l'éclat d'une jubilation solitaire, conscience tragique.

L'ironie peut rompre cette solitude en se faisant prosélyte d'un certain cynisme. Mais ce ne peut être qu'au profit de quelques individualités, de quelques rares chapelles. On peut juger de cette transmission par les deux rires du début et les deux rires de la fin du *Contrat de mariage* : de Marsay veut convaincre Paul de Manerville de son éthique, mais sa confiance est mal placée[314]. Du reste, c'est un secret qui se galvaude en se divulguant. Les cyniques de *La Maison Nucingen* préfèrent respecter hypocritement la norme, demeurer masqués, donc éviter de rire[315].

En revanche, le rire exprime sans fard la conquête d'une conscience et marque sans réserve la fin d'un itinéraire de l'expérience lucide. L'histoire du *Colonel Chabert* tout particulièrement en témoigne[316]. Dinah de La Baudraye et le juge Popinot en sont aussi bien les phares.

Dans *La Muse du département*, Dinah de La Baudraye et Lousteau sont à égalité pour le nombre des sourires (7 chacun). Dinah rit 6 fois, tandis que Lousteau ne rit que 3 fois. Instructive est la comparaison des deux courbes respectives du sourire chez Dinah et chez Lousteau. Le temps fait s'accroître la fausseté de Lousteau[317], alors que, à l'inverse, les sourires de Dinah obéissent à un mouvement qui va de l'inconscience et du ridicule vers la conscience et la raillerie lucide[318]. Ses rires et ses sourires, pour finir, sont ceux d'une « femme supérieure désillusionnée »[319].

Dans *L'Interdiction*, la mutation de Popinot est accompagnée et amplifiée par le vecteur Bianchon et ses rires : Bianchon rit *de* Popinot[320], puis il rit *près de* lui[321], puis il rit *avec* lui[322], enfin il sourit *à cause d'*une « raillerie de bon goût » faite par Popinot[323]. Le dernier paragraphe du roman met en relief, isole et illumine de significations un dernier sourire : « En voyant M. Camusot, un juge récemment appelé d'un Tribunal du ressort à celui de Paris et qui s'avança, saluant et le juge et le Président, Popinot ne put retenir un sourire ironique »[324], qui entre en tension avec le « gracieux sourire » du marquis d'Espard[325].

Sourires ou rires de la conscience, chez Dinah de La Baudraye, Chabert ou Popinot, ouvrent au lecteur des chemins et des cheminements de conscience possibles au-delà de l'expérience finie, « définitive » des personnages.

---

314. *Le Contrat de mariage*, t. III, p. 534, 536, 642, 645.
315. *La Maison Nucingen*, t. VI, p. 333, 352.
316. Cf. *supra*, p. 198.
317. *La Muse du département*, t. IV, p. 674, 676, 680, 722, 732, 735, 745, 752, 769, 771.
318. *Ibid.*, p. 672, 719, 728, 729, 768, 784, 789.
319. *Ibid.*, p. 790.
320. *L'Interdiction*, t. III, p. 442.
321. *Ibid.*, p. 444.
322. *Ibid.*, p. 446.
323. *Ibid.*, p. 466.
324. *Ibid.*, p. 493.
325. *Ibid.*, p. 491.

La sublimation souriante ou rieuse n'est dévolue, dans *La Comédie humaine*, qu'à un petit nombre de personnages. C'est l'humour qui, en bonne logique, devrait couronner cette conscience du mal, cette liberté face au mal conquise dans l'activité d'une conscience, mais qui laisse le personnage plus ou moins passif face au monde. Or maint personnage du roman balzacien conquiert sa liberté par l'organisation, par l'action. C'est lui qui devient meneur de jeu et les références métaphoriques à Figaro et à Frontin sont nombreuses, témoignant du rôle de maître de ballet, sinon d'auteur de comédie qui est ainsi délégué à ce personnage. Sont à son service tous les artisans de la comédie, détonateurs ou coadjuteurs. Dans *Modeste Mignon*, autour de l'artisan du combat, Butscha, les rôles sont répartis entre le père de Modeste, Modeste elle-même, divers alliés ou messagers et un « détonateur », Exupère. Dans *La Rabouilleuse*, l'artisan de l'action est Desroches fils, après Desroches père ; Giroudeau et Bixiou sont des rouages importants pour l'action, mais reçoivent peu de marques rieuses. En revanche, Butscha, meneur de jeu dans la coulisse, s'inscrit dans le registre du comique : « Lorsqu'il eut grimpé dans le kiosque, et que les domestiques furent rentrés, il s'assit sur un banc de bois peint et s'abîma dans les joies de son triomphe. Il venait de jouer un homme supérieur ; il venait, non pas de lui arracher son masque, mais de lui en voir dénouer les cordons, et il riait comme un auteur à sa pièce, c'est-à-dire avec le sentiment de la valeur immense de ce *vis comica* »[326]. Une séquence rassemble, d'autre part, trois rires autour de Butscha, auteur secret d'une comédie dont il est aussi l'acteur bouffon. En lui se profile le modèle du jeu comique balzacien : conscience, dérision et création y coexistent, au profit de la Comédie et du Bien à la fois.

Cette conjonction est rare. Parmi les personnages dont la force triomphe à force d'intrigue, on ne voit guère régner l'heureuse allégresse du jeu. Goupil, du Châtelet, Petit-Claud, du Tillet, Fraisier, Vinet, de La Baudraye et, mieux encore, Vautrin ourdissent, manœuvrent, agencent, tirent les fils, les nouent ou les dénouent, le plus souvent à leur profit, et plus souvent au service du Mal que du Bien.

On peut observer Vautrin. Mystère du personnage dominateur, supériorité de la moquerie et de la mystification, plaisir de l'activité, les trois éléments de la conscience active et rieuse sont présents dans son « malicieux sourire »[327]. A la fin de *Splendeurs et misères* intervient un sourire qui est à la fois le dernier sourire du roman et le dernier sourire de Vautrin, et qui dit la position de force : « Il se mit à sourire superbement »[328]. Mais, avant toute chose, Vautrin est le maître de la comédie ; il est le « Figaro de la justice »[329]. Comme acteur, Camusot a intimement reconnu sa maîtrise : « « — Si c'est Jacques Collin, c'est un bien grand comédien !..., pensait Camusot »[330]. Maître en intrigue, champion de la péripétie, expert en comique, c'est ainsi que Balzac confie à Vautrin lui-même le soin de se

326. *Modeste Mignon*, t. I, p. 673. « *Vis comica* » a remplacé dans *Furne* le « précieux comique » du manuscrit.
327. *Illusions perdues*, t. V, p. 699 ; voir aussi p. 691, 698, 707.
328. *Splendeurs et misères des courtisanes*, t. VI, p. 934.
329. *Ibid.*, p. 912.
330. *Ibid.*, p. 749.

définir : « Pour mon début dans le comique, je fais retrouver à la Cigogne quatre cent mille francs du vol Crottat, et les coupables. J'ai l'air d'éclaircir l'assassinat de Nanterre. Nous retrouvons notre *aubert* et nous sommes au cœur de la Raille ! Nous étions le gibier, et nous devenons les chasseurs, voilà tout. [...] »[331]. Auteur comique, Jacques Collin pratique l'art du renversement et les sourires en témoignent, pas toujours clairs pour les acteurs de la fable, mais lumineux pour le lecteur. Le personnage d'auteur comique crée le lecteur comme spectateur en lui donnant toute la jouissance de détecter et de voir en marche tous les rouages de la mécanique.

Mais, à la fin des métamorphoses qu'ordonne et que réalise ce Protée, le lecteur est saisi d'un étrange sentiment de solitude, de mécanique tournant à vide. Le démiurge de la comédie, comme Scapin à la fin des *Fourberies*, et aussi comme maint narrateur à la fois disert et floué dans *La Comédie humaine*[332], se retrouve sans existence personnelle. Vautrin-Jacques Collin « débute dans le comique », devient le « Figaro de la justice » au moment où a disparu pour lui toute possibilité de « vie heureuse », où il n'a « plus de cœur »[333], proclamant que « la réalité, c'est l'idée ». Mais ce n'est pas le dernier mot de la Comédie. C'est la leçon du « froid railleur », qui n'est pas converti à la leçon spécifique du jeu comique, inventif et joyeux. Au-delà de l'idée, il faut que la joie d'inventer, l'ouverture joueuse à la création et à la question sans fin l'emportent sur la seule joie de réussir et sur la douleur d'échouer.

331. *Ibid.*, p. 913.
332. C'est le cas du narrateur dans *Sarrasine*, de Gaudissart dans *L'Illustre Gaudissart* et de Félix de Vandenesse dans *Le Lys dans la vallée.*
333. *Splendeurs et misères des courtisanes*, t. VI, p. 934.

CHAPITRE III

LE JEU POUR LE JEU

Dans toutes ses fonctions littéraires : fonction de narration, fonction critique ou fonction imaginaire, le rire écrit dans le roman la relation, relation de l'individu avec la société, relations interpersonnelles, relation de l'homme avec soi-même. Sont ainsi mises à nu diverses mythologies de la société ambiante : montrer ou cacher, dominer ou subir, se grouper ou s'isoler, imiter ou inventer, bref, tout ce qui « s'écrit » dans la société et que le roman propose au lecteur, dans la mesure où le roman est une « écriture de la socialité »[1].

Or les diverses actions rieuses de *La Comédie humaine* mènent le lecteur au sentiment de l'ambivalence. Un double mouvement se perçoit dans un grand nombre de rires : mouvement d'engagement et mouvement de dégagement, laisser-aller et contrôle, dépense et épargne. Mouvements qui prolongent chez le lecteur ceux qu'il imagine chez les personnages. Pour que naisse le sentiment du comique, il faut que se manifeste la capacité de se dissocier, au moins partiellement, de l'expérience vécue : « Ce détachement relatif est sans nul doute une condition préalable à l'appréciation du comique »[2]. Comment se manifestent, dans le texte et à partir du texte de *La Comédie humaine*, cette gratuité et cette autonomie du rire, nées du désengagement ? Où perçoit-on l'alliage de plaisir et de liberté qui accomplit le rire ? L'aire du jeu est très étroite, nécessairement bordée par l'angoisse, que le rire cache et maîtrise ; parfois débordée par le trop grand plaisir pris à faire le mal, que le rire doit dépasser sans l'annuler ; rétrécie par le bonheur, trop candide pour conserver au rire son piquant et sa saveur. Autonome, ambivalent, créateur, le rire du jeu, du jeu pour le jeu, éclate à tout moment dans *La Comédie humaine*.

I. L'AUTONOMIE DU JEU

C'est la distance qui fonde le jeu, mais pas n'importe quelle distance. Il y faut cette distance esthétique à mi-chemin entre la « sous-distance » et la « sur-distance »[3]. Le roman balzacien permet souvent de se situer en ce point optimal du jeu, hors de tout « empoissement » dans l'illusion, mais évitant tout décollage sans participation.

---

1. Claude DUCHET, Une écriture de la socialité, *Poétique* nº 16, 1973, p. 446-454.
2. Ernst KRIS, *Psychanalyse de l'art*, p. 257.
3. Terminologie d'E. BULLOUGH, que cite Ernst KRIS, *op. cit.*, p. 55.

Le jeu comme distance

Le rire, dans la fable, intervient souvent comme déconnecteur : il place les personnages hors de l'histoire, comme témoins, spectateurs, conteurs ; il les rapproche ainsi du plan romancier-narrateur[4] et les personnages rieurs deviennent plus ou moins les substituts de ce dernier, artiste qui place son œuvre à une certaine distance. Jouent ce rôle les rires respectifs de Bianchon et de Rastignac au début de *L'Interdiction*[5], non pas seulement contrepoint d'une histoire pathétique, mais éclairage privilégié pour l'ensemble du roman. De même, le rire et le sourire respectifs de Blondet et de son père, à l'ouverture et à la clôture du roman, allument les lueurs du détachement qui signalent et balisent le récit du *Cabinet des Antiques*[6]. Mais les premières pages du *Cousin Pons* méritent plus encore attention.

On connaît l'*incipit* du dernier grand roman de Balzac : « Vers trois heures de l'après-midi, dans le mois d'octobre de l'année 1844, un homme âgé d'une soixantaine d'années, mais à qui tout le monde eût donné plus que cet âge, allait le long du boulevard des Italiens, le nez à la piste, les lèvres papelardes, comme un négociant qui vient de conclure une excellente affaire, ou comme un garçon content de lui-même au sortir d'un boudoir »[7]. Si l'on n'entrait pas dans l'histoire de Pons, si l'on gardait le personnage à distance comme les badauds de Paris le font, transformant les passants en « comédiens sans le savoir », en « Hyacinthes sans le savoir »[8], tout resterait un jeu, rien n'aurait le sérieux ni le tragique de la vie. Ce sont alors des *Comédies qu'on peut voir gratis*, titre auquel avait songé Balzac[9] et dont le début du *Cousin Pons* se fait l'écho. Comédiens sans le savoir et spectateurs non payants vont de pair. Or ce spectacle et ces spectateurs, ce théâtre comique, ne peuvent exister qu'à une seule condition : la distance. « En apercevant *de loin* ce vieillard, les personnes qui sont là tous les jours assises sur des chaises, livrées au plaisir d'analyser les passants, laissaient toutes poindre dans leurs physionomies ce sourire particulier aux gens de Paris, et qui dit tant de choses ironiques, moqueuses ou compatissantes [...] »[10]. Balzac précise que le propre de ces acteurs de la rue, c'est d' « exciter le rire *à distance* »[11]. Ce qui interdit le rire, c'est la perception de l'individu, telle que l'impose le regard du personnage : « La mélancolie excessive qui débordait par les yeux pâles de ce pauvre homme atteignait le moqueur et lui glaçait la plaisanterie sur les lèvres »[12]. C'est l'imagination de cet individu dans sa vie privée

4. Cf. l'opposition que signale Gérard GENETTE entre le temps de l'histoire, *erzälte Zeit*, et le temps du récit, *Erzählzeit*, terminologie reprise à Gunther MÜLLER (*Figures III*, p. 77).

5. *L'Interdiction*, t. III, p. 426.

6. *Le Cabinet des Antiques*, t. IV, p. 975, 1096.

7. *Le Cousin Pons*, t. VII, p. 483.

8. *Ibid.*

9. Titre signalé par Anne-Marie MEININGER pour *Les Comédiens sans le savoir*, *ibid.*, p. 1125, 1130, 1672, 1673.

10. *Ibid.*, p. 483. C'est nous qui soulignons.

11. *Ibid.*, p. 484. C'est nous qui soulignons.

12. *Ibid.*, p. 485.

qui provoque à la sympathie, ennemie du rire : « On pensait aussitôt que
la nature avait interdit à ce bonhomme d'exprimer la tendresse, sous peine
de faire rire une femme ou de l'affliger. Le Français se tait devant le
malheur, qui lui paraît le plus cruel de tous les malheurs : ne pouvoir
plaire ! »[13]. Telle est l'explication du fait que « cette laideur, poussée tout
au comique, n'excitait cependant point le rire »[14]. Spectacle, jeu et comique
ne sont possibles que dans l'effet de distance créé par l'ouverture du roman,
effet à tout instant révocable, dès cette ouverture même, à plus forte
raison dans la suite du roman, dès que la « scène » se sera déplacée, de
la rue vers la vie privée, vers l'individu et l'intime.

Doit-on conclure de cet effet comique lié à la distance que toute théorie
se trompe qui privilégie la proximité dans la recherche des conditions
nécessaires à la formation du comique ? Faut-il, par exemple, infirmer
le propos bakhtinien ? Bakhtine cependant était formel : « Une figure
vue de loin ne peut être comique ; il faut absolument la rapprocher pour
la rendre comique. Tout ce qui est comique est proche. Toute œuvre
comique fonctionne dans une zone de proximité maximale »[15]. Le texte
de l'introduction du *Cousin Pons* n'est pas moins formel : il s'agit bien
d' « exciter le rire à distance ».

Cette confrontation est précieuse, car elle nous permet de préciser
notre concept de *distance*. Il est impossible de conserver telle quelle
l'idée exprimée par Bakhtine : elle est démentie par le texte du *Cousin
Pons*. Cependant, il est vrai que des conditions autres que la distance
sont nécessaires pour que rire ou sourire soient possibles. Une certaine
familiarité doit exister entre le spectateur et le spectacle, sans laquelle le
spectateur serait incapable de décoder les signes qui s'offrent à lui : le
badaud parisien, pour rire, doit comprendre, il doit reconnaître. L'étrangeté, l'écart, la distance ne suffisent pas. Il faut avoir des souvenirs et
une certaine idée de l'Empire pour voir en Pons un « homme-Empire,
comme on dit un meuble-Empire »[16]. Le texte est parfaitement explicite :
« Il ne symbolisait l'Empire que pour ceux à qui cette magnifique et
grandiose époque est connue, au moins *de visu* ; car il exigeait une certaine
fidélité de souvenirs quant aux modes. L'Empire est déjà si loin de nous,
que tout le monde ne peut pas se le figurer dans sa réalité gallo-grecque. »
La distance qu'impose ici le temps (« déjà si loin de nous ») est atténuée
par le souvenir, qui rapproche, fait comprendre, permet le rire. Autre
condition pour que puisse naître le rire, il faut de « hautes curiosités
vivantes »[17], une de « ces énormités à crever les yeux, comme on dit, et
que les acteurs recherchent pour assurer le succès de leurs *entrées* »[18].
« Haute curiosité » ou « énormité » témoignent de la nécessité du grossissement, qui rapproche. Rien de tel, pour assurer cette opération, que le
type et, mieux encore, sans doute, le stéréotype. Ceux qui font rire sur la
place de Paris, ce sont ces « Hyacinthes sans le savoir qui gardent sur

13. *Le Cousin Pons*, t. VII, p. 485.
14. *Ibid.*
15. Mikhaïl BAKHTINE, *Esthétique et théorie du roman*, p. 458.
16. *Le Cousin Pons*, t. VII, p. 484.
17. *Ibid.*, p. 483.
18. *Ibid.*, p. 484.

eux tous les ridicules d'un temps », qui sont « comme la personnification de toute une époque »[19]. Ceux qui vous arrachent ainsi une « bouffée de gaieté », ce sont des *types*. Mieux encore peut-être si ce sont des *stéréotypes*, si l'on est en mesure de donner à cet inconnu une étiquette, prise au rayon des « mythologies » de l'époque. Balzac commence son roman en recourant, pour son compte de narrateur, à cette typisation, en appliquant à Pons les comparaisons que les spectateurs de la « comédie gratis » devaient lui appliquer pour le faire entrer dans la comédie : « Vers trois heures de l'après-midi [...] comme un négociant qui vient de conclure une excellente affaire, ou comme un garçon content de lui-même au sortir d'un boudoir. » Clichés qui ont une fonction narrative, puisqu'ils nomment Pons, qu'ils l'étiquettent d'une façon erronée, très vite démentie par le roman. Etiquettes « comiques », permettant le rire, et que le roman va annuler, roman peu comique. Paradoxe : ce qui aurait permis, selon les normes psychosociologiques du moment, de le ranger permi les sujets d'amusement, le fait d'être un artiste et, qui plus est, « un grand prix, l'auteur de la première cantate couronnée à l'institut, lors du rétablissement de l'Académie de Rome [...] »[20], cela passe inaperçu, dit le roman. « D'après le galbe de cet homme osseux, et malgré son hardi spencer, vous l'eussiez difficilement classé parmi les artistes parisiens, nature de convention dont le privilège, assez semblable à celui du gamin de Paris, est de réveiller dans les imaginations bourgeoises les jovialités les plus mirobolantes, puisqu'on a remis en honneur ce vieux mot drolatique »[21].

Au total, Pons n'est comique que vu de loin : la distance permet le jeu en abolissant la sympathie, le sentiment qui vont à l'individu. Mais, une fois caché ou annulé le détail qui individualise, une opération de rapprochement se fait jour, celle qui assure le grossissement du détail typique et la familiarité du stéréotype. La distance qui se révèle comme nécessaire au comique dans le cas du cousin Pons n'est pas celle dont parle Bakhtine, ou du moins sa traduction française. La distance, chez Bakhtine, est « la distance épique », c'est celle du respect, dont le comique dénonce l'éventuelle mystification. La fonction comique étant de démystifier, il faut abolir la distance, qui mystifie. « Au fond, il s'agit de démystifier, de dégager l'objet du plan lointain ; c'est l'abolition de la distance épique, la prise d'assaut et la destruction du plan éloigné en général. Dans ce plan (du rire), on peut faire irrespectueusement le tour de l'objet. Mieux : le dos, le derrière (et aussi les tripes, qu'il ne convient pas de montrer) prennent un sens singulier. L'objet est décortiqué, dénudé (dépouillé de sa parure hiérarchique). Nu, il est ridicule, comme aussi ses vêtements séparés de sa personne, « vides ». C'est l'opération comique du *démembrement* »[22].

Mais il n'y a pas de distance en soi, comme Bakhtine semble le suggérer en ce propos trop généralisateur. Il y a toujours à la fois distance et proximité : les catégories de distance et de proximité sont déterminées

19. *Ibid.*
20. *Ibid.*, p. 487.
21. *Ibid.*
22. Mikhaïl Bakhtine, *op. cit.*, p. 458.

dans leur spécificité par le contexte où le romancier les fait jouer. C'est l'une des originalités de Balzac que la mobilité qui fait passer d'un registre à l'autre. Ainsi *Le Cousin Pons* ne se contente pas d'utiliser l'effet de distance pour susciter un Pons « comique », il met aussi en route certains effets de rapprochement. Pons est comique comme type, défini par l'artiste comme vérité d'époque, dans le lointain de la scène urbaine et dans la proximité de l'analyse. Il est aussi comique comme stéréotype, selon une distance adoptée un instant par le narrateur et une proximité, celle des stéréotypes, qui n'est adoptée par le narrateur que pour être très vite récusée. L'effet de distance peut donc jouer non seulement dans la fable, mais encore dans le plan de la narration par adhésion, puis distanciation par rapport à cette adhésion. S'il n'y a pas jeu déclaré dans le figuratif, un autre jeu prend naissance, dans les variations d'un registre et d'un mode à l'autre. Ne parlons pas des effets de contre-champ créés par les évocations du sourire de Pons ou du rire qu'aurait suscité Pons chez la femme à laquelle il aurait déclaré sa tendresse[23]. Mais toutes les variations de la présentation de Pons au début du roman imposent l'écriture romanesque comme un jeu de diverses distances et de diverses proximités dont la totalité constitue le roman. Pons vu par « tout le monde », comique à condition d'entrer dans le moule des divers stéréotypes ; Pons « homme-Empire », type que sont seuls capables d'identifier ceux qui sont à la fois sensibles à la distance et assez familiarisés avec le sujet de l'observation, « les observateurs », « les connaisseurs en flânerie » ; Pons enfin « glaç[ant] la plaisanterie sur les lèvres », celui que va exposer le romancier dans l'histoire tragique qui va suivre.

La distance comique sera représentée une seule autre fois dans le roman, comme une sorte de point de fuite, dans une séquence de 5 rires, que l'on pourrait appeler la séquence Gaudissard[24]. Séquence qui constitue la réapparition de la thématique du théâtre, en même temps que la réapparition du rire. Près de Gaudissard figurent, en ce théâtre de boulevard, Héloïse Brisetout et Topinard, ce Topinard que l'on retrouve à l'avant-dernier paragraphe du roman, « devenu sombre, misanthrope, et parl(ant) peu ». Le tragique de la vie, tel que la fin de Pons et de Schmucke a pu le lui faire apprécier, a eu raison de l'esprit du jeu, a aboli la distance qui se perpétue autour de Topinard : « Les mauvais plaisants du théâtre prétendent que son chagrin vient d'avoir épousé Lolotte »[25]. Distance humoristique que Balzac perpétue lui aussi par là même. C'est l'esprit du théâtre, de la comédie, capable d'échapper aux compromissions et aux catastrophes de la vie sociale : « Peut-être trouvera-t-on singulier que la seule âme digne de Pons se soit trouvée dans le troisième dessous d'un théâtre des boulevards. » Pons était apparu au lecteur sur ces boulevards devenus théâtre avant que trouve sa place dans l'histoire un théâtre de boulevard. Ce n'est là qu'une sorte de contrepoint dans un récit pathétique, qui a refusé le plus souvent le jeu et sa distance pour adopter le tragique et sa vision rapprochée des catastrophes. On pourrait

23. Cf. *infra*, in « Jeu et double jeu », p. 248.
24. *Le Cousin Pons*, t. VII, p. 650-653.
25. *Ibid.*, p. 765.

cependant adopter pour l'ensemble du roman la vision du monde, le
recul comique que propose le cousin Pons peu avant sa mort, prenant
« gaiement son parti, comme un joyeux artiste »[26].

Dépassements, outrepassements et replis

Le rire, intérieur à la fable, peut en effet devenir mode d'emploi
pour l'ensemble du roman, grâce aux éclats, à l'excès, à la distance en
quelque sorte infinie qu'il suggère de prendre par rapport à la surface
des choses. L'insolite et la puissance d'un seul rire, central, donnent
une clé de lecture pour l'ensemble de *La Fausse Maîtresse*. La lettre de
Malaga, par son grotesque, fait découvrir à Thaddée Paz le comble de la
petitesse : à la lecture de la lettre, il éclate de rire[27]. L'éclat de rire surgit
devant l'énorme : énorme dérision qui dépasse tout, même l'amertume,
même l'ironie. Il y a de l'infini dans ce rire, énorme devant l'énorme.

Les personnages de courtisanes, d'artistes, d'aristocrates, constants
animateurs d'une fête de la dérision, de la fête insouciante, donnent
souvent eux aussi une clé de lecture. Premiers témoins, les membres
de la société féminine qui entoure Florine « la rieuse »[28] et sa « foi robuste »[29],
héroïnes du « sans-souci »[30] et de « la vie en l'air »[31]. Florentine et Fanny
Beaupré brillent par leurs « lazzis »[32]. Vedettes de la dérision joyeuse, dans
La Rabouilleuse, Max Gilet et Flore Brazier sont les héros du rire en
même temps que les victimes du destin : jeux shakespeariens du rire,
du mal et du hasard, qui s'entremêlent sur un rythme endiablé.

Mais la palme du jeu dans la dérision revient sans partage à Valérie
Marneffe. Avec elle, se trouvent dépassés, non seulement l'intérêt, mais le
Mal, qu'elle pratique sans mesure, dans un comble de dérision infernale.
De l'absolu du mal naît, grâce à elle, l'idée d'une gratuité qui est celle du
jeu[33].

Dans *La Cousine Bette*, Valérie est la seule à intégrer sans contradiction
son rire à son action et son action à son rire, d'une manière qui abolit
tout à fait la distinction entre forme et contenu, entre efficacité et jeu.
Chez un Crevel, la dissociation est patente : il éclate de rire aux « vulgaires
et ignobles plaisanteries » qu'il fait sur Marneffe[34], il bouffonne sur la
cousine Bette, « la vierge sage »[35], cependant que, pour ses affaires, il se

26. *Le Cousin Pons*, t. VII, p. 696.
27. *La Fausse Maîtresse*, t. II, p. 229.
28. *Une fille d'Eve*, t. II, p. 326.
29. *Ibid.*, p. 316.
30. *Ibid.*, p. 319.
31. *Ibid.*, p. 316.
32. *Un début dans la vie*, t. I, p. 866.
33. Au long de notre développement sur le ludique comme « jeu pour le jeu », c'est toujours cette gratuité qui est mise en relief et, pour le moins, un couronnement d'inutilité. Parmi les sens du « jeu », tels que les analyse Harvey Cox dans *La séduction de l'esprit* (p. 296), c'est le troisième que nous retenons (« activité inutile »). Les deux premiers (le jeu comme « se moquer de » et le jeu comme « faire croire ») ont été traités déjà par nous et ne nous paraissent être « jeu » que si le sens 3 est plus ou moins présent.
34. *La Cousine Bette*, t. VII, p. 224.
35. *Ibid.*, p. 393.

conduit sans rire, intéressé et plein d'appétits. Il est risible presque toujours, drôle jamais. Chez la cousine Bette, on repère des dons pour la satire et elle n'a pas besoin de Valérie pour faire des choses drôles et en dire de caustiques et d'épigrammatiques. Mais pour jouir en spectateur amusé de ses propres effets, du « tour piquant » qu'elle donnait à ses idées, elle doit recevoir la communication du génie rieur de Valérie. Les quatre rires de Bette interviennent en présence de Valérie[36] ou en même temps que ceux de Valérie[37]. C'est avec Valérie ou près d'elle qu'elle vient rire.

Pourtant, à la fin de *La Cousine Bette*, Valérie Marneffe trahit son personnage, ment à sa vocation : elle perd à la fois le panache et la malignité ; elle n'a plus la gratuité que le mauvais esprit infusait précédemment à ses rires, et c'est ce qui la perd. Montès devine l'intérêt qu'elle prend à l'argent : « — Quatre-vingt mille francs de rente ! dit-elle avec un enthousiasme à demi comique »[38]. Cet « enthousiasme » n'est pas entièrement joué. Au lieu de le jouer avec son habituel talent de comédienne et de convaincre par le plaisir que pourrait susciter son jeu, elle apparaît comme bourgeoise, intéressée, mesquine ; son enthousiasme n'est qu'à demi comique, parce qu'elle n'est plus qu'à demi comédienne. Valérie ne retrouve son génie, mis au service du bien, mais fidèle à sa dérision d'autrefois, que dans sa dernière réplique : « Oui, il faut que je *fasse le bon Dieu* ! — Voilà le dernier mot de ma pauvre Valérie, je la retrouve ! dit Lisbeth en pleurant »[39]. Ce n'est pas tout à fait vrai ; il y a dans ce mot une ambivalence que Lisbeth ne perçoit pas. Il y aurait plutôt une garantie d'authenticité dans le fait que Valérie recourt à son langage habituel ; mais détourné peut-être de son sens d'hier, pour une aube nouvelle qui ne luira pas pour Bette.

Le couronnement de la moquerie et de la dérision, en même temps que leur dépassement, consiste à faire porter la raillerie sur soi-même aussi bien, et même plus que sur les autres. Le dépassement peut s'opérer dans le repli.

Il y a bien des degrés, et même des ordres bien tranchés, d'un mode de repli à l'autre, du repli léger, éventuellement atrabilaire, jusqu'au grand repli méditatif et gai qui permet de passer de la sagesse jusqu'à une sorte de sainteté rieuse.

Sur ce sommet se trouvent les « spirituels », les « grandes âmes », comme Camille Maupin, alias Félicité des Touches, capables de se dépasser elles-mêmes dans le sacrifice. Camille Maupin a le bout du nez mobile qui dit « l'ironie des grandes âmes »[40]. Chez elle, tout esprit de sérieux est impossible. Pas de grande âme sans cet arrachement généreux à soi-même, sublime parce qu'il connaît la cendre, parce que fondé sur la connaissance de son propre néant.

En dessous viennent ceux qui, forts de leur expérience du néant, ne peuvent réussir que leur raillerie. A leur tête, Bixiou, le « misanthrope

36. *La Cousine Bette*, t. VII, p. 201.
37. *Ibid.*, p. 200, 275, 337.
38. *Ibid.*, p. 421.
39. *Ibid.*, p. 433.
40. *Béatrix*, t. II, p. 695.

bouffon », dont le mérite essentiel est que « quand il ne raille pas les autres, il se moque de lui-même »[41]. Blondet, Finot, Couture appartiennent à ce groupe qui, sans atteindre à la réussite spirituelle des précédents, ni à la réussite sociale, a conquis une certaine réussite morale. Un Nathan pourrait être rattaché à ce groupe, parce que, bien que « se mentant à lui-même », bien que faisant partie des gens « nés comédiens, vantards [...] », il est de ceux qui « riront peut-être d'eux-mêmes », selon la formule prêtée à Félicité[42]. Ce qui est impossible à un Conti. Quant à Raphaël de Valentin, il dit bien : « je me suis moqué de moi », mais il manque à ce rire sur soi d'être une conversion et non une attitude momentanée, il lui manque une franche gaieté qui l'arracherait à la complaisance et à l'esprit de sérieux[43].

Au degré le plus bas de l'échelle du jeu, les cyniques comme de Marsay, qui font de la moquerie de soi une sorte de prolégomène à toute réussite sociale. On doit se rappeler ce qui fonde cette philosophie pratique : « Bien ! Paul. Si tu continues à te moquer de toi-même, tu pourras bientôt te moquer de tout le monde »[44].

La distance, par dépassement, outrepassement ou repli, est fondatrice du jeu. Quelle que soit la forme rieuse, raillerie, sarcasme ou épigramme, on ne repère le rire ludique que si le plaisir principal apparaît comme étant celui de la gratuité et du détachement.

La pratique du jeu : les exemples de la parodie et de la blague

Ces marques de désinvestissement sont très nombreuses dans *La Comédie humaine*, car on peut les découvrir dans la mystification, dans la farce, ou dans la *gausserie*, dans la blague ou dans le *bluff*, dans la charge et dans ses dérivés *pastiche* et *parodie*, opérations abondamment représentées dans le roman balzacien[45]. La mystification justifie d'autant mieux son appartenance au jeu qu'elle est une « mystification de pensée »[46], qu'elle a alors recours au Verbe, au verbe mensonger, aux « gausses »[47] : le mystificateur se fait conteur et, comme lui, il est un *furbo*, à la fois acteur et auteur, figure de la création littéraire s'adressant comme mystification à l'éventuel lecteur. La farce ne devient vraiment jeu que si elle communique, au-delà du mauvais esprit qui l'anime, le sentiment de jouissance joyeuse de voir la marionnette humaine se prêter si bien

41. *La Maison Nucingen*, t. VI, p. 354.
42. *Béatrix*, t. II, p. 718.
43. *La Peau de chagrin*, t. X, p. 143.
44. *La Fille aux yeux d'or*, t. V, p. 1095.
45. Notons que 45 mots « mystifié » ou « mystification » ont été relevés, jamais en italique ; une soixantaine de « farce » et « farceur », sans italique ; une trentaine de « charge », dont à peine la moitié en italique ; une trentaine de « blague », « blaguer », « blagueur » dont 23 occurrences sont en italique. « Blague » et « charge », mais surtout « blague » sont donc des mots encore spécialisés et de couleur argotique qui introduisent dans le texte du roman des effets de décalage, d'écart et de relief.
46. *Béatrix*, t. II, p. 725.
47. *Un début dans la vie*, t. I, p. 820.

aux inventions du farceur : Diane de Maufrigneuse, elle-même amateur de farces « à demi obscènes et populacières »[48], Gobseck ou Bixiou en sont les héros. La charge, bien que le mot émigre souvent loin de ses origines artistes, porte la marque ludique de cette origine : la mimique, la gestuelle font que la charge se rapproche souvent du langage scénique. Mais c'est encore dans pastiche et parodie, d'une part, dans la blague, d'autre part, que le jeu trouve son expression la plus spécifique, la plus apte à faire franchir au lecteur de *La Comédie humaine* la barre de la représentation, à faire de ce jeu une écriture communicative.

● *Pastiche et parodie*

S'il s'agit d'un pastiche littéraire auquel se livre un personnage du roman, se trouve posé le problème du relais. Si le pastiche est réussi, auteur et personnage se fondent dans le talent du pasticheur. Ainsi Balzac et Nathan abolissent leur différence, lorsque Nathan se met à « parler le Sainte-Beuve » et le fait avec talent. C'est du Sainte-Beuve à s'y méprendre et Nathan devient Balzac à s'y méprendre[49]. Ce don du pastiche fait perdre à Nathan sa réalité de personnage pour donner sans écran la vedette à Balzac. La réalité du pastiche réussi tue la fiction du pasticheur-relais.

Plutôt qu'aux pastiches, c'est aux parodies que se livrent fréquemment les personnages de *La Comédie humaine*. A partir du moment où le pastiche est comique, c'est-à-dire révèle clairement sa qualité de pastiche et montre non moins clairement sa volonté de faire rire, il mérite plutôt le nom de parodie[50].

Dans la société urbaine, entre 1815 et 1845, plusieurs milieux ont un discours qui se pare de culture, mais de culture au rabais, généralement sous forme de citations, celles-ci étant plus ou moins conscientes et plus ou moins maîtrisées. Balzac fait jouer à la fois la prétention généralisée et la dégradation non moins générale des textes cités, intégrés dans le langage commun. Ce double processus apparaît dans le discours citationnel à tonalité parodique que Balzac donne à ses personnages. Trois groupes sont décelables : la parodie consciente, la parodie tribale et la parodie ironisante.

— *La parodie consciente :*

Lorsque la parodie est donnée comme intentionnelle, dans un groupe de gens avertis, il y a connivence dans l'effet parodique de la citation. Ce groupe recrute surtout parmi les artistes, dandys et milieux du spectacle, dans la *fashion* parisienne. Ainsi, de Marsay, Rubempré et Rastignac « se regardèrent et dirent d'un air profond le mot de l'abbé dans *Les Marrons du feu* d'Alfred de Musset, dont les *Contes d'Espagne et d'Italie*

---

48. *Le Cabinet des Antiques*, t. IV, p. 1021.
49. *Un prince de la bohème*, t. VII, p. 812-814.
50. Nous appelons « parodie » ce que Jean MILLY a classé comme la quatrième des fonctions constitutives du pastiche : la fonction *conative* selon Jakobson, « qui vise à faire rire ou sourire le lecteur » (*Les pastiches de Proust*, p. 25).

venaient de paraître : 'Triste' »[51]. Blondet achève la « leçon » donnée par de Marsay à Savinien de Portenduère « par cette traduction d'un vers de La Fontaine :

Le Monde vend très cher ce qu'on pense qu'il donne »[52].

De Marsay, à son tour, met en garde Savinien « en déclamant (un) vers de Corneille » :

« *Nous avons vu tomber de plus illustres têtes !* »[53].

La citation littéraire, souvent empruntée aux classiques, s'accompagne généralement comme ici (« déclamant ») d'une mimique « comique ». Ce que nous avons appelé « pédagogie par la dérision »[54] joue à plein ici. La formulation parodique ne signifie pas que le contenu des propos ne doit pas être pris au sérieux. Au contraire : le jeu qui accompagne la leçon fait la part essentielle du message. Ce que Savinien de Portenduère ne comprend pas : « Au lieu de réfléchir à ce que les plus habiles pilotes de l'archipel parisien lui disaient de sensé, Savinien n'y vit que des plaisanteries »[55]. Faute de distinguer « sérieux » et « esprit de sérieux », Savinien demeure exclu de la confrérie bien soudée des dériseurs. Initiés en revanche et faisant cause commune en une « parodie du serment des trois Suisses »[56], un peintre, un homme de lettres et un artiste. Amer savoir et gai savoir sont ici indissociables ; encore faut-il être initié. Hulot, qui ne l'est pas, se méprend tout d'abord sur les intentions de Josépha : en accueillant Hulot, celle-ci « se posa tragiquement et dit :

C'est Vénus tout entière à sa proie attachée.

'Et voilà' ajouta-t-elle en pirouettant »[57]. La mimique redouble et charge le caractère tragique de la citation (« tragiquement »), puis lui oppose le démenti d'une pirouette. Hulot peut alors comprendre que la décision de Josépha n'est pas, comme il l'avait cru d'abord, une fin de non-recevoir[58]. Le « Vice » l'absout, lui sourit, lui manifeste même un véritable amour-charité « en essayant pour première aumône de distraire Hulot dont la douleur la navrait »[59].

---

51. *Ursule Mirouët*, t. III, p. 865.
52. *Ibid.*, p. 862. Madeleine FARGEAUD précise (n. 3) que c'est la traduction assez approximative de deux vers de *Philémon et Baucis*. La Fontaine dit du sage :

« *Il lit au front de ceux qu'un vain luxe environne*
Que la Fortune vend ce qu'on croit qu'elle donne. »

53. *Ibid.*, p. 863.
54. Cf. Maurice MÉNARD, art. cit., *AB 1970*, p. 298.
55. *Ursule Mirouët*, t. III, p. 862.
56. *Les Martyrs ignorés*, t. XII, p. 732.
57. *La Cousine Bette*, t. VII, p. 358.
58. A la plaisanterie de Josépha (« Pauvre vieux ! c'est bien des sans ! es-tu aussi sans-culotte ? »), Hulot avait réagi par un contresens : « Tu ris, je suis perdu ! s'écria le baron » (*ibid.*, p. 357-358).
59. La citation d'un classique, accompagnée d'une « pose », est fréquente chez lorettes, danseuses, chanteuses.

Dans ces exemples de citations « conscientes », la citation était exacte ou, du moins, donnée comme telle. C'est le contexte, en particulier la mimique qui l'accompagne, qui lui a donné sa valeur joueuse. Le jeu peut naître de la citation elle-même, déformée, détournée de son sens sérieux. La mimique et la déformation du texte se renforcent éventuellement. Ainsi Josépha devant Adeline Hulot : « Elle se posa tragiquement et dit : '*On vous appelle Hulot ! je ne vous connais plus !*'... »[60]. Le « On vous appelle Hulot », au lieu de « Albe vous a nommé », suffirait sans doute à créer le comique ; la « pose » charge comiquement la parodie de cet à-peu-près citationnel. Balzac procède lui aussi pour son compte à l'à-peu-près, sorte d'écho de ses personnages, et *vice versa* : « Aussi doit-on se dire, en travestissant Voltaire :

> *Le fait-Paris n'est pas ce qu'un vain peuple pense* »[61].

Circulation plaisante, entre le texte des dialogues et celui de la narration. L'effet se démultiplie encore lorsque l'usage de la citation parodiée émigre de Balzac lui-même à l'un de ses personnages. Il en va ainsi de l'à-peu-près de Mme Schontz faisant à Maxime de Trailles le compte rendu de ses entreprises :

> « *Voilà, mon cher Maxime, à quel point nous en sommes...* »[62].

Balzac aimait citer ce vers de *Cinna* (acte I, scène III), en l'adaptant aux circonstances[63].

Une mention particulière doit être faite, encore une fois, de Crevel. Celui-ci, peu de jours avant sa mort, cite *Bajazet* :

> « *... Cet esclave est venu,*
> *Il a montré son ordre, et n'a rien obtenu* »[64].

Citation exacte, accompagnée d'une mimique théâtrale et suivie de divers calembours. Crevel joue, à l'intention de ses enfants, la force d'âme enjouée, conforme à ses modèles, esprits forts, stoïciens, rieurs. Il tente d' « imiter » le « grand Montesquieu » jouant Racine dans une version Voltaire et endosse le « rôle » des aristocrates, artistes, actrices, avec un « sang-froid comique »[65] : avec sa citation et ses poses, il ne fait que la caricature du rôle. C'est un hommage que Balzac fait rendre par la bêtise à l'intelligence rieuse. Au troisième degré, cela devient quand même de la force d'âme, ce que pressent vaguement Hulot fils. La caricature du jeu par l'esprit de sérieux, maîtrisée par Balzac, rejoint la vérité et illustre la Préface de *La Cousine Bette*, qui met en question le fait de « ne jamais voir qu'un seul côté des faits et des idées »[66]. La citation de Racine joue son rôle dans cette méditation infinie, à travers les divers plans Racine-Montesquieu-Voltaire-Crevel-Hulot fils-Balzac.

---

60. *La Cousine Bette*, t. VII, p. 122.
61. *Ibid.*, p. 348.
62. *Béatrix*, t. II, p. 932.
63. Madeleine FARGEAUD (*ibid.*, n. 1) cite l'exemple de *LH*, t. I, p. 524.
64. Citation de l'acte I, scène I, in *La Cousine Bette*, t. VII, p. 435.
65. *Ibid.*, p. 434 ; cf. *supra*, p. 135.
66. *Ibid.*, p. 57.

— La parodie tribale :

La parodie à laquelle se livre le personnage trouve parfois à s'exercer sur le fonds commun du discours ambiant, avec ses stéréotypes. Ce sont des stéréotypes de culture capables d'entretenir la connivence entre les membres de la tribu, mais sans bien savoir de quoi. Il s'agit d'une scie, d'un cliché dont l'origine s'est perdue. Les représentants de ce type de parodie se rencontrent surtout dans la bourgeoisie et le peuple. La relation précise entre le texte cité (le modèle) et l'usage (dévaluant) qui en est fait est proposée au lecteur, avec des distances variables, nuançant le jeu.

Ici donc, le locuteur n'a pas la conscience exacte de l'origine de l'expression qu'il emploie. Celle-ci est généralement tronquée, adultérée, par rapport à son origine : elle est entrée sans guillemets dans le discours quotidien. Hortense, jeune fille qui a, de ses classes, gardé au moins un vernis, minaude gentiment : « Oh ! papa, *le mal vient de plus loin*, répondit-elle malicieusement »[67]. Racine, souvenir scolaire, direct ou indirect, est mis à contribution pour une confidence dans le ton de la comédie, grâce à une légère altération, dont on ne sait si elle est celle du temps ou si Hortense en est responsable. De toute façon, c'est le discours d'une jeune fille bien élevée, auquel Racine donne le bon ton enjoué fait de théâtre discret et de légère parodie.

Le phénomène de la citation de contact, de la convivialité culturelle est surtout représenté chez Balzac dans les romans de la fin, dans *La Cousine Bette*, dans *Le Cousin Pons*, dans *Les Comédiens sans le savoir*, ouvrages dont l'action est chronologiquement la plus rapprochée de la date de l'écriture du roman. Ainsi, on peut observer une utilisation de « *Soyons amis, Cinna !...* » dans chacun de ces trois ouvrages : citation devenue stéréotype. Quand Héloïse Brisetout prononce cette réplique, c'est une provocation lancée à la Cibot, considérée comme une actrice et une possible rivale. La citation est entière, en italique, accompagnée d'une « pose » : « La danseuse se posa dramatiquement et déclama ce vers :

Soyons amis, Cinna... ! »[68].

Si la Cibot « n'est pas de force », selon les termes de Gaudissard, ce n'est pas parce qu'elle ignore Corneille, que ne connaissent guère mieux Héloïse Brisetout et Gaudissard, mais parce qu'elle est étrangère aux pratiques de la tribu artiste et du langage artiste. La citation fait partie d'un code : convention bouffonne, comique, qui transforme la vie en une comédie partagée. Même tonalité chez Vauvinet, usurier, mais « usurier bon enfant, petit maître qui hante les coulisses, les lorettes [...] »[69], spécialiste de la « comédie de l'argent »[70]. Aussi le voit-on accumuler les citations : dans un même paragraphe il fait référence au *Chêne et le Roseau*, à *Gubetta, mon vieux complice* et à *Cinna*, en disant à Bixiou : « Et *Soyons amis,*

---

67. *Ibid.*, p. 131.
68. *Le Cousin Pons*, t. VII, p. 653.
69. *Les Comédiens sans le savoir*, t. VII, p. 1178.
70. *Ibid.*

Cinna !... »[71]. Le « code Cinna » joue mieux encore que dans le cas Héloïse :
la citation est mieux intégrée encore au discours commun par le « Et »
initial. Intégration tout à fait réalisée par Crevel, en présence de Hulot,
au mariage d'Hortense et de Wenceslas : ici, plus de guillemets : « Voyons,
soyons amis, Cinna ?... »[72].

On comprend bien que Crevel soit spécialisé par Balzac dans la
seconde main, la citation dégradée, lui qui est le « héros » d'une société
sans héroïsme, dont la culture s'est infusée dans le discours commun
sous la forme du « gnomique », du stéréotype, de la scie. Ainsi Crevel
intègre-t-il à son refrain *Les Liaisons dangereuses*, citées pour leur titre,
qui a valeur d'emblème : « Nous sommes, c'est convenu, Régence, justau-
corps bleu, Pompadour, Dix-huitième siècle, tout ce qu'il y a de plus
maréchal de Richelieu, Rocaille, et, si j'ose le dire, *Liaisons dangereuses* !... »[73]. Même processus, de Crevel à Hulot : « Tu connais Molière ?
Eh bien ! baron, il n'y a rien d'imaginaire dans ton intitulé »[74]. Lourde
allusion et long détour, pseudo-citationnel : le titre du *Cocu imaginaire*,
sans nul besoin du texte, a fait fortune dans la conversation. Crevel, qui
cite le vers célèbre de Cinna, comme Vauvinet, cite aussi, comme lui,
Gubetta, l'espion de la *Lucrèce Borgia* de Victor Hugo, avec le même ton
de familiarité poisseuse : « mon cher confrère, Gubetta, mon vieux
complice »[75]. Cette utilisation parodique assure à la fois la diffusion et la
dilution des textes : depuis le texte jusqu'à la scène, puis de la scène aux
actrices, à leurs protecteurs ou simplement à leurs spectateurs, puis à
tous ceux qui prennent ceux-là pour modèles. Le foyer de ce discours
citationnel est la scène des théâtres : Crevel ou Josépha ont même discours
et même culture, Crevel n'a ni plus ni moins de connaissance directe
des textes que Josépha actrice, lorsqu'elle fait défiler à l'intention du
baron Hulot tous les rôles du répertoire, dans une érudition burlesque :
« Tiens la petite en bride, sois Bartholo ! Gare aux Auguste, aux Hippolyte,
aux Nestor, aux Victor, à tous les *or* ! »[76].

— La parodie ironisante :

Il arrive que Balzac propose une citation qui ne peut être voulue
comme telle par le personnage qui la prononce. Il y a dès lors rupture avec
la vraisemblance réaliste : l'effet de la citation est un effet de l'écrivain,
plus ou moins appuyé à l'adresse de son lecteur. C'est un usage délibérément ironique, qui n'entre plus dans le domaine de « l'univers rieur »,
mais ressortit déjà directement à l'écriture comique de Balzac.

Balzac joue alors sur une double portée : il donne à ses personnages
le discours du temps, avec les diverses alluvions déposées par les modes,
avec des morceaux éclatés de textes antérieurs, en particulier textes de
théâtre à succès ; ces bribes citationnelles sont données à repérer au

---

71. *Les Comédiens sans le savoir*, t. VII, p. 1181.
72. *La Cousine Bette*, t. VII, p. 183.
73. *Ibid.*, p. 230.
74. *Ibid.*, p. 233.
75. *Ibid.*, p. 235.
76. *Ibid.*, p. 363.

lecteur comme autant de rébus, sources de connivence, d'exclusion, de malaise. C'est l'un des outils principaux de l'ironisation du texte.

Il semble que, souvent, Balzac s'ingénie à parfaire cette ironisation. La Saint-Estève, lors de l'entrevue avec Victorin Hulot, se réfère de façon insistante à Shakespeare : « Savez-vous l'anglais ? », « Avez-vous vu jouer *Macbeth*, en anglais ? », et enfin : « — Eh bien ! mon fils, tu seras roi ! c'est-à-dire tu hériteras ! »[77]. Le narrateur commente : « dit cette affreuse sorcière devinée par Shakespeare et qui paraissait connaître Shakespeare ». En refusant d'apporter sa caution, en restant prudemment et ironiquement dans l'expectative du « paraissait », le narrateur laisse la porte ouverte à une juste compréhension de ces répliques. La Saint-Estève n'a pas besoin de connaître Shakespeare pour s'exprimer comme elle le fait : elle reprend à Shakespeare ce qu'en reprend à cette époque une opinion parisienne habituée au « paradis » des théâtres et à la lecture des « petits journaux ». Tel est le résidu de la mode romantique : Shakespeare s'est infusé dans le gnomique, parodie involontaire pratiquée par le « on », de stéréotype en stéréotype. Mais la Saint-Estève recourt volontairement à ce discours, pour le commerce et pour le plaisir, comme une bonne entremetteuse, douée pour le cabotinage. Le narrateur superpose à ces propos son propre commentaire, qui fait croire à une connaissance profonde de Shakespeare, qu'il ne possède peut-être pas lui non plus, si l'on en croit Geneviève Delattre : « La mode shakespearienne [...] est beaucoup plus à l'origine des très nombreuses allusions de Balzac à l'œuvre du dramaturge anglais qu'un goût personnel profond »[78]. En l'occurrence, le « jeu » de la Saint-Estève et la mauvaise foi du discours romanesque, ces deux mises en scène superposées de Shakespeare, sont les facettes de l'ironie romanesque.

Mêmes jeux, mêmes conclusions pour *Le Cousin Pons*. On ne doit pas s'interroger sur la connaissance réelle que la Cibot pouvait avoir de *La Nouvelle Héloïse* de Rousseau, lorsqu'elle s'écrie devant Héloïse Brisetout : « — Madame serait la nouvelle Héloïse ? »[79]. Le calembour a déjà été fait, soit pour Héloïse Brisetout, soit pour la danseuse réelle, Héloïse, « de quelque réputation »[80]. Du reste, Héloïse Brisetout réplique : « — C'est archidit [...], le calembour a des moustaches grises, trouvez-en un autre, la vieille... »[81]. La « fausse ingénuité pleine de raillerie » que le narrateur prête à la Cibot laisse les choses en suspens, comme dans l'exemple de la Saint-Estève : sorte de point d'ironie.

Il n'est pas toujours facile d'apprécier le degré de la parodie, de l'ironie de l'auteur, d'évaluer son insertion dans le discours du temps, de

---

77. *La Cousine Bette*, t. VII, p. 403.
78. *Les opinions littéraires de Balzac*, p. 44. Anne-Marie MEININGER relève dans son *Index des personnes réelles* (Pléiade, t. XII) près de 120 références à Shakespeare dans *La Comédie humaine*. Parmi les pièces, les plus citées sont *Othello* (31), *Roméo et Juliette* (15), *Hamlet* (10), *Macbeth* (7) et *La Tempête* (7). Les pièces qui arrivent en tête dans ce classement sont aussi celles qui avaient eu le plus de retentissement pendant la bataille romantique au théâtre.
79. *Le Cousin Pons*, t. VII, p. 654.
80. Comme le suggère André LORANT, *ibid.*, n. 1.
81. *Ibid.*

mesurer l'information de ses lecteurs sur les divers niveaux du discours. L'origine de la référence s'est d'année en année un peu plus diluée dans l'usage courant, selon le même processus que l'archétype est devenu cliché dans la langue de chaque jour[82]. C'est l'information érudite sur l'origine des clichés qui seule peut nous permettre aujourd'hui de redonner à la dérision voulue sa nuance exacte ou, pour le moins, plusieurs de ses harmoniques perdues. Ainsi, « l'air célèbre que chante Josépha devant sa psyché, avant la rencontre avec la baronne Hulot : 'Pauvre femme ! que me veut-elle ?... Ça me trouble, moi ! de voir

Du malheur auguste victime !...' »[83].

Anne-Marie Meininger nous renseigne : « De la tragédie-opéra de Sacchini *Œdipe à Colone* (créée en 1787 et reprise à l'Opéra pour la première sortie en public des Bourbons à la Restauration), ce vers, alors chanté à l'adresse du roi, occasionna une manifestation délirante et devint aussitôt célèbre, avant de tourner à la scie »[84]. Toute une dimension ironique se trouve agrandie par cette référence aux engouements de la royauté retrouvée. Burlesque et héroï-comique s'additionnent alors et se relaient selon une bonne mécanique balzacienne.

La citation parodique peut n'avoir pour origine que telle scie de l'époque, maintenant inconnue de nous, et dont il est difficile de recréer le jeu exact dans le texte. Pierre Citron consacre une longue note à l'une de ces scies qui étaient en vogue au milieu du XIXe siècle et dont on trouve la mention chez Nerval, Berlioz ou Flaubert : « On n'a jamais pu le savoir. » Voici le dialogue entre Esther et Mme du Val-Noble :

« Pourquoi n'aime-t-on pas ceux qui nous aiment, car enfin ils font tout pour nous plaire.

— Ah ! voilà, dit Mme du Val-Noble, c'est l'histoire du hareng qui est le plus intrigant des poissons.

— Pourquoi ?...

— Eh bien, on n'a jamais pu le savoir »[85].

Pierre Citron signale : « André Gide, dans son *Journal* d'avril 1935 (Bibl. de la Pléiade, p. 1224-1225), admire 'cette cocasserie, digne de nos meilleurs humoristes' — même s'il ignorait qu'elle était fondée sur une phrase alors rabâchée par tous »[86]. Le comique prend sa dimension spécifique du fait de l'utilisation à propos par Mme du Val-Noble d'une phrase qui est du domaine commun : la « grandeur », la qualité du « mot » ne font que croître, du fait qu'il ne s'agit pas d'une trouvaille personnelle, presque trop spirituelle pour la personne qui le prononce. Grandeur et cocasseries d'autant plus marquées que dépassant individu et psychologie pour atteindre l'énorme.

---

82. C'est Michael RIFFATERRE qui suggère de considérer le cliché comme une sorte de signifiant dont l'archétype serait le signifié : cf. *Problèmes de l'analyse textuelle*, Ottawa, Didier, 1971, p. 151. Lucienne FRAPPIER-MAZUR se réfère à ce texte de Riffaterre dans *L'expression métaphorique dans « La Comédie humaine »*, p. 71, n. 191.
83. *La Cousine Bette*, t. VII, p. 376.
84. *Ibid.*, n. 1.
85. *Splendeurs et misères des courtisanes*, t. VI, p. 684.
86. *Ibid.*, n. 1.

Lorsque Descoings s'écrie : « Et moi aussi, je serai épicier ! »[87], il s'inscrit (ou plutôt Balzac l'inscrit) dans la ligne de Giorgione : derrière son propos si quotidien, on lit le « *anch'io son pittore* ». Descoings devient artiste, bien qu'il demeure épicier. La « citation » rend la lecture pluri-dimensionnelle et confère au personnage une dimension épique dans sa petitesse même.

Semblable est le placage parodique sur un personnage romanesque de la réplique de Breloque, personnage de l'*Histoire du roi de Bohême et de ses sept châteaux* : « Qu'est-ce que cela me fait ? »[88]. Dans les éditions de *La Peau de chagrin* antérieures à l'édition Delloye et Lecou de 1838, la phrase était citée par Emile comme étant de Nodier[89] ; Emile reprenait lui-même la phrase à son compte quelques pages plus loin[90]. En 1838, Balzac a supprimé la citation directe de Nodier, mais a laissé subsister la réplique d'Emile, sans guillemets ni aucune référence à son auteur : vienne l'expertiser qui peut ! Encore la référence implicite à Nodier était-elle historiquement vraisemblable en cette action postérieure à l'ouvrage de Nodier. Mais l'auteur ne saurait prêter une intention paro-dique à Max Gilet qui, par deux fois[91], lance la réplique dans une action censée se dérouler en 1819, onze ans avant *Le Roi de Bohême* ! Pourtant, le clin d'œil de Balzac est probable : *La Rabouilleuse* est dédiée à Nodier. Mais le ricochet n'est perceptible qu'aux lecteurs initiés. C'est là sans doute que le jeu pour le jeu atteint sa perfection, dans la connivence entre auteur et lecteur.

Une même problématique pourrait s'appliquer à l'utilisation par Balzac du geste et du mime parodiques. La parodie est souvent incons-ciente chez le personnage, alors qu'elle est très consciemment organisée par Balzac. Tel est le cas de Canalis, parodie inconsciente de modèles dont il croit être l'incarnation. Canalis, « blanc et rose », est « comme un flamant » qui veut se faire aussi grand que « le chef de l'Ecole Angélique », « le chef aux cris sublimes », « l'aigle » Lamartine[92]. On ne trouve chez lui que des « grimaces de poète angélique »[93]. Ce que Balzac s'amuse à pré-senter comme réussi chez son faux grand poète, c'est la comédie : en effet, il « singe assez bien le langage des premiers jours », il ressemble à une femme qui « fait bien l'ingénue, la surprise, la jeune, la victime, l'ange blessé »[94]. Le jeu, c'est ici celui de l'écrivain Balzac, accumulant sur le nom de Canalis toute une série de trouvailles sur le motif de la comédie inconsciente. Trois formules tracent le thème, de variation en variation : il a un « charlatanisme naturel », « il a fait de son maintien une seconde nature » ; pour tout dire, « il est comédien de bonne foi »[95].

87. *La Rabouilleuse*, t. IV, p. 273.
88. Charles Nodier, *Histoire du roi de Bohême et de ses sept châteaux*, Club français du Livre, p. 84.
89. *La Peau de chagrin*, t. X, p. 119.
90. *Ibid.*, p. 121.
91. *La Rabouilleuse*, t. IV, p. 380, 381.
92. *Modeste Mignon*, t. I, p. 512.
93. *Ibid.*, p. 513.
94. *Ibid.*
95. *Ibid.*, p. 515.

C'est à partir de l'inconscience de son personnage que le romancier, par le trait, la mise en scène ou le mime, fait jouer la charge et la parodie. Il écrit la charge consciente de la charge inconsciente et c'est sur ce visible plaisir de jouer que s'enclenche à son tour le plaisir du lecteur.

• *La blague*

Le plaisir de jouer est délégué dans le roman à l'artiste en blague, qui enjolive ses histoires, les déforme, avec une science souveraine du récit. C'est le cas de Bixiou, qui réunit à lui seul toutes les formes du jeu bouffon, si on rassemble toutes ses *blagues* de *La Maison Nucingen*, des *Employés*, des *Comédiens sans le savoir*. Blondet, à Bixiou : « Mais, mon cher, tu ne racontes pas, tu *blagues*... »[96]. Blaguer, ici, c'est mentir, certes ; mais c'est surtout enjoliver pour s'amuser, pour le plaisir de jouer. Il y a toujours provocation et revendication du droit à la plaisanterie dans la façon dont Bixiou impose sa blague. Si l'on proteste :
« Bixiou (se mettant à rire) : Tiens, vous vous fâchez ! On ne peut donc plus *blaguer* ? »[97].
C'est dans cette ligne que la gratuité du jeu se trouve vraiment réalisée, mais en quelque sorte à côté, en dehors du vécu, comme une sorte de spécialité.
Bluffeur, galéjeur, metteur en boîte, le blagueur balzacien est toujours un peu des trois. La prépondérance du jeu dans la blague se marque au plaisir que prend l'éventuelle victime. Gaudissart amuse son client, heureux d'acheter en se laissant prendre à un numéro de qualité. Le comte de Sérisy jouit sans doute de la mystification à laquelle il se livre lui-même, et, pour un temps au moins, se plaît à assister aux blagues de ses compagnons de voyage.
Mais aucun personnage, dans *La Comédie humaine*, ne parvient à faire jouer tous les sens à la fois de la blague en un tournoiement aussi rapide, en une telle circularité des diverses composantes que le personnage de la courtisane. Celle-ci, en trompant, fait des victimes, mais qui ne demandent pas mieux que de l'être, qui n'aiment rien tant que ce jeu de la drôlerie, de l'invention, fût-ce à leurs dépens. Les dithyrambes de Nucingen sur Esther ou de Crevel sur Valérie en font foi. Carlos Herrera connaît le secret de cette réussite, puisque ses instructions à Esther se résument par la dernière phrase de son couplet : « Vous avez eu jadis assez d'esprit pour bien *blaguer*, retrouvez tout cet esprit-là »[98]. Balzac formalise avec exactitude le jeu d'Esther et donne la règle de ce jeu idéal : « aussi vivait-elle comme double, en prenant son personnage en pitié »[99]. « A la fois le spectateur et l'acteur, le juge et le patient »[100], elle réalise l'impossible du jeu : être le sujet et l'objet, abolir, pendant

96. *La Maison Nucingen*, t. VI, p. 363.
97. *Les Employés*, t. VII, p. 1043.
98. *Splendeurs et misères des courtisanes*, t. VI, p. 570.
99. *Ibid.*, p. 643.
100. *Ibid.*

le temps du jeu, contenu et contenant, signifié et signifiant. Car, dans son jeu, on ne perçoit aucune note de tristesse, aucune fêlure « romantique » : elle est parfaitement gaie, parfaitement drôle. C'est ici l'accomplissement du rire tel que, depuis Rabelais, il était en instance de renaissance. Or, l'entrée en jeu de la courtisane se fait sous le signe de la blague : « Maintenant, reprit-elle d'une voix vibrante, *blaguons...* »[101]. « En entendant ce mot, Europe resta tout hébétée, comme elle eût pu l'être en entendant blasphémer un ange. » Il y a là quelque chose d'infernal, de sacrilège pour l'idéal, et, bien plus encore, pour l'idéalisme et le sérieux. Mais Esther, fidèle au jeu né du tragique, conclut : « Nous allons rire, c'est-à-dire nous allons *travailler.* » Balzac pourrait écrire souvent cette phrase pour son propre compte, lorsqu'il écrit, avec la tragédie humaine, *La Comédie humaine.*

Mystifications, farces, charges, parodies ou blagues, à quelles conditions le jeu demeure-t-il le jeu, sans risque pour sa gratuité ou sa gaieté ? Il nous a semblé que Flaubert, pénétré dans sa jeunesse par l'esprit de la monarchie de Juillet, donne, en négatif, une image assez exacte de ce qu'est le jeu balzacien. La *Correspondance* de Flaubert, pendant ces années où s'écrivait *La Comédie humaine,* illustre le rire du Garçon, farceur et blagueur s'il en est, et permet de suivre la métamorphose en Flaubert d'un personnage évadé, pourrait-on dire souvent, de l'œuvre de Balzac. Facéties, blagues, farces gardent longtemps une trace de leur origine joueuse. Ainsi rencontre-t-on jusqu'en 1849 des traces de vraie jovialité, dans quelques lettres à E. Chevalier ou à L. Bouilhet[102]. Pourtant, presque dès l'origine, une fêlure apparaît : la perte de la vraie gaieté[103], le plaisir, dont témoigne le vocabulaire, pris à s'encanailler[104], surtout le plaisir retourné que procure la découverte du mal[105]. Le rire demeure ici irrémédiablement lié à la découverte et à la contemplation du mal, il s'accomplit dans le *grotesque triste,* se prend au piège de son objet en un tourniquet infernal[106]. Le point de départ, c'est le sentiment

---

101. *Ibid.,* p. 614.
102. Aucune ombre sur la gaieté, le 1er décembre 1849 (*Correspondance,* Pléiade, t. I, p. 539) : « Tout le temps de la traversée, 11 jours, j'ai mangé, fumé, blagué et été si aimable par mes histoires lubriques, bons mots, facéties, etc. que l'état-major m'adorait. »
103. Le 13 mai 1845, à Ernest Chevalier : « [...] je tâcherai de temps à autre de te distraire un peu par quelques facéties que je t'enverrai d'au-delà de la mer. Hélas ! je ne suis plus si gai qu'autrefois. Je deviens vieux, je n'ai plus cette magnifique blague qui remplissait des lettres que tu étais deux jours à lire » (*Cor.,* p. 231).
104. Au même, la lettre du 15 juin 1845 : « [...] la prodigieuse vigousse de blague que j'avais alors. Quelles pipes ! et quelles conneries ! Comme nous avions peu de retenue dans nos propos » (*Cor.,* p. 239).
105. Au même, le 2 juillet 1835 : « La bonne sacrée farce. Voilà je crois de quoi rire pendant deux ou trois jours pour le moins » (*Cor.,* p. 18). Il s'agit du camarade Delhomme qui, ayant l'œil au beurre noir à la suite d'une rixe, reçoit dix sangsues sur le « quinquet fracassé » !
106. Le plus grand plaisir que Flaubert éprouve à imaginer la découverte du censeur Cabrié dans un bordel, c'est de penser « à la mine du censeur surpris sur le fait et limant » ; d'où toute une tirade : « je me récrie, je ris, je bois, je chante ah ah ah ah ah ah et je fais entendre le rire du garçon [...] » (*Cor.,* p. 23, le 24 mars 1837,

de la bouffonnerie universelle et, en particulier, la mise en question de tout ce qui est gravité, esprit de sérieux[107]. Sur ce point une certaine coïncidence s'impose aussi bien avec Balzac lui-même, ennemi juré de toute gravité et de tout esprit doctrinaire, qu'avec les bouffons patentés de son œuvre. Mais ce plaisir à voir le mal, à constater la corruption universelle, cette complaisance dans le désenchantement et le nihilisme sont tout à fait absents de l'œuvre balzacienne. Rien ici qui puisse rappeler le Rabelais de Balzac : « Vraiment je n'estime profondément que deux hommes : Rabelais et Byron, les deux seuls qui aient écrit dans l'intention de nuire au genre humain et de lui rire à la face »[108]. Rien non plus qui nous évoque Balzac dans cette hilarité devant corruption et gangrène : « Je dissèque sans cesse, cela m'amuse et quand enfin j'ai découvert la corruption dans quelque chose qu'on croit pur, et la gangrène aux beaux endroits, je lève la tête et je ris »[109]. Ce n'est pas le pur plaisir balzacien de démasquer, qui se trouve généralement chez Flaubert ; ce n'est pas non plus le plaisir dynamique du faire, mais un plaisir passif, qu'analyse excellemment Sartre : « Que son intention soit de détruire et non de connaître, c'est ce que marque clairement le rire « satanique » auquel il s'abandonne quand enfin la pourriture lui est apparue. Pourquoi rire plutôt que pleurer, si ce n'est parce qu'il *souhaitait découvrir le mal*, ce qui est une manière passive de le faire ? Rire sado-masochiste : il se moque du contraste dérisoire entre ses illusions, sa fausse conscience de lui-même et sa réalité, il s'enchante sadiquement d'avoir pris les autres la main dans le sac : Gustave était dupe, mais sincère, les autres sont des truqueurs »[110]. Connaître, faire, c'est, tout à l'inverse, ce que l'on rencontre dans le jeu balzacien.

Une autre caractéristique de Flaubert nous aide également à cerner, par différence, le jeu balzacien : l'ironie et la dérision ne laissent debout, chez Flaubert, ni l'individu ni le monde, alors que subsiste chez Balzac au moins le jeu et que le tragique ressort de l'inaccomplissement des valeurs dans le monde, de l'indétermination où le sens du monde demeure pour l'homme désemparé ; tentation nihiliste et schizophrénie hamlétique sont repoussées. Il est des jeux balzaciens qui s'en approchent, mais l'existence de jeux comme ceux d'Esther, par exemple, crée la preuve, construit un barrage contre le vertige. Il en est tout autrement

à Ernest Chevalier). Il est fasciné par le grotesque, aussi bien celui du monde que le sien propre. Un banquet réformiste le laisse « dominé par l'impression grotesque et lamentable de ce spectacle (lui) a laissée » (*Cor.*, p. 491, à Louise Colet, fin décembre 1847) et il écrit à la même, ayant « un énorme clou à la joue droite », qu'il « doit être ridicule » et il craint pour l'amour, car « le grotesque lui fait peur » (*Cor.*, p. 303, 4-15 août 1846). Dans tous les cas, il s'agit d'un « grotesque triste », qui a pour lui « un charme inouï », car « il correspond aux besoins intimes de (sa) nature bouffonnement amère » (*Cor.*, p. 307, à Louise Colet, 22 août 1846).

    107. « [...] ce qu'il y a de plus grotesque, c'est la magistrature [...] » (*Cor.*, p. 98, à E. Chevalier, le 15 mars 1842) ; « Il faut convenir que les gens graves sont grotesques » ; rien pour lui de si comique qu'un « homme sérieux » (*Cor.*, p. 188, au même, 2 septembre 1843).

    108. *Correspondance*, t. I, p. 28, à Ernest Chevalier, 13 septembre 1838.
    109. *Ibid.*, p. 35, à Ernest Chevalier, 26 décembre 1838.
    110. Jean-Paul Sartre, *L'Idiot de la famille*, t. I, p. 444.

chez Flaubert. Le mécanisme de la blague tel que le démonte Jean Borie trouve chez Flaubert une bonne illustration : « Car enfin, la blague, si on ne l'arrête pas, corrode tout, plus rien n'est sacré. [...] si vous prenez la pose, vous nourrissez la blague. Si vous arrêtez la blague, elle se retourne contre vous. Si vous la laissez aller, elle dévore tout et, pourquoi pas, vous avec »[111]. Le jeu balzacien n'empêche pas l'échec, le mal, l'ordre du monde et des choses, mais il n'engloutit pas dans le néant comme la « blague » flaubertienne. « J'ai quelquefois voulu plaire à des femmes, mais l'idée du profil étrange que je devais avoir dans ces moments-là me faisait tellement rire que toute la volonté se fondait sous le feu de l'ironie intérieure qui chantait en moi l'hymne de l'amertume et de la dérision »[112]. Amertume et dérision sont contradictoires avec le ludique. De même, toute édification d'un sens devient impossible, quand l'ironie a fait table rase du joueur et du joué : « Autrefois je saisissais assez nettement dans la vie les choses bouffonnes des sérieuses ; j'ai perdu cette faculté ! L'élément pathétique est venu pour moi se placer sous toutes les surfaces gaies, et l'ironie plane sur tous les ensembles sérieux. Ainsi donc le sens dans lequel tu dis que je me plais aux farces n'est pas vrai ; car, où en trouve-t-on de la farce, du moment que tout l'est ? »[113].

Les conclusions de Flaubert, dans l'abrupt de leur scepticisme romantique, ne font que mieux valoir l'ampleur de l'interrogation balzacienne, où le jeu n'est jamais si fort que dans le double jeu.

II. JEU ET DOUBLE JEU

Détaché, infini, à vide ou en double portée, le jeu ne se définit jamais dans la linéarité ni l'unidimensionnel, mais toujours en relation avec d'autres éléments, manifestant souvent lui-même sa complexité et sa mobilité, faisant entrer en ligne de compte les deux plans de la fable et de son énoncé, suscitant divers mouvements chez le lecteur entre lui-même et l'ensemble du texte. Dans le champ du roman, le rire affronté à un autre rire, la comédie à une autre comédie donnent lieu à des retournements du type champ/contre-champ, tandis que la totalité du texte joue avec le hors-champ du lecteur. Chaque manifestation rieuse instaure un jeu du pour au contre, soit avec une autre manifestation, soit avec elle-même, du fait de son ambivalence propre. Tragique et comique, Dieu et diable, ces pôles mettent le double au centre de la pensée rieuse ; il n'y a pas de jeu dans *La Comédie humaine* sans la manifestation d'un double jeu.

Champ, contre-champ, hors-champ

Une scène comique comme celle de la soirée à l'hôtel de Bargeton, dans *Illusions perdues*, permet de tracer les principaux trajets que suit

111. Jean BORIE, La blague, in *Les Cahiers du Chemin*, n° 26, 15 janvier 1976, p. 60.
112. *Correspondance*, t. I, p. 286, à Louise Colet, 9 août 1846.
113. *Ibid.*, p. 348-349, à la même, 18 septembre 1846.

le mouvement joueur. Une première sphère du rire fait jouer un premier champ/contre-champ, la sphère des ganaches. *Champ* : M. de Chandour est le maître du rire quand il fait rire les dames par ses gravelures dans le genre XVIIIe siècle[114]. *Contre-champ* : lui-même, par son vêtement, offre une « si grande ressemblance avec les caricatures qu'en le voyant les étrangers ne pouvaient s'empêcher de sourire »[115]. Une deuxième sphère, dans le cadre de la fiction, est représentée par Anaïs de Bargeton et Lucien de Rubempré. *Champ* : la petite société ridicule d'Angoulême les brocarde. *Contre-champ* : Anaïs et Lucien méprisent « rivales » ou « têtes imbéciles »[116]. Hors du champ de la fiction, cependant, narrateur et lecteur, qui partagent le point de vue d'Anaïs et de Lucien sur la société qui les entoure et qui n'épousent pas la vindicte rieuse de celle-ci à leur égard, ne les épargnent pas pour autant et font jouer à leur encontre une ironie discrète, mais non moins féroce. Lucien et Anaïs ont trop d'emphase et manquent par trop d'humour : ils sont très supérieurs à leur entourage, mais pas assez pour n'être pas justiciables de l'écriture ironique de Balzac. Cette scène permet donc de voir comment, à l'intérieur de l'univers rieur, chaque rire peut se retourner, chaque sujet devenir objet, et vice-versa ; comment la scène de comédie qui se joue dans l'univers fictionnel peut être elle-même mise à distance et donner lieu, « hors champ », à une écriture ironique, qui la double et en modifie l'éclairage.

Parmi de nombreuses illustrations possibles du jeu double, sinon multiple, du rire dans *La Comédie humaine*, *César Birotteau* et *Sarrasine* peuvent utilement compléter l'information donnée par *Illusions perdues*. Ces deux romans montrent à quel point la dérision et le double ont partie liée, selon des formules qui varient d'un roman à l'autre. Ainsi, *César Birotteau* oblige à passer de Momus, de l'idée de dérision, à Janus, à l'idée de double, et *Sarrasine*, à l'inverse, montre comment Janus, le double, mène à Momus, la dérision. Pourtant, chez Balzac, l'équivalence Momus-Janus ne mène pas au scepticisme, ni l'équivalence Janus-Momus au nihilisme.

Lors du bal de Birotteau apparaît, largement épanouie, la double face du rire : qui rit donne à rire. Double mouvement qui participe du mouvement tourbillonnaire de l'ensemble où « l'ivresse du mouvement » et la « folie d'un moment » se conjuguent et se renforcent. Ainsi, on assiste[117] au rire provoqué par les « grotesques expressions » des visages, cependant que « les rires éclatent », parce que « chacun se livre à la plaisanterie »[118]. Le jeu comporte une convention : chacun se livre à la plaisanterie, comme acteur et comme victime. C'est la fin de la nuit, chacun vit la folie de l'instant, avec tous les paroxysmes qui permettent la dérision et qu'elle fait éclater. Dans le cadre de ce bal, dans le cercle

---

114. *Illusions perdues*, t. V, p. 193.
115. *Ibid.*, p. 192.
116. *Ibid.*, p. 203, 207.
117. On peut garder ce terme métaphorique dans la mesure où la fiction est proposée comme spectacle et où le récit vise à l'illusion.
118. *César Birotteau*, t. VI, p. 179.

de la fable contée par Balzac, chacun est à la fois acteur et victime.

Mais cette plaisanterie, ce jeu ne sont pas perçus par les acteurs comme une fête menacée, comme une fête portant menace pour l'avenir, prophétique du drame prochain. Ce « finale de leur symphonie commerciale » composée de son galoubet par Collinet[119] est senti par les acteurs de ce bal carnavalesque comme le finale de la *IXe Symphonie* l'est par les poètes : c'est ce que dit le discours narratif. Et ce qu'il dit, c'est la grandeur de cette petitesse ; il dit aussi tout son ridicule et il fait sentir toutes les menaces qui pèsent sur la fête. La fable avait mis en scène l'ambivalence et la réversibilité dans le grotesque ; le discours narratif écrit le sublime, le comique et le tragique tout à la fois. Mais le foyer d'où rayonnent ces contraires est dans le jeu carnavalesque du bal. Le jeu auquel se livrent les bourgeois dans cette « fête » est générateur du comique romanesque, par une série de dédoublements successifs, d'éclairages mutuels, antagoniques, réversibles.

De cette incitation à la lecture en mouvement, prélude à la mise en route d'une pensée de l'ambivalence, *Sarrasine* donnait, dès 1830, une illustration très poussée, bien qu'encore schématique, sorte de canon qui sera plus tard intégré à des formes de roman plus souples, moins visiblement contrastées.

Le double règne dans le rire, en cette nouvelle. La jeune femme qui accompagne le narrateur se signale par un « rire étouffé »[120], rire incongru qui dit tout ensemble hardiesse, familiarité et peur, en présence de Zambinella. Le vieux Zambinella, de son côté, se manifeste par « un rire fixe et arrêté, un rire implacable et goguenard comme celui d'une tête de mort »[121] : il est horrible et terrible, mais en même temps « damné »[122]. Or ces deux rires bivalents se trouvent associés en une image contrastée qui représente la pensée du narrateur : « [...] ah ! c'était bien la mort et la vie, ma pensée, une arabesque imaginaire, une chimère hideuse à moitié, divinement femelle par le corsage »[123]. « L'arabesque » avait été amorcée par le « caprice » et par la pensée qui « se roulait et qui avait jailli ». L'association de la jeune femme et du vieillard est concrétisée par le fait que Zambinella se presse contre elle et que la marquise touche son voisin pour s'assurer de sa réalité. Association contrastée de deux rires eux-mêmes doubles, ce « rire étouffé » et ce « rire goguenard » : séduction et menace qui se partagent imagination et pensée.

Nous avons déjà signalé la confrontation du « rire infernal » des acteurs ligués contre Sarrasine[124] et de « l'éclat infernal » du rire de Sarrasine lui-même, lors de la révélation de la supercherie[125]. Effets de

---

119. *César Birotteau*, t. VI, p. 180.
120. *Sarrasine*, t. VI, p. 1050.
121. *Ibid.*, p. 1052.
122. Comme l'écrit André MALRAUX dans son *Saturne* : « [...] le rire peut exprimer l'angoisse du condamné mieux que les larmes : il ne symbolise pas, il révèle » (p. 122).
123. *Sarrasine*, t. VI, p. 1053.
124. *Ibid.*, p. 1068 ; cf. *supra*, p. 187-188.
125. *Ibid.*, p. 1073. « Infernal » aussi le désir (p. 1061) et « diabolique » l'imagination *(ibid.)*.

redoublement essentiels en cette œuvre où, nous l'avons suggéré, la tragédie naît de ce que le sculpteur a perdu le sens de la vie multiple. Lui qui, enfant, avait sculpté un Christ « passablement cynique », ce dont souriaient les vieux jésuites[126], est resté désespérément ignorant des « choses de la vie » ; il confond l'art et la vie, moyennant quoi il manque à la fois l'art et la vie. Il reste étranger aux valeurs de l'art vivant et de la vie esthétique, à la « vivacité enchanteresse », à « l'abandon cordial » et à la « bonhomie italienne »[127]. Il demeure fermé à « cet entraînement d'artiste qui fait de la vie une fête perpétuelle où l'on rit sans arrière-pensées »[128], style de vie qui pourtant s'offre à lui, mais il passe à côté. Préfiguration de l'esprit de sérieux d'un Raphaël de Valentin mené à l'appauvrissement de soi, au désenchantement et, quasiment, au suicide faute d'avoir le sens de la vie complexe et mêlée. Sarrasine n'admet que la beauté idéale, que la forme idéale, régies par une raison impérieuse et raide, trop sûre d'elle-même, de ses choix et de ses refus. Aucune distance, chez lui ; aucun sens du double, ni du jeu, pourtant l'un et l'autre présents un peu partout dans la nouvelle.

Pas de jeu sans double jeu. Et sans ce jeu pluridimensionnel, l'art est voué à la mort ; il reste statique, raide et rétréci. L'art vivant dit la vie multiple, le jeu créateur de mouvement. Ce jeu, avec sa polyphonie, est celui d'un art que Balzac retrouve, après Diderot, après la Renaissance. On peut lui appliquer presque mot pour mot ce qu'André Chastel écrit de Falstaff, de Shakespeare, de Cervantès, en littérature, ou de Brueghel, de Tintoret, en peinture. Le principe de cet art est figuré, dans *Sarrasine*, par les rencontres avec les acteurs (orgie ou partie de campagne), par l'erreur et la mort de Sarrasine. Le modèle d'art qui se profile ici, anti-moniste, anti-Raphaël, anti-Sarrasine, est celui qui vise la réalité, féconde de toutes ses contradictions et de toutes ses questions[129]. Ce qu'André Chastel écrit de quelques peintres de la Renaissance vaut pour Balzac : « A travers la diversité des langages se fait jour la conscience d'une vie multiple qu'il n'est ni possible ni souhaitable de réduire »[130].

126. *Sarrasine*, t. VI, p. 1058.
127. *Ibid.*, p. 1067.
128. *Ibid.*, p. 1068-1069.
129. « L'accent comique devient la forme d'une vitalité éclatante, vouée au burlesque, qui trouvera une sorte de couronnement dans la truculence illimitée et l'immoralisme de Falstaff [...] Un certain degré d'intempérance et de cynisme prête au personnage les allures d'un bouffon. Mais son utilité nouvelle est de porter au maximum le sentiment de la relativité des valeurs morales qui débouche sur une philosophie de l'illusion ou, tout au moins, une vision de la condition humaine où l'on ne dévalorise l'imaginaire qu'en le déployant et en l'accentuant à plaisir [...] On dirait qu'il ne s'agit plus d'édifier, par le détour de l'humour et de l'ironie, le monde de la raison, mais d'embrasser la richesse et le mouvement contradictoire des passions, sans conclusion explicite » (André CHASTEL, *La Crise de la Renaissance*, p. 187).
130. *Ibid.*, p. 25.

Le Pour et le Contre

La tension entre les contraires est une constante balzacienne[131]. Cette tension n'engendre pas nécessairement le comique, mais sans cette tension le comique n'existe pas[132]. On peut le démontrer *a contrario*. Dans *La Rabouilleuse*, l'unique rire de Philippe Bridau est tout entier négation et refus ; il ne comporte aucun jeu créateur ; il est diabolique[133]. Une même présence du mal sans partage, une même jubilation à la vue de l'anéantissement de l'adversaire se repèrent dans mainte occurrence de *goguenard*. Lorsque Birotteau sort du domicile de Molineux, dont il vient d'obtenir un bail pour son appartement, il arbore un « air goguenard »[134]. Ni Birotteau ni le lecteur n'attachent alors la moindre importance à cette goguenardise : la plaisanterie est légère, faite en toute bonne conscience. Pourtant, à l'heure de la décadence, par un effet de boomerang, le goguenard réactivé, devenu implacable, se retournera contre lui. « Aucun conspirateur géhenné par le questionnaire à Venise ne fut plus mal dans les brodequins de la torture que Birotteau ne l'était dans ses vêtements. Il trouvait un air goguenard à tous les mots »[135]. Toute une atmosphère de cauchemar entoure le mot *goguenard*, maléfique et angoissant[136]. Une même absence de marge ou d'écart, une même impossibilité de jeu se marquent dans les « rires convulsifs » ou les « rires machinaux »[137] : on y atteint le dernier degré de la souffrance et de l'horreur.

C'est Esther van Gobseck qui fait comprendre ce qui manque aux rires diaboliques, goguenards, convulsifs ou machinaux pour devenir

---

131. Arlette MICHEL rappelle opportunément : « De Balzac, les contraires sont toujours vrais, simultanément : c'est l'éloge que lui adressera G. Sand à propos des *Mémoires* (*Corresp.*, t. IV, n° 2011, p. 405 sq., février 1842 : 'C'est le propre de toutes les grandes intelligences de sentir si vivement et si naïvement le pour et le contre...') » (*Le Mariage et l'Amour...*, p. 698, n. 65).

132. C'est le point de vue qu'exprime *Illusions perdues* à propos de Fulgence Ridal, « l'un des auteurs de notre temps qui ont le plus de verve comique » : il est « obligé, comme les grands poètes comiques, comme Molière et Rabelais, de considérer toute chose à l'endroit du Pour et à l'envers du Contre, il était sceptique, il pouvait rire et riait de tout » (*Illusions perdues*, t. V, p. 316-317).

133. *La Rabouilleuse*, t. IV, p. 531. Le diabolisme de Philippe Bridau est souligné : « Ce brigand-là [...] *ferait le diable au même* » (*ibid.*, p. 532) ; « Ce Méphistophélès à cheval nommé Philippe Bridau » (*ibid.*, p. 535).

134. « Quand Birotteau fut au milieu de la cour Batave avec Cayron, il regarda son voisin d'un air goguenard.
— Je ne croyais pas qu'il pût exister des gens si infirmes ! dit-il en retenant sur ses lèvres le mot *bête* » (*César Birotteau*, t. VI, p. 113).

135. *Ibid.*, p. 231.

136. Parmi les personnages aux manifestations goguenardes, on peut citer Peyrade (*Une ténébreuse affaire*, t. VIII, p. 513), Camusot (*Illusions perdues*, t. V, p. 429), Dauriat (*ibid.*, p. 534), Mme du Gua et Montauran (*Les Chouans*, t. VIII, p. 991).

137. Rires convulsifs, ceux de Luigi dans *La Vendetta*, t. I, p. 1099, et de Paquita dans *La Fille aux yeux d'or*, t. V, p. 1091. On peut remarquer que l'esprit ludique se manifeste à la fin de l'œuvre, dans la plaisanterie de Marsay, au-delà du tragique : « Eh bien, qu'est donc devenue notre belle FILLE AUX YEUX D'OR, grand scélérat ? — Elle est morte — De quoi ? — De la poitrine » (*ibid.*, p. 1109). Rire machinal de Ginevra (*La Vendetta, ibid.*).

ludiques. Esther vit la passion et le tragique avec le détachement de
l'humour : dédoublement dont témoigne sa lettre d'adieu, avant son
suicide[138]. Le tragique, loin d'être nié ou éludé, est totalement présent
dans ses « mots » de la fin. Dans ses plaisanteries se manifeste le double
registre, le Pour et le Contre. Le comique n'y détruit pas le tragique
et le tragique y donne toute sa portée au comique. D'un côté, l'absolu
de la mort, de l'amour ; de l'autre, l'infime de ces mots trop légers. Ce qui
manquait aux exemples précédents et qui se montre ici, c'était la double
face, une double face instable et mobile.

● La pensée rieuse : tragique et comique

A la limite entre le monologisme de l'atroce et la bivalence rieuse,
l'exemple de Contenson. Son seul accoutrement pourrait le faire facilement basculer du risible dans l'horrible : « [...] si au lieu d'être mouchard
il eût été voleur, toutes ces guenilles, au lieu d'attirer le sourire sur les
lèvres, eussent fait frissonner d'horreur »[139]. L'idée est reprise plus loin :
« Il eût effrayé, s'il n'eût pas fait tant rire »[140]. Son sourire est aussi sur
la bordure de l'effrayant, « fin sourire sur ses lèvres pâles »[141]. Qu'il
s'agisse des sourires et des rires provoqués par le personnage ou du
sourire visible sur son visage, tout est pareillement sur le tranchant
entre tragique et comique : il suffit d'un coup de pouce du destin, du
romancier, et l'on passe d'un côté à l'autre. L'humour de potence que
pratique Contenson[142] est un clin d'œil annonciateur de sa fin tragique.

Europe célèbre en Esther « l'esprit à faire rire des condamnés à
mort [...] »[143]. Esther joue elle-même avec la mort : « J'ai cru qu'il mour-
rait en dix mois. Bah ! il était fort comme une Alpe. Il faut se défier
de tous ceux qui se disent malades du foie... Je ne veux plus entendre
parler du foie. J'ai eu trop de foi... aux... proverbes... »[144]. Vautrin va
sans doute trop loin en prêtant à la femme le pouvoir de tuer par le
rire : « [...] la femme a toujours des moments où elle est à la fois singe
et enfant ! deux êtres qui nous tuent en voulant rire »[145]. Mais telle est
la loi du rire prédominant dans *Splendeurs et misères* : il est en liaison
par quelque biais avec la mort ou avec le mal. Parfois interchangeable
avec eux, il est le plus souvent concomitant : « Tout, en France, se fait

---

138. Parmi ses plaisanteries, on relève : « je m'étendrai dans mon lit, je me poserai »
(*Splendeurs et misères des courtisanes*, t. VI, p. 760) ; « les jolies femmes sortent du
spectacle avant la fin » (*ibid.*, p. 761) ; « une morte qui demande l'aumône, en voilà
du comique !... » (*ibid.*, p. 762).
139. *Ibid.*, p. 523.
140. *Ibid.*, p. 524.
141. *Ibid.*
142. « Ce serait le condamné qui s'amuserait à couper le cou au bourreau, s'écria
Contenson. — Tu as toujours le petit mot pour rire, répondit Corentin » (*ibid.*,
p. 561-562).
143. *Ibid.*, p. 579.
144. *Ibid.*, p. 622.
145. *Ibid.*, p. 482.

en riant, même les crimes »[146]. L'accomplissement du rire, c'est le tragique dépassé : « Ne faut-il pas avoir tout connu pour créer le rire et la joie qui tiennent à tout ? »[147]. Formule décisive, puisque mettant l'accent sur le comique comme création.

En ce comique créateur, point d'arrière-plan démentant la vitalité joyeuse, mais un deuxième plan tragique qui ne fait qu'exaspérer cette nuance rieuse, quand il ne la fait pas naître. C'est dans une vraie tristesse que prend vie une nuance musicale où la vraie gaieté est présente : « Ce pouvoir de réveiller un monde de choses graves, douces et tristes, par un rythme familier et souvent gai, n'est-il pas le caractère des chants populaires [...] »[148] ? Balzac commente son propre comique dans sa glose du finale de *Don Giovanni* : « infernal poème », « ardent, vigoureux, désespéré, joyeux », dans lequel Mozart est « le rival heureux de Molière »[149]. En ce comique du double créateur, point d'amertume, point de « mensonge romantique »[150].

La « pensée rieuse » de Bianchon[151] résume cette présence double, pleine et non contradictoire de la tristesse et de la gaieté. Plus représentatif encore, le personnage de Fulgence Ridal : « Pour ne pas mentir à son masque vraiment rabelaisien, il ne hait pas la bonne chère et ne la recherche point, il est à la fois mélancolique et gai »[152]. Deux traits conjoints, une fois de plus : la mélancolie et la création joyeuse. Chez Fulgence Ridal, le scepticisme fait corps avec action et gaieté, comme chez Rabelais. Nous avons déjà cité le passage d'*Illusions perdues* où Balzac souligne sa « verve comique », sa pensée du Pour et du Contre. Il ne faut pas omettre le reste du portrait : outre la référence à Molière et à Rabelais, il est dit « paresseux et fécond comme Rossini »[153]. Fulgence Ridal se situe, selon ces références, au carrefour de trois pensées créatrices : celle de Rossini, celle de Rabelais, celle de Molière, ces deux derniers constituant la référence « comique », mais Rossini a sa place en ce trio, du fait de sa contradiction fraternelle et comique entre paresse et fécondité, contradiction aussi peu *sérieuse* que possible.

La pleine réalisation d'une telle « pensée rieuse » se fera par l'art. Comme le suggère Fulgence Ridal, cet art est celui de l'Eclectisme railleur. Le Pour y est présent aussi bien que le Contre. La pensée se situe dans un registre pratique, qui n'a jamais voulu décoller du réel, et surtout pas s'évader et se scléroser dans la Doctrine, l'Idéalisme étant de toutes les doctrines la plus honnie. C'est le couronnement de l'Expérience, celle des hommes « bronzés ».

---

146. *Ibid.*, p. 567. La formule « même les crimes » est une addition du Furne corrigé.
147. *Ibid.*, p. 441.
148. *Pierrette*, t. IV, p. 31.
149. *Le Cabinet des Antiques*, t. IV, p. 1034. Cette union du tragique et de la joie est soulignée par *Le « Don Juan » de Mozart* de Pierre-Jean JOUVE.
150. Pour reprendre l'expression de René GIRARD : voir *Mensonge romantique et vérité romanesque*, Grasset, 1961.
151. *La Messe de l'athée*, t. III, p. 389.
152. *Illusions perdues*, t. V, p. 317.
153. *Ibid.*, p. 316. Voir aussi *supra*, p. 251, n. 132.

● *Le rire du réel : Dieu et le Diable*

La Comédie humaine propose un autre axe rieur, autour duquel s'ordonnent aussi des contraires. Cet axe se situe sur un autre plan, hors du temps et de l'expérience. Alors qu'autour du premier axe se mettent en place les contraires dans un mouvement vers une sorte de dépassement vécu, que réalise donc, en partie, la façon de vivre, d'autres personnages apparaissent comme immuables, faits eux aussi de contraires irréductibles à l'unité, à l'image du Réel qu'avaient à affronter les héros de la pensée rieuse. A l'intérieur du domaine rieur, ce sont deux ordres opposés : Bianchon, Fulgence Ridal sont les héros de la « pensée rieuse », sur la voie de l'accomplissement jamais atteint de cette pensée qui préside à une esthétique ; quant au second groupe, on n'y voit percer aucune propension à la verve, à la création esthétique, ils sont une image du monde divisé, contradictoire, tel que les héros de la première catégorie doivent l'affronter. Si les premiers voient, comprennent et bâtissent leur vie ou une œuvre, Grandet, Gobseck, Vautrin, l'antiquaire de *La Peau de chagrin* s'offrent comme une traduction métaphysique du réel et leur rire retentit comme le rire de la réalité, qui soumet les autres hommes à l'épreuve de sa séduction et de sa menace. Ce sont les figures diogéniques de la provocation d'un réel scandaleusement irréductible.

Toute l'ambivalence de la jubilation de Grandet se résume dans son « rire équivoque »[154]. Ce rire est équivoque pour ceux qui vivent dans le temps, ses voisins ou sa famille, éventuellement ses lecteurs, pour ceux qui le perçoivent uniquement de l'extérieur. Alors que, pour Nanon, sorte d'émanation de cette essence qu'est Grandet, « ce rire équivoque était un vrai rayon de soleil »[155]. Ainsi Nanon « riait quand riait Grandet, s'attristait, gelait, se chauffait, travaillait comme lui »[156]. Elle est l'émanation pure, sans mélange, de la gaieté de Grandet, elle qui ne sourit jamais dans le roman, mais qui rit quatre fois[157]. Il y a pourtant un flottement en Nanon, dans son « regard indéfinissable », qui correspond au rire « équivoque » du père Grandet[158]. Ce « regard indéfinissable » nous alerte, car il succède toujours à l'exclamation que lance Grandet en la regardant : « — Cette pauvre Nanon ! »[159]. « Atroce pitié d'avare », écrit Balzac ; mais, sur le manuscrit[160], on peut lire, biffée par Balzac, cette première addition marginale : « Il la voit belle. » Demeure cette phrase, elle-même énigmatique : « Dieu reconnaîtra ses anges aux inflexions de leur voix et à leurs mystérieux regrets. » Le rire de Grandet n'est « équivoque » ni pour Dieu ni pour Nanon, qui le reçoit comme un rayon de soleil. Le regard de Nanon n'est « indéfinissable » ni pour Grandet

154. *Eugénie Grandet*, t. III, p. 1043.
155. *Ibid.*
156. *Ibid.*
157. *Ibid.*, p. 1053, 1060, 1076, 1077.
158. *Ibid.*, p. 1043.
159. *Ibid.*
160. Actuellement aux Etats-Unis, conservé par The Pierpont Morgan Library à New York.

ni pour Dieu le père. La première addition marginale précisait que Grandet et Nanon participaient d'une même essence, en tant que suzerain et vassale, dieu et ange : Grandet la voyait belle et cette appréciation de son maître renforçait encore l'amour canin que lui portait Nanon. Il faut la menace de la mort prochaine (qui est aussi fin du roman, fin de l'histoire contée) pour que le double registre du rire de Grandet, puissance jubilante de l'instant perçue par les hommes comme une menace, se dégrade en un « sourire pénible »[161], se « réduise » au pathétique humain. Avant ces derniers instants, Grandet, joueur de tours, lucide, puissant, situé dans un au-delà de l'humanité inconsciente et souffrante, est-il Dieu ? est-il le Diable ? S'il est Dieu, il est perçu surtout comme le Diable par l'humanité moyenne. Ainsi, Balzac, avec son « équivoque » et son « indéfinissable », laisse planer le doute. Malice et goguenardise gardent ici une réelle ambivalence : l'ambivalence comique du réel.

Ce n'est pas le seul cas d'ambiguïté : le « rire muet » d'un Gobseck[162] est étroitement apparenté à celui de Grandet. Ce rire, comme celui de Grandet, effraie, parce qu'il semble être le rire d'un homme qui voit tout, qui voit les autres hommes comme les voit Dieu, ou le Diable : comme les acteurs d'une comédie : « Ces sublimes acteurs jouaient pour moi seul, et sans pouvoir me tromper. Mon regard est comme celui de Dieu, je vois dans les cœurs. Rien ne m'est caché »[163]. Grandet, Gobseck semblent être les avatars de celui que, par Emile interposé, Balzac appelle « le rude goguenard »[164], Dieu le Père, mais Dieu dont certains caractères, vus de notre planète, ressemblent fort à ceux du diable. Il n'est meilleur goguenard que Dieu le Père, créateur humoriste[165], lui qui ne se complaît pas exclusivement dans le mal comme le fait le Diable, mais qui laisse à l'homme la liberté de s'aveugler et de faire son malheur, y compris la liberté de se tromper sur son compte et de le prendre pour le Diable, s'il ne prend pas conscience de l'ensemble du réel.

Dieu est un « rude goguenard » pour celui qui est devenu sceptique, d'un scepticisme sans vitalité ni ressort, à la « vue » d'un monde absolument désenchanté. De ce monde vidé, ayant perdu la richesse de ses contraires inconciliables, monde sans foi pour qui manque de foi, deux œuvres témoignent éloquemment : L'Elixir de longue vie et La Peau de chagrin. L'Elixir de longue vie, paru dans la Revue de Paris, le 24 octobre 1830, « fait apparaître certains des thèmes de la proche Peau

---

161. *Eugénie Grandet*, t. III, p. 1175.
162. *Gobseck*, t. II, p. 1006.
163. *Ibid.*, p. 176.
164. Emile évoque devant Raphaël de Valentin « les tempéraments que nous a donnés le rude goguenard à qui nous devons le patron de toutes les créatures », c'est-à-dire Dieu (*La Peau de chagrin*, t. IX, p. 118). Balzac recourt, d'autre part, à l'expression « rude goguenard » pour désigner de Marsay et ses cyniques comparses : « un de ces rudes goguenards qui se plaisent dans le mal comme les femmes turques dans le bain » (*Le Cabinet des Antiques*, t. IV, p. 1023).
165. Pierre CITRON évoque à ce propos *Le Quatuor d'Alexandrie* de Lawrence DURRELL « où l'écrivain Pursewarden est l'auteur d'une trilogie intitulée 'Dieu est un humoriste' » (t. IX, p. 1272, n. 2 à la p. 118). Nous trouvons aussi quelques échos de cette façon de voir Dieu dans *Le Soulier de satin* ou dans le Dieu paradoxal de G. K. CHESTERTON (cf. *Le nommé Jeudi* ou *La sphère et la croix*).

de chagrin », comme l'écrit Pierre Barbéris[166]. Dans ces deux œuvres, la découverte du monde prend la forme de la désillusion, du « désenchantement » : le tragique ou la raillerie rendent compte pareillement de l'impossibilité de toute foi, de la généralisation du doute : « Plus il vit, plus il douta »[167]. Don Juan Belvidéro, au terme de son enquête sur le monde et la vie, peut bien se dire : « Quelle froide plaisanterie ! [...] Elle ne vient pas d'un dieu »[168] ; donc elle vient du Diable. Celui qu'Emile appelle « le rude goguenard » ressemble beaucoup plus au Diable qu'à Dieu. Mais il y a un doute, c'est-à-dire non pas la certitude du désenchantement et de l'incroyance, mais l'ouverture au champ du possible et au jeu des contraires. Emile témoigne de cette ouverture, dans *La Peau de chagrin*, au même titre qu'Aquilina ou que la fête champêtre de la fin[169]. L'ambivalence de l'antiquaire, qui laissait entière la liberté de ne voir du goguenard que sa face noire, est la garantie d'un monde plein de contrastes, riche de couleurs opposées et se remettant ainsi en question dans un mouvement perpétuel[170].

Rire équivoque, rire muet, malice calme, autant d'expressions de la divinité cynique telle qu'elle est perçue de l'extérieur, dans l'ambivalence, sans que soit divulgué le secret. Telle est la forme de l'Etre, du Réel que Balzac vise à écrire, entre 1830 et 1833. Le Réel, dans sa totalité, ne peut se résoudre en doctrine ni en images simples. Si Dieu il y a, c'est un Dieu mal pensant ; si Diable il y a, c'est aussi un farceur. Ni le réel, ni Dieu, ni le Diable ne peuvent être écrits que sous des traits contrastés, sinon contradictoires : jamais donnés d'avance, toujours prêts à se retourner, à changer de cap et de signe.

On retrouve les mêmes caractères dans tous les avatars de la pensée diogénique que propose *La Comédie humaine*, de 1834 à 1847. De 1834 à 1847, c'est Vautrin, dont le cas devra être examiné à part. De 1839 à 1845, c'est Claude Vignon, dans *Béatrix* ; en 1839, Capraja dans *Massimilla Doni* ; de 1843 à 1847, Contenson dans *Splendeurs et misères* ; enfin, en 1844, dans *Les Paysans*, Fourchon. Vautrin arbore un sourire à la fois « goguenard et diogénique »[171]. Claude Vignon manifeste une « insouciance diogénique »[172]. Capraja est qualifié de « Diogène passif »[173].

166. *Balzac et le mal du siècle*, t. II, p. 1336.
167. *L'Elixir de longue vie*, t. XI, p. 486.
168. *Ibid.*
169. Entre autres contrastes qui disent l'amplitude du spectre « comique », Emile était « franc et rieur », « fanfaron de cynisme et simple comme un enfant » (*La Peau de chagrin*, t. X, p. 94), Aquilina est comparée à une « tragédie de Shakespeare, espèce d'arabesque admirable où la joie hurle », qui sait « rire comme un démon » (*ibid.*, p. 114), mais qui est « l'âme du vice » (p. 114) ; la « fête de village » met en scène « les petits enfants » qui « se rigolaient » et les « vieilles femmes » qui « parlaient en riant » (p. 286).
170. Divers traits contrastés forment la figure double de l'antiquaire, aussi bien Dieu que Diable : « large front ridé »/« petits yeux verts », « tranquillité lucide d'un Dieu qui voit tout ou la face orgueilleuse d'un homme qui a tout vu », « belle image du Père Eternel ou le masque ricaneur de Méphistophélès », « tout ensemble une suprême puissance dans le front et de sinistres railleries sur la bouche » ; enfin, rassemblant le tout, « malice calme » (p. 78).
171. *Le Père Goriot*, t. III, p. 133.
172. *Béatrix*, t. II, p. 723.
173. *Massimilla Doni*, t. X, p. 581.

Contenson a une « attitude diogénique »[174]. Fourchon est présenté comme
un « Diogène campagnard »[175]. Comme les figures du rire équivoque, tous
ces « diogéniques » conjuguent une connaissance souveraine, une vision
rieuse et une apparence informulable, multiple et intriguante.

Un autre caractère commun aux « diogéniques », c'est « l'insouciance ». Parmi les caractéristiques de cette « insouciance » figure cette
définition que Balzac proposait pour le diogénisme de Schmucke : « Il
n'avait point honte de son désordre »[176]. Ce Schmucke qui dépare quelque
peu dans le lot des « diogéniques » par l'absence des caractères les plus
courants nous alerte cependant sur ce point et nous mène à préciser
encore davantage les formes que peut prendre cette manière de laisser-
aller. Chez Contenson, c'est l'incapacité de se plier aux formes du respect[177].
Chez Claude Vignon, c'est, selon le cas, « irrésolution », absence d' « énergie
continue » ou d' « activité créatrice »[178]. La paresse se lit dans les jeux de
Fourchon[179]. Quant à Capraja, sa passivité a déjà été signalée[180].

Il ne manque en somme que l'énergie à tous ces représentants du
groupe diogénique pour rejoindre dans le mauvais esprit et dans l'ambivalence rieuse les grandes figures du premier groupe. Le seul qui ne soit
pas atteint d'insouciance, à moins d'étendre le sens du terme jusqu'à
l'anarchie, c'est Vautrin. Il n'est guère que lui pour combiner connaissance et action. Faut-il dire qu'il est le seul à être à la fois « diogénique »
et « goguenard » ? Comme l'écrit Max Milner, Vautrin « réalise cette
synthèse du savoir et du vouloir, de la connaissance et de l'action qui
est interdite à tout autre personnage de *La Comédie humaine* »[181]. Sans
doute, les paroles que Balzac lui prête sont-elles celles d'un homme qui
cherche à se substituer à Dieu : « Je ferai vouloir le bon Dieu », dit-il[182].
« Mais il s'agit d'un assassinat […] Il crée donc des actions, les seules
actions qui ne puissent avoir Dieu pour cause, des actions mauvaises »[183].
Son modèle est Satan, « le singe de Dieu »[184]. Vautrin est faussaire. Il
est faussaire encore, quand il prétend : « Je suis ce que vous appelez
un artiste... Je suis un grand poète. Mes poésies, je ne les écris pas, elles
consistent en actions et en sentiments »[185].

Tel est le paradoxe : le poète Balzac, auteur de romans, et démontrant
par l'exemple de Vautrin le rôle du Diable, du mal dans la création,
mais, en même temps, faisant tenir à Vautrin, assassin diabolique, des
propos qui tendent à le faire parler comme un créateur de fiction, un
poète, lui homme d'action. Echange interne, en miroir, avec le processus
vécu par le romancier. Le poète, et particulièrement le poète comique,

174. *Splendeurs et misères des courtisanes*, t. VI, p. 523.
175. *Les Paysans*, t. IX, p. 71.
176. *Une fille d'Eve*, t. II, p. 363.
177. *Splendeurs et misères des courtisanes*, t. VI, p. 523.
178. *Béatrix*, t. II, p. 723.
179. *Les Paysans*, t. IX, p. 71.
180. *Massimilla Doni*, t. X, p. 581 ; cf. *supra*, p. 256.
181. Max MILNER, La poésie du mal chez Balzac, *AB 1963*, p. 331.
182. *Le Père Goriot*, t. III, p. 144.
183. Max MILNER, art. cit., p. 330.
184. *Ibid.*, p. 332.
185. *Le Père Goriot*, t. III, p. 141.

unit connaissance et action : il est poussé à créer par la révélation du mal, connu, vécu, et qui se retrouve au cœur de l'œuvre, dans sa thématique. Ce mal est nécessaire à la création, mais il est, en même temps, émoussé par la création même. L'œuvre, à l'inverse de la vie, le rend inoffensif. Vautrin poète ? Oui, mais poète nocif, ce qui est contradictoire. Du créateur, Vautrin possède le don de l'action, mais de l'action qui fait le mal. Balzac satanique ? Oui, mais un Satan inoffensif : l'action du créateur ne fait pas le mal ; elle le mime sans le faire. La création balzacienne rejoint la leçon des Diogènes « insouciants », contemplateurs du mal et qui rient d'un rire vraiment double. Avec les rires ambivalents, le contact avec le mal s'est trouvé médiatisé, comme il l'est dans toute création comique. Le rire nous a signalé le caractère double, la bâtardise qui renvoient à l'idée de l'art.

Tout au long de ce chapitre sur le jeu et le double jeu, se sont posés les problèmes de la relation entre le Diable et le rire, entre le double et le rire. Au fond du rire balzacien se perçoit le tragique, et le risque est constant du basculement de tout rire dans ce sentiment tragique de la vie. De la même façon, la connaissance des choses telles qu'elles sont, la découverte de l'absurde, introduit dans le rire ce grincement et ce ricanement qui entraînent toutes choses dans le maëlstrom de la désespérance infernale. Si, en revanche, le laid, le mauvais et le scabreux disparaissent du champ de vision, le beau idéal tue le rire ou se fait tuer par lui. « *Tragisme* », *diabolisme*, *angélisme*, autant de menaces mortelles pour le rire, et pourtant le rire entretient avec tous ces secteurs des relations étroites, sous peine d'abandonner son pouvoir de mise en question, de dépassement et de régénération. Or nous avons découvert dans *la pensée rieuse* une mise en question de l'univocité tragique aussi bien que de l'angélisme idéaliste[186]. Et ce que nous avons appelé *le rire du réel* a mis en valeur la double orientation de l'univers balzacien où la conscience rieuse du mal se complaît dans son inaction, tandis que le mal poursuit son action dévastatrice. L'œuvre romanesque écrit le monde et l'homme en accord avec la vision humoristique, jamais révélée, toujours poursuivie, vivant de son énigmatique ambivalence, qui est celle de la trinité suprême du *réel* balzacien : celle de l'antiquaire, de Grandet, de Gobseck. *La Comédie humaine* ne cesse d'en monnayer le message. Le pouvoir de contestation joyeuse où se relaient l'espérance et le mauvais esprit reste fidèle à l'idée d'une création divine stimulée par le Diable. Le diable Vautrin communique à l'ensemble son infatigable énergie créatrice, cependant que l'insouciance diogénique permet le désinvestis-

---

186. Un roman récent s'inscrit dans la même ligne que le roman balzacien dans son refus de l'angélisme abusivement réducteur : « La domination du monde, comme on le sait, anges et démons se la partagent. Pourtant, le bien du monde n'implique pas que les anges aient l'avantage sur les démons [...], mais que les pouvoirs des uns et des autres soient à peu près en équilibre. S'il y a dans le monde trop de sens incontestable (le pouvoir des anges), l'homme succombe sous son poids. Si le monde perd toute signification (le règne des démons), on ne peut pas vivre non plus » (Milan KUNDERA, *Le livre du rire et de l'oubli*, p. 74). Aux rires de *Sarrasine* peut s'appliquer ce passage : « Et le diable regardait rire l'ange, et il riait d'autant plus, d'autant mieux et d'autant plus franchement que l'ange qui riait était infiniment comique » (p. 75).

sement joueur. La liaison entre l'esprit Vautrin et l'esprit diogénique provoque la mise en route d'une création où la bouffonnerie et l'esprit satanique jouent l'un avec l'autre dans un va-et-vient incessant et créateur. Ainsi se trouve mis en train un « rire provoqué par le personnage diabolique » et qui « n'est ni frivole ni teinté de mélancolie, comme celui de Melmoth, mais subversif et décapant, mettant à nu l'envers des choses et ne respectant, en conséquence, aucun tabou ni aucune hiérarchie, bref très semblable à celui du bouffon »[187]. Le mauvais esprit confère au jeu balzacien sa force, le garantit de toute futilité, mièvrerie ou insignifiance. Le sens du double, du dialogisme incessant, préserve sa « vertu critique et destructrice » de s'abîmer dans un romantisme réducteur[188].

III. LE JEU CRÉATEUR

Tout dans *La Comédie humaine* peut se changer en son contraire, tout existe ensemble. La mort et la faute percent sous le bonheur et la vertu : vision tragique et cocasse. Toute quiétude est menacée, le mieux est l'ennemi du bien et le pire n'est pas toujours sûr. Ainsi toute doctrine, même de l'inquiétude, apparaît comme réductrice et se trouve, de ce fait, menacée. Ce qui pourrait être une leçon de scepticisme débouche sur l'invention et la mobilité. C'est l'artiste qui est le plus sûr gardien de cette loi dynamique. Balzac le déclare pour son compte avec netteté, avant confirmation éclatante par son œuvre. Cette œuvre, affirme Balzac dans sa lettre-programme du 26 octobre 1834, « gagne en spirale les hauteurs de la pensée »[189]. Spirale balzacienne qui se situe bien dans la ligne de celle de Vico[190]. De surcroît, *La Comédie humaine* se présentera comme un palais sur les bases duquel Balzac, « enfant et rieur », aura tracé, autre métaphore du courbe et du mobile, « l'immense arabesque des *Cent Contes drolatiques* »[191]. Le rire fait corps avec cette vocation à l'invention : il la signale et la suscite, signale celle de l'écrivain et suscite celle du lecteur. Le rire lance ce *perpetuum mobile*, qui l'entraîne à son tour. Nous proposerons quelques exemples révélateurs de cette démarche,

187. Max MILNER, Le diable comme bouffon, *Romantisme*, n° 19, 1978, p. 3.
188. Le « diable » balzacien est donc en rupture avec ce diable des romantiques français tel que le définit Max MILNER (*ibid.*, p. 8) : « Bouffon décorporéisé [...], lorsqu'il se mêle de faire rire, (il) ne peut y parvenir que par la vertu d'un pur regard qui transfère sur l'autre, c'est-à-dire sur le monde de l'être ou de ce qui se fait passer pour tel, le vide dont il est lui-même constitué. Son milieu n'est pas le carnaval, dont le bouffon est partie prenante à ses dépens et dont il transporte auprès des grands le rappel salutaire, mais le spectacle, c'est-à-dire le lieu où règnent la distance et le désengagement. »
189. *LH*, t. I, p. 270.
190. La spirale fut, écrit Roland Barthes, « introduite par Vico dans notre discours occidental ». « Sur le trajet de la spirale, toutes choses reviennent, mais à une autre place, supérieure : c'est alors le retour de la différence, le cheminement de la métaphore ; c'est la Fiction » (Roland BARTHES, *Roland Barthes*, p. 92). Cf. Paul HAZARD, *La pensée européenne au XVIIIe siècle de Montesquieu à Lessing*, Boivin, 1946.
191. *LH*, *ibid.*

qui se ventilent selon plusieurs chefs. *La Rabouilleuse, Sarrasine* montrent
la liaison des deux thèmes du rire et de l'invention. Toute la série des
personnages doués de verve marque l'étroitesse des liens qui assurent
le synchronisme de l'invention verbale et du rire : certains, non-artistes
selon leur état civil dans *La Comédie humaine*, sont alors promus mythes
et figures de l'artiste. Certains personnages ou certains rythmes d'apparition des rires sont plus particulièrement porteurs de la révélation du
Mobile créateur. Enfin le rire organise avec d'autres rires des échos, des
modulations qui valent davantage par ce jeu et par celui de leurs timbres
que par leur contenu proprement dit : le rire contribue à l'instauration
d'une écriture musicale.

L'art, la gaieté et le comique

● La gaieté de l'artiste

L'apparition du rire et du comique, dans *La Rabouilleuse*, qui est
le plus shakespearien, avec *La Cousine Bette* et *Splendeurs et misères*,
de tous les romans de Balzac, est concomitante de l'apparition du thème
de l'art. Et le roman se clôt sur une plaisanterie qui ferme la boucle en
soulignant la menace qui pèse sur tout artiste.

En effet, au début du roman, c'est en voyant un élève faire sur le
mur la caricature d'un professeur que Joseph Bridau découvre sa vocation[192]. Après quoi, il est « l'objet de mille plaisanteries », il « essuya les
charges de l'atelier ». Mais, « après s'être bien moqués de lui, les élèves
furent frappés de sa persistance »[193]. Tout au long du roman, l'opposition
entre les deux frères Bridau, l'artiste et le diable, se lit dans l'opposition
entre les rires, nombreux et joyeux, de Joseph et le rire, unique et satanique, de Philippe.

Le sort, rieur en ce roman, favorise l'artiste : Philippe vole la copie
en croyant voler l'original. Dans le premier tiers du roman, tous les rires
sont des rires d'artistes et ils mettent en relief les valeurs de l'art. C'est
avec ce groupe des rires du début que joue le dernier rire du roman, qui
est un rire de Joseph : « Par suite d'une clause de l'érection du majorat
[Joseph] se trouve comte de Brambourg, ce qui le fait souvent pouffer
de rire au milieu de ses amis, dans son atelier »[194]. C'est un rire qui entre
en consonance avec les calembours (proverbes retournés) dont Léon
de Lora a la spécialité : « *Les bons comtes font les bons habits.* » Ton sur
ton, plaisanterie sur rire. Mais surtout, dans ce grand roman sur la destinée, le déterminisme, le hasard, où vraiment « qui perd gagne » à condition d'être mené par le vent de l'art, « le vent de l'éventuel », grâce qui
souffle où elle veut, la conclusion appartient à Mistigris. Le rire de Bridau,
en toute bonne leçon esthétique, ne doit pas être considéré comme une
fermeture conclusive, mais comme un appel, comme une leçon ouverte.

192. *La Rabouilleuse*, t. IV, p. 289.
193. *Ibid.*
194. *Ibid.*, p. 540.

Mistigris « répondit à Joseph à propos de la modestie avec laquelle il avait reçu les faveurs de la destinée : Bah ! *la pépie vient en mangeant* »[195].

La boucle de l'art qui rit, du rire esthétique, est fermée, mais, arabesque, c'est une boucle qui s'ouvre de nouveau à un avenir, en l'occurrence à une menace. Car cet amour de l'art, rieur, est toujours menacé. S'il mentait à son sens du néant, du hasard, et de la trouvaille, et du risque de l'absence de trouvaille, bref s'il se complaisait en lui-même, il se scléroserait, mentirait à lui-même et s'annulerait.

Contre-épreuve : Sarrasine, sculpteur dont la passion pour le beau idéal a tellement rompu, par idéalisme, avec le réel, qu'il meurt victime du retour du réel. Sarrasine, en perdant le contact avec la réalité rieuse, est perdu pour l'art vivant, c'est-à-dire piquant, granuleux, irrégulier. Il ignore la mue normale de l'artiste intégrant à la pratique de son art ses pulsions, ses fantasmes, régressions ou transgressions. Son art est resté coupé du réel dans sa complexité foisonnante, alors qu'il aurait pu être un facteur de composition entre le réel multiple et les rêves de simplicité et d'unité, dans une invention faisant au moins sa part à la gaieté : nous avons signalé ses deux rires d'esprit fort, signe d'un esprit de sérieux sans indulgence ni humour. Pas plus que l'Ajax de Sophocle analysé par Starobinski[196] Sarrasine ne peut supporter le rire d'autrui, qui véritablement l'aliène : « Rire, rire ! Tu as osé te jouer d'une passion d'homme, toi ? »[197].

On peut se demander comment Balzac juge l'œuvre sculptée par Sarrasine. Elle est en tout point conforme aux normes du *beau idéal*, souvent encensé par Balzac, sous les auspices de Raphaël[198], alors que l'esthétique balzacienne dément à tout instant ce modèle. Dans l'art idéalisé, le tragique est annulé plutôt que maîtrisé et c'est en vain qu'on y chercherait la tension entre des contraires, en particulier celle qu'expriment le cocasse et l'équivoque.

● *La gaieté créatrice*

D'autres figures que celle de l'artiste rendent compte de la liaison entre gaieté et invention, mais elles sont généralement symboliques de l'art. Ainsi en va-t-il de certaines figures de courtisanes, la plus typique étant Esther, déjà signalée en matière de « jeu »[199].

Le portrait de la Torpille par Lousteau résume l'esthétique balzacienne, esthétique inspirée/inspirante, esthétique du rire et de l'instant. En effet, « la Torpille sait rire et fait rire » et les onomatopées dont elle a le secret sont « les mieux colorées et les plus colorantes »[200]. L'idée de la création (« fait rire », « créer le rire et la joie ») est présente dans toute la

195. *Ibid.*, p. 541.
196. Jean STAROBINSKI, *Trois fureurs*, p. 43-47.
197. *Sarrasine*, t. VI, p. 1073-1074.
198. Selon l'Index d'Anne-Marie MEININGER (Pléiade, t. XII), Raphaël est évoqué plus de 130 fois. Sur les relations de Balzac avec Raphaël, on peut consulter Pierre LAUBRIET, *L'intelligence de l'art chez Balzac*, en particulier p. 392-395 et 428-430.
199. Cf. *supra*, p. 244-245.
200. *Splendeurs et misères des courtisanes*, t. VI, p. 442.

page : « Cette femme est le sel chanté par Rabelais et qui, jeté sur la Matière, l'anime et l'élève jusqu'aux merveilleuses régions de l'Art : sa robe déploie des magnificences inouïes, ses doigts laissent tomber à temps leurs pierreries, comme sa bouche les sourires ; elle donne à toutes choses l'esprit de la circonstance ; son jargon pétille de traits piquants ; elle a le secret des onomatopées les mieux colorées et les plus colorantes [...] »[201].

La mise en œuvre de cette inspiration se lit en mainte scène de *Splendeurs et misères*. On peut suivre le jeu d'Esther dans toute la souplesse de son invention, sa façon de se dépenser personnellement ou de s'effacer, de mêler la familiarité et la psychologie la plus subtile, pendant toute la scène avec Mme du Val-Noble, où Esther fait parler celle-ci de son « Anglais »[202]. Dans la première moitié de la scène, Mme du Val-Noble assène régulièrement à Esther ses « ma chère »[203] qu'Esther lui retourne pour finir, parodiquement[204]. Les sourires et les rires nous alertent sur une mine, un sous-entendu, et Esther ne se prive pas d'en faire pour être bien dans son rôle de « fille » avec une consœur, mais on discerne le rôle, tenu à distance, jamais vulgaire[205]. Balzac a ajouté dans Furne certaines de ses trouvailles, dignes de l'esprit d'un moraliste classique : « — Quand il t'a laissée sans le sou, c'est ce qui t'a fait connaître les désagréments du plaisir »[206]. Ses comparaisons témoignent de son style : « — C'est comme ces gens dont les fenêtres sont sales à l'extérieur, dit Esther, et qui du dedans voient ce qui se passe dehors... »[207].

Tout le pétillement dont Balzac anime Esther montre à quel point le personnage de sa courtisane alimente sa verve. C'est en Esther que le jeu des diverses facettes de la comédie brille du plus grand nombre de feux : feux de mots qui, à tous les niveaux du langage, du plus bas au plus élevé, s'allument comme autant de feux de joie où pétille l'invention. Il n'est plus possible, ici, de distinguer la cause et l'effet, la forme et le contenu. Dans la gaieté inventive d'Esther s'exprime une logique créatrice : l'oubli de soi et la présence à soi qui mettent le créateur à la pointe de son génie sont réactivés par le personnage d'Esther dont la situation tragique ne cesse d'être présente en une gaieté qui paraît l'oublier.

● « *Verbe, verve* »[208]

C'est un processus de verve qui se trouve enclenché dans le cas d'Esther. Le propre de toute verve est de paraître intarissable, d'être, comme l'écrit Balzac à propos de La Palférine, « inépuisable »[209]. En

201. *Splendeurs et misères des courtisanes*, t. VI, p. 442.
202. *Ibid.*, p. 654-657.
203. Il y en a 5 en 2 pages (p. 654-655).
204. « — Et l'on nous envie, ma chère ! fit Esther » (p. 656).
205. « — Comment, pas d'égards ? dit Esther en souriant » [...] « — Dans aucune situation ? dit Esther » (p. 654).
206. *Ibid.*, p. 657.
207. *Ibid.*
208. Paul CLAUDEL, *Journal*, novembre 1953 (Bibl. de la Pléiade, t. II, p. 849).
209. *Un prince de la bohème*, t. VII, p. 810.

elle se manifestent tous les pouvoirs de l'imagination créatrice, de l'esprit d'invention. La verve n'est pas forcément comique, mais c'est dans le comique qu'elle culmine.

Fécondité et puissance sont les caractères que possèdent en commun toutes les formes de la verve rencontrée dans *La Comédie humaine*. On y trouve aussi force de tempérament et don de l'improvisation, c'est-à-dire les qualités maîtresses du Neveu de Rameau, homme-orchestre à la « vigueur de poumons peu commune »[210]. Combien de personnages où le geste s'enchaîne au geste dans un jaillissement mimique sans cesse renouvelé, où le mot engendre le mot, selon une autogenèse toute diderotesque !

Cette verve est en elle-même tout un art ; Balzac la prête souvent à des artistes, au poète, au peintre, au musicien[211]. Dans les mêmes termes que ceux de Balzac parlant de Pons, Balzac fait célébrer par Pons la beauté de l'éventail de Watteau[212]. A l'article de la mort, « sa verve d'artiste, son intelligence d'élève de l'Académie de Rome, toute sa jeunesse lui revint pour quelques instants »[213]. La verve se retrouve dans le retour à la source.

Pour qualifier en général la verve et la grâce des gens du monde, Balzac les dit « tout artistiques »[214]. Or, ce qui rapproche gens du monde, artistes et autres tenants de la verve, plus encore que le geste, le don mimique, c'est la création par le verbe, et particulièrement par le verbe oral. Ce point rapproche Gaudissart et Gazonal, Bixiou et La Palférine, Lousteau et Canalis. Proche du *capriccio*, de la fantaisie, cette verve verbale a pouvoir de séduction. Née de l'humeur, elle a une grande force d'attaque, mais, créatrice, elle dépasse ses objectifs immédiats dans la fiction pour imposer au lecteur l'au-delà d'une visée esthétique. Canalis déploie devant Modeste Mignon « sa verve et ses grâces »[215] ; il met à sa justification une « telle verve de plaisanterie, une passion si spirituellement exprimée » que Modeste la savoure comme un « concerto [...] admirablement exécuté *sur un thème connu* »[216] : tempo dont bénéficie la phrase. C'est en parlant de la « sainte guillotine » que l'imagination métaphorique du portier Médal manifeste et communique son pouvoir de

---

210. Sur Balzac et *Le Neveu de Rameau*, cf. Thierry Bodin, « Le Neveu de Rameau » et « Les Paysans », *AB 1968*, p. 414-422. Arlette Michel suggère opportunément le rapprochement Diderot-Rabelais dans l'esprit de Balzac (*Le Mariage...*, p. 921, n. 49 et p. 928, n. 58). On peut lire aussi René Guise (t. X, n. 3 et 4 à p. 416 du *Chef-d'œuvre inconnu*).

211. La verve du sculpteur Stidmann va de pair avec les « gerbes de la plaisanterie parisienne » (*La Cousine Bette*, t. VII, p. 257). Du *Mosé* de Rossini, Balzac dit : « Jamais Rossini n'a rien écrit [...] d'une si forte verve » (*Massimilla Doni*, t. X, p. 597). « Impossible, ajoute-t-il, d'avoir plus d'esprit dans les détails et plus de grandeur dans l'effet général » (*ibid.*, p. 604).

212. Devant l'éventail, Pons retrouve « la verve du vieil artiste », se livre à une « admirable pantomime » et s'écrie : « Quelle verve ! quel coloris ! » (*Le Cousin Pons*, t. VII, p. 514.

213. *Ibid.*, p. 724.

214. *Autre étude de femme*, t. III, p. 675.

215. *Modeste Mignon*, t. I, p. 652.

216. *Ibid.*, p. 659.

création. La guillotine est « le rasoir national, la veuve de l'aristocratie »[217]. Cette force de l'image, due à une « langue énergique », « anti-littéraire »[218], fait écrire à Balzac : « le père Médal fut plein de verve »[219]. L'esprit de la satire fait l'essentiel de la « verve d'athée » de Desplein[220] ; c'est lui qui inspire Emile, « critique hardi, plein de verve et de mordant »[221], et c'est grâce à la « verve où il était » que Lucien « fit à petites plumées l'article terrible promis à Blondet contre Châtelet et Mme de Bargeton »[222]. Mais, pour survivre à l'instant, pour garder le sel précieux de l'oralité, cet écrit polémique doit manifester nouveauté, paradoxe, imagination. C'est le cas de Lucien, à ses débuts : dans la phase de préparation de son article, Lucien « de sanglant et âpre critique, de moqueur comique [...] devint poète [...] »[223]. C'est la phase de la verve, inventive, contrastée, mobile. Lorsque, apparemment ressuscité, il se livre, dans la troisième partie d'*Illusions perdues*, à son vieux démon de la satire, sa propre défaite est proche : « Lucien, devenu le héros d'un cercle, fut mis par la comtesse sur la vie de Paris dont la satire fut improvisée avec une verve incroyable et semée d'anecdotes sur les gens célèbres, véritables friandises de conversation dont sont excessivement avides les provinciaux »[224].

Pour rester fidèle à sa vocation créatrice, la verve, même sarcastique, doit rester suffisamment lunaire, poétique. On s'en rapproche davantage avec Bixiou et son schéma clownesque : « misanthrope bouffon à qui l'on connaît le plus de verve et de mordant »[225], bourreau, mais Pierrot.

Mais le comique dans cette verve ? C'est ensemble que verve et comique s'atrophient dans le cas de Lucien : pas de vraie verve ni de vrai comique, parce que Lucien se met tout entier dans son exercice épigrammatique. Chez un Bixiou ou un Emile (Blondet), le double est le garant de la tension créatrice. Emile était « fanfaron de cynisme et simple comme un enfant »[226]. Bixiou était « en verve à minuit dans la rue », mais aussi il était « sombre et triste avec lui-même »[227].

Selon Balzac, cette dualité caractérise « la plupart des grands comiques »[228], terme qui désigne, au premier chef, la valeur dramatique, l'aspect théâtral, la vocation à la comédie. On assiste ici à un transfert métaphorique sur le théâtre de toute invention, imagination mouvante et créatrice[229]. Théâtre et roman, dans le jeu comique, s'interpénètrent.

217. *Le Théâtre comme il est*, t. XII, p. 590.
218. *Ibid.*, p. 589.
219. *Ibid.*, p. 590.
220. *La Messe de l'athée*, t. III, p. 391.
221. *La Peau de chagrin*, t. X, p. 93.
222. *Illusions perdues*, t. V, p. 462.
223. *Ibid.*, p. 461-462.
224. *Ibid.*, p. 679.
225. *La Maison Nucingen*, t. VI, p. 331.
226. *La Peau de chagrin*, t. X, p. 93.
227. *Les Employés*, t. VII, p. 976.
228. *Ibid.*
229. Fulgence Ridal est comparé à Molière (*Illusions perdues*, t. V, p. 316) ; Butscha a une divinité : l'intrigue (*Modeste Mignon*, t. I, p. 668) et Bixiou a l'art du mime (*La Maison Nucingen*, t. VI, 357-358).

Comme le souligne Pierre Citron, dans le récit de l'enterrement de d'Aldrigger, entre le sujet du texte et le texte lui-même s'opère une mise en abyme[230], redoublement comique. En effet, la mimique de Bixiou, telle qu'on peut l'imaginer, sans qu'elle nous soit jamais « montrée », est scénique et, à ce titre, « comique ». La verve comique, c'est la verve mimique de la comédie mimée par la verve verbale du roman.

Le texte du roman prend en charge toute « la verve de la comédie »[231], avec sa fantaisie et son don du mouvement. Ainsi, la scène du contrat, dans *Le Contrat de mariage*, offre une matière neuve à la verve de la comédie : « Jusqu'ici, cette scène a été négligée par les auteurs dramatiques, quoiqu'elle offre des ressources neuves à leur verve »[232]. Parmi les personnages de *La Comédie humaine*, la championne de la verve comique, c'est Florine. Elle sait tout, elle a tout connu, les hauts et les bas, le Pour et le Contre. Elle est actrice ; elle peut tout jouer, y compris « l'enfance » et « l'innocence »[233]. Elle n'écrit rien, mais cela ne la disqualifie pas pour la verve comique. Au contraire, elle se rattache ainsi à « l'insouciance » des meilleurs Diogènes. Nadja non plus n'écrit pas, inspiratrice de *Nadja*. Fulgence Ridal, qui a le génie de la comédie, se réserve le meilleur de son talent : il gardait « dans le sérail de son cerveau [...] les plus jolies scènes »[234]. Le verbe n'est pourtant pas absent de la comédie inventive que joue Florine, mais à la condition de demeurer dans l'oralité : « elle parlait tous les langages »[235]. Par la « danse échevelée de son entrain, de sa verve, de son mépris de l'avenir »[236], elle est, comme le chirurgien Desplein, une « héroïne de l'instant ».

Florine, la « rieuse », est championne de la verve et, par son exceptionnelle vitalité, elle est mythe et figure de l'art ; car cette « loi de la vie est celle de tous les arts qui n'existent que par leurs contrastes »[237]. C'est la verve comique qui signale, en attendant le Chef-d'Œuvre, la réussite de l'artiste « humain », en maintenant dans leur vivacité originelle les principes les plus ennemis. Ce rôle de la « verve comique » est du reste nettement défini dans *Pierre Grassou*. Pierre Grassou, le modeste copiste, est dépourvu de « cette verve comique à laquelle se reconnaissent les grands artistes »[238].

230. *La Maison Nucingen*, Introduction, p. 319.
231. *La Recherche de l'Absolu*, t. X, p. 660.
232. *Le Contrat de mariage*, t. III, p. 551. Ce texte date d'*épr. 6 var. post.* Sur le manuscrit, Balzac disait précisément « verve comique ».
233. *Une fille d'Eve*, t. II, p. 318.
234. *Illusions perdues*, t. V, p. 316. On songe encore au *Neveu de Rameau* : « Mes pensées, ce sont mes catins. »
235. *Une fille d'Eve*, t. II, p. 318.
236. *Ibid.*, p. 319.
237. *Ibid.*, p. 322. La relative est restrictive ; en effet, Balzac ajoute : « L'œuvre faite sans cette ressource est la dernière expression du génie, comme le cloître est le plus grand effort du chrétien. » Le comique est lié à la « bâtardise » et se situe dans cette position intermédiaire, en attente du « Chef-d'œuvre inconnu ».
238. *Pierre Grassou*, t. VI, p. 1096.

Le mouvement, l'infini et le comique

Il suffit des quelques pages sur Florine et sur son brillant désordre (ce désordre dont Félix agite l'épouvantail et qui fait reculer Marie de Vandenesse) pour que tout le roman, *Une fille d'Eve*, trouve son rythme, son éclat et sa mobilité. Dès lors, autour de l'axe tout simple de la fable, se mettent à tournoyer les couples du tragique et de la gratuité, de la dérision et de la joie, en un immense jeu de qui-perd-gagne. Cette idée d'un art mobile, de l'art comme lieu du mobile, s'est développée de 1750 à 1850, de Diderot à Balzac, avant de retrouver une fortune nouvelle au début du XXe siècle, quand les idées nietzschéennes se sont répandues. C'est dans le dionysiaque des terres lointaines, dans la mythologie de l'enfance d'outre-mer que des poètes comme Segalen ou Saint-John Perse ont trouvé le support à l'invention d'un discours poétique où le mobile, le tragique et la joie tournoient en une musique nouvelle[239].

Ce mouvement de poursuite, cette poésie du mobile, créateurs de formes neuves, mettent en œuvre une poétique qui est originale en ce qu'elle a le rire pour support. Cinq œuvres illustrent cette poétique : *La Maison Nucingen* (1838), *Un prince de la bohème* (1840-1844), *Splendeurs et misères des courtisanes* (1833-1847), *Un homme d'affaires* (1844), *Les Comédiens sans le savoir* (1846). Œuvres de la seconde moitié de la carrière de Balzac, et même plutôt de la fin ; œuvres ne dépassant pas la taille de la nouvelle dans 4 cas sur 5 ; œuvres qui toutes figurent dans les *Scènes de la vie parisienne*. On pourrait se demander pourquoi pas *Gaudissart II*, nouvelle du genre sketch, adoptant le ton de la conversation, parisienne par son sujet, brillante, « mousseuse », pour reprendre l'esprit d'une remarque de Maurice Bardèche sur *Un prince de la bohème*[240].

---

239. Selon Henry AMER (Postface aux *Immémoriaux*, coll. 10/18, p. 359), c'est dans le taoïsme que Segalen a trouvé « la vision ivre de l'univers ; d'une part la pénétration à travers les choses lourdes et la faculté d'en voir à la fois l'envers et le revers, d'autre part la dégustation ineffable de la beauté dans les apparences fuyantes ». A la fin de *Peintures magiques*, SEGALEN écrit : « Tout est un. Deux n'est pas deux. Tout danse, tout pétille : tout est prêt à se rouler en spirale (comme le grand vent de l'univers) » (cité *ibid.*, p. 360). Même dionysisme dans l'ouvrage récent de Roger GARAUDY, *Parole d'homme*. L'auteur, qui a tourné un film, *Dionysos noir*, écrit à propos de la peinture de Ludmilla Tcherina, où il retrouve certains échos de ce dionysiaque : « [...] elle peint le mouvement intérieur de la danse et de la tragédie » [...] « ce ne sont pas des corps qui se meuvent, mais des mouvements qui se cristallisent en figures, des forces qui engendrent des formes » [...] « Ce sont des mouvements archétypes de la vie, de l'amour, de la mort, tous les thèmes de l'ellipse, de la spirale, de la circonférence, de l'ovale ou de la sphère, dans lesquels seuls peuvent passer, sans y figer leur course, les trajectoires sans fin » (p. 27). On a pu noter au passage une expression proche de celle qu'a employée Jean-Pierre RICHARD à propos de Balzac, De la force à la forme, *Poétique*, n° 1, 1970, p. 10-24. Mais aucun texte n'exprime mieux le mariage balzacien de la vie et de la mort dans les courbes de l'arabesque et de la spirale que cette conclusion du *Fibrilles* de Michel LEIRIS : « Et il me semble aussi que c'est à ce moment-là que mariant vie et mort, ivresse et acuité de vue, ferveur et négation, j'ai embrassé le plus étroitement cette chose fascinante, et toujours poursuivie parce que jamais tout à fait saisie, que l'on croirait désignée à dessein par un nom féminin : la poésie » (p. 292).

240. Maurice BARDÈCHE, *Une lecture de Balzac*, p. 192. « Mousse de champagne », dit Maurice Bardèche à propos d'*Un prince de la bohème* et des autres œuvres de cette veine, qui sont « les *lazzi* de Balzac » (*ibid.*, p. 193).

Mais il manque à *Gaudissart II*, pour pouvoir figurer dans notre rubrique,
l'existence d'un personnage « comique », au centre du récit ou « auteur »
du récit. Toutes les œuvres que nous citons sont inextricablement tissées
de l'étoffe de tels personnages. Bixiou, Blondet, La Palférine sont déjà
toute l'œuvre. Celle-ci dépend beaucoup moins de l'anecdote en elle-
même que du ton, du rythme, du style du récit : la description d'une
fiction importe ici beaucoup moins que la considération d'une écriture.
Dire l'un de ces personnages, c'est dire le récit, au même titre qu'écrire
l'un avait été écrire l'autre. Il fallait dans tous ces cas-là créer un *tempo*,
généralement rapide, éblouissant, infernal, et ce *tempo* est lié à la mise
en œuvre d'une conversation dont le personnage-pivot est le principal
artisan, à une invention verbale dont ce personnage est la vedette.
Règnent alors sans partage l'esprit de circonstance, les charges, les « mots »,
y compris des « mots de la fin » qui, loin de se complaire et de se clore en
eux-mêmes, lancent l'ouvrage sur une piste onduleuse en un mouvement
perpétuel.

L'esprit des œuvres « orales » et « comiques » que nous regroupons
dans cette section pourrait être défini par la dédicace d'*Un prince de la
bohème* à Heine : « Mon cher Heine, à vous cette Etude, à vous qui représentez à Paris l'esprit et la poésie de l'Allemagne comme en Allemagne
vous représentez la vive et spirituelle critique française, à vous qui
savez mieux que personne ce qu'il peut y avoir ici *de critique, de plaisanterie, d'amour et de vérité* »[241]. Deux domaines s'opposent et s'interpénètrent à la fois : en chiasme, un domaine rationnel (« critique » et
« vérité ») et un domaine irrationnel (« plaisanterie » et « amour »).

Dans ce tournoiement entre des extrêmes qui s'opposent sans se nier,
dans ce dialogisme créateur, la place des personnages de la bohème est
capitale. La Palférine, Bixiou ou Esther font éclater le réel par leurs rires :
ou bien ils font faire l'expérience des limites en dépassant les bornes du
concevable, ou bien ils assurent, par la multiplicité de leurs métamorphoses, le couronnement de Protée.

● *La Palférine ou l'expérience des limites*

La mise en œuvre de la dédicace à Heine est assurée par La Palférine
et son « énorme bouffonnerie »[242]. La raillerie, en passant les bornes, fait
voir jusqu'où l'amour peut aller.

On sait que la série des mystifications que La Palférine fait subir à
Claudine culmine le jour où il lui dit son désir de voir la Croix du Sud :
« — Je te l'aurai, dit-elle. Là-dessus, La Palférine partit d'un rire homérique »[243]. Le jour où La Palférine eut une larme aux yeux, Claudine
tomba sur ses deux genoux et lui baisa la main ; « il la releva, prit son
grand air, ce qu'il nomme l'air *Rusticoli*, et lui dit : 'Allons, mon enfant,

---

241. *Un prince de la bohème*, t. VII, p. 807. C'est nous qui soulignons.
242. *Ibid.*, p. 816. Balzac parle exactement de « ces énormes bouffonneries qui
ont leur excuse dans l'audace même de leur conception ».
243. *Ibid.*, p. 837.

je ferai quelque chose pour toi. Je te mettrai... dans mon testament !' »[244].
La bouffonnerie devient énorme et se détruit elle-même en se dépassant,
toute proche de la « bouffonnerie aiguë » chère aux surréalistes. La Palférine, au centre de la bohème, est animateur, partenaire, symbole ; il a
le génie de la dérision, capable de faire rire jusqu'à son créancier, au
moins au début[245].

Claudine Du Bruel lui fait écho . l' « accord » est scellé par leur unisson
dans le rire : « 'Monsieur, j'aime la plaisanterie... — Et moi donc' dit-il.
Elle rit »[246]. Elle se révèle comme son double « en riant et en revenant à la
nature folle et capricieuse de la fille d'Opéra »[247].

Ainsi, La Palférine est partout ; il n'a pas de fin : sa verve est « inépuisable »[248]. Balzac construit, avec La Palférine, un personnage « également grand aux extrémités »[249] : il est « tendre et impitoyable ». Nulle
mesure, nul compromis : on est ici à la fine pointe de la raillerie. Non
seulement Balzac dit de La Palférine qu'il rappelle « la fine raillerie des
beaux jours de la monarchie »[250], mais tous les termes par lesquels Nathan
le qualifie lui confèrent les marques de l'infini, voire de l'absolu. Sa
verve, nous l'avons dit, est « inépuisable » ; son esprit et son malheur
sont « infinis »[251]. Sa vie est dégagée, « mais sans point d'arrêt »[252]. Il y a
en lui des forces vives, inemployées, une « imagination riante » et ce qu'il
y a en lui d'inassouvi et d'inquiet « ne s'analysant pas, ne se décrivant
point, mais se comprenant, [...] s'embraserait en flammes éparses et hautes
si l'occasion de se déployer arrivait »[253]. La Palférine pousse l'humour
jusqu'à la limite et même au-delà des limites, « sans point d'arrêt », au
point où se percevra l'amour sans limite.

● *Bixiou, Esther ou le couronnement de Protée*

Autres formes du mobile, le miroitement, le chatoiement, la multiplicité des reflets et des incarnations qui imposent la présence de Protée,
celui-ci prenant quelquefois dans *La Comédie humaine* les allures et le
masque de Fregoli[254].

Quelques traits de Frenhofer, théoricien de la Forme-Protée, permettent de voir comment ce mythe peut figurer l'art balzacien. Frenhofer

244. *Un prince de la bohème*, t. VII, p. 837.
245. *Ibid.*, p. 813.
246. *Ibid.*, p. 817.
247. *Ibid.*, p. 831. Addition sur épreuve 2, qui renforce l'unisson entre folie et
caprice.
248. *Ibid.*, p. 810.
249. *Ibid.*, p. 813.
250. *Ibid.*, p. 814.
251. *Ibid.*, p. 808.
252. *Ibid.*, p. 814.
253. *Ibid.*
254. Parmi les Protées déclarés, l'ouvrier de *La Fille aux yeux d'or*, t. V, p. 1044 ;
Rémonencq, *Le Cousin Pons*, t. VII, p. 574 (« c'est un Protée, il est dans la même
heure Jocrisse, Janot, queue rouge, ou Mondor, ou Harpagon ou Nicodème », p. 574-575).
Plus important, la Forme est un Protée, « bien plus insaisissable et fertile en replis
que le Protée de la fable » (*Le Chef-d'œuvre inconnu*, t. X, p. 418).

est « bizarre », il y a en lui « quelque chose de diabolique [...] et surtout ce *je ne sais quoi* qui affriande les artistes »[255]. Mouvement, intelligence, comédie, création, mauvais esprit, Protée peut apparaître comme le mythe central du Comique, figure de l'Art présent dans l'infini de ses métamorphoses.

Protée se coule dans les avatars de Tartuffe et chez les nombreux héros et héroïnes du mensonge, par exemple la duchesse de Langeais, avec « les teintes les plus chatoyantes » de son personnage[256]. Mais Protée est plus repérable encore lorsque coexistent mouvement et comique, chez les Bixiou ou les Esther.

Bixiou s'est imposé à toutes les étapes de notre enquête ; il est présent dans presque toutes nos rubriques, tant sa vocation est multiforme. Sa mimique et ses plaisanteries sont celles d'un clown, spécialiste des gambades et des cascades, héros du mouvement et de la métamorphose. Ainsi, dans *La Maison Nucingen*, il donne « son coup de pied à chacun » et « saut(e) sur toutes les épaules »[257]. Le narrateur précise « les fréquents *changements* de sa voix »[258]. Finot s'écrie : « — Le voilà *lancé* ! »[259]. Quand il mime l'enterrement de d'Aldrigger, ce qu'il fait entendre, c'est « le *mouvement* », le « *remuement* de pieds sur le plancher », le « bruit des gens qui *s'en vont* »[260]. Bixiou a le génie du mouvement. Celui qui lui donne la réplique est Blondet, « le plus séduisant de ces hommes-filles de qui le plus fantasque de nos gens d'esprit a dit : 'Je les aime mieux en souliers de satin qu'en bottes' ».[261] Blondet-danseuse face à Bixiou-homme orchestre : deux mobiles. Ils se redoublent si bien l'un l'autre, se dédoublent si bien l'un dans l'autre qu'un passage figurant d'abord dans la réplique de Bixiou est ensuite devenu une réplique de Blondet[262]. Clown, chef d'orchestre, acteur à l'inépuisable mimique, danseur : on le reverra, « avec une armure de plaisanteries toujours neuves »[263].

C'est la même nouveauté toujours renouvelée que Balzac célèbre dans le « *rat* » : « Un rat était une espèce de page infernal, un gamin femelle à qui se pardonnaient les bons tours. Le rat pouvait tout prendre ; il fallait s'en défier comme d'un animal dangereux, il introduisait dans la vie un élément de gaieté, comme jadis les Scapin, les Sganarelle et les Frontin dans l'ancienne comédie »[264]. Carabine et Esther font revivre dans la société d'aujourd'hui cet art de la métamorphose. Leurs noms, Carabine et La Torpille, disent la force, l'énergie, la dépense et la menace ; leur passé de rat survit dans leur mobilité, leur vitalité, leur gaieté. Carabine, qui est « une puissance », puisqu'elle « gouverne du Tillet »[265],

255. *Ibid.*, p. 414.
256. *La Duchesse de Langeais*, t. V, p. 935.
257. *La Maison Nucingen*, t. VI, p. 331.
258. *Ibid.*, p. 332. C'est nous qui soulignons.
259. *Ibid.*, p. 335. C'est nous qui soulignons.
260. *Ibid.*, p. 358. C'est nous qui soulignons.
261. *Ibid.*, p. 330.
262. *Ibid.*, p. 358 *d*, indication donnée par Pierre CITRON.
263. *La Cousine Bette*, t. VII, p. 405.
264. *Splendeurs et misères des courtisanes*, t. VI, p. 440.
265. *Les Comédiens sans le savoir*, t. VII, p. 1210.

et qui pourtant obéit à Mme Nourrisson[266], Carabine, enchaînée et libre, médiocre et géniale, dépend de la circonstance et la gouverne. On peut y voir une image de l'art, avec ses contraintes et ses métamorphoses. Mais la figure de l'art est sans doute plus nette encore dans le personnage d'Esther, à la mesure de son destin tragique : son don de la métamorphose confine au génie.

« Cette *créature* était une admirable *création*, le rêve des jours heureux »[267]. Donc non pas seulement une œuvre d'art, mais un principe créateur : Balzac joue sur les sens du mot *création*. Ce terme conserve si bien sa valeur active, inspiratrice et opératoire que, dans la conclusion de ce même paragraphe, on peut lire : « Lucien et cette femme appartenaient à la Fantaisie, qui est au-dessus de l'Art comme la cause est au-dessus de l'effet »[268].

Esther est le lieu d'une métamorphose : « Ils envièrent à Lucien le privilège sublime de cette métamorphose de la femme en déesse »[269]. Ses rôles comportent la mise en œuvre de son talent de Protée, grâce au « jeu des toilettes », à « la diversité des physionomies ». Ainsi, elle va être *à la fois* plusieurs couples : « à la fois le spectateur et l'acteur, le juge et le patient » et « *tour à tour* charmante et détestable »[270]. Ainsi devient-elle « la femme la plus spirituelle, la plus amusante ».

C'est dans la drôlerie que culmine ce génie de la transformation[271]. Toujours poursuivie, jamais atteinte, elle a une « légèreté de sylphide »[272]. A défaut de pouvoir vivre l'absolu qu'elle porte en elle (elle est « une femme animée par un véritable amour »[273]), elle donne une idée de cet inatteignable par la diversité géniale de ses métamorphoses. Esther apparaît comme le principe, l'âme, d'un roman de la transformation, du roman-Protée par excellence, où tout un chacun est Protée à quelque titre[274]. Elle est au centre du roman avec la pureté de son amour pour Lucien comme la Sanseverina est au cœur de *La Chartreuse de Parme* : c'est la même *allegria*, le même tragique, mais Balzac développe le thème au milieu des mille et un méandres représentatifs de l'intrigue et du monde[275]. Balzac a multiplié à l'envi péripéties et vicissitudes en une mécanique au train d'enfer. Lors des débuts romanesques, en 1830, la même idée était présente, mais elle n'était qu'esquissée dans l'horlogerie relativement sage de *La Paix du ménage*. Priorité est donnée, dans ces

266. Dans *La Cousine Bette*.
267. *Splendeurs et misères des courtisanes*, t. VI, p. 444. C'est nous qui soulignons.
268. *Ibid.*, p. 445.
269. *Ibid.*, p. 444.
270. *Ibid.*, p. 643-644. C'est nous qui soulignons.
271. Cf. *supra*, IIᵉ partie, notre analyse du *drôle*, p. 86-87.
272. *Splendeurs et misères*, p. 444.
273. *Ibid.*, p. 444.
274. *Splendeurs et misères* est bien le roman typique de la métamorphose, par son intrigue rocambolesque et par ses changements de ton, par tous ses changements à vue et ses miroitements entre la Forme et ses formes. Vautrin, Bixiou, Lucien, Contenson et Corentin sont successivement magnifiés pour leur « don de transformation » (*ibid.*, p. 439, 522, 524, 641).
275. Pierre CITRON fait opportunément le rapprochement d'Esther et de la Sanseverina (Introduction, t. VI, p. 398-399).

œuvres, au mouvement, au rythme, au brio. L'écriture est devenue, pour finir, musicale : le rire contribue, par son timbre et par ses harmoniques, à lui donner sa forme.

Rire et forme romanesque

La communication au lecteur d'un rire si aigu, si brillant, et si transparent malgré les tensions qui le fondent, ne peut se faire par la seule rationalité du discours. La tonalité de ce rire appelle une forme romanesque spécifique. C'est-à-dire une forme non discursive, qui permette la communication directe, sans que les mots fassent écran. Une forme au tempo rapide et qui, de ce fait (ou pour ce faire), privilégie l'oralité et la gestuelle. Qui montre sans démontrer. De même que le rire appelle une forme romanesque qui le donne à voir et à écouter, une esthétique de l'immédiateté appelle le recours au rire, mène à écrire avec des rires. Rires et forme « rieuse » se commandent mutuellement.

Tous les romans qui illustrent particulièrement cette esthétique du rire romanesque se recommandent au premier abord par la prépondérance des formes dialoguées, les dialogues étant quelquefois réfractés dans un ou deux récits emboîtés. C'est le cas de *La Maison Nucingen* et d'*Autre étude de femme*. Quant aux dialogues où le rire intervient de façon prioritaire, dans le discours attributif ou dans les indications scéniques, de beaux exemples en sont fournis par *Splendeurs et misères* et par *Les Employés*.

● *Le rire comme forme dans « La Maison Nucingen » et dans « Autre étude de femme »*

La Maison Nucingen se compose pour l'essentiel d'un récit fait par Bixiou à trois compères dans un cabinet particulier de chez Véry ; il est « rapporté » par un témoin auditif, qui l'a entendu depuis le cabinet mitoyen. Ce que nous lisons du récit de Bixiou et des réactions de ses comparses, Finot, Blondet et Couture, est donc soit la « restitution » fidèle de ce qui fut entendu, discours et bruits divers, soit la « reconstitution » des diverses réactions et mimiques, non audibles, mais imaginables à partir des bruits perçus. Il n'y a là, précise Balzac, aucune « arrière-pensée », donc aucune richesse de contenu qui ne soit passée dans la forme. Aussi n'est-ce pas un récit qui puisse être entièrement *écrit*, puisqu'il s'agit d'une « improvisation » : « Opinions et forme, tout y est en dehors des conditions littéraires »[276]. Plus que les mots en eux-mêmes, considérés pour leur contenu, ce qui compte, c'est leur émission, leur énonciation. Selon l'expression du « narrateur », cette « conversation médisante » « tiraille », puis elle « fusille ». Les « changements de voix » de Bixiou annoncent les changements de registre de la nouvelle, d'une

---

276. *La Maison Nucingen*, t. VI, p. 331-332.

tirade à l'autre, cependant que les auditeurs les ponctuent d' « exclamations approbatives » et d' « interjections de contentement »[277], quand ce n'est pas d'un « rire général »[278]. Cela parle, cela gesticule, cela crie, cela s'esclaffe. Bixiou lui-même recourt très souvent à l'onomatopée : « Ta ! ta ! ta !, reprit Bixiou »[279].

L'ensemble du récit s'impose donc par son caractère oral, oralité justifiée par la fiction d'une conversation surprise derrière une cloison chez Véry. En trois pages d'introduction, un narrateur, qui semble saisi par le démon de cette diabolique conversation, mime à l'indirect, dans son récit, l'oralité qu'il va ensuite restituer en direct. D'où soixante pages constituées par le récit de Bixiou à ses compagnons, entrecoupé des réactions de ceux-ci selon la « sténographie » qu'a imposée au narrateur sa propre « mémoire »[280]. Après la contamination de l'indirect par le direct, le direct a si bien pris la place que le récit-cadre, interrompu par le récit-noyau, ne se referme pas. La présence du narrateur-auditeur n'est plus dite que par une subtile indication : les parleurs d'à côté, devenus auditeurs, ont détecté la présence du futur « conteur » de la nouvelle et de sa compagne. « Tiens, il y avait du monde à côté... — Il y a toujours du monde à côté, répondit Bixiou qui devait être aviné »[281]. Le récit-cadre ne se clôt que par cette trace, par cet écho indirect du bruit fait par le « narrateur ». Il convient d'observer que Balzac avait écrit cette fin qui refermait la nouvelle. Il ne l'a supprimée qu'à l'épreuve 5. C'était un dialogue entre le « narrateur » et sa compagne, donc un nouveau morceau dialogué, enchaînant sur le dialogue donné comme retranscrit. Ce dialogue entre le narrateur et sa compagne était un dialogue vertueux, sinon vertuiste, qui dénonçait « l'immoralité » et la grossièreté de ces journalistes ignorants du « beau idéal » et de Raphaël. Cette fin est, selon nous, ironique, en contrepoint d'une nouvelle dont tous les effets esthétiques bénéficient de cette « immoralité » si pompeusement dénoncée à la fin. Mais le lecteur aurait-il dégagé toute la pirouette de cette fin ? N'y aurait-il pas eu rupture avec l'effet *direct* de l'ensemble « restitué » dans son oralité originale, qu'aurait alors brouillé une voix moralisatrice, trop discordante ? Et cette concession destinée à Zulma Carraud, la dédicataire, aurait-elle bien convaincu celle-ci, habituée aux artifices et aux roueries de son génial correspondant ? N'aurait-elle pas été irritée de cette ironie ? Quoi qu'il en soit, Balzac a supprimé cette pseudo-défense du Beau idéal, et il a ajouté, en marge du passage supprimé : « J'ai supprimé la copie de la précédente épreuve, il n'y avait pas à conclure, il faut laisser penser ce que j'y disais »[282]. Cette fin ouverte

277. *La Maison Nucingen*, t. VI, p. 332.
278. *Ibid.*, p. 334.
279. *Ibid.*, p. 339. C'est une addition de l'épreuve 2 qui remplace « Fi donc, Finot » ; l'interjection paraît donc préférable encore à la plaisanterie.
280. C'est le type même du récit « intradiégétique », selon la typologie des voix du récit établie par Gérard GENETTE dans *Figures III*. Genette cite du reste *La Maison Nucingen* (p. 242, 262, 265, 267).
281. *Ibid.*, p. 392.
282. Cette indication capitale est retranscrite par Pierre CITRON à la n. 1 de la p. 1308.

laisse à l'ensemble son caractère « non littéraire », scénique, monstrateur et non démonstrateur (fût-ce ironiquement), en un mot *comique*.

Ainsi Bixiou garde toute sa valeur centrale, focalisatrice. C'est lui qui prend tout le champ avec ses tirades ou ses couplets, qui sont autant d'équivalents rhétoriques de numéros scéniques et clownesques. Les deux passages les plus marquants à cet égard sont la tirade des *improper* et celle du *Paddy, Joby, Toby* (à volonté)[283], l'une et l'autre se recouvrant, en partie au moins. L'une et l'autre sont des morceaux où la verve, le rythme, le mouvement propre à Bixiou peuvent se donner libre cours.

Pour que cette conversation « antilittéraire » atteigne à sa parfaite musicalité, le rire est nécessaire. Parler à bâtons rompus, aller de pointe en pointe, bondir, rejaillir, conformément à ce pétillement et à ce brillant que Balzac valorise et tend à mettre au point dans sa nouvelle, cela suppose l'existence et la présence du rire. Le rire comme thématique (le refus de l'esprit de sérieux), mais aussi le rire comme fait, semblant jaillir en direct et authentifier une forme transparente et légère, étrangère à toute pesanteur doctrinale ou discursive. Le rire est présent, parce qu'il est nécessaire à cette conversation pleine d' « imagination française »[284], pleine de ces « mots fins » qui sont « les diamants de notre intelligence nationale »[285], de plaisanteries qui ont, qui sont, des aiguilles. Balzac, pour évoquer cet « esprit », se réclame du *Misanthrope*, « sublime comédie » qui consiste à « bâtir un palais sur la pointe d'une aiguille »[286]. A l'opposé, Blondet demande que l'on « raconte » au lieu de « blaguer »[287]. Selon Bixiou, c'est aller dans le sens de la *Critique de la raison pure*, c'est donner à la langue « la sotte allure d'un livre »[288]. La devise à laquelle pourraient souscrire tous les « causeurs », tous les « bibliophobes », c'est : « Nous causons, nous rions »[289]. En accord avec cette devise, Couture appelle à *rire* : « Messieurs, reprit Couture, rions ici pour tout le sérieux que nous garderons ailleurs quand nous entendrons parler des respectables bêtises que consacrent les lois faites à l'improviste »[290]. *Kant*, le *sérieux*, il ne manque que la troisième personne pour parfaire la trinité de l'anti-rire ; mais elle y est. C'est l'*Angleterre*, son sens du *cant*, de l'*improper* : « Vous vous échauffez, vous riez, vous répandez votre cœur, votre âme, votre esprit dans votre conversation ; vous jouez quand vous êtes au jeu, vous causez en causant et vous mangez en mangeant : *improper !*

---

283. *La Maison Nucingen*, t. VI, p. 343-346. A propos d'*improper*, nous citerons toute la note de Pierre Citron : « P.-G. Castex me suggère que pour ce morceau de bravoure sur *improper*, Balzac a pu s'inspirer de Beaumarchais : Figaro, dans une tirade bouffonne, répète un autre mot anglais, *God-dam*, en affirmant au comte qu'il est utilisable en Angleterre dans toutes les circonstances (*Le Mariage de Figaro*, III, v) » (p. 344, n. 1). L'idée du scénique et de l'esthétique du direct s'en trouve encore renforcée.

284. *Ibid.*, p. 364.
285. *Ibid.*
286. *Ibid.*, p. 363.
287. *Ibid.*
288. *Ibid.*, p. 364.
289. *Ibid.*
290. *Ibid.*, p. 374.

improper ! improper ! »[291]. Le rire figure parmi les éléments fondateurs de
cette conversation inventive et allègre, incompatible, comme l'art et
comme l'esprit, avec l'esprit de sérieux. Conversation sans contenu
isolable, mais qui ne peut déployer son esprit que si le « sujet » qui la
nourrit est réellement moteur. Ce sujet créateur, ou pour le moins impul-
seur, d'une telle forme « rieuse » est, dans *La Maison Nucingen*, la mystification courante dans la société de la monarchie de Juillet. La conversation est pénétrée par la dérision : c'est moins son contenu que sa
forme qui dira « l'omnipotence, l'omniconscience, l'omniconvenance de
l'argent »[292]. Cette forme joueuse est la seule qui puisse entrer en relation,
de participation ou de détachement, d'expression ou de mise en question,
avec la société si peu « sérieuse », si vide et si mystificatrice. Bixiou, aussi
bien que Balzac artiste, abomine ce qui est « sérieusement littéraire »,
« l'entassement des faits », un « récit qui aille comme un boulet de canon »,
une langue qui ait « la sotte allure d'un livre ». Il faut, tout au contraire,
qu'il « distille » son histoire[293]. C'est-à-dire que son récit soit un théâtre
pour ce qui est théâtre, une mise en scène de ce qui est mise en
scène.

On peut retrouver le même type de transparence rieuse, la même visée
esthétique de l'oralité dans *Autre étude de femme*. On sait que cette nouvelle regroupe six récits de taille très inégale, écrits et publiés séparément, pour la plupart en 1832. Les quatre récits principaux sont successivement ceux de de Marsay, de Blondet, de Montriveau et de Bianchon.
Les deux premiers sont des histoires de mœurs et les deux suivants des
aventures tragiques. Tous les récits sont enchâssés dans un récit-cadre,
celui d'une soirée dans le salon de Mlle des Touches.

On constate que le préambule, qui reprend textuellement la plupart
des éléments du préambule d'*Une conversation entre onze heures et minuit*
paru dans les *Contes bruns* en 1832, définit une esthétique très proche de
celle de *La Maison Nucingen*. Dès 1832, le style de la conversation va
gouverner un écrit qui, de ce fait, devra rompre avec les caractéristiques
habituelles de l'écrit. Il faut que l'on puisse y retrouver sans déperdition
ni trahison « le phénomène oral qui, bien étudié, bien manié, fait la puissance de l'acteur et du conteur »[294]. Il faut conserver au récit le caractère
de cette « ravissante improvisation », si « intraduisible » soit-elle. Les
traits qui permettent à Balzac de définir cette brillante manifestation
sont le naturel[295], l'abondance[296], le pétillement[297], la rapidité[298], la

291. *La Maison Nucingen*, t. VI, p. 343.
292. *Ibid.*, p. 331. On trouve même rythme, même type de mots, même jeu, sous
le signe de Rabelais, à la fin du *Prosne du ioyeulx curé de Meudon* (*Contes drolatiques*, XI, p. 702) : « [...] ton omnipotence, omniscience, omnilanguaige [...]. »
293. *La Maison Nucingen*, t. VI, p. 363-364.
294. Cette phrase et toutes les expressions que nous citons figurent à la fois dans
le préambule ancien et dans l'actuel, *Autre étude de femme*, t. VI, p. 1491, 675.
295. Cf. « sans apprêt », « sans recherche ».
296. Cf. « se pressèrent », « se prodiguèrent », « profusion ».
297. Cf. « brillante », « pétillèrent », « gerbes éblouissantes », etc.
298. Cf. « allure fluviale », « cours précipité ».

densité[299], les sinuosités[300], bref, tout ce qui se résume par « une grâce [...] une verve tout artistiques » et qui s'exprime par « ingénieuses réparties, observations fines, railleries excellentes, peintures dessinées avec une netteté brillante ». C'est un art qui se trouve ainsi défini, un art soucieux de restituer « le vif des sensations primordiales »[301], de recréer une « forme bachique »[302], et qui s'impose comme un art de l'arabesque, contrastée, nette et sinueuse.

Il manque toutefois un élément, dans le Préambule de 1832, ou, du moins, il n'est qu'à peine esquissé (« railleries »), c'est le rire. Dès que ce préambule paraît, groupé avec une histoire qui va jouer en écho avec lui et mettre en œuvre l'esthétique qu'il esquisse, dans *L'Artiste* des 21 et 28 mars 1841, sous le titre *Une scène de boudoir*, alors apparaît le rire. Là où le Préambule de 1832 parlait seulement de « l'esprit français d'autrefois », le nouveau préambule ajoute : « l'ancien esprit de notre joyeux pays »[303]. A la longue énumération des personnes qui fréquentent le salon[304] se substitue une liste beaucoup plus courte, filtrage qui va de pair avec l'instauration de « la seconde, la véritable soirée » qui suit le *raout*[305] ; mais surtout, dans cette trinité, au centre, figurent « des gens gais ». Dans cette seconde soirée, on est obligé de « contribuer à l'amusement public ». Le rire qui fait ainsi son apparition est un *rire franc* (en consonance, donc, avec les « franc et rieur » que nous avons déjà rencontrés dans *La Comédie humaine*) : « Tout est en relief, un rire franc succède à ces airs gourmés qui, dans le monde, attristent les plus jolies figures »[306]. L'opposition, de ce fait, est maintenant fortement marquée entre le style de cette soirée, et par là même le style de la nouvelle, et la société en place ou la littérature trop « écrite », trop sérieuse et trop peu généreuse de la monarchie de Juillet. Ici, « dans un récit, personne ne voit un livre à faire. Enfin le hideux squelette d'une littérature aux abois ne se dresse point, à propos d'une saillie heureuse ou d'un sujet intéressant »[307]. Balzac souligne à présent la rupture, nécessaire à ce type de création, à ce genre de forme, avec les aliénations sociales : « La familiarité la plus douce fait oublier à chacun ses intérêts, son amour-propre spécial, ou, si vous voulez, ses prétentions »[308]. Thème repris et précisé : « Par une convention tacite et bien observée, au souper chacun renonçait à son importance. Une égalité absolue y donnait le ton »[309]. Nouveau contrat social, donc, pour ces *happy few* du souper : transparence sociale nécessaire pour une forme transparente, musicale et picturale à la fois, rieuse. Tremplin

299. Cf. « se condense par un trait », « jette son expérience dans un mot ».
300. Cf. « serpenter », « ondoyent », « sinuosités ».
301. Préface de la 1ʳᵉ éd. de *La Peau de chagrin*, t. X, p. 52.
302. *Le Lys dans la vallée*, t. IX, p. 1060.
303. *Autre étude de femme*, t. III, p. 674.
304. C'est-à-dire : « des artistes, des poètes, des hommes d'Etat, des savants, des jeunes gens occupés de chasse, de chevaux [...] » (p. 1490).
305. C'est-à-dire : « quelques artistes, des gens gais, des amis » (p. 673).
306. *Ibid.*, p. 673.
307. *Ibid.*, p. 674.
308. *Ibid.*, p. 676.
309. *Ibid.*

pour cette invention, pour cet art sans frein : « le brillant désordre du dessert »[310].

Précisons que cette forme d'art que nous avons souvent désignée comme musicale pourrait être aussi bien nommée picturale, à la condition que cette formule esthétique ne constitue pas une nouvelle chaîne. La référence à la peinture dans le texte de 1832 était insistante, mais elle imposait un type de convention contraignante en fondant sa pratique « picturale » sur une théorie de la représentation. Cette idéologie de la forme figurative, réaliste au sens étroit du terme, s'estompe dès le texte de 1841. Reste bien l'idée que « cette ravissante improvisation » est « intraduisible », mais Balzac écrit maintenant qu'elle est « tout à fait intraduisible ». En 1832, il recourait à la métaphore picturale pour tenter cette « traduction ». Ainsi : « je m'engageai presque à *reproduire* [...] ; s'il fallait *peindre* le moment où tous les esprits luttèrent [...] ; *représentez-vous* [...] une douzaine de personnes ». Et même, en abyme, Balzac plaçait, dans cette société qu'il « peignait », « quelques artistes [qui] dessinaient en écoutant, et souvent je vis le sépia se sécher dans leurs pinceaux oisifs. Le salon était déjà par lui-même un *tableau tout fait*, et plus d'un peintre se trouvait là, capable de le bien exécuter »[311]. En même temps que Balzac introduit le rire, il rompt avec une esthétique trop étroitement picturale, au bénéfice d'une forme où le rythme, la communication directe et immédiate, la transparence, autrement dit les éléments les plus « musicaux » sont mis en œuvre[312]. Élément privilégié dans cette écriture « musicale » : le rire.

Les rires et sourires donnent à l'ensemble de la nouvelle sa respiration, son rythme. En effet, la répartition des 13 rires et des 12 sourires manifeste globalement une densité beaucoup plus forte dans la première moitié de la nouvelle : cela correspond à peu près aux récits successifs de de Marsay et de Blondet et la plus grande partie des rires et des sourires du récit-cadre se trouvent correspondre au moment des récits de ces deux conteurs. Quand c'est le tour des histoires tragiques, on n'observe plus d'interruption comme dans les histoires précédentes ; la présence de l'assistance s'estompe jusqu'à disparaître promptement, sans commentaire, dès que Bianchon a fini son histoire de *La Grande Bretèche* : « Après ce récit, toutes les femmes se levèrent de table, et le charme sous lequel Bianchon les avait tenues fut dissipé par ce mouvement. Néanmoins, quelques-unes d'entre elles avaient eu quasi froid en entendant le dernier mot »[313]. D'autre part, la présence relativement abondante des rires dans les deux histoires tragiques ne doit pas faire illusion. Dans l'histoire de Montriveau, les trois mentions du rire interviennent pour qualifier un

---

310. *Autre étude de femme*, t. III, p. 676.

311. Préambule de la *Conversation*, t. III, p. 1491-1492. Souligné par nous.

312. Sans doute, BALZAC considère que tous les arts sont des expressions de l'Art et que « la littérature, la musique et la peinture se tiennent » (*Corr.*, Lettre à Maurice Schlesinger, 29 mai 1837, t. III, p. 295). Mais, comme le souligne Pierre LAUBRIET (*L'intelligence de l'art*, p. 427-428), c'est la musique que Balzac place au pinacle : en témoignent *Ursule Mirouët*, t. III, p. 891 ; *Massimilla Doni*, t. X, p. 588, 608. Dans ces deux cas, la musique, la langue musicale sont dites infinies.

313. *Autre étude de femme*, t. III, p. 729.

Répartition des rires et des sourires dans « Autre étude de femme »

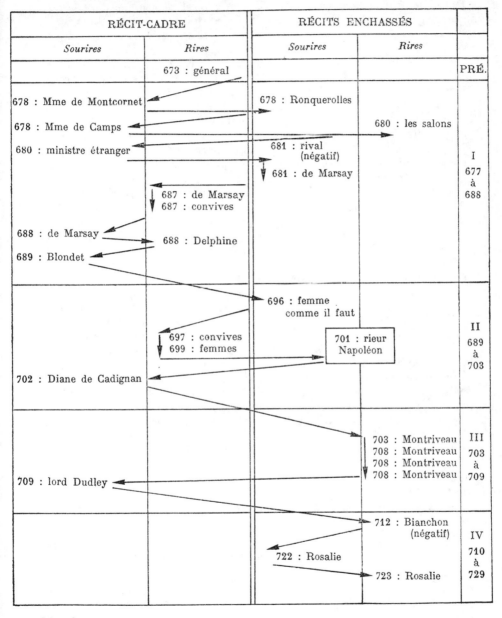

RÉCIT-CADRE		RÉCITS ENCHASSÉS		
Sourires	*Rires*	*Sourires*	*Rires*	
	673 : général			PRÉ.
678 : Mme de Montcornet		678 : Ronquerolles		
678 : Mme de Camps			680 : les salons	
680 : ministre étranger		681 : rival (négatif)		I
		681 : de Marsay		677 à 688
	687 : de Marsay 687 : convives			
688 : de Marsay	688 : Delphine			
689 : Blondet				
		696 : femme comme il faut		II
	697 : convives 699 : femmes	701 : rieur Napoléon		689 à 703
702 : Diane de Cadignan				
			703 : Montriveau	III
			708 : Montriveau	703
			708 : Montriveau	à
709 : lord Dudley			708 : Montriveau	709
		712 : Bianchon (négatif)		IV
		722 : Rosalie		710 à
			723 : Rosalie	729

Légende :
— Les chiffres désignent les pages.
— Les flèches indiquent l'ordre de succession des sourires et des rires.
— PRÉ = Préambule ; I = récit de de Marsay ; II = récit de Blondet et ses séquelles, y compris la page Canalis sur Napoléon ; III = récit de Montriveau ; IV = récit de Bianchon.

seul et même rire, celui qui amènera le capitaine à tuer sa femme Rosina[314].
Dans *La Grande Bretèche*, l'un des « rires » n'est mentionné dans le récit
que négativement[315] et le sourire et le rire qui demeurent sont ceux de
Rosalie, l'informatrice de Bianchon, dans ce qui sert de récit-cadre en
cette histoire à double fond[316].

Ainsi, plus de rires ni de sourires dans le récit-cadre ; la plaisanterie
s'éloigne, le silence se tait, le monde s'en va. Le rythme d'ensemble qu'a réussi
à créer Balzac avec ces histoires disparates est « musicalement » saisissant.

Il l'est d'autant plus que l'agencement de la première moitié est d'une
variété et d'une agilité particulièrement allègres. Cette allure dansante
est suscitée par le va-et-vient entre récit-cadre et récit enchâssé, dont la
place des rires et des sourires témoigne clairement[317]. Sorte de composition en quinconce, relayée, complétée par la variation des personnages
qui rient, tous différents, à l'exception de de Marsay, qui rit une fois dans
le cadre de son récit, sourit et rit une fois respectivement dans le cadre
de la « soirée ». Ainsi, on observe, dans le récit-cadre, un défilé de personnages qui n'ont à leur compte qu'un seul sourire : Mme de Montcornet,
Mme de Camps, un ministre étranger, Blondet, Mme de Cadignan, lord
Dudley. Delphine de Nucingen, pour sa part, est la seule à rire. On
peut enfin observer les alternances entre rires collectifs et rires individuels :
un rire général, un rire des femmes, et, deux fois, des rires de convives
(3 fois, en fait, Delphine riant « comme tout le monde »).

C'est à une sorte de ballet que l'on assiste, d'un plan à l'autre. Si de
Marsay, à la fois présent dans le cadre de la soirée et racontant sa propre
histoire (il est le seul de ce type), est présent dans trois colonnes, c'est
que ses rires ou sourires assurent finement la liaison entre les divers plans.
De Marsay dit « rire encore de l'air » qu'avait sa maîtresse artificieuse[318] :
ce rire crée un pont entre les deux temporalités. Et c'est sur ses lèvres
pâles que passe un « sourire imperceptible » quand sa « seconde maîtresse »,
qui est présente, Delphine de Nucingen, vient de déclarer : « — Combien
je plains la seconde ! »[319]. Après la troisième histoire, celle que conte
Montriveau, le sourire de lord Dudley fait ressurgir l'histoire de de
Marsay[320]. Lord Dudley repart de l'idée de punition que suscite l'histoire
de ce mari mettant le feu à sa maison après y avoir enfermé sa femme
infidèle et revient à la première histoire, celle de de Marsay : « Et quelle
sera la punition de la première de M. de Marsay ? dit en souriant lord
Dudley »[321]. Echos, rebonds, jeux de ressac et de ricochet : les divers mou-

---

314. « [...] mais moi, malheureusement, je me mis à rire après les avoir tous regardés,
et mon rire se répéta de bouche en bouche. '*Tu ridi ?*' dit le mari » (*Autre étude de
femme*, t. III, p. 708).

315. « [...] je n'y ai jamais ri » (*ibid.*, p. 712).

316. « [...] son niais sourire n'avait rien de criminel [...] » (*ibid.*, p. 722) ; « Oh !
je ne manquerai point d'hommes quand la fantaisie m'en prendra ! dit-elle en riant »
(*ibid.*, p. 723).

317. Cf. le tableau de la répartition des rires et des sourires, p. 277.

318. *Autre étude de femme*, t. III, p. 687.

319. *Ibid.*, p. 688.

320. *Ibid.*, p. 709.

321. Ainsi, un élément du récit-cadre se trouve en double portée sur le récit I
et sur le récit II.

vements sont communiqués au lecteur par le jeu des rires et des sourires.

Rigueur mobile dont Balzac ressentait la nécessité. En effet, les documents qui nous restent permettent de constater que 4 des rires et sourires, 1 rire dans le récit de de Marsay[322] et 1 rire dans le récit de Montriveau[323], 2 sourires dans le récit-cadre pendant le récit de de Marsay[324] sont des additions qui, toutes, vont dans le même sens : organiser le réseau polyphonique du rire et du sourire.

Après les correspondances rieuses du premier quart, la thématique de *La Femme comme il faut* prend le relais. « Un certain mouvement concentrique et harmonieux », une « ondulation gracieuse » font s'interroger sur la nature de cet être : ange ou diable[325] ?. On retrouve le « naturel », avec lequel cette « adorable trompeuse » donne « de l'ironie ou de la grâce à ce qu'elle dit au voisin »[326] et enfin « le miel affecté ou naturel de sa voix rusée », bref son « manège inimitable »[327]. Une « gracieuse franchise du dix-huitième siècle »[328] suffit à donner à cette figure un double jeu, un mouvement sans fin qui rendent l'écriture « musicale »[329]. La fin du couplet de Blondet donne un bon échantillon de cette moirure, de ce tournoiement : « [...] la science encyclopédique des riens, la connaissance des manèges, les grandes petites choses, les musiques de voix et les harmonies de couleurs, les diableries angéliques et les innocentes rouleries, le langage et le mutisme, le sérieux et les railleries, l'esprit et la bêtise, la diplomatie et l'ignorance [...] constituent la femme comme il faut »[330].

Au mécanisme oscillatoire de la phrase de de Marsay a succédé la mécanique ondulante de *La Femme comme il faut*. Avant que ne l'emporte la phase tragique, et que se fasse le silence de l'auditoire, une tirade de Canalis et quelques répliques conservent au texte sa mobilité et sa tonalité comiques, théâtrales, musicales. Le portrait de Napoléon est bâti sur des contrastes, dont celui-ci : « homme rieur et bon à minuit entre des femmes, et, le matin, maniant l'Europe comme une jeune fille qui s'amuserait à

322. Ici, dans « cette comédie se donnait au profit des sots et des salons qui en riaient » (p. 680 *a*), « qui en riaient » est une addition d'épreuve 1.

323. « [...] et je riais de tout » (p. 703 *c*) fait partie d'une addition de 6 lignes de Furne.

324. Dans « Oh ! faites-nous grâce de vos horribles sentences ? dit Mme de Camps en souriant » (p. 678 *e*), « en souriant » date de Furne. « [...] dit Blondet en souriant » (p. 689 *d*) date également de Furne.

325. *Ibid.*, p. 693.

326. *Ibid.*, p. 695.

327. *Ibid.*, p. 696. Déjà p. 695 elle usait « des petits artifices politiques de la femme avec un naturel qui exclut toute idée d'art et de préméditation ».

328. *Ibid.*, p. 700.

329. Ce qui nous autorise à employer en la circonstance l'expression « écriture musicale », c'est l'emploi que Balzac fait lui-même de l'adjectif *musical*. Dans ce passage, par exemple, où il rapporte à Maurice Schlesinger une conversation chez George Sand sur le *Mosé* de Rossini. George Sand lui ayant dit : « Vous devriez écrire ce que vous venez de dire ! », il lui remontra : « Je ne croyais pas possible de faire passer à l'état littéraire les fantaisies d'une conversation pareille [...] elle était infiniment trop au-dessus de la littérature ; excepté les siens et les miens, je connaissais trop peu de livres qui procurassent autant de plaisir, c'était trop musical, c'est-à-dire trop sensationnel pour être compris ; chacun approuva ma réserve » (*Corr.*, 29 mai 1837, t. III, p. 293).

330. *Autre étude de femme*, t. III, p. 700.

fouetter l'eau de son bain »[331]. Puis c'est Joseph Bridau, artiste, qui définit
« les plaisirs de la conversation » : « Il n'y a pas deux représentations pour
le même trait d'esprit »[332]. Et c'est enfin la princesse de Cadignan, orfèvre,
qui, « adressant aux femmes un sourire à la fois douteur et moqueur »,
fait jouer le *petit* et le *grand* dans une spirituelle tirade : « Parce qu'aujour-
d'hui, sous un régime qui rapetisse toutes choses vous aimez les petits
plats, les petits appartements, les petits tableaux, les petits articles, les
petits journaux, les petits livres, est-ce à dire que les femmes seront aussi
moins grandes ? »[333]. Jusqu'au milieu de l'ouvrage, le va-et-vient et la
virevolte rieurs ne se sont pas démentis : récit de la soirée et récits internes
n'ont cessé d'interférer.

S'il n'est pas question d'unifier artificiellement une œuvre sans aucun
doute disparate, il faut en percevoir les nombreux échos. La stridence de
La Grande Bretèche confère aux échanges du début leur limpidité, la
brillance de la conversation mondaine met le tragique sous le signe du
jeu. Balzac nous en avait prévenus : en ce salon de Mlle des Touches,
« avec sa profondeur cachée, ses mille détours et sa politesse exquise »[334],
« des secrets bien trahis, des causeries légères et profondes ondoient,
tournent, changent d'aspect et de couleur à chaque phrase »[335]. C'est une
bonne définition pour *Autre étude de femme*, et pour une esthétique rieuse.

• *Jeux à vide : « Histoire de rire » et « Ris au laid »*

Dans la ligne de cette esthétique rieuse, il arrive que le « rire » ne
limite pas ses jeux à des interférences entre écriture et fiction, mais décolle
franchement, joue à vide, au seul plan des mots. Le rire devient lui-même
le moyen de structurer un chapitre entier, comme celui que Balzac avait
si bien intitulé « Histoire de rire » dans *Splendeurs et misères des courtisanes*.
Cas extrême : celui où le « rire » devient mot, servant, dans toute une
séquence, à la fois de support et de matière à jeux de mots, c'est la
séquence du « Ris au laid » dans *Les Employés*.

Une scène de *Splendeurs et misères*, écrite dans la forme de la comédie,
voire du vaudeville, joue par rapport au tragique de la section suivante
le même rôle que la partie joueuse d'*Autre étude de femme* par rapport aux
récits tragiques. Ce sont quelque deux pages de la troisième partie de
Splendeurs et misères : cette scène formait le chapitre L de la publication
dans *L'Epoque* (7-29 juillet 1846). Et Balzac avait intitulé ce chapitre :
« Histoire de rire »[336].

Le rire est en effet au centre de cette scène : cinq fois apparaît le verbe
« rire » en une demi-page[337]. Mme de Sérisy vient de brûler les interrogatoires en présence même de Camusot. Arrivent le comte de Sérisy,

---

331. *Autre étude de femme*, t. III, p. 701.
332. *Ibid.*, add. Furne.
333. *Ibid.*, p. 702.
334. *Ibid.*, p. 674.
335. *Ibid.*, p. 675.
336. *Splendeurs et misères des courtisanes*, t. VI, p. 784 *d*.
337. *Ibid.*, p. 784. C'est nous qui soulignons.

M. de Grandville et M. de Bauvan. Il y a donc cinq personnages en présence. Mme de Sérisy venant de commettre un crime de lèse-justice, Camusot annonce, avec un conditionnel il est vrai, son intention de saisir la justice. Alors commence la série des rires. « — J'ai brûlé les interrogatoires, répondit *en riant* la femme à la mode. » Puis c'est le comte de Bauvan :

« — M. Camusot résistait bravement à une femme à qui rien ne résiste, l'honneur de la robe est sauvé, dit *en riant* le comte de Bauvan.

— Ah ! M. Camusot résistait ?... dit *en riant* le Procureur-Général, il est très fort, je n'oserais pas résister à la comtesse !

« En ce moment, ce grave attentat devint une plaisanterie de jolie femme et dont *riait* Camusot lui-même.

« Le Procureur-Général aperçut alors un homme qui *ne riait pas* [...]. »

La pirouette de « l'homme qui ne riait pas » confère à l'ensemble de cette scène son caractère de comédie, au-delà de la comédie, car tout cela est nul et sans conséquence, quels que soient les jeux qui se mènent ici. Le curieux pluriel qui résume cette scène, au moment où reprend la tragédie, au chapitre suivant[338], montre bien que, drame ou comédie, toutes ces interventions étaient « histoire de rire » : « Pendant que jolies femmes, ministres, magistrats conspiraient tous pour sauver Lucien, voici quelle était sa conduite à la Conciergerie »[339].

La maxime qui préside aux *Employés*, c'est : « On rit de tout dans les bureaux »[340]. Double sens : à la fois dérision universelle et utilisation de toute espèce de matériau pour rire et faire rire. Le mot *rire* est alors mis à contribution, lors même qu'il n'y a rien pour rire. Typiques de cet usage sont le « Vous rirez et parierez après », qui se redouble et se dédouble en « Rirez et pas rirez »[341], et le « Ris d'aboyeur d'oie », anagramme de *Baudoyer* jumelé avec le jeu de mots sur « rires » (« ris ») et « ris d'oie », le tout provenant d'un rebond à partir d'une indication scénique : « *Tous pouffent de rire* »[342]. Mais le recours au « rire » comme matériau de base pour divers jeux de mots est plus caractéristique encore dans l'échange de répliques suivant :

« THUILLIER. — Ha ça, vous voulez rire !

BIXIOU, *lui riant au nez.* — Ris au laid (riz au lait) ! Il est joli celui-là, papa Thuillier, car vous n'êtes pas beau »[343].

On peut dénombrer au moins quatre jeux successifs ou superposés : un calembour *(ris au laid = riz au lait)* ; le jeu sur le sens propre et le sens figuré de *rire* dans *Vous voulez rire* ; un calembour jouant entre les mots du dialogue et les indications du récit (*riant au nez* dans le récit ; *ris au laid* et *riz au lait* dans le dialogue) ; une plaisanterie triple sur *joli*,

338. *Splendeurs et misères des courtisanes*, t. VI, p. 786.
339. Le pluriel, au moins pour « jolies femmes » et pour « ministres », est une amplification caractérisée.
340. *Les Employés*, t. VII, p. 979.
341. *Ibid.*, p. 1022.
342. *Ibid.*, p. 1074.
343. *Ibid.*

jouant avec le *laid* qui précède et le *pas beau* qui suit, tandis que le *car* fait déboucher dans l'absurde et le *nonsense.* Balzac construit sa partition avec des rires devenus de simples mots disposés comme autant de notes sur une portée.

Avec ces derniers exemples, *L'univers rieur* a été abandonné pour des jeux purement formels qui ne lui appartiennent pas, sinon par le fait que les personnages joueurs, et en particulier joueurs sur les mots, y sont compromis. Mais l'esthétique rieuse ne peut se limiter à un tel formalisme : son principe est de permettre à tous les éléments qui font le roman, éléments de forme et de sens, de jouer les uns avec les autres. Une telle esthétique n'est ni naïve ni sectaire. Elle joue de la représentation pour atteindre de purs plaisirs de la forme littéraire. Mais elle joue aussi des diverses formes de l'écriture romanesque pour atteindre à sa pleine signification. Le rire fait jouer tous les sens et cette action ne peut avoir lieu que dans une forme mobile où le rire est le noyau moteur, mais aussi le but que se propose une écriture comique. Comment le texte de Balzac nous fait-il rire ? Comment l'écriture romanesque produit-elle le comique ?

QUATRIÈME PARTIE

LA PRODUCTION DU COMIQUE

Devant un grand nombre de pages de *La Comédie humaine*, nous avons le sentiment de « participer à l'exaltation créatrice » de leur auteur : ces pages « font naître en nous la joie »[1]. Jouent un rôle majeur dans la genèse de cette impression de lecteur tous les facteurs de mobilité et de bondissement du discours romanesque et de la fable. Cela fait un style, ce « style balzacien, vif, spontané, un style de conversation et de dialogue, le style d'un homme qui aime Rabelais et Diderot, Sterne et Beaumarchais, le style de certaines préfaces, le style d'*Echantillon de causerie française* ou des *Employés*, le style de *Gaudissart* et d'*Eugénie Grandet*, cette veine naturelle [...] »[2]. Qu'est donc cette « veine naturelle » ? Quelle est la phrase qui met en œuvre la « forme bachique » ? Quelle est l'écriture appelée par une « esthétique rieuse » ?

Gide estimait qu'il faut à l'artiste un « drôle à lui », part spécifique et inaliénable de son génie créateur[3]. Ce « drôle à lui » est à trouver, chez Balzac comme chez tout écrivain, dans l'analyse de son langage et de son style. Nous faisons nôtre le point de vue de Jean-Yves Tadié : « Il nous semble, écrit-il, que le sens du comique littéraire, donc de Proust, ne se trouve que dans le langage »[4]. Cela vaut pour Proust et se vérifie pour Balzac.

Or, ce langage, véhicule et moteur du comique, comporte une part non négligeable, et peut-être prépondérante, d'héritage. Balzac conquiert son originalité en se coulant dans les moules que lui offre une tradition riche en comique, celle des trois siècles précédents et celle des trente premières années du XIXe siècle. Balzac n'en refuse aucun. Moules classiques : ceux de la satire, de la comédie, de l'esprit. Moules récents : ceux du roman gai, du vaudeville, de la caricature[5]. Balzac n'en néglige aucun. Son comique met à contribution toutes ces formes et, si chacune de celles-ci pouvait être dite « simple »[6], il n'en va plus de même du comique balzacien qui, tel Protée, prend forme dans la multiplicité.

1. Bernard GUYON, Pages retrouvées de « L'Illustre Gaudissart », *AB 1960*, p. 68.
2. Pierre BARBÉRIS, *Le Monde de Balzac*, p. 40-41.
3. André GIDE, Littérature et morale, *Journal*, Bibl. de la Pléiade, t. I, p. 94.
4. Jean-Yves TADIÉ, *Lectures de Proust*, p. 250.
5. En 1980, une communication de Pierrette Jeoffroy-Faggianelli au séminaire de Pierre-Georges Castex et de Madeleine Ambrière-Fargeaud a montré comment la contestation, de 1815 à 1848, avait connu trois vagues successives, celle du pamphlet de 1819 à 1821, celle de la chanson entre 1825 et 1830, celle de la caricature après 1830.
6. Cf. André JOLLES, *Formes simples*, Ed. du Seuil, 1972 (Verlag, Tübingen, 1930).

Cette multiplicité n'a d'abord été, à l'époque des *Romans de jeunesse*, qu'un « habit d'Arlequin »[7]. La satire à la Voltaire, l'intrigue à la Beaumarchais, le burlesque à la Scarron, la gaudriole à la Rabelais, le personnage comique à la Walter Scott, le comique de mœurs ou la farce à la Molière et jusqu'aux procédés les plus voyants de l'ironie et de la parodie sterniennes, tous les genres comiques sont représentés, exploités, mis à nu, sans qu'apparaisse encore le « drôle à lui » de Balzac. Pourtant le double souci du roman « sérieux », c'est-à-dire soucieux de mettre en forme une expérience réelle, et de la forme originale, personnelle, se manifeste conjointement[8]. Un comique spécifique ne se fera jour que lorsque le roman balzacien aura inventé sa forme, échappant, en même temps que son comique, aux catégories en place, bien que n'en refusant aucune. C'est la réussite d'un langage ludique, sinon comique, qui dira alors la réussite du roman balzacien.

Dans *La Comédie humaine*, sans rien abdiquer de sa variété, de sa bigarrure d'effets divers, le langage comique s'ordonne selon un diptyque, celui de la réalité et du jeu. Premier volet : la satire, la visée des choses et des gens, dans une perspective de réalité. Deuxième volet : le jeu, qui, sans jamais se couper complètement de la visée d'un réel, fait en sorte que cette visée échappe aux risques de l'esprit de sérieux.

Dans le premier volet se regroupent toutes les formes du discours référentiel : on pourra constater que l'ambition balzacienne est à la fois celle d'un écrivain sûr du pouvoir dénonciateur et analytique du mot, maître en pamphlet et savant analyste, et celle d'un esprit épris des faits et des choses, donc porté à recourir aux divers styles capables d'assurer la « monstration » directe du réel. Dans cette ligne, l'écrivain fait concurrence aussi bien au portraitiste qu'au caricaturiste ou au journaliste et cela peut même l'amener à rivaliser avec un Molière, modèle de l'écrivain désireux de résumer une réalité ample et complexe en des « mots » à la fois simples, denses, et d'une immense portée. Donc, le premier volet comporte l'illustration du discours référentiel, ambitieux de dire et de montrer les choses et les gens.

Le deuxième volet est celui du discours ludique. Ce discours ludique, Balzac l'a reçu de la mondanité et des œuvres faites de mots et d'anecdotes dont l'écriture donnait le sentiment de l'oralité, faisait échapper le livre au sérieux de l'écrit pour lui communiquer l'agilité, la mobilité et l'ouverture de l'oralité spirituelle. Le discours ludique, c'est aussi celui d'une ironie qui, par les détours du négatif et de l'indirect, permet au lecteur d'apprendre les règles de ce jeu et de découvrir un sens à la fois profond et léger.

---

7. L'expression est de Pierre-Georges CASTEX, éd. *Falthurne*, p. LXIX.
8. La recherche formelle est soulignée par Pierre BARBÉRIS à propos de *Falthurne* : « On dirait qu'un *texte*, un *sujet* ne prennent leur sens que par la forme, on pourrait dire par le *geste* de Balzac. La forme est ici le fond, le vrai sujet » (*op. cit.*, p. 469). Roland CHOLLET, de son côté, émet l'hypothèse, à partir du personnage de Barnabé Granivel, « complexe et réussi », que Balzac avait fait, à la fin de 1822, une ultime tentative « pour confier à un roman gai les spéculations de la rue Lesdiguières » (« Une heure de ma vie » ou Lord R'Hoone à la découverte de Balzac, *AB 1968*, p. 123). Autrement dit, Balzac cherche à faire un roman *sérieux* sous une forme qui ne l'est pas, un roman ironique.

CHAPITRE PREMIER

LE DISCOURS COMIQUE ET LE RÉEL

Dans plusieurs de ses préfaces et dans l'Avant-propos de *La Comédie humaine*, Balzac a défini son projet romanesque comme celui d'un « historien des mœurs ». La mention de ce projet est généralement associée à l'idée de *satire*, au sens qu'avait ce genre chez les Latins, et à l'idée de *comique*, au sens de « qui procède du style de la comédie ». Dans les deux cas, il s'agit des mœurs : satire des mœurs et comédie de mœurs ; c'est à l'un et à l'autre genre de discours que le roman balzacien emprunte ses références.

En effet, dans l'Avant-propos, en 1842, Balzac regrette que les écrivains anciens aient « oublié [...] de nous donner l'histoire de leurs mœurs. Le morceau de Pétrone sur la vie privée des Romains irrite plutôt qu'il ne satisfait notre curiosité »[1]. Balzac, « historien des mœurs », auteur de « scènes de la vie privée », va réussir la forme de satire qu'un Pétrone n'avait qu'esquissée. Du reste, en 1839, dans la Préface d'*Une fille d'Eve*, Balzac se référait explicitement à Pétrone comme auteur de satire : « Quel prix n'a pas à nos yeux la satire de Pétrone, qui n'est après tout qu'une scène de la vie privée des Romains ! »[2]. *Les Scènes de la vie privée*, *La Comédie humaine* ne sont, « après tout », qu'une « satire ».

Ce qui rendra compte de cette « longue histoire des mœurs modernes mises en action »[3], c'est un « comique social »[4]. Le comique, qui était lié, dans la comédie de mœurs classique, à des caractères définis par l'appartenance à une caste, est maintenant défini par les « professions » et les « habitudes » : « Il n'y a plus d'originalité que dans les professions, de comique que dans les habitudes »[5]. Ces idées, de 1839, reprennent celles de 1835[6]. En 1845, Balzac place toujours le comique dans le domaine

---

1. Avant-propos, t. I, p. 9.
2. T. II, p. 267. Madeleine FARGEAUD propose le rapprochement de ces deux textes dans une note sur l'Avant-propos (*ibid.*, p. 9, n. 8).
3. Préface d'*Une fille d'Eve*, t. II, p. 262.
4. *Ibid.*, p. 265.
5. *Ibid.*, p. 263.
6. BALZAC écrit, dans une lettre à Laure Surville (*Corr.*, t. II, p. 749, fin octobre 1835) : « C'est profondément comique, et j'ai su intéresser à la discussion d'un contrat telle qu'elle a eu lieu [...] Moi, ça m'a prodigieusement ennuyé, mais je crois que le comique ne peut être saisi que par les gens d'affaires. » Et, dans la Postface à *La Fille aux yeux d'or* (t. V, p. 1112) : « La société moderne, en nivelant toutes les conditions, en éclairant tout, a supprimé le comique et le tragique [...] Tout le dramatique et le comique de notre époque est à l'hôpital ou dans l'étude des gens de loi. »

social, mais dans un domaine séparé. Son souci est toujours de composer son roman de « détails profondément vrais, et pour ainsi dire historiques, pris enfin à la vie privée »[7], mais il a dû recourir aux voleurs, aux filles et aux forçats, parce qu'il n'y a plus de « mœurs tranchées et de comique possible » que chez eux[8]. Balzac proclame le « profond comique de ces existences »[9].

Écrire ce comique « historique », « social », dans un monde sans « physionomie », c'est recourir à un découpage, à un quadrillage, qui dessine ses figures selon un même contour dans le réel et dans le roman, qui fera voir le comique de la société grâce à une écriture comique dont Balzac a défini les caractéristiques : *détails, contrastes, types.*

Balzac insiste à tout moment sur les « détails », sur les « nuances ». Notre civilisation est « immense de détails »[10] ; « l'Egalité produit en France des nuances infinies »[11]. Ce qui, historiquement, a une chance de prendre de l'importance au regard des siècles suivants, ce sont « les accessoires de l'existence »[12]. Quant aux nuances, c'est le seul élément qui demeure apte à servir de support au comique. Pourtant, à l'époque de *Splendeurs et misères*, « les nuances disparaissent »[13]. Il faut donc procéder à une sorte d' « atomisation », à ce que Félix Davin appelle le « fugitif », le « délicat », l' « imperceptible ». Il faut, selon le mot de Davin, « anatomiser » tout ce qui appartient à la voix et au geste[14]. Il importait donc bien de s'attacher à saisir dans leurs nuances les plus ténues les rires et sourires notés dans *La Comédie humaine*[15] et il importera de relever les multiples nuances par lesquelles Balzac vise à donner le sentiment du comique à son lecteur, à produire du comique par ce découpage minutieux, qui devient écriture du comique.

Mais, Félix Davin le précise bien, découper ces nuances infimes, ce n'est pas recréer une « nature de convention »[16] (disons une nature statique, neutre et immobile), ni s'attacher exclusivement à « certains détails d'individualité, à des spécialités de forme, à des originalités d'épiderme »[17] ; autrement dit, ce n'est pas cultiver le curieux, l'exotique ou le pittoresque. C'est surtout s'attacher au comique du détail typique. C'est faire voir, dévoiler, révéler ; donc faire comprendre. Et cela, en assurant le dynamique va-et-vient de la partie au tout, qui se lit dans de nombreux

---

7. Préface à *Splendeurs et misères*, t. VI, p. 426.
8. *Ibid.*, p. 425.
9. *Ibid.*, p. 426.
10. Préface à *Une fille d'Eve*, t. II, p. 262.
11. *Ibid.*, p. 263.
12. *Ibid.*, p. 267.
13. Préface à *Splendeurs et misères*, t. VI, p. 425.
14. Sur les « petits faits », voir l'Introduction aux *Etudes philosophiques* de Félix Davin, en 1834 (t. X, p. 1208-1209) et l'Introduction aux *Etudes de mœurs* (t. I, p. 1154).
15. Dans *Pensées, Sujets, Fragments*, Balzac a noté : « Nous nous sommes amusés à compter les différents sourires, à les étudier, les varier et rien ne me manque dans cet essaim de grâces et cet arsenal de perfidies » (éd. Crépet, p. 121) ; suit la liste de 48 personnages féminins de La *Comédie humaine* dont chacun est qualifié au moins d'un sourire.
16. Félix Davin, Introduction aux *Etudes de mœurs*, t. I, p. 1170.
17. *Ibid.*, p. 1171.

contrastes entre détail et détail, dans maints écarts entre ce que le roman « montre » et ce que l'auteur aime et valorise. La satire balzacienne, dans sa peinture comique des mœurs, participe de la « mordante ironie », telle que Hegel l'a énoncée. Il retrouve les voies de la satire que la peinture anglaise du XVIIIe siècle et la caricature française, après l'anglaise, allaient elles-mêmes pratiquer. La peinture satirique anglaise, c'est celle de Hogarth, qui rend manifeste l'écart entre la fête idéale et la réalité, selon les termes de Jean Starobinski : « La satire aura beau jeu. Elle révélera que les hommes vivent autrement : dans la lourdeur, dans la sottise, dans la vulgarité »[18]. Sous des formes diverses, l'œuvre balzacienne dénonce et dévoile un monde sot et plat, un monde menteur. Elle met le monde contemporain au pilori et une part importante de son comique naît de cette opération. Toutefois, la satire balzacienne ne risque pas de s'enfermer dans « le pessimisme de la satire »[19], dans « l'ironie vitupérante »[20] : elle a trop le sens du jeu, le sentiment de la joie, et le goût de la totalité. C'est aussi ce qui fait sa différence avec la satire telle que la définit Hegel : car elle échappe à l'abstraction, et au vertuisme de la « belle âme ».

I. PAMPHLET, DÉVOILEMENT, ANALYSE : L'ÉNONCIATION COMIQUE

La dénonciation pamphlétaire

Balzac a défini le ton qu'il entend donner à sa satire dans l'un de ses meilleurs pamphlets, la *Monographie de la presse parisienne*. Selon lui, le pamphlet est le « sarcasme à l'état de boulet de canon », c'est « la raison, la critique faisant feu comme un mousquet et tuant ou blessant un abus, une question politique ou un gouvernement »[21]. Balzac, après avoir précisé la nature de cet art, en formule avec précision les voies et les moyens littéraires : « Le pamphlet veut de la science réelle sous une forme plaisante, il veut une plume impeccable, car il doit être sans faute ; sa phraséologie doit être courte, incisive, chaude et imagée, quatre facultés qui ne relèvent que du génie »[22]. Il faut que ses pages soient « pleines de sens, de raison, de vigueur et coloriées [...] »[23] et que sa phrase soit « nette et claire »[24]. La phrase du pamphlet va droit au but ; la pensée du pamphlétaire se définit sans ombre ni ambiguïté dans l'attaque d'un objectif aux contours bien tracés. Mais il y faut « image » et « couleur ». Quel comique au terme de cette pratique ?

18. Jean STAROBINSKI, *L'Invention de la liberté*, Skira, 1964, p. 95. Hogarth est également évoqué par Julien GRACQ à propos de *Béatrix* (3e partie) : cf. Introduction au t. IX de *La Comédie humaine*, Club français du Livre, p. 232.
19. Vladimir JANKÉLÉVITCH, *L'Ironie*, p. 184.
20. *Ibid.*, p. 185.
21. *Monographie de la presse parisienne*, éd. Conard, *OC*, t. XL, p. 571.
22. *Ibid.*
23. *Ibid.*, p. 558.
24. *Ibid.*, p. 559.

● *La clarté*

Certains romans de Balzac appartiennent à cette veine pamphlétaire. *Pierrette, Pierre Grassou, Les Petits Bourgeois, Le Député d'Arcis* en sont des exemples parlants. Dans *Pierrette*, les mots cinglants sont légion, contre les libéraux[25], contre la stupide société provinciale[26], contre les deux plus illustres représentants de cette sottise, le frère et la sœur Rogron[27]. Le premier jet était ici plus virulent encore. *Pierrette*, si l'on se réfère aux épreuves, était une satire violente des libéraux, « que *Le Siècle* ne pouvait accepter telle quelle »[28]. Dans cette occasion, ce n'est pas Pétrone, c'est Juvénal que Balzac ressuscite. C'est « l'époque actuelle » qui est sans ménagement fustigée, placée dans la pleine lumière du projecteur satirique. Le lecteur y trouve son plaisir, celui de voir sans ombres et celui de participer à l'offensive. Balzac polémiste remplit alors l'une des deux conditions que Stendhal énonçait pour le comique : *la clarté*[29].

Mais le risque est grand pour le comique de disparaître dans l'objectivité du constat historique ou sociologique. Dans un passage comme celui-ci, le « bourgeois de Paris »[30] est bien cadré et encadré, clairement défini dans sa petitesse. Cette mise au net, cette mise à nu, susciterait davantage la commisération que le rire : « Il plut aussi à cette majorité naturellement médiocre, à perpétuité condamnée aux travaux, aux vues du terre à terre »[31], et si Birotteau, bourgeois de Paris, est défini par sa « quote-part de ridicule »[32], ce n'est pas cette désignation qui le rend risible à nos yeux.

Ainsi, la désignation par le discours narratif risque d'écraser tout comique sous la platitude de l'évidence, d'une trop grande clarté. Le moraliste peut être vif, incisif, plaisant, sans être comique. Ni l'apparence avant révélation, ni l'opération de révélation, ni le révélé même ne sont en soi comiques. Ainsi, point de comique, lorsque Balzac énonce : « En France, ce qu'il y a de plus national, est la vanité. La masse des vanités blessées y a donné soif d'égalité »[33]. La formule est percutante, mais peu drôle. De même, le coup porté est précis et violent lorsque Balzac dénonce « la vie béotienne des provinciaux »[34] et lorsque, après avoir cité leurs prétendues « opinions personnelles », où éclate le conformisme, il catalogue l'ensemble comme étant des « contes absurdes »[35]. La dénonciation est lumière, mais le comique absent.

25. *Pierrette*, t. IV, p. 92 : « [...] l'esprit de S.M. libérale feu le Constitutionnel Ier était plus fort sur certains niais que l'esprit de l'Eglise. »
26. Vinet est dit « l'homme supérieur de cette société stupide » (*ibid.*, p. 95).
27. « L'adroit Vinet porta la terreur de ces deux imbéciles au comble » (*ibid.*, p. 145).
28. Jean-Louis TRITTER, Les épreuves de « Pierrette », *AB 1973*, p. 29.
29. Cf. STENDHAL, *Racine et Shakespeare* (I), 1823 : « Voici donc deux conditions du comique : la *clarté* et l'*imprévu* » (*op. cit.* p. 49).
30. *César Birotteau*, t. VI, p. 69.
31. *Ibid.*, p. 68.
32. *Ibid.*, p. 78.
33. *Le Cabinet des Antiques*, t. IV, p. 979.
34. *Le Curé de Tours*, t. IV, p. 205.
35. *Ibid.*

De même, échappent au comique, bien que recevant en plus les flèches du légitimiste (à moins, peut-être, que le lecteur ne soit légitimiste lui-même), « les défenseurs de la cause populaire », lorsque Balzac, parlant de Nathan, écrit : « Son républicanisme emprunté lui donnait momentanément cette âpreté janséniste que prennent les défenseurs de la cause populaire desquels il se moquait intérieurement »[36].

De telles attaques abondent dans les débuts de Balzac, particulièrement dans *La Peau de Chagrin*, pendant l'orgie chez Taillefer, et plusieurs de ces attaques sont aussi violentes que peu comiques : ainsi l'allusion du « fameux mensonge de Louis XVIII : *Union et oubli* »[37] et encore les flèches contre « la stupide république »[38] ou « l'imbécillité du pouvoir »[39].

● *L'imprévu*

Pour que cette clarté soit comique, il faut que, loin de nuire au surgissement de l'imprévu, elle coïncide avec ce surgissement. Il faut que la violence de la dénonciation passe les bornes du prévisible ou, mieux encore, qu'un effet de retard soit mis en place, créant la surprise. Il faut que le dévoilement ne soit qu'à demi réalisé par l'auteur, l'autre partie de l'opération étant laissée au lecteur. Il est donc nécessaire que, par une quelconque écriture de l'indirect, le lecteur soit amené à se surprendre lui-même, au terme d'un dévoilement dont il a le sentiment d'être en partie l'artisan.

— *L'outrance :*

La virulence de l'attaque, quand elle atteint un certain paroxysme, peut être l'une des ressources du pamphlet. Elle est du même ordre que l'effet d'agrandissement, de grossissement que l'on observe couramment dans la caricature. Dire d'Amélie qu'elle est « maladroitement comédienne » ne crée pas de comique, mais la surenchère de deux images animales et florales, tout d'abord, et, surtout, la fin paroxystique des « sifflements d'un asthme inavoué » font déboucher la satire dans les domaines du comique[40]. Il est rare que la seule violence suffise à créer cet effet. Dans la nébuleuse de l'outrance, la violence du mot pamphlétaire éclate vers une ou plusieurs images-satellites, images-relais ; ou bien, des images diverses se cachent brusquement en un mot clair et violent, qui prend alors sa charge d'explosion comique. C'est ce qui se produit dans ce passage des *Employés* où le verbe « crétiniser » et l'adjectif « crétin » acquièrent leur possibilité de comique par les liaisons avec une métaphore, et qui plus est métaphore animale et dévalorisante : « A l'âge de ces étranges physionomies, il est difficile de décider si ces mammifères à plumes se crétinisent à ce métier, ou s'ils ne font pas ce

36. *Une fille d'Eve*, t. II, p. 306.
37. *La Peau de Chagrin*, t. X, p. 95.
38. *Ibid.*, p. 100.
39. *Ibid.*, p. 101.
40. *Illusions perdues*, t. V, p. 193.

métier parce qu'ils sont crétins de naissance »[41]. Ailleurs encore, ce même
mot de « crétinisé », pamphlétaire par la virulence offensive qu'il comporte,
ne peut entraîner d'effet comique que mis en relation avec l'image finale
de la Vénus : « [...] le petit bourgeois persiste à vivre et vit, mais crétinisé : vous le rencontrez la face usée, plate, vieille, sans lueurs aux yeux,
sans fermeté dans la jambe, se traînant d'un air hébété sur le boulevard,
la ceinture de sa Vénus, de sa ville chérie »[42].

— L'effet de retard :

L'essentiel de l'effet de surprise comique consiste à éprouver vivement
ce sentiment de « lumière », après la « sidération » dont parle Freud[43].
Effet qui se trouve pleinement réalisé chaque fois que se manifeste une
chute, une pointe finale, trait inattendu et décisif. Le pamphlet devient
comique, lorsqu'il trouve les formes d'explosion[44] aptes à faire rire ou
sourire, lorsqu'il met au travail « le scalpel de l'épigramme et la pointe
aiguë du bon mot »[45], lorsque le scalpel trouve le point crucial, après
avoir traversé une épaisse enveloppe de graisse, lorsque la pointe aiguë
de l'épigramme vient dégonfler une grosse baudruche que l'on s'était
employé à repérer et à isoler.

Un bon modèle de fonctionnement de cet effet de retard est offert
par le portrait du caissier qui ouvre *Melmoth réconcilié*. Sarcasme et
ironie sont efficacement comiques grâce à la succession de la formulation
laudative, fallacieuse, et de l'éclatement du réel, médiocre ou mauvais.
Ainsi on peut lire que l'Etat assure à ses diplômés « tout ce qu'il y a
de plus élevé dans les grades subalternes »[46]. « Tout ce qu'il y a de plus
élevé » fait croire à la vraie récompense des efforts déployés par les fonctionnaires titrés ; « dans les grades subalternes » constitue la chute comique.
Dans le même texte, Balzac, qui exploite décidément la formule de la
chute, écrit qu'on leur accorde « en récompense de leurs services le troisième
étage, la femme accompagnée des enfants et toutes les douceurs de la
médiocrité »[47]. On peut remarquer que « le troisième étage » et « la femme
accompagnée d'enfants » font exploser le comique en révélant la formulation ironique de cette « récompense de leurs services »[48].

C'est le même genre d'effet retard que provoquent les formules de
définition comique auxquelles recourt Balzac à l'occasion, usant par

---

41. *Les Employés*, t. VII, p. 989.
42. *La Fille aux yeux d'or*, t. V, p. 1045.
43. Sigmund FREUD, *Le mot d'esprit et ses rapports avec l'inconscient*, Introduction,
p. 12-14.
44. Cf. le « type à détonation » de certaines phrases de Proust, étudié par Leo
SPITZER, *Etudes de style*, Gallimard, 1970, p. 400-401.
45. *Une fille d'Eve*, t. II, p. 308.
46. *Melmoth réconcilié*, t. X, p. 347.
47. *Ibid.*
48. Un beau modèle de chute ironique est offert par cette phrase du portrait
de Théodose de La Peyrade en philanthrope : « Semblable à presque tous les philan-
thropes, il était d'une économie sordide et ne donnait aux pauvres que son temps,
ses conseils, son éloquence et l'argent qu'il arrachait pour eux aux riches » (*Les Petits
Bourgeois*, t. VIII, p. 62).

exemple d'un « c'est-à-dire » qui amorce la détonation : « Il avait ce qu'on nomme en province de la dignité, c'est-à-dire qu'il se tenait roide et qu'il était ennuyeux »[49]. L'ordre des facteurs est parfois renversé : ironie inversée. Ainsi, lorsque Balzac évoque « les corsaires que nous décorons du nom de Banquiers »[50] ou « de grands sacs appelés *ses Ecoles* »[51]. La surprise va ici du vrai révélé vers l'étiquette trompeuse, autre manière de faire éclater aux yeux la fausseté : c'est toujours un cas de déflagration comique, mais d'un autre type[52]. Balzac renoue ainsi avec les moyens piquants d'un Montesquieu, avec des procédés chers aux *Lettres persanes*. On voit le narrateur de *Petites misères de la vie conjugale* présenter la littérature avec les procédés de l'équivalence naïve, comme pourrait en effet le faire un naïf, un ingénu, un Persan : « Le plus admirable commerce est celui *qui consiste à* payer chez un papetier [...] »[53].

« C'est-à-dire », « qui consiste à » : Balzac varie la formule, mais c'est toujours une formule d'équivalence, de définition propre à assurer, dans un sens ou dans l'autre, la déflagration comique. D'autres variantes sont possibles, comme en témoigne celle-ci : « Sarcus était accepté comme l'homme politique de ce salon ; *vous devinez qu'il était tout bonnement le plus ennuyeux* »[54]. Ce que nous soulignons introduit par surprise une définition réductrice, dévalorisante : double effet de comique.

— L'image comique :

Le principal ressort de cette déflagration comique est l'image, la métaphore qui, en un seul mot ou dans l'association de deux mots, fait exploser comiquement la réalité décrite, en la faisant entrer, grâce à la métaphore, dans un double registre. L'explosion, le comique sont d'autant plus forts que répondant à une triple condition : le *rapprochement* de deux registres habituellement très éloignés, *l'accumulation* sur un même objet, un même personnage, de diverses métaphores et la *visée dévalorisante* de tels rapprochements métaphoriques. Grâce à la force de l'image, au contraste frappant entre l'opinion généralement admise et la présentation que l'on fait, Balzac fait surgir la réalité dans une clarté imprévue. Ainsi toute la réalité de Vinet surgit lorsqu'il est qualifié de « singe judiciaire »[55]. La formule la plus éloquemment satirique, dans le développement sur la plus haute sphère du monde parisien de *La Fille aux yeux d'or*, est cette image de la physionomie des riches où « grimace l'impuissance »[56].

49. *Le Député d'Arcis*, t. VIII, p. 726.
50. *Melmoth réconcilié*, t. X, p. 346.
51. *Ibid.*, p. 347.
52. Balzac a fait ses gammes à l'époque des *Codes*. Comme l'écrit Arlette MICHEL, « l'effet est noté, mais coupé (fictivement) de sa cause [...] » (*Le Mariage et l'amour...*, p. 271). Dès le *Code des gens honnêtes*, on voit l'exploitation ironique, comique, du *c'est-à-dire* : « L'honnête homme — c'est-à-dire le voleur le plus dangereux... » (Bibl. de l'Or., t. 25, p. 388), texte cité par Arlette MICHEL, *ibid.*, n. 9.
53. *Petites misères de la vie conjugale*, t. XII, p. 107. C'est nous qui soulignons.
54. *Les Paysans*, t. IX, p. 270. C'est nous qui soulignons.
55. *Pierrette*, t. IV, p. 115.
56. *La Fille aux yeux d'or*, t. V, p. 1051.

Où Balzac a-t-il été plus vrai et plus comique dans la satire que lors-qu'il fait tenir à Crevel son intarissable propos sur la « toute-puissante pièce de cent sous »[57] ? La surcharge est mise ici, sans doute, au compte d'un Crevel qui ne brille guère par la légèreté, mais cette lourdeur devient ironique, en faisant de lui un excellent pamphlétaire malgré soi. Ce sont là des procédés dont Balzac a usé lui-même sans aucun relais. Grâce à l'énormité des images et à leur doublement et redoublement, grâce au remplacement de l'image par la métonymie, le pamphlet trouve tout son accomplissement comique : « ... au-dessus de la charte, il y a la sainte, la vénérée, la solide, l'aimable, la gracieuse, la belle, la noble, la jeune, la toute-puissante pièce de cent sous »[58]. Cette série d'images satellites de la personnification implicite par une femme de « la pièce de cent sous » se double d'une autre image : « Son Altesse Divine Mme la Banque »[59].

Même redoublement métaphorique dans *Le Père Goriot* : « Il est une nation plumigère, serrée au budget entre le premier degré de latitude qui comporte les traitements de douze cents francs, espèce de Groënland administratif, et le troisième degré, où commencent les traitements un peu plus chauds de trois à six mille francs, région tempérée, où s'acclimate la gratification, où elle fleurit malgré les difficultés de la culture »[60]. L'employé « plumigère » est sacré volatile, les bureaux donnent lieu à la métaphore géographique, et enfin la gratification suscite la métaphore végétale.

Les métaphores se succèdent et s'accumulent de même façon dans *L'Illustre Gaudissart*, lorsque Balzac suggère une « Bourse pour les idées », lance l'idée d'un « impôt intellectuel », présente le commis voyageur comme chargé de prendre dans sa « souricière » le client, ce « rat départemental »[61], et, de surcroît, le transforme en « marin » faisant mordre à l'appât « le poisson départemental »[62]. Autant de métaphores enfilées sur un même fil, la même idée, qui est une attaque satirique de la réalité sociale contemporaine : les métaphores doivent faire surgir par l'impact de chacune d'elles, aussi bien que par les imprévisibles mutations qui font passer de l'une à l'autre, l'image comique de la société mercantile. Quatre images couplées, cela nous paraît beaucoup. Or, c'est peu, ce n'est qu'un résidu par rapport au texte brillant, journalistique, que Balzac avait écrit et publié d'abord[63]. Dans ce texte, quinze fois plus long que l'actuel, Balzac plantait de nombreuses banderilles sur des victimes alors tout à fait reconnaissables, qui appartenaient au monde de la presse et de la littérature. La métaphore y était longuement filée. Les associations para-doxales et les réversions y pullulaient. Tout autant que dans la scène d'orgie de *La Peau de Chagrin*. Nous y avons dénombré une soixantaine de métaphores et d'associations cocasses dont la répétition et l'entasse-

57. *La Cousine Bette*, t. VII, p. 325.
58. *Ibid.* « La gracieuse, la belle, la noble, la jeune » constitue une addition de l'orig. Balzac a tenu à forcer l'effet.
59. *Ibid.*
60. *Le Père Goriot*, t. III, p. 188.
61. *L'Illustre Gaudissart*, t. IV, p. 566.
62. *Ibid.*, p. 564.
63. Il s'agit de quelque six pages, qui, sous le titre de *Le Bois de Boulogne en 1833*, figurent dans l' « Histoire du texte » de *L'Illustre Gaudissart*, t. IV, p. 1329-1335.

ment valent surtout par le rythme, la verve, le train d'enfer de l'ensemble. Balzac a supprimé tout ce qui ressortissait au pamphlet proprement dit, tout ce qui était allié à des cibles contemporaines, il a rayé toutes les références à Perse et à Juvénal[64]. Tout ce qui était proprement du genre de la satire et strictement journalistique a été rejeté. N'ont été conservées que les trois ou quatre images qui s'intègrent à l'ensemble de l'ouvrage. Satire et journalisme ont été les gammes où s'est forgé le roman. Mais celui-ci a intégré la *vis comica*, l'image comique, à sa forme ; l'ensemble des quatre métaphores qui subsistent dit, par les moyens du comique, c'est-à-dire sans affirmation dogmatique, sans le rétrécissement, le raidissement et la fermeture du sérieux, l'essentiel de la question : la rapacité et la fausseté de la société industrielle qu'incarne Gaudissart[65]. Mais la suppression des allusions à des personnages réels soustrait le roman à la chronique, lui assure une réelle autonomie et la condensation permet aux images de s'intégrer organiquement à l'œuvre, sans prolifération extérieure à elle.

Dans ces exemples d'images comiques, un dernier caractère a pu être repéré, celui du contact, à l'intérieur de l'image, entre un élément médiocre ou vil et un autre élément, de registre supérieur. Ainsi, dans l'image de la « toute-puissante pièce de cent sous », des adjectifs ironiquement forts, sublimes, constituent le comparant, le comparé étant de peu de valeur : une simple pièce de cent sous. Il en va de même pour « Groënland administratif ». Au contraire, « nation plumigère » ou « poisson départemental » proposent un comparant dévalorisant (« bête à plume » ou « poisson ») pour les employés ou les clients.

— *L'association paradoxale* §

Le lecteur est alerté par l'imprévu né du contact, incongru, dans l'image, entre deux registres éloignés l'un de l'autre et dont l'un contribue à une dévalorisation comique : double effet de comique, donc. L'image n'est pas indispensable ; en revanche, nécessaire à la création de l'effet comique est le rapprochement paradoxal de deux termes dont l'association confine *a priori* au non-sens. Lorsque le sens surgit de cette absurdité qui paraissait tout d'abord évidente, la lecture devient lecture comique.

Ainsi, M. de Soulas commença son « métier de dandy »[66], rapprochement qui fait du dandysme un métier : association paradoxale, en même temps que dévalorisante. Pour créer, d'un seul trait, la satire littéraire, rien de tel que cette flegmatique, elliptique et, au premier abord, absurde expérience : « L'un de ces trois livres, le premier, comme chez plusieurs écrivains qui n'ont pu faire qu'un premier ouvrage »[67]. Toute la bigoterie du monde et la médiocrité des destins sans joie se lisent dans l'insolite association de la loi et du bonheur : la mère de Gaston de Nueil « avait très légalement accompli le bonheur de M. de Nueil le père »[68].

64. Respectivement, *ibid.*, p. 1330 et 1334.
65. Cf. *supra*, p. 190-191.
66. *Albert Savarus*, t. I, p. 921.
67. *Une fille d'Eve*, t. II, p. 302.
68. *La Femme abandonnée*, t. II, p. 493.

La typisation de Dinah Piédefer s'accomplit efficacement dans une économique expression chiffrée : Dinah fait partie des « cent-et-une dixièmes muses qui ornent les départements »[69]. Quant au temps provincial, petit, à l'horizon borné, il surgit du rapprochement subit des deux mots *avenir* et *journée*, lorsque Balzac définit le dîner comme « l'avenir de la journée en province »[70]. *L'Amadis Omnibus*, quand il devient « romantique », prend la couleur d'un « éthéré bleu foncé »[71]. Et l'on pourrait se satisfaire, pour définir l'ensemble du personnage de Simon Giguet, de la seule mention de sa « nullité sonore »[72]. Cocasses, surprenants, ces traits sont propres à la percussion : l'éclatement comique pulvérise la cible.

C'est donc généralement par la mise en contact de deux mots *a priori* sans rapport que l'ironie offensive se parachève. L'action et la décharge comiques sont d'autant plus fortes que cette association paradoxale surgit au milieu d'une phrase qui ne visait pas à l'effet, relativement neutre : « Ici, nous ne stipulons que pour les oisifs, pour ceux qui ont le temps et l'esprit d'aimer, pour les riches qui ont acheté la propriété des passions, pour les intelligents qui ont conquis le monopole des chimères »[73]. Ici s'entrechoquent de façon inattendue et brutale « passions » et « propriété », « chimères » et « conquis le monopole ». Cette brusquerie et cette violence miment et suscitent l'indignation, miment l'indignation sous une forme qui renforce l'indignation du lecteur par l'effet comique. Même rupture comique et même violente ironie dans cette énumération des « classes d'hommes plus sujettes que les autres à certains malheurs : ainsi, de même les Gascons sont exagérés, les Parisiens vaniteux ; comme on voit l'apoplexie s'attaquer aux gens dont le cou est court, comme le *charbon* (sorte de peste) se jette de préférence sur les bouchers, la goutte sur les riches, *la santé sur les pauvres*, la surdité sur les rois, la paralysie sur les administrateurs, on a remarqué que certaines classes de maris étaient plus particulièrement victimes des passions illégitimes »[74].

C'est dans l'étendue de l'incongruité que la pertinence et la justesse de l'attaque se manifestent avec le plus de force. Dans cette apparente incongruité l'éloquence, jusqu'alors non comique, devient esprit et la pugnacité atteint son comble, en faisant rire. « Obligés de parler sans cesse, tous remplacent l'idée par la parole, le sentiment par la phrase, et leur âme devient un larynx »[75].

Très souvent la mise en contact du physique et du moral fait l'image satirique. Arthur de Rochefide est ainsi mis en pièces par un contact explosif : « Rochefide a un bon gros amour-propre rouge et frais qui s'admire en public et sourit toujours »[76]. Ou encore : « Sa vanité se vautre

69. *La Muse du département*, t. IV, p. 735.
70. *La Femme abandonnée*, t. II, p. 468.
71. *Petites misères de la vie conjugale*, t. XII, p. 127.
72. *Le Député d'Arcis*, t. VIII, p. 726.
73. *Physiologie du mariage*, t. XI, p. 924. Ce pamphlet figure dans une addition de 1829 à la *Physiologie* pré-originale.
74. *Ibid.*, p. 949. C'est nous qui soulignons *la santé sur les pauvres*.
75. *La Fille aux yeux d'or*, t. V, p. 1047.
76. *Béatrix*, t. II, p. 713.

à l'écurie et se nourrit à grand bruit au râtelier en tirant son fourrage »[77]. L'amour-propre devenu un fat et narcise personnage, la vanité devenue cheval affamé de fourrage sont des allégories comiques, nées de rapprochements surprenants. Pour le lecteur, la satire naît de la surprise. Cette vigueur du polémiste donne à maint passage de Balzac son « grain », sa puissante et entraînante verdeur. Allégresse de piquer et plaisir de bien piquer se renforcent du plaisir d'écrire, de faire ainsi surgir du texte un nouveau réel. Goriot, écrit Balzac, était « un de ces Dolibans parisiens, *forts seulement en bêtise* »[78]. Même vigueur imagée de Balzac pour évoquer Poiret : « l'un de ces ânes de notre grand moulin social »[79]. Balzac accorde aussi cette vigueur à ses personnages, à Vautrin par exemple : « Je ne vous parle pas de ces pauvres ilotes qui pourtant font la besogne sans être jamais récompensés de leurs travaux, et que je nomme *la confrérie des savates du bon Dieu*. Certes, là est la vertu dans toute *la fleur de sa bêtise*, mais là est la misère »[80].

Tous ces exemples témoignent de la vigueur pamphlétaire du roman balzacien. Victimes réelles ou fictives sont la proie d'une ironie vengeresse qui recharge dans l'imprévu sa force et son mordant.

— Le jeu de mots satirique :

L'esprit, sous la forme du jeu de mots offensif, est souvent mis au service de la satire. Il n'est pas facile, bien souvent, de distinguer ici entre le référentiel et le ludique, on s'aperçoit que l'un et l'autre se couronnent mutuellement. L'hésitation est souvent possible, entretenue par Balzac : le jeu est une arme et l'arme un jouet[81]. Mais on ne doit pas négliger, en maint passage, la valeur offensive de l'esprit. C'est tout au long de l'œuvre que se repèrent les traces de cet esprit épigrammatique qui l'avait inspiré dans la *Physiologie du mariage*. Balzac décoche, avec la précision des meilleurs tireurs classiques, des flèches acérées, mais les parcours en sont parfois à demi camouflés.

La politique ? « On y met fréquemment son caractère à l'envers, et il arrive souvent que le public ne sait plus quel est l'endroit »[82]. La sottise humaine, en l'occurrence celle du curé de Tours, l'abbé Birotteau ? « Le bon vicaire se creusait donc, mais inutilement, la cervelle, et certes il en sentait bien vite le fond [...] »[83]. Les épiciers et la politique ? « La

---

77. *Ibid.*
78. *Le Père Goriot*, t. III, p. 124. C'est nous qui soulignons.
79. *Ibid.*, p. 58.
80. *Ibid.*, p. 140. C'est nous qui soulignons.
81. Qu'est-ce qui l'emporte, du « comique significatif » ou du jeu, lorsque Balzac note que Lucien, salué d'une « petite inclination de tête » par Châtelet, la « trouva financièrement impertinente » (*Illusions perdues*, t. V, p. 190) ?
82. *Modeste Mignon*, t. I, p. 636.
83. *Le Curé de Tours*, t. IV, p. 199. C'est ici une immense rubrique qui pourrait s'ouvrir : la bêtise est, dès avant Flaubert, insondable dans *La Comédie humaine*. Comme l'écrit Pierre CITRON, « L'Intégrale », Introduction des *Employés*, t. IV, p. 515 : « Sa fascination quasi flaubertienne devant la bêtise, déjà sensible dans les personnages de Poiret aîné du *Père Goriot*, et de Crottat de *La Femme de trente ans*, se manifeste à plein en 1837 dans *Les Employés* et dans *César Birotteau*. » La sottise donne souvent l'occasion à Balzac de manifester l'esprit le plus aigu. Ainsi Zélie, dans *Les Petits*

mesure de Robespierre eut cela de bon que, jusqu'en 1830, les épiciers effrayés ne se mêlaient plus de politique »[84]. Le commis-voyageur ? « Il s'intéresse à tout et rien ne l'intéresse »[85]. Le négociant, en la circonstance Minard ? « Il fit honorablement et en grand le commerce qu'il avait d'abord fait avec indélicatesse [...] »[86]. Le parallèle est cocasse entre « honorablement et en grand » et « avec indélicatesse » : au premier degré, simple jeu ; au second degré, cette idée que l'indélicatesse faite en grand confère l'honorabilité. Même jeu, même virulence, dans la même page : « Minard et sa femme étaient d'ailleurs d'une excessive bienfaisance. Peut-être voulaient-ils rendre en détail aux pauvres ce qu'ils avaient pris au public »[87]. C'est un jeu de quatre coins, discret et hilarant, qui met en lumière la stérilité de Lousteau, et atteint, à travers lui, toutes les formes de la stérilité artistique : il « avait déjà *cherché* des *idées* d'articles et des sujets de nouvelles pendant tout un mois, mais il n'avait *rencontré* que des *amis* qui l'entraînaient à dîner, au théâtre, et qui grisaient son chagrin [...] »[88].

Ce jeu de l'esprit est souvent ténu, subtil, presque secret et toute la pointe de l'ironie offensive se rentre. Ainsi Guerbet « obtenait des primeurs en retard d'un mois sur celles de Paris »[89]. Il faut dire que, dans ce cas, Balzac compense la subtilité par la répétition. Trois couches de plaisanteries s'additionnent pour mettre en relief la sottise de cet expert en *Pomologie*. Au comique du « *en retard d'un mois/primeurs* » s'ajoutent celui du *voire* : « il cultivait dans ses bâches les choses les plus tropicales, *voire* des ananas, des brugnons et des petits pois », et celui du « *avec orgueil* » : « Il apportait *avec orgueil* un panier de fraises à Mme Soudry, quand elles valaient dix sous le panier à Paris »[90].

Le décryptage de ces jeux de mots offensifs demande une collaboration plus ou moins grande du lecteur ; le jeu des mots est plus ou moins secret et subtil, le plaisir de la découverte est, en conséquence, plus ou moins grand. Quand l'esprit prend la forme de la maxime, le jeu est codifié, il entre dans les règles et il n'est que d'appliquer la grille des parallélismes. Ainsi l'esprit de cette maxime à laquelle Balzac recourt pour stigmatiser les mariages d'argent : « Les grosses dots font faire aujourd'hui de grosses sottises sans aucune pudeur »[91]. Plaisir d'une surprise réelle, mais encadrée. En revanche, hors cadre, et caché, l'esprit

---

Bourgeois : « avec la fortune, (elle) avait pris des prétentions, sans jamais avoir pu apprendre le français » (t. VII, p. 50). Le jeu sur « prendre » et « apprendre » est aussi réussi comme manifestation ludique que satiriquement efficace. Que dire encore de la vanité et de l'intérêt, conjointement fustigés : « Les blessures d'amour-propre deviennent incurables quand l'oxyde d'argent y pénètre » (*Illusions perdues*, t. V, p. 518) ? La pointe du jeu de mots sur « argent » fait coup double : comme élément du jeu et comme arme.

84. *La Rabouilleuse*, t. IV, p. 275.
85. *L'Illustre Gaudissart*, t. IV, p. 562.
86. *Les Petits Bourgeois*, t. VIII, p. 48.
87. *Ibid.*
88. *La Muse du département*, t. IV, p. 787. C'est nous qui soulignons.
89. *Les Paysans*, t. IX, p. 270.
90. *Ibid.* C'est nous qui soulignons.
91. *Les Petits Bourgeois*, t. VIII, p. 57.

de cette flèche contre la prétention, le mauvais goût et les faux attributs d'une Mme Soudry : « De dessus la terrasse, quand elle s'y promenait, un passant, en la regardant de très loin, aurait cru voir marcher une figure de Watteau »[92]. Balzac est à la fois un solide et un subtil pamphlétaire, son style offensif vaut celui des grands de la rosserie.

Le souci de faire jouer le comique dans les œuvres où l'attaque politique et sociale est le plus certainement cherchée n'a cessé de croître. Colin Smethurst signale, dans les dernières scènes ajoutées au roman, « un intérêt bien plus net porté aux effets comiques »[93]. Si l'œuvre avait été achevée, on aurait eu, comme le dit encore Colin Smethurst, « une belle illustration, à la fois sérieuse et comique, des processus de la lente évolution sociale et politique de la France à travers un demi-siècle d'histoire »[94]. Le comique porte à son comble le pamphlet et il culmine avec l'intensité joueuse de la dénonciation.

Le dévoilement

La démarche pamphlétaire, dénonciatrice, de la satire avait été surtout celle de la période journalistique de Balzac, de 1830 à 1832, voire 1833[95]. Comme le précisent Pierre Citron et Patrick Berthier, c'est avec *Un prince de la bohème* que Balzac renoue avec cette veine[96]. Mais il est un processus romanesque d'énonciation des mœurs que Balzac n'a jamais cessé de pratiquer, c'est celui du dévoilement, du démasquage. Cette formule va de pair avec le roman d'apprentissage : *Illusions perdues*, roman d'apprentissage par excellence, adopte sans cesse cette démarche de la révélation.

Quel type, quelle forme de comique engendre cette opération ? Nous avions analysé le rôle du rire dans le balisage de l'initiation, chez l'initiateur ou chez l'initié[97]. Quelle en est l'incidence sur le lecteur ?

Pour un moraliste comme Paul Valéry, l'homme passe son temps à cacher ses « secrets » et le comique (à prendre sans doute dans le sens de « comique littéraire », puisque Valéry parle de « l'art du comique ») consiste à le traquer dans cette opération : « DE PUDENDIS. L'homme cache ce qui est le plus probable qu'il sent, ou qu'il fait ou qu'il pense. Il cache ses sottises, ses nécessités, ses envies, ses impulsions — et tout le monde en chœur le cache. C'est un même geste, que tout l'art du comique est de mettre en défaut. Ah ! cachottiers d'humains, on vous voit »[98]. Ce « démontage de l'hypocrisie humaine qui est toute l'œuvre de Balzac », selon Maurice Bardèche[99], constitue un premier palier, moral

92. *Les Paysans*, t. IX, p. 259.
93. Colin SMETHURST, Introduction du *Député d'Arcis*, t. VIII, p. 713.
94. *Ibid.*, p. 714.
95. Cf. *Le Bois de Boulogne en 1833*, t. IV, p. 1329 sq.
96. Pierre CITRON, Introduction d'*Un prince de la bohème*, « L'Intégrale », t. V, p. 278 ; Patrick BERTHIER, Introduction d'*Un prince de la bohème*, t. VII, p. 803.
97. Cf. *supra*, p. 194-197.
98. Paul VALÉRY, *Cahiers*, Bibl. de la Pléiade, t. II, p. 1182.
99. Maurice BARDÈCHE, *Une lecture de Balzac*, Les sept couleurs, p. 189.

et psychologique, mais le démontage va plus loin, il est celui de toute la société avec ses rouages. Démonter, faire voir, c'est faire voir comme petit. Souvent il arrive que la vérité soit triste, comme le dira à peu près Renan ; mais, dans le temps du démasquage, de la révélation, la surprise de voir dans sa nudité, dans sa vérité ce qui se dérobait à nous rassure et fait rire. Jarry ou Valéry ont clairement défini cet effet[100]. Trois éléments sont ici à considérer : l'illusion (d'un sujet donné, sur lui-même ou sur le monde ; des autres sur lui), l'opération de révélation, la vérité que cette opération révèle. Pour la commodité, nous examinerons successivement quelles conséquences ont sur le comique l'écriture de l'illusion et l'écriture de la désillusion.

Car le roman dit l'illusion et procède à la désillusion. Sa technique se modèle même fort souvent sur cette opération, recourt à « la désillusion, constituée en technique »[101]. Le risque est grand alors de voir le comique dégénérer en sarcasme[102], en « ironiques ricanements »[103], voire en « rire satanique »[104]. Or, Balzac échappe à ce risque. Hormis certains moments, comme les passages où le scepticisme est le plus marqué, dans *La Peau de Chagrin*, dans *Massimilla Doni*[105], ou encore certaines œuvres de la fin où la dérision envahit tout, sans doute, mais touche à l'infini en passant toutes les bornes[106], la joie de voir et de faire voir se communique au lecteur selon des processus bien au point. La désillusion comique demeure tonique.

● *L'illusion : apparence menteuse et opinion erronée*

Nous prendrons un exemple de fonctionnement du mécanisme de la révélation dans *Béatrix*. Balzac énonce d'abord la loi, c'est-à-dire l'essentiel de la révélation : « L'égalité moderne, développée de nos jours outre mesure, a nécessairement développé dans la vie privée, sur

---

100. Le rire est « l'impression de la vérité révélée — qui surprend, comme toute découverte inopinée » (Alfred JARRY, *La Plume*, 15 mai 1903, *La Chandelle verte*, Livre de Poche, 1969, p. 300-301). Quinze jours plus tard, Jarry précise : « La vérité serait peut-être même toujours bouffe, si comme nous l'écrivions précédemment, sa découverte se reconnaît à ce qu'elle déclenche le rire » (La vérité bouffe, *ibid.*, p. 304). De son côté VALÉRY insiste sur le comique comme né de la révélation du « fini » (*Cahiers*, Bibl. de la Pléiade, t. II, p. 1367-1368).

101. Marthe ROBERT, *Livre de lectures*, Grasset, 1977, p. 54.

102. « La liaison au monde [du mythologique] est d'ordre sarcastique » (Roland BARTHES, *Mythologies*, Ed. du Seuil, 1957, p. 266).

103. SAINTE-BEUVE évoque aussi « le *rire inextinguible* de l'homme déchu » (*Port-Royal*, livre III, « Pascal », Bibl. de la Pléiade, t. I, p. 857).

104. Ce rire qu'à juste titre Jean-Paul Sartre découvre chez Flaubert : cf. texte cité, *supra*, p. 246.

105. Dans *La Peau de Chagrin*, la soirée Taillefer permet l'expression de tous les scepticismes, mais c'est en situation, en relation dialectique avec le reste du roman. Dans *Massimilla Doni*, « chez les plus grands douteurs, le doute ne compense et n'équilibre aucune foi : il conduit au nihilisme » (Arlette MICHEL, *Le mariage et l'amour...*, t. III, p. 1222) et Max MILNER émet l'hypothèse que le conseil de Vendramin corresponde chez Balzac à « une duplicité résignée et quelque peu cynique » (Le sens « psychique » de « Massimilla Doni » et la conception balzacienne de l'âme, *AB 1966*, p. 168).

106. Comme, par exemple, *La Cousine Bette*.

une ligne parallèle à la vie politique, l'orgueil, l'amour-propre, la vanité, les trois grandes divisions du Moi social »[107]. Ni la vérité ici révélée, ni l'opération de révélation ne comportent d'effet comique. Comique, en revanche, très comique, même, nous semble-t-il, est la phrase suivante : « Les sots veulent passer pour gens d'esprit, les gens d'esprit veulent être des gens de talent, les gens de talent veulent être traités de gens de génie ; quant aux gens de génie, ils sont plus raisonnables, ils consentent à n'être que des demi-dieux »[108]. C'est par une formalisation spirituelle que la vérité et son énonciation deviennent comiques et que l'on atteint même à la plus haute et rayonnante ironie. Formalisation où les idées sont mises en scène par une simplification en facteurs élémentaires. La simplification permet le jeu des oppositions et des connexions, une logique nouvelle se fait jour. En effet, ici, tout se réduit sémantiquement au jeu de l'être et du paraître, si sémantiquement veut seulement dire : « en dégageant l'idée générale ». Mais le sens comporte aussi la nuance ; il est souvent provocation à la pensée. Et la pensée a partie liée avec le comique : on repère ici le jeu de deux manières de paraître, puisqu'il y a « passer pour » et « être traité de », opinion pensée ou opinion proclamée en paroles, et que, sur ces trois verbes « être », il n'en est pas un seul qui ne soit ironisé. Encore est-ce de deux façons différentes : dans « ils sont plus raisonnables », l'énoncé est ironique, le narrateur suggérant qu'ils ne sont pas si raisonnables ; « être des gens de talent » est détruit par « veulent », et « n'être que des » est, lui aussi, détruit, mais d'autre façon encore, par « ils consentent à ». Le comique naît de ce théâtre logique, né lui-même d'un théâtre lexical.

On constatera donc qu'une dialectique de l'apparence menteuse et de l'opinion erronée s'opère réellement : Balzac fait penser, mais il fait penser par l'intermédiaire d'un comique d'idées. Il faut repérer la mise en scène des connexions et de la dialectique qui met en route à la fois pensée et comique, nés l'un et l'autre d'une réflexion sur la relation interpersonnelle et sur les divers niveaux de la réalité.

En chaque occasion, l'opération de révélation donne lieu à un certain comique, provocation à la pensée et provoqué par elle. Cet autre passage de *Béatrix* en fournira un deuxième exemple. Il s'agit de Mlle de Pen-Hoël. Balzac écrit : « Elle passait pour malicieuse, elle était néanmoins sans esprit ; mais elle avait un ordre de Hollandais, une prudence de chatte, une persistance de prêtre qui dans un pays si routinier équivalait à la pensée la plus profonde »[109]. « Elle passait pour » dit *l'opinion erronée* ; « la pensée la plus profonde » énonce *l'apparence mensongère*, formulée en fin de phrase et donc rejoignant cycliquement l'opinion erronée du début. Quant à la *réalité dévoilée*, celle des observateurs est indiquée par « pays si routinier » et celle de Mlle de Pen-Hoël est double : partie négative, elle « était sans esprit », partie positive (source d'erreur pour les gens stupides et présentée comiquement par le narrateur, mais néanmoins positive) : l' « ordre de Hollandais », la « prudence de chatte »,

107. *Béatrix*, t. II, p. 905-906.
108. *Ibid.*
109. *Ibid.*, p. 666-667.

la « persistance de prêtre ». Il y a donc deux comiques dans cette phrase :
la présentation pittoresque et amusée des « qualités » d'une personne
pourtant stupide (et l'ironie, c'est que le narrateur est seul à pouvoir
l'apprécier pleinement) et aussi le théâtre des divers facteurs que l'on
retrouvera toujours semblables dans *La Comédie humaine*, opinion
erronée, apparence mensongère, réalité dévoilée.

Entre autres exemples de *passer pour*, on rencontre Beauvisage qui,
« grâce à ses sourires, à ses phrases obséquieuses [...], passait pour un
des hommes les plus considérables »[110]. Mme Crémière « passait pour
instruite parce qu'elle lisait des romans »[111]. Très fréquemment, c'est
un discours stupide, mais emphatique, qui « passe pour » de l'éloquence,
comme c'est le cas pour Simon Giguet[112]. Souvent, le « *passer pour* »
joue avec le « *regarder comme* ». Ainsi, dans *La Femme abandonnée*, se
rencontre une « famille dont la noblesse, inconnue à cinquante lieues
plus loin, passe dans le département pour incontestable et de la plus
haute antiquité »[113] ; ce sont ces gens que « cette société exclusive regardait comme étant toute la ville »[114]. Pour un même phénomène, Balzac
fait jouer le champ et le contre-champ, mais aussi certaines variations
importantes interviennent. En particulier, quand, à partir du « passer
pour », on en arrive au « se regarder comme ». C'est le cas de Gourdon.
Gourdon « passait dans tout le département pour un grand naturaliste,
pour le successeur de Buffon »[115]. Or « cet homme avait fini par se regarder
comme une des célébrités de la Bourgogne »[116].

Balzac, pour mettre en scène la réalité humaine dans sa comédie,
joue aussi très souvent de l'adjectif *postiche*, qui dit le fallacieux, objec-
tivement dénoncé par le romancier[117], et du verbe *croire*, qui exprime
l'illusion du personnage sur lui-même[118]. Le degré de comique dépend
de la richesse et de la souplesse des combinaisons que le romancier parvient à instituer entre ces termes et le contexte. Voire entre ces termes
entre eux, lorsque le *postiche*, authentifié par une opinion stupide, finit
par créer l'illusion sur soi. C'est ce qui se produit, entre autres, pour
d'Aiglemont : « En entendant tout le monde rendre justice à ses talents
postiches, le marquis d'Aiglemont finit par se persuader à lui-même
qu'il était un des hommes les plus remarquables de la cour, où, grâce
à ses dehors, il sut plaire, et où ses différentes valeurs furent acceptées

110. *Le Député d'Arcis*, t. VIII, p. 763.
111. *Ursule Mirouët*, t. III, p. 779.
112. *Le Député d'Arcis*, t. VIII, p. 726.
113. *La Femme abandonnée*, t. II, p. 463-464.
114. *Ibid.*, p. 463.
115. *Les Paysans*, t. IX, p. 264.
116. *Ibid.*, p. 265-266.
117. Entre autres romans où l'on rencontre *postiche* : *Honorine*, t. II, p. 580 ;
Béatrix, t. II, p. 906 ; *La Rabouilleuse*, t. IV, p. 522 ; *La Muse du département*, t. IV,
p. 659, 667. Si aucun *postiche* n'est en soi comique, il peut le devenir en situation et
l'ensemble de tous ces *postiche* contribue à faire de l'univers de *La Comédie humaine*
un univers comique.
118. Par exemple, Sylvie Rogron « croyait être coquette » (*Pierrette*, t. IV, p. 114)
ou « croyait sourire » (*ibid.*, p. 117). Mme Soudry « croyait être une femme comme il
faut » (*Les Paysans*, t. IX, p. 260).

sans protêt »[119]. Les enchaînements des diverses erreurs, des illusions ou des mensonges, dans une telle phrase, constituent une comédie, comme toujours, mais selon de nouveaux jeux, par connexions, enchaînements, paradoxes et ironies.

Les rôles et les formules, nous l'avons dit, ne varient guère. Toutefois, Balzac module particulièrement le thème de la « comédie de bonne foi », celle des Canalis ou des Nathan. Le thème l'inspire, et se prête à la variation. Variations lexicales ou variations métaphoriques. Le lexique de la « comédie de bonne foi » est particulièrement varié pour Nathan : « Nul ne sait mieux jouer des sentiments, se targuer de grandeurs fausses, se parer de beautés morales, se respecter en paroles, et se parer comme un Alceste en agissant comme un Philinte »[120]. La condensation en métaphores brillantes, paradoxales, joueuses, retrouve la même verve que celle du pamphlet, la verve du jeu. Ces trouvailles constituent comme autant de noyaux pleins de vie, de fusées où explose la drôlerie, sur un seul et même thème : « armure de carton peint »[121], « le plus habile tireur au vol des idées qui s'abattent sur Paris ou que Paris fait lever »[122], « joueur de gobelets »[123], « très beau météore »[124] : autant de bondissantes trouvailles.

Pour que le comique de la fausseté atteigne son plein effet, il faut que les facteurs divers jouent à l'intérieur d'un même ensemble, par exemple à l'intérieur de cette phrase : « Ce manteau de pourpre que la célébrité drapait pour un moment sur les épaules de Nathan éblouit cette femme ingénue »[125]. Menteur et naïve sont en présence. Plans, modes et voix de la narration entrent en jeu, grâce, surtout, à l'intrusion du « pour un moment », à la trajectoire entre « *ce* » manteau et « *cette* » femme ingénue : comique et poétique instantané.

● *La désillusion comique*

Conformément à la vocation du double qui est celle du comique, s'il y a un comique de l'illusion, il y a aussi un comique de la désillusion.

C'est que le mécanisme est le même. L'illusion sur soi, chez un d'Aiglemont, naissait de l'illusion des autres sur lui. Dinah Piédefer va percevoir qui elle est, quand elle voit comment les autres la voient[126]. Mécanisme semblable pour Anaïs de Bargeton, consciente de son ridicule, en même temps qu'elle perçoit aussi celui de Lucien dans les yeux des autres.

Lucien aussi perd ses « illusions » sur Anaïs en la regardant par le regard des autres. Mais un premier élément d'ironie intervient pour

---

119. *La Femme de trente ans*, t. II, p. 1073.
120. *Une Fille d'Eve*, t. II, p. 304.
121. *Ibid.*
122. *Ibid.*, p. 305.
123. *Ibid.*
124. *Ibid.*, p. 306.
125. *Ibid.*
126. « Elle se vit alors telle qu'elle paraissait à son amie qui la trouvait méconnaissable » (*La Muse du département*, t. IV, p. 657).

doubler comiquement la désillusion à laquelle, si on suit le texte, Lucien serait parvenu par lui-même. Ce qu'il « reconnut », c'est « la laideur de sa défroque »[127]. Le comique est beaucoup moins dans la comédie énoncée, contée, dite par le texte que dans le non-dit, dans ce qui est à découvrir par le lecteur : la distance entre ce début et la complète « reconnaissance » que Lucien ne fera jamais.

Autre éclairage ironique sur cette « désillusion » de Lucien : alors que le récit prétend que Lucien voit maintenant « la femme réelle », la phrase, dans sa fin, et à la faveur d'un point d'exclamation, fait décou vrir au lecteur que c'est, pour Anaïs comme pour lui, le costume qui l'intéresse surtout : « La femme que les gens de Paris voyaient : une femme grande, sèche, couperosée, fanée, plus que rousse, anguleuse, guindée, précieuse, prétentieuse, provinciale dans son parler, mal arrangée surtout ! »[128]. Et puis l'ironie doit nous faire réfléchir sur la « réalité » telle qu'elle est énoncée dans le récit. Qu'est-ce que « la femme réelle » vue par Lucien ? et qu'est-ce que « perdre ses illusions » ? Le mode d'emploi de la vie est exposé par l'auteur, mais Lucien n'en a pas la moindre idée : « Lucien ne devinait pas le changement que feraient dans la personne de Louise une écharpe roulée autour du cou, une jolie robe, une élégante coiffure et les conseils de Mme d'Espard »[129].

Comique, la désillusion ? Oui, dans la mesure où la désillusion n'est pas la conscience et où le texte donne à lire, à interpréter, à penser, donc à compléter et à corriger l'énoncé du texte. Celui-ci est comique surtout par ses silences, ses tromperies et ses manques.

Même dans le cadre du discours référentiel, on constate qu'il n'y a de comique que de jeu : le comique fait s'entrechoquer les mots, les fait jouer les uns par les autres en échos et en relances, et l'ironie met le lecteur devant l'obligation d'inverser, de compléter le texte du roman, d'assembler quelques pièces éparses d'un réel dont il faut construire le puzzle.

L'analyse « scientifique »

Balzac s'est situé, dès le *Code des gens honnêtes*, mais plus nettement encore avec la *Physiologie du mariage*, dans la « perspective du XVIIIe siècle rationaliste », comme le précise Maurice Regard[130]. Cela implique une double tradition : celle de la plaisanterie gaillarde, qui s'est perpétuée « de Rabelais à Molière, de La Fontaine à Voltaire »[131], et celle de l'esprit d'examen, du souci d'expliquer au moins le « comment », sinon le « pour-quoi ». Les contacts de Balzac avec la Science ont été nombreux, sinon approfondis[132]. Surtout, la vogue était aux *Arts, Codes, Physiologies*,

127. *Illusions perdues*, t. V, p. 268.
128. *Ibid.*, p. 273.
129. *Ibid.*, p. 274.
130. Maurice REGARD, Préface de la *Physiologie du mariage*, Garnier-Flammarion, 1968, p. 13-32. Ici, p. 16.
131. *Ibid.*, p. 15.
132. Voir Madeleine FARGEAUD, *Balzac et « La Recherche de l'Absolu »*, Hachette, 1968, en particulier p. 153.

Traités, *Grammaires*, *Monographies* ou *Théories*, libelles qui participent tous, au moins superficiellement, du souci de classer, de ranger, de mettre en formule, en équation, de condenser en axiomes les vérités observées, de passer du détail à l'ensemble, du fait à la loi. Balzac a grandement contribué à la littérature commerciale qui suivait cette mode scientificisante[133]. Mais il faut aussi prendre en considération le fait que certains de ces textes ont été intégrés presque tels quels à *La Comédie humaine*. Nombre de tics du style parascientifique ont ainsi délibérément pris place dans la somme romanesque.

Le détachement du « savant », le souci de traiter l'homme comme une espèce animale, d'en analyser « scientifiquement » le comportement par le menu, tout en gardant le souci de ranger les unités ainsi déterminées selon les grandes catégories de « l'espèce », du « type » et du « genre », tout cela peut être pratiqué sérieusement. Mais cela peut aussi servir le comique, l'homme étant traité comme un animal et la science pourvoyant à la métaphore[134]. Quand la « méthode » balzacienne engendre-t-elle le comique ?

La manie de la taxinomie donne lieu à des excès comiques, volontaires ou non, qu'il s'agisse d'histoire individuelle, d'espèces morales ou, plus fréquemment encore, d'espèces sociales, professionnelles, familiales, urbaines.

● *Classes d'âges*

C'est à l'histoire de l'humanité que Balzac emprunte sa classification, selon diverses *Epoques de la Nature*, de l'histoire des rapports de Cardot avec Florentine : le père Cardot, orné de ses ailes de pigeon, parut alors être un ange, et fut traité comme devait l'être un bienfaiteur. Pour la passion du bonhomme, ce fut « *l'âge d'or* »[135]. Quand il devint « *ami pour la vie*, un second père », ce fut « *l'âge d'argent* »[136]. Puis il se trouva sous « un joug semi-conjugal et d'une force irrésistible ». Ce fut *l'âge d'airain*[137]. Enfin, « Florentine devait lui fermer les yeux, il comptait

---

133. On peut signaler la *Physiologie du mariage*, la *Physiologie de l'employé*, la *Physiologie du rentier*. Parmi les *Théories*, la *Nouvelle théorie du déjeuner*, la *Théorie de la Démarche* ; parmi les *Arts* : l'*Art de nouer sa cravate* ; parmi les *Monographies* : la *Monographie de la presse parisienne*. Enfin, parmi les *Traités* : le *Traité de la vie élégante* et le *Traité des excitants modernes*.

134. Il y a dans l'Avant-Propos de quoi nourrir une caricature à la Grandville : « Les différences entre un soldat, un ouvrier, un administrateur, un avocat, un oisif, un savant, un homme d'Etat, un commerçant, un marin, un poète, un pauvre, un prêtre, sont, quoique plus difficiles à saisir, aussi considérables que celles qui distinguent le loup, le lion, l'âne, le corbeau, le requin, le veau marin, la brebis, etc. Il a donc existé, il existera donc de tout temps des Espèces Sociales comme il y a des Espèces Zoologiques » (Avant-Propos, t. I, p. 8). BALZAC exploitera comiquement le vocabulaire des « Règnes » au début de *Melmoth réconcilié* (t. X, p. 345). Le lexique des Règnes et des Espèces fournit des métaphores de tonalité comique. Ainsi, la *Femme comme il faut* est considérée comme une « belle espèce » (*Autre étude de femme*, t. IV, p. 694).

135. *Un début dans la vie*, t. I, p. 856-857.

136. *Ibid.*, p. 857.

137. *Ibid.*

lui léguer une centaine de mille francs. L'*âge de fer* avait commencé ! »[138].
C'est la confrontation héroï-comique des méthodes et des vocables de
la science avec les affaires « sentimentales » de Cardot qui fait le comique.
Balzac use d'une méthode « scientifique » d'autant plus amusante que
les diverses étapes qui devaient marquer un progrès, une croissance de
l'humanité sont autant d'échelons de la décadence amoureuse de Cardot[139].
Appliquer aux étapes de la vie « amoureuse » les méthodes et le vocabulaire de la classification scientifique fait jouer de nouveau les mécanismes de l'héroï-comique et du burlesque. Cette classification en « âges »,
« règnes », « époques », « saisons » rend compte à la fois de la grandeur
et de la petitesse de l'animal humain et contribue à la vision double
du réel.

• Genres d'idiomes et idiomes des genres

Balzac range les hommes selon les catégories des naturalistes. Il
exploite délibérément les variétés d'*espèces*, de *genres* dans *Madame Firmiani*. Se succèdent, dans cette nouvelle, diverses catégories morales,
que l'auteur fait parler d'un même sujet, mais chacune dans sa langue
propre : « Aujourd'hui, notre langue a autant d'idiomes qu'il existe de
Variétés d'hommes dans la grande famille française »[140]. Balzac joue aussi
sur la grande variété des *Variétés*, le mot se référant implicitement à
une *Espèce* : l'Espèce humaine prend rang comiquement parmi les autres
Espèces[141]. Comique métaphorique qui fait jouer l'homme, en l'occurrence
Mme Firmiani, comme un pauvre objet, manipulé au gré des espèces et
des langages : « Les *gens* du monde, les *gens* de lettres, les honnêtes *gens*
et les *gens* de tout genre répandaient, au mois de janvier 1824, tant
d'opinions différentes sur Mme Firmiani qu'il serait fastidieux de les
noter toutes ici... »[142].
En les superposant, Balzac suscite dans le texte de cette nouvelle
au moins trois espèces de comique. Le discours, en adoptant le style
« scientifique », le parodie. En même temps se trouve mis en relief le
comique à la fois social et moral des divers idiomes, chacun dans sa
spécificité, grâce à un adroit pastiche. De ce fait, le sujet des divers
couplets devient comique, puisque soumis à tant de traitements divers.
L'ensemble des variantes oblige à réfléchir sur la Vérité. Mme Firmiani,

138. *Un début dans la vie*, t. I, p. 858.
139. De tels classements par époques oscillent entre le sérieux (dans le cas, par
exemple, des étapes de la décadence de Goriot à la pension Vauquer) et le comique,
comme la mention des « trois époques » de la vie conjugale dans *Petites misères de la
vie conjugale*, t. XII, p. 84-85, ou des « quatre saisons », des « quatre phases » d'Aurélie
Schontz, *Béatrix*, t. II, p. 898-903.
140. *Madame Firmiani*, t. II, p. 142.
141. Parmi tous les *genres* évoqués (Flâneurs, Personnels, Lycéen, Fat, Amateur,
Tracasseurs, Niais, Original, Observateur, Contradicteurs, Envieux et Positifs), il
convient de s'attarder sur ce dernier, que caractérisent « l'inventaire », le fait de tout
expliquer « par des chiffres, par des rentes ou par les biens au soleil », méthodes qui sont,
du reste, celles de Balzac et qui se trouvent ici reprises, ironiquement, en abyme
(*ibid.*, p. 142-147).
142. *Ibid.*, p. 147.

en proie à la Médisance, est coincée entre le Vrai et le Mensonge. Le tout éclate, en conclusion, dans un couplet sur les *gens*, et, en particulier, sur « les *gens* de tout genre », jeu de mots qui assure la circulation joueuse entre les diverses espèces de comique.

● *Comique de la classification sociale*

L'utilisation du discours « scientifique » était requise par l'Avant-Propos. C'est comme un savant, avec les méthodes de la science, que Balzac entend analyser la Société. Mais cette méthode donne lieu très souvent à une lecture ironique.

— *Variations sur les variétés :*

La suppression des chapitres et de leurs titres, lorsque les romans déjà publiés ont été intégrés à *La Comédie humaine*, a effacé un grand nombre de jeux. Le recours à la méthode et au lexique de la division en Variétés demeure, sans doute, mais plus discrètement intégré au texte du roman.

Ainsi, dans Furne, Balzac a réutilisé le texte de la *Physiologie de l'employé*, publié en 1841, et inséré dans *Les Employés*. L'annonce de « quelques variétés du Genre Commis »[143] est alors suivie d'une mise en œuvre de cette classification, qu'il est impossible de prendre totalement au sérieux : « En effet, ne vous y trompez pas ! sous le rapport des misères et de l'originalité, il y a employés et employés, comme il y a fagots et fagots »[144]. La référence au *Médecin malgré lui* impose la tonalité parodique[145].

Mais celle-ci était bien davantage mise en relief lorsque des sous-titres obligeaient à lire le roman, et à voir le monde, à travers la grille d'un classement en variétés. La méthode était systématiquement appliquée dans *Un grand homme de province à Paris*. Le sens comique de cette division et de cette répartition minutieuses en *Variétés*, c'était d'imposer la parenté réelle de ces requins. La multiplicité soulignait l'identité. Ainsi voyait-on se succéder, comme en autant de bocaux, sur les rayons de la société parisienne, *Deux variétés de libraires*[146], une *Troisième variété de libraire*[147], une *Quatrième variété de libraire*[148], puis une *Cinquième*[149], tandis qu'entre ces deux dernières variétés s'intercalait une *Variété de journaliste*[150].

Les variantes d'une même variété rendent les différences d'autant plus cocasses qu'elles apparaissent, dans le défilé, comme dérisoires.

143. *Les Employés*, t. VII, p. 968.
144. *Ibid.*
145. MOLIÈRE, *Le Médecin malgré lui,* acte I, scène V.
146. *Illusions perdues*, t. V, p. 300, n. *b*.
147. *Ibid.*, p. 349, n. *a*.
148. *Ibid.*, p. 366, n. *b*.
149. *Ibid.*, p. 495, n. *a*.
150. *Ibid.*, p. 422, n. *d*.

— *Organisation de bureaux :*

Balzac, toutefois, ne se contente pas d'ironiser sur le lexique de la classification : il met en œuvre à la fois une méthode d'analyse et une écriture romanesque[151]. Ces classifications constituent l'armature de nombreuses descriptions et les descriptions deviennent comiques lorsqu'elles font apparaître, rendent *visible*, par un surcroît de minutie, la dérision d'une société de la division et de la distinction grotesquement cultivées pour elles-mêmes.

Les Employés proposent le modèle de cette description, comique dans sa forme, en même temps qu'est risible la réalité décrite. Tous les employés sont en effet répartis dans l'espace des bureaux selon leur rang dans la hiérarchie : chacun d'eux est défini à la fois par un titre et par un lieu, dans un espace compartimenté et structuré, à l'image d'un espace social lui-même « scientifiquement » subdivisé. Ainsi, on trouve successivement la pièce du garçon de bureau, puis celle des employés inférieurs, puis, « à droite ou à gauche », le cabinet d'un sous-chef, « enfin, plus loin ou plus haut, celui du Chef de Bureau »[152]. Quant au chef de division « il loge au-dessus ou au-dessous de ses deux ou trois Bureaux, quelquefois après celui d'un de ses Chefs ». Le comique naît d'abord de la différenciation des fonctions et des titres, avec leurs majuscules, apparues dans Furne : Balzac, dans sa correction du Furne, en ajoute encore une, à *Bureau* dans *Chef de Bureau*. Comique renforcé par la fragmentation maniaque de la phrase et de l'espace en quatre couples de lieux que séparent quatre *ou* : Balzac a ajouté sur premières épreuves « plus loin ou plus haut ». Le comique très conscient de cette utilisation de l'espace et de la phrase culmine dans une image qui impose l'idée jusqu'alors seulement latente ; l'image fait rétroactivement *éclater* la réalité du ministère comme *ruche* et celle des employés comme *abeilles* : « Son appartement se distingue toujours par son ampleur, avantage bien prisé dans ces singulières alvéoles de la ruche appelée ministère ou direction générale [...] »[153]. C'est donc par la subtilité syntaxique ou par la pertinence aiguë d'une image que la taxinomie héritée des sciences naturelles devient comique.

Ailleurs, c'est par la forme péremptoire, par l'excès même de l'affirmation « scientifique » que le comique naît de l'analyse : « Il n'y a que deux genres de surnuméraires : les surnuméraires riches et les surnuméraires pauvres »[154]. Mais la forme des *Axiomes*, des *Physiologies*, *Traités* et *Codes* ne paraît pas, semble-t-il, assez comique à Balzac, puisque la phrase est immédiatement suivie d'un jeu de mots : « Le surnuméraire pauvre est riche d'espérance et a besoin d'une place, le surnuméraire riche est pauvre d'esprit et n'a besoin de rien »[155]. Le jeu de mots impose la parodie.

---

151. Cette *analyse* est pratiquée souvent par Balzac d'une façon « sérieuse ». Un bon exemple de ce « sérieux » : l'analyse de Paris au début de *La Fille aux yeux d'or*.
152. *Les Employés*, t. VII, p. 954.
153. *Ibid.*, p. 954-955.
154. *Ibid.*, p. 946.
155. *Ibid.*

— *Classement des familles* :

C'est un même souci d'analyse et de classement qui semble présider, sérieusement au départ, à la présentation de mainte petite ville. Ainsi en va-t-il de Nemours et de ses familles. Le langage est toujours celui de la précision scientifique et de la scrupuleuse exigence : « Peut-être les gens exacts aimeront-ils à trouver ici par avance une espèce d'intitulé d'inventaire [...]. Ces entrecroisements de races au fond des provinces peuvent être le sujet de plus d'une réflexion instructive »[156]. Territoire géographique et territoire social sont dès lors très minutieusement découpés : les « trois ou quatre maisons de petite noblesse inconnue », dont celle des Portenduère, « hantent » les « nobles d'alentour », d'Aiglemont et du Rouvre, dont les biens sont « guettés » par les bourgeois. A l'encontre de ce minime faubourg Saint-Germain « se groupe » la richesse, tandis que se repère d'autre part « une bourgeoisie en miniature sous laquelle s'agitent les petits détaillants, les politiciens et les paysans »[157]. Si cette précise mécanique sociale peut susciter une lecture amusée, c'est à cause des tropismes et des exclusives qui font s'agiter les groupes humains dans ce cadre si bien compartimenté. Plus grande est la minutie de l'analyse et plus étrange, plus comique, est le comportement humain. Cinq groupes, donc, sont en présence. Un seul *extra muros* et quatre dans la cité. Aux « environs », « les nobles », terriens ou possesseurs de châteaux. En ville, deux groupes de deux fractions chacun.

Entre ces divers secteurs si différenciés les relations sont énoncées par des verbes qui disent un même dynamisme d'animaux prédateurs : tant d'espèces, une même race ! Ne les voit-on pas *hanter, guetter, se grouper, s'agiter* ? L'importance et le sérieux de la classification sociale sont de surcroît pulvérisés par l'insistance du texte sur le *minime*, l'aspect *miniature* de tout cet ensemble : un « minime Faubourg Saint-Germain » n'est-il pas mis en présence d'une « bourgeoisie miniature » ? L'un et l'autre procédé contribuent donc à l'ironisation de la classification héritée des Sciences, quand on l'applique à l'écriture de la Société.

Avec cette ironie joue le franc comique d'une analyse poussée à l'extrême de l'atomisation et de la parcellisation. Car, à force d'observer et d'analyser jusqu'en ses moindres ramifications cette « bourgeoisie en miniature », on voit le multiple se résoudre dans le simple, en même temps que le simple donne, par ailleurs, naissance à l'infini. Ce que Balzac décrit ici à l'envi, c'est le « bariolage », c'est le panorama d'une « vaste toile humaine », ce sont des « zigzags » et tout un « bizarre *cognomonisme* »[158]. Le désordre de l'imaginaire fait irruption dans une réalité dont la complication apparaît, sous le scalpel, comme dérisoire de simplisme. Telle est la diversité des « destinées de ces abeilles sorties de la ruche-mère »[159]. Abeilles, êtres minuscules à la diversité infinie, logés dans la géométrie d'immeubles alvéoles et vivant selon des règles stric-

156. *Ursule Mirouët*, t. III, p. 781.
157. *Ibid.*
158. *Ibid.*, p. 783.
159. *Ibid.*, p. 782.

tement codifiées. L'analyse comique de la vérité s'inscrit entre le minus-
cule, dérisoire, et l'énorme, hilarant, comme en témoigne ce tableau de
généalogie comique et fantastique : « Sous Louis XIII, ces quatre familles
produisaient déjà des Massin-Crémière, des Levrault-Massin, des Massin-
Minoret, des Minoret-Minoret, des Crémière-Levrault, des Levrault-
Minoret-Massin, des Massin-Levrault, des Minoret-Massin, des Massin-
Massin, des Crémière-Massin, tout cela bariolé de junior, de fils aîné, de
Crémière-François, de Levrault-Jacques, de Jean-Minoret, à rendre fou
le père Anselme du Peuple, si le Peuple avait jamais besoin de généa-
logiste »[160]. Encore n'est-ce là que l'annonce d'une page hallucinante
qui, de fil en aiguille, fait remonter du quatuor Minoret-Massin-Levrault-
Crémière jusqu'à Sem-Cham-Japhet, qui « en mille ans [...] peuvent couvrir
le globe de leurs enfants »[161].

Articulés sur le discours de la classification « scientifique », le comique
et l'ironie, loin de s'exclure, se complètent, s'échangent et se relaient.
La raison, qui présidait à ce recours aux voies de l'analyse, s'élargit joyeusement aux dimensions de l'imaginaire.

— Classes urbaines §

L'analyse pratiquée par Balzac s'intègre à l'organisme du roman :
elle assure à l'histoire contée sa dimension historique et sociologique.
Mais, dans la mise en scène que construit l'écriture du roman, plus l'analyse est précise, plus apparaissent comme insignifiantes et dérisoires, non
seulement cette analyse, mais la réalité qui en commande la démarche.
La Vieille Fille, *La Femme abandonnée* et *Les Paysans* en sont les frap-
pantes illustrations.

Balzac a soigneusement distingué les divers cercles, les trois salons
qui composent Alençon : le salon Cormon, qui est le *Salon* par excellence
des villes de province, puis celui de « la haute compagnie aristocratique »
et enfin le salon du receveur général. L'auteur en précise les contours,
les exclusions et les osmoses[162]. C'est dans ces assemblées que se fait
toute la politique locale : cellules mères de l'opinion et bureaux de décision, sorte de ville « légale ». Quant à la ville « réelle », désignée tantôt
comme « Alençon », comme « la ville d'Alençon », comme « la ville »,
elle est quadrillée à la fois selon les critères de société et selon la géo-
graphie. Les deux critères coïncident le plus souvent, mais, dans la forme,
se bousculent comiquement. Après « *l'événement* » et le retour inopiné
de Rose Cormon à la ville, la logique des enchaînements semble céder
aussi à l'affolement, mais, peu à peu, dans ce désordre finit par se lire
un ordre comique. « La petite bourgeoisie prétendait que [le lit de repos]
coûtait onze cents francs. *Généralement* on disait que *c'était vendre la
peau de l'ours. Plus loin*, les carpes avaient renchéri ! [...] *En haut de
la rue Saint-Blaise*, Pénélope avait dû crever. Ce décès se révoquait en
doute *chez le receveur général* [...] *la Préfecture* [...] *le sellier* qui demeurait

---

160. *Ursule Mirouët*, t. III, p. 782.
161. *Ibid.*, p. 783.
162. *La Vieille Fille*, t. IV, p. 853-854.

au coin de *la rue de Séez* [...] *du haut de la rue Saint-Blaise* jusqu'au *bout de la rue du Bercail* [...] *Sur toute la route de Bretagne* [...] *l'aristocratie de la route de Bretagne...* Mais, dans *la bourgeoisie* [...] »[163]. Ainsi regroupées, les localisations géographiques et les localisations sociologiques (classes sociales, métiers, personnages administratifs) manifestent comiquement une logique d'abord surprenante, mais qui s'impose comme réelle. On y observe les connexions, interactions et chevauchements des lieux et des conditions sociales dans cette « agitation transurbaine ». La marque des différences ne fait que confirmer une unanimité : les subdivisions, pourtant si exactes et nuancées, ne forment qu'un seul et même concert, « tumulte au silence pareil », mais plein de sens, puisque c'est celui de l'Opinion, vide et dangereuse.

La Femme abandonnée ou *Les Paysans* font retrouver la même impression. La division en autant de classes, catégories et sous-catégories est la méthode appropriée à la connaissance de cet objet qu'est une société. Mais, en même temps, la méthode est comique, appliquée à une telle société d'insectes. En faisant voir la diversité, par les détails les plus minces, Balzac parvient à faire le portrait d'un type, à faire jouer l'individuel et le général, le multiple et le simple. L'écriture comique mène à une connaissance par le comique.

Le salon, au début de *La Femme abandonnée*, est proposé comme *le* salon typique de toutes les petites villes : « à quelques usages près, toutes les petites villes se ressemblent »[164]. Suit l'analyse. Première strate : (« c'était d'abord [...] ») la famille fossile, « dont la noblesse, inconnue à cinquante lieues plus loin, passe, dans le département, pour incontestable et de la plus haute antiquité »[165]. Deuxième strate, qui s'oppose à la première : « Une famille plus riche. » Satellite : Monseigneur l'Evêque, qui « flotte entre ces deux puissances »[166]. Après quoi, « viennent les astres secondaires », qui figurent dans les deux précédentes sociétés. Or, ces éléments secondaires sont au nombre de trois. Premier élément : deux ou trois vieilles filles de qualité qui « se groupent autour » des deux grandes catégories. Deuxième élément : quelques riches bourgeois qui « se sont glissés » dans ce « petit faubourg Saint-Germain ». Enfin, troisième élément : deux ou trois ecclésiastiques. C'est un monde strictement structuré, un monde immobile, dont l'analyse a révélé l'ossature, mais qui est pourtant un monde grouillant. Déjà nous avons rencontré le mouvement d'agglomération (« se groupent autour ») et le mouvement d'infiltration (« se sont glissés »). Ajoutons-y celui de la gravitation : « La vie de ces routinières personnes gravite dans une sphère d'habitudes aussi incommutables que le sont leurs opinions religieuses, politiques, morales ou littéraires »[167]. Mouvements programmés, « sphères d'habitudes » : comportement d'insectes.

Mêmes clivages à Soulanges, qui offre le parfait tableau d'une société

---

163. *La Vieille Fille*, t. IV, p. 895-896.
164. *La Femme abandonnée*, t. II, p. 463.
165. *Ibid.*, p. 463-464.
166. *Ibid.*, p. 465.
167. *Ibid.*, p. 466.

où la division en classes et sous-classes donne lieu à un travail de précision, celui d'un entomologiste. Mais c'est encore un entomologiste ironique. La méthode, prévue pour des insectes, fait voir les hommes comme
autant d'insectes. En effet, ici, comme ailleurs, la hiérarchie est impérieuse. Le lexique est celui de la *première société* et de la *seconde société*.
La force romanesque de Balzac consiste à lancer l'expression *seconde
société* sans commentaires, sans explications, simplement écrite en italique, dans un chapitre qui s'intitule cependant : « La première société
de Soulanges ». Cette *seconde société* intervient au cours de la description
de la maison de Mme Soudry : « Le quatrième côté donne sur une cour
qui sépare les Soudry de la maison voisine occupée par un épicier nommé
Vattebled, un homme de la *seconde société*, père de la belle Mme Plissoud [...] »[168]. Au bout d'une page est évoquée la nécessité de faire
l'esquisse « des personnes de qui l'on disait dans le pays : 'C'est la première société de Soulanges' »[169].

Quand les expressions réapparaissent par la suite, elles ne sont plus
en italique, elles font partie du tissu romanesque, elles sont en quelque
sorte « naturalisées » par Balzac, faites siennes, après qu'il eut semblé
les « emprunter » à la réalité brute, extérieure au roman[170]. Le premier
clerc de Lupin, « un nommé Bonnac », jouait « dans la seconde société
le même rôle que ses patrons dans la première »[171]. Mais la femme de
son patron en est amoureuse, ce qui pourrait amorcer l'interpénétration
de deux sociétés. Cet attachement est le miroir, platonique, de celui,
quasi conjugal, de Lupin pour « la belle madame Plissoud, fille de Vattebled l'épicier, qui régnait dans la seconde société comme Mme Soudry
dans la première. Ce Plissoud, le concurrent malheureux de Brunet,
appartenait donc à la seconde société de Soulanges ; car la conduite de
sa femme, qu'il autorisait, disait-on, lui valait le mépris public de la
première »[172]. Il suffit d'un *car* pour que soit expliquée au lecteur la
logique de ces clivages, impérieux, étanches et pourtant si futiles.

La méthode « scientifique » d'analyse des sociétés à laquelle Balzac
recourt est donc aussi nécessaire que comique : elle correspond à la
nature même de ces sociétés. Leurs divisions en classes et en surclasses
sont des *faits* dont l'existence constitue un code impérieux, contraignant
et grotesque. Comment ne pas sourire de la prétention à trancher de
tout qu'ont ce discours « scientifique » et cette sociologie scientiste ? Mais
c'est le discours adapté à une société rigoureusement cloisonnée en des
sphères impénétrables et dérisoires. Il suffit pourtant d'un adultère pour
que l'unanimité d'une société aussi cloisonnée se reforme comiquement :
« L'Angoulême noble, l'Angoulême administratif, l'Angoulême bourgeois
avaient longtemps glosé sur la parfaite unité de ce ménage en trois
personnes »[173].

168. *Les Paysans*, t. IX, p. 257.
169. *Ibid.*, p. 258.
170. Ainsi, plus loin : « Si la première société de cette petite ville croyait en sa reine,
sa reine croyait également en elle-même » (*Ibid.*, p. 259).
171. *Ibid.*, p. 263.
172. *Ibid.*, p. 264.
173. *Illusions perdues*, t. V, p. 195.

● *La parodie du péremptoire*

Lorsque Balzac recourt sans distance au discours de l'analyse « scientifique », le lecteur de l'ensemble de *La Comédie humaine* ne peut pas oublier tant de passages où l'auteur ironise sur l'aspect péremptoire de ce type de discours. C'est Balzac lui-même qui incite au soupçon.

La liste est longue des excès comiques auxquels Balzac se livre dans l'aphorisme et l'axiome repris à la mode des *Codes*. La *Physiologie du mariage* et les *Petites misères de la vie conjugale* en sont les principales réserves. « Une femme honnête est essentiellement mariée »[174], dit cocassement le premier des aphorismes de la *femme honnête* dans la *Physiologie du mariage*. Le dernier de la liste témoigne de la même bouffonnerie : « La femme d'un artiste est toujours une femme honnête »[175]. « Essentiellement », « toujours » : Balzac se moque de la prétention à l'exhaustivité, tout comme il se moque de la trop sérieuse statistique si elle veut établir « le nombre présumé des femmes honnêtes qui se trouvent dans le million, produit brut de notre statistique »[176]. L'ironisation culmine dans l'absurde avec l'*aphorisme* XI : « La nièce, non mariée, d'un évêque, et quand elle demeure chez lui, peut passer pour une femme honnête, parce que si elle a une intrigue, elle est obligée de tromper son oncle »[177].

Fréquemment, dans le roman, Balzac soumet ce type de discours à une tonique ironie. « Là où la Forme domine, le Sentiment disparaît. Le maître de poste, preuve vivante de cet axiome, présentait une de ces physionomies où le penseur aperçoit difficilement trace d'âme sous la violente carnation que produit un tel développement de la chair. » La tête de Minoret avait de « fortes dimensions » qui « prouvaient que la science de Gall n'a pas encore abordé le chapitre des exceptions »[178]. L'ensemble du portrait recourt à la double direction de la description caricaturale, point de vue d'un *artiste*, et de l'explication bouffonne, point de vue d'un « penseur ». Ainsi les cheveux « *vous eussent démontré* » ; telle nuance du teint est « *due* à l'habitude d'affronter le soleil », explication qui est presque un truisme ; si les yeux brillaient « *ce ne pouvait être que* ... » et le chapitre s'achève par la formulation d'une loi délibérément bouffonne : « A nez camard grosse tabatière est une loi presque sans exception »[179]. Loi d'autant plus bouffonne qu'elle prétend au scrupule d'un remords, à l'honnêteté intellectuelle d'un « presque ». De la même façon, au portrait du caissier de *Melmoth réconcilié* se trouvent incorporées quelques expressions qui ressortissent au discours « scientifique », puisque le caissier pose un « problème pour le physiologiste » et que le narrateur énonce « les termes de la proposition dont l'*X* connu est le caissier »[180].

174. *Physiologie du mariage*, t. XI, p. 931.
175. *Ibid.*, p. 933.
176. *Ibid.*
177. *Ibid.*, p. 932-933.
178. *Ursule Mirouët*, t. III, p. 770.
179. *Ibid.*, p. 771.
180. *Melmoth réconcilié*, t. X, p. 345.

Ailleurs, l'application des vocables géographiques à la description des bureaux ou des villes crée une tonalité facétieuse. Dans *Le Père Goriot*, l'employé est situé « entre le premier degré de latitude [...], espèce de Groënland, et le troisième degré, région tempérée »[181]. La « Femme comme il faut » affectionne « les latitudes les plus chaudes »[182]. La référence au discours arithmétique est tout aussi facétieuse que la référence géographique : on trouve la femme comme il faut « entre la 10ᵉ et la 110ᵉ arcade de la rue de Rivoli »[183] ou encore : « dans les contrées les moins crottées de bourgeoisie, entre le 30ᵉ et le 150ᵉ numéro du Faubourg-Saint-Honoré »[184].

Ainsi, tout ce discours « scientifique » oscille entre l'analyse sérieuse, non comique, et la satire, comique, du procédé. Celui-ci est tourné en dérision, une dérision qui est à la mesure de sa prétention et de son outrecuidance. Le recours au comique de l'ironie a ici une triple portée. L'ironie fait contrepoids et impose à cette méthode la correction par son envers. Elle fait apprécier le réel dans sa dynamique et soumet à une dialectique les conclusions scientifiques : elle réintroduit le pittoresque du particulier, là où l'analyse prétendait au typique ; mais aussi, elle découvre le comique du « même », là où l'on semblait chercher le sérieux de la « différence ». Enfin, il faut peut-être voir dans cette ironie un moyen de se chercher soi-même, et de ne s'avancer qu'en se moquant sur un terrain dont on n'a pas la pleine maîtrise ; sorte d'ironie exploratoire, qui irait dans le sens où Roland Barthes commentait l'emphase de Brillat-Savarin[185].

On s'aperçoit ainsi que le réalisme de Balzac comporte une exploration où l'ironie joue un rôle de premier plan. Le discours ludique de l'ironie n'est pas coupé de l'exploration du réel : il en est même une des conditions principales[186].

II. PORTRAIT ET CARICATURE :
LE DISCOURS DU PEINTRE

Sous la forme du pamphlet, de la dénonciation du faux ou de l'analyse du réel les moyens de production du comique sont cherchés dans la ligne du discours transitif, discours de la satire politique et sociale.

181. *Le Père Goriot*, t. III, p. 188.
182. *Autre étude de femme*, t. III, p. 694.
183. *Ibid.*
184. *Ibid.*
185. Roland BARTHES, « Lecture de Brillat-Savarin », en préface à BRILLAT-SAVARIN, *Physiologie du goût*, Hermann, 1975 : « Les facéties, où se mêlent des sortes d'intuition vraie, disent très bien comment B.-S. prenait la science : d'une façon à la fois sérieuse et ironique. »
186. Le commentaire de Pierre BARBÉRIS sur le *Code des gens honnêtes* s'applique aussi à maint procédé identique dans *La Comédie humaine* : cette « forme moderne de la satire » traduit, « dans ses ambitions parodiques et bouffonnes, dans sa pose au scientifique et au sérieux, la prise de conscience non de la richesse, ni de l'immensité, mais bien de l'étroitesse et de l'étrécissement du monde moderne » (*op. cit.*, p. 701).

Mais Balzac a repris au xviie et au xviiie siècle un autre type de discours : le discours psychologique et moral, celui du « portrait » et du « caractère ». Maurice Bardèche a noté que c'est entre 1825 et 1830 que l'influence de La Bruyère sur les écrivains a été surtout sensible. A cette veine se rattachent le *Manuel du Fashionable* d'E. Ronteix, *La Vie publique et privée des Français*[187]. Après Sébastien Mercier, l'auteur du *Tableau de Paris*, E. de Jouy et les *Hermites*, dont le célèbre *Hermite de la Chaussée d'Antin*, s'intéressent aux mœurs et aux types sociaux, mais, comme le signale Raymond Picard, « avec les méthodes d'observation psychologique et morale en usage au xviiie siècle »[188]. On trouve des portraits à la manière de La Bruyère, dont on ne conserve à vrai dire qu'un ton de satire plutôt grincheuse, dans les *Codes* de Raisson. Ainsi, dans le *Code gourmand* (1826), le titre III consacré aux « *trouble-fête* ». On y trouve entre autres, au chapitre III, le portrait des « difficiles »[189], au chapitre IV, celui des « bégueules »[190]. Un bel exemple de pastiche de La Bruyère est le portrait des *myopes*[191]. Que reste-t-il de cette tradition parmi tant de *Portraits* que comporte *La Comédie humaine* ?

En fait, les formes prises par le portrait balzacien s'inscrivaient dans deux types principaux de « figures », telles qu'on peut les trouver codifiées par Fontanier : ce sont les formes de l'*éthopée*, portrait moral, et de la *prosopographie*, portrait physique. « L'*Ethopée* est une description qui a pour objet les mœurs, le caractère, les vices, les vertus, les talents, les défauts, enfin les bonnes ou les mauvaises qualités morales d'un personnage réel ou fictif »[192]. Quant à la *Prosopographie*, elle est « une *description* qui a pour objet la figure, le corps, les traits, les qualités physiques, ou seulement l'extérieur, le maintien, le mouvement d'un être animé ou fictif, c'est-à-dire de pure imagination »[193]. Ces formes impliquent-elles un comique spécifique ?

L'éthopée comique

Le roman qui comporte le plus de portraits pouvant être rattachés à la tradition qui est celle du « croquis » de mœurs, à la veine de l'analyse morale et psychologique, éventuellement amusante et facétieuse, est *Ferragus*, roman dont le style est des plus composite. Les « portraits »

187. Maurice BARDÈCHE, *Balzac romancier*, p. 312.
188. Raymond PICARD, Avant-Propos aux *Portraits et caractères du dix-neuvième siècle*, Club français du Livre, 1960 (non paginé).
189. Horace RAISSON, *Code gourmand*, p. 62.
190. *Ibid.*, p. 63.
191. *Ibid.*, p. 65-66. « On leur passe un hors-d'œuvre ; pour le voir, il se barbouillent le nez dans le bateau qui les contient ; ils mettent en se levant de table les serviettes dans leur poche, se versent du vin dans la salière, boivent dans le verre de leur voisine, se brûlent les cheveux en portant un toast, frappent sur l'épaule des dames, baisent la main aux messieurs, commettent enfin une foule de méprises dont la muse de la Comédie fera tôt ou tard justice. » Multiplication de verbes au présent : le portrait se compose d'actions ayant à la fois valeur de généralité moraliste et d'instantanéité burlesque.
192. Pierre FONTANIER, *Les figures du discours*, Flammarion, Champs, 1977, p. 427.
193. *Ibid.*, p. 425.

que compte ce roman y oscillent entre le « portrait » classé, le « croquis » et la « caricature »[194]. Mais l'effet produit sur le lecteur est rarement le rire, à peine le sourire. Aussi, bien que nous ayons fait une exploration systématique de nombreux portraits en actions, portraits au présent ou portraits à l'imparfait, nous avons renoncé à nous y attarder. Car, sans doute, bien des traits d'esprit, des images, des récits s'y intègrent, mais sans que rien de spécifique s'y manifeste en matière de comique.

• *Le portrait à répétitions*

Certains effets comiques, en revanche, naissent de ces portraits caractérisés par la répétition, l'énumération, l'accumulation de termes de même espèce, qui mettent en place des portraits-discours. Nous différencierons ces portraits de la caricature, dans la mesure où les quatre données qui les constituent généralement sont toutes étrangères à la représentation : le rythme, la phonie, la réduplication d'un même élément du portrait, ou le redoublement « rhétorique » des articulations logiques, des conjonctions de coordination, en particulier adversatives. L'héritage des premières années, de *Jean-Louis* ou de *L'Héritière de Birague*, a été conservé, mais il est maîtrisé, dominé, incorporé au roman.

— *Les actions cumulées :*

L'accumulation des actions ne suscite pas forcément un effet comique. Il en résulte pourtant une impression de dynamisme, d'allégresse, d'agitation joyeuse qui communiquent au lecteur le sentiment de l'activité et de l'élan.

La grosse gaieté de Vautrin, son caractère « obligeant et rieur » sont mis en scène, mimés par la phrase de Balzac : « Si quelque serrure allait mal, il l'avait bientôt démontée, rafistolée, huilée, limée, remontée en disant : 'Ça me connaît' »[195]. Il y a dans l'agitation en serre du juge Blondet une dépense d'activité qui est plaisamment mise en balance avec celle de Mme Blondet : en effet celle-ci « dépensait son bien en toilettes et en modes pour briller dans les salons de la Préfecture », tandis que lui « dépotait, repiquait, marcottait, greffait, mariait et panachait ses fleurs »[196]. Dans ces deux cas, l'appréciation est laissée au lecteur, et le

---

194. Ici, le souci principal de Balzac n'est pas de « représenter », de « montrer ». Il consiste essentiellement à *dire*, à formuler l'analyse d'un type dans un discours. C'est particulièrement évident dans les types généraux : l'espion (p. 812-813), la Femme (p. 834-835), la grisette (p. 850-852), le pantin (p. 866), ou les types rencontrés dans les rues de Paris (900-902). Dans les modulations particulières que représentent un mendiant (p. 815-827), un valet de comédie (p. 826-827), Jacquet, employé aux archives du ministère des Affaires étrangères (p. 863), Mme Gruget (p. 868-869), enfin le portier du Père-Lachaise (p. 868-869), on repère une tendance à la caricature, à la représentation, où le discours tend à s'effacer pour faire naître l'impression d'une présence.

195. *Le Père Goriot*, t. III, p. 61.

196. *Le Cabinet des Antiques*, t. IV, p. 1065. En revanche, c'est un croquis plaisant, rien de plus, que celui de Godefroid de Beaudenord, présenté comme type de « l'homme qui se met en ménage » et qui « va, vient, trotte, quand il va, vient et trotte animé par l'amour » (*La Maison Nucingen*, t. VI, p. 382).

contexte ne confère pas le moindre ridicule aux auteurs des actions multipliées : simplement, ce grand renfort fait éclater les humoristiques spécialités de Vautrin, excellent « serrurier », ou de Blondet, plus préoccupé de la santé de ses plantes que de la vertu de sa femme.

Le contexte fait déboucher franchement dans le comique les excès de Mme de Bargeton. Balzac a proclamé en effet que « ces ridicules sont en grande partie causés par un beau sentiment, par ces vertus ou par ces facultés portées à l'extrême » et a énoncé une remarquable maxime du comique balzacien : « Faute d'exercice, les passions se rapetissent en grandissant des choses minimes ». Aussi ses « immenses phrases », ses mots « emphatiques », ces « superlatifs » qu'elle « prodiguait démesurément » et qui « chargeaient sa conversation » en donnant à des riens « des proportions gigantesques », et la liste de tous les verbes en « iser » donnent à l'accumulation des actions d'Anaïs une valeur comique. « Elle palpitait, elle se pâmait, elle s'enthousiasmait pour tout événement [...]. Pour elle, tout était sublime, extraordinaire, étrange, divin, merveilleux. Elle s'animait, se courrouçait, s'abattait sur elle-même, s'élançait, retombait, regardait le ciel ou la terre ; ses yeux se remplissaient de larmes »[197]. Balzac mime le Dithyrambe comique. De la même façon, s'il a à exprimer la « répétition » et la « platitude » comiques, Balzac énumère et répète platement, grotesquement. Ainsi « Poiret parlait, raisonnait, répondait, il ne disait rien, à la vérité, en parlant, raisonnant ou répondant, car il avait l'habitude de répéter en d'autres termes ce que les autres disaient »[198]. C'est aussi Grandet qu'il « mime » dans la phrase suivante, et le plaisir de lire, plaisir esthétique mâtiné d'un certain plaisir comique, naît de l'entrecroisement de diverses séries, entrecroisement qui s'opère au fil de l'énumération : « Là, sans doute, quand Nanon ronflait à ébranler les planchers, quand le chien-loup veillait et bâillait dans la cour, quand Mme et Mlle Grandet étaient bien endormies, venait le vieux tonnelier choyer, caresser, couver, cuver, cercler son or »[199]. Le mime n'est pas comique en soi, mais il est comique d'imaginer, au fil des mots et à la faveur d'une inversion audacieuse, un frôlement nocturne, grâce aux deux *v* et à un *ch*, et, grâce au jeu de mots, on peut sauter de *couver* à *cuver*, puis se représenter Grandet successivement en père, en amant, en mère poule, puis en tonnelier grâce à l'application des deux verbes spécifiques du tonnelier *(cuver, cercler)* à cet *or*, qui surgit comme terme et illumination du cheminement nocturne, comme une récompense. Tout cela est comique grâce au rythme de l'accumulation et de l'énumération.

C'est dans *Petites misères de la vie conjugale* que ce type d'énumération, d'accumulation, à effet éventuellement plaisant, se rencontre avec la plus grande fréquence. Nous en retenons cinq exemples apparemment bien différents, d'où l'on peut néanmoins supposer globalement que c'est un moyen pour Balzac de dire la mesquinerie, le ridicule, la dérision. L'accumulation, l'énumération sont le masque enflé, bouffon

197. *Illusions perdues*, t. V, p. 157.
198. *Le Père Goriot*, t. III, p. 73-74.
199. *Eugénie Grandet*, t. III, p. 1070.

de l'intérêt mesquin et grimaçant, à moins que ce ne soit la machinerie propre à mettre sur pied une montagne (l'illusion) pour la faire ensuite accoucher d'une souris (le réel). Ici, c'est l'avidité et l'intérêt : votre femme « soigne, caresse et emmitoufle » son oncle maternel, « vieux podagre ». Il s'agit de « son oncle [...], son oncle qui... son oncle que..., son oncle enfin dont la succession est estimée deux cent mille francs »[200]. A l'occasion d'une devinette sur le mot *mal* un paragraphe de verbes accumulés exprime l'importance factice d'un Sphinx dérisoire[201]. L'opération du difficile *lever* matinal s'exprime en termes de guerre ou d'épopée[202], en un couplet qui n'a d'égal que celui que Balzac consacre aux activités de Caroline, l'épouse[203]. Quant aux préparatifs pour le bal, il faut trois vagues de trois mots pour en dire toute l'agitation et l'importance usurpées : « Vous êtes serré, ficelé, harnaché dans vos habits de bal ; vous allez à pas comptés, regardant, observant, songeant à parler d'affaires sur un terrain neutre avec un agent de change, un notaire ou un banquier à qui vous ne voudriez pas donner l'avantage d'aller les trouver chez eux »[204]. Que de recherches, que d'enflure ! Enumération, accumulation, répétition des actions écrivent l'héroï-comique : c'est un rien qui veut se faire aussi gros que le tout.

  L'accumulation peut trouver un renfort dans la similitude des désinences. Balzac joue de cette double accumulation et en varie les effets par quelque jeu supplémentaire. Ainsi les participes présents prennent la relève des participes passés, l'actif celle du passif, l'action celle du spectacle : « cinquante des plus élégants jeunes gens de Paris, tous musqués, haut cravatés, bottés, éperonnaillés, cravachant, marchant, parlant, riant et se donnant à tous les diables »[205]. Il s'agit ici de la comédie moderne dont les Scapins sont les roués. Dans le cas de La Billardière se mêlent participes présents et participes passés adjectivés : « insultant [...], frisé, parfumé, colleté [...], venant [...], ayant [...], allant [...], étant [...] »[206]. C'est de Marsay, maître joueur, qui raille, en présence de Paul de Manerville : « Je ne te parle pas de tout ce qui peut advenir de tracassant, d'ennuyant, d'impatientant, de tyrannisant, de contrariant, de gênant, d'idiotisant, de narcotique et de paralytique dans le combat de deux êtres toujours en présence [...] »[207]. Ou bien le chiasme annule toute action et réduit à néant l'ensemble de cette activité vaine, quand il s'agit de créanciers « joués, bafoués, turlupinés, attrapés, dindonnés, volés et trompés. Quoiqu'en général les créanciers soient trompés, volés, dindonnés, attrapés, turlupinés, bafoués et joués »[208]. Tel est pris qui croyait prendre.

  Ces accumulations ont pour rôle, dans nombre de cas, de gonfler

  200. *Petites misères de la vie conjugale*, t. XII, p. 23.
  201. *Ibid.*, p. 31.
  202. *Ibid.*, p. 34-35.
  203. *Ibid.*, p. 36.
  204. *Ibid.*, p. 42.
  205. *La Fille aux yeux d'or*, t. V, p. 1073. Addition de l'originale.
  206. *Les Employés*, t. VII, p. 988.
  207. *Le Contrat de mariage*, t. III, p. 532.
  208. *César Birotteau*, t. VI, p. 272.

artificiellement un sujet pour mieux assurer ensuite une retombée, une chute à plat, ou pour mieux faire mesurer l'insignifiance du sujet en question, sa médiocrité, sa futilité.

Ainsi la phrase va de l'avant pour mieux susciter l'effondrement risible. Nous sommes toujours, ici, en plein héroï-comique. « Un jour, l'heureux juge, l'ingénieur heureux, l'heureux capitaine ou l'heureux avoué, l'heureux fils unique d'un riche propriétaire, Adolphe enfin [...] »[209]. Adolphe est la chute bien prosaïque de cette accumulation. De la même façon, après treize superlatifs qualifiant une « chimère » qui se fait long-temps attendre et que l'on voudrait bien connaître, le paragraphe se termine sur d'emphatiques majuscules pour un bien mince sujet : « LA VANITÉ D'UNE FEMME ! ... »[210].

Ces répétitions visent en réalité un même effet : dire l'immensité de la petitesse. Ce qui a toujours chez Balzac un double sens. Dans un premier sens : il y a toujours de par le monde, chez tel ou tel individu, plus de petitesse qu'on n'en pouvait imaginer. Dans un deuxième sens : il faut se méfier du petit, des petites gens, des petits intérêts, des petites causes ; tous ces « petits » peuvent avoir des conséquences considérables. Ainsi, la répétition de « Chapeloud » pour traduire l'effondrement de l'abbé Birotteau devinant enfin la vraie nature de Troubert. Alors l'abbé Birotteau découvre Troubert « établi dans la bibliothèque de Chapeloud, assis dans le beau fauteuil gothique de Chapeloud, couchant sans doute dans le lit de Chapeloud, jouissant des meubles de Chapeloud, logé au cœur de Chapeloud, annulant le testament de Chapeloud — et déshé-ritant enfin l'ami de ce Chapeloud »[211]. Déjà, du reste, Balzac l'avait fait s'écrier : « Où vais-je mettre tous mes meubles ? [...] et mes livres, ma belle bibliothèque, mes beaux tableaux, mon salon rouge, enfin tout mon mobilier ! »[212]. Les possessifs et les « beaux » répétés disent comi-quement l'immense angoisse de la dépossession ! Peu de chose, prenant des proportions énormes, destinées à avoir la plus funeste conséquence.

La répétition a le pouvoir de rendre compte d'une flatterie, de faire jouer l'image de celle-ci du point de vue du flatteur tout aussi bien que du point de vue du flatté ; immense désir hypocrite du flatteur, immense naïveté du flatté : « [Chapeloud] était sûr de caresser toutes les vanités de la vieille fille en vantant l'art avec lequel étaient faits ou préparés ses confitures, ses cornichons, ses conserves, ses pâtés et autres inventions gastronomiques »[213].

209. *Petites misères de la vie conjugale*, t. XII, p. 24.
210. *Ibid.*, p. 29.
211. *Le Curé de Tours*, t. IV, p. 221.
212. *Ibid.*, p. 219.
213. *Ibid.*, p. 193. Pourraient être cités maints exemples de répétitions qui miment les récriminations de l'épouse (*Petites misères*, t. XII, p. 52), la sottise médicale avec la répétition du *trismus* (*ibid.*, p. 99), la complaisance de Mme Tiphaine pour tous ses *vieux* quelque chose, mais, en particulier, « mes vases de vieux Sèvres, en vieux bleu, montés en vieux cuivre » (*Pierrette*, t. IV, p. 60).

— Litanie comique :

La répétition rythme le portrait, dit le rythme adopté par le peintre, mais rythme aussi les défauts « réels » du modèle. Est répété le trait qui mérite d'être privilégié par l'attaque ; est relancé à plusieurs reprises le « trait », la flèche, que l'on a choisi de lancer : répétition à double portée.

Quand Balzac brocarde Minoret-Levrault et ses conduites *pratiques*, *pratique* est répété par lui à l'envi : « Quoiqu'il n'eût jamais pensé ni à Dieu ni à diable, qu'il fût matérialiste pratique comme il était agriculteur pratique, égoïste pratique, avare pratique [...] »[214]. De la même façon la duchesse de Maufrigneuse fait avec ampleur le portrait de l'époque, qui est petite : « Parce qu'aujourd'hui, sous un régime qui rapetisse toutes choses, vous aimez les petits plats, les petits appartements, les petits tableaux, les petits articles, les petits journaux, les petits livres, est-ce à dire que les femmes sont aussi grandes ? »[215]. Occasion rêvée pour amplifier, puisqu'il s'agit de petitesse. C'est ainsi que s'écrit, une fois encore, l'épopée comique.

En général, c'est le trait péjoratif, le caractère rabaissant, mais en même temps considéré comme le caractère principal, qui donne à la charge par la répétition tout son élan. Aussi trouve-t-on particulièrement ce genre d'effets dans les formes proches de l'oralité : la lettre, le dialogue. Il est difficile de ne pas découvrir Balzac jouant à travers ses personnages, un Balzac ravi de pouvoir, grâce à tel ou tel d'entre eux, s'ébrouer, déchaîner une verve vengeresse, joueuse, joyeuse. Ainsi Béatrix de Rochefide reçoit les coups de Sabine du Guénic, dans la lettre que celle-ci écrit à sa mère, la duchesse de Grandlieu. « Je déploie ma tendresse pour le plus beau des hommes qu'une sotte a dédaigné pour un croque-note, car cette femme est évidemment une sotte et une sotte froide, la pire espèce de sottes »[216]. La mission de Ronquerolles est du même ordre, obtenir la tête de la duchesse de Langeais, cette femme qui n'est que tête : « Hé ! bien, ta duchesse est tout tête, elle ne sent que par sa tête, elle a un cœur dans la tête, une voix de tête, elle est friande par la tête. Nous nommons cette pauvre chose une Laïs intellectuelle »[217]. C'est la fin de la philippique que Ronquerolles débite à Montriveau[218].

Le rythme de la charge répétitive peut se trouver confié à la terminaison. Ce sont alors autant d'homoïotéleutes qui ponctuent allégrement l'attaque. Le « symposium », ses « flots de vin et de plaisanteries », lors de l'orgie chez Florine, favorisent la gambade balzacienne. Ces composantes de l'univers rieur, décrites dans notre IIIᵉ partie[219], suscitent l'écriture comique et *vice versa*. Ainsi Balzac enchaîne, à partir de la mention du souper : « Le nom, oublié maintenant comme le Libéral, le

214. *Ursule Mirouët*, t. II, p. 273.
215. *Autre étude de femme*, t. III, p. 702.
216. *Béatrix*, t. II, p. 849.
217. *La Duchesse de Langeais*, t. V, p. 982.
218. Bel exemple de « portrait » où la répétition joue le principal rôle offensif : le couplet sur le jésuitisme de la femme, 26 *jésuite* en 18 lignes, *Petites misères de la vie conjugale*, t. XII, p. 52.
219. Cf. *supra*, p. 233, 247-250.

Communal, le Départemental, le Garde National, le Fédéral, l'Impartial, fut quelque chose en *al* qui dut aller fort mal »[220]. Ce sont les terminaisons de l'époque qui fournissent à la rythmique comique. Les terminaisons en *isme* y jouent déjà leur rôle : « En ce moment, il allait du saint-simonisme au républicanisme pour revenir peut-être au ministérialisme »[221]. L'Illustre Gaudissart nourrit sa verve des mêmes effets : « Tu ne sais pas ce que c'est que la femme libre, le Saint-Simonisme, l'Antagonisme, le Fouriérisme, le Criticisme, et l'exploitation passionnée [...] »[222].

La succession, l'entassement, des verbes en *iser* fait de la même façon entrer Anaïs de Bargeton dans le Musée des clichés, définitivement momifiée par le lieu commun et le mot à la mode : « Dès cette époque elle commençait à tout *typiser, individualiser, synthétiser, dramatiser, supérioriser, analyser, poétiser, prosaïser, colossifier, angéliser, néologiser* et *tragiquer* »[223].

Fausse variété, donc, ramenée à la multiple copie du « même », tiré à de multiples exemplaires faussement différenciés.

— La conjonction :

Balzac recourt en quelques occasions à la figure de la « conjonction » (en grec *Polysyndeton*). La forme la plus répandue de cette figure est celle qui fait jouer le « et ». Fréquent aussi le portrait ponctué de « mais » (comme dans les exemples que cite Fontanier, empruntés à Massillon ou à Voltaire)[224]. On perçoit dans ces exemples que le procédé rhétorique n'est pas en lui-même générateur de comique, mais qu'il amplifie le comique ou contribue à son explosion, selon que le trait comique est au début ou à la fin.

Dans le cas du père Rouget, la « conjonction » met en scène la dilatation, l'expansion, après la mort de sa femme : « Puis Rouget finit par avoir raison de sa femme, qui mourut au commencement de l'année 1799. Et il eut des vignes, et il acheta des fermes, et il acquit des forges, et il eut des laines à vendre ! »[225]. Le *et* ponctue les étapes : possession, nouveaux achats, achats encore, puis possession pour vendre. Entre le *eut* du début de la phrase et le *eut* final, on suit le parcours qui mène de la possession rurale à la possession marchande. Le *et* assure la mise en scène des conséquences « heureuses » de la mort de la femme de Rouget : heureuse expansion de veuf, heureux agrandissements de propriétaire.

Un cas typique de *conjonction* est celui du « portrait » de Paul de Manerville. Une cascade de *mais* assure la mise en scène de tout le négatif du personnage, de tout ce qui lui manque pour être non seulement un « homme élégant », mais un « homme à la mode ». Sept *mais* se succèdent, chacun d'eux amorçant une proposition négative. Autant de manques,

220. *Une fille d'Eve*, t. II, p. 325. La plaisanterie finale est une correction de l'épreuve 3.

221. *Ibid.*, p. 303.

222. *L'Illustre Gaudissart*, t. IV, p. 572. Trois mots sur quatre sont une addition de l'originale.

223. *Illusions perdues*, t. V, p. 157.

224. Pierre FONTANIER, *Les Figures du discours*, Flammarion, Champs, 1977, p. 339-340.

225. *La Rabouilleuse*, t. IV, p. 276.

autant d'objections, de *mais*, qui se situent idéalement dans la conscience d'un snob hypothétique, formulant la série des objections qui interdisent de décerner à Paul de Manerville le titre enviable d'*homme à la mode*[226]. Ce n'est peut-être pas le plus risible qui est exprimé dans ce morceau de rhétorique. Les formules finales qui ramassent le sens en deux économiques fusées sont bien plus comiques[227]. Mais la tirade des *mais* est une scène de comédie rhétorique qui permet à la flèche pamphlétaire ou au jeu de mots en soi comique de trouver leur plein sens dans le roman.

• *La difficile typologie*

On se rend compte de la difficulté de codifier le portrait satirique, de le rattacher à un type de comique précis. En général, il est un lieu de rassemblement, de concentration, de plusieurs espèces de procédés comiques. Tel est le cas du portrait de Simon Giguet : « Simon Giguet, comme presque tous les hommes d'ailleurs, payait à la grande puissance du ridicule une forte part de contributions. Il s'écoutait parler, il prenait la parole à tout propos, il dévidait solennellement des phrases filandreuses et sèches qui passaient pour de l'éloquence dans la haute bourgeoisie d'Arcis. Ce pauvre garçon appartenait à ce genre d'ennuyeux qui prétendent tout expliquer, même les choses les plus simples. Il expliquait la pluie, il expliquait les causes de la révolution de Juillet. Il expliquait aussi les choses impénétrables : il expliquait Louis-Philippe, il expliquait M. Odilon Barrot, il expliquait M. Thiers, il expliquait les affaires d'Orient, il expliquait la Champagne, il expliquait 1789, il expliquait le tarif des douanes et les humanitaires, le magnétisme et l'économie de la liste civile »[228].

Colin Smethurst considère ce portrait comme un « portrait-charge à la manière des Monographies ou Physiologies de l'époque »[229]. Ce qui est juste. Mais incomplet, car nous décelons dans ce texte une dizaine de types possibles de production de comique :

1. On retrouve le processus du *dévoilement* : ses phrases « passaient pour de l'éloquence », ce qu'elles ne sont pas.

2. Le personnage appartient à un *genre* : il fait partie de l'espèce des *ennuyeux*. Ce pourquoi il entre, pour une part, dans la typologie des *Monographies* ou des *Physiologies*.

3. Mais aussi ce portrait entre dans la série des *portraits en actions*, du fait de la succession des verbes d'action à l'imparfait itératif.

4. Ces verbes révèlent, dans les deux premières phrases, un *caractère*, celui d'un sot prétentieux.

5. A partir du tremplin « prétendait tout expliquer », le portrait se caractérise par la *répétition* de dix verbes : « il expliquait ». Simon Giguet illustre alors la catégorie des portraits où la « peinture » se fait par la répétition d'un mot.

226. *Le Contrat de mariage*, t. III, p. 530.
227. « Il semblait avoir chiffré son désordre » et il est déclaré « métis social ».
228. *Le Député d'Arcis*, t. VIII, p. 726.
229. *Ibid.*, n. 1.

6. Cette répétition du verbe « il expliquait » a une portée *satirique*, du fait du sens même du verbe. On peut considérer que Balzac vise ici l'expression à Arcis d'une mode rationaliste, scientiste, qui a été celle des auteurs de *Monographies* et de *Physiologies* et qui a été adoptée par maint lecteur, plus ou moins stupide.

7. Dans la mesure où Balzac a lui-même consacré à cette mode de l'explication à propos de tout, on peut percevoir dans ce texte un retour sur soi ironique et voir dans ce personnage si sot un exercice d'*auto-ironie*.

8. Le détail des questions que Simon Giguet prétend élucider mérite aussi considération. *Double ironie* de Balzac, puisque Simon Giguet prétend expliquer « même les choses les plus simples » et qu'il « explique aussi les choses impénétrables ». Explication dont Balzac rend manifeste l'inanité en une formule : « il expliquait les causes » !

9. Mais encore, Balzac *ironise*, dans ce « portrait », en plaçant Louis-Philippe parmi « les choses impénétrables » et en brocardant « la haute bourgeoisie d'Arcis » qui, malgré cette « hauteur », comporte maint « gogo ».

10. Enfin Balzac *joue* à mettre en présence des sujets de registre opposé (élevé - bas), voire sans relation possible de l'un à l'autre : la pluie (bas) et la révolution de Juillet (élevé), la Champagne (bas) et 1789 (élevé) ; en chiasme, le tarif des douanes (bas) et les humanitaires (élevé), le magnétisme (élevé) et l'économie de la liste civile (bas).

Le plus comique, parmi ces dix possibles rubriques, se trouve sans doute dans les rubriques 7 à 10. Celles-ci révèlent Balzac comme un grand ironiste, agile, mobile, présent à tous les créneaux. C'est au milieu des effets les plus voyants que l'écriture balzacienne peut atteindre ses effets les plus subtils. Après quoi, le souci de la communication la plus directe et la plus franche, de l'explication vigoureuse et lumineuse couronne le texte par des effets explosifs qui ressortissent au *pamphlet* (nous avons déjà cité deux d'entre eux[230]) et à la *caricature* : « Aussi sa figure semblait-elle être dans un cornet de papier blanc »[231].

L'unité comique de ce texte est donc une unité mobile.

La prosopographie comique

L'orientation des portraits précédents était surtout morale et leur traitement donnait la première place aux effets de discours. La prosopographie comique fait la caricature du physique des personnages. L'intention la plus visible semble, dans ces textes, nombreux dans le roman balzacien, de faire voir, de donner la priorité à la représentation. Sans doute s'agit-il toujours de portraits verbaux, mais dont les moyens sont orientés vers la création d'une illusion. La caricature veut créer chez le lecteur des réflexes semblables à ceux qu'il aurait devant cette créature de roman si, devenue vraie, elle se trouvait là devant lui. Ce

---

230. Cf. *supra*, p. 291, 294 : « nullité sonore » ou « Il avait ce qu'on nomme en province de la dignité, c'est-à-dire qu'il se tenait roide et qu'il était ennuyeux. »
231. *Le Député d'Arcis*, t. VIII, p. 726.

n'est pas l'imitation qui se réalise dans le portrait caricatural, mais l'équivalence, selon l'orientation de Gombrich[232]. Il ne s'agit pas de « reproduire » le réel, mais de « produire » un réel, grâce à certains traits qui permettent d'imaginer le réel sous cette forme[233].

● *Le contraste comique*

La structure la plus courante du comique caricatural est celle du contraste. Le contraste fait s'opposer deux traits d'un même personnage (contraste interne) ou deux personnages l'un avec l'autre (contraste externe). Sur un échantillon de quelque vingt-six contrastes comiques de ce type, nous avons autant d'exemples ressortissant à l'une ou à l'autre formule. Le contraste peut apparaître comme purement mécanique et statique, mais, plus souvent, c'est un contraste dynamique. Dans tous les cas, ces portraits caricaturaux ne sont pas des morceaux de bravoure, ni de simples hors-d'œuvre : ce sont des biefs par où circule et progresse le récit.

— *Contraste interne :*

Mme Moreau, par exemple, est le lieu d'un contraste comique. Pour susciter l'effet, Balzac annonce clairement qu'elle est une « proie » pour les peintres, « ces cruels observateurs-nés des ridicules ». Ainsi, dans un même paragraphe, elle est « la belle régisseuse », mais elle a de « grosses mains » et de « gros pieds » et son discours est émaillé d'« une ou deux locutions de femme de chambre »[234], qui « démentaient l'élégance de la toilette ». La caricature se prolonge ensuite par une scène où Mme Moreau subit, de la part des peintres, diverses mystifications. Le contraste est comique ici, parce qu'il est la révélation d'une dissonance dans la beauté ou dans l'élégance. C'est un contraste en mouvement, lié à la dynamique de « l'ascension » de Mme Moreau de l'Oise. La forme de la caricature est donc ici très élaborée ; c'est une caricature en action, liée au mouvement romanesque.

Les contrastes les plus fréquemment rencontrés sont plus simples.

---

232. E. H. GOMBRICH, *L'art et l'illusion*, Gallimard, 1971, « L'apparition du portrait caricatural suppose que l'on a pu découvrir la différence théorique qui existe entre la ressemblance et l'équivalence » (p. 425). L'artiste doit découvrir « non pas (des) similarités, mais (des) équivalences qui nous permettent de voir la réalité comme s'il s'agissait d'une image, et une image comme une réalité » (p. 427).

233. Il est possible de constater que plus de la moitié des romans de *La Comédie humaine* comportent au moins une caricature. C'est l'ensemble des romans des *Scènes de la vie de province* qui en est le plus régulièrement fourni, puisqu'il n'y a pas un seul de ses romans qui ne comporte au moins *deux* caricatures. Trois romans s'y distinguent particulièrement : *Illusions perdues*, *Eugénie Grandet* et *Pierrette*. Dans les *Scènes de la vie parisienne*, deux romans sur trois ont au moins *une* caricature, dont, en tête, *Les Employés* et *La Cousine Bette*, puis *César Birotteau* et *Les Petits Bourgeois*. Le roman qui, pour l'ensemble de *La Comédie humaine*, comporte le plus de caricatures, c'est *Les Paysans*, où nous en relevons une vingtaine.

234. *Un début dans la vie*, t. I, p. 815.

Ils opposent deux éléments de la personne physique. Chez le juge Popinot, d'un côté « gros genoux », « gros pieds », « larges mains », de l'autre « figure sacerdotale » ressemblant vaguement à « une tête de veau ». Mais le contraste comique est vite annulé, sublimé par la « bonté divine » qui est sur les lèvres », ce qui arrache donc la caricature à son statisme[235]. Dans le cas de Gaudissart ou du colonel Gouraud, on ne sait plus s'il y a contraste ou harmonie entre l'importance du ventre et de très petites jambes[236].

Balzac fait jouer comme révélation le contraste comique entre la corpulence et la voix. Socquard était un « gros petit homme » ; « large des épaules, large de poitrine, où ses poumons jouaient comme des soufflets de forge, [il] possédait un filet de voix dont la limpidité surprenait ceux qui l'entendaient parler pour la première fois »[237]. Même contraste, explicitement noté comme ridicule, chez Minoret-Levrault[238].

Dans tous ces exemples, un des deux éléments placés en antithèse constitue un facteur de révélation, grâce à la surprise comique : des jambes grêles surprennent avec une forte corpulence, et un filet de voix sortant d'un corps énorme. C'est sans doute ce qui pousse Balzac à relever avec tant d'insistance les grosses mains, les grands pieds et les fortes chaussures. Simple confirmation dans le cas de Mme Vervelle[239], ils sont révélation chez Mme Gruget[240] ou chez l'abbé Cruchot[241]. Gros pieds et grosses mains ne peuvent mentir ; Daumier l'avait bien compris : dans sa caricature de Goriot, c'est vers les grosses mains que se porte d'abord et surtout l'attention.

Le visage balzacien est partagé en sections qui sont parfois comiquement indépendantes, comme c'est le cas pour le chevalier de Valois[242] ou pour Mlle Cormon[243], le nez constituant aussi un autre facteur important dans l'économie du visage. Ici encore, ce n'est pas tant la description pour la description qui doit retenir ; mais plutôt le fait que le contraste comique dit comiquement la contradiction : celle du chevalier de Valois, entre son apparence malingre et sa verdeur réelle ; celle de Mlle Cormon, qui n'a pas l'intelligence qui permettrait à ses désirs de se réaliser. Le contraste comique manifeste les explosives tensions du réel. Ainsi, cette image comique, qui résume Mme Jeanrenaud : « La veuve avait une robe verte garnie de chinchilla, qui lui allait comme une tache de cambouis sur le voile d'une mariée »[244]. Or, cette femme a « l'air franc » ; Popinot dit son estime pour elle : « Elle ne ment pas, celle-là »[245]. Le ridicule, la laideur, la vulgarité ne jouent pas seulement comme comique dévalo-

235. *L'Interdiction*, t. III, p. 431.
236. *L'Illustre Gaudissart*, t. IV, p. 572 ; *Pierrette*, t. III, p. 69-70.
237. *Les Paysans*, t. IX, p. 275.
238. *Ursule Mirouët*, t. III, p. 773.
239. *Pierre Grassou*, t. VI, p. 1103.
240. *La Rabouilleuse*, t. IV, p. 534.
241. *Eugénie Grandet*, t. III, p. 1049.
242. *La Vieille Fille*, t. IV, p. 812.
243. *Ibid.*, p. 857.
244. *L'Interdiction*, t. III, p. 469.
245. *Ibid.*, p. 470.

risant, mais comme élément de vie, signe de la contradiction mobile, vivante, présente au cœur du réel. Ici, la caricature balzacienne rejoint la caricature rabelaisienne[246].

— Contraste externe :

La Comedie humaine abonde en couples dignes de Don Quichotte et de Sancho, de personnages qui s'opposent comiquement l'un à l'autre par leur physique ou par leurs paroles.

La formule est proposée, dans sa forme la plus simple, au début des *Petites misères* : « [...] deux affreux notaires, un petit, un grand »[247]. Tels sont, dans l'entourage de Dinah Piédefer, M. de Clagny et M. Gravier, l'un « grand homme sec », l'autre « petit homme gros et gras »[248]. Couple inoffensif, au comique quasiment gratuit. Même comique de couples masculins dans *Les Employés*, dont celui de Colleville et de Thuillier. Ces relations entre « moitiés » sollicitent l'imagination de Balzac : « Nous ne savons pas, disait Rabourdin en parlant de ces deux employés, si nos amitiés naissent plutôt des contrastes que des similitudes »[249]. Face à cette monade de contraires pleins d'affinités, un autre couple, celui de « ces deux frères siamois, Chazelle et Paulmier », qui « étaient deux employés toujours en guerre »[250]. Amitié ou hostilité, le couple comique exprime souvent une relation de force, de dominant à dominé. C'est le cas du couple Céleste - Brigitte Thuillier, les deux belles-sœurs. Comique contraste, qui fait méditer sur la nature des relations interpersonnelles.

Mais il y a aussi dans cette figure comique d'une unité duelle un élément romanesque propre à mettre en valeur le réel dans ses composantes fondamentales, sociales et économiques. Les deux premiers invités de Louise-Anaïs de Bargeton sont l'évêque et son grand vicaire : « Monseigneur était grand et maigre, son acolyte était court et gros »[251]. Dans la IIIe partie du roman, comme en écho, se retrouvent deux compères, le « grand Cointet » et le « gros Cointet »[252]. Franche comédie et faux pouvoir dans le premier cas (du reste, l'évêque est l'auteur irresponsable d'une gaffe comique) ; dans le deuxième cas, en apparence règne toujours la comédie, mais il s'agit en réalité d'un véritable et redoutable pouvoir.

Du reste, plus on avance dans le temps de la création balzacienne, plus le couple comiquement contrasté devient à la fois risible et puissant. La puissance semble rendre les gens d'autant plus fantoches que son fondement officiel, économique et politique, se renforce. La gradation observée entre la Ire partie d'*Illusions perdues* (1836) et la IIIe (1843) n'est pas un hasard. Dans *Un homme d'affaires* (1845), ce sont *La Créance*

---

246. Comme l'écrit Alfred GLAUSER, *Rabelais créateur*, Nizet, 1966, p. 35 : « Rabelais ne pouvait être le contemplateur d'une beauté immobile, il préfère le comique, qu'introduit un mouvement, se plaît dans l'acte même de la distorsion et s'accommode de la laideur. »
247. *Petites misères de la vie conjugale*, t. XII, p. 21.
248. *La Muse du département*, t. IV, p. 641.
249. *Les Employés*, t. VII, p. 981.
250. *Ibid.*
251. *Illusions perdues*, t. V, p. 192.
252. *Ibid.*, p. 573.

et la Dette insolente, allégories, qui proposent le contraste comique de Cérizet et de Maxime de Trailles, le premier « à petit habit sec et noir », le second « en robe de chambre de flanelle bleue, en pantoufles brodées pour quelque marquise [...] »[253]. Comme le dit Nathan, c'est un « tableau de genre » qui exprime une réalité économique et sociale du moment. C'est sous la forme délibérément comique que la loi exerce ses prérogatives par le constat bouffon de l'adultère commis par Hulot dans *La Cousine Bette* (1846)[254]. C'est Hulot, surpris par le couple commissaire de police - juge de paix, « bon petit commissaire de police » et « long juge de paix »[255]. C'est en vue de faire réussir une opération politique que se constitue le couple Achille Pigoult - Philéas Beauvisage, dans *Le Député d'Arcis* (1847). Simon Giguet, concurrent, ne s'y trompe pas : il ne rit pas du tout de voir cette apparition pourtant comique. A l'arrivée du tandem, l'avocat Giguet eut « un mouvement de surprise »[256] et même une grimace[257].

C'est sur le simplisme du contraste comique que sont construites parfois des scènes entières. Le contraste comique n'est que de mots, lorsque, au *gros papa* par lequel Aurélie Schontz appelle Arthur de Rochefide, répond la *petite maman*, nom que décerne ce dernier à Aurélie Schontz. Deux « *gros papa* » et un « *petite maman* » structurent cette scène, sur deux pages[258]. L'opposition des paroles et des pensées fonde le comique de toute une scène du *Curé de Tours*, entre Mme de Listomère et l'abbé Troubert : périphrases, bon ton, politesse pour les paroles « prononcées », langage familier et offensif pour les « pensées ». Balzac se réfère explicitement aux caricaturistes : « Quelques dessinateurs se sont amusés à représenter en caricature le contraste fréquent qui existe entre ce que l'on dit et ce que l'on pense »[259]. Ainsi, au propos tenu par Troubert, « d'une voix grave », sur « la vertueuse Mlle Gamard », s'opposent les injures pensées à l'adresse de celle-ci (« cette sotte fille ») et à l'égard de Mme de Listomère ou de l'abbé Birotteau (« niais »)[260] ; avec les politesses exquises (« mais pour vous, que ne ferait-on pas ? ») contraste la violence verbale (« la vieille fille va crever »[261].

● *Minoration et déformation*

— *La minoration nécessaire* :

Dans l'ensemble, cette méthode de la caricature consiste à « faire voir », à faire oublier qu'il s'agit d'une illusion créée par un récit descriptif, et, en même temps, elle propose ce nouveau réel comme dépassant la

253. *Un homme d'affaires*, t. VII, p. 784.
254. *La Cousine Bette*, t. VII, p. 304.
255. *Ibid.*
256. *Le Député d'Arcis*, t. VIII, p. 728.
257. *Ibid.*, p. 729.
258. *Béatrix*, t. II, p. 899-901.
259. *Le Curé de Tours*, t. IV, p. 237.
260. *Ibid.*
261. *Ibid.*, p. 240.

fiction, improbable, étrange, cocasse, grâce à l'écart qu'elle institue par
rapport à la norme. Ce double aspect fonde le réalisme comique. Ecart
« énorme », qui à la fois surprend et, pour l'une ou l'autre raison, n'inquiète
pas. Quelles sont ces déformations à la fois si surprenantes et si ridicules ?

L'équilibre est difficile à tenir, instable, entre l'impression de pitié,
d'horreur que suscite la description d'un objet laid, repoussant et le sentiment du comique. Une simple indication suffit souvent à créer l'impression
de supériorité et de quiétude qui autorisent le jugement comique. C'est
très net dans la caricature à deux volets de la *Créance* et de la *Dette insolente* dans *Un homme d'affaires*. Cérizet n'est pas comique en tant
qu' « homme d'affaires, au regard trouble, aux cheveux rares, au front
dégarni, à petit habit sec et noir, en bottes crottées... » ; mais c'est un
« petit drôle, un vrai gamin de Paris »[262]. Quant à la Dette insolente, elle
n'a rien d'effrayant, elle serait seulement presque trop élégante, s'il n'y
avait précisément un trop visible renfort d'adjectifs, une « magnifique
calotte, une chemise *éblouissante* » et si n'était précisé que les cheveux
sont « teints en noir »[263], détails qui suggèrent à la fois l'idée de l'excès
et celle du factice, suscitant ou, du moins, autorisant le comique.

Dans la figure de Mlle de Pen-Hoël, le comique est certain, moins à
cause de sa morphologie plutôt laide et difforme qu'à cause de différents
accessoires ridicules. Les vêtements deviennent un tout, un bloc, celui
d'une « énorme quantité de linges et de jupes », les clés, l'argent, la tabatière, le tricot créent un ensemble cohérent « d'ustensiles sonores » ; quant
au chapeau vert, la métaphore, grâce à la métonymie, l'assimile aux
melons ; en effet, « ce chapeau vert avec lequel elle devait aller visiter ses
melons »... avait « passé, comme eux, du vert au blond »[264]. En passant ainsi
de l'ordre de l'humain à l'ordre des *choses*, Mlle de Pen-Hoël perd toute
possibilité de susciter admiration ou sympathie ; la description la rabaisse
en l'éloignant.

Il en va de même pour un portrait comme celui de Nathan. En quoi
peut-il être considéré comme comique ? La réponse est clairement donnée :
« Enfin le terrible Raoul est grotesque »[265]. L'idée, à vrai dire, courait déjà
dans le texte : il avait une « formidable charpente » et des yeux « napo-
léoniens », mais aussi des cheveux qui « graissent les places qu'ils caressent ».
Dès que nous lisons : « ce Byron mal peigné, mal construit, a des jambes
de héron », ce détail amorce le « grotesque » de mouvements « saccadés »,
qui font de lui une mécanique. Trois ou quatre traits affirmeront, dans la
suite du portrait, cette vocation au comique, traits convergents, puisque
les uns et les autres disent que Nathan n'est qu'une copie : « Nathan
ressemblait à un homme de génie »[266], il est « comédien de bonne foi »
et il a une « armure en carton peint »[267]. Mais « Vu à distance, Raoul
Nathan était un très beau météore »[268].

262. *Un homme d'affaires*, t. VII, p. 784.
263. *Ibid.*, p. 784.
264. *Béatrix*, t. II, p. 664.
265. *Une fille d'Eve*, t. II, p. 301.
266. *Ibid.*, p. 303.
267. *Ibid.*, p. 304.
268. *Ibid.*, p. 306.

Il arrive certes que la caricature, à force de rabaissement, interdise toute éclosion de comique. Mais il est rare qu'à la faveur du grotesque cette « préparation » ne serve pas de fond à un élément franchement comique. Exemple intéressant, à cet égard : celui de M. Clapart, caricature où ne prend place aucun élément de comique. Au contraire, la gêne est ici « effroyable », tout y « inspir[e] la pitié »[269]. Or, dans ce sinistre décor, Mme Clapart « prenait des airs de reine et marchait en femme qui ne sait pas aller à pied ». Le fond du tableau ne détruit pas le comique de cette prétention décalée ; celui-ci s'en trouve renforcé ; il en sort plus noir.

— Déformation et mise en forme :

A condition, donc, que la « terreur » et la « pitié » ne prennent pas la place du rire, le rabaissement remplit son office de préparation au comique. Toutes les déformations de la caricature peuvent atteindre alors leur plein effet comique.

La déformation la plus courante, celle qui entraîne le plus souvent l'effet comique, c'est le grossissement : « En effet, nos ridicules sont en grande partie causés par un beau sentiment, par des vertus ou par des facultés portées à l'extrême »[270]. Plus grand est l'écart par rapport à la moyenne, à la norme, plus grandes sont les possibilités de comique.

L'écart comique se lit dans un certain nombre de traits au total assez limité. Dans l'ordre des formes : petit et grand, gros et maigre, saillant et rentré, rond et pointu, aplati et rehaussé ; on a parcouru assez vite le champ des déformations usuelles dans *La Comédie humaine*.

Sans doute, on rencontre des alliages étranges, rendus cocasses par la difficulté même d'une représentation. Comment faut-il se figurer le ventre de Chazelle, dans *Les Employés*, « rond, petit, pointu » (qui avait, « suivant un mot de Bixiou, l'impertinence de toujours passer le premier »)[271] ? Est-ce à Philipon que l'on doit attribuer la vogue, chez Balzac, du « piriforme »[272] ?

Une déformation fréquente est celle de la schématisation, de la globalisation ou de la géométrisation, qui font disparaître le détail dans une forme simple, claire, immédiatement décodable, et ainsi devenue génératrice de comique. La silhouette rend comique la forme humaine : celle-ci se déshumanise au profit d'une forme géométrique, rond ou carré, mais, en même temps, la forme géométrique s'humanise. Le double principe d'équivalence cher à Gombrich se réalise alors. Si le curé de Guérande est comique, c'est que, « enseveli dans sa soutane, d'où sortaient deux gros souliers à boucles-d'argent, [il] offrait au-dessus de son rabat un visage grassouillet »[273]. Le corps a disparu dans l'habit. De même

269. *Un début dans la vie*, t. I, p. 759-760.
270. *Illusions perdues*, t. V, p. 156.
271. *Les Employés*, t. VII, p. 981.
272. Piriformes sont les ventres de Georges Marest (*Un début dans la vie*, t. I, p. 880), de Gaudissart (*L'Illustre Gaudissart*, t. IV, p. 572) ou de Crevel (*La Cousine Bette*, t. VII, p. 56) et piriforme est « la conformation » du crâne de Margaritis (*L'Illustre Gaudissart*, t. IV, p. 582).
273. *Béatrix*, t. II, p. 662-663.

Mme Gruget : « tas de linge et de vieilles robes les unes sur les autres »[274]. Le nez de Coloquinte est « enveloppé de moustaches grises » et son corps est « enseveli dans une ample redingote bleue comme une tortue dans sa carapace »[275]. Ces érosions de contours et cette métamorphose du corps en chose sont constitutives de la caricature balzacienne. Gaubertin devient silhouette, marionnette : « ses favoris touffus [...] se perdaient dans sa cravate » et ses yeux gris « étalent enveloppés de rides circulaires »[276]. Cette caricature diffuse sur tout le texte environnant : Gaubertin « s'enveloppait d'une gaieté trompeuse ». Ce monde humain puise son comique dans des formes simples ; simplicité des masques : Rose Cormon semblait « fondue d'une seule pièce »[277].

En chaque occasion se combinent grossissement et simplification. De cette fusion naît la forme schématique, qui fait immédiatement rire. Parmi tant de signes de surcharge et de pléthore qui s'entassent dans le portrait de Minoret-Levrault, il faut surtout retenir que « le buste de cet homme était un bloc »[278]. Technique apparentée à celle des caricaturistes : par exemple, Gavarni caricaturant Balzac en moitié d'as de pique[279]. La force humaine, non seulement abandonne toutes ses particularités, mais perd son statut humain, change de sexe, ou de règne, comme Bébelle Lupin, au fil des comparaisons. Successivement, elle est objet : « pipe de Bourgogne habillée de velours », elle n'est plus femme : « sans plus aucune trace de la séduisante sinuosité qu'y produisent [dans le dos] les vertèbres chez toutes les femmes qui sont femmes »[280] et, enfin, elle devient animal : « ronde comme une tortue, [Bébelle] appartenait aux femelles invertébrées »[281]. La métaphore accomplit la révélation de la personne en son essence simpliste.

Balzac délègue à certains de ses personnages ce don de la schématisation comique. Le baron Hulot y excelle : il traite Crevel de « gros cube de chair et de bêtise »[282]. Vautrin, parlant de Clotilde de Grandlieu à Lucien, l'appelle « ta planche de salut »[283]. C'est sur la même Clotilde qu'Esther, dans sa lettre d'adieu à Lucien, lance sa dernière flèche en l'appelant : « cette latte qui marche et qui porte des robes... »[284]. Ainsi, Clotilde de Grandlieu nous apparaît « telle qu'en elle-même », révélée par l'imagination créatrice d'Esther.

La schématisation de la silhouette est complétée par un coloriage non moins simpliste. Sur un échantillon d'environ soixante-dix caricatures colorées de visages nous constatons que les faces *pâles* (ou *blafardes*, *bilieuses*, *jaunes*, *verdâtres* ou *couleur acier*) sont à peu près du même nombre

274. *La Rabouilleuse*, t. IV, p. 534.
275. *Illusions perdues*, t. V, p. 329.
276. *Les Paysans*, t. IX, p. 307.
277. *La Vieille Fille*, t. IV, p. 857.
278. *Ursule Mirouët*, t. III, p. 771.
279. *Album Balzac*, fig. p. 207. « Ubuesque silhouette », commente Jean A. Ducourneau.
280. *Les Paysans*, t. IX, p. 263.
281. *Ibid.* t. IX, p. 263.
282. *La Cousine Bette*, t. VII, p. 217.
283. *Splendeurs et misères des courtisanes*, t. VI, p. 501.
284. *Ibid.*, p. 759.

que les faces aux tonalités *rouges, rougeaudes, couperosées, violacées*. Le crâne est souvent *jaune* et le nez *rouge*. Cependant que les yeux, à part quelques exceptions d'yeux *verts* et *orange*, sont plus souvent *gris, bleus* ou *bruns*. Le comique de ces couleurs se manifeste par certaines outrances criardes. Formes simples et couleurs hurlantes dessinent et peignent les deux extrêmes de la caricature comique, dans la simplicité ou dans la bigarrure. L'un des plus beaux exemples de ce délire grotesque de la couleur est offert par la tenue de Mme Matifat qui « vint en robe de velours bleu [...], (avec) des gants de chamois bordés de peluche verte et un chapeau doublé de rose, orné d'oreilles d'ours »[285]. Sorte de prolifération et d'éclatement baroques privilégiant mouvement et désordre, alors que la schématisation semblait viser à l'expression d'un sens unique, peut-être essentiel. Doit-on considérer ces deux directions de la caricature comique comme divergentes ?

— *Métamorphose et vérité :*

Il faut, pour esquisser une réponse, revenir au problème de la métaphore dans la caricature. Selon Gombrich, « la caricature se fonde sur une comparaison comique »[286]. Or, dès l'origine, qui est du domaine des arts plastiques, la principale comparaison (et éventuellement métaphore) comique se fonde sur le rapprochement de l'homme avec un objet ou un animal. Les frères Carrache auraient inventé, au XVIIe siècle, « la transformation ridicule des traits de leurs victimes en ceux d'une tête d'animal, ou encore dans ceux d'un objet inanimé — transformation que, depuis lors, les caricaturistes n'ont jamais cessé de pratiquer »[287]. Balzac en est un exemple caractérisé en littérature : la comparaison avec l'animal est prépondérante (plus de la moitié des caricatures observées). Les deux tiers du reste sont des comparaisons avec des objets, celles qui demeurent étant comparaison avec des végétaux.

Le problème de l'effet comique est celui du mode de formulation de la comparaison. Selon que le comparant est exprimé avec ou sans modalisateur, la comparaison comique se fait lire comme comparaison ou se fait oublier, en amenant le lecteur à lire directement le comparé sous la forme de son comparant. Mais, dans les deux cas, il y a rupture avec le contexte : Bébelle Lupin était bien femme avant de devenir animal. C'est à la transformation de l'humain en animal que l'on a assisté, c'est elle qui crée le comique. Cela n'est pas très différent, quoi qu'il en semble d'abord, de la caricature en dessin ou en peinture. Car la caricature est une forme multidimensionnelle. Même en nous faisant croire à ce qu'elle nous propose, elle ne fait jamais oublier qu'elle résulte d'une opération de métamorphose. Elle fait même percevoir, en même temps qu'elle se fait regarder, les moyens de sa fabrication[288]. On ne peut jamais rendre

285. *César Birotteau*, t. VI, p. 227.
286. E. H. GOMBRICH, *op. cit.*, p. 433.
287. *Ibid.*, p. 425.
288. Eugénie de KEYSER précise que « pour être drôle, l'image doit [...] révéler les éléments de sa fabrication » et elle signale comment Grandville « nous invite à examiner dans le détail comment on fait un monstre » (*L'Occident romantique*, Skira, 1965, p. 191).

compte de la caricature dans la seule perspective de la représentation et de l'illusion[289]. Les interférences entre le « discursif » et le « pictural » sont donc constantes[290]. Dans mainte caricature romanesque, l'interférence a lieu entre trois éléments : le *personnage* décrit et conté comme tel, être humain conforme à ses données premières ; la *comparaison avec modalisation* ; *la métaphore*. Les meilleurs effets comiques sont atteints lorsque l'on assiste au passage d'un plan à l'autre, dans un libre enchaînement où se dit, dans la jubilation et l'ironie, l'ambivalence du monde.

Loin que la caricature balzacienne s'immobilise dans une image unique, donnant à l'occasion le plaisir d'assister à une comparaison heureuse, elle se propose comme enchaînement d'une image à une autre, comme métamorphose en train de s'opérer, comme mouvement et dynamisme.

Dans l'exemple de Vermichel, c'est la mise en relation de deux comparaisons classiques avec modalisateur qui suscite l'animation métaphorique ; comique est le jeu de question et réponse qui se joue entre le nez, « point d'interrogation », et la bouche, « qui répond » : « Le nez en trompette ressemblait à un point d'interrogation auquel la bouche, excessivement fendue, paraissait toujours répondre, même quand elle ne s'ouvrait pas »[291].

Souvent Balzac fait jouer, par succession ou par superposition, la comparaison modalisatrice et la métaphore : Mme Vervelle « ressemblait à une noix de coco surmontée d'une tête et serrée par une ceinture », comparaison classique de forme. Puis vient la métaphore : « ainsi la forme sphérique du coco était parfaite »[292]. Derrière elle, sa fille : « suivait une jeune asperge », métaphore. Cependant que le père avait une « figure vulgairement appelée un *melon* dans les ateliers ». Cette tête n'est pas même comparée à un melon, mais *nommée* melon. Or, dès la phrase suivante : « Ce fruit surmontait une citrouille, vêtue du drap bleu [...] »[293]. Non seulement, avec « ce fruit », on est passé, par jeu de mots, à la métaphore, mais avec la « citrouille vêtue de drap bleu », c'est le drap bleu de la réalité qui prend figure de costume de carnaval, qui devient travesti. Les métaphores ne s'arrêtent pas là : « le melon soufflait comme un marsouin ». Une nouvelle comparaison se greffe sur la métaphore, le précédent comparant devenant le comparé et « marsouin » jouant alors le rôle de nouveau comparant. Enfin « les navets, improprement appelés jambes », achèvent de privilégier, ironiquement, le domaine du métaphorique, devenu le vrai réel, par rapport à un réel devenu problématique. Vervelle *est* légume, succession de légumes et essence de légume. Sorte de légume costumé en

289. C'est un des points sur lesquels insiste André MALRAUX à propos de Goya au moment où il abandonne la « séduction », l'art de l'illusion, pour celui de la caricature (*Saturne*, Essai sur Goya, Gallimard, la Galerie de la Pléiade, 1950, p. 37).

290. Bernard VANNIER (*L'inscription du corps...*, p. 93) et Lucienne FRAPPIER-MAZUR (*L'expression métaphorique...*, p. 43) ont insisté sur la liaison de la caricature balzacienne avec le jeu de mots, même quand la caricature ou l'image visent à l'illusion. Cela vaut particulièrement pour les noms comiques, comme Séchard, Tonsard, Gaudissart, Cruchot, etc.

291. *Les Paysans*, t. IX, p. 99.

292. *Pierre Grassou*, t. VI, p. 1103.

293. *Ibid.*

Vervelle ? Hésitation qui ne saurait être prise au sérieux : mais, comme chez Grandville, cette perspective, même refusée, rend le comique vertigineux, et fait du comique caricatural une interrogation sur le vrai caractère du réel.

Dans le portrait que de Marsay trace de sa fiancée, Miss Stevens, on aboutit, après une succession de comparaisons et de métaphores, à un effet comparable ; le réel est costume, la caricature vérité : « Ça joue la femme à croire que c'en est une »[294]. La caricature, dans ce processus d'abyme et de retournement, impose la réalité comme lieu possible d'un vertigineux renversement.

Le raisonnement qui convient pour Miss Stevens, pour Vervelle et pour Bébelle Lupin est le suivant : les comparaisons sont bonnes, parce que Miss Stevens *est* une machine, Vervelle *est* un légume, Bébelle Lupin *est* une pipe de Bourgogne. Balzac formule en termes propres le raisonnement à propos de Molineux : « M. Molineux était un petit rentier grotesque, qui n'existe qu'à Paris, comme un certain lichen ne croît qu'en Islande. Cette comparaison est d'autant plus juste que cet homme appartenait à une nature mixte, à un Règne animo-végétal [...] »[295]. Successivement « plante humaine ombellifère », « produit bizarre » et « fleur hybride », Molineux est devenu plante, authentifiant la comparaison.

Le récit, la description ou la narration donnent la justification de la comparaison ou de la métaphore, en assurant la transformation progressive du comparé en son comparant. La « preuve » que Minard était bien un « ballon bouffi » (« Minard était un ballon bouffi »[296]), c'est qu'il « débitait des lieux communs avec un aplomb et une *rondeur* qui s'acceptaient comme de l'éloquence »[297]. Le lecteur est donc en mesure de découvrir la fabrication de la métaphore caricaturale. Le comique de la caricature, loin d'en être diminué, grandit à la mesure de cette logique cocasse, faite à la fois pour être crue et ne l'être pas.

La cohérence entre la métaphore et le récit est habituelle dans le roman balzacien. Elle se trouve parodiée dans les exemples précédents, comme elle l'est chaque fois qu'une comparaison cocasse trouve une justification inattendue dans le contexte du roman. « M. de Saintot, nommé Astolphe, le Président de la Société d'Agriculture [...] apparut remorqué par sa femme, espèce de figure assez semblable à une fougère desséchée »[298]. Les deux métaphores « remorqué » ou « fougère desséchée » sont en elles-mêmes satiriquement comiques, mais c'est un ironique comique romanesque qui naît du fait de la « coïncidence » entre le président de la Société d'Agriculture et une « fougère », sa femme, qui le remorque. Dans la métaphore comique du roman, le narratif et le jeu de mots sont associés à la création métaphorique. Cela assure le comique, beaucoup plus proche en fait de l'ironie, parce que ce jeu est à découvrir, ainsi que les roueries d'une fausse vérité. Cette coïncidence de trois éléments fait

---

294. « Elle a certainement été fabriquée à Manchester entre l'atelier des plumes Perry et celui des machines à vapeur » (*Le Contrat de mariage*, t. III, p. 649).
295. *César Birotteau*, t. VI, p. 105.
296. *Les Petits Bourgeois*, t. VIII, p. 49-50.
297. *Ibid.* C'est nous qui soulignons.
298. *Illusions perdues*, t. V, p. 193.

la poésie comique de cette phrase de *L'Illustre Gaudissart*, dans la présentation des commis-voyageurs chargés de vendre des assurances contre l'incendie : les agents « échauffent les clients par d'épouvantables narrés d'incendies »[299].

Tel est le « discours du peintre » dans la caricature, dont la cellule-mère est la métaphore comique. Le roman assure, renforce par sa cohérence propre, par de nombreux étais narratifs, la transformation risible du personnage en un objet, en un animal. Certes, ce personnage n'est pas cela, et pourtant une vérité s'exprime par cette métamorphose déformante, simplifiante, cocasse. Sous sa forme géométrique, ou dans le déchaînement d'un bariolage, grâce à la caricature, Balzac fait osciller le réel entre une réduction à la simplicité du typique et de l'essentiel et une extension aux imaginations fantaisistes et fantasques. La simplicité du trait impose le sentiment d'une réalité. Comme le dit Kris, commentant les caricatures du Bernin : « L'expression dominante chez un capitaine de sapeurs-pompiers au long cou est un sourire, mais rendu par un seul trait dépouillé. Le visage du cardinal Scipion Borghese avec un double menton et ses poches sous les yeux reste un stéréotype inoubliable. Grâce à ces simplifications, le style lui-même abrégé acquiert sa propre signification : 'Regardez, semble dire l'artiste, un grand homme, ce n'est que ça' »[300]. C'est cette même vision que Balzac impose, grâce aux personnages qu'il caricature. Il faut insister sur le fait que la « liberté sublime »[301] qui préside à la fabrication de cette caricature est communiquée au lecteur par le geste iconoclaste de la déformation et de l'écriture à gros traits. Iconoclaste, car en rupture avec la prétention à l'illusion réaliste, cherchant à se faire voir bien plus qu'à se faire oublier. On croit ici à une vérité qui s'exprime librement sous une forme visiblement étrangère à l'illusion et au réalisme. Du moins au réalisme plat, car le réel s'impose alors comme contradictoire et mobile. Cela ne peut s'exprimer que dans la simplicité de l'essentiel et l'ouverture à l'imaginaire.

III. COLLAGES ET ENREGISTREMENTS : LE DISCOURS DES CHOSES ET DES MOTS

Après le discours comique du peintre, il faut donner sa place, essentielle, au « discours des choses » qui est aussi un « discours des mots », dans la mesure où le langage du temps est un fait, parmi ceux auxquels s'intéresse Balzac. La doctrine de Balzac est résumée par une phrase de l'Introduction du *Dernier Chouan*, en 1829 : « Ce ne sera pas (la) faute (de l'auteur) si les choses parlent d'elles-mêmes et parlent si haut »[302].

299. *L'Illustre Gaudissart*, t. IV, p. 563.
300. Ernst KRIS, *Psychanalyse de l'art*, p. 234.
301. L'expression est d'Ernst KRIS, *ibid.*
302. *Les Chouans*, Introduction, t. VIII, p. 897. Phrase à laquelle fait écho celle de Marx parlant de Ricardo : « Le cynisme réside dans la chose et non dans les mots qui désignent la chose », citée par Georg LUKACS, *Balzac et le réalisme français*, Maspero, 1967, p. 41.

Laisser « parler les choses », tel est l'objectif. Et, pour les faire parler, il faut recourir au détail ; il faut faire apparaître « l'immense vérité des détails »[303].

Le détail n'est pas, en soi, comique[304], mais, comme Pierre Laubriet l'a remarqué dans les additions relevées à trois stades différents de la genèse de *César Birotteau* pour le personnage de Claparon, « antithèse grotesque de Gaudissart »[305], l'œuvre associe souvent le « réalisme » et le « comique », fait progresser ensemble l'un et l'autre.

La révélation du « petit fait vrai » emprunté à la Société contemporaine est doublement comique : elle fait voir à la loupe un détail infime, jusqu'alors ignoré ; elle montre l'immense portée de l'infinitésimal. La jubilation du lecteur naît de la perception, derrière le roman, d'un nouveau réel, réel oscillant de l'infiniment petit à l'infiniment grand[306]. Le filigrane de la réalité apparaissant au travers de la fiction amène aussi à lire la fiction comme réelle. C'est cette double coupe que nous allons pratiquer dans le roman : les petits faits ou petits mots de la fiction proposent un découpage qui peut être transposé sur le réel ; le roman comporte, d'autre part, des petits faits vrais qui sont de la réalité enkystée dans la fiction.

Le discours comique des choses et des mots fictionnels

● *Les petites choses*

Le petit fait n'est comique dans la fiction qu'en raison de l'importance significative que lui donne le romancier dans son roman. Grâce à tout un réseau de connexions, ce petit fait prend une très grande dimension : d'où le comique. Un comique dont Balzac formule ironiquement la loi : « Ces petits faits sont si ordinaires que rien ne semble justifier un historien de les placer en tête d'un récit »[307]. Après Saint-Simon, avant Proust, Balzac se place délibérément dans la perspective d'une opinion provinciale qui attache une grande importance à des gens et à des faits sans importance. La première page de *La Rabouilleuse* est un chef-d'œuvre de ce discours décalé qui se coule ironiquement dans la mesquinerie du *on*. Chaque phrase en est résolument gangrenée, et c'est sa chance de comique.

303. Avertissement du *Gars*, t. VIII, p. 1680.
304. Maurice Bardèche a montré quels ont été les relais de ce réalisme du détail pour Balzac. En particulier, Mme de Staël.
305. Pierre LAUBRIET, L'élaboration des personnages dans « César Birotteau », *AB 1964*, p. 259.
306. Le choix du détail dans la réalité consiste, pour le romancier, à percevoir les possibilités romanesques du réel. Ainsi Jean-Hervé DONNARD, dans Qui est Nucingen ?, *AB 1960*, p. 145, rapproche un « détail » cité par Alphonse KARR dans le *Livre de bord* (1879), t. I, p. 160-161, et un « détail » sur Claparon dans *César Birotteau*. Anne-Marie MEININGER, en découvrant le tic de Lingay, sa façon de branler la tête, comme « source » du tic de des Lupeaulx, confirme la vocation du romancier comique qu'est Balzac, capable d'un tel découpage du « réel » (Qui est des Lupeaulx ? *AB 1961*).
307. *La Rabouilleuse*, t. IV, p. 272.

Ces quelques lignes permettent d'en juger déjà : « En 1792, la bourgeoisie d'Issoudun jouissait d'un médecin nommé Rouget, qui passait pour un homme profondément malicieux. Aux dires de quelques gens hardis, il rendait sa femme assez malheureuse, quoique ce fût la plus belle femme de la ville. Peut-être cette femme était-elle un peu sotte »[308]. Quelle danse entre l'insignifiant et le capital ! le petit et le grand, l'individuel et le collectif ! Ce ballet occupe toute la première page. Comme Balzac l'écrit dans *Le Curé de Tours*, « si les choses grandes sont simples à comprendre, faciles à exprimer, les petitesses de la vie veulent beaucoup de détails »[309].

Ainsi, Balzac, entre autres « petitesses de la vie », met particulièrement en relief les infimes détails dont les conséquences, dans le cadre de son histoire, vont être considérables, ou dont les causes sont immenses. En amont, en aval, derrière, en tout cas voilées par le présent, mais bien présentes sont les très vastes implications du « petit fait ». Les « épingles » de Mme Grandet sont de cet ordre : « Aussi Grandet saisi parfois d'un remords en se rappelant le long temps écoulé depuis le jour où il avait donné six francs à sa femme, stipulait-il toujours des épingles pour elle en vendant ses récoltes de l'année. Les quatre ou cinq louis offerts par le Hollandais ou le Belge acquéreur de la vendange Grandet formaient le plus clair revenu annuel de Mme Grandet. Mais, quand elle avait reçu ses cinq louis, son mari lui disait souvent, comme si leur bourse était commune : — As-tu quelques sous à me prêter ? et la pauvre femme, heureuse de pouvoir faire quelque chose pour un homme que son confesseur lui représentait comme son seigneur et maître, lui rendait, dès le courant de l'hiver, quelques écus sur l'argent des épingles »[310]. A noter l'implication ironique du choix, fait par Balzac, des *épingles* pour révéler l'immensité de la passion de Grandet pour l'or.

Ce genre d'*épingles* met en lumière les passions, immenses et mesquines à la fois, comiques donc, de la pingrerie et de la vanité. La pingrerie de Sylvie Rogron et celle de la société de Saumur se valent. « Sylvie essaya de ne pas payer sa misère en se levant pour aller voir ce qu'avait fait Pierrette, mais Mme de Chargebœuf l'arrêta. — Payez-nous d'abord, lui dit-elle en riant, car vous ne vous souviendrez de rien en revenant »[311]. Même détail au cours de la « partie » chez Mme Grandet, lors de l'arrivée de Charles. « Mme Grandet suivit Nanon. Mme des Grassins dit alors à voix basse : — Gardons nos sous et laissons le loto. Chacun reprit ses deux sous dans la vieille soucoupe écornée où il les avait mis ; puis l'assemblée se remua en masse et fit un quart de conversion vers le feu... »[312]. Même sordide comique chez le rentier Molineux qui, bien que lecteur du curé Meslier, « allait à la messe, faute de pouvoir choisir entre le déisme et le christianisme ; mais il ne rendait point le pain bénit et plaidait alors pour se soustraire aux prétentions envahissantes

308. *La Rabouilleuse*, t. IV, p. 272.
309. *Le Curé de Tours*, t. IV, p. 199-200.
310. *Eugénie Grandet*, t. III, p. 1046-1047.
311. *Pierrette*, t. IV, p. 124.
312. *Eugénie Grandet*, t. III, p. 1059.

du clergé »[313]. Mieux encore que les précédents détails, celui du « pain bénit » révèle comiquement la contradiction.

Quant à la vanité, elle est à la mesure de l'importance accordée à un objet lui-même bien vain. Vanité des vanités, celle de Mme Soudry et la punition qu'elle donne à son rival, qui n'est autre que le bilboquet ! « Mme Soudry venait de supprimer le bilboquet qui se trouvait sur la console de son salon, et qui, depuis sept ans, était un prétexte à citation ; elle découvrit enfin que le bilboquet lui faisait concurrence »[314].

Un des moyens par lesquels le petit fait et l'objet minuscule conquièrent leur importance romanesque, c'est l'incessante reprise de ce « détail » au fil du roman et aux divers niveaux du récit. Le motif se trame au gré des va-et-vient du mot-navette, dont le jeu, allègre, dans ses disparitions et réapparitions, rend la lecture jubilante. Il n'en est pas d'illustration plus drôle que celle des « pastilles du sérail » et du « bedib balai ». Double détail qui dit vraiment les choses : le désir affolé de conquête amoureuse chez un vieux banquier réduit aux expédients de l'aphrodisiaque et de l'argent. C'est la comédie du vieux banquier amoureux, de formule moliéresque. Cette comédie de mœurs, révélée par une comédie de situation, s'accomplit dans le jeu du motif et du mot. Les « pastilles du sérail » deviennent motif comique, véhicule du jeu, dans la mesure où elles sont toujours prises en vain, puisque les circonstances flouent toujours le pauvre banquier ; ironie du sort, c'est, en fin de compte, le jour où Nucingen ne les prend pas qu'il « pâlit », bonheur inespéré, mais de courte durée[315]. Quant au « bedib balai » qu'il ne cesse de promettre à Esther, il est à l'occasion modulé par Balzac narrateur : prononcé trois fois par Nucingen[316], il est repris quatre fois, textuellement ou presque, par le narrateur[317]. Entre autres jeux qui se superposent à la valeur d'expression du réel, il faut noter le comique de la prononciation : Nucingen « semble » hésiter entre « palais » et « balai » et le romancier se livre de son côté à des variations scripturaires. Variation volontaire entre le *bedit balai* de la p. 820 et le *bedib balais* de la p. 643 ? Oui sans doute.

Le détail, dans ces deux cas, a quitté le plan de la fable pour former, au fil du récit, entre dialogue et récit, par une série d'entrelacs et d'avatars, une comédie aux bonds capricieux. Le comique du détail, expression d'une réalité, cède la place à la comédie des détails. On quitte le réalisme des faits pour le jeu des mots ; ou, plutôt, on ne le quitte pas, on y revient pour faire miroiter l'un par l'autre.

313. *César Birotteau*, t. VI, p. 108.
314. *Les Paysans*, t. IX, p. 268.
315. Les « pastilles du sérail » apparaissent cinq fois : *Splendeurs et misères des courtisanes*, t. VI, p. 556, 559, 574, 579, 685. Avant le Furne, elles ne figuraient que deux fois (p. 556, 559). Furne ajoute l'occurrence de la p. 685 et Furne corrigé celles de la p. 574 et de la p. 579. C'est donc un jeu que Balzac, se relisant, a voulu faire jouer systématiquement, dans une prolifération dansante.
316. *Ibid.*, p. 595, 596, 598.
317. *Ibid.*, p. 598, 599, 617, 643.

● *Les petits mots*

Le comique des « choses dites », dans la fiction à propos des événements qui s'y produisent, des personnages qui y circulent, se trouve écartelé entre deux rubriques[318].

Ou bien ce mot est, selon l'expression de Martin Kanes[319], un « mot-événement », un mot qui fait organiquement partie du « tissu » de la fable. Ou bien il appartient surtout au « discours » du roman.

Dans le premier cas, le mot vaut le fait dans sa valeur d'action symbolique. C'est un comique du même ordre que celui des « petits faits vrais » précédemment cités. Comment un simple petit mot peut-il avoir une telle valeur, un tel rôle ? Cela vaut les très petites actions, de grande valeur expressive, symbolique, qu'étaient « les épingles » de Mme Grandet ou le bilboquet de Mme Soudry. Ainsi en va-t-il de divers « mots » dans *Eugénie Grandet*. « D'un bout à l'autre de cette rue, l'ancienne Grand'rue de Saumur, ces mots : Voilà un temps d'or ! se chiffrent de porte en porte »[320]. Ce comique de l'évaluation financière, chiffrée de quelques mots, se produit de nouveau avec : « il pleut des louis »[321].

Dans le deuxième cas, le « mot » est surtout de caractère discursif. Mais on s'aperçoit que, pour l'essentiel, le comique est dans la navigation du mot entre un plan et l'autre. Par exemple, on observera le mot *intégralement*, qui est souligné dans le texte d'*Eugénie Grandet* quand il est dit par Grandet, dans la fable, mais qui, d'abord, était dans le discours, non souligné. Balzac avait commencé par l'employer au fil de la phrase sans insister : « Grandet de Saumur répondit aux deux liquidateurs, vers le neuvième mois de cette année, que son neveu qui avait fait fortune aux Indes, lui avait manifesté l'intention de payer intégralement les dettes de son père ; il ne pouvait pas prendre sur lui de les solder frauduleusement sans l'avoir consulté, il attendait une réponse. Les créanciers, vers le milieu de la cinquième année, étaient encore tenus en échec avec le mot *intégralement*, de temps en temps lâché par le sublime tonnelier, qui riait dans sa barbe, et ne disait jamais, sans laisser échapper un fin sourire et un juron, le mot : — Ces Parisiens ! »[322]. Le mot « intégralement », d'abord présent, dans le texte, sans italique, joue son rôle transitif, son rôle d'action dans la fiction, de la façon la plus neutre possible, non soulignée, non mise en valeur par le romancier. Puis le mot est sorti de cet anonymat par le narrateur, quand il signale, en le soulignant, que ce mot est « de temps en temps lâché » par Grandet. Et c'est un

---

318. Nous réservons l'examen des « mots » de style théâtral, soit répliques condensées à la Molière (cf. *infra*, p. 357-361), soit éléments d'un métalangage théâtral (cf. *infra*, p. 388-391).

319. Martin Kanes, *Balzac's Comedy of words*, Princeton University Press, 1975 ; en particulier : chapitre VI, « The Narrator and his words : The word-event », p. 167-168. Martin Kanes montre comment le mot navigue de la fiction au commentaire du narrateur, du « récit » vers le « discours ». « Le narrateur commence par les besoins et les motivations des personnages, et il finit par les siens propres » (p. 186).

320. *Eugénie Grandet* t. III, p. 1029.

321. *Ibid.*

322. *Ibid.*, p. 1145.

autre *mot*, qui signale la relation de supériorité, de mépris et d'amusement que Grandet entretient avec ses interlocuteurs, grâce à ce jeu. Le « fin sourire » et « le juron » sont dans les capitales et dans le point d'exclamation de « Ces PARISIENS ! ».

Il arrive que le mot ne soit pas prononcé par le personnage, qu'il ne puisse pas être prononcé par lui, faute de la conscience ou de l'intelligence nécessaires. C'est alors le narrateur qui « traduit » en un « mot » la pensée du personnage. Ainsi, le narrateur fait se révéler en un message explicite l'implicite du désir : ce désir que le narrateur formule, en lieu et place de Rose Cormon, devient un désir comique. Comique du caché déniché : « Sans qu'elle s'en doutât, les pensées de Mlle Cormon sur le trop sage chevalier pouvaient se traduire par ce mot : — Quel dommage qu'il ne soit pas un peu libertin ! »[323].

Les mots ont donc un pouvoir de fait, qu'ils exercent souvent dans l'univers du roman. Mais le roman joue sur un autre registre, celui du ludique : ou c'est le personnage qui joue (« Ces PARISIENS ») ou c'est le narrateur (le « mot » qui « traduit » Rose Cormon). Nombreux sont les échos qui, grâce à ces mots, rebondissent ainsi de la fable dans le discours, et *vice versa*.

● *Les « disettes »*

On pourrait penser que la mise en scène de la *disette*, de la « parlerie » du groupe, est un des moyens par lesquels s'exprime le mieux la description réaliste du village ou du bourg, de la petite ville. Or, c'est encore un des moyens par lesquels le comique manifeste sa vocation au multiple, à la polyphonie, au jeu ; s'exprimant sans contrainte dans le chevauchement des frontières.

Soit une microsociété : par exemple, Saumur. Un événement : le mariage de Nanon. Un ressort psychologique : l'envie. Tout est prêt pour les « disettes ». Nanon avait « un air de bonheur qui fit envier par quelques personnes le sort de Cornoiller. — 'Elle est bon teint, disait le drapier. — Elle est capable de faire des enfants, dit le marchand de sel ; elle s'est conservée comme dans de la saumure, sous votre respect. — Elle est riche, et le gars Cornoiller fait un bon coup', disait un autre voisin »[324]. Les deux premiers commentaires sont des détails « comiques », comme Balzac les définit dans la préface d'*Une fille d'Eve*, puisqu'ils appartiennent aux professions. Mais, après le drapier et le marchand de sel, quelle est donc la profession du troisième ? C'est un personnage quelconque, sans qualification, qui casse ironiquement la formule mise en place par le romancier, introduisant dérythmage et boitillement. Et pourtant, c'est aussi le vulgaire discours de l'intérêt, bien à l'unisson des deux autres, dans le médiocre et le goguenard. Selon une formule une fois encore utilisée, nous cherchions le réel, et nous le trouvons, mais ailleurs qu'à l'endroit où nous allions le chercher, et, de surcroît,

323. *La Vieille Fille*, t. IV, p. 875, 876.
324. *Eugénie Grandet*, t. III, p. 1176, 1177.

nous trouvons le jeu, d'abord et surtout dans la remise en jeu dynamique de la formule d'abord amorcée.

Les deux grands romans de la « disette » sont *La Vieille Fille* et *La Rabouilleuse*. Le statut de la « disette », semblable comme rituel de petite ville provinciale, diffère sensiblement dans la forme qu'en prend, dans l'un ou l'autre cas, la pratique.

La « disette » de *La Vieille Fille* est mise en perspective par un romancier qui écrit le théâtre de l'envie et de la raillerie, du conformisme et de la sornette. S'il donne une place importante à ce « on » dans le roman, c'est pour en faire une sorte de personnage dont le sort conditionne celui de Rose Cormon, mais dont l'existence historique a partie liée avec celui du personnage central. Heureux temps où l'on riait de Rose Cormon, pour dire bien des vulgarités et bien des sottises, mais avec une sorte de bonheur à l'unisson des espoirs de la vieille fille ! Rose Cormon et le « on » disparaissent ensemble dans le sérieux et le silence.

La « disette », dans *La Rabouilleuse*, n'est jamais mise en scène, jamais restituée comme comique. C'est à distance qu'elle est constamment tenue. Elle est ici évoquée sous la forme de « mille plaisanteries »[325] ; ailleurs, sous forme de « combien d'anecdotes », « d'histoires plus ou moins comiques »[326]. Ce peut être un simple « disait-on », que traduit une expression italique : « Aussi disait-on que 'MM. Mignonnet et Carpentier étaient de *tout autres gens* que le commandant Potel et les capitaines Renard, Maxence et autres habitués' [...] »[327]. La philosophie de la « disette » est énoncée et développée dans le roman : chacune de ces « disettes » ne donne qu'une version partielle, momentanée, instable, peut-être fausse, et pourtant parfois vraie : « La vérité, malgré la vie à jour et l'espionnage des petites villes est donc souvent obscurcie et veut, pour être reconnue, ou le temps après lequel la vérité devient indifférente, ou l'impartialité que l'historien et l'homme supérieur prennent en se plaçant à un point de vue élevé »[328]. Ici, l'opinion du notaire « fut en quelque sorte confirmée »[329]. Là, c'est par la survie du nom de La Rabouilleuse que les paroles de « tout Issoudun » passent à l'histoire : « Ce surnom resta dans un pays de moquerie à Mlle Brazier, avant, pendant et après sa fortune »[330]. C'est précisément le nom du roman.

On voit comment l'esprit général du roman a partie liée avec ce discours comique, railleur, instable, mobile, peu fiable et pourtant quelquefois raisonnable. Principe d'incitation à la critique, à l'accueil et à la distance. Tel semble bien le génie tremblant, inspirateur et menteur qu'est le discours comique de la disette et celui de la fable. Le réalisme de la *disette* rieuse apparaît donc beaucoup plus comme le sujet et le tremplin d'une ironie que comme une formulation étroitement réaliste. Ce réalisme comique est une interrogation shakespearienne sur la vérité de ce réel.

325. *La Rabouilleuse*, t. IV, p. 367.
326. *Ibid.*, p. 363.
327. *Ibid.*, p. 371.
328. *Ibid.*, p. 391.
329. *Ibid.*, p. 393.
330. *Ibid.*, p. 398.

Le comique historique des choses et des mots

C'est sans doute un discours très différent qui apparaît avec les faits, les choses et les mots historiques de la Restauration et de la monarchie de Juillet. Le roman les réduit à l'état de détails comiques, en les faisant s'accumuler et défiler comiquement.

● *Les comiques objets du désir*

Balzac montre l'accord historique entre les objets et les mentalités. Nombreux sont ces objets que l'époque fournit aux désirs, aux manies et aux plaisirs de la bourgeoisie ou de la petite bourgeoisie : ils sont rassemblés dans *La Comédie humaine* et regroupés en quelques grandes occasions.

Les fêtes sont l'occasion de cadeaux aussi comiques les uns que les autres : la formulation qui préside à ces cérémonies est la litanie. C'est la répétition d'une longue liste d'objets qui donne à la succession des fêtes célébrées par les employés la forme d'une liturgie héroï-comique. « On fêtait les saints du père, de la mère, du gendre, de la fille et de la petite-fille, l'anniversaire des naissances et des mariages, Pâques, Noël, le premier jour de l'an et les Rois »[331]. Ce qui confère au cérémonial son caractère comique, c'est que, à la faveur de « grands balayages » et d'un « nettoiement universel au logis », l'utilité soit ajoutée aux « douceurs des cérémonies domestiques ». Quant aux « grandes pompes » et « accompagnements de bouquets », signes de la fête, ils se manifestent à l'occasion de « cadeaux utiles ». L'énumération concrète, historique, de ces divers cadeaux constitue une litanie comique : « paire de bas de soie » ou « bonnet à poil » pour Saillard, « des boucles d'or, un plat d'argent pour Elisabeth ou pour son mari à qui l'on faisait peu à peu un service de vaisselle plate, des cottes en soie à Madame Saillard qui les gardait en pièces »[332]. Chacun de ces objets fait date : ainsi Saillard peut-il cocher sur le calendrier comme un magnifique souvenir « le jour du bonnet à poil ».

La liste des objets que convoite Mme Crémière est comique, en donnant toute la mesure, bien étroite, de son désir. Ce sont des « futilités » qui forment la matière d'un rêve et d'une prétention[333]. Rêve prosaïque, fondé sur l'envie, le désir d'imiter, par goût de la considération et souci de l'emporter sur autrui.

Quand les désirs ne sont pas satisfaits, ils trouvent à s'exprimer dans l'aigreur des conduites maniaques et du ressentiment. La chicane est l'exutoire de « ces appétits de tyrannie » qui ont été « trompés » (...) ;

331. *Les Employés*, t. VII, p. 939.
332. *Ibid.*
333. « Cette financière du dernier ordre, pleine de prétention à l'élégance et au bel esprit, attendait l'héritage de son oncle pour *prendre un certain genre,* orner son salon et y recevoir la bourgeoisie ; car son mari lui refusait les lampes Carcel, les lithographies et les futilités qu'elle voyait chez la notaresse » (*Ursule Mirouët,* t. III, p. 779-780).

« il avait patiemment étudié les lois sur le contrat de louage et sur le mur mitoyen ; il avait approfondi la jurisprudence qui régit sa maison à Paris dans les infiniment petits des tenants, aboutissants, servitudes, impôts, charges, balayages, tentures à la Fête-Dieu, tuyaux de descente, éclairage, saillies sur la voie publique, et voisinage d'établissements insalubres »[334]. On constate que Balzac souligne ici encore ce qui est de l'ordre du minuscule (les infiniment petits), qu'il introduit, parmi tant de considérations matérielles, la dissonance des « tentures à la Fête Dieu » et qu'il conclut sa liste par une citation, technique dans sa forme littérale, que l'on attendrait normalement en italique : « voisinage d'établissements insalubres ». Cette fin, qui mime, dans sa minutie procédurière, la conduite maniaque de Molineux, fait jaillir le franc comique d'une passion à la fois minuscule et immense, terrible.

• *Rêveuse bourgeoisie*

Ces objets que tous désirent, strictement les mêmes, dans le même temps, définissent une bourgeoisie « dans la plénitude de ses droits de bouffonne sottise »[335]. Balzac la montre éprise de pouvoir, « jalouse de tout », mais friande surtout d'apparences, de rêves, de mots. Rapaces, mais aussi « gogos ». Possédants, mais, en même temps, possédés.

Sans doute quelques détails comiques manifestent la résistance à l'époque. Quelques cantons de province, quelques égarés dans le siècle, trop éloignés, trop jeunes, trop vieux, ne se laissent pas happer par le tourbillon du romanesque social. Les habitudes, en particulier les habitudes d'économie, résistent et constituent ainsi un écart qui comporte son comique. Mlle de Pen-Hoël « accédait à la durée d'une législature »[336]. La vicomtesse de Kergarouët, « type de la provinciale », avait « des méchants souliers en peau, choisis exprès pour ne rien gâcher de beau en voyage, selon les us et coutumes des gens de province »[337]. Le « pour ne rien gâcher de beau en voyage » surgit comme une citation du médiocre discours de l'économie provinciale. L'on ne peut manquer de s'amuser de maint détail de mœurs signalant plaisamment la résistance à l'évolution : « Quand on invitait ce digne ménage [les Ragon], on avait soin de faire dîner à cette heure, car ces estomacs de soixante-dix ans ne se pliaient point aux nouvelles heures prises par le bon ton »[338].

Balzac s'est gentiment moqué de ces résistances à la mode et au progrès, mais il s'est bien davantage gaussé de la version moderne du *Bourgeois gentilhomme*, de ces bourgeois qui rêvent mesquinement de grandeur. Balzac a brossé inlassablement le portrait du petit-bourgeois cocardier, nationaliste, militariste, philanthrope, propriétaire, autoritaire. Balzac regroupe comiquement tous ces rêves et ces réalités. « C'était

334. *César Birotteau*, t. VI, p. 106.
335. *Ibid.*, p. 173.
336. *Béatrix*, t. II, p. 664.
337. *Ibid.*, p. 760.
338. *César Birotteau*, t. VI, p. 227.

bien cette bourgeoisie qui habille ses enfants en lanciers ou en garde national, qui achète *Victoires et conquêtes, le Soldat laboureur*, admire *le Convoi du pauvre*, se réjouit le jour de la garde, va le dimanche dans une maison de campagne à soi ! s'inquiète d'avoir l'air distingué, rêve aux honneurs municipaux [...] »[339]. Ici encore, regroupement, accumulation de détails vrais ; redondance et dissonance. Ces « collages » font voir la contradiction comique entre le rêve de grandeur et la platitude du quotidien. L'entassement et la juxtaposition provoquent la lecture amusée. Les rêves et les prétentions sont inscrits comiquement dans les décors : Mme Tiphaine brocarde les aménagements des Rogron à Provins[340]. Le rêve de culture se lit sur les rayonnages de la bibliothèque, témoignant d'une boulimie déconcertante, si ces livres devaient jamais être lus[341]. Quant à l'appétit d'espace, au goût de l'exploration, il se satisfait d'audaces timorées, comme c'est le cas pour Amédée de Soulas[342] ; voire, il avorte en randonnées de banlieue, comme celles que poursuit opiniâtrement l'audacieux Phellion[343].

Dans tous ces exemples, le faire, la possession, la construction ou toute autre forme d'activité passent par le relais d'images toutes faites, puis se concrétisent en faits et en objets. Le texte met en lumière le factice, en même temps que la médiocrité, par le rapprochement, l'entassement d'objets, de lieux, qui sont la concrétisation d'un rêve. Cette concrétisation est comique, le rêve lui-même est entièrement dépourvu de grandeur et d'originalité.

---

339. *César Birotteau*, t. VI, p. 173.

340. Rogron, à Paris, rêvait : « [...] il songeait à embellir sa maison, il rêvait à la façade qu'il y voulait reconstruire, aux chambres, au salon, à la salle de billard, à la salle à manger et au jardin potager dont il faisait un jardin anglais avec boulingrins, grottes, jets d'eau, statues, etc. » (*Pierrette*, t. IV, p. 48). Le texte comporte deux additions successives, à partir de « potager » : on voit le rêve se développer insatiablement, se concrétiser selon les modes du moment. La maison devient « le palais Rogron », sur lequel ni Mme Tiphaine, ni Balzac, après les Rogron eux-mêmes, ne font grâce d'aucun détail. Détail comique, parce qu'héroï-comique : l'escalier est « peint en marbre portor » (« peint » et « portor » soulignent le « toc ») ; sa rampe tourne sur elle-même « comme celles qui, dans les cafés, mènent du rez-de-chaussée aux cabinets de l'entresol » (*ibid.*, p. 58).

341. C'est ce qui provoque les plus comiques exclamations de Birotteau : « Mais cette bibliothèque garnie de livres reliés. Oh ! ma femme ! ma femme ! dit César » (*César Birotteau*, t. VI, p. 169). Balzac avait d'avance dégonflé la baudruche : « Césarine avait jeté toutes ses économies de jeune fille dans le comptoir d'un libraire, pour offrir à son père : Bossuet, Racine, Voltaire, Jean-Jacques Rousseau, Montesquieu, Molière, Buffon, Fénelon, Delille, Bernardin de Saint-Pierre, La Fontaine, Corneille, Pascal, La Harpe, enfin cette bibliothèque vulgaire qui se trouve partout et que son père ne lirait jamais (*ibid.*, p. 166).

342. Amédée de Soulas « était allé trois fois en Suisse, en char et à petites journées, deux fois à Paris, et une fois de Paris en Angleterre. Il passait pour un voyageur instruit [...]. Il avait passé jusqu'en Lombardie, il avait côtoyé les lacs d'Italie » (*Albert Savarus*, t. I, p. 918).

343. Le récit balzacien mime la suffisance de Phellion et, en même temps, l'ironie la dégonfle : « L'un de ses plus grands plaisirs consistait à explorer les environs de Paris, il s'en était donné la carte. Possédant déjà à fond Antony, Arcueil, Bièvres, Fontenay-aux-Roses, Aulnay, si célèbre par le séjour de plusieurs grands écrivains, il espérait avec le temps connaître la partie ouest des environs de Paris » (*Les Employés*, t. VII, p. 969).

● *Mensonge romantique*

Lorsque les personnages ont des prétentions intellectuelles, se veulent muses ou poètes, la mode est faite de mots et se traduit en mots. Les idées sont déluge et se déversent en un déluge de mots. Grâce à quelques bavards locuteurs, Dinah de La Baudraye, Diane de Maufrigneuse, Anaïs de Bargeton, Lucien de Rubempré, le baron de Canalis ou Modeste Mignon de La Bastie, tous nobles ou à demi nobles, tous subjugués par les phrases et vivant de phrases.

Le roman donne libre cours à « la fort belle collection de phrases et d'idées » que Dinah « se procura [...] soit par ses lectures, soit en s'assimilant les pensées de ses habitués »[344]. Devenue « moyenâgiste », elle acquiert d'abord une collection de « chefs-d'œuvre triés dans les quatre départements environnants »[345]. « Ces trouvailles étaient d'ailleurs autant de ressorts qui, sur une question, faisaient jaillir des tirades sur Jean Goujon, Michel Columb [...] »[346]. Suivent une vingtaine de sujets de tirades dont l'énumération devient une tirade de Balzac.

Autres entassements hétéroclites et indigestes, ceux d'Anaïs de Bargeton. Ils sont comiques, entre autres raisons, parce que les enthousiasmes d'Anaïs sont à la remorque de son verbe : « son esprit s'enflammait d'ailleurs comme son langage »[347] ; et aussi à cause des dissonances, généralement créatrices d'héroï-comique : elle « prenait la lyre à propos d'une *bagatelle* » ; dans sa conversation « *les moindres choses* prenaient des proportions gigantesques ». Le sublime et l'insignifiant font un mélange comique lorsque son imagination s'enthousiasme pour l'exécution des frères Faucher et « une de ses amies qui avait mis les voleurs en fuite en faisant la grosse voix ». Le rêve se vit en se parlant et presque déjà dans les termes de Mme Bovary : « C'était là une grande, une noble destinée ! »[348].

Modeste Mignon vit aussi par procuration, en « se supposant » telle ou telle, en « se faisant » l'une ou l'autre[349]. Mais Lucien de Rubempré donne la plus comique des illustrations de ce phénomène verbal de dépersonnalisation lorsque, après une belle « tartine » où il énumère, imperturbable, neuf personnages de la littérature, il conclut : « N'est-ce pas des travaux immortels que ceux auxquels nous devons des créatures dont la vie devient plus authentique que celle des êtres qui ont véritablement vécu ? »[350]. Mais surtout, du Châtelet lui ayant demandé : « Et que nous créerez-vous ? », il répond : « — Annoncer de telles concep-

---

344. *La Muse du département*, t. IV, p. 644. Il faut remarquer « se procura » : il n'y a pas discontinuité avec les mœurs de propriétaire par quoi se signalait souvent la catégorie précédente. La différence, c'est qu'il s'agit ici de *phrases* et, même quand Dinah achète des objets, ils deviennent autant de « ressorts » pour des « phrases ».

345. *Ibid.*, p. 645-646.

346. *Ibid.*, p. 646.

347. *Illusions perdues*, t. V, p. 157.

348. *Ibid.*, p. 158.

349. *Modeste Mignon*, t. I, p. 507-508.

350. *Illusions perdues*, t. V, p. 208.

tions, n'est-ce pas donner un brevet d'homme de génie ? »[351]. Avec l'exclamation d'Anaïs et l'interrogation de Lucien, nous assistons à un théâtre visible qui traduit un théâtre intime. A la fois néo-quichottisme et pré-bovarysme.

● *Idées reçues et « lieux communs de la conversation »*

Les modèles, d'un groupe à l'autre, diffèrent. De même, les mécanismes du mimétisme, selon qu'il s'agit des bourgeois et petits bourgeois, réalistes et bouffis, d'une part, des pseudo-artistes, idéalistes et décollés, de l'autre. Balzac emprunte ici deux des voies du comique de Molière : d'un côté, l'enflure, la prétention, la vanité, la structure « bourgeois gentilhomme », de l'autre, le romanesque, la structure « précieuse ridicule ». Balzac rapproche et confronte les deux, lors de la soirée d'Angoulême. Flaubert reprend le même schéma dans la scène des comices, « tableau (...) à trois étages », écrit Thibaudet[352]. Même diptyque que chez Molière : « Aux lieux communs de la morale bourgeoise prêchée par Lieuvain, Rodolphe oppose les stéréotypes aristocratiques de l'idéal romantique »[353]. Dans ces images de la Société, le vide gangrène les rêves et les discours. Tout se résout en mots, et en mots vides, parce que tout est voué à l'imitation et au conformisme du rien.

— *Le phénomène du « ricochet » :*

Le roman met à nu les rouages de la comédie sociale d'une opinion que gouverne le journal, par une série de « ricochets ». « Le salon était donc une espèce de salon de province, mais éclairé par les reflets du continuel incendie parisien, sa médiocrité, ses platitudes suivaient le torrent du siècle. Le mot à la mode et la chose, car à Paris, le mot et la chose est comme le cheval et le cavalier, y arrivaient toujours par ricochets. On attendait toujours M. Minard avant de savoir la vérité dans les grandes circonstances »[354]. *Premier temps :* les « idées » du journal, c'est-à-dire, en fait, des mots, « ces mots qui ne disent rien et qui répondent à tout : progrès, vapeur, bitume, garde nationale, ordre, élément démocratique, esprit d'association, légalité, mouvement et résistance, intimidation »[355]. *Deuxième temps :* ces « idées », Minard les fait siennes : c'est « son » journal. *Troisième temps :* il les diffuse, il les paraphrasait en « phrases filandreuses »[356]. Mais, *quatrième temps :* le public stupide du salon où il officie va l'écouter comme un oracle, car le public est

---

351. *Ibid.*
352. Albert Thibaudet, *Gustave Flaubert*, Gallimard, 1935, p. 112.
353. Anne Herschberg-Pierrot, Clichés, stéréotypie et stratégie discursive dans le discours de Lieuvain, *Littérature*, n° 36, décembre 1979, p. 98.
354. *Les Petits Bourgeois*, t. VIII, p. 52.
355. *Ibid.*, p. 50.
356. *Ibid.*, p. 50.

sensible à « l'éloquence »[357]. Minard et ses pareils sont les « ricochets », grâce auxquels les « idées » se répandent et deviennent ce que Balzac appelle, en toute occasion, « les lieux communs de la conversation ».

— Lieu commun commercial :

Cette « langue du lieu commun » est d'abord celle de la réclame, de la publicité, du bagout *commercial*, qui porte d'autant mieux qu'il flatte le client et qu'il se réclame d'une autorité reconnue. C'est « la conversation » qu'imagine Auguste de Maulincour entre une fleuriste et sa cliente : « — Madame, rien ne va mieux aux brunes, les brunes ont quelque chose de très précis dans les contours, et les marabouts prêtent à leur voilette un *flou* qui leur manque. Mme la duchesse de Langeais dit que cela donne à une femme quelque chose de vague, d'ossianique et de très comme il faut »[358]. Remarquable condensé, qui fait tenir ensemble quelque cinq stéréotypes : un sur les marabouts, un sur les brunes, un sur l'opinion des classes, un stéréotype romantique et un stéréotype en d'autres endroits marqué par l'italique, ici sans aucun signe distinctif, celui de la « *femme comme il faut* ».

— Lieu commun politique :

C'est le domaine politique qui fournit les perles les plus grosses. Sur ce terrain, Minard n'a guère de rivaux : son public s'extasie, Zélie en tête : « Quel député fera Minard ! », après les déclarations que le maire vient de faire « en racontant » : « Ne parlez pas politique. Le roi est grand, il est habile, je vis dans l'admiration de mon temps et des institutions que nous nous sommes données. Le roi, d'ailleurs, sait bien ce qu'il fait en développant l'industrie. Il lutte corps à corps avec l'Angleterre, et nous lui causons plus de mal pendant cette paix féconde que par les guerres de l'Empire... »[359]. C'est là un sommet de conformisme. Mais le même discours atteint également aux sommets de la bouffonne sottise, avec ses explications de la Révolution de 1789 par les emprunts de Louis XIV ou l'action de M. de Necker, « Genevois malintentionné », avec ses évocations d'un Napoléon fraternellement bourgeois qui « allait rue Saint-Denis savoir le prix des choses »[360].

---

357. Le phénomène qu'on peut en effet observer à tous les stades est celui de *l'éloquence*. Chez Minard, « l'aplomb » et « la rondeur » s'acceptaient comme de l'éloquence. De même, Amédée de Soulas « possédait le talent de débiter avec la gravité bisontine les lieux communs à la mode » (*Albert Savarus*, t. 1, p. 919). César Birotteau a un langage « farci de lieux communs, farci d'axiomes et de calculs traduits en phrases arrondies qui, doucement débitées, sonnaient aux oreilles des gens superficiels comme de l'éloquence » (*César Birotteau*, t. VI, p. 68). Minard ou Canalis sont admirés pour les mêmes raisons. Et non moins Beauvisage, qui « répondait par un déluge de lieux communs agréablement débités » (*Le Député d'Arcis*, t. VIII, p. 754).

358. *Ferragus*, t. V, p. 799-800.

359. *Les Petits Bourgeois*, t. VIII, p. 99.

360. *Ibid.*, p. 52-53. Un bel échantillon de sottises est aussi proposé par *César Birotteau*, sur l'étymologie fantaisiste d'*ormoire*, sur la vie des acteurs, sur Napoléon « avec dans ses gilets des poches en cuir pour pouvoir prendre le tabac par poignées » (*César Birotteau*, t. VI, p. 174).

Les aristocrates participent eux aussi à la société du lieu commun. Le baron de Canalis « enfourcha son cheval de bataille, il parla pendant dix minutes sur la vie politique »[361]. Même schéma que pour Minard et consorts : la politique informe le bavardage. De ce bavardage à dominante politique, Balzac rend compte par huit phrases à l'éloquence irrépressible, que Balzac coupe de deux « etc. ». Une même substance : « les lieux communs modernes » ; une même enveloppe : les « expressions sonores » et les « mots nouveaux » ; un même public extasié, sur lequel « il produisit une profonde impression ». Selon la technique du collage, comme pièces à conviction sont produites quelques images éculées. Les « mots nouveaux » ne sont pas signalés au lecteur ; sans doute « généralisateur sublime », « effrayantes prodigalités de fluide vital » ? En matière de phraséologie, un Canalis vaut un Minard ou un Phellion.

— Lieux communs sur la littérature :

Double statut pour la littérature, dans cette société bavarde : elle est, parmi les marchands ou les petits bourgeois, encensée comme institution, vilipendée dans le détail ; jamais lue, de toute façon. On met en vitrine les ouvrages qui donneront de la considération à leur propriétaire. Mais la littérature s'y trouve en résidence surveillée.

Ainsi défilent les stéréotypes, dans l'éloge ou dans le blâme. Matifat connaît les classiques du lycée : « Jamais il ne disait Corneille, mais le sublime Corneille ! Racine était le doux Racine. Voltaire ! Oh ! Voltaire, le second dans tous les genres, plus d'esprit que de génie, mais néanmoins homme de génie ! »[362]. C'est, plutôt que le sublime, le stéréotype du sublime : le sublime bourgeois. On aime Rousseau, mais avec des réserves : « esprit ombrageux, homme doué d'orgueil et qui a fini par se pendre ». Au pinacle, Piron, qui « passe pour un homme prodigieux, dans la bourgeoisie »[363]. Mais au total le bourgeois de Paris « admire Molière, Voltaire et Rousseau sur parole » ; il « achète leurs œuvres sans les lire »[364].

Les plus expresses réserves du bourgeois parisien, chez Balzac, portent sur la personne des littérateurs. Césarine, évoluée, vante à son père Andoche Finot : « Il a de l'esprit comme Voltaire. » Birotteau se méfie : « Un auteur ? Tous athées »[365]. Réponse déjà prête pour le *Dictionnaire des idées reçues* de Flaubert.

— Omniprésence de la sottise :

Dans cet univers, on commence par admirer ; ensuite on copie ; puis l'on diffuse de nouveau, fort de la considération dont on hérite, ces idées toutes faites, avec la superbe de la bêtise.

Mais, en mainte rencontre, le lecteur peut hésiter sur le degré de

361. *Modeste Mignon*, t. 1, p. 628.
362. *César Birotteau*, t. VI, p. 174.
363. *Ibid.*
364. *Ibid.*, p. 69.
365. *Ibid.*, p. 164.

conscience du romancier, sur sa volonté de comique, dans la mesure où
le stéréotype se coule dans la phrase du narrateur, où la différenciation
des voix narratives est difficile à opérer. Dans le paragraphe suivant de
César Birotteau, nous nous croyons autorisé à percevoir les passages que
nous indiquons en italique comme des insertions, des « enregistrements »
du discours commercial, du langage des prospectus. Mais le segment
que nous indiquons en petites capitales (« qui rapporte autant qu'une
terre par sa location ») n'est pas un élément du discours, si ce n'est du
discours pensé, sorte de « sous-conversation », pensée-discours de commerçant, Birotteau ou sa femme, ou de Balzac se mettant à leur place. Il
y a donc, dans ce cas, une sorte d'oscillation narrative du stéréotype :
« Un traité diplomatique avait eu lieu entre l'illustre Chevet et Birotteau.
Chevet fournissait une superbe argenterie, QUI RAPPORTE AUTANT QU'UNE
TERRE PAR SA LOCATION. Il fournissait le dîner, les vins, les gens de service
commandés par un maître d'hôtel d'*aspect convenable*, tous responsables
de *leurs faits et gestes*. Chevet demandait la cuisine et la salle à manger
de l'entresol pour y établir son quartier général, il devait ne pas désem-
parer pour servir un dîner de vingt personnes à six heures, et à une heure
du matin un *magnifique ambigu*. Birotteau s'était entendu avec le café
de Foy pour les glaces frappées en fruit, *servies sur de jolies tasses, cuillers
en vermeil, plateaux d'argent*. Tanrade, autre illustration, fournissait des
rafraîchissements »[366]. Avec ces deux vagues citationnelles de stéréotypes
commerçants et marchands, devenus comiques par leur rencontre à
contre-flot en cette phrase, se combinent les traits propres au narrateur,
vraisemblablement ironique dans les segments suivants : « un traité
diplomatique », « l'illustre Chevet » et, plus sûrement encore, *in fine*,
« autre illustration ». Les formes classiques de l'ironie viennent renforcer
celles de la citation implicite.

Le stéréotype et sa sottise fusent quelquefois sans prévenir. C'est au
lecteur d'apprécier. Ainsi s'offre à nous Béatrix, à la fin du duo de Conti
et de Félicité des Touches : « Quand le duo fut terminé, chacun était
en proie à des sensations qui ne s'exprimaient point par de vulgaires
applaudissements. » De fait, Béatrix « n'applaudit » pas, mais s'écrie :
« Ah ! la musique est le premier des arts »[367]. Ce qui est bien éculé, sinon
vulgaire. Lieu commun qui ne vaut pas mieux que de « vulgaires applaudissements » et qui devient nettement comique, dans le contexte.

Dans la plupart des cas, cependant, la sottise ne saurait passer
inaperçue, puisqu'elle se présente en masses compactes, en rangées serrées de perles.

Il arrive que Balzac signale explicitement la bêtise : « Le petit Popinot
garda son sérieux en écoutant cette parenthèse saugrenue évidemment
dite pour lui qui avait de l'instruction »[368].

Birotteau vient de se lancer, à propos de son huile *comagène*, dans
un développement sur un roi de Comagène (il s'agit d'Antiochus dans

366. *César Birotteau*, t. VI, p. 166-167.
367. *Béatrix*, t. II, p. 746.
368. *César Birotteau*, t. VI, p. 95 ; « saugrenue » est une addition de l'épreuve 10.
Balzac insiste : craint-il que la sottise n'apparaisse pas assez nettement à ses lecteurs ?

Bérénice) « amant de cette belle reine si célèbre par sa chevelure, lequel amant, sans doute par flatterie, a donné ce nom à son royaume »[369]. « Comme ces grands génies ont de l'esprit ! Ils descendent aux plus petits détails ! »

Birotteau propose une version bonasse de la sottise ; les Rogron en sont la version maligne, mise en valeur par le contraste avec la candeur de Pierrette :

« Celle-ci se plaignait parfois de souffrir. Quand sa cousine lui demanda : 'Où ?' la pauvre petite, qui ressentait des douleurs générales, répondit :
— Partout.
— A-t-on jamais vu souffrir partout ? Si vous souffriez partout, vous seriez déjà morte ! répondit Sylvie.
— On souffre à la poitrine, disait Rogron l'épilogueur, on a mal aux dents, à la tête, aux pieds, au ventre ; mais on n'a jamais vu avoir mal partout ! Qu'est-ce que c'est que cela partout ? Avoir mal partout, c'est n'avoir mal *nune* part. Sais-tu ce que tu fais ? Tu parles pour ne rien dire.

« Pierrette finit par se taire en voyant ses naïves observations (...) accueillies par des lieux communs que son bon sens lui signalait comme ridicules »[370].

Ce discours comique de la bêtise donne, du fait de ces oscillations entre le balisé et le non-déclaré, le sentiment d'une omniprésence, d'une manifestation toujours possible. Ce n'est encore ni Flaubert ni Ionesco, mais on est sur la voie. Pour préciser la situation de Balzac sur le prisme de la bêtise littéraire, il faut s'intéresser au phénomène qui en est très souvent l'indice chez Flaubert : l'italique.

L'italique et le comique

Peut-on considérer l'italique comme un moyen de faciliter le repérage de la sottise ambiante ? Quelle est la contribution de l'italique balzacien à la production du comique ?

L'italique est fréquent dans *La Comédie humaine*. Balzac, attentif au langage, au *mot*, mais aussi attentif au *fait*, s'intéresse au *fait* du *mot*. Il caractérise chaque fait par le mot approprié, mais aussi le mot peut être considéré comme un fait symptomatique. Balzac est amené à considérer, isolément et conjointement, l'individualité du mot et l'individualité du fait. Il note les mots et les choses qui disparaissent (mots et choses fossiles), les mots et les choses qui apparaissent (néologismes et inventions), les mots et les choses révélateurs, significatifs, typiques (en particulier d'un état, d'un moment), mots et choses rares parce que originaux, marginaux, exotiques. Cette individualité caractéristique d'un mot est souvent marquée par l'italique. En tant que déterminant

---

369. *Ibid.*
370. *Pierrette*, t. IV, p. 88-89.

la « physionomie » des gens et des choses, la notation par l'italique contribue au comique par le pittoresque[371].

Mais cela est valable pour l'italique considéré en lui-même, isolé de son contexte, donc hors du jeu romanesque. Pour l'italique aussi, c'est la valeur du procédé *en situation* qui nous intéresse surtout. Il convient d'observer les connexions que l'italique établit avec le contexte, de préciser les échos et les jeux qu'il fait naître. Il faut donc dépasser les notions d'exotique et de pittoresque pour percevoir le discours comique que parle l'italique.

• *Histoire et comique*

Un comique profond, subtil mais intense, naît du discours qui s'établit dans le texte romanesque entre les mêmes mots soulignés ou non soulignés par l'auteur. Le mot souligné, en italique, est généralement souligné pour l'arracher au discours narratif et le produire comme élément brut, comme fait de langage et de civilisation. Mais, du fait qu'il est souligné, il entre dans le *discours narratif*, il est arraché à la fable, où il cherchait à se faire lire et vivre comme réalité. C'est le paradoxe et l'ambivalence du mot en italique. Ce paradoxe et ce statut double entrent en activité lorsque le même mot est employé sans italique dans le roman, élément sans relief de l'organisme du roman et du langage usuel, donné comme usuel, tel qu'il est historiquement parlé.

La vie se déroule normale, transparente, comme si l'histoire n'était pas en marche pour M. Guillaume le drapier. Celui-ci pratique les anciens vocables comme il respire. Même s'ils sont démodés pour les autres, ils ne le sont pas pour lui ; aucune raison donc, dans le plan du vécu, pour leur donner la marque de l'italique, pour les arracher ainsi à la normalité de l'usuel, tel que le roman figuratif le parle : « — Oui, Monsieur, et le dividende est un des plus beaux que nous ayons eus. — Ne vous servez donc pas de ces nouveaux mots. Dites le produit, Joseph »[372]. Chacun, Guillaume et son gendre, parle son langage propre, le langage de son âge, sans italique.

En revanche, Balzac narrateur détache par l'italique certains des vocables caractéristiques de l'aspect patriarcal de M. Guillaume, de son sublime un peu ridicule dans sa grandeur démodée : « Le chef de la famille Guillaume était un de ces notables gardiens des anciens usages : on le surprenait à regretter le Prévôt des Marchands, et jamais il ne parlait d'un jugement du tribunal de commerce sans le nommer la *sentence des consuls* »[373]. D'un exemple à l'autre, Balzac fait jouer le détachement amusé de la compréhension historique (c'est le deuxième exemple) et la sympathie pour l'individu qui vit ce démodé (premier exemple).

---

371. C'est cette fonction que privilégie Claude DUCHET dans l'italique balzacien, « beaucoup plus 'exotique' que l'italique de Flaubert, voué surtout à la 'signalisation pittoresque' » (Signifiance et in-signifiance : le discours italique dans « Madame Bovary », in *La production du sens chez Flaubert*, 10/18, 1975, p. 364).

372. *La Maison du chat-qui-pelote*, t. I, p. 61.

373. *Ibid.*, p. 45.

Un jeu historique se construit, grâce à l'italique du démodé : les *femmes charmantes* de 1809 apparaissent en filigrane derrière « l'énorme cravate en mousseline blanche » de Pons en 1844[374]. Mais plus poétique et profond est le comique de vocables pris et repris, de roman en roman, soulignés ici, non soulignés là. Telle est l'histoire du « *belle dame* » dans *La Comédie humaine*. Le « *belle dame* » de Cardot signale « cette race de Gérontes égrillards qui disparaît de jour en jour »[375] : on est censé, dans l'histoire contée, se situer en 1825, et le roman est de 1842. Le « *belle dame* » joue comiquement de l'une à l'autre de ses trois occurrences dans *Un début dans la vie* : il est devenu leitmotiv, repérable parce que l'expression est écrite en italique[376]. Lorsque le terme réapparaît dans *La Cousine Bette*, il n'est plus en italique : Crevel l'emploie deux fois avec Adeline Hulot, sans que le terme soit souligné[377].

Le terme doit s'être historiquement normalisé. On franchit une étape, lorsque apparaît le sinistrement comique « *ma petite mère* », « que dans son égarement Adeline n'entendit pas »[378]. Les temps ont bien changé depuis le « *belle dame* » et le « belle dame » : on en est à « *ma petite mère* ».

L'italique qui trace certains parcours de lecture sert aussi à transcrire certaines relations des personnages avec les vocables de leur temps ou avec des réalités qu'ils ne savent pas nommer. M. Guillaume vivait avec les mots, avec les mots de son temps à lui, comme avec des essences. C'est en dehors de lui que le narrateur produisait au lecteur ces vieux mots que Guillaume, lui, trouvait normaux, et qui n'étaient que ridicules. Le narrateur, hors personnage, peut aussi isoler comme *mot*, en recourant à l'italique, ce que le personnage a du mal à vivre comme réalité. Ainsi, Hulot ignore les « façons de l'amour moderne » et il en ignore tout aussi bien les vocables spécifiques, que le romancier énonce en dehors de lui, comi-tragiquement : ah ! si le baron Hulot connaissait la grammaire sentimentale et le lexique de son temps ! « Cet homme de l'Empire, habitué du genre Empire, devait ignorer absolument les façons de l'amour moderne. Les nouveaux scrupules, les différentes conversations inventées depuis 1830, et où la *pauvre faible femme* finit par se faire considérer comme la victime des désirs de son amant, comme une sœur de charité qui panse des blessures, comme un ange qui se dévoue »[379]. Le vieux baron Hulot ne connaît ni le mot ni la chose du présent. Le jeu du mot et de la chose, combiné avec les jeux de l'histoire, se tisse parfois de façon très serrée par un jeu de l'*italique* et du *non-italique*, qui peut atteindre un haut degré de comique. Il n'est que d'examiner les rapports qui existent entre les trois occurrences du mot dans ce paragraphe de la *Cousine Bette* : « Claude Vignon était devenu, comme tant d'autres, un homme politique, nouveau mot pris pour désigner un ambitieux à la première étape de son chemin. *L'homme politique* de 1840 est en quelque

374. *Le Cousin Pons*, t. VII, p. 486.
375. *Un début dans la vie*, t. 1, p. 836.
376. *Ibid.*, p. 816, 839.
377. *La Cousine Bette*, t. VII, p. 61, 320. Le « belle dame » de la p. 61 est une addition du *Constitutionnel*.
378. *Ibid.*, p. 324.
379. *Ibid.*, p. 140.

sorte l'*abbé* du dix-huitième siècle. Aucun salon ne serait complet sans son homme politique »[380]. Le premier « homme politique » se coule dans la veine du récit, comme fait, comme chose, non isolé comme mot. En cours de phrase, dès « nouveau mot », il quitte le récit pour entrer dans le discours, à titre de mot à la mode et aussi, indissociablement, de chose à la mode : l'italique le signale et l'isole comme tel. Après quoi, le mot repart dans la fable, sans italique , mais l'absence de l'italique, dans cette troisième occurrence, ne doit pas cacher qu'il s'agit d'un mot devenu réalité pour les gens du salon. Non pas « homme politique » comme le premier nommé, mais en tant que mot à la mode devenu réalité : on veut avoir son « homme politique » comme tout le monde.

On peut fréquemment observer de tels « jeux », qui ne sont pas simple et futile amusement. L'écriture du roman chez Balzac n'élimine nullement ce jeu pur, mais le jeu comique oblige le lecteur à penser dialectiquement la relation historique des individus avec les mots et les choses de leur temps, de l'hier et de l'aujourd'hui. Ainsi, on pourrait faire porter sur *l'intérêt général* d'*Un homme d'affaires* le même type d'analyse[381]. Et retracer la longue et comique histoire du « *quand même* » dans *La Comédie humaine*, entre la référence explicite qu'en propose *Mémoires de deux jeunes mariées* et l'utilisation de l'expression, avatar comiquement dégradé d'un mot historique devenu cliché, dans *Le Cousin Pons*[382]. Ainsi va l'histoire au fil de l'italique.

• Le théâtre de l'italique

L'une des utilisations fréquentes de l'italique, c'est de faire surgir, à l'intérieur de la phrase narrative, la citation de la parole en direct, et, généralement, de faire découvrir le réel comme théâtre comique. L'italique confère à la parole fictionnelle le statut de la vérité individuelle, instantanée, circonstancielle, historique, et il en fait ainsi mieux éclater le ridicule. Le comique, une fois de plus, se lit dans le surgissement, dans le direct, le clair et l'imprévu. Aucun « dire » ne pourrait remplacer la pièce à conviction du vocable en direct.

Balzac vient de qualifier la douleur et les regrets de Mme de Watteville après la mort de son mari, douleurs et regrets « évidemment exagérés »,

---

380. *La Cousine Bette*, t. VII, p. 254.
381. *Un homme d'affaires*, t. VII, p. 781.
382. « J'ai voulu savoir si j'étais aimée quand même ! le grand et sublime mot des royalistes, et pourquoi pas des catholiques ? » (*Mémoires de deux jeunes mariées*, 1841, t. 1, p. 292). C'est ici une allusion précise au « vive le roi quand même » des légitimistes peu satisfaits du nouveau régime (cf. Roger PIERROT, *ibid.*, n. 1). On trouve des emplois de ce *quand même*, entre autres, dans *Les Secrets de la princesse de Cadignan* (t. VI, p. 1003), dans *Modeste Mignon* (t. 1, p. 605, 675), dans *La Rabouilleuse* (t. IV, p. 371), dans *Le Cousin Pons* (t. VII, p. 483, 484). L'expression est passée de la fidélité au roi à la fidélité dans l'amour et le mariage, puis s'est trouvée associée aux questions d'argent, et enfin, dans *Le Cousin Pons*, est utilisée pour définir la tenue vestimentaire : « En conservant dans quelques détails de sa mise une fidélité *quand même* aux modes de l'an 1806, ce passant rappelait l'Empire sans être par trop caricature. »

écrit-il[383]. Le narrateur enchaîne : « Elle appela le baron *son cher agneau* ! » L'exagération, ostentation et mauvaise foi, se montre dans la forme ridicule, dans le ton et la lettre du mot.

Moins ridicule, simplement amusante, cette expression textuelle, singulière et pittoresque, du personnage qui va définir celui-ci avec plus de réalité vivante : « Mme Birotteau serait morte plutôt que de renoncer à voir par elle-même les détails de sa maison, à tenir, suivant son expression, la *queue de la poêle* »[384].

En revanche, la technique atteint son plein effet lorsque la citation fait éclater la franche et imperturbable sottise en fin de récit, sans le tremplin d'un verbe déclaratif : « Mais si, par malheur, l'étranger fortifie par quelque remarque l'opinion que ces gens ont mutuellement d'eux-mêmes, il passe aussitôt pour un homme méchant, sans foi ni loi, pour un Parisien corrompu, *comme le sont en général tous les Parisiens* »[385]. Généralisation burlesquement incohérente qui va plus loin et plus vite que tout commentaire.

Le comique de l'italique se complique et, grâce à un deuxième degré, devient ironie. La parole à la fois indirectement et directement rapportée par l'italique était une parole chargée d'intentions ; elle exhibait son double sens et jouait la comédie dans la fable. La simple « reproduction » de la parole en question par le romancier soumet ce double sens à l'analyse, analyse à laquelle le lecteur est amené à participer.

Sylvie Rogron vient de renvoyer sa cuisinière, pour faire des économies qui rachètent un peu les dépenses faites pour « sa chère maison ». « Elle fit sa cuisine elle-même *pour son plaisir* »[386]. C'est la parole mensongère de Sylvie à l'adresse de Provins, pour couper court à tout commentaire malveillant sur ses économies. De la même façon, c'est la gouaille méchante de Sylvie à l'égard de Pierrette et de ses protectrices qui est présente dans l'intonation du « *ces dames* » : « Dès ce moment, elle ne voulut plus donner Pierrette à *ces dames* »[387]. Paroles dites seulement à Pierrette ? Paroles clamées devant témoins ? Il demeure une vague incertitude : on pourrait même penser que ce ne sont là que paroles du théâtre intime, sorte de « sous-conversation ». Ces paroles à double sens, avec leurs sous-entendus et leurs insinuations, ne sont pas du tout comprises dans le plan de la scène fictive ; elles le deviennent par le jeu comique de l'écriture en italique.

Même comédie de l'italique avec ses sous-entendus perfides chez Mlle Gamard : celle-ci voulut un jour de réception ; « soit enfin que sa vanité désirât les compliments et les avantages dont elle voyait jouir ses amies, toute son ambition était de rendre son salon le point d'une réunion vers laquelle chaque soir un certain nombre de personnes se dirigeassent *avec plaisir* »[388]. À la différence, évidemment, de ce qui se passait dans les autres salons : l'italique signale l'insinuation.

383. *Albert Savarus*, t. I, p. 1011.
384. *César Birotteau*, t. VI, p. 222.
385. *La Femme abandonnée*, t. II, p. 466. Addition de l'originale.
386. *Pierrette*, t. IV, p. 62. Cela, ainsi que tout l'épisode du renvoi de la cuisinière, constitue une addition de l'épreuve 6.
387. *Ibid.*, p. 83.
388. *Le Curé de Tours*, t. IV, p. 196.

Mais l'italique signale aussi l'inconscience. L'abbé Birotteau s'applaudissait d'avoir su « *très bien corder* avec la vieille fille »[389] : signe du narrateur à l'intention du lecteur, pour lui bien montrer la satisfaction béate de l'abbé, niaisement inconscient du réel et de ses menaces.

Paroles à double sens du personnage, paroles à double sens du narrateur, l'italique écrit le dédoublement. Entre autres rôles qui lui sont assignés, il faut y lire la présence d'une mimique, d'une intention, que le personnage parlant confie à ses intonations, à ses gestes, à son masque. Venant d'examiner la blessure de Max, après le coup de couteau de Fario, M. Goddet père, médecin, juge bon de se donner de l'importance *en ne répondant pas encore* de Max[390]. Cela a pour effet de créer une disette, qui fait se grouper les badauds, qui mène Flore Brazier à forcer ses effets : elle « fit observer en sanglotant que le peintre, *qui avait une figure à ça d'ailleurs* », etc.[391]. C'est aussi quand le personnage bouffonne, adopte une mimique parodique, que l'italique est présent. Encore une fois *La Rabouilleuse* en donne l'exemple : « *Pardon et ferai plus*, répéta railleusement le vieux Hochon », en imitant la voix des enfants[392].

Tous ces italiques sont des mimiques, hypocrites, bouffonnes, comiques, comme ce « *il y aura des femmes* »[393], d'une invitation à dîner lancée par Nathan, qui reprend la formule consacrée, avec un clin d'œil complice à celui qu'il invite. L'italique du *on* se redouble alors de l'italique de la connivence.

L'italique est enfin le lieu de quelques paradoxes. Il bouscule souvent la logique unidimensionnelle du figuratif ; il est l'un des signes et l'un des moyens privilégiés d'un comique de la libre circulation entre les divers plans du roman. En effet, au niveau du *fait conté*, l'italique manifeste la parole dans sa lettre, son timbre, sa tonalité propres, mais c'est souvent pour mieux faire entendre le jeu mesquin d'une petite comédie sociale. Dans le *plan du récit*, à la frontière du monde et du roman, l'italique introduit dans le roman les mots du monde, les mots à la mode, les mots des dialectes, etc. Il fait entrer dans le roman le non-littéraire mais il est un moyen personnel pour amener le lecteur à mieux fabriquer un sens à venir, dont il est l'agent, à partir de ce signe actif et dynamique. Enfin, l'italique est intermédiaire entre le *discours narré* et le *discours narrant*.

Deux exemples démontreront la relation que l'italique assure entre des plans et des niveaux divers du romanesque. Par ses entrelacs, il s'inscrit dans la sinueuse ligne de l'ironie.

Un premier exemple : le dialogue de Derville et de la comtesse Ferraud, dans *Le Colonel Chabert*, lors de la visite que Derville fait à la comtesse, Derville ayant dit : « Je viens causer avec vous d'une affaire assez grave », la comtesse répond :

— J'en suis *désespérée*, M. le comte est absent...
— J'en suis enchanté, moi, Madame. Il serait *désespérant* qu'il assistât à notre conférence »[394].

389. *Le Curé de Tours*, t. IV, p. 199.
390. *La Rabouilleuse*, t. IV, p. 156.
391. *Ibid.*, p. 457.
392. *Ibid.*, p. 484.
393. *Splendeurs et misères des courtisanes*, t. VI, p. 628.
394. *Le Colonel Chabert*, t. III, p. 351.

Il est peu vraisemblable que *désespérée* soit la marque d'une intonation particulière de la comtesse. A moins d'une méprisante mondanité, un peu trop appuyée au goût de Derville, et qui l'amène à formuler son jeu de mots ? Plus vraisemblable nous paraît le fait que *désespérée* est souligné contre toute logique psychologisante, mot souligné pour préparer le lecteur, le mettre en attente de l'écho qui naîtra, à la réplique suivante. La stratégie du jeu de mots s'impose au détriment de l'exigence du réalisme psychologique.

Dans le deuxième exemple, celui du *Curé de Tours*, on assiste à la genèse, en partie grâce à l'italique, du poétique et du comique. Le chanoine Chapeloud expose avec complaisance à l'abbé Birotteau, auditeur extasié, les délices de son paradis domestique. Au centre de la longue réplique, Balzac avait écrit, sur le manuscrit : « Je trouve toujours chaque chose en place, en nombre suffisant, tout cela bien blanc, en bonne odeur de sainteté. » La plaisanterie « de sainteté » disparaît de l'édition originale, en 1832. Or en 1834, dans l'édition publiée par Mme Béchet, Balzac remplace la fin de la phrase « tout bien blanc, en bonne odeur » par « et sentant l'iris ». L'ensemble de la phrase est donc devenu : « Je trouve toujours chaque chose en place, en nombre suffisant, et sentant l'iris »[395]. Conjointement avec ce remplacement, Balzac fait une addition. A la fin du discours de Chapeloud, au lieu d'enchaîner sur : « les paroles du chanoine accusaient un bonheur fantastique pour le pauvre vicaire », on enchaîne sur : « Birotteau, pour toute réponse disait : 'sentant l'iris'. Ce *sentant l'iris* le frappait toujours »[396]. Balzac a donc, dans la même coulée, inventé le détail du discours de Chapeloud : depuis « odeur de sainteté » jusqu'à « en bonne odeur », puis « sentant l'iris », bon détail réaliste pour évoquer une armoire de chanoine. La réponse de l'abbé Birotteau exprime sa fascination, son extase : mais l'extase devant quoi ? Le mot, l'odeur, l'ordre de l'armoire et du monde ? En répétant « sentant l'iris » et en italique, le narrateur impose le comique humain, qui met les passions, ici la sensualité et le goût du confort, à la pointe d'un simple *mot*. Cette notation est propre à nous faire, à la fois, rêver et rire : rire de l'abbé Birotteau, rêver comme lui, et rire en rêvant, devant la trouvaille, l'agencement et les divers échos de forme et de sens.

Le discours comique des gestes et des « mots » de théâtre

Dans l'ordre du discours à perspective « réaliste », le théâtre comique apporte la contribution de sa densité expressive, par son geste et par ses mots de caractère. C'est le propre du théâtre de Molière et du texte, moliéresque, de Balzac.

● *Le non-scriptible du geste*

Si le geste du théâtre est propre à faire naître le comique, le récit du geste, tel que le « reproduit » le roman, garde-t-il ce pouvoir ? Le geste

395. *Le Curé de Tours*, t. IV, p. 187.
396. *Ibid.*, p. 188.

dit ce qui échappe aux mots ; donc, très souvent, l'essentiel. Aussi les mots ne peuvent-ils pleinement rendre compte du geste. *La Comédie humaine* doit se contenter de tracer le contour de cet essentiel indicible, et pour quel résultat comique ?

Le geste est de l'ordre du charme ; c'est tout l'art de Mme de Maufrigneuse, avec « ces manières chattemites que l'écriture ne peindra jamais »[397]. La jeune Europe raconte une scène ; elle venait de la dire « beaucoup plus plaisamment qu'on ne peut la raconter, car elle y ajouta sa mimique »[398]. Les nuances, entre autres les nuances comiques, sont produites par les gestes : en témoignent les « sept joyeuses femmes » du début de *L'Elixir de longue vie*, qui ne différaient ni par les mots, ni par les idées ; « l'air, un regard, quelques gestes ou l'accent servaient à leurs paroles de commentaires libertins, lascifs, mélancoliques ou goguenards »[399].

Le geste se rattache à plusieurs domaines, tous étrangers à l'écrit, et même à la parole. Il renvoie à la caricature, telle « cette vieille figure, administrative et militaire à la fois, mimée par un air rogue, assez semblable à celle que la Caricature a prêtée au *Constitutionnel* »[400]. Le geste, c'est la pantomime : « L'immortel Carlin de la comédie italienne [...] »[401]. Le geste participe de la mondanité : « Quand Mme de Fischtaminel raconta cette petite scène de la vie dévote en l'ornant de détails comiques, mimés comme les femmes du monde savent mimer leurs anecdotes [...] »[402]. Plus généralement, le geste ressortit au spectacle théâtral, en privilégiant les « accents »[403], « l'accentuation »[404], le ton[405], l'inflexion de voix[406], les regards[407], poses de tête ou airs de tête[408].

Tel geste est alors dit « théâtral »[409] ou le personnage est désigné

397. *Le Cabinet des Antiques*, t. IV, p. 1018.
398. *Splendeurs et misères des courtisanes*, t. VI, p. 556.
399. *L'Elixir de longue vie*, t. XI, p. 475. Mais que sont ces gestes ?
400. *Un homme d'affaires*, t. VII, p. 788.
401. *Physiologie du mariage*, t. XI, p. 1037-1038.
402. *Petites misères de la vie conjugale*, t. XII, p. 144.
403. « Sur mes lèvres, dans mes yeux, sur mes traits, se jouent et paraissent tour à tour les accents et les signes de la curiosité et de l'indifférence [...] » (*Physiologie du mariage*, t. XI, p. 1053). L'éloquence des femmes est « surtout dans l'accent, dans le geste, l'attitude et les regards » (*La Femme de trente ans*, t. II, p. 1088).
404. Nous avons déjà cité la « volubilité comique » et « l'accentuation d'un opérateur » chez Vautrin (*Le Père Goriot*, t. III, p. 168).
405. Cela fait partie de la comédie de Flore Brazier : « [...] car il a été mon bienfaiteur, votre père (elle prit un ton larmoyant), je m'en souviendrai toujours... » (*La Rabouilleuse*, t. IV, p. 445).
406. Comme celle de Fleurance dans *La Frélore*, t. XII, p. 817.
407. « En disant cette tirade, improvisée déjà cent fois, elle jouait de la prunelle de manière à doubler par le geste l'effet des paroles qui semblaient arrachées du fond de son âme par la violence d'un torrent longtemps contenu » (*Béatrix*, t. II, p. 864).
408. De Marsay, par exemple, mime les femmes qu'il a connues : « Les femmes qui entendaient alors de Marsay parurent offensées en se voyant si bien jouées, car il accompagna ces mots par des mines, par des poses de tête et des minauderies qui faisaient illusion » (*Autre étude de femme*, t. III, p. 684-685).
409. Le notaire Regnault, outre son tic, sa répétition comique de « petit moment », fait des gestes, dont celui-ci : « en levant le bras par un geste théâtral [...] » (*Ibid.*, p. 716).

comme un acteur[410]. Ces métaphores sont légion. Tout le domaine du théâtre se trouve de la sorte systématiquement exploité : les personnages jouent telle scène du répertoire[411], figurent un « emploi »[412], interprètent précisément tel rôle classique[413] et sont à l'occasion comparés à des comédiens célèbres[414].

Toutes ces mimiques doublent les personnages, leur donnent un horizon métaphorique de verve et d'originalité. Mais l'effet comique né de ces métaphores ? La moisson demeure assez maigre.

Ce n'est jamais le geste à lui seul qui est comique. En revanche, il peut le devenir s'il entre en liaison avec un autre élément du roman, et tout particulièrement avec le discours, avec l'expression du visage, avec l'ensemble d'un personnage. C'est particulièrement lorsque interviennent une rupture, un décalage entre le geste et la parole, le geste et la situation. Ou bien encore le geste est comique par son aspect caractéristique ou typique, qui *trahit* le personnage, dit dans son langage autre chose que le reste de son discours.

« Oh ! n'en voulez pas à Napoléon, dit Canalis en laissant échapper un geste emphatique, ce fut une de ses petitesses d'être jaloux du génie littéraire, car il a eu des petitesses »[415]. L'alliance de « laissant échapper » et de « geste emphatique » est la source du comique : alliance paradoxale. Si Canalis « laisse échapper » ce « geste emphatique », c'est que ce geste est révélateur et cette révélation (de la vanité, de l'inconscience et du romanesque) se fait malgré lui.

Si la pose de Margaritis est comique lors de la rencontre avec Gaudissart, c'est que ce dernier, en voyant Margaritis « prendre le maintien d'un homme qui pose pour son portrait chez un peintre », le considère comme un homme important. Et si Margaritis se tient tranquille pendant le discours de Gaudissart c'est que celui-ci faisait tourner la clé de sa montre « à laquelle il ne cessa d'imprimer par distraction un mouvement rotatoire et périodique »[416].

Enfin, le geste peut prendre valeur par contraste avec la situation : geste futile, pittoresque et finaud, face à une situation tragique. C'est

---

410. Tel Cérizet : « J'ai dit, messeigneurs ! ajouta-t-il en grossissant sa voix, qui passa par ses fosses nasales, et prenant une attitude dramatique, car en un moment d'excessive misère, il s'était fait acteur » (*Les Petits Bourgeois*, t. VIII, p. 82).

411. Cérizet « se donnait le plaisir de jouer une [scène] du *Légataire* » (*Ibid.*, t. VII, p. 149).

412. Tel M. de Fischtaminel : « Vous oubliez, Madame, le bonheur d'expliquer son bonheur, réplique-t-il en lançant un éclair digne d'un tyran de mélodrame » (*Petites misères de la vie conjugale*, t. XII, p. 90).

413. Mme Nourrisson prend une pose de Dorine (*Les Comédiens sans le savoir*, t. VII, p. 1174) ; Emilie de Fontaine jouait « le rôle de Célimène » (*Le Bal de Sceaux*, t. I, p. 120) et Crevel a le regard de Tartuffe (*La Cousine Bette*, t. VII, p. 57).

414. Par exemple, Philippe Bridau est comparé à Frédérick Lemaître (*La Rabouilleuse*, t. IV, p. 472). Mais, mieux, Charlotte, la maîtresse de de Marsay a, quinze ans avant la Malibran, découvert les gestes qui rendront celle-ci célèbre (*Autre étude de femme*, t. III, p. 685). Philippe Bridau devance lui aussi Frédérick Lemaître (*La Rabouilleuse*, t. IV, p. 524) et Contenson eût dû être le maître de ce grand acteur (*Splendeurs et misères des courtisanes*, t. VI, p. 524).

415. *Autre étude de femme*, t. III, p. 700.

416. *L'Illustre Gaudissart*, t. IV, p. 583.

le comique du notaire Regnault mettant « d'un air fin l'index de sa main droite sur sa narine »[417] ; ce comique pittoresque est un résidu du personnage comique scottien de quelques romans de jeunesse. Même tonalité, mais plus diderotesque ou sternienne, chez le juge Bongrand, qui « tenait presque toujours ses mains dans les poches de son pantalon, et ne les en tirait que pour raffermir ses lunettes par un mouvement presque railleur »[418].

Le geste comique fait jouer l'ensemble du personnage. En faisant d'un geste un leitmotiv, Balzac lui assure un comique de grande portée, à la Molière. Le comique passe, dans ce cas, du caractéristique au typique.

Le geste qui signe le personnage comique, c'est celui dont Philéas Beauvisage ponctue ses propres plaisanteries : « [...] il les accompagna d'un geste qu'il s'était rendu propre : il fermait le poing droit et l'insérait dans la paume arrondie de la main gauche en l'y frottant de façon joyeuse. Ce manège concordait à ses rires dans les occasions fréquentes où il croyait avoir dit un trait d'esprit »[419]. En ce geste se conjoignent divers traits marquants : il se répète ; il est en liaison (« accompagna », « concordait ») avec un autre signe, en la circonstance, ici, les rires ; il devient typique. Bon et franc comique, auquel il manque, pour atteindre sa plus haute vibration et sa richesse individuelle, de se nuancer, au fil de l'histoire, de quelques détails.

C'est cela sans doute qui assure aux gestes, aux poses que Balzac a donnés en propre, respectivement, à Birotteau et à Crevel, leur inoubliable *vis comica*. Comme pour Beauvisage, le geste se répète ; il accompagne le même type de paroles, il est typique ; mais aussi de l'une à l'autre de ses apparitions, un rien le nuance comiquement.

Birotteau, « quand il croyait avoir dit quelque chose de galant ou de saillant, [...] se levait imperceptiblement sur la pointe des pieds, à deux reprises, et retombait sur ses talons lourdement, comme pour appuyer sur sa phrase »[420]. Cette mimique s'associe parfois à un refrain sur la « délivrance du territoire » et « ma nomination dans l'ordre de la Légion d'Honneur »[421] et à un autre geste, les mains croisées derrière le dos[422]. Dans les diverses apparitions de mimique ou de scie, Balzac introduit des variantes entre trois facteurs : chacun des deux gestes (le statique et le dynamique) et la sacro-sainte phrase. Mais c'est à la première apparition du geste que Balzac a *écrit* ce geste de la manière à la fois la plus nuancée et la plus comique. La formulation est en effet très élaborée, puisque Birotteau, qui se lève « imperceptiblement » sur la pointe des pieds, le fait « à deux reprises » (sorte de contradiction ténue) et que, s'étant levé « imperceptiblement » sur la pointe des pieds, il retombe « lourdement », deuxième façon d'écrire la contradiction. A la seconde occurrence, Balzac maintient et nuance les antithèses : « il se soulève

417. *Autre étude de femme*, t. III, p. 718.
418. *Ursule Mirouët*, t. III, p. 797.
419. *Le Député d'Arcis*, t. VIII, p. 731.
420. *César Birotteau*, t. VI, p. 78.
421. *Ibid.*, p. 129.
422. *Ibid.*, p. 142.

sur les talons », en prenant néanmoins « un air humble »[423]. Le sens des manifestations de sourdine, de la première rencontre, se révèle : il y a en lui de l'humilité, alors que l'autre élément dit la vanité fieffée.

Balzac exploite plus systématiquement le comique de la répétition dans l'exemple de la « position » de Crevel. Deux traits associés apparaissent, mais à l'occasion dissociables : une position (longuement décrite) qui consiste à « se croiser les bras à la Napoléon en mettant sa tête de trois quart, et jettant un regard comme le peintre le lui faisait lancer dans son portrait, c'est-à-dire à l'horizon »[424] ; d'autre part, une phrase : « C'est Régence, c'est Louis XV, œil-de-bœuf ! C'est très bien... »[425], que Crevel répète également. A quelque temps de la fin, Crevel change de règne, troque Louis XV contre Louis XIV, car, depuis quelque temps, il trouvait le xviiie siècle petit.

Sa « position » change aussi aux approches de la mort, « Crevel essayant de se mettre en position, en se remettant sur son séant »[426]. Or, la partie de manuscrit que nous possédons, pour le début du roman, révèle que ni la « position », ni la phrase sur le xviiie siècle n'y figuraient. Les répétitions que nous lisons ne constituent pas une extension d'un détail original. Le détail, dans les deux cas du geste et de la phrase, apparaît en même temps que la répétition. Il n'a donc pas pour seul but de caractériser, sérieusement, le personnage, en partie sclérosé et répétitif, mais se propose d'introduire dans le texte, pour le lecteur, le jeu de la variation, avec, pour finir, un jeu de mots : « *mettre* », « *se remettre* ».

Le comique de la variation, grâce à ses modulations, nuance le comique de la répétition et communique déjà à la comédie de la répétition une valeur ludique, donne à ce théâtre toute sa profondeur en le faisant échapper à un réalisme primaire et à des effets trop systématiques. On parvient à une semblable conclusion avec les « mots de théâtre ».

● *Le « mot » de théâtre*

Ce « mot » est proposé au lecteur comme un détail comique qui fait se révéler en direct au lecteur un type. Il ressortit d'abord — d'où sa place dans ce chapitre — à la peinture des mœurs et à l'étude des caractères. Jamais Balzac n'a perdu de vue cette idée du « mot » typique, condensant sous une forme serrée l'essentiel d'un sens : c'est ce qu'il enviait à Molière.

Mais le surgissement du réel typisé par le détail du « mot » se manifeste comme une entraînante explosion de joie, joie née chez l'auteur de la trouvaille qu'il vient de faire, et propre à susciter la même joie chez le lecteur. Le ludique et le réaliste font aussi bon ménage chez Balzac que chez Molière. C'est ce que Balzac projetait sur Monnier ; « projetait » plus qu'il ne l'y trouvait. Monnier est défini par lui comme nous aimerions volontiers définir Balzac : « Nul dessinateur ne sait mieux que lui saisir

423. *César Birotteau*, t. VI, p. 129.
424. *La Cousine Bette*, t. VII, p. 62.
425. *Ibid.*, p. 60.
426. *Ibid.*, p. 434.

un ridicule et l'exprimer ; mais il le formule toujours d'une manière profondément ironique. Il sait mettre toute une politique dans une perruque, toute une satire digne de Juvénal dans un gros homme vu de dos. Il trouve des rapports inconnus entre deux postures [...] »[427]. Balzac, comme Monnier, comme l'avait fait Molière, « sait mettre toute une vie [ ] dans un mot ». Comme eux, « il s'adresse à tous les hommes assez forts et assez puissants pour voir plus loin que ne voient les autres [...] »[428]. C'est par un mot drôle qu'il s'adresse aux hommes. Tout dire dans un mot drôle : ambition à la Molière, ce Molière qui hante Balzac depuis sa jeunesse[429].

Rendre compte des nombreuses faces du réel[430], voilà le but que Balzac propose à la littérature. « Le génie consiste à faire jaillir à chaque situation les mots par lesquels le caractère des personnages se déploie, et non à affubler le personnage d'une phrase qui s'adapte à chaque situation... » « C'est dans l'invention des circonstances et dans celle des traits caractéristiques que se révèle le génie du trouvère moderne »[431]. C'est ce qui manque à Fenimore Cooper et qui fait « sa profonde et radicale impuissance en fait de comique »[432]. Les « mots » des personnages de Balzac témoignent, tout au contraire, de cette réflexion ; ils sont, comme chez les personnages de Molière, situés en un carrefour : ils sont un caractère et une situation, l'un et l'autre jouant respectivement par rapport à l'autre, et témoignent en même temps, comme dans une troisième dimension, de la joie ludique de la trouvaille. Ce jeu n'est nullement isolé du réel, il en est comme le couronnement.

Car ces « mots » sont d'abord des traits caractéristiques. D'où l'accord fréquent, ou la dissonance, mais, de toute manière, l'association du geste et du mot, l'un et l'autre contribuant à se rendre mutuellement comiques. Comiques sont les mots par lesquels se manifeste l'avarice de Grandet, concrètement, simplement, en situation. Double trait, ici, qui dit la « générosité » et le « savoir-faire » d'un avare : « Hé bien ! puisque c'est la naissance d'Eugénie, dit Grandet, je vais vous raccommoder votre marche ! Vous ne savez pas, vous autres, mettre le pied dans le coin, à l'endroit où elle est encore solide »[433]. « Votre marche » et « vous autres » commencent à projeter une lueur sur les profondeurs d'une passion.

Dans l'exemple suivant, trois traits se conjuguent : un trait principal

427. Article de critique sur « Récréations » d'Henri MONNIER, *La Caricature*, 31 mai 1832. Signé « Le Comte Alex. de B... » (*OD*, CONARD, t. II, p. 538-539).

428. *Ibid.*

429. Suzanne JEAN-BÉRARD signale dans *Genèse d' « Illusions perdues »*, t. II, p. 16, n. 1, qu'un petit cahier de la première jeunesse de Balzac se trouve à la Fondation Lovenjoul (cote A 158 f° 80), où Balzac transcrivait les bons mots entendus dans la famille. Il note : « Si Molière avait vécu, ces trois saillies n'auraient pas été dites impunément. »

430. « Toutes les faces d'un fait », c'est ce que Balzac demandait au pamphlet d'exprimer, dans la *Monographie de la presse parisienne* (*OD*, CONARD, t. III, p. 559). Ici, ce sont toutes les « faces d'un homme qu'il vise à exprimer dans un mot ».

431. Lettres sur la littérature, *Revue parisienne*, I, 25 juillet 1840 (*OD*, CONARD, t. III, p. 284).

432. *Ibid.*, p. 283.

433. *Eugénie Grandet*, t. III, p. 1047-1048.

et deux d'appui. Trait principal, cette chute hilarante : « Je lui paierai son voyage... jusqu'à... oui, jusqu'à Nantes »[434]. Traits d'appui : l'inconscience d'Eugénie, qui lui saute au cou, et les « petits mots » du narrateur, qui précise que l'avare est « *presque* honteux » et que « sa conscience le harcelait *un peu* »[435].

Le pouvoir comique d'un mot tel que celui-ci est lié à la rencontre explosive de deux mots, de deux notions appartenant à deux registres étrangers l'un à l'autre : le sublime et l'argent. Des Grassins ayant dit : « Cela est, mille tonnerres ! sublime », « Aaalors, llle su... su... su... sublime est bi... bi... bien cher, répondit le bonhomme pendant que le banquier lui secouait chaleureusement la main »[436]. Le contact entre l'avarice, élément invariant, et la générosité ou le sublime, éléments variables, est explosivement comique. Comique aussi le contact entre l'avarice et la religion, dans ce « dernier mot » de Grandet : « Tu me rendras compte de ça là-bas [...] »[437].

Le catalogue des « mots » de *La Comédie humaine*, là où la rencontre de deux éléments de contradiction fait éclater le comique, est un catalogue bien fourni.

Vulgarité et volonté de distinction sont associées par le créateur comique. Mme Matifat est une Mme Sans-Gêne ennemie déclarée du sans-gêne : révélateur et amplificateur du mot, le sourire que ne peut réprimer Emilie de Fontaine, lorsque Mme Matifat lance à son mari : « Ne te jette pas sur les glaces, mon gros ! c'est mauvais genre »[438].

La prétention naïve de César Birotteau est aussi explosivement comique dans ses « mots » que dans son geste. Ces « mots » sont nombreux. Il en est parmi eux qui sont comiques « en soi », drôles parce que sottement pompeux à la manière de Joseph Prudhomme. Ainsi : « il faut toujours faire ce qu'on doit relativement à la position où on se trouve » ou « les fonctionnaires qui représentent la Ville de Paris doivent se faire un devoir, chacun dans la sphère de ses influences » ou « Nous sommes obligés d'en étudier l'esprit et d'en favoriser les intentions en les développant »[439]. Comique par l'absurde, gratuit, lorsque Birotteau affirme avoir « le vent en poupe »[440]. Mais le comique expressif, caractéristique, ajoute à la drôlerie pure ses harmoniques politiques et sociologiques, lorsqu'il affirme, parlant le langage comiquement typisé d'une classe : « Le gouvernement m'a mis en évidence, j'appartiens au gouvernement »[441]? « Si je puis être quelque chose, je me risquerai à devenir ce que le bon Dieu voudra que je sois, sous-préfet, si tel est mon destin »[442]. Birotteau se signale par ses pluriels : déjà nous avons noté « ses influences » ; il y a

434. *Eugénie Grandet,* p. 1095.
435. *Ibid.* « Presque » est une addition de Furne ; « un peu », une addition de l'originale. C'est nous qui soulignons.
436. Le « mot » est une addition de l'originale ; *ibid.*, p. 1117.
437. *Ibid.*, p. 1175.
438. *César Birotteau,* t. VI, p. 174.
439. *Ibid.*, p. 41. Amphigouri qui apparaît sur épreuve 9.
440. *Ibid.*, p. 42. Plaisanterie qui apparaît en épreuve 1.
441. *Ibid.*, p. 41.
442. *Ibid.*, p. 42.

aussi : « sommes-nous les seuls parfumeurs qui soient dans les honneurs ? »[443] et, encore : « poussons-nous dans les hautes sociétés »[444] ; et enfin : « nous irons alors à la grâce de Dieu modestement vers les grandeurs »[445]. A « l'évidence » près, c'est dans les pluriels que se niche l'inconscient bourgeois hanté par l'importance.

Dans un cas comme celui de Crevel, également comique, la prétention sociale et l'âpreté du possédant, s'expriment en des mots dignes du répertoire moliéresque. Son aspiration amoureuse, la voici toute franche : « Je puis vous l'avouer, je n'ai jamais eu de femme comme il faut, et la plus grande de mes ambitions, c'est d'en connaître une »[446]. L'amour se résout, grâce à cette formule, en désir de possession et en ambition, en ambition de posséder l'un des modèles sociaux : la *Femme comme il faut*. Pour dire son amour à Valérie Marneffe, il a une formule brève et significative dans sa comparaison : « Je ne t'aime pas, Valérie ! dit Crevel, je t'aime comme un million ! »[447]. Si Valérie Marneffe a raison de la tentation qu'a Crevel d'être bon, c'est que Crevel reprend conscience de l'évidence : « Le fait est, dit Crevel, que deux cent mille francs, c'est de l'argent »[448].

Si nous avions à dresser le palmarès des « mots » comiques, nous donnerions certainement la palme, pour *La Comédie humaine*, à Nucingen, ce gros bourdon amoureux, qui est d'abord banquier. Comme les grands passionnés de Molière, c'est un banquier en situation et amoureux, mais c'est aussi le contraire, l'amoureux logé dans un banquier. L'insolite de cette situation, pour ce gros homme si peu habitué à l'amour, se dit dans ce mot : « *L'amûre?... jeu groid que c'esd te maicrir* »[449]. Mais l'autosatisfaction du banquier l'emporte sur tout autre sentiment dans cette sublime phrase : « *Gomme on a réson t'afoir paugoud t'archant !* »[450] ; ce qui lui permet, bien à tort, de conserver de l'espoir : autre cause de comique.

Le type qui fait toujours exploser le mot comique vers la gratuité de l'énorme, c'est celui de la sottise. Sottise modeste de Gourdon qui, admiré pour ses « cinq cents sujets d'ornithologie, deux cents mammifères, cinq mille insectes, trois mille coquilles et sept cents échantillons de minéralogie », répondait : « Il faut bien faire quelque chose pour son pays »[451]. Cette sottise dépasse, par son énormité, les limites du personnage. Lorsque Mme Birotteau déclare : « D'ailleurs un adjoint ne peut pas se faire mourir soi-même, il connaît trop bien les lois »[452], le mot, au-delà du typique, atteint l'absolu dans le jeu.

Même si Balzac apprécie le bon sens de Mme Latournelle, quand elle exprime ses réticences à l'égard de la littérature romantique, il la fait parler sous la forme cocasse, sinon burlesque, d'une personne qui ne contrôle

---

443. *César Birotteau*, t. VI, p. 43.
444. *Ibid.*
445. *Ibid.*, p. 46. « Modestement » est une addition d'épreuve 2, qui va de pair avec l' « imperceptiblement » de son geste habituel.
446. *La Cousine Bette*, t. VII, p. 163.
447. *Ibid.*, p. 332.
448. *Ibid.*, p. 336.
449. *Splendeurs et misères des courtisanes*, t. VI, p. 947.
450. *Ibid.*, p. 610.
451. *Les Paysans*, t. IX, p. 265.
452. *César Birotteau*, t. VI, p. 39.

pas son langage : « On se croit en Espagne, et il vous met dans les nuages, au-dessus des Alpes, il fait parler les torrents et les étoiles ; et puis il y a trop de vierges !... c'en est impatientant ! »[453]. Enfin, même si l'on connaît la valeur satirique du verbe *expliquer* chez Simon Giguet[454], le dialogue suivant débouche sur l'infini, mais pas seulement, comme chez Flaubert, sur l'infini dans l'absurde, car cet infini n'abolit pas le plaisir du jeu créateur : « — C'est la réunion préparatoire de la grande réunion préparatoire, dit l'avoué Marcellot. — C'est ce que j'allais expliquer, reprit Simon »[455]. On peut sans doute être plus sensible à l'absurdité et aux dangers de la bêtise, quand il s'agit d'un Rogron, élément représentatif d'une force politique : « Louis-Philippe ne sera vraiment roi que quand il pourra faire des nobles ! »[456]. Mais c'est incontestablement un infini rieur que celui d'un Matifat ; de peur de les affliger par un « vous », il lance à ses nièces, pour leur dire bonsoir : « Va te coucher, mes nièces ! »[457].

Dans le même temps, Balzac fait jouer l'absurdité comique et la valeur expressive : expression de l'Histoire ou expression de l'histoire romanesque. On connaît les récriminations de Mme Guillaume contre son gendre, Théodore de Sommervieux : « Il te dit qu'il a été à Dieppe pour peindre la mer, est-ce qu'on peint la mer ? »[458]. Et il est bien vrai que ce propos témoigne de l'incompréhension de Mme Guillaume en matière d'art. Mais Balzac joue sur deux claviers : pour Mme Guillaume, « peindre la mer », c'est comme « peindre une porte ». C'est absurde, mais, par ce véhicule de la fraîcheur, fût-elle sotte, Balzac fait voir les possibles du sens dans le langage. Ailleurs, le mot absurde en soi est doublé de sens par son intégration dans l'histoire romanesque. L'énorme comique de ce passage du *Curé de Tours* trouve son plein sens, tragi-comique, si on le replace dans son contexte : « Mais en ce moment, Birotteau se sentit la langue morte, il se résigna donc à manger sans entamer la conversation. Bientôt, il trouva ce silence dangereux pour son estomac et dit hardiment : 'Voilà du café excellent !' »[459]. La bêtise immense de Me Crottat, qui a valeur comique par elle-même, prend tout son sens, par contrepoint, dans l'histoire de *La Femme de trente ans*, puisque la visite du notaire a troublé le tête-à-tête de Mme d'Aiglemont et de son amant, Charles de Vandenesse. Successivement appelé par le narrateur « l'imperturbable notaire »[460], « le diable d'homme » et, ironiquement, « le spirituel notaire », il est vu par de Vandenesse comme « un imbécile qu'il fallait tout uniment congédier ». Me Crottat prononce enfin le mot de la fin, assorti du commentaire du narrateur : « — Déjà neuf heures ! le temps passe comme l'ombre dans la compagnie des gens aimables, dit le notaire qui parlait tout seul depuis une heure »[461].

453. *Modeste Mignon*, t. 1, p. 496.
454. Cf. *supra*, p. 320-321.
455. *Le Député d'Arcis*, t. VIII, p. 726.
456. *Pierrette*, t. IV, p. 161.
457. *La Maison Nucingen*, t. VI, p. 368.
458. *La Maison du chat-qui-pelote*, t. I, p. 82.
459. *Le Curé de Tours*, t. IV, p. 205.
460. *La Femme de trente ans*, t. II, p. 1149.
461. *Ibid.*, p. 1150.

CHAPITRE II

LE DISCOURS LUDIQUE

C'est dans le jeu de l'image, de l'association paradoxale des mots, de la pointe, ou du martèlement, que le discours sur les choses et les gens s'est montré comiquement efficace, d'autant plus précis dans l'attaque que bon joueur, d'autant plus jubilant que voyant et tirant juste. Jamais le jeu n'a déserté la satire balzacienne. La formule par laquelle Arlette Michel résume l'esprit de la *Physiologie du mariage* (« œuvre positive et gaie »[1]) s'applique à tout le secteur satirique de *La Comédie humaine*. Le contact avec le lecteur est assuré par la gaieté, et c'est dans ce contact que paraît toucher son but la visée du réel.

Le jeu ne peut donc être isolé totalement de la perspective satirique, au contraire. Balzac pourrait contresigner ces paroles de Samuel Beckett, dans une interview sur *En attendant Godot* : « Je l'ai appelé drame, mais j'aurais pu tout aussi bien l'appeler comédie. Si vous la qualifiez de farce, vous ne vous trompez peut-être pas. Tragi-comédie ? Pourquoi pas ? Récit ? Egalement ! Satire ? Cela avant tout ! Et, plus que tout autre chose, un jeu ! » Quelle est la forme la plus fréquente de ce jeu ? Quelle signification peut-on inférer de cet exercice si constant ? La forme omniprésente et facilement repérable que prend le jeu est celle du *jeu des mots* et *du jeu de mots*. Mais lorsque ce jeu se situe dans la logique d'un enchaînement, dans un système ouvert d'échos et de clignotements de la forme au contenu, du corps du roman jusqu'à sa fin, d'un personnage à l'autre ou d'un roman à l'autre, ce jeu voilé mérite d'être appelé *ironie*. Celle-ci s'exerce non moins secrètement dans le jeu de mots, lorsqu'elle confronte celui-ci à la totalité des autres jeux de mots eux-mêmes, lorsqu'elle fait jouer l'un par l'autre, et chacun d'eux par rapport à la totalité.

I. JEU DES MOTS ET JEU DE MOTS

L'ensemble de ces jeux, c'est celui de l'esprit. La place qu'il occupe dans *La Comédie humaine* manifeste une véritable osmose entre l'œuvre littéraire et l'esprit mondain qui a connu son apogée au XVIIIe siècle. C'est la consécration d'une société qui se reconnaissait et se reconstituait

---

1. Arlette MICHEL, Introduction de la *Physiologie du mariage*, t. XI, p. 892.

elle-même dans l'exercice de la vivacité et de l'allégeance à l'Ancien Régime. Elle manifeste la vitalité d'une mythologie. D'où la constante citation des mots d'esprit du xviiie siècle surtout, par les personnages aussi bien que par Balzac lui-même. On voit ainsi que chacun reçoit de l'esprit ses lettres de noblesse. Et Balzac n'y manque pas, grâce à cette pratique à double détente[2]. En monarchie de Juillet, le jeu semble arracher tout un chacun à la platitude de l'utilitarisme. En décrivant ce rituel, Balzac y consacre lui-même.

Ce parisianisme est entretenu et relayé, à l'époque de Balzac, par la presse[3]. Celle-ci devient, semble-t-il, le moyen le plus fréquent de la communication entre les sujets de Sa Majesté Louis-Philippe. Le « bon mot » est de rigueur en toute société dès le xvie siècle[4] : celle des milieux artistes ou intellectuels[5], celle des aristocrates-dandies[6]. Le « bon mot » règne partout, même au cimetière[7].

Le ton de cette « société du bon mot » est donné par le même groupe que celui du mot « comique » accompagnant des gestes, qui eux-mêmes ponctuent une parole. Quand un bourgeois fait un bon mot, le fait est signalé comme un événement, un exploit[8]. Le « bon mot » est une promotion par rapport au « calembour »[9].

L'aire sociale du « bon mot » étant ainsi rappelée de temps à autre, le « bon mot » circule à travers toute *La Comédie humaine*. A l'intérieur du groupe, on n'observe plus guère d'individualisation ; il passe sans difficulté du récit dans le discours. Il contribue grandement à créer dans *La Comédie humaine* l'atmosphère du jeu.

2. Dauriat cite Bonaparte : « La plaisanterie est comme le coton qui, filé trop fin, casse, a dit Bonaparte » (*Illusions perdues*, t. V, p. 475. Roland CHOLLET précise que Balzac avait relevé ce propos dans son *Album historique et anecdotique*, p. 91). Blondet peut paraître citer Champcenetz ; c'est en fait une citation de Chamfort citant Champcenetz : « — On leur dira comme Champcenetz au marquis de Genlis, qui regardait trop amoureusement sa femme : 'Passez, bonhomme, on vous a déjà donné' » (*Illusions perdues*, t. V, p. 474. Roland CHOLLET cite, après Pierre CITRON (Balzac lecteur de Chamfort, *AB 1969*, p. 300), la tirade exacte de Chamfort. Et Butscha évoquant ceux qui pratiquent trop la génuflexion : « On ne va pas loin ainsi, disait Voltaire » (*Modeste Mignon*, t. I, p. 662).

3. Ainsi Lousteau et Bianchon apportent à Sancerre leurs « bons mots de petit journal » (*La Muse du département*, t. IV, p. 675). Voir aussi *Illusions perdues*, t. V, p. 447 ; *Splendeurs et misères des courtisanes*, t. VI, p. 663.

4. Ramponneau se caractérise par « ses bons mots, sa bonne humeur et ses saillies populaires » (*La Modiste*, anc. Pléiade, t. XI, p. 31). Pour occuper de soi tout Paris, « un bon mot » suffit (*Sur Catherine de Médicis*, t. XI, p. 443).

5. Bixiou et Léon de Lora sont « deux rois du bon mot » (*La Cousine Bette*, t. VII, p. 405).

6. C'est le « bon mot » qui définit en propre le chevalier de Valois dans *La Vieille Fille* (t. IV, p. 812).

7. Les « bons mots » sont « gravés en noir » sur les tombeaux du *Père-Lachaise* (*Ferragus*, t. VI, p. 897).

8. C'est le cas de Matifat, dont le seul « bon mot » est rapporté par Lousteau : « L'affaire, a-t-il dit, ne sort pas de mon commerce ! » (*Illusions perdues*, t. V, p. 423). Un « bon mot » de Cardot est également signalé ; et encore, vu le texte de ce « mot », on peut estimer que cela n'est qualifié de « bon mot » qu'ironiquement : « Sa conduite est injustifiable, comme elle est inqualifiable » (*Le Cousin Pons*, t. VII, p. 567).

9. Le conservateur des hypothèques essaye « de passer du calembour au bon mot » (*La Vieille Fille*, t. IV, p. 882).

Le jeu des mots

On ne peut classer comme jeu de mots le seul jeu des mots, c'est-à-dire un agencement réussi de syllabes et de sons, mais sans création d'un sens second. Simplement, les mots dansent et les assonances pétillent, tandis que se martèlent les homéotéleutes. Dans *Illusions perdues*, jouent « les prémices et les épices » (*épices* a été ajouté entre le *manuscrit* et l'*originale*)[10]. Chaque fois qu'on peut ainsi repérer, « pur délice sans chemin », un concours de sonorités, une simple allégresse chantante, on peut dire que les mots jouent, libérés des exigences du sens. On ne voit pas bien ce qu'il y a d'autre dans ce « mot » de Mme de Sérisy : « D'Esgrignon et Maufrigneuse sont deux noms qui devaient s'accrocher, répondit Mme de Sérisy qui avait la prétention de dire des mots »[11]. A ce titre, ce sont également des « mots », faits par Balzac, lorsque nous voyons ces trente-sept francs « que Raoul apporta railleusement à la rieuse »[12], quand l'auteur évoque « cette autocrate tricotant des chaussettes à son frère »[13]. Qui dira le plaisir pris par Balzac à de tels effets, sinon celui que nous éprouvons nous-mêmes ? Libre jeu de la création, liberté créatrice, qui rentrerait assez bien dans la « fantaisie verbale », telle que Robert Garapon l'a étudiée dans *La Fantaisie verbale et le comique dans le théâtre français*[14].

On ne saurait exclure du « jeu des mots » tant de clignements, de sautillements, de ressemblances entre des mots qui jouent aussi de leurs sens, mais de façon en quelque sorte secondaire. Malgré des affleurements de sens, c'est la danse verbale qui a la priorité. Nous en rappellerons quelques-unes, moins pour tenter une analyse, relativement décevante, que pour restituer un climat, celui de l'abondance et du rebond. Le modèle de maint jeu de syllabe a été proposé par Chamfort, rappelé dans *La Maison du chat-qui pelote*, mais alors la phonie étant au service d'un sens : « Dans ces grandes crises, le cœur se brise ou se bronze »[15] : c'est le style de la maxime. En revanche, le narrateur du *Message* est dit « s'embourbant dans les chemins du Bourbonnais »[16], Diane se créait « des robes ou des rôles »[17], et Vernou prend ses précautions :

« ... tu deviens Janus.
— Pourvu qu'il ne soit pas Janot, dit Vernou »[18].

L'assonance à la chute est la formule la plus fréquente, offrant peu de surprise, mais créatrice d'un même pétillement. Double correspondance

10. *Illusions perdues*, t. V, p. 536.
11. *Le Cabinet des Antiques*, t. IV, p. 1019.
12. *Une fille d'Eve*, t. II, p. 326.
13. *Les Petits Bourgeois*, t. VIII, p. 56.
14. A. Colin, 1957.
15. *La Maison du chat-qui-pelote*, t. I, p. 91.
16. *Le Message*, t. II, p. 399. Addition Béchet.
17. *Le Cabinet des Antiques*, t. IV, p. 1015.
18. *Illusions perdues*, t. V, p. 434.

dans le cas de l'*épigramme* et de l'*épithalame*[19], du « Schlague pour blague » de Léon de Lora[20], de « l'Ode et Code » de Butscha[21], du *motus/Momus*[22].

Cette gratuité, ces jeux sans conséquence peuvent mettre sous une forme plaisante, spirituelle, un sujet quelque peu tendancieux : le jeu d'argent, lorsque Joseph Bridau estime que le « terne lanterne beaucoup »[23] ; la boisson, lorsque Bixiou prévient : « En t'endormant toujours soûl, tu te réveilleras fou »[24] ou que Nathan énonce cette loi : les jeunes gens « doivent autant qu'ils boivent »[25] ; la grivoiserie, lorsque sont évoqués ces hommes qui veulent « séduire une petite fille avec des gravures ou des gravelures »[26] ; la politique, enfin, en faisant rimer « Centre » et ventre[27].

En perdant sa gratuité, le jeu des mots devient jeu de mots offensif et court le risque de retrouver les stéréotypes de la plaisanterie la plus traditionnelle. Michel Leiris, parlant de Robert Desnos et de l'un de ses jeux de mots, qu'il admire (« Les lois de nos désirs sont des dés sans loisirs »), semble considérer que le jeu de mots, s'il est comique, perd une part de ses dons d'invention. Il faut que le jeu de mots, pour garder son expansion, soit plus lyrique que comique[28]. On a, dans le cas du jeu des mots, le sentiment d'être au point de surgissement d'un sens neuf ; on retrouve cette impression dans le comique, mais seulement si on pousse celui-ci jusqu'à ses au-delà fracassants, si le jeu des mots est jeu d'échos. *Les Paysans* en abondent. Mouche est dit « fils naturel » des « filles naturelles » de Fourchon[29] et Courtecuisse est un « vieillard vieilli »[30]. Trésors de l'écriture ludique.

Le trait d'esprit

L'esprit est une alliance de mots suffisamment rare pour que de cette union naisse un sens qui étonne. C'est un plaisir de découverte qui fait l'essentiel de l'effet. Jouissance qui l'emporte sur le plaisir de voir le trait atteindre sa cible, comme c'est pourtant le cas assez souvent. Ironie mordante, épigramme, raillerie, pourtant présentes, s'effacent au profit

---

19. *Mémoires de deux jeunes mariées*, t. I, p. 294. Comme le remarque Roger PIERROT (n. 1), le même jeu de mots figure déjà dans *Le Bal de Sceaux*, t. I, p. 114. Il est alors signalé comme « boutade ».
20. *Un début dans la vie*, t. I, p. 826.
21. *Modeste Mignon*, t. I, p. 672.
22. *Ferragus*, t. V, p. 872. Addition de l'originale.
23. *La Rabouilleuse*, t. IV, p. 326.
24. *La Muse du département*, t. IV, p. 787.
25. *Un prince de la bohème*, t. VII, p. 809.
26. *Petites misères de la vie conjugale*, t. XII, p. 94.
27. *Les Employés*, t. VII, p. 1000.
28. « Il y avait déjà des jeux de mots dans les poèmes de Max Jacob, mais généralement comiques. Avec le jeu de mots de Marcel Duchamp, on est encore dans l'humour. Je crois que Robert Desnos a été l'inventeur du jeu de mots lyrique » (*Le Monde*, 10 janvier 1975).
29. *Les Paysans*, t. IX, p. 85.
30. *Ibid.*, p. 225.

du seul jeu. C'est bien l'impression que laisse ce mot de Balzac sur Aurélie :
« sa beauté la séduisit » (il s'agit de sa propre beauté)[31], ou sur Crevel qui
« se passe lui-même en revue »[32]. Les réalités psychologiques de la vanité
et du narcissisme ne sont pas éludées : elles sautent même davantage aux
yeux. Mais qui songe surtout à la cible, et point à la belle trouvaille ?
Balzac excelle à ces finesses toutes simples nées du nouvel emploi d'un
pronom personnel, d'un réfléchi inattendu, d'un possessif rare. Dans ce
mot de Dinah, la trouvaille du « se donner » dit tout : « — Qui choisi-
rais-je, s'il fallait absolument se donner ? »[33].

C'est dans le même registre de finesse que s'inscrit l'écriture spirituelle
de *La Vieille Fille*, aux côtés d'effets par ailleurs si gros. « D'où vient qu'elle
se marie si peu ? »[34] ; « il remorqua Mlle Cormon à quelques pots de fleurs
plus loin »[35] ; ou bien Rose « marchait vers le jeune homme en mettant
six pieds de dignité en avant d'elle »[36].

L'originalité de ce discours mondain de la plaisanterie, de cet « esprit
de finesse » que Balzac excellait à « restituer » ou à restaurer, c'est que
toutes les caractéristiques de la caricature, du pamphlet, du trait d'esprit :
la condensation, le déplacement ou l'effet de surprise, y sont présentes,
mais comme atténuées, émoussées, voilées. A découvrir par le lecteur.
C'est de ces subtils décalages que vit le récit, dans une alternance et
des relances d'apparence improvisée entre l'esprit des dialogues et l'esprit
du récit. C'est ce que proposent particulièrement *Les Secrets de la Princesse de Cadignan*, *Splendeurs et misères*, *Un prince de la bohème*.

Dans *Les Secrets de la princesse de Cadignan*, on se rappelle l'album
de Diane, « le recueil de ses erreurs »[37], litote à interpréter aussi plaisamment dans le sens de Diane pécheresse que dans le sens de chacun de
ces amants (décevants).

La valeur de la plaisanterie de Diane sur Michel Chrestien, c'est
d'oser faire la plaisanterie éculée sur son nom : « Oh ! un nom bien vulgaire, Michel Chrestien »[38]. Le stéréotype de la *Femme comme il faut*
est ravivé par cette utilisation opportune, avec le réaménagement qui
s'impose, lorsque Blondet dit à Michel Chrestien que Diane est « la
femme qu'il vous faut »[39]. Quant à l'oxymore, presque usé par tant
d'usages chez Balzac, il est ravivé quant la princesse est dite « se montrer
femme naturelle »[40].

Même festival de la trouvaille dans *Splendeurs et misères des cour-*

31. *Béatrix*, t. II, p. 897.
32. *La Cousine Bette*, t. VII, p. 58.
33. *La Muse du département*, t. IV, p. 652.
34. *La Vieille Fille*, t. IV, p. 868. Cette plaisanterie est souvent reprise par BALZAC :
« Passé quarante ans, une fille vertueuse ne devrait pas trop se marier » (*Pierrette*,
t. III, p. 102) ; « — Vous êtes marié ? — Oh ! répondit-il, je le suis si peu ! » (*La Muse
du département*, t. IV, p. 722).
35. *La Vieille Fille*, p. 877.
36. *Ibid.*, p. 878.
37. *Les Secrets de la princesse de Cadignan*, t. VI, p. 952.
38. *Ibid.*, p. 961.
39. *Ibid.*, p. 966.
40. *Ibid.*, p. 970.

tisanes, où une même ligne sinueuse, intermittente et cohérente, noue les unes aux autres les plaisanteries que font à qui mieux mieux les personnages. En voici un échantillon, qui met au même niveau, celui du meilleur esprit, Châtelet, Carlos Herrera, Nucingen, Esther ou Mme du Val-Noble et... Balzac. Le mot de Châtelet est destiné à Mme d'Espard, orfèvre et complice : « — Le fat ! dit à voix basse le comte à Mme d'Espard, il a fini par conquérir ses ancêtres »[41]. Balzac relaie à l'occasion le personnage, lorsqu'il dit, par exemple, que « Lucien trouva son terrible ami fumant son bréviaire [...] Cet homme, plus étrange qu'étranger... »[42]. A Lucien qui s'inquiète d'Esther, Carlos Herrera réplique avec son esprit habituel : « — Elle en mourra. — Ça regarde les Pompes Funèbres »[43]. Nucingen n'est pas en reste : « — *Che ne beux pas*, leur disait-il au bout du mois, *êdre le Bère Edernel* »[44]. Quant à Esther, dont Europe dit qu'elle a « de l'esprit à faire rire des condamnés à mort... »[45], elle tient des discours émaillés de merveilleuses trouvailles comme cette étiquette qu'elle donne à Nucingen : « ce pot à millions ! »[46], discours de femme « redevenue courtisane », à laquelle une autre « drôle », Mme du Val-Noble, donne la réplique : « Ma chère, il a l'âme gantée »[47].

Ce sont les plaisanteries qui communiquent au personnage de La Palférine, dans *Un prince de la bohème*, une part de son *aura*, plaisanteries qui sont généralement d'humour noir. La mère d'une enfant peu ingénue, enceinte des œuvres de La Palférine, lui demande « ce qu'il compte faire. — Mais, madame, je ne suis ni chirurgien ni sage-femme »[48]. A un créancier qui lui demande : « Pensez-vous à moi ? — Pas le moins du monde !, répond-il »[49]. Et, c'est son dernier mot : « Allons, mon enfant, je ferai quelque chose pour toi. Je te mettrai... dans mon testament ! »[50]. Mme de La Baudraye donne, dans le même ouvrage, la clé de ce comique spirituel : « Mon cher, on ne relit une œuvre que pour ses détails »[51].

Le jeu de mots

Pour simplifier, nous regroupons les jeux de mots selon deux grands types : le jeu de mots *sémantique* et le jeu de mots *phonique*. Le premier ne joue que sur le contenu, le signifié, sans que la « forme » même du mot entre dans le jeu ; le second, au contraire, fait jouer sens et forme, particulièrement la forme phonique du mot.

41. *Splendeurs et misères des courtisanes,* t. VI, p. 433.
42. *Ibid.,* p. 500.
43. *Ibid.*
44. *Ibid.,* p. 599.
45. *Ibid.,* p. 579.
46. *Ibid.,* p. 603.
47. *Ibid.,* p. 656.
48. *Un prince de la bohème,* t. VII, p. 812.
49. *Ibid.,* p. 813.
50. *Ibid.,* p. 837.
51. *Ibid.,* p. 838.

● *Le jeu sémantique*

Le jeu consiste à rapprocher et à opposer, à rapprocher ce qui était éloigné, à éloigner ce qui était rapproché, donc à susciter le sentiment du double de l'un et de l'un du double, le sentiment de « l'unité duelle », comme le montre A. Jolles[52]. Cette unité peut, du reste, être constituée par le dit et le non-dit, comme c'est le cas pour les nombreuses allusions grivoises, paillardes, voire obscènes, dont nous avons également fait le recensement[53].

— *Un seul mot, deux sens :*

C'est l'exemple le plus simple qui est proposé par Sylvie avec sa « chère » maison[54], ou lorsque de Marsay évoque son beau-père, « brasseur en bière »[55] : polysémie du premier degré.

Pour un autre groupe, le jeu porte sur le physique et le moral, le propre et le figuré. « Vous être ivre de Malaga ! », dit à Thaddée Paz la comtesse Laginska[56].

Mais, le plus souvent, le comique consiste à redonner à une expression métaphorique usée une valeur nouvelle en la prenant à la lettre.

Ainsi toutes les plaisanteries sur les « lions ». La plaisanterie de Léon de Lora sur le « chef » passe inaperçue, quand il s'adresse au chapelier Vital et lui dit : « — Vous êtes un homme de génie au premier chef [...] Vital s'inclina sans soupçonner le calembour »[57].

Le verbe permet cet éclatement de l'un grâce à la possibilité de jouer sur plusieurs compléments. Le modèle, cette plaisanterie de la pension Vauquer : « — Battez vos femmes, vos habits ! »[58].

— *Un même mot répété, deux sens :*

C'est le groupe qui est de beaucoup le plus important et la gratuité de la plaisanterie, le jeu pour le jeu y dominent largement. Ainsi du Châtelet, « envoyé extraordinaire [...], parut en effet très extraordinaire »[59].

Le jeu de la mutation saute d'autant mieux aux yeux que le changement porte sur un seul de deux mots associés, l'autre demeurant invariable. « Aussi [...] Mme Moreau se mettait-elle sur le pied de guerre et faisait-elle le pied de grue »[60].

Dans tous ces exemples, le jeu, pourtant comique, va de pair avec

---

52. A. Jolles, *Formes simples*, Ed. du Seuil, 1972 (Tübingen, Verlag, 1930), p. 205.
53. Nous en comptons une quarantaine dans *Physiologie du mariage* et une quinzaine dans *Petites misères*.
54. *Pierrette*, t. IV, p. 62.
55. *Le Contrat de mariage*, t. III, p. 649.
56. *La Fausse Maîtresse*, t. II, p. 223.
57. *Les Comédiens sans le savoir*, t. VII, p. 1168.
58. *Le Père Goriot*, t. III, p. 202.
59. *Illusions perdues*, t. V, p. 161.
60. *Un début dans la vie*, t. I, p. 813. Dinah est une muse qui fait aussi bien les « pâtés d'encre et les pâtés de gibier » (*La Muse du département*, t. IV, p. 736). Ainsi jouent « bonne fortune » et « grande fortune » (*Un prince de la bohème*, t. VII, p. 827) : « un coup de sa femme » et « un coup de tête » (*Les Employés*, t. VII, p. 1103).

l'allégresse de l'invention. Ainsi le jeu, verbal, se fait poésie : il satisfait à la fois deux de nos besoins, le besoin de confort, de stabilité et d'épargne, mais aussi le besoin de la nouveauté, du changement, de l'invention : le jeu de mots, à cet égard, est poésie.

Plus de la moitié des exemples de ce groupe est constituée par des verbes. Balzac joue sur le transitif et l'intransitif : *fumer*, tout court, et *fumer* ses terres[61] ; *traiter*, absolument, et *traiter de*[62] ; forme réfléchie et forme active : *se promener* et *envoyer promener*[63].

Balzac joue sur le simple, sur les mots les plus courants. On comprend la maestria d'un auteur dont l'opération constante est de voir et de faire voir la complexité du simple et la simplicité du complexe. Les deux jouent ensemble dans les jeux de mots sur *faire, avoir, dépenser, rendre, donner, payer*, c'est-à-dire des verbes liés à des *actions* ou à une *possession*. Le jeu le plus appuyé du groupe est précisément celui que Balzac fait jouer au verbe le plus passe-partout, le verbe *faire*. Le jeu est intarissable chez Gaudissart : « un journal que l'on va faire pour les Enfants [...] les Voyageurs quand ils ont fait [...] dix abonnements, [...] disent : J'ai fait *dix enfants* ; comme si j'y fais dix abonnements au journal le Mouvement, je dirai : j'ai fait ce soir *dix mouvements* »[64]. Plus surprenant, le fait que ce jeu de mots sur *faire* se rencontre quatre fois dans *Béatrix*, réparties sur les trois parties[65]. Ironisation, mise en question du *faire* en cette période ? C'est probable ; car, dans tous les exemples d'*actions* que nous évoquons : *aller, remuer, chasser, attraper*, le dialogue se construit, à l'intérieur du jeu, entre le sérieux et ce qui ne l'est pas, la véritable et la fausse action. « Ce matin nous chasserons le lièvre, ce soir nous chasserons le Procureur du Roi »[66]. « Le petit d'Esgrignon ira loin, n'est-ce pas ? dit [Rastignac] à son compagnon. — C'est selon, répondit de Marsay, mais il va bien »[67]. Les deux voies de la thématique balzacienne dont nous avons traité séparément pour les besoins de l'analyse se trouvent réunies dans le même jeu de mots : « Le malheureux a, comme vous venez de le dire, attrapé deux ans de prison, là où de plus habiles ont attrapé le public »[68].

Autre champ caractéristique d'une condensation pleine de sens : le vaste champ des jeux de mots que Balzac fait sur *avoir*. Partout, Balzac fait jouer l'analyse en cette synthèse, par la polysémie que lance le trait dans sa simplicité. Deux bons exemples : un dialogue de *La Muse du département*, un dialogue de *La Rabouilleuse*. Dans *La Muse*, on commente *Olympia*. Le petit La Baudraye commence :

« [...] elle n'a plus ni toilette ni considération [...]
— Mais elle a le bonheur, répondit fastueusement Mme de La Baudraye.

---

61. Cf. *Béatrix*, t. II, p. 675 ; *Un début dans la vie*, t. I, p. 786.
62. Cf. *Un début dans la vie*, t. I, p. 852.
63. Cf. *La Rabouilleuse*, t. VI, p. 483.
64. *L'Illustre Gaudissart*, t. IV, p. 569.
65. *Béatrix*, t. II, p. 677, 733, 765, 901, 934.
66. *La Muse du département*, t. IV, p. 677.
67. *Le Cabinet des Antiques*, t. IV, p. 1014.
68. *Un homme d'affaires*, t. VII, p. 781-782.

— Non, répliqua l'avorton [...] car elle a un amant...
— [...] il a du trait, dit Lousteau.
— Il faut bien qu'il ait quelque chose, répondit Bianchon »[69].

Le bonheur, l'argent, le sexe, la gloire sont en question dans cet *avoir*.

A la fin de *La Rabouilleuse*, la situation de Flore est résumée par un échange de répliques entre Bixiou et Mme Gruget . « Qu'est-ce qu'elle a, la dame que vous gardez ? — Elle n'a rien, monsieur, en fait de monnaie, s'entend ! car elle a une maladie à faire trembler les médecins... »[70].

L'envers de la possession, c'est le malheur, la maladie, la mort, pour lesquels un même verbe, *avoir*, fait l'affaire. Ironie sur le fait d'*avoir* cela, mais aussi ironie généralisée sur les divers modes de l'avoir.

Ainsi, dans le jeu de mots le plus simple, se tisse un autre jeu de questions et de mise en question, que l'on peut véritablement appeler *ironie.*

— « *Le choc des contraires* »[71] :

Balzac recourt enfin à la grille des oppositions. Parallélismes, chiasmes, réversions, antithèses : autant de ressemblances et d'entrechocs entre les mots, parfois entre les choses qu'ils désignent. Parfois seulement entre eux. L'instabilité est grande entre le comique du sens dévoilé par ces jeux de mots et celui du non-sens comiquement exploité, entre le jeu de mots usé et le jeu de mots inventif : le comique se révèle ici une fois de plus Janus.

On entre très directement dans le système de l'opposition, lorsque sont en présence deux membres de phrase où deux mots s'opposent terme à terme selon des nuances délicates, non tranchées *a priori*, hors catégories toutes faites. On est ici très proche de l'esprit avec ses effets en finesse. Tel est le calembour galant : « — Vous me prêtez des livres, mais je vous rendrais bien des francs... »[72].

La forme la plus simple de l'antithèse est celle qui naît du choc de l'affirmation et de la négation. Donc un même verbe figure dans les deux secteurs, positif d'abord, négatif ensuite, et les deux compléments respectifs, appartenant à une même catégorie lexicale, introduisent une distinction qui, dans ce cadre, va devenir une opposition. C'est le cadre de la phrase qui va ainsi créer l'opposition entre deux mots qu'on aurait pu croire semblables, en l'occurrence, « bête » et « sot ». C'est Tullia qui parle à Thuillier : « — Eh ! bien, si nous pouvons aimer quelquefois une bête, nous n'aimons jamais un sot »[73].

Forme médiane entre la précédente rubrique (un mot répété avec deux sens) et celle de l'opposition : la reprise d'un même verbe avec des compléments de valeur opposée. Ici, la grille de l'opposition met en lumière le renversement des valeurs, la formule pourrait servir d'épi-

69. *La Muse du département*, t. IV, p. 718-719.
70. *La Rabouilleuse*, t. IV, p. 534.
71. Nous empruntons cet intitulé à Georges ELGOZY, *De l'humour*, p. 76.
72. *Un homme d'affaires*, t. VII, p. 787.
73. *Les Petits Bourgeois*, t. VIII, p. 43.

graphe à quantité d'histoires de *La Comédie humaine* : « Tout le monde veut se couvrir de gloire et beaucoup se couvrent de ridicule »[74].

Enfin, voici la maxime, telle que Goupil la propose plaisamment : « — Les filles folles de leur corps sont quelquefois sages de la tête, dit Goupil »[75]. Ici, dans les deux parties de la phrase, les mots s'opposent terme à terme. Le plus souvent, l'antithèse se fait entre des mots simples : « s'ouvrir » et « se fermer », « rien » et « tout », « grand » et « petit », « bien » et « mal », « soir » et « jour », « fort » et « faible ». Simplisme, ont parfois dit les détracteurs de Balzac. Mais le jeu de mots révèle ici pleinement, en la radicalisant, la spécificité balzacienne : il recourt aussi bien aux plus gros effets qu'aux plus subtiles procédures, celles-ci passant quelquefois par ceux-là. En effet, la simplesse de l'antithèse habille parfois de secrètes oppositions et même de subtiles correspondances et elle fait naître d'un canevas grossier un motif aux riches couleurs. « Depuis six mois, il ne se passait pas de semaine que les amis ou les voisins des héritiers Minoret ne leur parlassent avec une sourde envie du *jour où, les deux yeux du bonhomme se fermant, ses coffres s'ouvriraient* »[76]. L'italique fait parler la *vox populi*, avec ses images toutes faites, mais aussi sa poésie quasi mythologique, créatrice d'une relation de parenté entre le bonhomme et ses coffres.

La simplicité balzacienne est l'art de la formalisation, le génie de l'irrigation du simple par les mille réseaux qui traversent l'ensemble de l'œuvre. Pendant le récit de Derville, dans *Gobseck*, le comte de Born interrompt l'orateur pour lui faire un portrait de Maxime de Trailles, « bon à tout et propre à rien », exemple de jeu de mots antithétique. Jeu de mots simpliste, mais qui trouve sa signification dans une phrase ample et sinueuse, qui respecte, selon l'expression de *Madame Firmiani*, « les jets du hasard ». La phrase suit Maxime, comme lui androgyne, ambivalente ; comme Maxime, elle est « anneau brillant », fantasque dans son procès et rigoureuse dans ses termes : « Type de la chevalerie errante de nos salons, de nos boudoirs, de nos boulevards, espèce amphibie qui tient autant de l'homme que de la femme, le Comte Maxime de Trailles est un être singulier, bon à tout et propre à rien, craint et méprisé, sachant et ignorant tout, aussi capable de commettre un bienfait que de résoudre un crime, tantôt lâche et tantôt noble, plutôt couvert de boue que taché de sang, ayant plus de soucis que de remords, plus occupé de bien digérer que de penser, feignant des passions et ne ressentant rien. Anneau brillant qui pourrait unir le bagne à la haute société, Maxime de Trailles est un homme qui appartient à cette classe éminemment intelligente d'où s'élancent parfois un Mirabeau, un Pitt, un Richelieu, mais qui le plus souvent fournit des Comtes de Horn, des Fouquier-Tinville et des Coignard »[77].

Ce n'est donc pas *un* jeu de mots qui mérite l'examen, mais toute une constellation d'antithèses, « anneau brillant » à la lueur duquel le

---

74. *Les Comédiens sans le savoir*, t. VII, p. 1165.
75. *Ursule Mirouët*, t. III, p. 811.
76. *Ibid.*, p. 801.
77. *Gobseck*, t. II, p. 983.

récit fait par Derville, d'un « déjeûner de garçons », reluit à son tour de nombreuses facettes, la plus brillante étant, en fin de phrase, celle des « yeux enflammés qui ne disent plus rien » et des « confidences involontaires qui disent tout »[78]. C'est partout le même jeu, quand se présentent ces jeux de mots-antithèses. Mais le jeu peut être jeu de bulles[79] ou jeu du sens en ses miroitements[80]. Dans la totalité balzacienne, on ne peut dissocier les uns des autres et le jeu de mots invite tout particulièrement à ce mouvement de va-et-vient entre le tout et la partie. Nous sommes, en cette instance, amené à faire le trajet inverse de celui que nous avons suivi dans le chapitre I. Nous y analysions le discours référentiel, visant un *réel*, et, *in fine*, nous découvrions très souvent distance, jeu, mise en question, ironie : démarches ultimes de finition par une relance. Ici, nous partirons du jeu, mais dans le jeu se perçoit la ligne du sens dans son entier. Le sens part de ce jeu de mots ou arrive à ce jeu de mots. Innervation sans obligation, mais que la lecture peut faire de nouveau parcourir, faisant apparaître en net ce parcours implicite[81], ce qui à la fois renforce le comique et lui donne une profondeur.

D'après toutes les formes du jeu de mots que nous venons d'explorer,

78. *Gobseck*, t. II, p. 984.
79. Bulles, ces antithèses plaisantes, sans substrat ni radiations particulières : Grindot, « ce grand architecte en petits décors » (*Béatrix*, t. II, p. 901) ; le nom de la charge de « grand-écuyer », qui fait rire Charles X, parce que c'est le petit duc d'Hérouville qui en est le titulaire (*Modeste Mignon*, t. I, p. 617) ; l'expression de la naïve vanité de Dinah, lorsqu'elle « regarde cette soirée comme un de ses grands jours » (*La Muse du département*, t. IV, p. 701-702) ; c'est enfin le triomphe de la dérision avec Carabine : « Vous avez dévalisé la mer pour orner la fille » (*La Cousine Bette*, t. VII, p. 407). Bulles, dans leur plein sens de bulles, où le grand se pulvérise dans le rien, d'où le comique.
80. Ainsi, le jeu de mots prêté à Butscha sur Canalis, le « grand poète qui n'est qu'un petit comédien », résume tout le portrait du « grand poète » que trace *Modeste Mignon*, et renvoie à tous les « artistes » au petit cœur que compte *La Comédie humaine* (*Modeste Mignon*, t. I, p. 663). Le mot de Bixiou, au moment où va se terminer *La Rabouilleuse*, peut aussi bien être lu à l'endroit qu'à l'envers et prend sens par et pour l'ensemble du roman : « Quel plaisir d'inventer du bien qui fera tant de mal ! » (*La Rabouilleuse*, t. IV, p. 537). De la même façon, le jeu de mots sur du Bousquier (« ces esprits forts, qui sont généralement des hommes faibles ») demande à être replacé dans l'ensemble de l'ouvrage qui développe ce qu'est un esprit fort, celui qui gagnera la partie politique, et ce qu'est l'homme faible, celui que Rose Cormon découvrira (*La Vieille Fille*, t. IV, p. 835).
81. Les parallélismes de tout ordre demeurent souvent jeu formel : badinage épistolaire de Sabine du Guénic évoquant « les expériences de l'Expérience » (*Béatrix*, t. II, p. 855) ; mime de l'agitation superficielle et inutile : « tout ce qui s'habille et babille, s'habille pour sortir et sort pour babiller » (*Les Marana*, t. XI, p. 1072) ; stéréotype populaire : « Quel métier de chien ! — qué chien de métier ! » (*Un début dans la vie*, t. I, p. 741) ; chute spirituelle et rhétorique pour conclure le portrait de Mme Zayonscek : « Enfin, elle est un véritable conte de fées, si toutefois elle n'est pas la fée du conte » (*L'Interdiction*, t. III, p. 452). Mais ce « procédé » peut prendre sens, servir à l'invention d'un sens nouveau. Jeu pur, la réversion peut devenir le moyen d'opposer le bien et le mal : « Les pauvretés de la richesse et les richesses de la pauvreté » (*La Peau de chagrin*, t. X, p. 96), ou d'exposer le couple de contraires équivalents, voire le dilemme central de *La Peau de chagrin* (« la Sagesse ivre [...] l'Ivresse devenue sage et clairvoyante » (p. 98) ou « sagesse insensée [...] folle sagesse » (p. 118)). « La figure qui, par sa forme fermée et son obsessionnelle répétition, dit la situation sans issue et l'impossibilité de la foi et du choix est en même temps moyen de susciter un sens neuf et de glorifier l'invention » (Maurice Ménard, L'arabesque et la Ménippée, art. cit., p. 22).

nous constatons que Balzac excelle à ce que l'on a appelé le *Witz* en Allemagne, le *Wit* en Angleterre, forme particulière d'esprit qui est d'abord jeu sur les mots. Dans tous les cas, jeu de mots « gratuit », ou jeu de mots en liaison plus ou moins directe de sens avec le roman auquel il appartient, ce *Witz* cultive la « découverte des ressemblances éloignées » entre les mots. Pour reprendre les termes de Jean-Luc Nancy dans sa présentation de Jean Paul, *Sur le trait d'esprit*, le *Witz* « est une générosité de la combinaison. Comme tel, il se distingue du jugement qui compare et assemble ou sépare, selon l'ordre de la raison et de la vérité, et se marque en revanche du côté de l'imagination qu'on nommera plus tard 'créatrice' : de la *fancy/Phantasie*, que nous appellerons par son nom, fantaisie »[82].

● *Le calembour et l'à-peu-près*

L'affection de Balzac pour le calembour est bien connue. On sait aussi le rôle d'inspirateur qu'a pu jouer sur ce plan Laurent-Jan[83]. L'époque romantique en est généralement très friande ! Les exemples, tout spécialement chez Hugo, abondent[84]. On peut du reste trouver trace de cette vogue dans l' « *Encyclopédie pittoresque du Calembour*, d'après MM. Dupin, Thiers, Guizot... Balzac, V. Hugo, Listz *(sic)*... recueillie et mise en désordre par Joseph Prudhomme » (1841).

Cette fascination que le calembour exerce sur Balzac est en relation directe, immédiate, avec la création. Dans le cas de Séchard, entre autres éléments de création analogique, Roland Chollet constate que la « soûlographie procède de la typographie »[85]. Maints exemples témoignent de l'enrichissement des textes par le calembour. Celui-ci n'apparaît pas toujours sur le manuscrit, mais seulement sur les épreuves. Ainsi sont peu à peu mises en place la prétendue devise de Canalis : « Or et fer, qui ne fut jamais aurifère », et la reprise dans le même texte du « sans or ni fer »[86]. On pourrait rappeler aussi la création seconde du calembour sémantique de *La Rabouilleuse* sur Poussin. La plaisanterie, telle que nous la lisons, a une histoire : « On vient de nous dire à Bourges qu'il y a un petit poulet, comment donc ? un Poussin qui était avant la Révolution dans le chœur de la cathédrale, et qui vaut à lui seul trente mille francs... »[87]. Sur le manuscrit, Balzac s'était contenté d'écrire, au lieu de « qu'il y a un petit poulet[...] un Poussin » : « qu'il y a un Coussin ». Il

---

82. Jean-Luc NANCY, Préface à JEAN PAUL, *Sur le trait d'esprit*, *Poétique* n° 15, 1973, p. 368.
83. Cf. l'article de Maurice REGARD sur Laurent-Jan, *AB 1960*, p. 161-179. On y trouve en particulier des exemples de son goût pour le calembour, les contrepèteries, les proverbes retournés (p. 174).
84. Entre tant d'autres, cette légende d'un dessin : « L'amas de laine », ou dans son *Portefeuille dramatique* (t. IX du Club français du Livre, p. 900) : « O Grèce, O Graisse, Ogresse » ; p. 902 : « Il écrivait habituellement le Jean rumain » ; p. 937 : « truands-obstruants ».
85. Roland CHOLLET, Introduction d'*Illusions perdues*, t. V, p. 32-33.
86. *Modeste Mignon*, t. I, p. 511.
87. *La Rabouilleuse*, t. IV, p. 453. L'histoire est signalée par René GUISE.

y avait un calembour phonique premier : à-peu-près sur *Coussin* au lieu de *Poussin*. Le typographe ayant cru à une erreur et ayant remplacé *Coussin* par *Poussin*, Balzac a forcé les faits en faisant le calembour que nous lisons. De même, on peut citer le calembour à tiroirs de *Splendeurs et misères* qui est un calembour sémantique : « bien que le calembour soit assez peu dans la manière de Corentin », comme l'écrit Pierre Citron, « dans 'Père... ade. A... demain', Balzac s'y est pourtant laissé aller ; il n'a trouvé le second que sur Furne »[88].

Tant de variantes montrent le soin que Balzac prend à combiner, améliorer, intégrer ses calembours[89].

— La stricte homonymie :

Balzac emploie lui-même le mot de *calembour* pour désigner le surnom que se donne Butscha : *le clerc* obscur[90]. Calembour qui a ses lettres de noblesse, si l'on en croit Balzac, ce qui confère une dimension historique et sociale au calembour même. On rencontre aussi des calembours relativement sophistiqués, mais tout à fait vides, comme celui que fait Thuillier sur les *raiponces*, plante dont on fait des salades[91]. Calembours des métiers ou calembours des spécialistes sont plus rares que les bons et braves, gros et simples calembours sur les mots les plus courants. Vinet, politique, sait bien que c'est dans ce registre qu'il faut travailler : aussi ne s'en prive-t-il pas : « — Il les soigne comme père et maire ! répliqua Vinet »[92]. Dauriat, dans le monde de la librairie, n'y manque pas non plus : « L'or (Laure) y est déjà pour quelque chose »[93]. Classique et vigoureusement populaire, le calembour sur *lait* et *laid*. Nous avons déjà rencontré : « Ris au laid »[94] ; c'est dans cette veine que se situe Mme Cibot, « ancienne héroïne des halles », avec son calembour dont rit Fraisier : « C'est ma vieille nourrice », avait dit l'homme de loi à la Cibot ; « — Elle a encore beaucoup de laid »[95], répond la Cibot. C'est tout le talent de la Halle qui s'exprime ici, mais la sottise d'une Mme Crémière se coule aussi dans le même moule. Goupil ayant dit à Désiré Minoret : « — Tu prends encore la licence pour thèse après ta thèse pour la licence », Mme Crémière demande : « — Comment ! il lui dit qu'il se taise ? »[96]. L'oralité populaire et la sottise sont deux éléments qui

88. *Splendeurs et misères des courtisanes*, t. VI, p. 561, n. 2.

89. Les tendances critiques lacaniennes et postlacaniennes ont généralisé le calembour, au point de le chercher et de le trouver partout. Ainsi Maurice Laugaa intitule une des sections de son article L'effet « Fille aux yeux d'or » : « Valeur calembour (ou récurrence et calembour) », *Littérature*, n° 20, décembre 1975, p. 62-80.

90. *Modeste Mignon*, t. I, p. 472-473.

91. *Les Employés*, t. VII, p. 1080.

92. *Le Député d'Arcis*, t. VIII, p. 748 ; cf. aussi *La Cousine Bette*, t. VII, p. 224.

93. *Illusions perdues*, t. V, p. 474.

94. *Les Employés*, t. VII, p. 1074.

95. *Le Cousin Pons*, t. VII, p. 635-636.

96. L'exemple est rare parmi les lapsus et autres *capsulinguettes* de Mme Crémière, puisqu'il n'y a ici aucun « à-peu-près », mais une stricte homophonie (*Ursule Mirouët*, t. III, p. 807 ; addition de la version préoriginale du *Messager*). C'est la raison pour laquelle nous le citons ici. Fréquemment de tels calembours organisent le dialogue ; ainsi Bianchon : « Je l'acquitte », et Gatien : « D'autant plus que son mari ne la quitte

assurent au langage une vie étrangère à la norme : une vie en deçà ou au-delà de cette norme.

On peut prendre comme exemple privilégié du fonctionnement romanesque du calembour celui que Balzac fait à maintes reprises sur les mots : *compte, comte,* et *conte.* Ce jeu de mots permet de déployer tout un éventail. Au plus bas, les Rogron, qui font une confusion et prennent les comtes de Champagne pour des mémoires de vin. Face à cette stupidité, le président Tiphaine s'indigne, mais dans des termes tels que peut jouer à son encontre une certaine ironie : quand on fait cela, dit-il, « on doit rester chez soi »[97]. Inconscience et fausse certitude confrontées composent une comédie. On retrouve le « mot » dans un salon de province, chez Mme Marion, à Arcis-sur-Aube, et, à Paris, chez Mme du Val-Noble et chez La Palférine. A Arcis, on rit sur le calembour qui n'a pas eu lieu : on complimente son « auteur », le substitut Vinet, qui n'en peut mais, tandis que le mot « fit excessivement rire »[98]. Donc on se trompe, comme les Rogron ; on condamne doctement, comme Tiphaine, on rit sottement, comme chez les Marion : autant de degrés de l'inconscience. Autour du même jeu de mots, dans la conscience, divers niveaux sont également décelables : celui de l'aimable badinage entre Bette et Hortense[99], de la drôlerie gaillarde chez la courtisane évoluée : « — Voilà les comptes des Mille et Une Nuits ! »[100] ; ou de l'humour noir, blasphémateur, de La Palférine évoquant son père, colonel d'Empire atteint de scoliose : « Ce fut un comte refait »[101].

Balzac couronne cet édifice du calembour, lorsqu'il brocarde une mode du moment, celle des mythes, à la fin d'un roman où Rose Cormon vient de prendre une dimension quasiment mythique : « Les mythes modernes sont encore moins compris que les mythes anciens, quoique nous soyons dévorés par les mythes »[102].

— L'à-peu-près et le coq-à-l'âne :

Avec l'à-peu-près, on n'assiste plus seulement à un jeu, mais à un jeu en quelque sorte expérimental. L'écart, dans les exemples précédents, se creusait entre la sottise et l'esprit. Dans l'à-peu-près ou le coq-à-l'âne, l'écart prend une dimension vertigineuse. Ce n'est plus seulement la bêtise, mais l'absurde, le non-sens, qui s'aperçoit dans l'insondable. Si, en revanche, le jeu en est maîtrisé, c'est à une réflexion sur le langage et sur ses possibles que cette tératologie comique nous fait atteindre.

---

pas » (*La Muse du département,* t. IV, p. 677). C'est encore l'énorme jeu de mots de Minoret qui, versant un verre de rhum, s'écrie : « Allons, papa, prenez ?... il est de Rome même » (*Ursule Mirouët,* t. III, p. 842). Esther ne fait pas mieux quand elle dit : « Je ne veux plus entendre parler de foie. J'ai eu trop de foi... Aux proverbes... » (*Splendeurs et misères des courtisanes,* t. VI, p. 622). Même type de discours chez Valérie Marneffe, qui appelle Hulot son vieux *chat teint* (*La Cousine Bette,* t. VII, p. 96).

97. *Pierrette,* t. IV, p. 56.
98. *Le Député d'Arcis,* t. VIII, p. 781.
99. *La Cousine Bette,* t. VII, p. 88-89.
100. *Illusions perdues,* t. V, p. 493.
101. *Un prince de la bohème,* t. VII, p. 810.
102. *La Vieille Fille,* t. IV, p. 935.

Les rapprochements saugrenus, fondés sur des erreurs volontaires, ne parviennent pas à voiler sous les rires l'étrangeté de l'arbitraire linguistique. Gritte trouvait que ce n'était pas assez d'être sur « son trente-et-un », elle pousse jusqu'à « cinquante-et-un »[103], et Flore Brazier pèse la dévotion jusqu'à « 36 carats »[104]. Cependant, dans les bureaux, on passe d'un *cran* à un *crâne*[105], à Paris, du *capital* à la *capitale*[106] et, à Sancerre, du *mort* aux *mots*[107]. Dérèglements sémantiques ou dérèglements phoniques, inconscients ou conscients, sont systématiquement exploités par Balzac.

Balzac les exploite pour le plaisir. En témoigne la multiplication gratuite des *capsulinguettes* de Mme Crémière, entre la publication pré-originale et les éditions d'*Ursule Mirouët*, comme l'indique Madeleine Fargeaud[108]. Il peut arriver que le calembour ait une valeur offensive, comme dans les « gens-pille-hommes » des *Chouans*[109], mais on rencontre le même mot, sans justification, dans *Maître Cornélius*[110]. Plaisir pur.

Le grand nombre des proverbes retournés qu'exploite Balzac ne témoigne pas seulement d'une mode historique[111], mais d'une sorte de passion[112]. On sait que le maître, dans *La Comédie humaine*, en est Mistigris, et que les proverbes retournés abondent dans les romans où il est présent, dans *Un début dans la vie*, dans *La Rabouilleuse*, dans *La Cousine Bette* et dans *Les Comédiens sans le savoir*, mais, selon la vocation du double balzacien, les mêmes proverbes retournés sont pratiqués par une Mme Crémière ou par Léon de Lora, par un personnage stupide et par un plaisantin avisé. Ainsi, d'un roman à l'autre, mots de mystificateur ou de personne stupide, se répandent les mêmes proverbes, la « *chenille ouvrière* »[113] ou « *Abondance de chiens ne nuit pas* »[114], ou encore ce « *temps est un grand maigre* » qui venait, dit Lousteau, de Minette, vedette du Vaudeville[115].

Cette grande circulation du verbe décalé assure une large présence, dans *La Comédie humaine*, du « baroque » et du « cocasse », pour reprendre les termes de Balzac[116]. Ainsi peut-on recueillir, parmi les meilleures cocassités, Esther retombée de *caraïbe en syllabe*[117], tandis que Florine

103. *La Rabouilleuse*, t. IV, p. 439.
104. *Ibid.*, p. 416.
105. *Les Employés*, t. VII, p. 1025.
106. *Les Comédiens sans le savoir*, t. VI, p. 1212-1213.
107. *La Muse du département*, t. IV, p. 714.
108. *Ursule Mirouët*, « Histoire du texte », t. III, p. 1532.
109. *Les Chouans*, t. VIII, p. 948.
110. *Maître Cornélius*, t. XI, p. 49.
111. Balzac en donne l'origine et la définition, dans *Un début dans la vie*, t. I, p. 772 : « En ce moment, la mode d'estropier les proverbes régnait dans les ateliers de peinture. C'était un triomphe que de trouver un changement de quelques lettres ou d'un mot à peu près semblable qui laissait au proverbe un sens baroque ou cocasse. »
112. Une liste substantielle de ces proverbes « retournés » ou « calembourdisés » (verbe qu'emploie Balzac, dans *La Rabouilleuse*, t. IV, p. 451) figure dans *Pensées, Sujets, Fragments. Un début dans la vie* en compte quelque 35.
113. *Ursule Mirouët*, t. III, p. 988.
114. *Ibid.*, p. 904 ; *Un début dans la vie*, t. I, p. 788.
115. *Illusions perdues*, t. V, p. 348.
116. *Un début dans la vie*, t. I, p. 772.
117. *Splendeurs et misères des courtisanes*, t. VI, p. 622.

veut rendre son homme heureux comme *un coq en plâtre*[118]. Grâce à Mme Crémière, Beethoven devient « Bête à vent »[119], grâce à Vernier le pays marche « à la grosse *suo modo* »[120], le comte de Sérizy est dit voyager « *en cognito* »[121] et le facteur de *La Fille aux yeux d'or* rit de son coq-à-l'âne, lui qui a été pris pour un « *hémisphère* »[122].

Tous ces relayeurs de coq-à-l'âne ne sont pas présentés comme atteints de vertige devant les dérèglements du langage. La seule à être inquiète, c'est Rose Cormon : ironie de Balzac. Pendant le discours de Troisville, elle s'est haussée d'un cran, pour entrer dans les arcanes de l'esprit : on ne s'en est pas aperçu. Le vicomte ayant fait l'éloge de sa maison : « — Oui, tout y est en rapport, les tons, les couleurs [...] », Rose Cormon répond : « — Cependant elle nous coûte beaucoup [...]. » Elle a été « frappée du mot 'rapport' [...] le vicomte ne remarqua pas le coq-à-l'âne »[123]. Après avoir été « frappée », la voici « inquiète », le vicomte venant d'employer le mot *confortable*. « Y a-t-il plusieurs mots là-dedans ? [...] C'est peut-être un mot russe, je ne suis pas obligée d'y répondre »[124].

S'il n'y a pas de meilleur véhicule du non-sens que la sottise, pour révéler comment peuvent exploser les mots (mais il y a aussi Nucingen, Schmucke, la Cibot, Rémonencq, etc., avec leurs « dialectes »), l'ironie veut que ce soit elle aussi qui manifeste un certain vertige devant cette prolifération de possibles. Faute de connaître la norme, elle peut tout soupçonner, dans la forme et dans le sens des mots.

— Le « signifiant » et le non-sens :

De coq-à-l'âne en proverbe retourné, et de calembour en à-peu-près, chez les rapins, les courtisanes ou les benêts, c'est l'oralité qui est le véhicule de l'erreur et du quiproquo subi ou entretenu. Le roman balzacien privilégie largement cette oralité. Poème cocasse, *La Comédie humaine* se manifeste souvent comme une « hésitation prolongée entre le son et le sens ».

Mme Vauquer reprend Poiret sur sa « fameuse *soupeaurama* » et précise que c'est une « soupe aux choux »[125]. Mme Crémière, à Mme Dionis qui ne « savait quelle eau prendre pour ses dents », répond : « — Prenez de l'opiat »[126]. Ou encore, Jenny Cadine, apprenant de Carabine qu'on va lui donner un tableau de Raphaël, s'esclaffe : « — Quelle rat te passe dans la cervelle ? »[127].

Dans tous ces cas, on prend une syllabe pour un mot, mais cette constatation implique qu'il est possible de faire d'une syllabe un mot et, si Balzac ne ressent pas, et ne vise pas à créer, un vertige, il commu-

118. *Ibid.*, p. 643. Addition Furne.
119. *Ursule Mirouët*, t. III, p. 871.
120. *L'Illustre Gaudissart*, t. IV, p. 581.
121. *Un début dans la vie*, t. I, p. 744.
122. *La Fille aux yeux d'or*, t. V, p. 1067.
123. *La Vieille Fille*, t. IV, p. 900.
124. *Ibid.*
125. *Le Père Goriot*, t. III, p. 92.
126. *Ursule Mirouët*, t. III, p. 780.
127. *La Cousine Bette*, t. VII, p. 406.

nique le sentiment de la création verbale. Création à partir du non-sens, à l'aide du non-sens ou contre lui. Balzac fait aborder à une limite, celle de l'absurde : cela a détourné de lui quelques esprits, pour lesquels tous ces mauvais bons mots sont autant de signes d'essoufflement, de vulgarité ou de complaisance.

Sans doute, les litanies du conservateur des hypothèques d'Alençon ne donnent pas le sentiment des au-delà du non-sens, avec tous ses « père-sévère » qui « ne sont ni père ni maire »[128], avec son « qui ne » greffé sur un « terne »[129]. Mais si l'Eglise et la Noblesse « étaient descendues dans l'arène du calembour en conservant toute leur dignité », le roman, lui, se compromet par tant d'*à-peu-près*. Il marque à quel point la conquête de son « sérieux » ne peut se faire sans risquer de se perdre dans ce non-sérieux fondamental : la tentation, la fascination, le risque du non-sens affleurent ou surgissent avec une insistance provocante.

Les manifestations les plus extravagantes de ce non-sens ont un caractère de gratuité tel, sont à ce point dénuées de lien avec le contexte, que toute la rigoureuse et mobile combinatoire balzacienne s'en trouve compromise. Sorte d'absolu comique et bête sans commune mesure avec le reste. Ainsi, Mistigris, à propos du duc de Sérisy : « — Cette femme a donc un mari à la coque ? »[130]. Sans doute y a-t-il un jeu de mots sur « œuf à la coque », puisque, pour le soigner, on le « cuit dans des espèces de boîtes en fer ! ». Mais il y a surtout jeu de mots parfaitement saugrenu sur Marie Alacoque.

Le comble est atteint, comble du comique et du non-sens, lorsque la communication par le calembour se fait sur un malentendu entre deux personnages du roman ou se fait entre le texte et le lecteur sur un inentendable. Le malentendu comique, c'est celui de Margaritis face à Gaudissart : celui-ci demande : « [...] connaissez-vous Ballanche ? — Nous ne faisons que de ça ! dit le fou qui entendit *de la planche* »[131]. L'inentendable, c'est Jonathas parlant de son maître dans *La Peau de chagrin*[132].

Mais inatteignable demeure cet ironique silence auquel nous sommes condamnés, lorsque les paroles les plus drôles sont couvertes par le brouhaha et deviennent inaudibles, comme celles de Bixiou dans *La Peau de chagrin*, ou lorsque Lucien se fit conduire rue de la Lune et se dit à lui-même des calembours sur le nom de la rue[133]. Mise en question sternienne ? Certainement oui et, de surcroît, au centre de romans où nombreux sont les effets de polysémie, les perspectives mobiles.

Le jeu des mots, le jeu de mots, l'alternance du bon mot et du calembour, de l'esprit et de l'absurde, les empiétements de l'un sur l'autre constituent par eux-mêmes un vaste réseau mobile. L'expérimentation sur les mots, qui se poursuit à travers le discours joueur, dans le jeu qui

128. *La Vieille Fille*, t. IV, p. 882-883. Les treize lignes avec les calembours sont une addition globale de l'épreuve 9.
129. *Ibid.*, p. 877.
130. *Un début dans la vie*, t. I, p. 802.
131. *L'Illustre Gaudissart*, t. IV, p. 591.
132. *La Peau de chagrin*, t. X, p. 215.
133. *Ibid.*, p. 106 ; *Illusions perdues*, t. V, p. 511.

s'exerce sur le jeu lui-même, confirme l'hostilité du roman balzacien au discours clos, au statisme de l'univoque et du sérieux.

Mais peut-on s'en tenir à l'idée du jeu comme refus du sérieux, comme moyen de fuir dans le jeu ?

Ce discours ludique du jeu de mots dont nous avons analysé le mécanisme est un moyen et un signe, non une fin. Rupture avec le monologisme du sérieux, il est signe de la fascination que les mots exercent par leurs possibilités d'invention. Balzac ne cède pas encore « l'initiative aux mots », mais il pratique cet exercice de style perpétuel où le plus usé des jeux de mots retrouve parfois, ravivé par coexistence et confrontation, de neuves couleurs.

Il serait donc faux de lire cet exercice comme le seul fruit d'un sentiment d'usure, comme exercice d'un désenchantement de bouffon lyrique à la Fantasio. Ce refus du « sérieux », du langage fixé, parle pour un autre sérieux, qui se cache dans l'ironie fidèle à sa mission philosophique première ; interrogatrice et exploratrice, plus que dévastatrice. « La drôlerie sans une arrière-pensée sérieuse ne serait pas ironique, mais simplement bouffonne »[134].

Il ne faut pas isoler la signification de ce recours au jeu de mots généralisé. Ce premier ensemble du jeu se relie à un autre discours ludique, qui est à l'œuvre dans *La Comédie humaine*, le discours ironique. En ces jeux de mots, c'est l'ironie qui « joue avec les mots comme les princesses de *L'Oiseau de Feu* avec les pommes d'or, déformant capricieusement leur sens, liant le distinct, séparant l'identique ; elle exploite en virtuose les malentendus de la paronymie et se cache, pour y forger ses calembours, dans l'ombre propice des homonymes »[135].

Les jeux de mots, discours ludique visible, constituent la modalité la plus apparente d'un plus vaste discours, qui oblige souvent à une lecture double, à une lecture conjuguée du pour et du contre, de l'alternance, de l'antithèse ou de l'indivision[136], le discours ironique.

II. LE JEU DE L'IRONIE ROMANESQUE

Le discours du jeu ironique, tel que nous l'envisageons ici, dans le roman balzacien, n'est pas celui que nous avons vu à l'œuvre dans la raillerie, démarche « tendancieuse », offensive, « vengeresse », « mordante », dont le propos est de viser une cible. Le discours ironique que nous considérons est discours de la totalité : chaque élément, chaque détail doit être lu dans sa relation avec la totalité de l'œuvre, avec ses divers contextes. Le détail appelle « l'ensemble d'où on l'a ironiquement extrait pour le monter en épingle »[137]. C'est en quoi le discours ironique est

134. Vladimir JANKÉLÉVITCH, *L'ironie*, Flammarion, 1964, p. 103.
135. *Ibid.*, p. 147.
136. Selon les distinctions que propose Vladimir JANKÉLÉVITCH, *ibid.*, p. 141.
137. *Ibid.*, p. 172.

ludique : il oblige à prendre du jeu par rapport au segment isolé, mot, phrase, page, roman, pour faire jouer ce mot, cette phrase, cette page avec l'ensemble. Car seul cet ensemble leur donne leur vrai sens.

Ce discours du jeu romanesque est ironique en un double sens chez Balzac, répondant ainsi à certaines des difficultés spécifiques de l'ironie littéraire telles que les énoncent les « ironologues » contemporains[138]. En effet, la forme spécifique de l'ironie littéraire apparaît comme un « mode de discours »[139]. C'est donc tout d'abord comme « ironie verbale »[140] que l'ironie doit être analysée. Ce qui n'est possible qu'à la condition d'en avoir repéré les indices, en particulier dans le domaine des voix narratives. L'ironie verbale dans le roman, dans le « discours de la fiction »[141], est liée au jeu de ces voix, au sujet parlant dans la narration[142].

Mais, à côté de cette ironie verbale, il existe une autre ironie, dans la vie, dite « ironie du sort », ou, selon l'expression introduite en France par Mme de Staël, « l'ironie du monde », ou encore, aujourd'hui, appelée, selon les auteurs, ironie « non verbale » ou « situationnelle » ou « référentielle »[143]. L'ironie référentielle est celle qui naît de la « contradiction entre deux faits contigus »[144]. C'est même, si l'on en croit Robert Musil, l'ironique auteur de L'Homme sans qualités, la forme de l'ironie par excellence, qui doit « ressortir dans toute sa nudité du rapport que les choses elles-mêmes ont entre elles »[145].

Or, dans La Comédie humaine, les deux ironies se rencontrent, se complètent, s'échangent. La formulation ironique de la phrase est quelquefois l'élément déterminant, mais, plus souvent, c'est par juxtaposition, succession, confrontation, par le jeu du double et de l'écho que les mots, les faits et les personnages jouent les uns par rapport aux autres. Ce qui est énonciation romanesque est parfois lu comme ordre des faits et du monde. Balzac, romancier, tend à faire jouer comme « situationnel »

138. Selon l'expression qu'utilise, entre autres, Wayne C. BOOTH, A Rhetoric of Irony, University of Chicago Press, 1974 ; cf. également Henri MORIER, Dictionnaire de poétique et de rhétorique, 2e éd., PUF, 1975 ; L'ironie, Travaux du Centre de Recherches linguistiques et sémiologiques de Lyon, 1976 ; Ironie, n° 36 de la revue Poétique, novembre 1978.
139. Expression de Beda ALLEMAN, De l'ironie en tant que principe littéraire, Poétique, n° 36, p. 390. Cet auteur précise sa définition de l'ironie comme mode de discours : « un contraste transparent entre le message littéral et le message vrai » (ibid., p. 395), ce qui rejoint la définition donnée par Freud à la fois pour l'ironie orale et écrite : « L'ironie consiste essentiellement à dire le contraire de ce que l'on veut suggérer tout en évitant aux autres l'occasion de la contradiction : les inflexions de la voix, les gestes significatifs, quelques artifices de style dans la narration écrite, indiquent clairement que l'on pense juste le contraire de ce que l'on dit » (op. cit., p. 267).
140. Catherine KERBRAT-ORECCHIONI, Problèmes de l'ironie, in L'ironie, Pr. Un. de Lyon, p. 17 : « L'ironie verbale, c'est la contradiction entre deux niveaux sémantiques attachés à une même séquence signifiante. »
141. Ibid., p. 40.
142. Ibid., p. 41 : « On peut remarquer que l'étude de l'ironie littéraire est absolument indissociable d'une interrogation sur le sujet d'énonciation, cette instance qui, dissimulée derrière le texte, juge, évalue, ironise. Si l'on refuse ce type de problématique, le concept d'ironie se trouve du même coup frappé d'inanité. »
143. Ibid., p. 15.
144. Ibid., p. 17.
145. Cité par Beda ALLEMAN, art. cit., p. 393.

ce qui est « d'énonciation ». Il adopte et fait adopter par le lecteur un regard englobant qui ressemble à celui de l'ironiste par excellence, c'est-à-dire Dieu, si l'on en croit Daniel Muecke, spécialiste australien de l'ironie[146].

L'ironie d'énonciation

Par définition, il n'y a ironie que s'il y a « pseudégorie », façon artificiellement mensongère de parler, qu'il faut percevoir comme telle. Or ce dépistage est délicat : on croirait parfois entendre Pétrus Borel : « Il est bon d'avertir des endroits risibles. » En effet, le propre de l'ironie est de ne pas prévenir.

Nous nous sommes toutefois intéressé à quatre indices. L'ironie est repérable dans des cas de dysfonctionnement logique, de rupture de la logique admise. L'ironie est plus indécise et plus instable dans les formes diverses de l'hyperbole. Elle est présente dans les énoncés parodiques, sous une double forme : celle d'une parodie contrepoint qui joue par contraste avec un autre énoncé ; celle de la parodie surcharge, qui joue par renforcement des traits génériques d'un passage donné, et particulièrement de la théâtralité. Enfin, l'ironie est subtile et insidieuse, mais par là même atteint sa meilleure définition et sa plus grande efficacité, dans l'entrelacs des voix narratives et, en particulier, dans le recours au style indirect libre.

● Logique ironique

L'ironie de la logique fausse, qui est en même temps, du reste, faussement illogique, est sans ambiguïté, une fois qu'elle est découverte sous son masque. Ce n'est pas une forme d'ironie purement ludique bien qu'elle donne le plaisir de la démasquer.

« Quoique ce fussent des créanciers, il faut leur rendre justice : ils furent exacts »[147]. Ce *quoique*, digne de M. de Norpois, est une fausse concession, une vraie cause. C'est une façon d'égratigner les créanciers.

« Monsieur Hochon prit *donc* parti pour ses hôtes. Il s'agissait *d'ailleurs* d'une succession énorme » : flottement ironique d'un « d'ailleurs » qui joue le raisonnement, sans du reste préciser lequel[148].

Le père Séchard a toujours su profiter des situations : « Car, *en sa qualité* d'imprimeur, il ne sut jamais ni lire ni écrire »[149]. Mise en question de Séchard ou mise en question des imprimeurs ? L'un et l'autre. Car deux lectures sont possibles : l'une de « en sa qualité de » comme causal, ce qui met en relief l'ignorance « bien connue » des imprimeurs ; l'autre d'un « en sa qualité de » concessif, ce qui met en joue l'ignare Séchard.

146. Cité par Catherine KERBRAT-ORECCHIONI, *ibid.*, p. 42, n. 46.
147. *Eugénie Grandet*, t. III, p. 1194. Addition de l'originale.
148. *La Rabouilleuse*, t. IV, p. 437. C'est nous qui soulignons.
149. *Illusions perdues*, t. V, p. 124. C'est nous qui soulignons.

Ces jeux du raisonnement ironique oscillent entre l'attaque corrosive et le pur plaisir d'écrire cette attaque, avec un fleuret plus ou moins moucheté. Balzac confie à ses personnages le soin de cette escrime. Par exemple, Camille Maupin et ce *néanmoins* qui proclame plus fortement et plus plaisamment encore la sottise de Rochefide : « Rochefide est assez sot ; néanmoins il a commencé par avoir un fils »[150]. Mais cette ironie demeure trait d'esprit, flèche d'épigramme relativement mondaine. Elle gagne en profondeur d'attaque, en suscitant davantage la réflexion du lecteur, lorsque cette provocation se love dans le secret de la narration. En des circonstances sans doute tragiques, à la fin d'*Illusions perdues*, Lucien, qui, en effet, a tout perdu, conte son malheur d'une façon « poétique », qui devrait attendrir. Cela demeure possible, sans doute, pour le lecteur hâtif, sensible au fait plutôt qu'à l'énonciation de ce fait : « Au moment où il terminait ce récit d'autant plus poétiquement débité que Lucien le répétait pour la troisième fois depuis quinze jours [...] »[151]. Pourtant, ce *d'autant plus* est surtout un *d'autant moins*. A moins de prendre la phrase à la lettre et de faire porter tout le poids de l'ironie sur « poétiquement ». Mais le propre de la logique ironique est non seulement d'autoriser, mais encore de contraindre à mener tous ces raisonnements ensemble. Non pour nous faire hésiter ou douter, mais pour nous obliger à voir tous les plans à la fois : le plan de Lucien voué intimement au bavardage, « romantique » et à la conscience faussaire ; le plan d'autrui auditeur et spectateur sensible, vu les modes de l'époque, à ce beau et triste jeune homme dans son expression poétique ; enfin, la voix de Balzac, avec la surcharge d'un « débité » peu compatible avec le tragique ni la poésie.

● *L'hyperbole*

Il y avait une autre raison d'être alerté, dans la phrase précédente, c'était la redondance, le « répétait pour la troisième fois depuis quinze jours ». La plume balzacienne est portée au paroxysme, à l'emphase, à l'hyperbole. N'est pas volontairement comique, sans doute, la phrase que citait Curtius, avec ses bourgeonnements prudhommesques : « La femelle du bœuf y domine, et son fils y foisonne sous les aspects les plus ingénieux »[152]. Et ce « don des ducs », dont s'amusait Proust, et qui suscite de nouveau le commentaire, chez Marthe Robert[153] ? Celle-ci a raison d'y voir un écho de la tendance balzacienne à l'absolu : « Mais le 'don des ducs' n'est pas seulement comique, il faut le comprendre comme le résidu

---

150. *Béatrix*, t. II, p. 713.
151. *Illusions perdues*, t. V, p. 694.
152. *Ibid.*, p. 295. Cité par Ernst-Robert Curtius, *Balzac*, p. 345-346.
153. Il s'agit du texte de *Splendeurs et misères*, t. VI, p. 881 : « Ah ! si la femme du juge avait pu connaître le don des ducs, elle n'aurait pu soutenir gracieusement ce coup d'œil poliment ironique [...]. » Pierre Citron rappelle (n. 4) le commentaire de Proust : « Si vraiment les ducs du temps de Balzac possédaient ce don, il faut reconnaître qu'il y a, comme on dit, quelque chose de changé » (*Contre Sainte-Beuve*, p. 292).

de la vision angélique dont Louis Lambert était favorisé jadis ; car Louis, l'enfant prodige, le nouveau Moïse, l'Ange foudroyé a beau avoir presque disparu de la scène visible de *la Comédie*, il n'en est pas moins le propagateur actif du 'tout tout de suite' et du 'tout dans tout' [...] le génie excessif qui, pour n'avoir jamais su prendre ses mesures, est sans cesse porté aux extrêmes du grandiose et de la niaiserie »[154]. Balzac s'avance sur sa lancée géniale et expérimente la chute, le fracas d'un absolu confronté à la monarchie de Juillet. « *Grand romancier sans être grand écrivain*, (il) a le don de rêver juste en quelque sorte, comme tous ceux qui se sont aventurés assez loin en eux-mêmes pour se brûler à leur vérité »[155]. Cela est vrai quand on a le sentiment du comique involontaire, de l'involontaire juxtaposition du superlatif et du médiocre. Mais, grand écrivain, Balzac l'est souverainement lorsque au lieu de ces déflagrations violentes il insinue ces hyperboles dans la narration et les tisse entre discours et récit, jouant à l'occasion du discours comique du pamphlet, de la satire, de la caricature, mais ironisés, ne visant pas à l'explosion franche du comique, obligeant souterrainement à penser, même quand il fait « voir ».

Avec l'hyperbole, cette ironie fait jouer la litote, comme dans cette phrase d'*Albert Savarus* : « Il est inutile de faire observer que la liaison très intime de Mme de Watteville avec l'archevêché avait impatronisé chez elle les trois ou quatre abbés remarquables et spirituels de l'archevêché, qui ne haïssaient point la table »[156]. La remarque essentielle est formulée par une litote, ajoutée comme en passant, en fin de phrase et d'une virgule négligente. L'intime feutré des relations de Mme de Watteville avec l'archevêché entre en liaison, très légèrement, avec la discrétion de la gourmandise ecclésiastique ; la qualité de quelques rares abbés (du moins est-ce la voix de l'opinion qui parle par ces hyperboles du « remarquable » et du « spirituel ») ne les empêche pas de songer à leur carrière : ils sont aux ordres, mais il est difficile de décider de l'exacte hiérarchie de leurs désirs. La chute du discours pamphlétaire est devenue ironique chuchotement de la fin et la franche et nette attaque se fait alors insinuante et invite à la réflexion.

« Aucune existence ne pouvait être plus à jour, plus sage, ni plus irréprochable, car il allait exactement aux offices le dimanche et les fêtes »[157]. Voici un *car* qui introduit à la logique provinciale, en même temps qu'au juste repérage des voix du récit. La phrase suit exactement la démarche de l'Opinion ; et du *satisfecit* qu'elle accorde à l'un des membres de la cité, après délibération et énoncé des attendus. Cette opinion qui juge est mise en scène par la comédie logique du *car*. Mais ce théâtre est ironique dans la mesure où il n'est pas déclaré. Le narrateur ne dit pas qu'il a pris pour faire son récit la voix de l'opinion, donc qu'il s'avance masqué. L'ironie est dans la citation sans guillemets. Elle suppose une écriture élaborée, qui ne peut se déployer que dans un suffisant

---

154. Marthe ROBERT, *Roman des origines et origines du roman*, p. 290-291. E.-R. CURTIUS formulait une opinion voisine quand il voyait dans ce genre de phrases « un précipité du dynamisme universel de Balzac » (*op. cit.*, p. 345).
155. *Ibid.*, p. 270, n. 1.
156. *Albert Savarus*, t. I, p. 914-915.
157. *Ibid.*, p. 919.

espace de narration, dans la confrontation, la métamorphose, la distance. La fin de *Pierrette* ne s'inscrit dans cette ligne que par la réalisation d'une métamorphose lisible, celle de Vinet : « Vinet demande très proprement des têtes, il ne croit jamais à l'innocence d'un accusé. Ce Procureur-Général pur sang passe pour un des hommes les plus aimables du ressort, et il n'a pas moins de succès à Paris et à la Chambre ; à la Cour, il est un délicieux courtisan »[158]. Le « passe pour » de la satire declaree cede la place au « est » final, ironique. Or ce mode à la fois descriptif et critique, qui fait penser et juger en racontant et en décrivant, n'est pas le premier jet. Cette fin ne figure ni sur le manuscrit ni sur les épreuves, mais dans l'édition du *Siècle*, en janvier 1840.

Il faut de l'espace à l'ironie, pour qu'elle puisse se déployer dans la narration. En retour, il faut au lecteur de la mémoire. On peut juger de la façon dont l'écriture romanesque fait jouer l'ironie dans une page comme celle de l'enterrement de Mlle Gamard, étonnamment découpée. Balzac procède en trois étapes. *Première étape* : une présentation globale par le narrateur : « Arrivé sur le bord (Troubert) prononça un discours où, grâce à son talent, le tableau de la vie étroite menée par la testatrice prit des proportions monumentales »[159]. *Deuxième étape* : la péroraison « en direct ». *Troisième étape* : sans transition avec la précédente : « Quand il eut achevé ce pompeux discours, reprit M. de Bourbonne qui raconta les circonstances de l'enterrement à Mme de Listomère [...] » ; et M. de Bourbonne mime le coup de goupillon donné par Troubert, fait rire son public, et commente : « Là seulement [...] il s'est démenti. » Les mêmes faits ou presque donnent lieu à trois types d'éclairage : un récit faussement objectif du discours, une citation du discours au style direct, enfin le récit fait par un témoin lucide et fiable, de surcroît bon comédien, qui révèle la vérité. C'est à ce moment seulement que la première étape se révèle en tant que texte romanesque, texte ironique ; en particulier se trouvent déchiffrés : « grâce à son talent » et « proportions monumentales ». L'un et l'autre détails sont, du reste, des additions. Ces variantes, une fois encore, « inventent » le roman en inventant, après coup, l'ironie : le roman, c'est-à-dire description, récit, pensée *in actu*. La production de l'ironie est la production d'une lecture à plusieurs temps, qui fait jouer temps et espace, qui, par les variations du récit, amène à découvrir le relief et l'ambivalence du réel.

Les effets de cet ordre sont encore plus riches de sens lorsque les paroles ou les faits sur lesquels porte l'ironie sont visiblement approuvés par l'auteur, voire sont les pensées mêmes de l'auteur. L'ironie est alors une ironie sur soi, une ironie dans la présentation de soi, une mise en lumière par une mise en question de soi. Entre autres hyperboles ainsi ironiquement retournées, celles qui illustrent le portrait de Canalis dans *Modeste Mignon* :

« — Oh ! dit Canalis avec un geste de grand homme, que prouvons-nous dans toutes nos discussions ? L'éternelle vérité de cet axiome : tout est vrai et tout est faux ! [...]

158. *Pierrette*, t. IV, p. 161.
159. *Le Curé de Tours*, t. IV, p. 241.

« Canalis, qui se trouvait à dix lieues au-dessus de ses auditeurs et qui peut-être avait raison dans son dernier mot philosophique [...] »[160].

Comme à l'habitude, Canalis joue du Canalis et prend la pose : le « geste de grand homme » est une hyperbole trop stéréotypée pour n'être pas suspecte. Quant au « peut-être », qui nuance l'approbation donnée par le narrateur à des propos qui sont pourtant, à peu près, ceux de Balzac, il oblige le lecteur à apprécier lui-même, à juger, à réfléchir sur les justes et comiques pensées de Canalis, coincées entre la théâtralité d'un comédien de bonne foi et la tiédeur d'un narrateur trop prudent.

● *Les parodies*

Au service de l'ironie, sous des formes nombreuses : la Parodie. Celle-ci peut être décelée en maint secteur : la modernité appelle à la soupçonner dans le moindre écrit romanesque et sans doute peut-on décrire chez Balzac maint décalque, mainte reprise, de Shakespeare, de Molière, de tel ou tel genre, comme le genre fantastique, le roman noir, le roman gai, le conte à rire ou le vaudeville. Deux éléments parodiques du roman balzacien alertent sur la nécessité de cette lecture ironique : la présence dans la fiction du geste parodique et maint intitulé, titre de roman ou titre de chapitre. Ces deux secteurs s'inscrivent dans la ligne d'une écriture contrapuntique.

— *Le geste contrepoint :*

Le geste parodique est rarement perçu directement comme comique par le lecteur du roman, alors que son pouvoir comique est généralement souligné, à l'intérieur de la fiction. Tant de parodies indiquées par le romancier marquent l'importance du fait parodique pour Balzac. N'importe pas tellement le sujet de la parodie que la nécessaire hygiène de la distance et du contrepoint. D'où l'importance symbolique d'une parodie littéraire comme *La Bilboquéide* des *Paysans*. *La Bilboquéide* enclenche (comme *Paquita* ou *Olympia* dans *La Muse du département*) un phénomène de mise en perspective, arrache le lecteur à une lecture unidimensionnelle. Le fait est d'autant plus appuyé dans le cas de *La Bilboquéide* qu'il s'agit, comme le précise Thierry Bodin, d'une « parodie dans la parodie »[161], puisque le début du poème figurant dans *Les Paysans* imite les premiers vers du *Lutrin* où Boileau parodiait déjà le commencement de *L'Enéide*.

De tels redoublements d'abyme sont présents en dehors du fait proprement littéraire. Le parodieur est toujours en instance d'être parodié. Tous les amuseurs-parodieurs de salon sont eux-mêmes proposés dans la vitrine comique comme ridicules à leur tour par la répétition de leurs mimiques, le manque de variété de leur registre. Mme Tiphaine à Provins vaut le père Guerbet, « *loustic* » du salon de Mme Soudry : « Quand le

---

160. *Modeste Mignon*, t. I, p. 646-647.
161. *Les Paysans*, t. IX, p. 266, n. 6.

gros père Guerbet avait singé Mme Isaure, la femme de Gaubertin, en se moquant de ses airs penchés, en imitant sa petite voix, sa petite bouche et ses façons jeunettes [...] l'on disait : 'Nous avons fait un charmant boston' »[162]. Même la parodie n'échappe pas à la parodie. Mais le geste parodique remplit par lui-même une double fonction d'ironisation : comme contrepoint, comme élément non scriptible.

La parodie joue comme élément de gaieté, de moquerie, de comique face au tragique, au dramatique. Tel est le sens des premières répliques qui interviennent, après la mort de Goriot, à la pension Vauquer. « — Il ne flairera plus son pain comme ça, dit un pensionnaire en imitant la grimace du bonhomme »[163]. L'imitation n'est pas comique en elle-même, mais elle ajoute la note de la parodie à la plaisanterie involontairement macabre que Balzac a fait faire à Maman Vauquer. « Oh ! il est bien mort, dit Bianchon en descendant. — Allons, messieurs, à table, dit Mme Vauquer, la soupe va se refroidir »[164]. Il est symptomatique que ces deux traits constituent des additions conjointes de l'édition de la Revue de Paris. C'est une note de même ordre qu'apporte l'imitation comique de Troubert par M. de Bourbonne. Outre son rôle dans le découpage de la scène, cette imitation du goupillon avec une pincette est si réussie que « le baron et sa tante ne purent s'empêcher de sourire »[165]. Le drame présent et à venir de Birotteau se résout en comédie, en parodie mondaine selon une tonalité tragi-comique, dont cette parodie impose l'ironie.

Le geste parodique est porteur d'un autre élément d'ironisation : s'il est vraiment comique, le texte n'en peut rendre compte. Il était certes nécessaire de consigner et d'analyser toutes les occasions de rire que comporte La Comédie humaine, selon notre schéma de la IIIe partie. Car il est rare que cela nous fasse rire. Et le lecteur moyen de Balzac peut en effet s'étonner qu'il y ait du comique dans Balzac, alors que lui-même ne le perçoit pas, ne le vit pas. Mais c'est l'une des ironies de La Comédie humaine de faire si peu rire avec tant de rire. On a beau nous dire, en effet, que Bixiou « contrefaisait le docteur Gall à son cours, de manière à décravater de rire le diplomate le mieux boutonné »[166], cela n'a pour nous rien de drôle. Il ne reste de cela qu'une sorte d'aura, de jeu non scriptible. Au-delà merveilleux d'inventions et de gaieté, qui continue de solliciter l'imagination de l'écrivain depuis les rêves de l'enfance et de la jeunesse, autour duquel tourne le roman sans le restituer, du moins sous cette forme. Demeure donc « l'admirable pantomime » de Pons, « modèle digne du pinceau hollandais ». Mais « tout fut perdu pour la présidente et pour sa fille », écrit Balzac avec une admirable et terrible ironie, car le plus comique de cette verve est aussi perdu pour nous[167]. Une cloison frustrante limite à un « devaient », à un « sans doute » l'évocation de la mimique de Bixiou dans La Maison Nucingen : « La pantomime, les gestes, en rapport avec les fréquents changements de voix par lesquels Bixiou peignait les interlo-

162. Les Paysans, t. IX, p. 274.
163. Le Père Goriot, t. III, p. 286.
164. Ibid., p. 287.
165. Le Curé de Tours, t. IV, p. 241.
166. Les Employés, t. VII, p. 974.
167. Le Cousin Pons, t. VII, p. 514.

cuteurs mis en scène, *devaient* être parfaits. Car trois auditeurs laissaient échapper des exclamations approbatives et des interjections de contentement »[168]. Même effet plus loin : « — Voilà ! reprit Bixiou en se posant *sans doute* comme un garçon de café [...] »[169].

La parodie, qui s'exerce contre le sérieux et le tragique, s'exerce également contre elle-même, et son aspect fondateur réside surtout sans doute dans l'ironie qui rend impossible d'en communiquer l'effet comique, pourtant si grand.

— Les titres :

L'une des fonctions d'ironie contrapuntique les plus nettes de *La Comédie humaine* est remplie par les titres des romans, de certaines parties de roman et de certains chapitres, pour les romans qui en comportaient.

On peut citer les intitulés du *Chef-d'œuvre inconnu*[170], *Histoire de la grandeur et de la décadence de César Birotteau*[171], *Petites misères de la vie conjugale*[172], dont les titres ont valeur allusive à d'autres titres. *La Muse du département*, *Le Père Goriot*, *La Cousine Bette*, *Le Cousin Pons* empruntent leur titre à la façon familière dont ces personnages sont traités au cours du roman. Quelques autres romans ont valeur résolument ironique, dans le sens dévalorisant, héroï-comique : c'est le cas d'*Un grand homme de province à Paris*, du second volet de *Béatrix : La lune de miel*. Chacune des parties de *Splendeurs et misères* comporte une parodie des romans d'aventures ou du roman picaresque[173]. *Gaudissart II* bouffonne sur les dynasties, au même titre qu'*Un prince de la bohème*, qui, de surcroît, joue sur le mot bohème (Bohème).

Entre autres ironies des titres, ne faut-il pas souligner qu'*Illusions perdues* a valeur ambiguë. Qui perd vraiment ses illusions dans ce roman ? David Séchard, sûrement ; le lecteur sur Lucien, sûrement. Mais Lucien, rebondissant de suicide éludé en suicide éludé ? Cela est vrai pourtant de la perte de toute foi en soi, des illusions sur soi, que consacre le pacte final. Enfin, si l'on suit les suggestions de Pierre Citron, *La Maison Nucingen* désigne aussi bien la banque Nucingen que le ménage de Nucingen[174] et, dans *Splendeurs et misères des courtisanes*, le pluriel de *courtisanes* ne se justifie qu'en faisant de Lucien la seconde courtisane de ce roman[175].

Mais c'est par les intertitres, les titres de chapitres, que l'ironie contrapuntique s'exerce le plus souvent.

Titres joueurs, qui forment un enchaînement purement ludique, des trois chapitres IV, V et VI d'*Albert Savarus* : « Le lion en province », « Babylas le tigre », « Prix moyen du lion et du tigre ».

---

168. *La Maison Nucingen*, t. VI, p. 332. C'est nous qui soulignons.
169. *Ibid.*, p. 353-354. C'est nous qui soulignons.
170. Ce titre « semble une parodie » du *Chef-d'œuvre d'un inconnu* de SAINT-HYA-CINTHE (1714), écrit Pierre CITRON, Ed. du Seuil, « L'Intégrale », t. VI, p. 577.
171. Référence évidente à Montesquieu.
172. Le titre joue avec *Splendeurs et misères*.
173. Par exemple : 3e partie : « Où mènent les mauvais chemins ».
174. Pierre CITRON, Introduction à *La Maison Nucingen*, t. VI, p. 327.
175. ID., Introduction à *Splendeurs et misères des courtisanes*, t. VI, p. 416.

La parodie joue souvent dans ces titres ; le rappel d'un titre célèbre ou d'un auteur célèbre joue le rôle d'un clin d'œil publicitaire. Ainsi, dans *La Cousine Bette*, le titre « La nouvelle Atala, tout aussi sauvage que l'autre et pas aussi catholique »[176]. Le titre 3 de la 2e partie de *Béatrix* évoque Scribe : « Comme quoi, selon M. Scribe, le sentiment va vite en voiture »[177].

L'un des jeux parodiques les plus fréquents consiste à jouer sur les habitudes du roman populaire, roman d'aventures ou roman picaresque. Telle cette annonce du titre V du *Cabinet des Antiques*, familier et sublime : « La belle Maufrigneuse »[178]. Les deux titres suivants, par exemple, reprennent la tradition des parodies à la manière de Sorel : dans *La Cousine Bette*, « Où la queue des romans ordinaires se trouve au milieu de cette histoire trop véridique, assez anacréontique et terriblement morale »[179] ; dans *Splendeurs et misères* : « Chapitre ennuyeux, car il explique quatre ans de bonheur »[180]. Cependant qu'un titre comme celui-ci évoque la parodie de boulevard : « Jeune, artiste et Polonais, que vouliez-vous qu'il fît ? »[181].

C'est le jeu de mots qui domine dans les titres des chapitres. Toutes les catégories de jeux de mots que nous avons remarquées sont présentes, en particulier dans *La Cousine Bette* et dans *Splendeurs et misères*. Tous ces titres imposent une tonalité de dérision en faisant communiquer culture livresque et culture populaire, en bouffonnant sur l'aventure et le sentiment, en assurant la circulation entre le roman et le Boulevard, et en cassant toute intention de lecture sérieuse, si l'on entend par là monophonique, unitaire et étrangère au jeu.

● *L'ironisation théâtrale*

— *La scène comique :*

Cet esprit inspire l'ensemble de *La Comédie humaine* : on le retrouve dans l'insistant recours à la forme théâtrale, c'est-à-dire beaucoup plus à un langage qui *dit* le théâtre, qu'à une forme qui constitue le roman en théâtre. Sorte de langage où les signes du théâtre sont pléthore, où le roman est surcodé comme théâtral, et qui constitue donc un « métalangage » essentiel au fonctionnement de *La Comédie humaine*. Intrigues, situations, scènes, dialogues, mots et personnages constituent ce langage second du roman, qui est facteur de distance, de dédoublement, de stéréoscopie.

C'est la forme-vaudeville qui organise, par exemple, l'arrivée de Dinah Piédefer à Paris. Tout s'enchaîne en une succession de dialogues avec témoin dans la pièce à côté, quiproquos, apartés, péripéties : véritable

176. *La Cousine Bette*, t. VII, p. 439 *e*.
177. *Béatrix*, t. II, p. 848.
178. *Le Cabinet des Antiques*, t. IV, p. 1014 *c*.
179. *La Cousine Bette*, t. VII, p. 175 *c*.
180. *Splendeurs et misères des courtisanes*, t. VI, p. 487 *d*.
181. *La Cousine Bette*, t. VII, p. 251 *b*.

Feydeau. Dinah, enceinte de Lousteau, arrive chez Lousteau précisément au moment où y arrive la jeune Cardot, enceinte des œuvres d'un autre, accompagnée de sa maman. Quiproquo. Lousteau entend : « *ma mère y est* », au lieu de « votre belle-mère y est »[182]. Après deux répliques vaudevillesques de Lousteau à Dinah (« Mon Dieu, c'est joli en paroles, mais... » et « Ne pleure pas, Didine ! »[183]) *exit* l'affreuse Mme Cardot, et Félicie « — qui pleurait ». Danse faussement enthousiaste de Lousteau sur l'air de « Larifla, fla, fla !... »[184]. Lettre à Bixiou, pour lui demander la mise en scène d'une « des ruses les plus connues des mille et un vaudevilles du Gymnase »[185], en se costumant en « vieillard de Molière ». Donc, en abyme, troisième degré du théâtre. Mais Bixiou arrive, avec ses répliques de vaudeville, ou de mélodrame : « — Ah ! tu donnes dans la paternité ? », ignorant la présence, dans la pièce à côté, de Dinah[186]. Mais Mme Schontz arrive : tout est fini ! La scène se conclut sur une réplique de théâtre comique : « — Je perds une fortune, une femme, et... — Une maîtresse, dit Mme Schontz en souriant [...] »[187].

Tout s'avance à un train d'enfer, le train de l'intrigue et de l'imbroglio, tout se noue, se complique, ou se dénoue, se défait, selon le mouvement à deux temps de la scène comique. L'événement est roi, le hasard souverain : rien ne se passe comme on l'attendait, pour le meilleur et pour le pire. C'est un des éléments par lesquels se construit une vaste ironie, qui est l'ironie du sort. Enonciation ironique, dans la forme vaudevillesque, d'une situation ironique.

— *Le dialogue comique :*

Dans ce cadre, aucune parole n'échappe à la théâtralisation. Tout dialogue se construit dans la forme du dialogue comique, dont celui de Bette et de Valérie Marneffe est un bon exemple.

Un dialogue entre Bette et Valérie Marneffe, ce sont des répliques faciles qui sont comme lancées à la volée, pour faire mouche au-delà de la scène de la « représentation ». Parodiant le mot de Baudelaire, on pourrait dire que chez Balzac tous les personnages, même la vieille fille, ont le génie théâtral. Valérie se plaignant de « deux heures de Crevel à faire », Lisbeth proclame : « Je mourrai vierge. » Valérie enchaîne, parodiant le mélodrame : « Ah ! si ma pauvre mère me voyait ! »[188]. Le dialogue se conclut magnifiquement, avec brio et panache, sur une chute qui mérite les applaudissements du « paradis » : « Qu'est-ce que sa femme ? [...] oui, elle est belle, mais moi, je me sens : je suis pire ! »[189]. Ce type de discours permet à l'énormité comique de figurer dans le roman, de l'arracher à la seule norme de la raison, du bon sens, de l'arracher à ces limites.

---

182. *La Muse du département*, t. IV, p. 743.
183. *Ibid.*, p. 744.
184. *Ibid.*, p. 744-745.
185. *Ibid.*, p. 745.
186. *Ibid.*, p. 748.
187. *Ibid.*, p. 750.
188. *La Cousine Bette*, t. VII, p. 199.
189. *Ibid.*, p. 200. « Elle est belle » est une addition de l'originale.

Balzac ne le cède en rien, pour la forme parodique du vaudeville ou du mélodrame, aux petits romantiques français qui l'ont systématiquement pratiquée[190]. Digne du (mélo)drame bourgeois, cet hymne au commerce que chante Birotteau : « — Né commerçant ! Il aura ma fille, dit César en grommelant » et, plus loin : « Né commerçant !... répéta Birotteau »[191].

La forme du dialogue de mélodrame et du dialogue de vaudeville est la même. Seul le contexte fait basculer le texte vers le dramatique ou vers le comique. Les quatre « mon oncle ! » de *César Birotteau* reproduisent « une effrayante unanimité »[192]. Pas davantage comique le bloc, « l'attitude superbe de tous les Hulot » clamant leur « jamais ! »[193]. Les modèles de Greuze sont encore vivants ; autant de répliques qui ont un solennel drapé.

La même force exprime et souligne les moments forts de la narration : la surprise et l'attente ; elle oblige donc le lecteur à prendre du recul par rapport à l'histoire, qui pourtant l'entraîne. Exemples révélateurs, ces dialogues d'*Ursule Mirouët* : « Comment, Goupil ? dirent à la fois le curé, le juge de paix et le médecin »[194], ou d'*Un début dans la vie* :

« Je traverse la rue, et j'entre...
— Dans la maison ? dit Oscar.
— Dans la maison ? reprit Georges.
— Dans la maison, répéta Schinner »[195].

Même jeu de balle comique dans la réunion électorale du *Député d'Arcis* avec les rebonds d'un « librement »[196].

On pourrait considérer ces dialogues comme des intermèdes. Mais cette forme parodique est intégrée par Balzac au cœur même des romans. La clarification, en même temps que l'aptitude à exprimer l'envers et l'endroit, le tragique et le comique, sont des éléments qui recommandent cette « forme » au romancier du double. Balzac en fait une exploitation ironique, en situation, au moment où le père Séchard conclut avec David un marché léonin : « — Mon père, vous m'égorgez ! — Moi qui t'ai donné la vie ?... dit le vieil ivrogne en levant la main vers l'étendage »[197].

L'apport considérable du dialogue mélodramo-vaudevillesque, c'est

---

190. René Bourgeois cite dans *L'ironie romantique*, p. 77, l'exemple de Pétrus Borel. Dans *Champavert*, « la parodie du vaudeville ou du mélodrame est franchement conduite et l'on se croirait sur la scène, où deux chanteurs se répondent :
— Si vous saviez combien je l'aime !
— Si vous saviez combien j'en suis aimé !
— C'est ma maîtresse !
— C'est ma maîtresse ! etc. etc. ! »

191. *César Birotteau*, t. VI, p. 140.
192. *Ibid.*, p. 251.
193. *La Cousine Bette*, t. VII, p. 401.
194. *Ursule Mirouët*, t. III, p. 953.
195. *Un début dans la vie*, t. I, p. 792.
196. *Le Député d'Arcis*, t. VIII, p. 735-736.
197. *Illusions perdues*, t. V, p. 134.

son aptitude au retournement. Répliques apparemment semblables, dans leur forme si simple. Pensées, en fait, affrontées et contradictoires. D'où l'usage fréquent que Balzac en fait dans les apartés. Dans le duo Paul de Manerville-Mme Evangélista (« — Il sera mon gendre ! », « — Elle sera ma femme »)[198] ou dans celui de Mme Camusot-Fraisier (« — Quelle providence ! », « Quelle providence ! »)[199]. Identité des répliques, affrontement des personnes et des destins. Ceux-ci sont en marche, comiquement.

La variété des formes de surcodage théâtral permet au roman d'affirmer, grâce à ces voix alternées, sa vocation à la bigarrure et à la polyphonie, dans une forme souple, ouverte, orale, et pourtant organisée. On peut relever le panachage cocasse des « étranges réponses » de l'abbé Birotteau[200]. Même macédoine comique dans les paroles du vieux juge Blondet, partagé entre son cactus et son fils : « Ah ! mon cactus ! Ah ! mon fils ! »[201].

La simplesse vigoureuse des dialogues comiques fait de chaque personnage un « acteur » qui lance sa réplique à la volée, théâtralise son verbe pour son partenaire dans la fiction mais, en même temps, pour un public idéal. La lecture appropriée à cette réplique serait la réaction bruyante, le grand rire, l'applaudissement. Ainsi la réplique des mères de famille du *Contrat de mariage* appelle l'applaudissement et le rire : « — Mon Dieu, comme elle est belle ! — Oui, répondaient les mamans, mais elle est chère ! »[202]. De la même manière, le dialogue : « Croyez-vous aux revenants ? dit Zélie au curé. — Croyez-vous aux revenus ? répondit le prêtre en souriant »[203]. Certaines interjections du discours constituent non seulement une théâtralisation, mais cette forme même du théâtre caricatural où le geste et la réplique quêtent la réaction du public. Le même *ah!* figure dans le récit (écrit) du romancier ou dans le récit (oral) d'un narrateur désigné : « Il voulait occuper la ville, il voulait en être le plus bel homme, le plus élégant, pour obtenir d'abord l'attention, puis la main de Mlle de Watteville : ah ! »[204]. Même effet, avec des majuscules : « Une femme ! LA PHAMME ! AH ! »[205].

La parodie du théâtre est un élément actif de la forme balzacienne : elle maintient chez le lecteur le dynamisme d'un spectateur et lui permet de prendre et de garder ses distances. Forme visant à la fois les réactions primaires et viscérales et une réflexion mobile, critique et imaginative. C'est là une forme d'ironie.

• Les voix et les modes de narration

Nous avons en plusieurs occasions rencontré des phénomènes d'alternance entre les voix narratives, et cela jusque dans la même phrase. C'est l'un des éléments de l'énonciation ironique, car cela consiste à faire lire

198. *Le Contrat de mariage*, t. III, p. 540.
199. *Le Cousin Pons*, t. VII, p. 668-669.
200. *Le Curé de Tours*, t. IV, p. 223-224.
201. *Le Cabinet des Antiques*, t. IV, p. 1084.
202. *Le Contrat de mariage*, t. III, p. 539.
203. *Ursule Mirouët*, t. III, p. 976.
204. *Albert Savarus*, t. I, p. 921.
205. *La Maison Nucingen*, t. VI, p. 349. C'est une addition du Furne.

d'abord un énoncé comme appartenant à un autre, c'est-à-dire, le plus souvent, à mettre au compte du narrateur des termes, des intonations, un jugement, une inflexion de voix qui ne sont pas à lui, mais qu'il emprunte à l'un des personnages ou à la *vox populi*. C'est là un masque, et même « la quintessence spirituelle du masque »[206], l'ironie.

Trois modes sont observables pour ce jeu des voix : le jeu classique du style indirect libre ; la citation sans guillemets d'un discours autre que celui adopté précédemment par le narrateur ; enfin, le changement de point de vue en cours de récit.

— Le style indirect libre :

Le recours au style indirect libre illustre le récit de citations implicites d'un autre discours, mais sous une forme codifiée[207]. Dans les cas les plus simples, un verbe déclaratif sert de tremplin à ce discours ; dans les cas plus élaborés, ce verbe déclaratif n'est plus qu'implicite. L'ironie est alors moins sûre, sans rivages, plus vertigineuse.

L'effet le plus constamment retenu pour le style indirect libre, c'est celui de « l'économie ». Au lieu de tout dire, de rapporter *in extenso* les paroles prononcées, le romancier résume, sous la forme du style indirect libre. C'est bien ainsi que procède Balzac. « Dix minutes » de Canalis sont exprimées par sept phrases au style indirect libre[208]. Une seule réplique en direct de Béatrix ne suffirait pas à rendre compte des « trois heures » qui se passèrent « pendant lesquelles Mme de Rochefide maintint Calyste dans l'observation de la foi conjugale » : le style indirect y supplée[209].

Mais ce serait réduire trop considérablement la portée de ce procédé que d'y voir seulement un moyen d'efficacité narrative. Cette « réduction », tout comme le *etc.*, suggère comiquement l'inutilité de tout dire : c'est une façon ironique d'annuler le récit devenu inutile, vu la vacuité des paroles en question. Selon sa place dans l'ordre des facteurs, ce style indirect libre assure le passage entre le récit de l'auteur-narrateur et la parole directe, ou, au contraire, après une citation en direct, fait passer au discours indirect de la narration romanesque. C'est à la première forme que procède le plus souvent Balzac. Stendhal aussi tend à conclure un paragraphe de récit par l'émergence de la parole vive, de l'individualité

---

206. Jean Starobinski, *L'œil vivant*, Gallimard, 1961, p. 211.
207. Claires mises au point de Pierre Guiraud, *Essais de stylistique*, Klincksieck, 1969, surtout p. 73-76, et, du même auteur, *La stylistique*, « Que sais-je ? », 1970. Dans ce dernier ouvrage Pierre Guiraud montre comment procède l'auteur : « en superposant et en imbriquant (les) deux temps et (les) deux voix » du personnage et du narrateur (p. 93). Dans les *Essais*, Pierre Guiraud, partant d'un exemple de Flaubert, montre comment cette forme permet « une sorte d'imitation caricaturale et ironique » (p. 76) du personnage faite par l'auteur. On peut aussi consulter les pages, devenues classiques, d'Albert Thibaudet, *Gustave Flaubert*, Gallimard, 1935, rééd. 1963 ; en particulier, p. 249 : le style indirect libre, « avant de devenir une forme grammaticale, est une intonation » (p. 245) ; également, les considérations sur le *style direct-indirect* ou *style indirect libre double* (p. 247, 250).
208. *Modeste Mignon*, t. I, p. 628.
209. *Béatrix*, t. II, p. 870.

du personnage dans le naturel de sa parole. Balzac, à la faveur d'un « disait-il », d'un « selon son expression », termine souvent en direct une phrase commencée comme narration indirecte. Surgit alors dans sa *physionomie* le mot tel qu'il fut prononcé ; mais c'est, au mieux, son pittoresque, plus souvent sa conformité aux modèles régnants qui se trouvent mis en relief[210].

Pour compléter, et parfois pour remplacer le style indirect libre, on peut remarquer la présence de signes assez ténus, mais à la fonction précise : ce sont le point d'exclamation, les petites ou les grandes capitales. Exemple, ce passage, qui illustre le rôle du point d'exclamation (il s'agit de Marie de Vandenesse) : « Elle s'accusa d'aimer trop, le pria de venir à ses heures ; elle aplatit ces travaux d'ambitieux par un regard levé vers le ciel. Elle attendrait ! Désormais elle sacrifierait ses jouissances. En voulant n'être qu'un marchepied, elle était un obstacle !... elle pleura de désespoir »[211]. Chacun des deux points d'exclamation complète le style indirect libre. L'un résume le premier élément de mimique : « regard levé vers le ciel ». L'autre n'est traduit qu'ensuite par « elle pleura de désespoir ».

— *La citation sans guillemets :*

Le jeu s'accomplit dans l'ironie, lorsque toute marque de citation disparaît. « Elle (il s'agit de Sylvie Rogron) renonça donc promptement à des dîners qui coûtaient trente à quarante francs, sans les vins [...] »[212]. *Sans les vins* fait entrer le lecteur dans le discours, réellement tenu ou seulement pensé, de Sylvie Rogron : réellement tenu à son frère, par exemple, ou tenu à elle-même. De même, la Rabouilleuse « apportait à Jean-Jacques son bonnet de soie noire *afin qu'il ne s'enrhumât pas* »[213]. C'est ce que dit, et bien haut, Flore Brazier, jouant la sollicitude. Donc, parole mensongère. Ailleurs, c'est la parole fausse, erronée qui surgit en cours de phrase : « Dans toutes les maisons bourgeoises on fit des vœux pour le digne colonel Bridau »[214]. Ce « digne colonel Bridau » c'est la parole du « on ». Dans quelques autres cas, l'ambiguïté demeure. Lorsque M. de Clagny se mit à « aimer pieusement cet ange de grâce et de beauté »[215], est-ce une parole qu'il divulgue, une piété qu'il affiche, ou un culte intérieur ? Dans le cas de M. Julliard fils aîné, en revanche, la phrase dit avec précision qu'il s'agit d'une passion « secrète » : il « se prit d'une belle passion, subite, secrète et désintéressée, pour la

---

210. On trouve aussi, mais moins souvent, la démarche inverse. Par exemple, pour Diane de Maufrigneuse, une tirade au style direct se termine par l'indirect : n'est-ce pas pour associer en partie double notre imagination (sympathisante) et notre regard (critique) : « Elle ne savait pas pourquoi elle s'était mise sous la domination d'un homme blond. De Marsay, Montriveau, Vandenesse, ces beaux bruns, avaient un rayon de soleil dans les yeux » (*Le Cabinet des Antiques*, t. IV, p. 1041) ? Le passage au style indirect libre fait partie d'une addition.

211. *Une fille d'Eve*, t. II, p. 340.

212. *Pierrette*, t. IV, p. 62.

213. *La Rabouilleuse*, t. IV, p. 435. C'est nous qui soulignons.

214. *Ibid.*, p. 503.

215. *La Muse du département*, t. IV, p. 649.

Présidente, cet ange descendu des cieux parisiens »[216]. Au théâtre de la parole clamée répond, sur la scène de l'intimité, la parole secrète. Et si ce n'est pas la parole dans sa lettre que Balzac écrit dans une telle phrase, il en rend compte par un stéréotype ridicule qui en exprime bien la nature. Toutes les comédies du romanesque de Nathalie Sarraute sont amorcées dans *La Comédie humaine.*

— L'indécidable :

Un troisième domaine fait déboucher l'ironie dans l'indécidable. Il ne s'agit plus de double théâtre, caché ou révélé. Il n'y a plus ici de discours particulier ayant son lexique ou son intonation, décelables par un observateur attentif au contexte. Simplement, le récit se met à traduire dans ses termes propres le comportement joué par le personnage : cette sorte de mime narratif correspond non pas au point de vue du personnage (ce serait un *mode* de narration) ou au discours du personnage (ce serait la *voix* de la narration), mais à l'attitude voulue par un personnage jouant une comédie. Or le récit ne dit rien de ce discours piège. Prenons le récit de l'enterrement de l'abbé Birotteau : « L'abbé Troubert accompagna le corps de son amie jusqu'à la fosse où elle devait être enterrée »[217]. Or Mlle Gamard n'est certainement pas « l'amie » de Troubert. Cas type d'énonciation ironique, qui montre que le narrateur veut nous faire entrer, au moins un instant, dans les attitudes, fausses et trompeuses, du personnage-Tartuffe. En formulant ce que le personnage veut que l'on croie, Balzac fait mine d'y adhérer. « Sylvie s'habilla coquettement. La vieille fille croyait être coquette en mettant une robe verte »[218]. Double jeu, donc, sur « coquettement ». Les exemples abondent d'une telle pratique, d'une narration-leurre qui adopte l'erreur d'un personnage. M. de Troisville « s'engagea pendant ce dîner beaucoup plus que ses plus empressés épouseurs ne s'étaient engagés en quinze jours »[219] : la phrase épouse l'illusion de Rose Cormon.

Les exemples les plus soutenus de cette modalité ironique de récit se trouvent dans *Les Petits Bourgeois*, le récit se coulant souvent dans le point de vue de Théodose de La Peyrade. Mais aussi *Le Colonel Chabert* en donne une très parlante illustration dans la page du voyage à Groslay. Le « couple » de Chabert et de la comtesse Ferraud semble, un instant, s'être reconstitué : « Quoique les deux époux revinssent souvent à leur situation bizarre, soit par ses illusions, soit sérieusement, ils firent un charmant voyage, se rappelant les événements de leur union passée et les choses de l'Empire »[220]. Au fil de la narration, les verbes factitifs suggèrent la préméditation et détaillent la manœuvre de la comtesse Ferraud : elle « sut imprimer », elle « répandit », « elle faisait revivre ». Mais on revient vite à la formulation conforme à la fois à la mise en scène montée par la comtesse et à l'illusion de Chabert : « Elle [...] laissait

216. *Pierrette*, t. IV, p. 54.
217. *Le Curé de Tours*, t. IV, p. 241.
218. *Pierrette*, t. IV, p. 114.
219. *La Vieille Fille*, t. IV, p. 900-901.
220. *Le Colonel Chabert*, t. III, p. 361.

entrevoir à son premier époux toutes les richesses morales qu'elle avait acquises »[221]. Une syncope ou une ellipse mettent en place ce leurre et cette terrible ironie qui fait écrire « laissait entrevoir » au lieu de « faisait en sorte que son premier époux crût qu'elle laissait entrevoir ». De leurre en révélation et de révélation en leurre, le récit poursuit son parcours sinueux, émerge, replonge et, pour le lecteur qui, au « récit d'une aventure », préfère « l'aventure d'un récit », selon la formule de Jean Ricardou, le roman balzacien manifeste sa modernité et permet une lecture de l'ironie textuelle. Mais nous pensons que le propre de l'énonciation ironique chez Balzac est de ne rien laisser de côté. L'ironie écrit aussi le personnage, mais l'écrit dans le vertige de ses masques, parfois même inconscients. On est sous la Restauration : le lecteur peut imaginer, guidé par le leurre balzacien, cette « Comédie de bonne foi » d'une dame qui va, dans le vertuisme ambiant, jouer les dames d'œuvres et croire tout à fait à ce personnage plein de « richesses morales », auquel elle a pu croire déjà, le temps de ce court voyage.

L'ironie de situation

Les divers retournements de situation auxquels on assiste à la lecture des intrigues de La Comédie humaine, chutes, ascensions, retraites, et renaissances, imposent l'idée d'une prodigieuse victoire du « hasard », sinon d'une Providence maligne. La Comédie humaine met aux prises « le hasard qui perd les gens » et « le hasard qui les sauve », avec « des effets égaux pour et contre »[222]. Constamment, le dramaturge ou le démiurge Balzac met en place cette force qui s'appelle « les circonstances » (« les circonstances, et non une méditation d'auteur tragique, avaient engendré cet horrible plan »[223]). Ce hasard qui « décidément [...] n'est pas moral »[224] est une « puissance bien incomprise »[225], comme le dit Grodninsky. C'est « le résultat d'une immense équation dont nous ne connaissons pas toutes les racines »[226]. Il faut donc souvent chercher dans ce que l'on appelle « le hasard », le « doigt de Dieu », comme Balzac l'écrit dans sa dédicace de La Rabouilleuse à Nodier : « le doigt de Dieu si souvent appelé le hasard »[227], à moins que ce ne soit le Diable[228]. Mais, Dieu ou Diable, le hasard est toujours « homme de génie »[229].

Aussi Balzac mêle-t-il les événements de l'histoire et les événements de ses romans, pareillement liés à des « petites choses », à des « petits faits ». « La duchesse de Langeais se fait religieuse pour n'avoir pas eu dix minutes de patience, le juge Popinot remet au lendemain pour aller

221. Ibid.
222. Un début dans la vie, t. I, p. 871.
223. César Birotteau, t. VI, p. 91.
224. Les Paysans, t. IX, p. 59.
225. Les Martyrs ignorés, t. XII, p. 724.
226. Z. Marcas, t. VIII, p. 840.
227. Dédicace de La Rabouilleuse, t. IV, p. 271.
228. La Rabouilleuse, t. IV, p. 434.
229. La Fille aux yeux d'or, t. VI, p. 1068.

interroger le marquis d'Espard, Charles Grandet revient par Bordeaux au lieu de revenir par Nantes et l'on appelle ces événements des hasards, des fatalités. Un soupçon de rouge à mettre tua les espérances du chevalier de Valois »[230]. C'est bien toujours le même « futile et niais hasard »[231].

Mais ce hasard peu recommandable n'en est pas moins « le plus grand de tous les artistes »[232]. Comme le dit Cérizet, c'est un « fier drôle »[233] et Valérie Marneffe a raison de craindre ses « farces »[234]. « Le hasard est si plaisant »[235], si « malicieux »[236]. Bien que Balzac prétende à l'occasion, par la bouche de Vendramin, qu' « on ne crée pas le hasard », Raphaël étant une exception, « un raccroc du Père éternel »[237], il fait dire par Dinah de La Baudraye la nécessité de quelques beaux dénouements « pour montrer que l'art est aussi fort que le hasard »[238]. Cet art, voué au hasard et à ses « innombrables jets »[239], c'est l'art balzacien de l'ironie romanesque.

● Les dénouements

Sans parler des retournements de détail, des péripéties cocasses qu'imposent les « scènes », les dénouements balzaciens font jouer dans au moins un tiers des romans de La Comédie humaine la puissante ironie de la fin. Une phrase ou un fait, phrase ou fait jouant pareillement de leur relation avec l'histoire qui précède, imposent un effet dialectique. A la fin de l'histoire balzacienne s'installe souvent une nouvelle situation qui est une dégradation : effet du temps. Enfin, il arrive que le roman soit clos par une plaisanterie, par un effet de pirouette.

— L'effet dialectique :

Un événement ou une formulation, en fin de parcours, proposent une réflexion sur l'ensemble de l'histoire qui a mené jusque-là.

Apparaît, à l'avant-dernier paragraphe de La Maison du chat-qui-pelote, « un ami de cette timide créature » qui passe devant « le jeune marbre », le tombeau d'Augustine de Sommervieux. Ce personnage se demande « s'il ne faut pas des femmes plus fortes que ne l'était Augustine pour les puissantes étreintes du génie »[240]. Cette oraison funèbre d'un contemporain est pleine de sensibilité et de sympathie pour Augustine, mais elle participe de l'idéologie ambiante du « génie ». Un peintre ne peut être qu'un « génie » et un « génie » ne peut avoir que de « puissantes

230. *La Vieille Fille*, t. IV, p. 906.
231. *Modeste Mignon*, t. I, p. 510.
232. *La Vieille Fille*, t. IV, p. 889.
233. *Illusions perdues*, t. V, p. 682.
234. *La Cousine Bette*, t. VII, p. 413.
235. *La Peau de chagrin*, t. X, p. 108.
236. *Mémoires de deux jeunes mariées*, t. I, p. 344.
237. *Massimilla Doni*, t. X, p. 601.
238. *Un prince de la bohème*, t. VII, p. 838.
239. *Madame Firmiani*, t. II, p. 141.
240. *La Maison du chat-qui-pelote*, t. I, p. 93.

étreintes ». Quand on sait, ou, si on ne le sait pas, quand on devine, à partir des indices donnés par Balzac, quel était le degré de médiocrité morale de Théodore de Sommervieux, quel était son snobisme et quelle sa vanité ; quand on sait son manque de puissance créatrice, dans la vie comme dans l'art, on doit lire cette phrase comme une ironie, lançant la question sur l'art, le bonheur et le génie.

La fin d'*Eugénie Grandet* fait converger les ironies : ironies du hasard ou de Dieu, lesquels sont en effet rieurs. C'est ce que doit penser Charles Grandet, lorsque le président Bonfons lui indique le montant de la fortune d'Eugénie[241]. Mieux, « Dieu jeta donc des masses d'or à sa prisonnière pour qui l'or était indifférent [...] »[242]. Le tout couronné par une sorte de calembour, puisque Mme de Bon*fons* deviendra peut-être Mme de Froid*fond* ![243].

La fin de *Pierrette*, avec tous les destins qu'elle résume en autant de présents, comporte mainte ironie, en particulier la situation de Rogron, dont la femme espère la prochaine disparition, pour épouser « dans peu de temps » le général marquis de Montriveau[244]. La « vie » continue et, particulièrement, la vie sociale.

L'horrible histoire de Gobseck et de Mme de Restaud se *réduit* à la mesure des nuances de la mondanité ; petites choses, capitales : « — Mme de Beauséant recevait Mme de Restaud, dit le vieil oncle. — Oh ! dans ses raouts, répliqua la vicomtesse »[245].

Ironique aussi, le destin de Pierre Grassou qui, maintenant, « remplace les croûtes de la galerie de Ville-d'Avray par de vrais chefs-d'œuvre, qui ne sont pas de lui »[246].

Il ne fallait pas trop vite arrêter les histoires, les choses ont déjà bougé depuis que l'histoire principale du roman est terminée. La dérision est victorieuse, et la déraison. Mais l'histoire demeure ouverte pour d'autres « jets » du hasard. La cocasserie et la malice des renversements, des coïncidences, des questions et des nouvelles trouvailles interdisent le désenchantement.

— L'effet du temps :

Pourtant, que d'enlisements en ces fins de parcours ! Enlisements, selon l'optique où nous place Balzac, pas forcément selon celle de l'intéressé. C'est toute l'histoire d'Oscar Husson où Armand Hoog avait raison de voir, plutôt que « les dangers des mystifications », « l'avantage des mystifications »[247]. « C'est enfin le Bourgeois moderne », dit avec désabusement la dernière phrase du roman : mais c'est une promotion pour le jeune Husson[248]. Nathan « vit en paix à l'ombre d'une feuille

---

241. *Eugénie Grandet*, t. III, p. 1195.
242. *Ibid.*, p. 1197-1198.
243. *Ibid.*, p. 1199.
244. *Pierrette*, t. IV, p. 161.
245. *Gobseck*, t. II, p. 1013.
246. *Pierre Grassou*, t. VI, p. 1111. Addition des épreuves 2.
247. Armand Hoog, Introduction d'*Un début dans la vie*, Club français du Livre, t. III, p. 367.
248. *Un début dans la vie*, t. I, p. 887.

ministérielle »[249] et Paul de Manerville n'est comparé à Napoléon que pour son sommeil[250] ! Provocations à prendre ses distances. Le lecteur n'est nullement compromis par ces enlisements : il n'est pas amené à se réjouir de ces désastres, ni à en tirer une conclusion définitivement amère. Aucun pincement au cœur comme devant la petite Berthe à la dernière page de *Madame Bovary*. Prosaïque sans doute est la fin de *Massimilla Doni* . « La duchesse était grosse »[251]. Mais aussi, l'idéal était devenu fécond !

— L'effet pirouette :

Même dans les exemples précédents, fréquents sont les jeux de mots et plaisanteries qui compensent la fin enlisée. Telle l'Arabesque tracée par les dessinateurs ou les peintres au bas de leur œuvre, pour signaler leur désinvolture, leur détachement final par rapport à leur œuvre, surgit la plaisanterie, fin-pirouette, pirouette de la fin. Cette plaisanterie est tantôt celle de l'auteur, tantôt celle d'un personnage. L'écriture de l'ironie joue aussi bien sur l'un que sur l'autre clavier, et de préférence sur les deux.

Le sourire ironique du juge Popinot, à la fin de *L'Interdiction*, est provoqué par l'arrivée du jeune juge Camusot. Le romancier commente d'un jeu de mots, c'est son « sourire ironique » à lui : les deux jouent l'un par l'autre. « Ce jeune homme blond et pâle [...] semblait prêt à pendre et à dépendre [...] »[252]. L'ironie finale de la plaisanterie est, dans ce premier cas, connivence avec le personnage, appel au lecteur pour entrer dans ce jeu. Ailleurs, la plaisanterie appelle le lecteur à partager l'ironie contre le personnage. « Je l'ai roulé », dit Gaudissart, en galéjant, à son voisin de diligence. Le clin d'œil se fait entre « l'auteur » et nous : « Il daignait, depuis Angoulême, expliquer les mystères de la vie, en le prenant sans doute pour un enfant ! »[253].

L'art de cette pirouette, qui arrache le roman à toute clôture du sérieux, consiste à lui conserver son bondissement et sa gratuité, au moment même où l'histoire se termine. La liaison n'est pas même dialectique comme dans nos premiers exemples de fins ironiques ; simplement, on y trouve un rappel de tonalité ou un écho thématique, sur un autre mode. « *La pépie vient en mangeant* », le proverbe retourné que prononce Mistigris à la fin de *La Rabouilleuse*, est une parole de bouffon ; pleine de signification, comme seuls les bouffons peuvent en prononcer à l'ère de la désacralisation. Depuis le XVIe siècle, selon l'excellente formule de Jan Kott, le « théâtre des pitres » a remplacé « le théâtre des prêtres »[254]. La plaisanterie du bouffon Mistigris met en garde contre l' « hybris ».

---

249. *Une fille d'Eve*, t. II, p. 832.
250. *Le Contrat de mariage*, t. III, p. 653.
251. *Massimilla Doni*, t. X, p. 619.
252. *L'Interdiction*, t. III, p. 493.
253. *L'Illustre Gaudissart*, t. IV, p. 598, addition de l'originale.
254. Jan Kott, *Shakespeare notre contemporain*, Julliard, 1962 ; Marabout-Université, 1965, p. 145. Jan Kott ajoute : « Lorsque l'ordre des valeurs est réduit en cendres et qu'on ne peut plus faire appel à Dieu, à la Nature ou à l'Histoire contre 'les tortures du monde cruel', le personnage central du théâtre devient le pitre, le fou » *(ibid.)*.

La conclusion se fait par une alerte, par une ouverture et une relance.

La liaison avec l'histoire qui précède se fait librement, mais elle se fait. C'est le cas de la fin des *Comédiens sans le savoir*. Bixiou ayant dit à Gazonal : « Nous vous avons instruit et sauvé de la misère, régalé et... amusé », en écho : « — Et à l'œil !, ajouta Léon en faisant le geste des gamins quand ils veulent exprimer l'action de *chipper* »[255]. Cette addition donne cette fois encore le dernier mot à Mistigris. C'est vraiment aussi une addition de dernière heure de Balzac, mais qui renvoie à l'une des idées premières, celle de la « comédie gratis ». Libre cohérence qui est la cohérence esthétique du jeu[256].

Cette valeur ironique de l'esprit qui clôt la nouvelle ou le roman est-elle d'*énonciation* ou de *situation* ? Le roman fait en sorte que l'énonciation comique joue en situation. Déjà nous avons insisté dans la IIe et la IIIe partie sur la valeur que prenaient le terme de désignation comique ou l'action comique, selon qu'ils se trouvaient en début ou en fin d'histoire. C'est par sa situation dans l'histoire, c'est par sa position, c'est donc comme fait de situation, dans la fable ou dans le récit, que joue cette ironie.

● *Confrontations, variations, coexistences*

Le propre de l'ironie balzacienne est de jouer de la détonalisation sans rompre l'unité de l'œuvre, donc de contribuer à une unité polyphonique, à un « désordre ordonné »[257], à « l'ordre sourd » cher à Diderot. « Ordre sourd » très conforme à l' « ordre caché de l'art » qu'a exploré Anton Ehrenzweig[258]. Les ruptures et les contrastes, « l'habit d'Arlequin » des romans de jeunesse[259], avaient manifesté cette tendance : exercices de style avant que s'affirme un style. L'écriture du jeu ironique consiste à assurer une juxtaposition d'éléments, selon des formules diverses, qui peuvent être de confrontation (élément isolé contre élément isolé), de variation (un même thème, un même mot, est modulé selon un certain nombre de variations dans la diachronie romanesque), de coexistence au sein d'une même unité. La lecture ironique, plus que toute autre, met en relation constante forme et contenu, accomplit la « forme musicale » et « l'esthétique rieuse ». L'originalité balzacienne, telle que la formule Per Nykrog, culmine dans le « comique », et, tout spécialement, dans le comique de l'ironie : « Ce qu'il y a de particulier dans la manière

---

255. *Les Comédiens sans le savoir*, t. VII, p. 1213.

256. Il est remarquable qu'un grand nombre des plaisanteries finales des romans de *La Comédie humaine* sont des additions. Rare ici est le premier jet. Ajoutées sont les plaisanteries finales de *La Muse du département*, de *La Vieille Fille*, du *Cabinet des Antiques*, de *La Maison Nucingen*, d'*Un prince de la bohème*.

257. Vladimir JANKÉLÉVITCH, *op. cit.*, p. 151.

258. Anton EHRENZWEIG, *L'ordre caché de l'art*, Gallimard, 1974.

259. Pierre-Georges CASTEX, éd. *Falthurne*, p. LXIX. Francis VAN LAERE signalait à propos du *Centenaire* que l'auteur pratiquait « une espèce de mimétisme stylistique, polarisé par la tonalité de l'épisode qu'il traite et par le genre narratif dont cette tonalité relève [...], mais l'unité du roman en souffre » (Les Deux Béringheld, *AB 1968*, p. 136-137).

balzacienne, par rapport à la littérature en général, c'est l'effort systématique fait, en accord avec l'ensemble de sa Pensée, pour embrasser
plusieurs des attitudes connues dans un seul ensemble. Le résultat est
que ces attitudes, qui normalement s'excluent mutuellement d'une manière
plus ou moins absolue, se combinent, se relaient et se croisent dans *La
Comédie humaine* d'une manière fort déconcertante »[260].

— Confrontations :

Pour et contre, envers et endroit : aucun lecteur ne peut échapper à
cette ponctuation qui rythme toute *La Comédie humaine*. Repérables et
déjà bien souvent repérés, les éléments binaires de la création balzacienne,
le « jeu de parallélismes, de compensations et de doublures » qui caractérise l'univers balzacien[261]. Ce que souligne Max Milner, parmi les suggestions de Pierre Citron, c'est « la reprise sur un ton bouffon de thèmes
qui ont été traités ailleurs sur le mode tragique : *Un homme d'affaires*
apparaît ainsi avec ses mascarades, comme l'envers comique de *Splendeurs
et misères des courtisanes* ; *L'Illustre Gaudissart* présente sur le mode de
la farce, mais en les analysant avec la même rigueur, des problèmes économiques qui apparaissent dans d'autres romans »[262]. La Préface de la
première édition de *César Birotteau* formule très précisément cette généralité qui apparaît à Balzac comme consubstantielle au genre de la
Comédie : « Le livre est le premier côté d'une médaille qui roulera dans
toutes les sociétés, le revers est LA MAISON NUCINGEN. Ces deux histoires
sont nées jumelles. Qui lit *César Birotteau* devra donc lire *La Maison
Nucingen*, s'il veut connaître l'ouvrage entier. Toute œuvre comique
est nécessairement bilatérale. L'écrivain, ce grand rapporteur de procès,
doit mettre les adversaires face à face. Alceste, quoique lumineux par
lui-même, reçoit son vrai jour de Philinte :

Si tanta licet componere parvis »[263].

Chaque texte comporte donc un autre texte en filigrane, son envers. Cet
envers ne s'impose pas comme devant prendre la place de l'endroit ;
mais il est fait pour mettre en question un texte par l'autre, et ainsi
mettre en route le dialogisme d'un oui *et* non.

L'ironie romanesque ne s'accomplit pas dans la seule mise en présence
d'un endroit et d'un envers. Entre autres confrontations constituantes
d'un discours ironique, le roman propose fréquemment deux séries dont
aucune ne représente « la vérité », ni même la moitié d'une vérité.

Un exemple significatif est proposé par Pierre Citron, celui de du Bruel.
« Le mari de Tullia, dont seul le côté comique apparaissait dans *Les
Employés*, a lui aussi, avec ses sautes d'humeur, son incapacité à com-

260. Per NYKROG, *La Pensée de Balzac dans « La Comédie humaine »*, Copenhague,
Munksgaard, 1965, p. 325.
261. Max MILNER, Compte rendu de *La Comédie humaine*, préface de Pierre-
Georges Castex, présentation et notes de Pierre Citron, Ed. du Seuil, 1966, *AB 1967*,
p. 383.
262. *Ibid.*
263. Préface de la première édition de *César Birotteau*, t. VI, p. 35.

prendre pleinement ce qui lui arrive, son attachement sincère à sa femme, une dimension supplémentaire »[264].

L'accomplissement de ce type de discours est offert par *L'Illustre Gaudissart*. A s'en tenir même aux deux principaux acteurs, Gaudissart et Margaritis, on assiste à une scène comique d'arroseur arrosé, de « mystificateur mystifié », selon le comique le plus classique de la farce. Ce comique se superpose en partie à celui du « naïf » triomphant qui est ici représenté par le « *fou* ». Le triomphe du fou ne se produit que grâce à l'entrecroisement de deux quiproquos. Si Gaudissart peut croire être compris, c'est *parce qu'*il n'est pas compris : en effet Margaritis comprend de travers en ne comprenant pas du tout ; c'est en répondant *à côté* qu'il passe pour un client sérieux. D'autre part, si Margaritis croit comprendre, c'est *parce qu'*il ne comprend pas. La double erreur cautionne la communication, qui est donc une fausse communication ; c'est cette fausse communication qui apparaît, selon le principe du discours ironique, comme le moyen le meilleur de faire comprendre *a contrario* ce que serait une vraie communication. Grâce à cette compréhension par le négatif, le dialogue ironique expose la difficulté de toute communication. Shoshana Felman a raison d'insister sur la valeur symbolique des deux jeux de mots sur *entendre*/s'*entendre* et sur *écouter*[265]. La polysémie des termes de l'écoute et de l'audition convient bien pour mettre en lumière un dialogue de sourds.

— *Variations :*

Eclairages divers et optiques changeantes modifient, au fil du roman, la signification d'un même motif.

Le mot *évidence*, dans *César Birotteau*, constitue une bonne illustration du phénomène ; car il n'a *a priori*, en soi, aucune valeur originale. C'est seulement par l'examen de ses diverses occurrences que l'on peut conclure. « A la seconde Restauration, le gouvernement royal dut remanier le corps municipal. Le préfet voulut nommer Birotteau maire. Grâce à sa femme, le parfumeur accepta seulement la place d'adjoint qui le mettait moins en évidence. Cette modestie augmenta beaucoup l'estime qu'on lui portait généralement [...] »[266]. Le discours ironique n'est perçu que si l'on se rappelle l'entretien de César et de sa femme au début du roman : « Le gouvernement m'a mis en évidence [...] »[267], dit César. Et Constance : « Souviens-toi de ce que je t'ai conseillé quand il a été question de te nommer maire, ta tranquillité avant tout ! 'Tu es fait, t'ai-je dit, pour être en évidence comme mon bras pour faire une aile de moulin. Les grandeurs seraient ta perte' »[268]. Le mot vogue d'un personnage à l'autre ; puis il entre dans le discours du narrateur, qui se met à parler « le Birotteau ». Ce qui signifie que Balzac et les Birotteau parlent une même

---

264. Ed. du Seuil, « L'Intégrale », t. V, p. 278.
265. Shoshana FELMAN, *La folie et la chose littéraire*, p. 136.
266. *César Birotteau*, t. VI, p. 77.
267. *Ibid.*, p. 41.
268. *Ibid.*, p. 43.

langue ; donc un langage qui n'a aucun relief, aucune originalité particulière. L'ironie joue de préférence sur de tels vocables.

Ce jeu d'échos, rendu possible par la mémoire du lecteur, se construit dans l'ensemble d'une œuvre. C'est pour le lecteur un exercice à faire, non seulement pour la compréhension de ce mot et de ce thème, mais pour la compréhension du jeu romanesque.

Dans son commentaire d'*Illusions perdues*, Roland Chollet s'arrête sur ce passage d'une lettre de Lucien à sa sœur : « Les hommes illustres d'une époque sont tenus de vivre à l'écart. Ne sont-ils pas les oiseaux de la forêt ? »[269] ; et Roland Chollet commente : « Le portrait de Lucien reçoit un éclairage légèrement ironique que le lecteur de la première partie est seul à même d'apprécier pleinement. Il se rappellera en effet que Lucien Chardon avait été surnommé par un habitué du salon Bargeton 'le chardonneret du sacré bocage' »[270]. Ajoutons-y « le poète sans sonnets »[271], comme *on* l'appela à Paris, vers la fin de la seconde partie.

Ces résurgences et modulations peuvent contribuer à structurer tout un récit, comme cette image de l'*ange* qui s'applique à Diane de Maufrigneuse. « Le mot *ange* revient comme un leitmotiv pour la désigner ironiquement au fil du roman »[272]. L'essentiel est que le mot figure aussi bien dans le discours que dans le récit : tout un chacun y recourt. Selon Pierre Larthomas, la « métaphore de l'ange et celles qui s'y rattachent sont réservées à l'évocation souvent sarcastique du personnage principal »[273]. Or, écrit P. Larthomas, « Diane de Maufrigneuse *est*, aux yeux de l'auteur, véritablement un ange »[274]. Comment une même image peut-elle être à la fois l'expression du vrai et ironique ? Sans doute parce que le discours ironique comporte de mettre en perspective l'ironie elle-même. Diane n'est pas un ange. Diane est un ange. Tout le « fonctionnement » de l'image est énoncé dès le moment où apparaît le mot : « angélique ». Ce mot qui désigne le regard « par lequel elle remercia le vidame de Pamiers »[275] (qui vient de lui amener Victurnien) suit une phrase dont la structure se retrouvera dans le « s'improviser ange » : « La duchesse de Maufrigneuse s'était affolée de Victurnien après l'avoir sérieusement étudié »[276]. « Affolement » dûment argumenté ! Le texte enchaîne : « Un amant qui eût vu le regard angélique [...] eût été jaloux d'une semblable expression d'amitié. » « Expression » peut encore passer pour de la façade et la coulée de la plume demeure ironique. Mais la suite ? « Les femmes sont comme des chevaux lâchés dans un steppe quand elles se trouvent, comme la duchesse en présence du vidame, sur un terrain sans danger : elles sont naturelles alors, elles aiment peut-être à donner ainsi des échantillons de leurs tendresses secrètes. Ce fut

269. *Illusions perdues*, t. V, p. 293.
270. *Ibid.*, n. 2.
271. *Ibid.*
272. Pierre-Georges Castex, Introduction du *Cabinet des Antiques*, Garnier, 1958, p. xxiv.
273. Pierre Larthomas, Sur une image de Balzac, *AB 1973*, p. 321.
274. *Ibid.*, p. 325.
275. *Le Cabinet des Antiques*, t. IV, p. 1015.
276. *Ibid.*

un regard discret, d'œil à œil, sans répétition possible dans aucune glace, et que personne ne surprit »[277]. Tous les signes, donc, du naturel, de la vérité. Cet angélique est naturel. Diane jouera sa vérité. Elle jouera un rôle, mais ce rôle sera le sien, rôle original, vrai.

Ironique aussi la répétition des actions. Il en va ainsi du « suicide » de Lucien. « Lucien voulut se tuer, et son désespoir fut si vrai, si profond, que Louise pardonna, mais en faisant sentir à Lucien qu'il aurait à racheter sa faute »[278]. La formulation est en elle-même ironique, mais le fait ne trouve sa vraie dimension dans l'ironie, que rapproché des deux autres occurrences de suicide, en deux autres circonstances, à la fin de la deuxième et à la fin de la troisième partie, donc temporellement, à la fin de l'action du *Grand homme* et à la fin des *Souffrances*. « A quelques regards, la bonne fille comprit, d'après l'aveu que Lucien lui fit de la perte au jeu, quel était le dessein de ce pauvre poète au désespoir : il voulait se pendre »[279].

Après sa dernière déroute, Lucien repart : « Il chemina donc vers Marsac, en proie à ses dernières et funèbres pensées, et dans la ferme intention de dérober ainsi le secret de sa mort [...] »[280]. « Voulant », « voulait », « ferme intention » : la velléité est formulée ironiquement par la lointaine répétition du vocable de « volonté ».

— *Coexistences* :

Après l'ironique confrontation de deux rôles dans le dialogue, après les circulations et modulations d'un même terme entre les divers plans constitutifs du roman, on peut observer le fonctionnement de l'ironie dans le cadre unique de la représentation, *dans* la fable. Le roman renforce l'ironie en la camouflant derrière « l'objectivité » du roman réaliste. Le système des personnages reparaissants favorise considérablement ce propos.

Proust s'émerveillait de la « rencontre » que Carlos Herrera et Lucien font du domaine de Rastignac[281] : « Mais le plus beau sans conteste est le merveilleux passage où les deux voyageurs passent devant les ruines du château de Rastignac. J'appelle cela la *Tristesse d'Olympio* de l'Homosexualité »[282]. La lumière ironique n'est pas absente, avec sa double perspective sur Lucien et sur Vautrin, quand Lucien pose naïvement (selon nous, lecteur) la question : « Vous connaissez donc les Rastignac ?... » Non, Vautrin ne connaît pas *les* Rastignac : seulement Eugène[283].

Incontestablement comique, ironiquement comique, dans la mesure où le fait passe (presque) inaperçu, la situation de la maison du juge Blondet à Alençon : « Située presqu'en face de la Préfecture, elle a sur la

---

277. *Le Cabinet des Antiques*, t. IV, p. 1015.
278. *Illusions perdues*, t. V, p. 251, addition Werdet.
279. *Ibid.*, p. 550.
280. *Ibid.*, p. 689.
281. *Ibid.*, p. 694-695.
282. Marcel PROUST, *Contre Sainte-Beuve*, Bibl. de la Pléiade, 1971, p. 274.
283. *Illusions perdues*, t. V, p. 695.

rue principale une petite cour proprette [...] »[284]. Les relations de la femme du juge Blondet avec le préfet étaient donc de bon voisinage...

Coexistence ironique dans le temps, celle du « gros bouquet de *sedum* »[285] que porte Lucien et de ses pensées de la minute précédente : n'avait-il pas « la ferme intention de dérober [...] le secret de sa mort ? ». Il s'était jeté dans un petit chemin creux parce qu'il ne voulait pas se laisser voir. Mais il revient bien vite, sans précautions, de façon bien voyante, sur la grande route, et tenant à la main son « gros bouquet de *sedum* ». Il réapparaît « précisément » derrière Carlos Herrera. Ce « *sedum* », ce « précisément » pulvérisent « la ferme intention » de secret. Du reste, chaque apparition de « volonté » dans les paroles ou les pensées de Lucien éclate ironiquement, démentie ensuite par les faits, dans le roman. On peut encore évoquer son propos si digne et si déterminé, lorsque David émettait des objections sur le fait d'aimer Mme de Bargeton : « La volonté de deux amants triomphe de tout, dit Lucien en baissant les yeux »[286].

Ironiques, dans les faits, les propos de Godeschal sur la comtesse Ferraud : « Oui, c'est une femme d'esprit et très agréable, mais un peu trop dévote, dit Godeschal »[287]. Cette « dévotion » de Mme Ferraud cadre bien avec l'histoire de la Restauration : c'est la comtesse de la Restauration qui a pris la place de la comtesse d'Empire ! L'ironie n'a pas moins de valeur historique chez Mme de Montcornet : sa cécité, sa méconnaissance de la réalité dépassent son personnage propre pour exprimer un fait de classe : « Comment se fait-il, mon ami, qu'il y ait sur votre terre des gens si malheureux ?... dit la comtesse en regardant le général »[288].

N'est-ce pas enfin l'une des plus belles et des plus significatives ironies situationnelles que la réapparition, la survie ironique de Pons dans le mensonge de l'admiration posthume ? Ainsi en allait-il de Pons ; ainsi en va-t-il de l'Histoire :

« 'Cet éventail que vous admirez, milord, et qui est celui de Mme de Pompadour, il me l'a remis un matin en me disant un mot charmant que vous me permettrez de ne pas répéter...'

« Et elle regarda sa fille.

'Dites-voir le mot, demanda la princesse russe, madame la vicomtesse.

— Le mot vaut l'éventail !... reprit la vicomtesse dont le mot était stéréotypé. Il a dit à ma mère qu'il était bien temps que ce qui avait été dans les mains du vice restât dans les mains de la vertu' »[289].

L'ironie ne se révèle pas toujours par la mise en situation d'un élément romanesque à l'intérieur du roman, mais par référence au contexte

284. *Le Cabinet des Antiques*, t. IV, p. 1065.
285. *Illusions perdues*, t. V, p. 1065.
286. *Ibid.*, p. 149.
287. *Le Colonel Chabert*, t. III, p. 371.
288. *Les Paysans*, t. IX, p. 110. C'est à cet aspect qu'était le plus sensible Lukacs : « Balzac est un des écrivains les plus spirituels qui aient jamais existé. Cependant son esprit ne se limite pas à des formulations brillantes et piquantes, mais se manifeste dans la révélation frappante de l'essentiel, dans la tension extrême des éléments contraires de celui-ci » (*Balzac et le réalisme français*, p. 61).
289. *Le Cousin Pons*, t. VII, p. 764-765.

historique du roman, à des textes ou l'auteur a proclamé ses opinions, aux faits de langage de l'époque.

Tel détail ne prend sa valeur ironique que par cette référence. Quand Blondet emploie le mot *musico* dans *Illusions perdues*, Roland Chollet commente : « Blondet se sert ironiquement de ce mot »[290]. La perception de cette ironie n'est possible qu'à la condition de se référer au *Dictionnaire* de l'Académie qui, en 1835, déclare ce mot vieilli. De même, pour apprécier les déclarations de Blondet contre les buchéziens, il faut savoir qu'elles vont à l'encontre des opinions de Balzac, qui « respecte les buchéziens ».

Fréquemment, le roman fait coexister chez le personnage des éléments qui ressemblent à l'auteur. Balzac les fait vivre dans son personnage aux côtés des éléments qui appartiennent en propre au personnage. Le travail de l'érudition balzacienne et la recherche du document vrai, source ou tremplin, mènent souvent à la révélation d'une ironie. De bons exemples en sont offerts par Nathan, Canalis, Claude Vignon, Gaudissart ou même Théodose de La Peyrade.

Le travail de Patrick Berthier sur Nathan et Balzac est à cet égard fort utile[291]. Il aide à prendre conscience du travail d'auto-ironie qui préside à la création de tels personnages. Dans le tissu du texte, on retrouve quelques fils de l'époque ; le langage que Balzac parle, ses obsessions, que gouverne l'histoire, sont présents dans le discours qu'écrit Nathan. Celui-ci participe de la même velléité et de la même ironie sur cette velléité que nous avons analysée chez Lucien : « En cette extrémité, Nathan attendit un hasard et ne voulut se tuer qu'au dernier moment »[292]. Regard d'aigle et écriture fulgurante se retrouvent dans cette grande ironie de moraliste. Mais aussi, dans cette « attente » du suicide, on trouve mêlés les éléments de l'époque et les traces du discours personnel : « Il aimait mieux mourir que d'abdiquer. Tout le monde n'a pas le piédestal de Sainte-Hélène. D'ailleurs, le suicide régnait alors à Paris ; ne doit-il pas être le dernier mot des sociétés incrédules ? Raoul venait de se résoudre à mourir »[293]. « Abdiquer », « régner », le discours napoléonien quadrille cette époque : Nathan, Balzac ; comme les fils du siècle, ils sont condamnés l'un et l'autre à l'énergie individuelle... faute de vraie royauté et faute de sacré. *D'ailleurs*, situé au carrefour du discours explicatif que poursuit le narrateur dans son effort de distance et d'analyse, coïncide, pour une part, avec le discours que se tient ou pourrait se tenir le personnage dans son monologue intérieur. Intimité et extériorité sont inextricables et c'est cette imbrication de netteté et d'ambivalence qui fait lire cette écriture comme une auto-ironie, comme une auto-analyse.

Engagement et dégagement, désaveu et complicité, rigueur et compassion sont les deux mouvements qui agissent au même instant, grâce à

290. *Illusions perdues*, t. V, p. 476, et n. 1.
291. Patrick Berthier, Nathan, Balzac et « La Comédie humaine », *AB 1971*, p. 163-185. La 3e section (p. 178-185) est celle qui concerne le plus directement notre sujet. Patrick Berthier montre les reproches faits par Balzac à Nathan, mais Balzac « avait des parentés » avec Nathan et il avait pour lui « une sympathie relative » (p. 183).
292. *Une Fille d'Eve*, t. II, p. 353.
293. *Ibid.*, p. 354.

la vocation paradoxale de l'ironie. L'ironie énonciative est le moyen
d'expression de cette « ironie situationnelle » : une coexistence difficilement
vivable s'exprime dans une écriture ironique. Diane de Maufrigneuse ou
Anaïs de Bargeton en sont l'expression nuancée, profonde, comique.
Il n'est que de prendre les textes. Sixte du Châtelet « avait trop présumé
des deux amants dont l'amour restait platonique, au grand désespoir
de Louise et de Lucien »[294] Ironie infinie sur ce « présumé » et ce « désespoir » paradoxaux. Voici que, dans un éclair brusque, Balzac révèle
qu'Anaïs de Bargeton (pourtant prude et bas-bleu, pourtant aussi exas-
pérante qu'une duchesse de Castries dans ses temporisations et ses refus)
est aussi « désespérée » qu'il en soit ainsi. Bien qu'associés dans la phrase,
les deux « désespoirs », celui de Lucien et celui de Mme de Bargeton, ne
sont pas de même ordre. Ce rapprochement et cette unité qui semblent,
de prime abord, associer les deux personnages dans une même condamnation ironique, multiplient au contraire, par une vraie maïeutique, les
questions et obligent à nuancer les réponses. Anaïs devient une femme
vivante.

L'impression générale que laisse l'ensemble de ce discours romanesque
de l'ironie est celle d'une maîtrise flottante. Les mots et les gens qu'ils
désignent peuvent jouer chacun dans leur plan, mais aussi changer de
statut, jouer dans un autre plan, et souvent même établir des relations
d'un plan à l'autre. Ce qui est de l'ordre de l'ironie, énonciative, stylistique, ne prend son plein effet que par les métamorphoses qu'elle parvient
à créer dans notre représentation. Un bon témoignage de cette opération :
l'effet comique créé par les noms propres[295].

Le comique du nom propre est double. L'ironie est énonciative,
elle est de l'ordre du discours, lorsque ce nom fait apparaître le souci
balzacien d'un style, d'une formulation drôle, repérable comme comiquement ironique : il est amusant d'appeler Léger un homme qui ne l'est pas
et qui est même assez grossier. Ce que Balzac appelle rapport d'ironie est
de l'ordre de l'ironie énonciative. Mais, dans la confrontation du nom et
de la vie du personnage (que le rapport soit d'*harmonie* ou d'*ironie*),
le personnage nourrit avec sa destinée et son action un rapport qui est
d'ironie situationnelle. C'est une ironie du sort d'être grigou, quand on
s'appelle G. Rigou. Ce qui est forme devient sens et ce qui est discours
récit.

Inversement, le roman balzacien crée un langage romanesque, de
personnages, d'histoires et de faits constitués en système romanesque :
et c'est cela qui fait exister l'ironie situationnelle. Grâce à un type donné

294. *Illusions perdues*, t. V, p. 235.
295. Cela participe, comme le dit Bernard VANNIER, d'un « cratylisme implicite
que nous partageons avec l'écrivain » (*L'inscription du corps*, p. 91). Bernard Vannier
cite maints noms où une relation s'établit entre le signifiant et le signifié du nom
commun qui se cache sous le nom propre (Séchard, Pingret, Cambremer, Tirechair,
Tonsard, Gaudissart, Cruchot, etc.). « Dans cette série, la nomination respecte le lien
'naturel' qui unit le personnage à sa destinée, mais c'est par le jeu de mots que se
fonde le rapport, ce qui en souligne simultanément la nature discursive » (*ibid.*, p. 93).
Balzac avait lui-même formulé le double rapport qui peut s'établir entre le nom et la
personne : un rapport d'*harmonie* et un rapport d'*ironie*.

d'intrigues, de personnages reparaissants, de romans en liaison mobile les uns avec les autres, des connexions peuvent être établies entre les différents facteurs, entre les moments divers d'une même histoire aussi bien qu'entre un roman et un autre. Cette rencontre possible, ces réseaux rigoureux et invisibles définissent un style romanesque, le style à la fois du nécessaire et de l'improbable.

C'est le style de l'ironie, qui cherche à se faire oublier comme style. Neutralité voulue, dont les effets n'interviennent que dans la lecture de la totalité du système proposé. Chaque détail ne prendra vie que par rapport à l'ensemble, et pourtant cet ensemble n'est pas assez unifié pour garantir une réponse. Dans le jeu ironique, la seule garantie est celle que donne le désordre : les réponses ne peuvent être toutes faites dans ce monde de questions. Mais le jeu ironique est aussi la garantie donnée par la trouvaille : les rencontres, les jaillissements et les ouvertures sont infinis dans ce monde sans direction. Entre le non-sens et le sens, le jeu ironique.

CONCLUSION

Balzac comique ?

Si le comique se jauge à l'effet produit, au rire, au sourire, à la jubilation, nous pouvons témoigner. Les années n'émoussent pas la *vis comica* balzacienne : on ne se lasse pas des pluriels de Birotteau, des silences de Bargeton, des « Hé ! Hé ! » de Beauvisage, mais non plus des phrases prudhommesques du banquier amoureux : « *L'amûre ?... jeu groid que c'esd te maicrir* » ou « *Che ne beux bas êdre le Bère Edernel* » ou « *Gomme on a réson t'afoir paugoud t'archant* ». On hésite à choisir entre la délicatesse sublime de Matifat avec son « Va te coucher, mes nièces ! », les indignations du bon sens : « Est-ce qu'on peint la mer ? » ou « On n'a jamais vu avoir mal partout ». Autant de répliques énormes, comiques, telles que la comédie, de Molière à Jarry, les a fait applaudir. Classique, ce comique allie la joie de voir et de comprendre à la joie de jouer. Baudelaire ne faisait pas une place assez grande à ce comique qui, sans jamais abdiquer la signification, atteint et communique la jouissance infinie de jouer, sans pour autant se mettre sous la bannière de Satan.

Cette jouissance du jeu, Balzac la communique au lecteur, à tout instant, parce qu'elle traverse l'œuvre, et même la description sinistre et la page tragique. « Les petits paillassons piteux de sparterie » chantent à la mémoire dans la pension Vauquer. Ce jeu est celui d'inventer, et d'abord de jouer avec les mots. Comme A. Koestler l'a fait remarquer, les structures de l'Art, de la Science et du Comique sont les mêmes. Découvrir les lois du réel, découvrir les défauts des hommes et inventer des formes neuves se relancent l'un l'autre. Le désir et la connaissance se concilient lorsque s'assouvit le désir d'inventer. Or les jeux du comique, dans l'agencement des mots, sont inépuisables chez Balzac. L'enfant amoureux de rires et d'esclandres continue de s'esbaudir de ses propres trouvailles, qui nous donnent la même joie de la découverte.

Voir, faire voir. Rire, faire rire. Inventer, faire inventer. Pourquoi refuser à Balzac cette simplicité communicative qui fait de lui, pour reprendre le mot d'Etiemble à la mort d'André Breton, « un beau classique » ?

Classique, Balzac l'est par cette alliance de la netteté du conteur, de la densité du sens et de l'exactitude des termes. Il l'est par cette science exacte de la « physionomie » des gens et des choses, qui sait communiquer à autrui le « grain » inimitable du réel. C'est l'héritage du XVIIe siècle.

Classique, Balzac l'est également par l'art du trait. On sait la mode des *anas*, à la fin du XVIIIe siècle, les recueils de mots et d'anecdotes.

On pourrait en faire un très riche avec tous ceux que recèle *La Comédie humaine* : on y célébrerait le mariage de la pointe et du trait. Balzac est un très agile moraliste, pamphlétaire et faiseur de bons mots. Il a la rapidité de l'éclair, dans la saisie et dans la création d'un rapport nouveau entre les mots. Qui disait Balzac irrémédiablement condamné à la lourdeur ? L'homme de la critique vive, fine et railleuse est demeuré jusqu'au bout en pleine possession de son fleuret, de son scalpel ou de sa pique.

Pour être complet et dire l'essentiel de l'écrivain comique, il faut suivre Victor Hugo et bien voir comment Balzac « traverse Beaumarchais et [...] va jusqu'à Rabelais »[1]. L'époque de Balzac avait raison, qui l'unissait à Rabelais, dans son culte ou son exécration. On a autant besoin de Rabelais pour parler de Balzac que de Balzac pour parler de Rabelais. Evoquant ce dernier dans *Rabelais créateur*, Alfred Glauser posait la question : « Où trouver, si ce n'est plus tard, chez Hugo et chez Balzac, une telle foi en l'acte littéraire, un tel pouvoir, une si grande sûreté dans la recréation du monde ? »[2]. Ce jeu inépuisable des mots et du monde, on le retrouve au XXe siècle chez Claudel parfois ; mieux encore peut-être dans l'œuvre d'un Nicolas de Staël, dans son jeu de la palette et du monde, où André Chastel perçoit une « altière, une puissante, une poignante jubilation »[3].

« Poignante », en effet, cette jovialité créatrice de Balzac. Il n'est pas possible d'ignorer son expérience du tragique. Balzac connaît le péché et la cendre. L'échec est présent dans *La Comédie humaine*. Il est difficile d'échapper au malheur dans ce monde autrement que par la médiocrité : ce qui est une conclusion amère et consacre le règne de la dérision. A s'en tenir au contenu de tant d'histoires, à négliger le jeu des mots et des choses, on assiste d'abord à la toute-puissance du hasard, d'une divinité sarcastique et malintentionnée, jamais d'une Providence. Tout sublime s'abîme dans le petit, sous le règne du roi-bourgeois et de la médiocratie. Ce comique de la dérision est présent chez Balzac. Il n'échappe au grincement que par l'infini du jeu : dépassements, outrepassements, disions-nous. Quelques personnages donnent, dans la fiction, le mode d'emploi de cette transcendance, par un tragique assumé, ou dépassé : La Palférine, Esther font ainsi l'expérience des limites.

Pourquoi ne pas conclure dès lors à l'*humour* de Balzac ? Il y aurait quelques raisons d'adopter ce point de vue en privilégiant l'expérience du détachement qui préside à toute création et, en particulier, à celle de Balzac : nous l'avons mainte fois signalé. Proches de l'humour paraissent certaines démarches de retournement sur soi, d'auto-ironie, telle qu'on la perçoit dans certaines nouvelles comme *Le Message*, comme *Madame Firmiani*, mais mieux encore par la cruelle distance où le roman se place par rapport à tant de créateurs Narcisses et comédiens, à tant de bavards narrateurs, captateurs de parole. Proche de l'humour, parfois, semble le mouvement qui à la fois nous approche et nous sépare de tel Félix de

---

1. Victor Hugo, *Oraison funèbre de Balzac*, Club fr. du Livre, t. VII, p. 317.
2. Alfred Glauser, *Rabelais créateur*, Nizet, 1966, p. 13-14.
3. André Chastel, Nicolas de Staël : L'impatience et la jubilation, in *Fables, Formes, Figures*, Flammarion, 1978, t. II, p. 484.

Vandenesse. Etant admis que Freud se trompe quand il place l'humour du côté du « surmoi » (nous partageons l'opinion, sur ce point, de psychologues comme Jacqueline Cosnier ou d'humoristes comme Georges Elgozy), nous avons trouvé l'humour tout à fait réalisé, comme humour noir par La Palférine, comme philosophie de l'existence chez le colonel Chabert. Mais l'humour est, comme le disait Hegel, un sentiment « définitif », il est un horizon indépassable, une expérience, impossible à réouser, du néant. Surtout, il est un *sentiment*, comme Sterne nous en donne l'image, comme Pirandello l'exprimait si bien en décrivant son mécanisme à partir du Marmeladov de Dostoïevski : « de la constatation du contraire au *sentiment* du contraire »[4]. Humoriste, Balzac pouvait l'être, comme ses débuts littéraires le montrent du point de vue formel, comme il en a fait l'expérience chez les autres, peut-être chez lui, par la connaissance du désenchantement. La meilleure définition de l'humour que nous connaissions, parmi des myriades, est celle de Jacques Vaché, *Lettres de guerre* : le sentiment de « l'inutilité théâtrale (et sans joie) de tout *quand on sait* »[5]. Or cela, ce n'est pas Balzac ; parce que l'horizon du « moi, enfant et rieur » demeure, comme une réalité qui fut vécue, qui ne donne jamais lieu à la nostalgie, qui organise la visée même de l'œuvre.

Il faut, sans doute, intégrer à notre définition du comique de Balzac cet acquis de l'expérience du néant. Expérience du désordre et de la fragmentation, dont son désir d'unité porte la marque, pour les dépasser. Il faut percevoir cette tonalité « humoresque » dans l'ironie balzacienne. C'est le son du relatif ; c'est le sens de la pitié et de la sympathie ; c'est le sens de l'infirmité humaine, confrontée à cet absolu que Balzac vise ; mais qui ne peut, bien entendu, s'atteindre. L'humour s'intègre à l'ironie pour la rendre, dans tous les cas, indulgente, pour arracher l'ironie au domaine exclusif du *mordant*. Humour, si l'on veut, ce qui permet de surmonter le pessimisme de la satire, ce qui ouvre les portes de l'ironie et lui retire son goût de détruire ou de fustiger. Humour, la sympathie pour les victimes. Même Simon Giguet, si ridicule, est comme tous les humains et nous redirons le propos de Balzac sur Bixiou le railleur, qui, comme tous les railleurs, ne fait pas suffisamment la part de la société dans nos ridicules.

Mais, si l'ironiste badine sur les valeurs, c'est « parce qu'il croit aux valeurs »[6]. L'horizon d'absolu de l'œuvre balzacienne, de *Louis Lambert* au *Lys* ou au *Curé de village*, arrache toutes les moqueries ou les dérisions au sentiment de l'absurde ou de l'universelle équivalence. Or, le propre de l'ironie est « d'affirmer simultanément la positivité et l'imperfection de toute chose créée »[7]. Cet horizon *positif* et *général* arrache le détail à la singularité humoristique et à son capricieux désordre : le détail est un élément qui prend sens en relation avec le tout. Combien de « détails »

---

4. Luigi PIRANDELLO, *Ecrits sur le théâtre et la littérature* (paru en 1908), Denoël/Gonthier, 1968, p. 117. C'est nous qui soulignons.
5. La citation qu'en donnait Roger VAILLAND dans *Le temps du dérisoire* était inexacte : « le sens théâtral de l'inutilité de tout », comme le précise Michel PICARD, *Libertinage et tragique dans l'œuvre de Roger Vailland*, Hachette, 1972, p. 75.
6. Vladimir JANKÉLÉVITCH, *op. cit.*, p. 179.
7. *Ibid.*, p. 172.

avons-nous isolés, qui, dans le cercle vaste et fermé de *La Comédie humaine*, sont entrés en consonance ! Combien de détails avons-nous vu désigner la réalité historique contemporaine, sans pour autant cesser de danser d'un plan du texte à l'autre ! Et combien de « mots », de fins jeux de mots et de mauvais jeux de mots, qui ne doivent jamais être isolés de leur totalité et se définissent conjointement, depuis le sens délié jusqu'au *nonsense* !

Cette relation des mots entre eux, nous l'avons observée souvent comme obéissant à une logique particulière. Cette logique, ironique, nous a donné souvent le sentiment de cette « beauté logique » dont parle Friedrich Schlegel[8]. Beauté logique coexistant avec la fantaisie, la poésie et qui serait très proche de l'ironie romantique allemande.

Ce serait particulièrement vrai du groupe des œuvres « philosophiques » de 1830-1831 : de *La Peau de chagrin*, de *Sarrasine*, de *L'Elixir de longue vie*. Là l'ironie, de figures de rhétorique en jeux de mots et en exercices parodiques, joue en abyme, « réflexion poétique multipliée comme en une série infinie de miroirs »[9]. Forme moderne de l'ironie comme question infinie posée par la littérature à elle-même. Dans l'effet de miroir d'une *Maison Nucingen* écrivant Bixiou, on est très proche de cette ironie[10]. Les mimiques se perdent ici derrière une cloison (dans *La Peau de chagrin*, le discours se perdait dans le silence d'un brouhaha). Il s'en faut de peu que La Palférine n'atteigne à la « bouffonnerie transcendantale »[11].

Mais *Balzac comique* est tenté par le réel dans sa totalité concrète. Sans doute, nous avons découvert dans son comique plus de subtilité et d'ouverture à l'infini que nous n'en avions lu jusqu'alors, nous y avons vu l'exercice d'une pensée et d'un imaginaire : « Mélange unique d'enthousiasme et de critique, acte de foi et d'intelligence », dit Robert Minder de Solger et de Tieck. Nous pourrions appliquer cette formule à Balzac. Mais le jeu n'est jamais si rayonnant dans ses formes de liberté hilarante et joviale qu'en nous donnant le plaisir mêlé de la chose et du mot, plaisir mêlé du faire et du voir, de la création tendant à rendre compte du réel dans sa contradiction.

Le réel comique est ouvert, mobile, contradictoire. Il suscite la franche et vigoureuse moquerie et fait voir l'ailleurs en nous plongeant dans l'ici, avec son tragique va-et-vient entre des contraires qui disent toujours le oui *et* non[12].

Ce comique balzacien est au cœur d'une dynamique, qui se recharge de la coexistence des contraires, de contrepoints ironiques, et de défla-

8. Friedrich SCHLEGEL, Fragments critiques, n° 42 in *L'Absolu littéraire* (*op. cit.*, p. 85).

9. Citation de Ingrid STROHSCHNEIDER-KOHRS, *Die romantische Ironie...*, 1960, par René BOURGEOIS, *op. cit.*, p. 17.

10. Cf. Pierre CITRON, Introduction de *La Maison Nucingen* : « Quand Bixiou décrit et mime la scène de l'enterrement [...], il ne fait que reproduire en abîme Balzac rapportant, comme romancier, la conversation dominée par Bixiou lui-même » (t. VI, p. 319).

11. Friedrich SCHLEGEL, *op. cit.*

12. Arlette Michel a montré toutes les harmoniques tragiques de cette coexistence.

grations inopinées. Il est très proche en cela d'un Gautier « avec ce sens du comique sous toutes ses formes, nourri de traditions facétieuses, rehaussé par une langue d'une richesse extrême »[13]. Mais, si Balzac se signale comme comique, c'est moins par la « richesse » du lexique qu'en exerçant une puissante traction sur les mots les plus simples. En les laissant *jouer*, il ouvre les portes d'une pensée comique. Le jeu fait découvrir la contradiction et la contradiction mène à l'exercice du jeu, en une recharge sans fin, dans un réel ouvert.

Rien ne peut mieux figurer le comique balzacien que l'arabesque, déjà bien souvent rencontrée. La ligne serpentine rend compte de l'incessant dialogue dont ce comique est à la fois le moteur et le lieu. Balzac plie à son dessein cette idée et cette image. Déjà exploité par Hogarth, traversant l'œuvre de Sterne et celle de Diderot, théorisé par Schlegel, ce tracé ondoyant donne forme au comique balzacien avant de susciter la réflexion de Victor Hugo dans *William Shakespeare*, celle de Baudelaire ou celle de Gogol. L'arabesque ordonne selon un patron et une unité dynamiques une « observation » du réel qui est une incessante question sur le réel. La quête de l'absolu se fait ici dans le réel et le réel n'est envisagé dans son détail qu'en prenant en considération la totalité. L'originalité de l'arabesque balzacienne, c'est que ce signe de la fantaisie, de l'imagination créatrice et du mouvement est, dans *La Comédie humaine*, en constante relation avec la totalité d'un *réel*. Comme l'intelligence aimée de Léon-Paul Fargue, qui « colle au substantiel », le comique balzacien, en son arabesque, « fait effervescence avec les choses »[14]. Pourtant, ce comique apprend à voir, à critiquer, à juger, à se détacher. Par rapport aux « choses de la vie », réalités du corps ou petits faits de société, le comique arabesque place le lecteur à des distances variables.

A l'origine de cette arabesque, un paradoxe. Seul le langage est en mesure de réaliser la mouvante unité, qui échappe au langage. C'est la forme romanesque qui accomplit, grâce au mouvement comique, cette ambition poétique. L'exploration des divers plans qui forment le tissu romanesque l'a manifesté en toute occasion. La « doctrine » qui préside à la désignation comique n'enferme jamais le lecteur dans un jugement, mais contribue à l'exercice d'une pensée, en organisant le rapprochement et l'éloignement réciproques des choses et des gens. La mise en œuvre du monde, dans l'univers balzacien, oblige à en vivre la complexité, en le faisant percevoir à la fois comme vécu et comme pensé, comme montré et comme écrit. Le roman devient, selon un mouvement double, lieu d'engagement dans le tragique, en suscitant le désir et la sympathie, et lieu de dégagement, par la mise en œuvre de la critique, de la conscience et du jeu. Enfin, l'écriture du comique accomplit la visée du réel par le jeu des mots, le jeu de mots et l'ironie. Le pamphlet, le portrait et l'analyse, historique ou psychologique, culminent avec le comique. Cependant que

---

13. René JASINSKI, Introduction des *Jeune-France*, Flammarion, « Petite Bibliothèque romantique », 1974, p. 21.
14. Saint-John PERSE, *Œuvres complètes*, Bibl. de la Pléiade, p. 517.

l'écriture du comique donne à la légèreté du jeu ironique tout le poids de la pensée, et fait réinventer le réel.

Ce Balzac comique, qui associe jouissance et réflexion, analyse et jeu, interdit toute lecture doctrinaire, limitative et sclérosante. L'esthétique comique est au cœur de l'esthétique balzacienne, en donnant, grâce à l'écrit, le premier rôle à ce qui nie ou dépasse l'écriture : l'oral, le musical, le pictural. Balzac n'y atteint que par la mise en œuvre d'une poétique romanesque que nous avons appelée, à l'occasion, une « esthétique rieuse ». Cette esthétique fait que le lecteur de Balzac comique a toujours l'imagination en éveil, fait l'expérience des limites, sans pour autant risquer de décoller du réel. De la même façon, le souci de dire, d'exprimer les choses et les hommes ne mène jamais le lecteur à « l'empoissement » : le mot garde son pouvoir de danse et de pétillement.

La prise en considération du comique balzacien nous amène à une lecture qui n'est ni strictement idéologique ni purement formaliste. Le comique naît d'un étonnant travail de la forme : système des mots, des personnages et des séquences narratives et jusqu'au plus minutieux travail de l'orfèvre styliste. Mais le comique fait corps avec une pensée, dans le double jeu de l'origine et de la fin : pensée en action, qui s'exerce sur le lecteur par un incessant appel à la mobilité, à la question. Dans cette perspective du comique balzacien, puérile apparaît la revendication, pour le romancier, de l'univocité d'un point de vue cohérent. Ici, tout saute et tout bondit, tout s'entrelace, émerge et plonge. Non plus seulement « rotation des points de vue », mais polyphonie mimique, orchestration inventive. Le texte du roman balzacien propose pour seul modèle la liberté du jeu penseur. A la cruelle mise à nu, à la comique mise en question répondent le rire, la compassion, la réflexion du lecteur. Le jeu des mots fait sérieusement réfléchir sur le monde, une fois mis à mal l'esprit de sérieux.

BIBLIOGRAPHIE

Cette Bibliographie comprend :

I. *Editions des œuvres de Balzac :*

Nous ne citons que les éditions auxquelles nous avons eu recours. Notre édition de référence pour *La Comédie humaine* est celle de la nouvelle édition de la Bibliothèque de la Pléiade, publiée sous la direction de Pierre-Georges CASTEX, 1976-1981, 12 vol.

II. *Témoignages des contemporains sur Balzac :*

Nous avons regroupé sous cette rubrique les titres d'ouvrages dont l'auteur évoque l'homme Balzac, personnellement rencontré.

III. *Ouvrages et articles sur Balzac :*

— *L'Année balzacienne* est citée sous le titre *AB* suivi de l'année de publication.
— *La Revue d'histoire littéraire de la France* est citée sous le titre *RHLF*, suivi de l'année de publication.

IV. *Ouvrages et articles sur l'histoire, la psychologie et l'esthétique du comique :*

Certains de ces ouvrages ne traitent pas spécifiquement du comique, mais ont été mis à contribution pour l'analyse du comique littéraire (ex. : PICOCHE (Jacqueline), *Précis de lexicologie française*).

I — ÉDITIONS DES ŒUVRES DE BALZAC

Œuvres complètes :

— Ed. M. BOUTERON et H. LONGNON, Paris, Conard, 1912-1940, 37 vol., plus 3 vol. *Œuvres diverses*, in-8º.
— *La Comédie humaine*, éd. Marcel BOUTERON, Paris, Gallimard, Bibl. de la Pléiade, 1951, 11 vol. in-16.
— *L'Œuvre de Balzac*, éd. Albert BÉGUIN et Jean-A. DUCOURNEAU, Paris, Club français du Livre, « Formes et Reflets », 1950, 16 vol. in-8º.
— Ed. Maurice BARDÈCHE, Paris, Club de l'Honnête Homme, 1956-1963, 28 vol. in-8º.
— *La Comédie humaine*, éd. Pierre CITRON, avec une Préface de Pierre-Georges CASTEX, Paris, Ed. du Seuil, « L'Intégrale », 1965-1966, 7 vol. in-8º.
— *Œuvres complètes illustrées*, éd. Jean-A. DUCOURNEAU, Paris, Les Bibliophiles de l'Originale, 1965-1972, 28 vol. in-8º.
— *La Comédie humaine*, éd. Pierre-Georges CASTEX, Paris, Gallimard, Bibl. de la Pléiade, 1976-1981, 12 vol. in-16.

Œuvres de jeunesse :

— *Falthurne*, manuscrit de l'abbé SAVONATI, traduit de l'italien par M. MATRICANTE, instituteur primaire, éd. Pierre-Georges CASTEX, Paris, José Corti, 1950.
— *Romans de jeunesse*, Paris, Les Bibliophiles de l'Originale, 1965, 15 vol. in-16.

Correspondance :

— *Correspondance*, éd. Roger PIERROT, Paris, Garnier, 1960-1968, 5 vol. in-8°. Les références à cette édition sont désignées par l'abréviation : *Corr.*
— *Lettres à Mme Hanska*, éd. Roger PIERROT, in *Œuvres complètes illustrées*, Paris, Bibliophiles de l'Originale, 1967-1971, 4 vol. in-8°. Les références à cette édition sont désignées par *LH.*

Editions critiques :

— *Album, Pensées, Sujets, Fragments*, éd. crit. de Jacques CRÉPET, Paris, Blaisot, 1910, gr. in-8°.
— Voir *infra*, dans la section III aux noms des auteurs.

II — TÉMOIGNAGES DE CONTEMPORAINS SUR BALZAC

ANCELOT (Mme), *Les salons de Paris. Foyers éteints*, Paris, Jules Tardieu, 1858.
APPERT (Benjamin), *Dix ans à la cour du roi Louis-Philippe et Souvenirs du temps de l'Empire et de la Restauration*, Paris, Renouard, 1846, 3 vol.
APPONYI (comte), *Vingt-cinq ans à Paris*, Paris, Plon, 1913, 3 vol.
AUDEBRAND (Philibert), Balzac journaliste, *Gazette de Paris*, dimanche 15 novembre 1857.
AUGER (Hippolyte), *Mémoires (1810-1859)*. Publiés sous le titre : *Mémoires d'Auger (1810-1859)* publiés pour la première fois par Paul COTTIN, Paris, aux bureaux de la *Revue rétrospective*, 1891.
Balzac mis à nu et les dessous de la société romantique, d'après les Mémoires inédits d'un contemporain. Préface et notes par Charles LÉGER, Paris, C. Gaillandre, 1928.
BANVILLE (Théodore de), Camées parisiens, *Le Figaro*, dimanche 3 juin 1866.
— *Mes Souvenirs*, Paris, G. Charpentier, 1882.
BARBIER (Auguste), *Souvenirs personnels et silhouettes contemporaines*, Paris, E. Dentu, 1883.
BASCHET (Armand), *Les Physionomies littéraires de ce temps*, I : *Honoré de Balzac. Essai sur l'homme et sur l'œuvre*, Paris, D. Giraud & J. Dagneau, 1852.
BASSANVILLE (Mme la comtesse de), *Les Salons d'autrefois*, Paris, Bunel, 1863, 4 vol.
BELLOY (marquis Auguste de), *Les Toqués*, Paris, Michel Lévy, Collection Hetzel, 1860.
BERTALL, Souvenirs intimes, Supplément littéraire du *Figaro*, samedi 20 août 1881.
BIRÉ (Edmond), *Etudes et portraits*, Lyon et Paris, Librairie catholique Emmanuel Vitte, 1925.
BOUCHER (Henri), *Souvenirs d'un Parisien pendant la Seconde République (1830-1852)*, Paris, Perrin & Cie, 1908.
CABANES (Dr), *Balzac ignoré*, Paris, Charles, 1899.
CARO (Elme-Marie), M. de Balzac, son œuvre et son influence, *Revue européenne*, 1re année, 5e vol., 1859.
CHAMPFLEURY, « Une heure de conversation intime avec M. de Balzac », à la suite de l'ouvrage d'A. BASCHET (p. 219-248) cité ci-dessus, 1852.
— Feuilleton du *Pays*, 14 avril 1852.
— Epreuves de son *Balzac*, Lov. A. 360, f° 105.

CHASLES (Philarète) — sous le pseudonyme de V. CARALPH, Supplément au Répertoire des connaissances usuelles, *Dictionnaire de la Conversation et de la Lecture*, t. LIII (1er supplément), Paris, Garnier Frères, Libraires, Palais-Royal, Galerie Montpensier, 1844.

— *Journal des Débats*, 24 août 1850.

CLARETIE (Jules), Compte rendu de *Balzac aux Jardies* par M. Léon Gozlan, *Le Boulevard*, n° 43, dimanche 26 octobre 1862.

— Balzac, *Figaro*, jeudi 12 avril 1866.

CLAUDIN (Gustave), *Méry*, Paris, Librairie Bachelin-Deflorenne, 1868.

— *Mes Souvenirs. Les Boulevards de 1840-1870*, Paris, Calmann-Lévy, 1884.

CLÉMENT DE RIS (Louis), *Portraits à la plume*, Paris, Eugène Didier, 1853.

Courrier de l'Europe, Honoré de Balzac, août 1850.

DELÉCLUZE (Etienne-Jean), *Souvenirs de soixante années*, Paris, Michel Lévy, 1862.

DESNOIRESTERRES (Gustave), *M. de Balzac*, Paris, P. Permaint, 1851.

DINO (duchesse, depuis duchesse de Talleyrand et de Sagan), *Chronique de 1831 à 1862*, t. II : *1836-1840*, Paris, Plon, 1909, 2e éd.

DUCRIN (Auguste), Lettre au vicomte S. de Lovenjoul, 3 janvier 1892, Lov. A. 364 (1re partie, fo 23).

DU PONTAVICE DE HEUSSEY (Robert-Yves-Marie, vicomte), *Balzac en Bretagne*, H. Caillère, Rennes, 1885.

EYMA (Louis-Xavier) et LUCY (Arthur de), *Ecrivains et artistes vivants, français et étrangers* : 8e livraison : *M. de Balzac*, Librairie Universelle, 1840.

FONTANEY (Antoine), *Journal intime*, publié par R. JASINSKI, Paris, Belles-Lettres, 1925.

FOURNIER (Dr Alfred), *La statue d'Honoré de Balzac à Tours*, Paris, Ménard-Augry, 1887.

FRÉDÉRICK (Gustave), Balzac, feuilleton de *L'Indépendance belge*, jeudi 8 avril 1869.

GAUTIER (Théophile), Annonce dans *La Presse* du 13 octobre 1836.

— Article de *La Presse*, 6 décembre 1836.

— Article de *La Presse*, 18 mars 1837.

— *Honoré de Balzac*, Paris, Poulet-Malassis & Debroise, 1859.

— *Portraits contemporains*, Paris, Charpentier, 1874.

— *Souvenirs romantiques*, Paris, Garnier, 1929.

GIRARDIN (Delphine de), *Œuvres complètes*, Paris, Plon, 1860-1861, 6 vol. T. II : *La canne de M. de Balzac* ; T. III : *Marguerite ou deux Amours*.

GONCOURT (Edmond et Jules de), *Journal*, Paris, Fasquelle, Flammarion, 1956, 4 vol.

GOZLAN (Léon), *Balzac intime* (Balzac en pantoufles — Balzac chez lui), Paris, Librairie illustrée, 1886.

HOUSSAYE (Arsène), *Histoire du 41e fauteuil de l'Académie française*, 2e éd., Paris, Bibliothèque Charpentier, 1894.

JAL (Auguste), *Souvenirs d'un homme de Lettres (1795-1873)*, Paris, Léon Techener, 1877.

JOUENNE D'ESGRIGNY D'HERVILLE (Marie-François-Jules), *Souvenirs de garnisons*, Paris, J. Dumaine, 1872.

KARR (Alphonse), *Les Guêpes* (2e série, nouv. éd.), Paris, Michel Lévy, frères, 1858-1859, 6 vol.

— *Le livre de bord*, Paris, Calmann-Lévy, 1879, 4 vol.

LACROIX (Paul-Louis) dit « Le bibliophile Jacob », Extrait de sa dédicace des *Aventures du grand Balzac*, histoire comique du temps de Louis XIII (parallèle entre les deux Balzac), Supplément au *Constitutionnel*, 30 septembre 1838.

— *Simple histoire de mes relations littéraires avec Balzac*, Paris, Le Livre, mai-juin-septembre 1882.

LAFON (Mary), *Cinquante ans de vie littéraire*, Paris, Calmann-Lévy, 1882.
LAMARTINE (Alphonse de), *Cours familier de Littérature*, X[e] entretien, année 1856.
— *Balzac et ses œuvres*, Paris, Michel Lévy, 1866.
LARDANCHET (Henri), *Les enfants perdus du Romantisme*, Paris, Perrin, 1905.
LECOMTE (Jules), Feuilleton de *L'Indépendance belge*, 23 août 1850.
LÉGER (Charles), *A la recherche de Balzac*, Paris, Le Goupy, 1927.
LEMAÎTRE (Frédérick), *Souvenirs*, Paris, P. Ollendorff, 1880.
LOMÉNIE (Louis de), *Galerie des contemporains illustres*, par un homme de rien, Paris, Chez René, 1840-1841. (Article sur Balzac publié en 1841 au tome III.)
LOVENJOUL (vicomte SPOELBERCH DE), *Autour de H. de Balzac*, 1897.
MIRECOURT (Eugène de), *Balzac*, Paris, J.-P. Roret, 1854.
MOLÈNES (Paul GASCHON DE), Balzac, *Revue des Deux Mondes*, 1er novembre 1842.
MONNAIS (Edouard), *Revue et Gazette musicale de Paris*, 1er septembre 1850.
MONNIER (Henri), Lettre à Noël Parfait, 21 août 1857, Lov. 364, f° 20.
— *Mémoires de Monsieur Joseph Prudhomme*, Paris, Librairie Nouvelle, 1857, 2 vol.
MONSELET (Charles), *Mes Souvenirs littéraires*, Paris, A la Librairie Nouvelle, 1888.
NERVAL (Gérard de), *Œuvres complémentaires*, éd. J. RICHER, Paris, Minard, 1959.
NETTEMENT (Alfred), *Histoire de la Littérature française sous le gouvernement de Juillet (1830-1848)*, 3e éd., Paris, Jacques Lecoffe, 1876, 2 vol.
PLANCHE (Gustave), article « Beaux-Arts — Salon de 1837 », *Chronique de Paris*, dimanche 9 avril 1837.
PÜCKLER-MUSKAU (prince de), *Chroniques, lettres et journal de voyage*, 1re partie : *Europe*, t. I, Paris, Fournier jeune, 1836.
Revue française, 10 et 20 juin 1856 : Balzac, par un anonyme.
ROLLAND (Amédée), Honoré de Balzac, *Le Diogène*, n° 3, 24 août 1856.
SALLES (Eusèbe de), Balzac aux lanternes, *La Presse*, 4 octobre 1862.
— Balzac dans le salon de Gérard, *Le Boulevard*, 11 janvier 1863.
SAND (George), *Histoire de ma vie*, Paris, Calmann-Lévy, 1876, 4 vol.
SECOND (Albéric), *Le tiroir aux souvenirs*, Paris, Dentu, 1886.
SOLIÉ (Emile), *Nouvelles à la main*, mai 1857.
SURVILLE (Laure), *Balzac, sa vie et ses œuvres*, Paris, Librairie Nouvelle, 1858.
TURQUAN (Joseph), *La Générale Junot, duchesse d'Abrantès (1784-1838)*, Paris, Tallandier, 1914.
ULBACH (Louis), *Ecrivains et hommes de lettres*, Paris, Delahays, 1857.
VACQUERIE (Auguste), *Profils et grimaces*, Paris, Lévy frères, 1856.
WERDET (Edmond), *Souvenirs littéraires d'un libraire-éditeur (1820 à 1850). Portrait intime de Balzac, sa vie, son humeur et son caractère...*, Paris, Silvestre, 1859.
— *Souvenirs de la vie littéraire, Portraits intimes*, Paris, Dentu, 1879.

III — OUVRAGES ET ARTICLES SUR BALZAC

AMBRIÈRE-FARGEAUD (Madeleine), *Balzac et « La Recherche de l'Absolu »*, Paris, Hachette, 1968.
— Une lecture de « Béatrix », *AB 1973*.
— Introduction, Histoire du texte et Notes, *Avant-propos de la Comédie humaine*, Bibl. de la Pléiade, t. I, 1976.
— Introduction, Histoire du texte et Notes, *La Femme abandonnée*, Bibl. de la Pléiade, t. II, 1976.

Ambrière-Fargeaud (Madeleine), Introduction, Histoire du texte et Notes, *Béatrix*, t. II, 1976.
— Introduction, Histoire du texte et Notes, *Ursule Mirouët*, Bibl. de la Pléiade, t. III, 1976.
— Présentation et Commentaires, *La Peau de chagrin*, Paris, Imprimerie Nationale, 1982.
Amossy (Ruth), L'esthétique du grotesque dans « Le Cousin Pons », in *Balzac et « Les Parents pauvres »* (dir. Françoise Van Rossum-Guyon et Michiel Van Brederode), Paris, 1981.
— L'exploitation des contraintes génériques dans « La Comédie humaine » : l'exemple du récit licencieux, in *Balzac : l'invention du roman* (dir. Claude Duchet et Jacques Neefs), Paris, Belfond, 1982.
Amossy (Ruth), Rosen (Elisheva), « Melmoth réconcilié » ou la parodie du conte fantastique, *AB 1978*.
Arrigon (L.-I.), *Les débuts littéraires de Balzac*, Paris, Perrin, 1924.
Barbéris (Pierre), *Aux sources de Balzac, les romans de jeunesse*, Paris, Bibliophiles de l'Originale, 1965.
— *Balzac et le mal du siècle*, Paris, Gallimard, « Bibl. des Idées », 1970, 2 vol.
— *Le Monde de Balzac*, Paris, Arthaud, 1973.
— Introduction, Histoire du texte et Notes, *Un début dans la vie*, Bibl. de la Pléiade, t. I, 1976.
— Introduction, Histoire du texte et Notes, *Le Colonel Chabert*, Bibl. de la Pléiade, t. III, 1976.
— Introduction, Histoire du texte et Notes, *L'Illustre Gaudissart*, Bibl. de la Pléiade, t. IV, 1976.
Bardèche (Maurice), *Balzac romancier*, Paris, Plon, 1940.
— *Une lecture de Balzac*, Paris, Les Sept Couleurs, 1964.
Béguin (Albert), Introduction, *La Muse du département*, Paris, Club français du Livre, 1950, t. IX.
Bérard (Suzanne Jean), *La Genèse d'un roman de Balzac, « Illusions perdues »*. Paris, A. Colin, 1961, 2 vol.
— Une énigme balzacienne : la spécialité, *AB 1965*.
Berthier (Patrick), Nathan, Balzac et « La Comédie humaine », *AB 1971*.
— Introduction, Histoire du texte et Notes, *Un prince de la bohème*, Bibl. de la Pléiade, t. VII, 1977.
Bijaoui-Baron (Anne-Marie), L'ironie de Balzac dans la « Physiologie de l'employé », *AB 1980*.
— *La bureaucratie, naissance d'un thème et d'un vocabulaire dans la littérature française*, thèse d'Etat dactylographiée, Paris-Sorbonne, 1981.
Bodin (Thierry), « Le Neveu de Rameau » et « Les Paysans », *AB 1968*.
— Introduction, Histoire du texte et Notes, *Les Paysans*, Bibl. de la Pléiade, t. IX, 1978.
Bonard (Olivier), *La peinture dans la création balzacienne, invention et vision picturales, de « La Maison du Chat-qui-pelote » au « Père Goriot »*, Genève, Droz, 1969.
Bouteron (Marcel), *Balzac dessinateur*, Byblis, 1927.
Castex (Pierre-Georges), Edition, préface et commentaires de *Falthurne*, Manuscrit de l'abbé Savonati, Paris, José Corti, 1950.
— Préface aux *Œuvres de jeunesse de Balzac*, Paris, Club français du Livre, 1950, t. 15.
— *Le conte fantastique en France de Nodier à Maupassant*, José Corti, 3e rééd., 1951.
— Introduction, choix de variantes et notes du *Cabinet des Antiques*, Paris, Garnier, 1958.

Castex (Pierre-Georges), *Nouvelles et Contes de Balzac*, Paris, cdu, 1961.
— Introduction, choix de variantes et notes du *Père Goriot*, Garnier, 1963.
— L'ascension de Monsieur Grandet, *Europe*, Colloque Balzac (janv.-févr. 1965).
— *L'univers de « La Comédie humaine »*, Bibl. de la Pléiade, *La Comédie humaine*, t. I, 1976.
Chollet (Roland), Préfaces de *Jean-Louis* et du *Vicaire des Ardennes*, Lausanne, Ed. Rencontre, 1962.
— « *Une heure de ma vie* » ou Lord R'Hoone à la découverte de Balzac, *AB 1968*.
— Introduction aux *Contes drolatiques*, Paris, Bibl. de l'Originale, t. XX, 1969.
— Introduction, Histoire du texte et Notes, *Illusions perdues*, Bibl. de la Pléiade, t. V, 1977.
Citron (Pierre), Introduction aux romans de *La Comédie humaine*, Ed. du Seuil, « L'Intégrale », 7 vol., 1965-1966.
— Introduction du *Contrat de mariage*, Paris, Garnier-Flammarion, 1966.
— Introduction d'*Illusions perdues*, Paris, Garnier-Flammarion, 1966.
— Introduction, choix de variantes et notes, *La Rabouilleuse*, Garnier, 1966.
— Balzac lecteur de Chamfort, *AB 1969*.
— Introduction, Histoire du texte et Notes, *Gobseck*, Bibl. de la Pléiade, t. II, 1976.
— Introduction, Histoire du texte et Notes, *La Maison Nucingen*, Bibl. de la Pléiade, t. VI, 1977.
— Introduction, Histoire du texte et Notes, *Splendeurs et misères des courtisanes*, Bibl. de la Pléiade, t. VI, 1977.
— Introduction, Histoire du texte et Notes, *Sarrasine*, Bibl. de la Pléiade, t. VI, 1977.
— Introduction, Histoire du texte et Notes, *La Peau de chagrin*, Bibl. de la Pléiade, t. X, 1979.
— Introduction, Histoire du texte et Notes, *Les Marana*, Bibl. de la Pléiade, t. X, 1979.
— Index des personnages fictifs de *La Comédie humaine* et des œuvres citées (avec le concours de Anne-Marie Meininger), Bibl. de la Pléiade, t. XII, 1982.
Curtius (Ernst-Robert), *Balzac*, Paris, Grasset, 1933.
Davin (Félix), Introduction aux *Etudes de mœurs*, Bibl. de la Pléiade, t. X, 1979.
— Introduction aux *Etudes philosophiques*, Bibl. de la Pléiade, t. X, 1979.
Delattre (Geneviève), *Les opinions littéraires de Balzac*, Paris, puf, 1961.
Donnard (Jean-Hervé), Qui est Nucingen ?, *AB 1960*.
— Introduction, Histoire du texte et Notes du *Lys dans la vallée*, Bibl. de la Pléiade, t. IX, 1978.
Ducourneau (Jean-A.), *Album Balzac*, Bibl. de la Pléiade, 1962.
Durry (Marie-Jeanne), A propos de « La Comédie humaine », *RHLF*, janv.-mars 1936.
Fargeaud (Madeleine), voir Ambrière-Fargeaud (Madeleine).
Fizaine (Jean-Claude), Ironie et fiction dans l'œuvre de Balzac, in *Balzac : l'invention du roman* (dir. Claude Duchet et Jacques Neefs), Paris, Belfond, 1982.
Fortassier (Rose), *Les mondains de « La Comédie humaine »*, étude historique et psychologique, Paris, Klincksieck, 1974.
— Introduction, Histoire du texte et Notes, *Le Père Goriot*, t. III, Bibl. de la Pléiade, 1976.
— Introduction, Histoire du texte et Notes, *Ferragus*, Bibl. de la Pléiade, t. V, 1977.
— Introduction, Histoire du texte et Notes, *La Fille aux yeux d'or*, Bibl. de la Pléiade, t. V, 1977.

FRAPPIER-MAZUR (Lucienne), *L'expression métaphorique dans « La Comédie humaine »*, Paris, Klincksieck, 1976.
— Introduction, Histoire du texte et Notes, *Les Chouans*, t. VIII, 1977.
GAGNEBIN (Bernard) et GUISE (René), Introduction, Histoire du texte et Notes, *La Femme de trente ans*, Bibl. de la Pléiade, t. II, 1976.
GALANTARIS (Christian), Notices du Catalogue de l'Exposition des *Portraits de Balzac* à la Maison de Balzac, février-avril 1971.
GAUTHIER (Henri) *L'homme intérieur dans la vision de Balzac*, Lille, Service de reproduction des thèses, 1973, 2 vol.
— Introduction, Histoire du texte et Notes, *Le Contrat de Mariage*, Bibl. de la Pléiade, t. III, 1976.
GRACQ (Julien), Introduction de *Béatrix*, Club français du Livre, 1950, t. IX.
GUISE (René), Edition présentée, établie et annotée du *Théâtre* de BALZAC, t. I, II, III, dans *Œuvres complètes* illustrées de BALZAC, Bibliophiles de l'Originale, 1969-1971.
GUISE (René) et GAGNEBIN (Bernard), Introduction, Histoire du texte et Notes, *La Femme de trente ans*, Bibl. de la Pléiade, t. II, 1976.
GUISE (René), Introduction, Histoire du texte et Notes, *César Birotteau*, Bibl. de la Pléiade, t. VI, 1977.
— Introduction, Histoire du texte et Notes, *Un Chef-d'œuvre inconnu*, Bibl. de la Pléiade, t. X, 1979.
— Histoire du texte et Notes, *Physiologie du mariage*, Bibl. de la Pléiade, t. XI, 1980.
GUYON (Bernard), Pages retrouvées de « L'Illustre Gaudissart », *AB 1960*.
HOFFMANN (Léon-François), Les métaphores animales dans « Le Père Goriot », *AB 1963*.
HOOG (Armand), Introduction d'*Un début dans la vie*, Club français du Livre, 1950, t. III.
KAMERBEEK jr. (J.), Une intempestive de Balzac, *Neophilologus*, 1962, nº 46.
KANES (Martin), *Balzac's Comedy of words*, Princeton University Press, 1975.
LARTHOMAS (Pierre), Sur une image de Balzac, *AB 1973*.
LAUBRIET (Pierre), *L'intelligence de l'art chez Balzac, d'une esthétique balzacienne*, Paris, Didier, 1961.
— L'élaboration des personnages dans « César Birotteau », *AB 1964*.
LAUGAA (Maurice), L'effet « Fille aux yeux d'or », *Littérature*, nº 20, décembre 1975.
LÉCUYER (Maurice), *Balzac et Rabelais*, Paris, Les Belles-Lettres, 1956.
LETHÈVE (Jacques), Répertoire des portraits de Balzac, *AB 1963*.
LE YAOUANC (Moïse), Le Plaisir dans les récits balzaciens, *AB 1972* et *AB 1973*.
— Introduction, Histoire du texte et Notes, *Melmoth réconcilié*, Bibl. de la Pléiade, t. X, 1979.
LIEBER (Jean-Claude), « Olympia » ou la typographie, *AB 1978*.
LORANT (André), « *Les Parents pauvres* » *d'Honoré de Balzac, « La Cousine Bette », « Le Cousin Pons », étude historique et critique*, Genève, Droz, 1967, 2 vol.
— Introduction, Histoire du texte et Notes, *Le Cousin Pons*, Bibl. de la Pléiade, t. VII, 1977.
— Introduction, Histoire du texte et Notes, *Le Curé de Village*, Bibl. de la Pléiade, t. IX, 1978.
LOTTE (Dr), Index des personnages fictifs de *La Comédie humaine*, ancienne édition de la Pléiade, t. XI, 1959.
LUKÀCS (Georg), *Balzac et le réalisme français*, Paris, Petite collection Maspero, 1967.
MASSANT (Raymond), Introduction des *Contes drolatiques*, Club de l'Honnête Homme, t. XXII, 1961.
MAUROIS (André), *Prométhée ou la vie de Balzac*, Paris, Hachette, 1965.

MEININGER (Anne-Marie), Qui est des Lupeaulx ?, *AB 1961.*
— *Les Employés,* éd. critique et commentée, 3 vol. in-4° multigraphiés, thèse Doctorat, Université de Paris, 1967.
— Introduction, Histoire du texte et Notes, *La Muse du département,* Bibl. de la Pléiade, t. IV, 1976.
— Introduction, Histoire du texte et Notes, *Les Secrets de la princesse de Cadignan,* Bibl. de la Pléiade, t. VI, 1977.
— Introduction, Histoire du texte et Notes, *La Cousine Bette,* Bibl. de la Pléiade, t. VII, 1977.
— Introduction, Histoire du texte et Notes, *Les Employés,* Bibl. de la Pléiade, t. VII, 1977.
— Introduction, Histoire du texte et Notes, *Les Comédiens sans le savoir,* Bibl. de la Pléiade, t. VII, 1977.
— Introduction, Histoire du texte et Notes, *Les Petits Bourgeois,* Bibl. de la Pléiade, t. VIII, 1978.
— Index des personnages fictifs, des personnes réelles et des œuvres citées dans *La Comédie humaine* (avec le concours de Pierre CITRON), Bibl. de la Pléiade, t. XII, 1982.
MÉNARD (Maurice), La notion de comique et la notation comique, *AB 1970.*
— L'arabesque et la ménippée, *Revue des Sciences humaines,* n° 175, 1979-3.
MICHEL (Arlette), *Le mariage et l'amour dans l'œuvre romanesque de Honoré de Balzac,* Lille, Atelier de reproduction des thèses, Université Lille III - Paris, diffusion Champion, 1976.
— *Le mariage chez Honoré de Balzac : amour et féminisme,* Paris, Les Belles-Lettres, 1978.
— Les problèmes de l'amour dans « La Peau de chagrin » ; le désir, l'imaginaire et l'idéal, in *Nouvelles lectures de « La Peau de chagrin »,* Paris, 1979.
— Introduction, *Physiologie du mariage,* Bibl. de la Pléiade, t. XI, 1980.
MILNER (Max), *Le diable dans la littérature française, de Cazotte à Baudelaire, 1772-1861,* Paris, José Corti, 1960, 2 vol.
— La poésie du mal chez Balzac, *AB 1963.*
— Le sens « psychique » de « Massimilla Doni » et la conception balzacienne de l'âme, *AB 1966.*
— Compte rendu de *La Comédie humaine,* préface de Pierre-Georges Castex, présentation et notes de Pierre Citron, Ed. du Seuil, 1966, *AB 1967.*
— Le diable comme bouffon, in *Romantisme,* n° 19, 1978.
MOZET (Nicole), Introduction, Histoire du texte et Notes, *Le Message,* Bibl. de la Pléiade, t. II, 1976.
— Introduction, Histoire du texte et Notes, *Autre étude de femme,* Bibl. de la Pléiade, t. III, 1976.
— Introduction, Histoire du texte et Notes, *Eugénie Grandet,* Bibl. de la Pléiade, t. III, 1976.
— Introduction, Histoire du texte et Notes, *Le Curé de Tours,* Bibl. de la Pléiade, t. IV, 1976.
— Introduction, Histoire du texte et Notes, *La Vieille Fille,* Bibl. de la Pléiade, t. IV, 1976.
— Introduction, Histoire du texte et Notes, *Le Cabinet des Antiques,* Bibl. de la Pléiade, t. IV, 1976.
NYKROG (Per), *La pensée de Balzac dans « La Comédie humaine »,* Copenhague, Munksgaard, 1965.
PICHOIS (Claude), *L'image de Jean-Paul Richter dans les lettres françaises,* Paris, José Corti, 1963.
— *Philarète Chasles et la vie littéraire au temps du romantisme,* Paris, José Corti, 1965, 2 vol.

PIERROT (Roger), Introduction, Histoire du texte et Notes, *Mémoires de deux jeunes mariées*, Bibl. de la Pléiade, t. I, 1976.
— Introduction, Histoire du texte et Notes, *Une fille d'Eve*, Bibl. de la Pléiade, t. II, 1976.
POMMIER (Jean), Comment Balzac a nommé ses personnages, *CAIEF*, 1953.
— « La Muse du département » et le thème de la femme mal mariée, *AB 1961*.
— Compte rendu du *Prométhée* d'André Maurois, *RHLF*, oct.-déc. 1965.
PRIOULT (Albert), *Balzac avant « La Comédie humaine » (1818-1829). Contribution à l'étude de la genèse de son œuvre*, Courville, 1936.
PROUST (Marcel), *Contre Sainte-Beuve*, Paris, Gallimard, Bibl. de la Pléiade, 1977.
REGARD (Maurice), Balzac et Laurent-Jan, *AB 1960*.
— Introduction de la *Physiologie du mariage*, Garnier-Flammarion, 1968.
— Introduction, Histoire du texte et Notes, *Modeste Mignon*, Bibl. de la Pléiade, t. I, 1976.
RICHARD (Jean-Pierre), Balzac, de la force à la forme, *Poétique*, n° 1, 1970.
ROSEN (Elisheva), Le pathétique et le grotesque dans « La Cousine Bette », in *Balzac et « Les Parents pauvres »* (dir. Françoise VAN ROSSUM-GUYON et Michiel VAN BREDERODE), Paris, SEDES-CDU, 1981.
— Le grotesque et l'esthétique du roman balzacien, in *Balzac : l'invention du roman* (dir. Claude DUCHET et Jacques NEEFS), Paris, Belfond, 1982.
ROSEN (Elisheva), AMOSSY (Ruth), « Melmoth réconcilié » ou la parodie du conte fantastique, *AB 1978*.
SAGNES (Guy), Introduction, Histoire du texte et Notes, *L'Interdiction*, Bibl. de la Pléiade, t. III, 1976.
SARMENT (Jacqueline), Catalogue de l'Exposition *Le spectacle et la fête au temps de Balzac* (Maison de Balzac, 23 nov. 1978-25 févr. 1979). Préface de Francis AMBRIÈRE.
SÉGU (Frédéric), *Un maître de Balzac méconnu, Henri de Latouche*, Paris, Les Belles-Lettres, 1928.
SMETHURST (Colin), Introduction, Histoire du texte et Notes, *Le Député d'Arcis*, Bibl. de la Pléiade, t. VIII, 1977.
THÉRIEN (Michel), Métaphores animales et écriture balzacienne : le portrait et la description, *AB 1979*.
TRITTER (Jean-Louis), A propos des épreuves de « Pierrette », *AB 1973*.
— Introduction, Histoire du texte et Notes, *Pierrette*, Bibl. de la Pléiade, t. IV, 1976.
VAN LAERE (Francis), « Les Deux Béringheld », *AB 1968*.
VANNIER (Bernard), *L'inscription du corps. Pour une sémiotique du portrait balzacien*, Paris, Klincksieck, 1972.
WANUFFEL (Lucie), Présence d'Hoffmann dans les œuvres de Balzac (1829-1835), *AB 1970*.

IV – OUVRAGES ET ARTICLES SUR L'HISTOIRE,
    LA PSYCHOLOGIE ET L'ESTHÉTIQUE DU COMIQUE

ALBOUY (Pierre), *La création mythologique chez Victor Hugo*, Paris, José Corti, 1963.
ALLEMAN (Beda), De l'ironie en tant que principe littéraire, *Poétique*, n° 36, nov. 1978.
AMER (Henry), Postface aux *Immémoriaux* de Victor SEGALEN, 1re éd., Mercure de France, 1907 ; coll. 10/18, 1966.
AMOSSY (Ruth), ROSEN (Elisheva), *Le discours du cliché*, Paris, SEDES-CDU, 1982.
ARAGON, *Théâtre / Roman*, Gallimard, 1974.

BAKHTINE (Mikhaïl), *La poétique de Dostoïevski*, Présentation de Julia KRISTEVA, Ed. du Seuil, 1970.
— *L'œuvre de François Rabelais et la culture populaire au Moyen Age et sous la Renaissance*, Gallimard, « Bibl. des Idées », 1970.
— *Esthétique et théorie du roman*, Gallimard, « Bibl. des Idées », 1978.
BARON (Auguste), *Résumé de l'histoire de la littérature française*, Paris, A. Delalain, 1835.
BARTHES (Roland), *Mythologies*, Paris, Ed. du Seuil, coll. « Pierres vives », 1957.
— *S/Z*, Paris, Ed. du Seuil, coll. « Tel Quel », 1970.
— « Lecture de Brillat-Savarin », en préface à BRILLAT-SAVARIN, *Physiologie du goût*, Paris, Hermann, 1975.
— *Roland Barthes*, Paris, Ed. du Seuil, coll. « Ecrivains de toujours », 1975.
BAUDELAIRE (Charles), De l'essence du rire, in *Curiosités esthétiques, Œuvres complètes*, Paris, Gallimard, Bibl. de la Pléiade, 1951.
— Quelques caricaturistes français, in *Curiosités esthétiques, Œuvres complètes*, Paris, Gallimard, Bibl. de la Pléiade, 1951.
— Quelques caricaturistes étrangers, in *Curiosités esthétiques, Œuvres complètes*, Paris, Gallimard, Bibl. de la Pléiade, 1951.
BAUDIN (Henri), *Boris Vian humoriste*, Grenoble, Presses Universitaires de Grenoble, 1973.
BÉHAR (Henri), *Jarry, le monstre et la marionnette*, Paris, Larousse, coll. « Thèmes et textes », 1973.
BERGSON (Henri), *Le Rire* (1900), in *Œuvres*, PUF, 1970.
BILLAZ (André), *Les écrivains romantiques et Voltaire. Essai sur Voltaire et le romantisme en France (1795-1830)*, Lille-Paris, Champion, 2 vol., 1974.
BLIN (Georges), *Stendhal et les problèmes de la personnalité*, Paris, José Corti, 1958.
BOISTE, *Dictionnaire*, Paris, Verdière, 6e éd., 1823, 2 t. en 1 vol.
BOOTH (Wayne C.), *The Rhetoric of Fiction*, Chicago, The University of Chicago Press, 1961.
— *A Rhetoric of Irony*, Chicago, The University of Chicago Press, 1974.
BORIE (Jean), La Blague, *Les Cahiers du chemin*, no 26, 15 janv. 1976.
BOURGEOIS (René), *L'ironie romantique*, Grenoble, Presses Universitaires de Grenoble, 1974.
BUTOR (Michel), *Répertoire III*, Paris, Ed. de Minuit, 1968.
CAMP (Maxime du), *Souvenirs littéraires*, Paris, Hachette, 1882.
CELLIER (Léon), *Rires, sourires et larmes dans « La Chartreuse de Parme »*, Colloque Stendhal, Parme, 1967.
— Rires, sourires et larmes dans « Le Rouge et le Noir », in *De Jean Lemaire de Belges à Jean Giraudoux*. Mélanges d'histoire et de critique littéraires offerts à Pierre Jourda, Paris, 1970.
CHASLES (Philarète), *Mémoires*, Paris, 1877.
— *Etudes sur le seizième siècle en France*, Paris, Amyot, 1848.
CHASTEL (André), *La Crise de la Renaissance, 1520-1600*, Genève, Skira, « Arts, Idées, Histoire », 1968.
— Nicolas de Staël : l'impatience et la jubilation, in *Fables, Formes, Figures*, Paris, Flammarion, 1978, 2 vol.
CHESTERTON (Gilbert-Keith), *The man who was Thursday. A nightmare*, Bristol, J.-W. Arrowsmith, 1913.
— *La sphère et la croix* (trad. française de *The ball and the cross*), Bruges-Paris, Desclées de Brouwer, 1937.
— *Dickens* (1913), traduction française, Paris, Gallimard, 1958.
CLAUDEL (Paul), *Journal*, Paris, Gallimard, Bibl. de la Pléiade, 2 vol., 1968-1969.
CLÉMENT DE RIS (comte), *Les enseignes de Paris*, Paris, pour la Société des Bibliophiles, 1976.

COSNIER (Jacqueline), Humour et narcissisme, *L'humour*, num. spécial de la *Revue française de psychanalyse*, juillet 1973, t. XXXVII.

COUTON (Georges), Préface de MOLIÈRE, *L'Amour médecin*, etc., Gallimard, Folio, 1978.

COX (Harvey), *La séduction de l'esprit. Du bon et mauvais usage de la religion populaire*, Paris, Ed. du Seuil, 1976.

CROUZET (Michel), Présentation et annotations de Stendhal, *Romans abandonnés*, Paris, UGE, Bibl. 10/18, 1968.

— Jeu et sérieux dans le théâtre de Musset, in *Journées d'étude sur Alfred de Musset*, Clermont-Ferrand, Société d'Etudes romantiques, 1978, p. 29-48.

— A propos d'un roman de Stendhal, qu'appelle-t-on « vérité » dans un roman ?, in *Le genre du roman, les genres de romans*, Paris, PUF, 1980.

DÄLLENBACH (Lucien), *Le récit spéculaire. Essai sur la mise en abyme*, Ed. du Seuil, 1977.

DIDEROT, *Lettres à Sophie Volland*, éd. André BABELON, Paris, Gallimard, 1938, 2 vol.

— *Œuvres esthétiques*, éd. Paul VERNIÈRE, Paris, Garnier, 1968.

DUCHET (Claude), Une écriture de la socialité, *Poétique*, n° 16, 1973.

— Signifiance et in-signifiance : le discours italique dans « Madame Bovary », in *La production du sens chez Flaubert*, Paris, coll. 10/18, 1975.

EHRENZWEIG (Anton), *L'ordre caché de l'art*, Paris, Gallimard, « Connaissance de l'Inconscient », 1974.

ELGOZY (Georges), *De l'humour*, Paris, Denoël, 1979.

ESCARPIT (Robert), *L'humour*, Paris, PUF, coll. « Que sais-je ? », 1960.

FELMAN (Shoshana), *La folie et la chose littéraire*, Paris, Ed. du Seuil, 1978.

FLAUBERT (Gustave), *Correspondance*, texte établi et annoté par Jean BRUNEAU, Bibl. de la Pléiade, t. I, 1973.

FONTANIER (Pierre), *Les Figures du discours* (1831), rééd., Paris, Flammarion, coll. « Champs », 1977.

FONTENAY (Elisabeth de), *Diderot ou le matérialisme enchanté*, Paris, Bernard Grasset, 1981.

FOURNIER (Edouard), *Histoire des enseignes de Paris*, revue et publiée par le bibliophile JACOB, Paris, E. Dentu, 1884.

FREUD (Sigmund), *Le mot d'esprit et ses rapports avec l'inconscient* (1905), Paris, Gallimard, coll. « Idées », 1969.

GAGNEBIN (Bernard), RAYMOND (Marcel), Introduction des *Confessions* de J.-J. ROUSSEAU, *OC*, Bibl. de la Pléiade, t. I, 1959.

GARAPON (Robert), *La fantaisie verbale et le comique dans le théâtre français, du Moyen Age à la fin du XVIIe siècle*, Paris, A. Colin, 1957.

GARAUDY (Roger), *Parole d'homme*, Paris, Laffont, 1975.

GENETTE (Gérard), *Figures III*, Paris, Ed. du Seuil, 1972.

GIDE (André), *Journal, 1889-1939*, Paris, Gallimard, Bibl. de la Pléiade, 1948.

GIRARD (Michel-J.), *Le Comique dans « A la Recherche du temps perdu »*, mémoire de maîtrise, Paris-Sorbonne, 1969.

GIRARD (René), *Mensonge romantique et vérité romanesque*, Paris, Grasset, 1961.

GLAUSER (Alfred), *Rabelais créateur*, Paris, Nizet, 1966.

GOMBRICH (E.-H.), *L'art et l'illusion*, Paris, Gallimard, « Bibl. des Sciences humaines », 1971.

GOUHIER (Henri), *Le théâtre et l'existence*, Paris, Aubier, 1952.

GUICHARNAUD (Jacques), *Molière, une aventure théâtrale*, Paris, Gallimard, « Bibl. des Idées », 1963.

GUICHEMERRE (Roger), *La comédie avant Molière, 1640-1660*, Paris, A. Colin, 1972.

GUILLAUMIN (Jean), Freud entre les deux topiques : le comique après « l'humour ». Une analyse inachevée, *L'humour*, num. spécial de la *Revue française de psychanalyse*, juillet 1973, t. XXXVII.

GUIRAUD (Pierre), *Essais de stylistique*, Paris, Klincksieck, 1969.

— *La stylistique*, Paris, PUF, coll. « Que sais-je ? », 1970.

HAZARD (Paul), *La pensée européenne au XVIIIe siècle de Montesquieu à Lessing*, Paris, Boivin, 1946.

HEGEL, *Esthétique*, Textes choisis par Claude KHODOSS, Paris, PUF, coll. « Sup », 1973.

HERSCHBERG-PIERROT (Anne), Clichés, stéréotypie et stratégie discursive dans le discours de Lieuvain, *Littérature*, no 36, déc. 1979.

HILLAIRET (Jacques), *Dictionnaire historique des rues de Paris*, Paris, Club français du Livre, 1956.

HUGO (Victor), *Préface de « Cromwell »* (1827), *Œuvres complètes*, Paris, Club français du Livre, t. III, 1967.

IONESCO (Eugène), *Notes et contre-notes*, Paris, Gallimard, coll. « Idées », 1966.

L'Ironie, publication du Centre de Recherches linguistiques et sémiologiques de Lyon, 1976.

« Ironie », no 36 de *Poétique*, novembre 1978.

JANIN (Jules), *Deburau, histoire du théâtre à quatre sous*, 2e éd., Paris, C. Gosselin, 1832.

— *L'âne mort et la femme guillotinée. La Confession*, éd. Joseph-Marc BAILBÉ, Paris, Flammarion, 1973.

JANKÉLÉVITCH (Vladimir), *L'Ironie*, Paris, Flammarion, « Nouvelle Bibl. scientif. », 1964.

JARRY (Alfred), articles de *La Plume, La Chandelle verte*, Paris, Livre de Poche, 1969.

JASINSKI (René), Introduction des *Jeune-France* de Théophile GAUTIER, Flammarion, « Petite Bibliothèque romantique », 1974.

JEAN PAUL, Sur le trait d'esprit, *Poétique*, no 13, 1973.

JEANSON (Francis), *Signification humaine du rire*, Paris, Ed. du Seuil, 1950.

JOLLES (André), *Formes simples*, Paris, Ed. du Seuil, 1972.

JOUVE (Pierre-Jean), *Le « Don Juan » de Mozart*, nouv. éd., Plon, 1968.

KAYSER (Wolfgang), *The Grotesque in Art and Literature*, New York-Toronto, Indiana University Press-Mac Graw-Hill, 1966 (traduction de *Das Groteske : seine Gestaltung in Malerei und Dichtung*, 1957).

KERBRAT-ORECCHIONI (Catherine), Problèmes de l'ironie, in *L'ironie*, Lyon, Presses Universitaires de Lyon, 1976.

KEYSER (Eugénie de), *L'Occident romantique (1789-1850)*, Genève, Skira, coll. « Art, Idées, Histoire », 1965.

KOESTLER (Arthur), *Le Cri d'Archimède*, Paris, Calmann-Lévy, 1965.

KOTT (Jan), *Shakespeare notre contemporain*, Paris, Julliard, 1962 ; Liège, Marabout-Université, 1965.

KRIS (Ernst), *Psychanalyse de l'art*, Paris, PUF, 1978.

KUNDERA (Milan), *Le livre du rire et de l'oubli*, Paris, Gallimard, 1979.

LACOUE-LABARTHE (Philippe) et NANCY (Jean-Luc), *L'absolu littéraire*, Paris, Ed. du Seuil, 1978.

LAFFAY (Albert), *Anatomie de l'humour et du nonsense*, Paris, Masson, 1970.

LARTHOMAS (Pierre), *Le langage dramatique, sa nature, ses procédés*, Paris, A. Colin, 1972.

LEIRIS (Michel), *La Règle du jeu*, 3 : *Fibrilles*, Paris, Gallimard, 1962.

— Robert Desnos ou le jeu de mots lyrique, *Le Monde*, 10 janvier 1975.

LÉVI-STRAUSS (Claude), *La pensée sauvage*, Paris, Plon, 1962.

MALRAUX (André), *Saturne. Essai sur Goya*, Paris, Gallimard, coll. « La Galerie de la Pléiade », 1950.

MARTINEAU (Henri), Préface des *Romans* de STENDHAL, Paris, Gallimard, Bibl. de la Pléiade, t. II, 1952.

MATORÉ (Georges), *Le Vocabulaire et la Société sous Louis-Philippe*, Genève, Droz, 1951.

MAURON (Charles), *Psychocritique du genre comique*, Paris, José Corti, 1964.

MAUSSION (comte J.-A. de), De la blague parisienne, in *Paris, ou le livre des Cent et un*, Paris, Ladvocat, 1832-1834, t. XII.

MÉNARD (Maurice), Jules Janin et l' « école du désenchantement », in *Jules Janin et son temps. Un moment du romantisme.* Actes du Colloque Jules Janin organisé à Evreux par Joseph-Marc BAILBÉ. Préface de M. Pierre-Georges CASTEX, PUF, 1974.

MÉNARD (Philippe), *Le rire et le sourire dans le roman courtois en France au Moyen Age, 1150-1250*, Genève, Droz, 1969.

MILLY (Jean), « *Les pastiches* » de Proust, Paris, A. Colin, 1970.

MORIER (Henri), *Dictionnaire de poétique et de rhétorique*, 2e éd., Paris, PUF, 1975.

MUSSET (Alfred de), *Théâtre*, Paris, Gallimard, Bibl. de la Pléiade, 1952.

NANCY (Jean-Luc), Présentation de JEAN PAUL, Sur le trait d'esprit, *Poétique*, 1973, no 15.

NANCY (Jean-Luc) et LACOUE-LABARTHE (Philippe), *L'absolu littéraire*, Paris, Ed. du Seuil, 1978.

NIETZSCHE (Friedrich), *La Gaya Scienza*, Paris, Club français du Livre, 1957.

NODIER (Charles), Compte rendu de *Han d'Islande*, *La Quotidienne*, 11 mars 1823.

— *Histoire du roi de Bohême et de ses sept châteaux*, Paris, Delangle, 1830.

PAGNOL (Marcel), *Notes sur le rire*, Paris, Nagel, 1947.

PARIS (Jean), *Rabelais au futur*, Ed. du Seuil, coll. « Change », 1970.

PELLISSON-FONTANIER (Paul), *Histoire de l'Académie françoise depuis son établissement jusqu'en 1652*, Paris, J.-B. Coignard, 1729.

PICARD (Michel), *Libertinage et tragique dans l'œuvre de Roger Vailland*, Paris, Hachette, 1972.

PICARD (Raymond), Avant-propos aux *Propos et caractères du dix-neuvième siècle*, Paris, Club français du Livre, 1960 (non paginé).

PICOCHE (Jacqueline), *Précis de lexicologie française*, Paris, Nathan, 1977.

PIRANDELLO (Luigi), *Ecrits sur le théâtre et la littérature* (1908), Denoël (Gonthier), 1968.

POUILLON (Jean), *Temps et roman*, Paris, Gallimard, 1946.

PRINCE (Gerald), Le discours attributif et le récit, *Poétique*, no 35, sept. 1978.

RACAMIER (Paul-C.), Entre humour et folie, *L'humour*, num. spécial de la *Revue française de psychanalyse*, juillet 1973, t. XXXVII.

RAIMOND (Michel), Les sentiments dans la tradition naturaliste, *CAIEF*, 1973.

RAISSON (Horace) et ROMIEU (A.), *Code Gourmand*, Paris, A. Dupont, 1827.

RAYMOND (Marcel), GAGNEBIN (Bernard), Introduction des *Confessions* de J.-J. ROUSSEAU, OC, Bibl. de la Pléiade, t. I, 1959.

RIFFATERRE (Michael), *Essais de stylistique structurale*, Paris, Flammarion, 1970.

— *Problèmes de l'analyse textuelle*, Ottawa, Didier, 1971.

— *La production du texte*, Paris, Ed. du Seuil, 1979.

ROBERT (Marthe), *Roman des origines et origines du roman*, Paris, Grasset, 1972.

— *Livre de lectures*, Paris, Grasset, 1977.

ROSEN (Elisheva), AMOSSY (Ruth), *Le discours du cliché*, Paris, SEDES-CDU, 1982.

SAINTE-BEUVE, *Port-Royal* (1840-1859), Bibl. de la Pléiade, 1953-1955, 3 vol.

SAINT-JOHN PERSE, *Œuvres complètes*, Paris, Gallimard, Bibl. de la Pléiade, 1972.

SAINT-MARC GIRARDIN, *Tableau de la marche et des progrès de la Littérature française au XVIe siècle*, Paris, Firmin-Didot, 1828.

SARRAUTE (Nathalie), *L'ère du soupçon, essais sur le roman*, Paris, Gallimard, 1964.
— *Vous les entendez ?*, Paris, Gallimard, 1972.
SARTRE (Jean-Paul), *La Nausée*, Paris, Gallimard, 1938.
— *L'idiot de la famille*, Paris, Gallimard, « Bibl. de Philosophie », 1971-1972, 3 vol.
SCHLANGER (Judith), *Le comique des idées*, Paris, Gallimard, 1977.
SCHLEGEL (Friedrich), Œuvres diverses, in *L'absolu littéraire*, Paris, Ed. du Seuil, 1978.
SCRIBE (Eugène) (et G. DELAVIGNE), *La Somnambule*, comédie-vaudeville, Paris, Mme Huet, 1819, in-8°.
SEGALEN (Victor), *Les Immémoriaux*, Paris, UGE, coll. 10/18, suivi d'une Postface de Henry AMER, 1972.
SPITZER (Leo), *Etudes de style*, Paris, Gallimard, « Bibl. des Idées », 1970.
STAËL (Mme de), *Essai sur les fictions* (1795).
STAROBINSKI (Jean), *L'œil vivant*, Paris, Gallimard, 1961.
— *L'invention de la liberté*, Genève, Skira, coll. « Arts, Idées, Histoire », 1964.
STENDHAL, *Racine et Shakespeare* (II) (1825), Paris, Jean-Jacques Pauvert, coll. « Libelles », 1965.
— *Lamiel*, in *Œuvres* (t. II), Paris, Gallimard, Bibl. de la Pléiade, 1952.
TADIÉ (Jean-Yves), *Lectures de Proust*, Paris, A. Colin, coll. « U2 », 1971.
THIBAUDET (Albert), *Gustave Flaubert*, Paris, Gallimard, 1935.
TOUCHARD (Pierre-Aimé), *Dionysos*, suivi de *L'amateur de théâtre*, Paris, Ed. du Seuil, 1968.
UBERSFELD (Anne), *Le roi et le bouffon*, Paris, José Corti, 1974.
VALÉRY (Paul), *Tel Quel*, in *Œuvres*, II, Paris, Gallimard, Bibl. de la Pléiade, 1960.
— *Cahiers*, Paris, Gallimard, Bibl. de la Pléiade, 1973-1974, 2 vol.
VAN ROSSUM-GUYON (Françoise), Point de vue ou perspective narrative, *Poétique*, n° 4, 1970.
— *Critique du roman*, Paris, Gallimard, « Bibl. des Idées », 1970.
WYLIE (Laurence W.), *Saint-Marc Girardin bourgeois*, Syracuse, University Press, 1947.

INDEX DES OUVRAGES
PROJETS D'OUVRAGES
ET PERSONNAGES DE BALZAC

Les noms d'ouvrages et projets d'ouvrages sont en *italique*

INDEX DES NOMS CITÉS

INDEX RERUM

Imprimé en France
Imprimerie des Presses Universitaires de France
73, avenue Ronsard, 41100 Vendôme
Août 1983 — Nᵒ 29 010